德国战后经济史

［德］维尔纳·阿贝尔斯豪塞 著

史世伟 译　　冯兴元 校

中国社会科学出版社

图字：01-2013-3533 号

图书在版编目（CIP）数据

德国战后经济史：德文／（德）维尔纳·阿贝尔斯豪塞著；史世伟译；冯兴元校.—北京：中国社会科学出版社，2018.6（2019.10重印）
ISBN 978-7-5203-2633-9

Ⅰ.①德… Ⅱ.①维…②史…③冯… Ⅲ.①经济史-研究-德国-现代-德文 Ⅳ.①F151.695

中国版本图书馆 CIP 数据核字（2018）第 117788 号

出 版 人	赵剑英
责任编辑	李庆红
责任校对	冯英爽
责任印制	王　超

出　　版	中国社会科学出版社
社　　址	北京鼓楼西大街甲 158 号
邮　　编	100720
网　　址	http://www.csspw.cn
发 行 部	010-84083685
门 市 部	010-84029450
经　　销	新华书店及其他书店
印　　刷	北京明恒达印务有限公司
装　　订	廊坊市广阳区广增装订厂
版　　次	2018 年 6 月第 1 版
印　　次	2019 年 10 月第 2 次印刷
开　　本	710×1000　1/16
印　　张	31.5
插　　页	2
字　　数	562 千字
定　　价	119.00 元

凡购买中国社会科学出版社图书，如有质量问题请与本社营销中心联系调换
电话：010-84083683
版权所有　侵权必究

我以庄严之心献出这本书，确信它有朝一日能被那些为之而写的人发现，并泰然接受其无例外的命运，最清楚的认识莫过于，真理永远只在长期被斥为悖论或者被低估为平庸之说间的短暂时段里取得胜利。

——阿瑟·叔本华（Arthur Schopenhauer）

序　言

　　1945年以来的德国历史首先是一部德国经济史。相比其他方面，经济发展对联邦德国（西德）社会产生的影响最为深远。没有哪个国家比联邦德国的经济成就更为显著，这些都归功于联邦德国政局稳定和政府行动自由——而这也是魏玛共和国所缺少的。为了实现重建西欧之目标，联邦德国及其经济也日渐强盛。与此同时，民主德国（东德）——彼时的苏联占领区——的命运从一开始就与其经济上将取得非凡成就的预言息息相关。创造财富、获取实实在在的物质成就并不仅仅是其设定的意识形态的目标，它同时还是东西德社会体系对比竞争中的关键标准。由此可见，民主德国最终败在经济问题上也在情理之中。

　　与此相反，在谋求政治存在目标的过程中，联邦德国长期成为经济成就显著的化身。经济飞跃不仅为国内民主的稳定和发展以及第三帝国法定继承人的国际再社会化奠定了坚实的物质基础，它更是成为整个西德"民族"自我认同的动力或者说至少是其国家身份的标签。从1945年的视角来看，这是一次令人惊讶的转折。因为在此之前，人们普遍认为物质困境似乎是无法克服的。历经灾难的国民对国家的发展有所希冀，他国作为置身事外的旁观者对德国经济的走向也有着各种各样的期待或担忧。正是在这一背景下，联邦德国取得的经济成就超乎所有人的想象。20世纪50年代以来，在解决经济问题的探索中，联邦德国选择的道路引起了国际国内的广泛关注。随着1948年经济改革的实施和社会市场经济制度的引入，德国人也认为自己走上了一条远离危机的特殊的资本主义发展道路。

　　在外人看来，西德的"经济奇迹"首先不过是国家的幸运以及国民聪明能干和勤奋工作等因素机缘巧合的结果。社会市场经济在20世纪50年代不是什么输出品。在60年代后期工业国家的"不可治理性"（Unregierbarkeit）成为时尚词汇、西方民主制度内部社会利益的平衡协调举步维艰的情形下，

"德国模式"才越来越得到人们的关注。它经受住了70年代世界市场的种种考验并向世人证明,在应对世界经济危机的过程中,德国模式拥有比其他国民经济体更为完善的"武器装备"。彼时的德国总理也一举摘得七国集团峰会"世界经济学家"的称号。早在90年代初,"莱茵模式的资本主义"（Rheinischer Kapitalismus）就成为德国享有盛名的"注册商标",赢得了包括法国在内的许多国家的推崇。[①] 恰恰是拥有一定历史积淀的德国经济组织为德国经济优势与社会优势的相互结合提供了保障,这在当时是很少见的。获得盛赞的并不仅仅是"经济奇迹"（暂时的）的勃勃生机与活力。从某种程度上来说,早年的经济成就在西德为平衡社会群体间利益关系奠定了坚实的物质基础。然而,人们不禁要问,难道德国人根深蒂固的协商意愿和社交能力没有为德国的经济成就和社会稳定做出贡献吗？难道这些就不是如今德国经济顽强挺过危机并在世界市场上保持持续竞争力的原因吗？

对于深刻理解战后德国经济重振雄风的过程而言,德国经济史的意义自然不在话下。然而,它究竟始于何时？1949年5月23日,西德国家建立,康拉德·阿登纳（Konrad Adenauer）作为议会委员会主席颁布了德国《基本法》。这一众所周知的史实却不能帮助我们回答前面提出的问题。德国经济走向的经济秩序设想早在这一事件之前就已存在。即便是被众多人士视为联邦德国成立之日（这一天也是东德社会主义经济制度的开端）的1948年6月20日也不足以成为德国战后经济史的起始日期。"前货币时期"（Vorwährungszeit）绝不仅仅只充斥停滞与混乱。1945年至1948年,各占领区罔顾民众商品短缺疾苦大肆开展经济重建,对德国经济发展道路的选择产生了深远影响。西德的重建工作比原计划开展得更早。联邦德国经济史的起始之年应是1947年——发生了"瘫痪危机"（Lähmungskrise）和"千卡路里"（Tausend Kalorien）之年,采煤业和爱心包裹（Care-Pakete）繁荣兴起之年,重建战争中毁损基础设施和重填仓储之年,而并非实施货币改革、内部市场自由化及"马歇尔计划"的1948年。因此,东西德经济史发展历程自然也就包括了这段"预产期"。

战后德国的经济主导绝不仅限于经济重建和经济奇迹时期。时至今日,经济问题在公众舆论中依然占据着不小的分量,对某些领域的意义甚至比以往更大。如果经济依据事实的确定性长期以来有助于弥补战后德国政治及文

[①] 参见米歇尔·艾伯特《资本主义对资本主义》（Michel Albert, *Kapitalismus contra Kapitalismus*, Frankfurt/Main, 1992）。

化自我意识的不确定性，那么今天，经济也会并正在被纳入德国人的自我认同危机中。即便是已寻求到完美解决方案的民族问题又重新被提上了议事日程，这是所有人都未曾意料到的。大规模重建投资带来的收益事先并不可知。只有当德国经济模式恢复有效运转并随之推广覆盖到整个德国时，才能称为成功。虽然早在20世纪80年代初，这类改革的必要性就已十分明确，政界与科学界的有关专家对此也早有预判，然而东西德的重新统一并未加快改革的进程，而是延缓了其目标的实现。仅从这一点我们就不难看出，让"莱茵模式资本主义"的领袖重新适应并遵守社团主义市场经济模式的游戏规则注定是一项艰巨的任务。而这一复杂的经济模式只有在所有参与者的协调配合下才能充分发挥其效率潜力。金融市场危机的经验是否影响并以何种方式影响这一进程，是目前最牵动人心的问题。

在当今的欧洲，德国的经济地位相比其政治或文化地位而言要更胜一筹。不过，这并非一直如此。至少，《罗马条约》诞生的历史清楚地告诉世人，相比功能上的经济压力而言，原则性的政治决议对欧洲融合道路的选择和拓展做出了更大的贡献。推动欧洲经济共同体建立的并非经济利益的博弈，而是出于生存安全以及防范外来侵略实现独立自治的政治的考量。在历史进程中，政治诉求显然是放在首位的。然而，要让经济史学家承认这一点却并非易事。为了抓住欧洲问题的主要矛盾，这一点认识是十分必要的。欧洲人要想捍卫自己的政治、经济和文化同一性，就不应该仅仅依赖内部市场的融合力。20世纪60年代而言，如今的世界经济对经济决策体系的影响更为深远，（全球）经济的发展愈加成为阻碍欧洲融合的离心力。在此过程中实现欧洲政治有益功能的动机如今也日渐缺失。货币联盟和东部扩张虽然极大地改变了欧洲经济融合的框架条件，然而却将政治统一这一基本问题抛在脑后。它甚至打算跳过欧洲文化的历史长河和"欧洲特性"来解决这一问题。不过，几乎所有事实都证明，要想在更广阔的欧洲范围内解决这一问题实属不易。对世界贸易大国德国而言，摆在面前的问题是：德国能否适应货币联盟的客观要求融入欧洲经济的综合体中，能否将更广阔的内部市场视为实现其国家经济、政治目标的根基。在这个过程中，德国是否愿意——能否承受——为了欧洲融合的利益而牺牲本国的优势，尤其是其社会生产体系的比较制度优势，是否能够最大限度地用自身的竞争力为欧洲的自我复兴服务。这一决定的后果已超出狭隘的经济利益范畴，它在很大程度上决定着未来我们将如何在德国和欧洲生存与发展。

有关德国战后经济史的研究始于20世纪70年代。十年后，出现了许多争议问题，对这些问题认知完全超出了专业范畴。① 有关"经济奇迹"的根源及其模式特征自然就成为讨论的中心议题。② 在对西德经济和经济政策道路普遍的茫然不知所措的背景下，需要弄清楚的是：战后时期积累的经验究竟只是历史舞台上一段无关紧要的小插曲还是代表着社会市场经济秩序政策创新的新标准？德国能否找到重返"经济奇迹"美好年代的方法？在那里所有社会变迁的牺牲者都获得了应有的物质补偿。倘若抛开贯穿 50 年代的创纪录的标志，又该用何种历史标尺来衡量德国经济的成就？如今这样的议论声依旧此起彼伏，80 年代对于这一问题的回答显然并未过时。这些都与有关"经济奇迹"根源的分析密切相关。如今的经济史学家能更透彻、更广泛地理解这一根源。但是在公众舆论界——尤其是在世界的那些政治中心——仍然流传着一些有关这一根源的天真的、有失偏颇的观点。那些渴望为非洲、中亚或巴尔干半岛实施"马歇尔计划"的人士几乎都无法真正理解其内在机制。德国经济于 1945 年崩溃且涣散了，但德国根本不是一个什么"欠发达"国家。

有关 1945 年以后经济史的早期研究结果经过很长一段时间才得以坦然问世。"马歇尔计划"最先带来的并非是直接的经济效应。这一点虽并未抹杀其在西欧重建特殊框架条件下的历史作用和意义，却降低了它被应用于解决其他发展问题的普适性。有人认为，1948 年的货币改革还不足以用来解释德国的"经济奇迹"。但他们也并未否认改革实施的必要性并尽量避免对东西德货币联盟之影响进行有失偏颇的评价，而这在 1990 年西德政界中十分普遍且常见。探究社会市场经济的本质比起理解其具体内容而言要容易得多。虽然，社会市场经济作为经济政策的口头承诺和全球极端市场化复兴进程的中和剂越来越受到政界人士——甚至其早期批判者——的欢迎，但在德国人集体记忆中仍然存在着许多空白。人们或许会对西德重拾社团利益政策和市场经济的游戏规则——正如 20 世纪 50 年代初朝鲜危机期间发生的那样——从自由主义教义视角进行谴责或从务实主义角度进行夸赞。不过，这一事实本身却无法被人们忽略和淡忘。

---

① 沃尔夫冈·詹克（Wolfgang Zank）于 1988 年在《时代》（*Die Zeit*）杂志上将这一现象称为"经济史学家大争论"（Wirtschaftshistorikerstreit）。见其文章《奇迹无法避免》（"Das Wunder ließ sich nicht vermeiden", in: *Die Zeit*, Nr. 26, 24. 6. 1988），第 25 页及其后。

② 我的有关《德国战后经济史》（*Wirtschaftsgeschichte der Bundesrepublik Deutschland 1945—1980*, Frankfurt a. M., 1983）一书也是如此，它总共再版七次。在苏尔坎普（Suhrkamp）出版社出版之前，新历史图书馆出版了本书的第一版。

其他早期的研究成果则是对叔本华法则的有力证明。[①] 在他看来，每一种理解和认知的胜利都仅仅是昙花一现——在此之前和之后的两段很长的时期里，它被世人斥责为悖论或被贬低为平庸之论。曾有不少人认为，作为战争轰炸的后果，德国经济是从零起点开始的。难道今天依然有人质疑这种看法是错误的吗（难道今天还有人对这一论断的错误性心存疑虑吗）？人们可能会对重建效应的规模问题争论不休，却不会怀疑经济特别增长条件本身的作用。这些条件深深地影响着20世纪50年代的经济发展，以后也再未出现过类似情形。德国的生产潜力没有遭到摧毁（与谋杀性空战所针对的城市居住区不同），其生产机械也没有老化或技术落后于他国。如今，这一叔本华意义上"平庸的"认识和观点仍然是理解德国战后历史不可或缺的工具。

从今天的视角来看，人们又提出了新的问题：国家经济政策的潜力和界限究竟何在？德国经济的比较优势有哪些？德国在世界文化竞争中的地位如何？金融领域对整体经济产生了哪些越来越深刻的影响？金融领域对国际国内发展的稳定产生了以及会继续产生哪些后果？因此，《德国战后经济史》最新再版必须要跟上过去这几年的研究成果与问题焦点，这一点从本书日渐增长的页码即可看出。扩展的内容当然并不仅限于增加一个额外的章节，事实上，笔者对几乎所有章节的文字（从第四章开始）都进行了修改，并从当今的视角出发扩展了相关内容。书籍能够再版也引证了亘古不变的原则：书的内容带给读者比书的标题更多的惊喜。由于1945年并不是德国经济的零起点，因此，如果一部德国经济史没有包括自19世纪后期国家形成的基本特征，那么这本书就会十分难以理解。这一点也适用于欧洲，自20世纪50年代以来它与德国经济史紧紧相连，密不可分。上述两方面内容的扩展不仅限于个别章节，而是贯穿于所有相关的领域和主题。

这些也同样适用于分析民主德国经济衰败的原因。在这方面我们必须反对将东西德分裂的那段历史笼统地看成一个时期。所有人都不得不承认，从严格意义上来讲，1947年至1990年并不存在统一的"德国经济史"。故而有关民主德国经济问题的研究也就应运而生，而这也并非仅仅出于地域原

---

① 《作为意志与表象的世界》（*Die Welt als Wille und Vorstellung*, 1. Band, Vorrede zur 1. Auflage, 1818; 3. Aufl. Leipzig 1859），第 XV 页。

因。民主德国的经济史需要得到符合其独特条件和意图的适当关注。① 然而，民主德国曾经创造的经济成果仅有极少部分流入德国经济的精髓中。② 因此，对于1990年以后的德国经济史而言，其地位就可想而知了。这里我们仅考虑东德经济史中那些对理解德国经济发展有历史意义的和统一后的德国经济前景仍然重要的部分。

历史描述究竟允许自己或应该在多大程度上贴近正在发生的公众争论过程？对于这一问题的回答并非易事。经济史撰写的比较优势不是首先在于介入到具体问题解决方案的现实争论之中。因为，每一个备受争议的问题领域都有自己的历史发展轨迹并与参与者的精神世界和当时的制度背景息息相关。如果对现实问题的时间、空间和社会联系视而不见，改革必将归于失败。为了检验普适性观点的经验相关性，历史研究亦是必不可少的。倘若不考虑备受争议的社会生产体系所处的历史背景，诸如"劳动'成本太高'致使劳动力市场出现失衡"等有关经济改革争论的陈词滥调极易成为毫无意义、流于形式的理论说辞。如果类似论据具有普遍适用性，发展中国家早就能够摆脱落后状态，实现完美的蜕变。巴里奥斯·加拉加斯（Barrios von Caracas）提到的"充分就业"也能成为衡量经济状况健康与否的指标。然而，事实却并非如此。因此，为了在实践中获得相关的经济理论并探究经济决策的回旋余地和未来走向，经济史的撰写还必须介入现实的争论。一般而言，通过引入简单事实的方式就可实现这种介入。在德国，并非工作本身很昂贵，而是劳动力市场上不合格劳动力的比重过高，这也是福特主义时代留下的弊病，从而导致进入非物质生产时代的适应成本过高。

漫长的20世纪的德国经济史绝不可陷入仅从理论上解释得通的经济实际压力的内在逻辑来发展经济事件的基本轨迹及支持它的基本决策的巢穴中。这一点尤其适用于针对德国经济与欧洲和国际经济关系的研究，正是在1945年以后德国经济的重要性日渐上升。欧洲一体化进程中的关键

---

① 正如在安德里亚·史泰勒（André Steiner）的书中所提到的那样。见其书《从计划到计划：民主德国的经济史》（*Von Plan zu Plan，Eine Wirtschaftsgeschichte der DDR，München*，2004）。

② 我们不需要像汉斯·乌尔里希·维勒（Hans-Ulrich Wehler）那样深究到如此程度，他将民主德国仅仅看成是《德国社会史》（*Deutsche Gesellschaftsgeschichte*）一书的一个脚注而已。对此可参见其《联邦德国模式——民主德国是其脚注？》（"Modell Bundesrepublik-Fußnote DDR？" in：Bundesrepublik und DDR, Die Debatte um Hans-Ulrich Wehlers, *Deutsche Gesellschaftsgeschichte*, hrsg. v. Patrick Bahners und Alexander Cammann, München, 2009），第73—91页。

转折并没有像外界想象的那样遵循理性的经济博弈理论。因此，尽管从专业角度来看，对经济持续性因素和经济结构的研究更能牵动经济史学家的神经；然而，在寻求经济史决定因素的过程中，我们也应对有关偶然性和重要事件的研究给予同等耐心和细致的梳理。从这个意义上说，德国（和欧洲）经济史中给予安全政策和军备问题更多的空间和余地，显然并非巧合。最终，使 1945 年具有了文明转折点特征的并非经济事实，而是大规模杀伤性武器造成的恐怖效应，它产生于美国分别在日本广岛和长崎投下的两颗原子弹。

再一次被提上经济史研究日程的核心是一直悬而未决的德国经济以及经济政策如何重新定位的问题。"经济奇迹"留下的遗产并不完全是积极的。20 世纪 70 年代，由于市场主体的无能，他们未能汲取"经济奇迹"时期的经验教训，从而导致推动德国重返知识生产和新经济领域先锋地位的努力归于失败。[①] 他们缺少的并非理智和判断能力，而是放弃原先平静的发展道路、重新调整经济架构和运行规则的勇气和激情。许多人认为经济的传统组织方式已不再适用，而另一群人则从中发现确保德国保持贸易大国地位和市场竞争力的制度比较优势。显然，如今的改革之争已无法对这一问题视而不见。它可以从 2007 年爆发的金融危机中汲取有益经验。而本书研究的首要目的和愿望正是为此创造事实基础。

经济史学家要想更清晰地见证时代历史而不至于走偏，一些特定的前提条件是必不可少的。尤其是当他们不想受制于事件编年史的束缚时更是如此。经济史学家希望借助问题导向型方法来解答读者提出的疑问，为避免草率行事，必须将历史研究方法与社会科学的相关学科紧密结合起来。有关经济与社会政策的决定和诸如货币改革、经济改革、马歇尔计划、社会市场经济的推行、朝鲜危机、共同决策机制、扩充军备、能源政策、欧洲一体化、货币政策、对外贸易政策或国际经济利益均衡措施等重大事件（在此只列举最重要的一些事件）的分析可从对档案材料的深入研究中获得。此外，还可以使用来自联盟档案馆以及德国、美国和英国国家档案馆的相关材料。但以批判态度审视档案数据这种经典的历史研究方法在经济领域仅能有限地

---

① 详见维尔纳·阿贝尔斯豪塞《德国工业的活力：德国走向新的经济道路与对美国的挑战》（Werner Abelshauser, *The Dynamics of German Industry. Germany's Path toward the New Economy and the American Challenge* New York, Oxford, 2005）。扩展和修订版见 Keizaibunka no tousou, Tokio, 2009, 含 Akihiko Amemiya 撰写的后记。

使用。此外，大多数国家或联盟机构的库存档案对于30年以内的研究是不公开的。因此，今天研究德国历史所能使用的数据仅限于到20世纪70年代末。此外，重要的存盘资料——特别是有关欧洲和世界政策的资料——设有一定的保密等级，通常一般的研究人员是不允许查阅的。如果至少能突破这两重限制的任意一个，对于研究工作而言都是令人欣慰的。因此，我一方面要特别感谢与波茨坦的军事历史研究局开展的研究合作。在研究局的帮助下我们才得以获取国家档案馆的相关存盘资料。另一方面也要感谢波恩的弗里德里希—艾伯特基金会（Friedrich-Ebert-Stiftung）所属的社会民主档案馆的大力协助。通过那里找到的前联邦部长汉斯·马特霍夫的相关寄存物，我们才得以将施密特政府的有关资料引入研究中。在许多情况下，研究中引用的档案资料，其重要性和说服力已超出了其所诞生的时代，并对后世产生着深远影响。

从西德经济的长期发展来看，我们还面临着一些其他问题：1945年重大转折之后，对于西德经济而言，形成于西德经济的起始阶段和突破阶段的新运动规律是否一直适用？或者战后的特殊条件消失之后，联邦德国是否还将继续20世纪上半叶的趋势和循环？新的趋势——如经济金融化——在何种条件下产生并对当今的危机状态产生何种影响？对德国经济社会长期经济发展和组织模式的审视能否帮助我们对其现实状况做出比"二战"结束时更加恰如其分的确定？在这里不同的问题——一方面是关于经济与秩序政策的重大决定及其后果，另一方面是关于发展和经济结构的连续性——则需要用不同的方法进行探究。

将联邦德国的经济发展和社会体系并入德国经济史的长期框架需要使用与历史分析不同的其他方法。档案数据恐怕对这一问题的解答起不了多大作用。经济学的理论和方法——例如经济增长理论、景气循环理论、分配理论、对外贸易理论以及制度经济学——的运用比分析"重大决定"更重要，但是，其解释价值自然也必须经得起历史—经验主义的考验。通过对绝对趋势、运行周期和结构模式的宽视野观察，我们需要表明，将"二战"后的发展历程放到一个更加长久的框架内去评价可能更加适合。

在修改《德国战后经济史》一书过程中，我获得了众多同僚、档案管理员、图书管理员和研究人员的大力协助和支持。在此我要特别感谢来自比勒菲尔德的约阿辛·拉德考（Joachim Radkau）和古纳·施托贝格（Gunnar Stollberg）。感谢他们在孤独寂寥日子里对我的陪伴，感谢他们与比勒菲尔德其他历史社会学家的联络。此外，还要感谢特里斯坦·格雷芬（Tristan

Graefen）和塞巴斯蒂安·柯纳克（Sebastian Knake），是他们不辞辛苦地为我整理经济史的相关数据，搜寻参考文献，修改插图和表格。感谢来自贝克出版社（Beck-Verlag）的塞巴斯蒂安·乌尔里希（Sebastian Ulrich），是他以百分之百的专业精神为我校审和管理手稿。在此，我要对他们表示由衷的感谢。

维尔纳·阿贝尔斯豪塞
于比勒菲尔德，2010 年 11 月 24 日

译者序

从"新经济"走向"新经济":
德国社会生产体系的连续性与变革

史世伟

2011年德国政府与工业界在汉诺威工业博览会上首次提出了工业4.0的概念,将通过信息物理融合系统的研发和使用实现制造业的数字化与智能化,并宣称第四次工业革命的到来。德国这一倡议立即引起了世界各国政治、经济与学术界的强烈反响。在过去的十年中,与其他工业国家相比,德国制造业的增加值一直稳定在较高的水平,即使在金融危机中也未遭受太大冲击。这主要归功于德国有适合制造业发展和保持其国际竞争力的生产体系与教育体系。正因为德国制造业在全球竞争中的领先地位,其工业4.0计划才受到这样的重视。根据"长波"理论,每隔一段时间出现的新技术集群是社会演化和经济增长的根本动力。[①]20世纪70年代,石油危机和大规模消费品生产的衰落引发了信息革命,半导体、微电子技术的发展,计算机和互联网的应用使经济增长重新获得了动力,但是2000年互联网泡沫破灭后的全球经济发展表明,以信息化为基础的"服务型经济"无法带来足够的就业与增长,随之而来的制造业"空洞化"使许多发达工业国家的经济遭受前所未有的打击。作为德国高科技战略的一部分,工业4.0是德国发挥自身技术与制度优势,应对国际国内挑战的重大举措。继第二次工业革命后,德国似乎又一次引领了未来经济发展的方向。这正是维尔纳·阿贝尔斯豪塞《德国战后经济史》的核心主题。

一 关于此著作的总体思路

维尔纳·阿贝尔斯豪塞(Werner Abelshauser)是著名德国经济史学家,他早年在曼海姆大学学习国民经济学,后来转向经济史,曾任德国比勒菲尔

[①] [英] 克里斯·弗里曼、弗朗西斯科·卢桑:《光阴似箭——从工业革命到信息革命》,沈宏亮主译,中国人民大学出版社2007年版,第144—148页。

德大学经济与社会史讲席教授。目前他是比勒菲尔德大学历史社会科学研究教授并与其他学者一道成立了比勒菲尔德全球社会研究所。阿贝尔斯豪塞教授的研究范围较广，包括战后"德国经济奇迹"原因、德国企业史、19世纪后期以来德国生产体系与方式以及欧洲一体化等。而这部鸿篇巨制洋洋洒洒，集其研究成果之大成。1983年出版后，在德国的影响逐渐提升，1996年，德国颇具影响的知识分子报纸《时代周刊》称其为德国经济史的"楷模（benchmark）之一"。其间，每次再版作者都对它进行扩展和修改。我的翻译主要根据作者2011年的修订版，它比2004年版增加了100多页。在我们得到版权许可后，作者还为中文版做了专门的修订。需要指出，商务印书馆曾经出版过本书第一版的中文译本（《德意志联邦共和国经济史 1945—1980年》，张连根、吴衡康译，商务印书馆1988年版）。但是当年的版本只有四章（现在是十章），不仅时间跨度小、篇幅不及现在的一半，而且没有作者后加入的关于民主德国经济以及德国经济国际维度与欧洲一体化进程的内容。由于上述译本距今时间已较长，这次我在翻译中没有参考张、吴两位前辈的译文。

总体来看，《德国战后经济史》不是一部关于战后经济"重大事件"的编年史，而是一部对于德国经济模式及其影响的研究著作。作者试图在德国经济发展长期框架内审视德国经济与秩序政策的影响以及经济发展的特点和经济结构的连续性。作者深知，要完成这一挑战需要采用与历史分析不同的其他方法。档案数据恐怕对这一问题的解答起不了多大作用。经济学的理论和方法——例如经济增长理论、景气循环理论、分配理论、对外贸易理论以及制度经济学——的运用比对"重大决定"进行分析更重要。但是，其解释价值自然也必须经得起历史—经验主义的考验。在这里，阿贝尔斯豪塞继承了德国经济学以欧肯为首的秩序自由主义传统，在方法论上对困惑了德国经济学半个世纪之久的理论思考方法与历史思考方法的"二律背反"给出了自己的答案。[①]

当然，阿贝尔斯豪塞首先是一位历史学家，他最为关注的是历史的连续性。因此，他接受同样是经济史学家的1991年诺贝尔经济学纪念奖获得者道格拉斯·诺斯的观点，即制度变迁的路径依赖性。他认为德国的"社会生产体系"（Soziales System der Produktion）或称"社团主义市场经济"体

[①] ［德］瓦尔特·欧肯：《经济政策的原则》，李道斌、冯兴元、史世伟译，中国社会科学出版社2014年版，第396页。

制（Korporative Marktwirtschaft）在威廉帝国时代奠基，德国经济的创新核心是19世纪晚期在机械制造、电子技术工业或化工业领域形成的多样化优质生产，它的实质在于利用经济与科学的新型共生关系实现无形价值的创造，这种价值创造只是在边缘上来自与传统工业一致的物质转化。它更多地依赖于对市场需求、研发问题的解决方案、生产程序、应用程序和可加工性的整合认知以及有利于产品适时供给、融资和确保其他性质特点的整合型服务。这种在第一次世界大战前在德国已经成熟的"新经济"（neue Wirtschaft），具备了20世纪70年代以信息革命为标志的"新经济"（new economy）的一些典型特征。当今世界经济的另一个突出特点是全球化。而19世纪最后30年在德国崛起的新工业充分体现着全球化的能量和活力，世界市场导向策略和大规模的出口贸易正是其独特标志，只是第一次世界大战以及后来的世界经济动荡中断了这一进程。因此，阿贝尔斯豪塞对德国经济模式或生产体系能够适应当前"新经济"的挑战具有十分乐观的态度。在他看来，工业革命的颠覆性特征不应被绝对化，工业革命是人类知识和人力资本长期积累的结果。在德国，与之相应的制度体系也在工业革命出现时得以建立，以后不断完善。当然，强调历史的连续性并不是否认变革。诺斯的新制度经济学告诉我们，历史与现实及其未来通过制度联系起来，制度变迁的路径依赖意味着社会与经济制度沿着一条历史上自发或情境依存选定的轨道演进，它不仅成为选择的限制，也为未来的发展指出方向。[①] 由此，不难解释为什么作者在一共十章的《德国战后经济史》中用整整一章来回顾1870—1945年的德国经济史（这也是商务印书馆1988年版没有的）。

作品其余九章对于德国战后经济不同时期的篇幅分配也别具匠心。第二、第三、第四章是1945年至1969年的德国经济史，重点在1947—1958年的德国经济。第五章是德国经济的国际维度，特别是欧洲一体化对德国经济的影响。第六、七、八章是1970—1979年的德国经济与社会发展。第九章回顾了1990年统一前民主德国的经济发展历程。而20世纪80年代至今长达30年的经济史仅仅用第十章一章的篇幅。诚然，一部历史著作的写作受到历史档案材料的限制，大多数国家或联盟机构的库存档案对于30年以内的研究是不公开的。因此，今天研究德国历史所能使用的数据仅限于到20世纪70年代末。但是在我看来，这还不是作者篇幅取舍的全部原因。1947—

[①] Douglass D. North, Institutions, *Institutional Change and Economic Performance*, Cambridge etc.: Cambridge University Press 1990, p. vii.

1958年与20世纪70年代正是德国社会市场经济体制,即德国战后秩序政策形成与转变的两个关键时期,自然成为作者的论述重点。而德国战后"经济奇迹"的根源和欧洲一体化的经济效应正是作者最有成果的研究领域。

为了使读者能够更好地理解这部作品,下面我就以上这三个方面对著作的主要创新点进行较为详细的评介。

二 对于20世纪50年代德国"经济奇迹"原因的解释

在德国经济史学界,阿贝尔斯豪塞最突出的贡献是其对德国战后"经济奇迹"根源的独特解释。以往人们——包括德国史学界中的一些权威人士——的习惯看法是第二次世界大战不仅使德国沦为一片焦土,同时也彻底地摧毁了德国经济与政治统治基础,战后的德国处于"零起点"。然而,阿贝尔斯豪塞却指出,"从总体上看,不论是民主德国和联邦德国,还是两德重新统一后的德国都保留了经济发展的连续性。正是由于这种连续性,联邦德国的经济史注定不会从零点开始"。"德国经济于1945年崩溃且涣散了,但德国根本不是一个'欠发达'国家。"

阿贝尔斯豪塞之所以能够提出与众不同的观点,一方面是他坚持从一个长期的框架内对德国1945年后经济史进行诠释,另一方面也在于他对1945—1948年即所谓重建前时期史料的深入挖掘,他对于德国著名企业历史的研究也有助于他了解德国当时的资源状况。他用数据证明,1945年德国的工业能力并没有被摧毁,生产设备也没有老化与落后,以往的研究夸大了战争轰炸以及战后盟军对于德国工业设备拆卸的影响。实际上,1945年工业设备投资的数目相当可观,而投资的质量也不错。"二战"末期,德国的质量等级——即净生产资产与毛生产资产之比——达到"一战"以来的最高水平。德国的战后重建既不是人们通常认为的始于德意志联邦共和国成立的1949年(德意志民主共和国也在1949年成立),也不像许多历史学家断言的开始于货币改革的1948年,而是开始于1947年。

读者不禁要问,重建从哪一年开始有什么重大的意义吗?是的,对德国战后所谓的"经济奇迹"的解释来说是有重要意义的。所谓德国战后"经济奇迹"指的是1948年德意志联邦德国成立,经过一段困难时期后,经济的长期持续增长:1950—1965年,德国人均产值平均增长了5.6%,其中20世纪50年代的国内产值的年均增长更是高达8%左右。大大高于其他发达工业国家同期的平均水平。德国史学界对于"二战"后德国经济史的研究始于20世纪70年代,当时占主导地位的观点强调"马歇尔计划"(1948年)、货币改革(1948年)以及社会市场经济体制的确立对于战后联邦德国经济重建起到的决定性作用,它们成为许多历史学家和政治家解释"经济奇迹"产生的最主要原因。阿贝尔斯豪塞当然不否认这些重大历史事件对于德国经济超常规增长以及联邦德国重新崛起的作用,但是他对它们的决定性作用有所保留,特别是他用详尽的史实和数据证明,马歇尔计划对于德国经济重建的作用是有限的。他认为,战后德国经济腾飞的根源必须在一个包括整个20世纪长期历史框架中去寻找。自"一战"爆发至20世纪中期,资本主义工业失去了先前的工业腾飞的主导趋势,战争、动乱、通货膨胀与紧缩危机决定着这一时期经济史的基调。另外,由于政治因素的影响,比如民族社会主义的上台,许多历史学家倾向于将这一阶段当作"非规律"的特殊时期剔除出分析行列。但是,阿贝尔斯豪塞认为正是这段时间德国经济的发展趋势创造了"二战"后德国经济重建的特殊条件,而这些条件在20世纪50年代传统意义上的重建期结束后则不复存在。1933年纳粹政权在德国上台后,推行了"德国的凯恩斯主义政策",制造了"德国经济奇迹"(1933—1938年)。当然,它也要部分归功于魏玛共和国期间经济黄金阶段的储备与积累(1919—1923年)。"二战"爆发后,德国转向了战争经济。战争经济在带动40年代上半期军备扩张的同时,也为1945年以后德国经济的迅速重建创造了前提条件。在军事需求和战败恐惧的重重压力之下,德国工业成功实现了创新。德国工业不仅实现了理论上的技术进步,更加学会了如何将理论应用于现实。正是纳粹政权在1937年使工业职业培训和资质认证成为第三帝国时期的一场全民运动。因此,被战争和经济动荡"压制了的"德国经济增长潜力的释放以及由于战争造成的大量年轻和经过良好职业培训的难民涌入联邦德国成为"经济奇迹"的前提。从经济理论的角度,阿贝尔斯豪塞采取"重建期"假说来解释战后经济的快速增长,即经济增长有一种经济发展进程遭遇中断后又重返增长轨道的趋势,因为该进程反映了经济上可能的和历史上实现了的增长。由此,他对流行的其他两种解释模式——结构断层假说和赶超假说提出了质疑。

1975年阿贝尔斯豪塞在他的博士论文《1945—1948年的联邦德国经济:美英占区的重建与增长条件》中提出了上述观点,当时遭到德国历史学界的强烈反对。德国现代史权威巴林(Arnulf Baring)曾称其为"异端邪说"。但是随着时间的推移,他的观点逐渐被大多数人所接受。从某种意义上说,阿贝尔斯豪塞改写了联邦德国的经济史。阿贝尔斯豪塞关于德国重建与经济奇迹特殊条件的观点成为人们理解德国战后经济史的一把钥匙。接受了他的这一观点，对于1990年两德统一时，通过货币改革以及一次性地在原东德植入社会市场经济体制无法再次创造神奇就不会感到意外了。

三　德国社会生产体系的比较优势及其改革

前面讲到，阿贝尔斯豪塞认为，德国经济从威廉帝国开始就逐渐从物质生产向非物质生产过渡，德国工业有别于其他工业文明的突出特点为充分满足客户需要的定制化。他将这种专业化模式称为"多样化的优质生产"。而这种专业化模式作为德国的社会生产体系延续至今。即便是"二战"后接受了美国的大众消费品流水线作业生产方式，德国工业也没有放弃这种模式，而是将这两种模式的优势结合起来。而与这种生产模式相适应的"社会生产体系"，即德国特殊的经济和社会制度安排被他称为"社团主义市场经济"。它最主要的特征在威廉帝国时期形成。社团主义市场经济的基本原则是促进经济活动参与者间的合作而非竞争。在经济组织上它表现为通过大型股份公司管理层的双层结构帮助其有效对接社交网络，并将来自各类重要经济领域的信息流引入组织内部，从而优化企业决策基础。企业监事会选入银行业的代表不仅能够实现对企业更好的监督，还能为企业提供长期的金融支持。股份有限公司虽是证券交易所风险资金的募集主体，但银行（全能银行）掌管着证券发行业务，同时，它们为大多数股东行使保管人投票权并确保金融关系的长期稳定。德国投资者（包括小股东）的投资行为不是股东价值原则导向的，而是将自己看作企业的利益相关者，投资动机不在于获得短期收益，而是希望通过企业的财富增值实现长期盈利的目标。因此，这种生产体系有利于着眼长期性和持久性的公司。该生产体系的其他组成部分——例如行业体系、劳动关系和教育体系——的运作方式都遵循着相同的目标导向，通过各联合会内部的合作、与统一的工会组织建立伙伴关系以及在共同的企业外部培训中形成技术类行业标准。德国还建立了学校与企业的双元职业培训体制，为生产的稳定和质量的高标准提供了有力保障。

在经济政策领域，德国奉行"生产性秩序政策"，目标是设定并实施大多数经济主体都遵循的规则和标准。它与英美式的、德国在1879年以前奉行的自由主义政策大相径庭。它所涵盖的领域除了对外经济，还包括广义的基础设施政策、区域发展政策（既包括经济发展政策也包括社会发展政策）和旨在挖掘和激活人力资源潜力的职业导向型教育政策与培训政策。德国的国家经济政策自产生以来就依赖于众多主体。在帝国时期，中央政府就不得不将精力集中于对外贸易政策领域,而将国内市场经济的管辖权交由各联邦州。地方政府的经济活动同样十分重要。自20世纪初以来,市、镇、县就掌控着经济领域内最活跃市场上一些行业的经济活动,例如电力行业和其他能源供应企业或地区金融业（储蓄所）。另外政府还推行了促进知识进步与科研发展的政策,以适应生产科学化的需要。制定秩序政策的主体是国家,而对经济运行的管制职权则属于整个社团主义市场经济体系。它的运作基于拥有自主行动权的社会团体、协会、公司和康采恩之间的自由合作。国家对此种关系的建立和架构发挥积极的推动作用并提供相应的法律援助和支持。对经济发展的进程和结果起决定作用的责任主体还是经济界本身。随着工会组织自20世纪初不断壮大,其在德国生产体系中的影响越来越大。经济联合体与工会之间的社团利益博弈成为德国社会国家要求产生的源泉。

但是众所周知,"二战"以后德国建立了社会市场经济体制,其思想来源之一为秩序自由主义,它将建立竞争秩序作为经济政策的核心。这与阿贝尔斯豪塞描述的强调合作的"社团主义市场经济"体制岂不是对立的吗？确实如此。在经过魏玛共和国的国家调控失败以及纳粹德国时期的"国家统制经济"后,社会市场经济体制——虽然它的内容随着时间进程不断发生变化——起初被当作明确与俾斯麦时期建立的社团主义市场经济相对立的制度模式,一个有意识的、在战后制度"真空"时期成为可能的政治决策的产物。然而,当时占统治地位的改革自由主义各派别,无论是以欧肯为首的秩序自由主义弗赖堡学派还是米勒-阿尔马克与艾哈德的"社会市场经济"派都肯定国家有限干预的积极作用,但他们的观点与当时流行的凯恩斯主义不同,国家干预的目标主要在于建立和维护竞争秩序以及履行社会责任,而不是过程政策的宏观调控。因此,阿贝尔斯豪塞认为,将社会市场经济当作1945年后对国家经济控制回应的观点是有待商榷的。更确切地说,它是社会学习过程的产物。这个过程始于20世纪30年代世界经济危机末期并在第三帝国时期取得了一系列初步进展,社会市场经济体制发展的连贯性和延续性不容忽视。所有这些前导历史以及由此产生的经济界和管理界精英对此类思维模式的信任,在很大程度上对1947年以后社会市场经济的实现发挥了积极的作用。

此外,在联邦德国成立初期的政策实践中,以艾哈德为首的经济决策层在1948年货币改革后确实顶住了各方面的压力,坚决捍卫自由经济市场秩序和供给导向的经济政策,为联邦德国的经济繁荣奠定了基础。但是到1951年,在德国经济受朝鲜战争影响下出现危机时,德国又重拾经济联合会调控经济的机制,实现了社团主义市场经济的回归。

当然,作者并没有断言战后的"社团主义市场经济"与威廉帝国、魏玛共和国甚至在纳粹德国时期被扭曲了的社团主义市场经济完全相同。果真如此,那么德国就没有从经济危机、动荡和战争中吸取教训。这首先体现在"卡特尔法"的制定上。卡特尔是独立企业在自愿基础上以合同形式组成的联盟,因此曾经是德国合作式市场经济的一种普遍形式,德国曾被认为是"卡特尔的典型国家",但它也是欧肯深恶痛绝的私人权力垄断市场的工具。因此,1957年通过的《反对限制竞争法》(简称《卡特尔法》)就成为市场经济的"宪法"。虽然战前卡特尔联盟的官僚化使当时许多工业企业家们也感到厌倦,但是《卡特尔法》的制定还是遭到了经济联合会与执政党内部一些人士的抵制和反对。最终,艾哈德力排众议,在历史的"重大关头"(critical junctures)实现了在德国取消卡特尔的立法壮举。

在对社会市场经济中"社会"定语的理解上,改革自由主义者也基本上贯彻了自己的意愿。虽然《基本法》继承了《魏玛宪法》的传统,将"社会国家"与"民主和联邦制国家"一道作为国家秩序的基础,但是除所有权的社会责任外,对它的目标及实现方式并没有做出具体规定,从而使其成为一个开放的概念,这与魏玛时期不同。在魏玛共和国时代,"社会国家"是经济与社会秩序的核心内容,"社会国家"的要求具有明确的实现生产资料社会化的含义,这成为导致魏玛共和国失败的重要原因。事实上,在战后初期德国经济与社会状况下,广泛的社会政策还没有提到议事日程上,唯一能够延续的是俾斯麦在1883年开始引入的法定(强制)社会保险,联邦德国成立前已存在的社会保险网与德国社会保险的传统体系完全相符。

然而,人们很快就发现,在社会市场经济的旗帜下社会政策的传统领域在不断扩大。国家的社会干预主义趋势不断蔓延。1957年的养老金与工资增长挂钩的养老金改革是决定性的一步。但阿贝尔斯豪塞认为,养老金改革为德国历史做出的贡献功不可没。它帮助德国公民重新建立起了对联邦德国社会国家的信任,进一步巩固了社会团结与和平。另外,改革并未带来负面的经济后果。但是20世纪70年代初,在社会民主党联邦经济和财政部长卡尔席勒的领导下,德国社会保险基金两位数的增长大大快于国民收入增长率,这成为在德国实行迟到的凯恩斯主义经济政策的一个方面,政治决策者期冀借助福利国家达到熨平经济周期和为全体公民提供可持续保障的目标。后来的发展证明,在人口老龄化的压力下,社会保障金的无节制扩大导致国家财政负担沉重而难以为继,国家高负债和高工资附加成本是低增长的重要原因之一。因此社会保险体制改革势在必行。但是改革的目的是使德国特色的社会保障体系更加具有效率，而不是抛弃它，因为它从一建立起就是德国社会生产体系的一个不可或缺的组成部分。

1967年通过的《促进经济稳定与增长法》（以下简称《稳定法》）以凯恩斯主义构想为理论依据，被誉为德国"经济政策发展史上的里程碑"。但是，由于德国的经济结构与制度设置，凯恩斯主义式的经济政策在德国注定受到很大的局限。首先，德国经济十分依赖于世界经济，国内依靠财政刺激扩大有效需求的宏观调控在世界经济框架条件剧变的形势下不能奏效。两次石油危机对德国外向型经济的打击就是最好的证明。其次，由于德国历史上两次恶性通货膨胀的阴影，中央银行的货币政策严格遵循不受政府干预的原则，这一制度设计使德国财政政策扩张性目标受到货币政策反向操作的约束。

与此相反，20世纪70年代席勒与施密特政府倡导的"联合行动"却取得了部分的成功，即在工资形成、投资、就业以及提供培训岗位等重大经济问题上，协会团体之间达成一致与合作的范式，政府在其中扮演协调人的角色。同时，70年代中期，在魏玛共和国时期开始实行的"雇员共同决策制"得以扩大，致使大企业内部雇主与雇员内部协商机制进一步得到加强。这一制度在德国得到了长期和稳定的发展，即使在社民党不在联邦政府中占主导地位后也是如此。虽然由于条件的变化，"联合行动"已经无法延续其制度化的方式，但德国的"社团主义市场经济"模式还是在2007年金融危机中再一次展现了其优越性。因此，阿贝尔斯豪塞认为，在目前知识经济和全球化的后工业时代，德国应该发挥其社会生产体系的比较优势，利用历史沉淀的、密集的制度和网络，通过合作和协商达到不同团体的利益平衡。这种自我组织、自主管理需要各利益团体，特别是企业家具备很高的道德水准和社会责任感。但这正是被法国企业家阿尔伯所称道的、在欧洲逐渐被大多数国家所接受的"莱茵资本主义"的特质。而目前德国乃至核心欧洲所面临的诸如大规模失业等问题的根源不是"劳动成本过高"，而是由于福特式大规模批量生产退出历史舞台后劳动市场上的资质错配。目前结构转型的重点不仅是建立一个服务型社会，而且还要包括制造业的第三产业化，德国不能放弃其以非物质价值创造为主的现代制造业，它是德国保持自身国际竞争力的坚实基础。

四　欧洲一体化中的政治优先

今天，经过50余年的发展，以共同体方式演进的欧洲一体化已经达到了这样的高度，以至于我们离开欧盟的机构、法令和政策，就无法对成员国的经济与政治秩序运行做出评价。因此，欧洲一体化的历史必须成为德国经济史的一部分。对于欧洲一体化的动力问题始终存在着一些模糊之处。由于欧洲一体化在经济领域取得了世人瞩目的进展（关税同盟、欧洲统一市场、货币联盟），而在所谓的高政治领域一体化却步履维艰，在外交与防务政策方面政府间合作至今仍然为主要决策手段。因此，人们普遍接受了对欧洲一体化的功能主义解释：欧洲一体化主要在经济领域发生，超国家机构权能的扩大随着经济治理特别是单一市场发展的需要不断前进。但阿贝尔斯豪塞不同意这种观点。根据他对煤钢共同体建立前后历史的深入研究，当时法国倡议的动机既有经济上自我壮大，也有在防务问题上约束德国的考虑。而就德国来说，在20世纪50年代的特殊形势下，要恢复主权，甚至欧洲大国的地位除自愿自我约束外没有其他的选择（"一战"前的"中欧"霸主以及"世界殖民大国"均已经成为噩梦）。德国的未来在于西欧联盟，而重返（西）欧洲则必须付出应有的政治代价（比如放弃核武器）。不是欧洲思想、经济重振，而是政治决策是欧洲一体化的核心动力，是一体化功能主义发展的前提。

从后来的发展看，无论是欧洲经济共同体的成立还是欧洲货币联盟的启动，约束德国和德国自我约束的政治考虑都起了主导作用。从这一视角来看，关于欧元区是否达到"最佳货币区"标准的学术讨论失去了意义。而悖论是欧洲联合在经济上对抗美国和日本的协调努力却难言成功。欧洲产业政策虽然在民用航空领域取得了一定的进展（空中客车），但是在信息技术领域建立一个欧洲联合企业的努力却失败了，致使在微电子和计算机技术方面欧洲至今无法与美日竞争。

因此，我们可以得出这样的推论：位于欧洲中心、人口最多以及经济最强大的德国对于欧洲一体化的未来起着关键作用。由于欧盟的扩大和经济全球化的深入，欧盟内部成员国之间经济上分化严重，协调治理越来越困难。在目前欧洲债务与金融危机尚未根本缓解的情况下，欧盟的前途越来越扑朔迷离。特别是在经济上，欧盟对于德国的重要性相对10年前有所下降。但是只要德国在政治上仍然将欧洲联合作为其唯一选择，凭借其超强实力，仍然是欧洲一体化的定海神针。

结　语

综上所述，阿贝尔斯豪塞在这部著作中令人惊讶地将历史叙述、理论阐释以及现实评论成功结合,将对德国经济模式和秩序政策特征的描述与阐述放到当时历史情境中,使那些原则与概念具有了时间和空间感。由于阿贝尔斯豪塞强调德国历史的连续性,对德国经济史的断裂论据提出尖锐的质疑,他的一些观点与我们熟知的有所不同。作为一名从事德国经济研究的学者,我在阅读这部著作时感到由衷的震撼。著作材料翔实,但绝不琐碎。非常值得称道的是,阿贝尔斯豪塞并没有像通常的经济史学家那样使用大量的数据图表,长达 700 多页(原书)的作品仅使用了 43 张图表。

阿贝尔斯豪塞这部著作的主题是德国经济发展的历史连续性以及制度变迁的路径依赖。这对于我国目前的制度变革有重大的启示。在我们对目前国内一些重要的经济制度(比如国有企业)做出评价以及对重大改革决策进行考量时,需要学会从历史的长期框架中去看待问题。因为制度变迁的路径依赖,在引导制度变革时不能忽视历史。根据德国改革的经验(比如对俾斯麦传统的养老保险体系的改革),在路径依赖的条件下,制度创新更容易实现,而且无论在现行框架内还是在现行框架外付出的成本更低。换句话说,从长期来看,制度的存续必然与实质性的内部变革联系在一起,但形式上的连续性会使变革的实现更容易,获得更多利益相关者的支持,在很多情况下甚至是唯一的可能性。

德国战后的经济发展是一部很好的自力更生的教科书。我们可以从中学到最好地利用国内与国外两种资源的经验。经济的发展离不开有利的国际环境,但是外因需要通过内因发挥作用。目前,我国国内经常有所谓新"马歇尔计划"的提法,将我国当前通过"一带一路"基础设施投资来帮助周边欠发达国家经济发展的举措与战后美国在欧洲实施的"欧洲复兴计划"相提并论。但事实上,根据阿贝尔斯豪塞对历史数据的详细挖掘,美国"马歇尔计划"对于德国经济重建在经济上的帮助有限。因此,"一带一路"沿线国家还是要靠自身的努力实现经济发展。

翻译是一项艰苦的工作,何况是这样一部大部头的作品。首先感谢冯兴元教授策划了这本书的翻译。我曾经的学生黄莎莉女士做了部分初译工作。我的同事于景涛副教授翻译了大部分注释。我的博士生刘惠宇和硕士生付颖对书的体例规范进行了校订。冯兴元教授对全书做了最终统校。我在这里对他们的帮助表示由衷的感谢。

阿贝尔斯豪塞开宗明义地指出,"1945 年以来的德国历史首先是一部德国经济史"。现在,经过一年半的努力,我终于可以把这部关于德国现代发展的力作奉献出来,希望得到大家的批评指正。

目　　录

第一章　漫长的 20 世纪德国经济 ……………………………（1）
　第一节　并非零起点 …………………………………………（1）
　第二节　迈向新经济之路 ……………………………………（7）
　　一　社会生产体系在帝国的奠基 …………………………（7）
　　二　中断的全球化 …………………………………………（12）
　　三　德国的生产体系 ………………………………………（15）
　　四　趋势与周期 ……………………………………………（20）
　　五　福特主义与战争经济 …………………………………（23）
　第三节　社团主义市场经济 …………………………………（25）
　　一　生产性秩序政策 ………………………………………（25）
　　二　社团主义利益政策 ……………………………………（28）
　　三　政治主导权 ……………………………………………（30）

第二章　1945 年以后经济走向的确定 ……………………（32）
　第一节　初始条件 ……………………………………………（32）
　　一　德国的经济分裂 ………………………………………（32）
　　二　资源状况 ………………………………………………（37）
　　三　战争赔款问题 …………………………………………（44）
　　四　对外贸易与跨区贸易 …………………………………（53）
　第二节　经济政策构想 ………………………………………（57）
　　一　寻找第三条道路 ………………………………………（57）
　　二　自由派的改革进路：前卫的社会市场经济 …………（61）
　　三　另一种选择：凯恩斯主义 ……………………………（67）
　　四　公有经济与计划 ………………………………………（69）
　第三节　经济复苏 ……………………………………………（72）
　　一　美国占领区 ……………………………………………（73）

  二 英国占领区 ………………………………………………… （75）
  三 法国占领区 ………………………………………………… （76）
  四 苏联占领区 ………………………………………………… （78）
  五 关键之年：1947年 ………………………………………… （79）
第三章 从货币改革到朝鲜战时繁荣 ……………………………………… （84）
 第一节 东西德的经济与货币改革 ………………………………… （84）
  一 漫长的"助跑期" …………………………………………… （84）
  二 货币对决 …………………………………………………… （86）
  三 结果 ………………………………………………………… （89）
 第二节 马歇尔计划：神话与现实 ………………………………… （92）
  一 物资援助 …………………………………………………… （92）
  二 内部马歇尔计划与重建援助的融资 …………………… （101）
  三 辅助性原则 ………………………………………………（109）
 第三节 西德经济与经济秩序的突破危机 ………………………（111）
  一 繁荣前的宁静 ……………………………………………（111）
  二 朝鲜战争与社会市场经济危机 …………………………（117）
  三 黑格尔式的社会市场经济：重回社团主义市场经济体制 …（120）
第四章 艾哈德时代的社会市场经济实践 ………………………………（128）
 第一节 《卡特尔法》——社会市场经济的"宪法" ………………（128）
 第二节 调控漏洞：扩充军备的秩序政策与现实经济问题 ……（131）
  一 军备与市场经济 …………………………………………（132）
  二 军备赤字的政治代价 ……………………………………（135）
 第三节 公平漏洞：俾斯麦式的社会市场经济 …………………（138）
  一 社会国家的要求 …………………………………………（138）
  二 西德市场经济的社会维度 ………………………………（142）
  三 养老金改革 ………………………………………………（145）
 第四节 行动漏洞：煤炭与政治 ……………………………………（150）
  一 矿区的秩序政策权力之争 ………………………………（150）
  二 鲁尔河畔的持续危机 ……………………………………（152）
  三 为挽救煤业的联合行动 …………………………………（155）
  四 整顿、适应、倒退 …………………………………………（158）
第五章 重返（西部）欧洲 ……………………………………………………（162）
 第一节 是连续还是新开始 …………………………………………（162）

第二节　迈向世界经济之路 …………………………………………（164）
　　一　世界经济新秩序 …………………………………………（164）
　　二　西德重返世界经济舞台 …………………………………（166）
　　三　危机与扩张 ………………………………………………（169）
第三节　欧洲地区：通过歧视实现一体化 …………………………（177）
　　一　法国的两难境地 …………………………………………（177）
　　二　监护人：美国与英国 ……………………………………（179）
　　三　独一无二的卡特尔？ ……………………………………（181）
　　四　煤钢联营的实践 …………………………………………（183）
　　五　一段成功的历史？ ………………………………………（185）
第四节　欧洲复兴 ……………………………………………………（187）
　　一　关键之年：1956年 ………………………………………（187）
　　二　核武器问题 ………………………………………………（189）
　　三　欧洲经济共同体与政治主导 ……………………………（194）
第五节　德国、欧洲与世界市场 ……………………………………（196）
　　一　西德对外贸易的结构转型 ………………………………（196）
　　二　与世界市场融合的利与弊 ………………………………（198）
　　三　欧洲冠军：欧洲工业政策的失败 ………………………（200）
第六节　走向欧洲货币联盟的漫长之路 ……………………………（204）
　　一　变不利为有利 ……………………………………………（204）
　　二　欧洲货币体系 ……………………………………………（206）
　　三　欧洲货币联盟 ……………………………………………（209）
　　四　欧元所继承的负担 ………………………………………（211）

第六章　重建、延续、变革：联邦德国经济发展的基本路线 ………（217）
第一节　经济增长：重建与延续 ……………………………………（217）
　　一　对长期增长趋势的阐释思路 ……………………………（217）
　　二　重建理论 …………………………………………………（222）
　　三　重建的进程 ………………………………………………（224）
　　四　战后时代的终结 …………………………………………（227）
　　五　重返增长轨道？ …………………………………………（231）
第二节　经济发展态势：重回经典周期 ……………………………（232）
　　一　经济波动之新形式？ ……………………………………（232）
　　二　凯恩斯革命并未发生 ……………………………………（234）

第三节　行业结构：迈向服务业社会之路？ ……………………（237）
　　　　一　（后）工业时代经济扩张的优先次序 …………………（237）
　　　　二　服务业社会还是工业的第三产业化？ …………………（241）
第七章　经济奇迹的错时 ……………………………………………（245）
　　第一节　社会结构与生产结构的矛盾转型 …………………………（245）
　　　　一　被赶出家园者、难民、外籍劳工 ………………………（245）
　　　　二　居民与就业 …………………………………………（249）
　　　　三　无产状态的终结 ……………………………………（252）
　　　　四　趋向平均主义的中产阶级社会？ ………………………（254）
　　第二节　分配与参与：阶级社会的彼岸？ …………………………（255）
　　　　一　战争损失的分摊 ……………………………………（255）
　　　　二　走向消费型社会的漫长之旅 …………………………（259）
　　　　三　功能性收入分配 ……………………………………（264）
　　　　四　个人收入分配 ………………………………………（266）
　　　　五　财产分配 ……………………………………………（268）
　　　　六　市场经济体制下的财产政策 …………………………（272）
　　　　七　共同决策制与协商民主 ………………………………（274）
　　　　八　阶级社会的彼岸？ ……………………………………（278）
第八章　经济奇迹之后 ………………………………………………（281）
　　第一节　艰难的新导向 ………………………………………（281）
　　　　一　变革与坚守 …………………………………………（281）
　　　　二　批量生产方式的终结 …………………………………（283）
　　　　三　经济政策的错时 ……………………………………（286）
　　第二节　凯恩斯式的社会市场经济 …………………………………（287）
　　　　一　席勒时代的新路线 …………………………………（287）
　　　　二　凯恩斯主义的局限性 …………………………………（293）
　　　　三　共同决策机制的经济价值 ……………………………（298）
　　第三节　小规模经济危机 ……………………………………（304）
　　　　一　一出三幕场景的戏剧？ ………………………………（304）
　　　　二　全球化的卷土重来 …………………………………（308）
第九章　德国问题的经济视角 ………………………………………（313）
　　第一节　西德的"磁石"作用 ………………………………………（313）
　　第二节　体制转型的负担 ……………………………………（315）

第三节　另一个世界市场 ·· (317)
　　第四节　汽车工业：两种不同的福特主义 ································· (320)
　　　　一　民主德国："一个国家内的福特主义" ···························· (320)
　　　　二　联邦德国：西德福特主义 ·· (323)
　　第五节　褐煤——一份希腊人的礼物 ······································· (327)
　　第六节　化工业：涅槃重生 ··· (330)
　　第七节　柏林墙修筑之后：社会主义经济的最后机遇？ ··············· (338)
　　第八节　社会主义福利政策 ··· (341)
　　第九节　两德重新统一 ·· (343)
　　第十节　经济奇迹不会重演 ··· (346)
第十章　两次世界经济危机之间 ··· (353)
　　第一节　小规模经济危机的监控效应 ······································· (353)
　　　　一　1990 议程 ··· (353)
　　　　二　经济与生态 ··· (358)
　　　　三　大规模失业的根源 ·· (367)
　　第二节　德国模式：延续还是转型？ ·· (377)
　　　　一　社团主义市场经济之伦理 ·· (377)
　　　　二　在福利国家与市场国家之间：社会国家能够维持吗？ ······· (388)
　　　　三　经济政策：改革的持续与变迁 ···································· (394)
　　第三节　金融危机的挑战 ·· (401)
　　　　一　金融危机之历史对比 ·· (401)
　　　　二　从金融危机到债务陷阱？ ·· (410)
　　　　三　社会市场经济今天的意义何在？ ································· (413)
参考文献 ··· (419)
人名译名对照 ·· (434)
词条译名对照 ·· (442)

第一章

漫长的20世纪德国经济

第一节 并非零起点

1945年不仅仅是"第三帝国"的瓦解之年,它更可被视为德国历史的大转折之年。这一年,"迟到了的民族"(verspätete Nation)(H. 普雷斯纳)(H. Plessner)在已经定型的欧洲乃至全球政治构架中为德国争取世界大国地位的尝试宣告结束,无论是出于历史、文化原因还是出于经济原因,在德国信心满满的领袖精英眼中这个地位是应得的。战争于他们而言并非是实现这一目标的"王道",然而却被无数次地用来"捍卫"德国成为世界强国的野心。[1] "一战"的失败并没有迫使德国人打消这一念头。它同颠覆《凡尔赛和约》的目标一道被越来越多的德国人所接受并占据主导地位。直到1945年第三帝国的瓦解才使这一切幻象都化为泡影。首先,同样也是其最显著的后果是:德国为时尚且不长的军事力量扩张传统被中止。随着最后一批纳粹政权领导人被占领国政权解除职务,第三帝国"政治精英"的执政周期随即宣告终结。与此同时,贵族阶层与大地主阶级也最终失去了其在东部地区的经济权势基础。此前,先是魏玛共和国从形式上,然后是纳粹政权从实际上拒绝了他们与时代不符的统治要求。"二战"后西德的政治领导潜力一方面来源于市民阶层,另一方面则植根于工人阶层。

首先,1945年5月8日对于精英阶层的社会组成与德国经济的组织结构

---

[1] 参见乔治·亨利·索图《黄金与血液——"一战"中经济斗争的目的所在》(Georges-Henri Soutou, *L'or et le sang. Les buts de guerre économiques de la première guerre mondiale*, Paris, 1989),比较弗里茨·费舍《夺取世界权力:1914—1918年德意志帝国的战争目标政策》(Fritz Fischer, *Griff nach der Weltmacht*, *Die Kriegszielpolitik des kaiserlichen Deutschland*, Düsseldorf, 1961)。

产生了深远影响。相比军事力量而言,以世界市场为导向而又充满活力与斗志的德国经济似乎更能成为德国夺取世界强国地位的助推器,给各国竞争对手以不小的挑战。冷战爆发后,在西方占主导地位的是阵营思维,在这种单一视角下,"二战"被视为资本主义大家庭中不同分支之间的内战,消除德国经济体系中的"社团主义"特征也从美国战争目标中移除。因此,1945年后,正是美国斩钉截铁地要求对德国工业界提出申诉和控告,因为德国工业界关于资本主义自由化信条的异端邪说使之在一定程度上对纳粹政权的扩张与种种罪行的实施起到了推波助澜的作用。纽伦堡国际法庭审判之后,华盛顿紧接着又提出了目标直指德国工业界的第二轮国际诉讼。这一计划在遭到英国方面的反对后以失败告终。于是,美国军事政权毅然决定以美国名义在纽伦堡提出对德国工业界的后续诉讼。[1] 诉讼针对弗利克康采恩(案例5)(Flick-Konzern)、德国法本化学工业公司(案例6)(IG Farbenindustrie)及其克虏伯工厂(案例10)(die Kruppwerke)。进行诉讼的目的明确,正如美国诉讼代表罗伯特·杰克逊(Robert H. Jackson)在国际军事法庭上所表述的:旨在制裁"威胁和破坏欧洲和平的'受益者和灾难制造者'"[2]。虽然美国军事政权同样对德国大银行提出了严厉指责,不过他们并没有成为诉讼席的座上客。[3] 调查期间,全球政风开始发生转向,在阵营内部关于资本主义纯学说的争论逐渐退到了次要位置。

对于针对德国工业界的诉讼和审判之意义,美国军事政府内部莫衷一是,存在着极大的意见分歧并最终引发了美国对欧政策两大对立阵营间的激烈论战。[4] 其中一方极力拥护美国财政部长亨利·摩根索(Henry Morgenthau)并大规模招纳罗斯福新政的支持者,例如美国军事政府(OMGUS)财政部负责人伯纳德·伯恩斯坦(Bernard Bernstein)就是其中一员。

---

[1] "迪恩·阿撤森:美国国务院致巴黎使馆,事由:来自杰克逊法官的伯恩一家"(Dean Acheson, State Department, to Ambassy Paris, re: Byrnes from Justice Jackson, 档案, NA, RG 59 box 3843/740.00119 Council/8-2747)。

[2] 罗伯特·杰克逊(Robert H. Jackson),引自泰勒(Taylor)将军于1947年12月8日在克虏伯诉讼中发表的开幕词,第2页。

[3] 驻德军事政府办公室金融部,经汉堡20世纪社会历史基金会修改,1946—1947年针对德国银行的调查 [Office of Military Government for Germany, Finance Division (OMGUS), bearbeitet von der Hamburger Stiftung für Sozialgeschichte des 20. Jahrhunderts, *Ermittlungen gegen die Deutsche Bank*, 1946/1947, Nördlingen 1985];1946年针对累斯顿银行的调查(*Ermittlungen gegen die Dresdner Bank*, 1946, Nördlingen 1986)。

[4] 詹姆斯·圣马汀:《所有可敬的人》(James St. Martin, *All Honorable Men*, Boston 1950)。

他在军政府财政部的派别将经济上切断德国与世界市场联系以及政治上与苏联合作视为建立新的和平世界秩序的前提和基础。① 实现这一计划的前提条件是摧毁德国重工业并瓦解其全能银行体制。另一阵营则受美国国务院的庇护并在美国商业界内部发展其支持者和拥护者。这其中就包括美国军事政府经济部负责人威廉·德雷伯（William H. Draper）。此派的目标旨在延续美国在两战之间的对德政策，实现世界贸易自由化。早在 1947 年，他们就预料到美苏冷战的到来。此时，为稳定西欧重建的政局，诋毁私有经济、削弱德国经济潜力的做法于他们而言并不合适。

冷战一爆发就引发了更为激烈的世界霸权之争。彼时的首要任务便是提高经济效益，尽全力稳定经济局势并捍卫各自阵营的军事力量。1951 年年初，正值朝鲜战争的高潮期，不仅接受纽伦堡审判的工业企业主被释放出狱，就连西德的经济组织和企业界精英也重整旗鼓，切断了占领军对德国 1945 年以来的长期干涉渠道。此时的民主德国则开始走上了社会主义经济发展道路。然而，对于德国经济的长期发展而言，苏占区所发生的一切——正像 1989 年以后为人所熟知的那样——只具有次要的地位。

从总体上看，不论是东德和西德，还是两德重新统一后的德国都保留了经济发展的连续性。正是由于这种连续性，联邦德国的经济史注定不会从零点开始。1945 年 5 月 8 日这一天不仅不能用来代表德国经济史的"零点"，同样也不能用它来为其他领域的德国历史划分阶段。在我们的研究中首先要解答的问题是：德国经济的发展道路究竟是在什么时候以及在何种前提条件下产生的。时至今日，它仍然在为人们的思维和行动设立框架和"游戏规则"，行为主体即使在战后时期仍然自愿地服从这些游戏规则。

德国寻找一个包括战后时期在内、具有划时代意义的经济世界观的过程充满着艰辛和困难。形成新的经济过程，创造长期稳定的条件，检验这些作为经济发展范式带来的后果，这些都需要时间。近二十多年以来，德国的经济世界观已发生颠覆。20 世纪似乎仍旧是工业繁荣发展的天下，传统意义上的工业时代终结时又突然分化出一个全新的被称为新经济（new economy）的时代。虽然大多数人都认为自己能感受到新时代的脉搏跳动，然而，能读懂其走向和路线图的人却少之又少。政治转折对经济政

---

① 威尔弗里德·茂斯巴赫：《在摩根索与马歇尔之间：1944—1947 年美国对德的经济政策构想》（Wilfried Mausbach, *Zwischen Morgenthau und Marshall, Das wirtschaftspolitische Deutschlandkonzept der USA 1944—1947*, Düsseldorf 1996），第 75—80 页、第 114 页及其后。

策架构的影响不言而喻，这得归功于参与其中的经济学家。毫无疑问，许多人都以此作为自己的行动导向。从这个角度来看，"短暂的"20世纪始于第一次世界大战和俄国革命，并随着东欧集团的分崩离析和"市场法则"在全球范围内的扩张而结束。然而，20世纪这些具有里程碑意义的政治事件——同1945年这个日期一样——并不必然为1945年以来德国经济史的定位指出方向。

同样，对于那些为人所熟知的经济世界观我们也要用批判的眼光来看待。截至20世纪80年代的经济史研究一直将18世纪晚期的工业革命视为历史的分水岭（C. Cipolla）。1945年以后，对这个世界观进行系统化和对其长期前景进行阐释就成为一种渴望，而首先是社会科学家们接受了这一挑战。直到70年代初，在新工业经济在东西方蓬勃发展的背景下，这种工业的世界观自然也就继续留存。六七十年代，"现代化"概念广泛渗透到社会科学各个领域。此后，将工业革命的思维模式运用于经济跳跃式发展——无论其是真实的还是臆想的——的做法就显得游刃有余。人们普遍认为，在19世纪末发生的"新工业"（"neuen Industrien"）的形成是一个新的工业化阶段的开始。"第二次工业革命"之后紧跟而来的将是"第三次工业革命"。大卫·兰德斯（David S. Landes）认为，30年代世界经济危机过后，作为新型能源基础的核能开发是工业发展新动力的明显征兆。① 其他专家则认为，"第三次工业革命的发展主线"存在于"知识社会"之中，"其知识技术基础早在'二战'期间就已形成，其'若隐若现'的预兆早在五六十年代就已存在"。② 甚至在20和21世纪之交出现的新经济也早已有人预见到了，由于经济发展将不断迈上新台阶，新经济将跟随着工业革命到来。弱电技术和真空技术的发展为世人带来了电子计算机和其他自动控制设备。早在1953年，赫尔穆特·舍尔斯基（Helmut Schelsky）就曾预言，新工业革命将随着这一系列成就的取得应运而生。"而随着工业革命的推动，人类的感官功能也将作为一种新型技术广泛运用于职业领域，担负起生产和管理过

---

① 大卫·兰德斯：《解放了的普罗米修斯：1750年至今西欧的技术变迁和工业发展》（David Landes, *The Unbound Prometheus, Technological Change and Industrial Development in Western Europe from 1750 to the Present*, 2. Aufl. Cambridge 2003），第4页。

② 洛塔尔·哈克与伊姆加德·哈克：《知识创造的现实："工业的知识化"和"知识的工业化"之间的互为因由关系》（Lothar Hack u. Irmgard Hack, *Die Wirklichkeit, die Wissenschafft*, Frankfurt/Main, New York, 1985），第623页。

程中监督、调控和自动控制职能"。① 所有这些构建"现代化进程"的尝试和努力都有一个共同点：即它们都承认工业革命是经济史的关键转折点，同时也是形成今日之经济关系的开端。直至 20 世纪 80 年代，这类观点能够以广泛的经济史研究为依据，似乎可以为始于英国的工业化革命力量提供强有力的论证。

对 1945—1951 年继续的经济路径的解释已经不能够再依据以前的研究了。它必须以过去十年的经济史研究为导向，从而以全新的视角来考察长期经济发展的相互关联性。新的范式的出现发源于对于以往研究持续的总进攻，对几乎所有曾被笃信无疑的有关工业革命的史实提出了质疑。② 最终，工业革命的颠覆性特征被相对化了，经济实现腾飞（W. W. Rostow）并进入工业时代的设想也遭到严正否定，1750—1850 年这一百年被视为人力资本与实物资本极其长期和持续的累积阶段。③ 由此引发的对历史观的重新审视产生了深远影响。工业革命历来被视为世界经济基础和当今社会关系的发祥

---

① 赫尔穆特·舍尔斯基：《工业社会的未来前景》（Helmut Schelsky, Zukunftsaspekte der industriellen Gesellschaft, in: ders., *Auf der Suche nach Wirklichkeit. Gesammelte Aufsätze*, Düsseldorf, Köln, 1965），第 88 页。

② 朗多·卡梅伦：《工业革命，一个误称》（Rondo Cameron, The Industrial Revolution: A Misnomer, in: *The History Teacher* 15, 1982），第 377—384 页；朗多·卡梅伦：《欧洲工业化的新视角》（Rondo Cameron, A New View of European Industrialization, in:, 2nd Ser., 38, 1985），第 1—23 页；尼古拉斯·F. R. 克拉夫茨：《英国经济增长，1700—1831 年：证据回顾》（Nicholas F. R. Crafts, *British Economic Growth*, *1700—1831: A Review of the Evidence*, EHR, 2nd Ser., 36, 1983），第 177—199 页；杰弗瑞·威廉森：《工业革命期间英国的经济增长为何如此缓慢?》（Jeffrey G. Williamson, *Why was British Growth so Slow during the Industrial Revolution?* in: JEH 44, 1984），第 687—712 页；可尼克·哈雷：《1841 年以前的英国工业化：工业革命期间经济增长缓慢的证据》（Knick Harley, *British Industrialization before 1841: Evidence of Slower Growth during the Industrial Revolution*), in: JEH, 42, 1982），第 267—289 页；左伊·默奇尔编：《英国的工业革命——经济前景》（Joel Mokyr (Hg.), *The British Industrial Revolution. An Economic Perspective*, Boulder, 1993）；有关此前的"静悄悄的革命"，参见乔治·汉莫尔斯雷《16 世纪至 18 世纪间英国铜工业技术变革的影响》（George Hammersley, The Effect of Technical Change in the British Copper Industry between the 16th and the 18th Centuries, in: *Journal of European Economic History* 20, 1991），第 155—173 页；罗杰·布尔特：《17 世纪和 18 世纪非铁金属工业的转型》（Roger Burt, The Transformation of Non-ferrous Metals Industries in the 17th and 18th Centuries, in: *EHR* 48, 1995），第 23—45 页。关于工商业组织的变迁，见马克辛·伯格、帕特·胡德森、米歇尔·索勒舍主编《开设工厂前乡镇和郡县的生产工业》（Maxine Berg, Pat Hudson, Michael Sonenscher (Hg.), *Manufacture in Town and Country before the Factory*, Cambridge, 1983）。

③ 埃斯特·博瑟亚浦：《人口与技术变革：长远趋势研究》（Ester Boserup, *Population and Technological Change: A Study of Long Term Trends*, Chicago, 1981）；艾德华·里格雷：《持续性、机遇与转变——英国工业革命的特征》（Edward A. Wrigley, *Continuity, Chance and Change, The Character of the Industrial Revolution in England*, Cambridge, 1988）。

地。然而，这一新的视角却对其意义和重要性提出了质疑。[1] 工业革命实际上是数个世纪积累的经济新秩序的向点，在其爆发阶段最终摆脱了传统农业经济状态的束缚。

  历史社会科学着手研究这些结果的时间并不长，并开始酝酿一个新的经济世界观。在物质生产日渐失去其重要性的背景下，道格拉斯·诺斯（Douglass C. North）——1993 年诺贝尔经济学奖获得者——创立了新制度主义流派，他极力主张 19 世纪末代表的是一个新的时代转折。在这场转折中，现代化走向没落，后工业时代的经济基础开始形成。[2] 其关于"第二次经济革命"的表述反映了社会生产潜力的彻底转变。而这一转变正是由社会知识水平和制度建构能力的深刻变革带来的。它为实现新生产规模和生产效率的目标奠定了基础。19 世纪晚期以来，经济发展的革命潜质不仅存在于经济、科学和技术的紧密关联之中，更存在于制度变革为市场、企业和整个经济界实现生产能力自由流动所创造的组织条件之中。德国即属于这一发展进程中的先驱者。在包括第二帝国时代的很长一段时期内，德国在三大后工业经济领域一直独占鳌头。它以事实证明了经济与知识之间密不可分的共生关系，并形成了相关的理论知识储备和关于新生产要素的系统研究结论。在这一领域取得类似成就和进步的还有美国。而作为第一个工业国家的英国却难以望其项背。帝国时代的德国经济也是世界市场最为重要的参与主体之一。截至 1914 年，世界市场异常活跃、充满活力，这也成为新经济（Neue Wirtschaft）时代的一大标志。最终，尤其是德意志帝国成为自那时以来决定德国经济生活新制度的温床。[3]

---

 [1] 代表人物包括道格拉斯·诺斯和罗伯特·托马斯，见其著作《西方世界的崛起———段新经济史》（Douglass C. North and Robert P. Thomas, *The Rise of the Western World*, *A New Economic History*, Cambridge, 1973）。有关其对德国经济世界形象产生的后果，详见维尔纳·阿贝尔斯豪塞的《从工业革命到新经济时代：德国经济世界形象的范式转换》（Werner Abelshauser, Von der Industriellen *Revolution zur Neuen Wirtschaft, Der Paradigmenwechsel im wirtschaftlichen Weltbild der Gegenwart*, in: *Wege der Gesellschaftsgeschichte*, hrsg. v. J. Osterhammel, D. Langewiesche u. P. Nolte, Geschichte und Gesellschaft, Sonderheft, 22, Göttingen, 2006），第 201—218 页。

 [2] 道格拉斯·诺斯：《经济历史的结构和变迁》（Douglass C. North, *Structure and Change in Economic History*, New York, 1981）。

 [3] 维尔纳·阿贝尔斯豪塞：《德意志帝国的经济：孕育后工业制度的温床》（Werner Abelshauser, Die Wirtschaft des deutschen Kaiserreiches: Ein Treibhaus nachindustrieller Institutionen, in: Paul Windolf (Hg.), *Finanzmarkt-Kapitalismus, Analysen zum Wandel von Produktionsregimen, Kölner Zeitschrift für Soziologie und Sozialpsychologie*, Sonderheft 45/2005），第 172—195 页。

第二节 迈向新经济之路

一 社会生产体系在帝国的奠基

如今依然适用的德国社会生产体系的产生有着精确的年代日期。[①] 1873年以后至20世纪初期，旧有的、自由生产体制逐渐为社会的生产体系所取代。在与革命中的法国的军事对抗和顶住英国工业统治地位的挑战中，德意志各国开展了大规模的改革，开辟了一条通往现代化的道路。这种生产体系具有"自上而下的自由市场经济"的特征。当时，人们对自由秩序并未建立起根深蒂固的信任体系，而1873年的"经济危机"却彻底摧毁了人们的信任底线。直至1896年的经济"大萧条"时期，脆弱的自由市场经济不得不让位于新的社会生产体系（见图1）。我们深知，这一震荡加速了旧体制的灭亡，新体制则要面临来自各方的挑战。不过，市场参与者、实施新交易方式和组织模式的交易场所以及必须适应新经济规则的经济、社会和法律政策领域存在的问题对于我们而言并不陌生。德国工商业的"社会化模式"也是为我们所熟知的，它不可避免地要经历这一"生产过程"。[②] 然而，德国的近代经济史中却几乎没有哪个阶段的历程拥有类似的重要性。正如德国生产体制的急剧变革一样，近代经济史的实质似乎也时常遭到众人的严重误解。新的经济组织形式乍一看似乎与传统模式没有什么区别。长期以来，传统历史学意义上的"特殊道路之争"从未停歇。据此，这一过程被看作是告别自由经济制度、构建新经济组织形式，富于社会学浪漫主义色彩并服务于前工业时代的价值体系。与此相对的是一些近期的认识，即认为这一过程中产生了资本主义制度及资本主义社会的新现实典型，它给威廉二世时代的

[①] 社会生产体系或生产体制即企业、行业或国民经济体的组织形式和方式。参见 J. 罗杰·霍林斯沃斯的《社会生产体系的延续与变革：日本、德国与美国示例》[J. Roger Hollingsworth, Continuity and Changes in Social Systems of Production: The Cases of Japan, Germany and the United States, in: ders. u. Robert Boyer（Hg.）, *Contemporary Capitalism*, *The Embeddednes of Institutions*, Cambridge, 1997]，第265—310页。

[②] 维尔纳·阿贝尔斯豪塞：《德国工业的活力：德国迈向新经济之路和美国带来的挑战》（Werner Abelshauser, *The Dynamics of German Industry*, *Germany's Path toward the New Economy and the American Challenge*, New York, Oxford, 2005）。

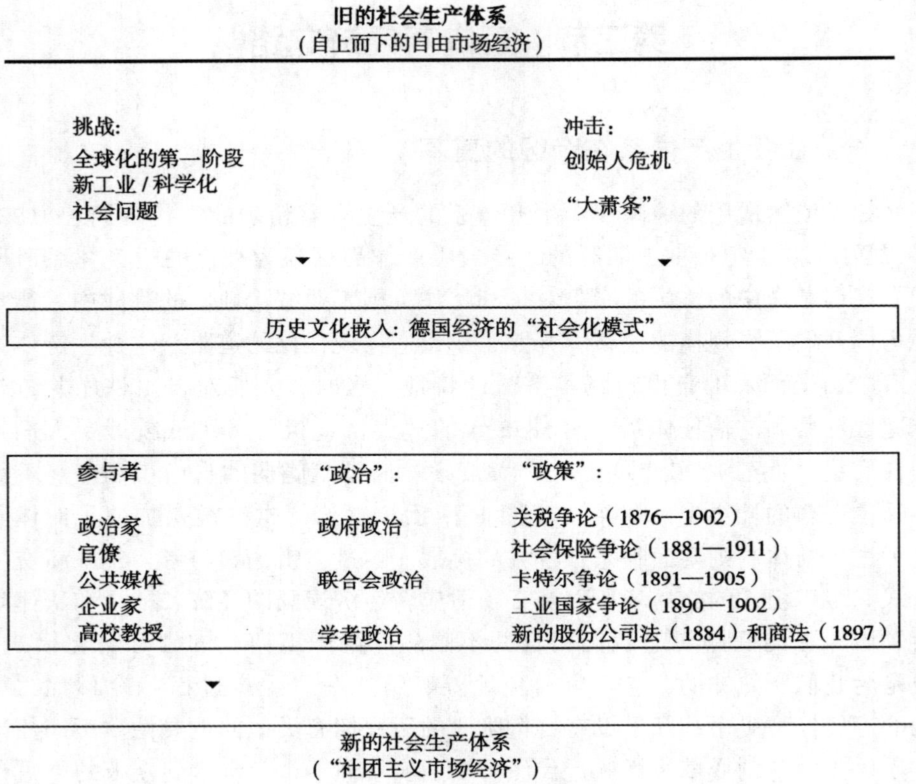

```
          旧的社会生产体系
        (自上而下的自由市场经济)
```

挑战：	冲击：
全球化的第一阶段	创始人危机
新工业/科学化	"大萧条"
社会问题	

```
历史文化嵌入：德国经济的"社会化模式"
```

参与者	"政治"：	"政策"：
政治家	政府政治	关税争论（1876—1902）
官僚		社会保险争论（1881—1911）
公共媒体	联合会政治	卡特尔争论（1891—1905）
企业家		工业国家争论（1890—1902）
高校教授	学者政治	新的股份公司法（1884）和商法（1897）

```
          新的社会生产体系
          （"社团主义市场经济"）
```

图 1　帝国是制度的温床

资料来源：维尔纳·阿贝尔斯豪塞（Werner Abelshauser）。

德国带来的是未来 20 世纪的特征，而非旧式制度的负担。[1] 这也愈加印证了人们的猜测："社团主义干预型国家的长期存在证明了其能够有效地解决问题和具有高执行力。同时，作为国家干预生产的资本主义新模式形成的基础，帝国时代的发展必然具有现代性和面向未来的特征。"[2]

短短二十年间，经济领域的新规则便得以形成并与旧体制完全不同。自 1879 年"转折之年"以来，竞争规制领域的竞争原则为合作原则所取代，

---

[1]　维尔纳·阿贝尔斯豪塞：《德意志帝国和魏玛共和国时期的自由社团主义》［Werner Abelshauser, Freiheitlicher Korporatismus im Kaiserreich u. in der Weimarer Republik, in: ders, (Hg.), *Die Weimarer Republik als Wohlfahrtsstaat. Zum Verhältnis von Wirtschafts-u. Sozialpolitik in der Industriegesellschaft*, Stuttgart, 1987］, 第 159 页。

[2]　汉斯·乌尔里希·维勒：《1849—1914 年的德国社会史》（Hans-Ulrich Wehler, *Deutsche Gesellschaftsgeschichte 1849—1914*, München, 1995）, 第 1266 页。

秩序政策中的自由放任为生产性动员所取代，社会政策领域的有组织的自助为社团自我管理所取代，利益政策中议会主义的垄断模式为高度发达的自由合作代表形式所替代，对外贸易政策领域的自由贸易主义为"开明"保护主义所取代，类似的事例不胜枚举。[①] 上述这些变化不仅仅体现在经济和社会组织——各类协会、卡特尔同盟、社会保险、万能银行、普遍化的工会组织、股份公司、顶尖研究机构和地区能源供应企业等——的创新举措中，还深刻地改变着人们的思维方式和行动方式，从制度层面确保了上述组织机构的有效运转和协调。

事实上，如今经济领域组织框架的所有组成部分——包括管理和调控这类组织的制度——都产生于帝国时代。并且从那时开始，它们只发生了微乎其微的改变和进步（见表1）。那些历经重大变迁的年代——例如第三国帝及其后续时期——持续时间并不长。20 世纪 50 年代初，西部德国经济又重返其制度发展路径。极少数的例外情况——例如对卡特尔同盟禁令——更证明这一规律：鉴于"棕色革命"和纳粹独裁统治的瓦解给当时的德国社会带来的强烈震动，这似乎令人惊讶。这类震动肯定有助于制度变革，但这类变革一定发生在经济上有需求的情形下。这种需求首先针对引起制度变革的效用—成本关系。除了规模经济以外，制度变革的诱因还包括降低交易成本带来的利润，外部效应的内部化，风险规避和收入再分配举措。[②] 换言之，它们包括所有能为市场参与者在市场竞争中创造成本比较优势的变革措施。因此，人们所期望的并非一般性措施，而是那些能获取制度性成本比较优势并以特定产品市场为导向的措施。这一点对于带来战争的德国经济制度框架之变迁也是适用的。不论是限制卡特尔经济的做法还是构建另一种生产方式——标准化规模生产——的举措都是在 1945 年以后世界经济焕发新生机的激励下做出的迅速反应。

[①] 维尔纳·阿贝尔斯豪塞：《普鲁士高度工业化时期的国家、基础设施和区域福利平衡》（Werner Abelshauser, *Staat, Infrastruktur u. regionaler Wohlstandsausgleich im Preußen der Hochindustrialisierung*, in: Fritz Blaich Hg., *Staatliche Umverteilungspolitik in historischer Perspektive*, Berlin, 1980），第 9—58 页。

[②] 克鲁特·博尔夏特：《经济史上的"产权理论出发点"》（Knut Borchardt, *Der "Property Rights-Ansatz" in der Wirtschaftsgeschichte*, in: Jürgen Kocka Hg., *Theorien in der Praxis des Historikers. Forschungsbeispiele u. ihre Diskussion*, Göttingen, 1977），第 151 页。

表1　　　　　　　　　　　社团主义市场经济的制度框架

金融体系	生产方式	法律秩序	社会安全	研究界状况
全能银行（1870年以来/1934/1952）[1945—1952]	多样化优质生产（自19世纪后期始）	公司治理：股份公司法（1884年以来/1897/1931/1937/1965）	医疗保险（1883年以来/1911/1941/1949/1957/1975/1989）	高校研究（自18世纪以来/1810/1920/1969）
经济利益政策：经济优先（1879年以来/1897）；政治优先（1931年以来/1933/1949/1967）[1933—1951]	无形价值创造比例不断增加（在20世纪）	竞争秩序（卡特尔法）（1897年以来/1923/1958）[1945/1951]	工伤保险（1884年以来/1911/1963）	高校研究强制/教学与研究统一（1810年以来）
行业体系："联合会协调"（1879年以来/1918/1934/1936/1949/1951）[1945—1951]	多样化优质生产和标准化大规模生产双轨制[1933/1941直到20世纪70年代]	商法（1897年以来）	养老保险（1889年以来/1911/1948/1957/1972/1992/2001）	应用型研究/应用技术大学（19世纪以来）；弗劳恩霍夫协会（1949年以来）
劳动关系：共同决策制（1890年以来/1905/1916/1920/1951/1952/1976）[1933—1947]	标准化大规模生产危机[20世纪70年代]	民法（1900年以来）	失业保险（1927年以来/1969/1985/2003）	工业研究（19世纪后期以来）
职业培训：双元制职业培训（1897年以来/1938/1969）[1945—1951]	无形价值创造占主导地位的多样化优质生产（20世纪70年代以来）	社会国家要求社会责任限制下的合同自由；（1919年以来/1949）	护理保险（1995年以来）	尖端研究（1911年以来/1920/威廉皇帝学会1946年以来/1948马克斯—普朗克学会）

说明：本表采取年表形式。在圆括号中的年份数字代表相应年份体现变迁中的延续性，表示路径依赖型改革；方括号中的年份数字代表相应年份体现了打破延续性，表示对路径的偏离。

资料来源：维尔纳·阿贝尔斯豪塞（Werner Abelshauser）。

在这一背景之下，20世纪期间德国的制度框架条件为何能长盛不衰也就不难理解了。第一拨经济全球化浪潮结束以来，"一战"后的世界经济在追逐重焕生机目标的道路上无功而返。而对于德国经济来说，销售高创新产品或建立生产系列产品的流水作业线均不具备广阔的市场前景。创新型研发活动资金匮乏，建立"福特主义"生产体制又没有足够的市场需求。为了充分发挥德国经济的比较优势，多样化的优质产品生产的——即后工业时代的定制生产方式——市场地位变得越来越重要。实现这一目标的关键在于借助高技能人力资源的智力、使用成熟而先进的适用技术,与客户建立良好的沟通关系并积极培养满足客户需求和提供专业定制服务的能力。① 而企业决策计划的长期性和包括员工在内的跨行业合作(早在"一战"之前业已萌芽)等此类必不可少的前提条件也得到了进一步深化和拓展。其原因就在于它们能极大地满足多元化优质生产对稳定供货条件的需求。在这一背景下,我们似乎就不难理解,美国的价值观、经济制度和组织形式虽然备受德国企业的尊重和钦佩,然而却既未在德国被大范围地接受②,也没有促使德国对其自身的生产体制进行相应的改造。

其他有关制度变革特殊原因的诸多揣测也同样要经受德国生产体制延续的考验。实际上,这也适用于曼库尔·奥尔森(Mancur Olson)的核心观点。他认为"二战"的结局打破了"战败国"的"社会刚性"(social rigidities),这种刚性在漫长的、对利益政策僵化有利的稳定时期就已形成。奥尔森认为,战败国可以借此重拾更富成效且更具创新活力的原本社会生产体系进而实现经济增长和技术进步,这些正是"战胜国"所缺少的。③ 然而,对于德国模式而言,用制度变革的力量来解释20世纪50年代"经济奇迹"很快遇到了瓶颈。奥尔森研究的制度变革效应在一定程度上引发了德国生产体制中诸如工会或经济联盟组织等个别领域摆脱旧有模式的束缚,削弱个别利益组织的势力,还有助于促进德国经济的社团式结构重获生机。最后一点尤其适用于卡特尔体制。卡特尔体制官僚主义倾向严重、效率低下的特点是众人皆知的。因此,即便是其在德国工业界有着举足轻重地位的拥护者都赞成非卡特尔化,制度变革的实施也能赢得他们的支持和认同。但是对被战胜国临时废止的社团主义经济规则的重新启用没有受到丝毫影响(见表1)。一方面,它有效消除了社会生产体系中的官僚主义和地方主义倾向;另一方面,它还有助于解释德国生产体制为何能够继续存在并从1945年的崩溃中很容易地且更有效率地获得重生。然而,更重要的是,产生于帝国时代并在

---

① 沃尔夫冈·史特雷克:《多元化优质生产的制度条件》(Wolfgang Streeck, On the Institutional Conditions of Diversified Quality Production, in: Beyond Keynesianism, *The Socio-Economics of Full Employment*, hrsg. v. Egon Matzner und Wolfgang Streeck, Brookfield, VT 1991),第21—61页。

② 保罗·埃尔克:《西德经济美国化?——研究现状和前景》(Paul Erker, "Amerikanisierung" der westdeutschen Wirtschaft? Stand und Perspektive der Forschung, in: Konrad Jarausch u. Hannes Siegrist (Hg.), *Amerikanisierung und Sowjetisierung in Deutschland 1945—1970*, Frankfurt/Main, 1997)。经适当修订,这同样适用于其他欧洲国民经济。

③ 曼库尔·奥尔森:《国家的崛起与衰落:经济增长、滞胀与社会僵滞》(Mancur Olson, *The Rise and Decline of Nations, Economic Growth, Stagflation, and Social Rigidities*, New Haven, 1982)。

两战之间获得极大发展的德国经济组织结构依然能继续充分发挥其制度的比较优势。特别是其以世界市场为导向的战略举措从一开始就使德国能够成功应对经济全球化带来的种种挑战。

二　中断的全球化

毋庸置疑，今天全球化的蓬勃发展可以被理解为19、20世纪的继续。20世纪末，一些社会学家们——例如詹姆斯·罗森劳（James Rosenau）[①]和大卫·哈维（David Harvey）[②]认为，世界范围内将发生更加急剧、更加迅速的社会变革并导致与过去的巨大鸿沟。从一开始就对此论点持怀疑态度[③]的经济史学家们被研究证明是完全正确的。[④] 正是德国崛起的新工业充分体现着全球化的能量和活力。它们利用科学的生产方式实现无形价值的创造，这自然有别于工业革命时期的"老"工业。化学工业、电子技术和机械制造完全符合这一新型生产模式。世界市场导向型策略和大规模的出口贸易是其最初的独特标志。尽管跨国公司的发展规模和运作条件不可与今日之情况同日而语，然而，早在"一战"以前他们就是跨国经济扩张进程的主要参与者。在"全球化"还未成为20世纪"关键词"而受到人们如此重视时，经济史和企业史中就曾一再出现早期荷兰、英国、美国、德国"跨国公司"的身影。[⑤] 事实上，19世纪末，许多企业就开始以"全球市场参与者"的身份出现在人们视野当中。与此同时，新兴工业的崛起也预示着经济社会的变革，以知识技术为支撑的无形价值创造方式日益兴盛，从而实现了德国进入

[①] 詹姆斯·罗森劳：《世界政治的湍流：变革与延续理论》（James N. Rosenau, *Turbulence in World Politics, A Theory of Change and Continuity*, New York, 1990）。

[②] 大卫·哈维：《后现代条件：有关文化变革源泉之探寻》（David Harvey, *The Condition of Postmodernity. An Inquiry into the Origins of Cultural Change*, Oxford 1989），第9章。

[③] 理查德·帝里：《从历史角度考察全球化，从历史中汲取经验教训》（Richard Tilly, *Globalisierung aus historischer Sicht und das Lernen aus der Geschichte*, Köln, 1999），第4页。还可参见克鲁特·博尔夏特（Knut Borchardt）的《从历史角度观察全球化》（Globalisierung in Historischer Perspektive, Bayerische Akademie der Wissenschaften. Philosophisch-historische Klasse, Sitzungsberichte, Jahrgang 2001, Heft 2, München 2001）。

[④] 凯文·鲁尔克、杰弗里·威廉森：《全球化与历史：19世纪的大西洋经济革命》（Kevin H. O'Rourke u. Jeffrey G. Williamson, *Globalization and History, The Evolution of a Nineteenth-Century Atlantic Econonmy*, Cambridge, Mass, 2000）；科尼利斯·托儿普：《全球化挑战：1860—1914年德国的经济与政治》（Cornelius Torp, *Die Herausforderung der Globalisierung, Wirtschaft und Politik in Deutschland 1860—1914*, Göttingen, 2005）

[⑤] 参见米拉·威尔金斯《跨国公司的成长》[Mira Wilkins（Hg.）, *The Growth of Multinationals*, Aldershot, 1991）。

"知识型社会"的华丽转变。从宏观经济角度来看，19世纪最后30年直至"一战"爆发以前的时期也是全球经济扩张的高潮阶段。① 早在19、20世纪之交，德意志帝国的早期国民经济学家，例如来自柏林的奥古斯特·赛多利斯·冯·瓦尔特豪森教授（August Sartorius von Waltershausen），就曾对世界经济时代的到来深信不疑："世界经济的进程业已开启，经济全球化的局面指日可待。几百年或几千年以后，它是否会成为最具普适性的社会有机体，我们无从得知。然而，我们有理由相信，我们的世界正在发展并将继续发展。"② 19世纪中期以来，资本主义世界各国的资本市场就形成了不可分割的密切关系。而1873年爆发的全球证券市场危机则让当时的欧洲和美国第一次深刻体会到全球资本市场间相互联系的紧密程度。这场危机始发于美国，但却在成立了许多投机公司的德国愈演愈烈，引发强烈的社会震荡。危机过后两国市场的资本收益持续乏力（"大萧条"），两国政府不得不顶住重重压力，努力通过商品、服务和资本出口来弥补国内市场的收益疲软。"大萧条"末期，世界市场间的联系更为密切。1872年至1890年的世界贸易出口额只增长了1/4，1895年至"一战"期间却增长了近3倍。③ 同时，工业世界也经历了一场"通信革命"，其重要性并不亚于今日。例如，1913年，华尔街与伦敦证券交易所之间的信息交换在一分钟内就可实现。"一战"爆发前一年，跨国公司与独立经营公司（Free-Standing Companies）④ 的数量并不少于今天。为所有重要贸易国家所认可的"黄金本位制"成为全球通用的金融工具，直到今天其实际意义与价值也无法超越。经济全球化第一阶段实现的商品市场融合与金融市场联网虽在直至1945年灾难性的世界大战和世界经济危机中遭受重创，不过，冷战末期以来，它又重新恢复到原有水平。

---

① 约翰·福尔曼·佩克：《世界经济史——自1850年以来的经济关系》（John Foreman-Peck, *A History of the World Economy. International Economic Relations since 1850*, Brighton, 1983）；沃尔夫朗·菲舍：《1500—1914年的世界经济情况》[Wolfram Fischer u. a. (Hg.), *The Emergence of a World Economy 1500—1914*, Wiesbaden, 1986]。

② 奥古斯特·赛多利斯·冯·瓦尔特豪森：《国外投资的国民经济体系》（August Sartorius v. Waltershausen, *Das volkswirtschaftliche System der Kapitalanlage im Ausland*, Berlin, 1907），第2页。

③ 克里斯托夫·布赫海姆：《19世纪盎格鲁—德国贸易竞争之再分析》（Christoph Buchheim, Aspects of XIXth Century Anglo-German Trade Rivalry Reconsidered, in: *Journal of European Economic History*, 10, 1981），第273—289页。

④ 米拉·威尔金斯与哈姆·施洛特：《1830—1996年世界经济中的自由经营公司》（Mira Wilkins u. Harm G. Schröter, *The Free-Standing Company in the World Economy 1830—1996*, Oxford, 1999）。

威廉二世时代，人们对全球化趋势的恐慌充分体现了世界市场的日益融合以及经济与发展的密切联系。民族国家的政策已几乎不能对这一发展趋势产生影响。显然，在融入世界经济的进程中，全国的经济和社会与其不断融入其中的世界经济处于一种紧张状态。因此，无论是国家层面还是企业层面，经济决策自主权的丧失都不可避免地影响着新制度框架的设计。更为重要的是，这种设计是为了更好地适应新形势和新情况。社会的生产体系也向世人证明了其应对种种挑战的能力。在不打破全球竞争规则或拒绝世界经济融合的好处的前提下，社团型市场参与者与帝国时期的经济和社会政策一道创造了各种条件，使愈加严酷的市场竞争从整体经济层面上可以忍受。农业及相关工业联合会顶住自由化的时代精神设定了合理的保护性关税，从而至少在一定程度上弥补了"全球化受害者"的损失并将这一社会群体融入不断发展的世界市场政策中。19世纪80年代，社会立法追求的众多目标之中，最低限度地确保经济动荡时期的社会稳定占据着重要位置。社会保险体系只在极短的时间内被视为出口工业的竞争劣势。"一战"爆发前，在没有任何国际协议或条约的规制下，近乎所有最重要的贸易伙伴都竞相效仿德国的做法。

随着"一战"的爆发，全球化的第一阶段也暂告一段落。1918年以后，绝大多数欧洲国家都将复兴全球化提上了议事日程。然而，这一努力却遭遇了来自各方的阻挠，使得重返战前繁荣的进程阻力重重。战争债务和赔款给德国带来巨大创伤，国际合作停滞不前，资本市场的自由度极大萎缩。英国工业日薄西山，各国纷纷抛弃先前的旧式做法，重建经济和处理金本位过程中英国银行的领导作用削弱了。出于孤立主义倾向，美国对自己的新角色还未完全适应。全球范围内（同盟国）的经济危机与势头锐增的通货膨胀（例如在德国）使全球目光竞相转移到本国国内。在探寻对外贸易自由化道路之前，各国政府首先想到的是希望通过国家力量来解决大规模失业这一新问题。所有这些举措都给世界经济带来了沉重的负担并导致20世纪20年代末贸易大国在抵抗世界经济危机斗争中的失败。

市场参与者在全球危机管理中积累的失败经验对同盟国战后的经济规划和发展发挥了关键作用。1944年年末，在新英格兰布雷顿森林中，建立开放、多边的世界经济新秩序，被哈里·德克斯特·怀特（Harry Dexter White）与约翰·梅纳德·凯恩斯（John Maynard Keynes）提上谈判日程。作为美国财政部部长亨利·摩根索最紧密的共事者，怀特希望在世界市场上新兴的美国霸权日益显露的背景下为一种全球市场经济创造条件（不仅仅是一种新的货币秩序），在其中削弱德国的势力并帮助英国重新确立国际领先地位。[1] 相反，作为英国和欧洲利益代言人的凯恩斯则极力争取获得民族国家自主权，从而有效保障"二战"中英国刚刚取得的辉煌成就：其充分就业政策及它的"孪生兄弟"——福利国家。作为英国代表团的领导，他输掉了这个不平等的谈判游戏。但 20 世纪 50 年代世界经济的发展却证明他是正确的。1947 年夏，被美国强制实施的英镑自由兑换由于其灾难性的后果而告终，它仅仅存在了六周。人们重返"一战"前金融自由的希望也归于破灭。经过相当长一段时间后，布雷顿森林体系的精神才得以贯彻，美国式商业道路（American way of business）也随之而来。在 20 世纪 50 年代末直到 70 年代初美元丧失其作为唯一的世界货币的地位之前，为了拓展欧洲内部市场而建立的欧洲经济共同体以及大多数欧洲国家货币的坚挺为世界货币秩序——布雷顿森林体系——的有效运转和美国跨国企业对欧洲市场的渗透创造了有利条件。尽管如此，出于各种各样的原因，尤其是冷战的影响，民族国家的干预政策与全球化所要求的减少管制之间的争端直到 20 世纪 80 年代才爆发。玛格丽特·撒切尔（Margret Thatcher）领导下的英国成为率先行动的第一个欧洲大型经济体。而在德国，当两德统一的自我陶醉失去其魅力以及在整个德国复制 20 世纪 50 年代的"经济奇迹"被证明只是幻想后，有关减少管制的政策之争才逐渐兴起。

三 德国的生产体系

19 世纪末，德国发展出一套稳定的新型社会生产体系，其基本原则是促进经济活动参与者间的合作而非竞争。嵌入在同样是 19 世纪 80 年代新产生的合作利益政策体系中，这个社会生产体系反映了生产组织自主管理与在生产组织中跨界合作的双重特点。后来出现的"德国股份公司"（Deutschland AG）的概念（尽管也有质疑之声）就来源于此。德国的股份公司管理层的双层结构就是这一概念的典范。自 1884 年《公司法》修改以来，股份有限公司的董事会负责领导公司的运营，而监事会则负责基本方针决策和重要的人事任免问题。对于大型企业而言，双重结构的组合能帮助其有效对接社交网络并将来自各类重要经济领域的信息流引入组织内部，从而进一步优化企业决策基础、累积信用资本，最终降低各行业内部的交易成本。任命银行业代表有助于企业监事会更好地对企业实施监督。同时，银行

---

[1] 参见茂斯巴赫的《摩根索》（Mausbach, *Morgenthau*），第 337—374 页。

业代表作为主导银行或银行集团成员还能为企业提供长期的金融支持。股份有限公司虽是证券交易所风险资金的募集主体，但银行也是掌管证券发行业务的另一支柱。它们为大多数股东行使保管人投票权（Depotstimmrecht）并确保金融关系的长期稳定。直至今日，投资者——也包括小股东——的投资行为依据的并非股东价值（shareholder value）原则。他们以利益相关者（stakeholder）的角色进行投资，其投资动机不在于获得短期收益，而是希望通过"其"企业的财富增值实现长期盈利的目标。因此，在德国，生产体制便迎合了着眼于长期性和持久性的公司的观点。

该生产体制下的其他组成部分——例如行业体系、劳动关系和教育体系——的运作方式都遵循着相同的目标导向，他们更加偏爱合作原则而非竞争。通过各联合会内部的合作、与统一的工会组织建立伙伴关系以及在共同的企业外部培训中形成技术类行业标准，德国建立了学校与企业的双元体制框架，为生产稳定和质量的高标准提供了有力保障。

社会生产体系各组成部分彼此间联系十分紧密，其中的任何一部分都很难被体系外的其他形式所取代。① 这也使职业培训的双元组织架构承担着十分重要的角色。除了政府的公共财政以外，企业投入相当可观的资金到一个允许它（与工会组织一道）确定培训内容并且以行业内部的技术需求为导向的系统中去。而这必须以长远的融资模式为前提。因为只有这样，对人力资本（human capital）的投入才能实现可持续性的远期收益。劳资双方参与协商的工资政策能有效降低员工被挖走的风险；创造合作共赢的工作关系有利于维持高技能和核心员工对企业的忠诚度；企业间在技术转让与标准化领域的紧密合作则能推动普适性标准的生成与发展，而这一标准的实现又以培训和职业测评为基础。长远的融资模式反过来又以企业特定的领导与控制条件（公司治理）和强有力的企业联合会为前提条件，从而为投资者提供稳定的信息流。德国生产体制的任何一部分子系统都适用于上述论证。

社团主义市场经济的组织架构中拥有"话语权"的既非个人也非国家，而是一整套严密的制度和组织体系，其公民社会（黑格尔意义上的社团）②

---

① 大卫·索斯基斯：《全球化与制度分歧：美国与德国之比较》（David Soskice, Globalisierung u. institutionelle Divergenz: Die USA und Deutschland im Vergleich, in *GG* 25, 1999），第 207 页及其后。
② 格奥尔格·威廉·弗里德里希·黑格尔：《哲学法则的基本原则或自然法和政治经济学概论》（Georg Wilhelm Friedrich Hegel, *Grundlinien der Philosophie des Rechts oder Naturrecht und Staatswissenschaft im Grundrisse*, Berlin, 1981），第 250—256 页。该书在艾德华·甘斯（Eduard Gans）编辑后由赫尔曼·克雷勒（Hermann Klenner）编辑出版。

的市场参与者介于这两个极端之间。作为对社会保守型福利国家、基督教社会学说和社会民主改革意愿等方面的历史妥协，德国经济制度应运而生。而一旦它挺过了改革的浪潮，它将一如既往地有利于德国的社会稳定并为经济发展提供新的可能性。它为企业决策拓宽了远期视野，致力于高水平的劳动技能与奉献热情并为该生产模式提供所需的集体投入（例如基础研究）。随着制度框架内容的密集化和网络化发展，市场经济的社会化以及基于由此带来的社会信任感不断增强，生产成本则不断下降，这都成为长期以来形成的资源（见表1），其产生则得益于德国工商业发展的独特性。

总而言之，德国社团主义市场经济模式是着眼于长期发展与合作共赢的生产体制，在使用应用型发达技术的多样化优质产品市场上，其制度比较优势能得到充分发挥，生产的产品优势则在于能与客户维持长久的良好关系。[①] 由此，它超出了对基于手工生产方式和集体合作形式的工业量身定做体系的重复。这一体系抵制了19世纪晚期形成的泰勒式劳动分工创新。自19世纪80年代以来在德国出现的工业体制更加适应最新的科技发展状态，这首先表现在，在当时出现的新工业中能够将这些最新科技付诸实践。多元化优质生产——例如19世纪晚期的机械制造、电子技术工业或化工业——的创新核心在于利用经济与科学的新型共生关系实现无形价值的创造，即基于无形知识投入，不以产生传统意义上的商品或服务为目的的生产过程。价值创造只是在边缘上来自与传统工业一致的物质转化。它更多地依赖于对市场需求、借助研发提出的问题解决方案、生产程序、应用程序和可加工性的整合认知以及有利于产品适时供给、融资和确保其他品质特点的综合服务。"一战"前，这类非物质生产的制度前提仅存在于少数欧洲经济体和美国。在德国，社团主义市场经济社会体系通过广泛拓展企业决策视野、提高产品质量、增强潜在劳动力的工作热情、提供这一生产模式要求的基础研究所需的集体投入等方式支持多元化优质生产模式的广泛发展。如上文所述，从长远来看，制度框架内容的高度浓缩和网络化发展都是长期以来形成的资源，其产生得益于德国工商业发展的独特性。这一点也同样适用于区域联合经营的集聚体（Agglomerationen regionaler Verbundwirtschaft）。其供应商间多元化而又可信的密切联系创造了经济的协同作用，这一协同作用使得许多历史上成长起来的德国"工业区"（"industrial district"，Alfred Marshall 提出）声名

---

① 关于这一构想目前的情况详见史特雷克（Streeck）的《多样化的优质生产》（*Diversified Quality Production*），第21—61页。

远播并且一如既往地维持着德国出口贸易的灵活发展,并为世界市场提供优质产品(图2)。

图2 德国的区域性联合经济体("集群")

注:1. Hansestadt Hamburg　汉堡汉萨自由市
   2. Hansestadt Bremen　不莱梅汉萨自由市
   3. Ostwestfalen-Lippe(Region)　东威斯特法伦—利珀(地区)
   4. Raum Hannover-Magdeburg-Halle　汉诺威—马格德堡—哈雷
   5. Rheinschiene(Duisburg-Bonn)　莱茵河一线(杜伊斯堡—波恩)
   6. Rhein-Main Gebiet(Wiesbaden-Mainz-Mannheim-Frankfurt)　莱茵—美因区(威斯巴登—美因茨—曼海姆—法兰克福)
   7. Land Sachsen　萨克森州
   8. Nord-Württemberg(Region)　北符腾堡(地区)
   9. Franken(Region)　法兰克(地区)
   10. Ost-Württemberg(Region)　东符腾堡(地区)
   11. Großraum München　慕尼黑大区

虽然多元化优质生产的主力军为新兴工业行业的大型企业。然而，不论是"一战"前还是今天，大型企业的发展都有赖于包括手工业在内的各类中小型企业打下的坚实"基础"。经过漫长的反特权化斗争，大约在19世纪末，手工业企业被重新写入《公司法》，并在其后的20世纪30年代为工业领域输送了大批专业工人。1938年，《帝国学校法》（Reichsschulgesetz）完整地引入工业职业培训后，手工业仍然是高素质企业人才的一大重要"储备库"。然而，抛开这一点不谈，将新的生产模式归类为手工业行业的做法显然是有失偏颇的。多元化优质生产模式既不局限于机械制造业通行的单件生产，其所采用的生产方式与传统手工业实践也并无多少雷同之处。

德国生产体制不仅具备利用普通生产资料生产专业化商品的物质条件与制度前提，从供给侧来看，它还同样兼具利用专业生产资料生产标准化商品以满足规模生产所需要的能力。正如蜚声国际的德国化工业，只要市场有批量销售优质产品的需求，德国生产体制就能根据顾客定制需求生产优质产品并在市场竞争中实现高销售额。[①]"一战"前，德国工业之所以不愿效仿美国实施标准化规模生产，原因有二：一方面，德国自身的生产模式较为完善和灵活，它能在核心市场为德国工业赢得可观的成本比较优势；另一方面，当时无论是国内市场还是国外市场的需求都没有为德国实施规模生产提供强有力的刺激。而在两次世界大战期间，国家经济增速放缓，全球化进程陷入危机，德国就更没有需要也没有必要效仿美国之做法。

生产的科学化（Verwissenschaftlichung der Produktion）进程同样始于一个多世纪以前——几乎与全球化进程同步。诸如化工业、机械制造业和电子工业等新兴工业被提上议事日程，随之也产生了新的生产模式：知识成为由无形价值创造决定的后工业经济之生产要素。它是现代社会新经济的萌芽细胞并在发展过程中逐渐接纳并继承了其经济原则，虽然这种新的指导方针在相当长一段时间内都处在工业经济原则的影响之下。然而，尽管途中充满挫折和失败，进步的潮流依然势不可当——物质生产占国民生产总值的比重日益减少，取而代之的是无形价值创造越来越成为国家福利和经济繁荣的基石。自此，生产领域经济与知识的共生和协同作用正逐步发挥作用。20世纪，它创立了自己独有的制度和有别于18世纪后期工业革命之生产体系的全新社会生产体系。19世纪末，这一新的经济基石伴随着新工业的形成而

[①] 维尔纳·阿贝尔斯豪塞主编：《巴斯夫——一个公司的企业史》（Werner Abelshauser Hg., *Die BASF. Eine Unternehmensgeschichte*, 3. Aufl. München, 2007）。

诞生，一百年之后，它并没有随着新经济出现而走向没落。

四 趋势与周期

从具体的呈现形式来看，20 世纪的德国经济史与高度工业化时期积累的经验有显著区别。1914 年以前的"黄金时代"，经济增长是资本主义经济的典型特征。然而，"一战"爆发至 20 世纪中期以来，资本主义工业失去了先前的工业腾飞的主导趋势以及由于系统的波动掩盖了的整体增长。显然，战争、动乱、通货膨胀与紧缩危机决定着这一时期经济史的基调。因此，其被解释为受政治史等经济之外因素影响的"不规则性"（Irregularität）时期，不适合于运用有关趋势与周期等经济运行法则的一切观念。[①] 鉴于这一时期发生的惊人挫败与倒退（见图 3），许多历史学家似乎认为，为"一战"开始至"二战"结束期间的近代德国经济史假设一条特殊发展道路有助于对其更好的理解，它发生的偶然性使任何系统的分析归于徒劳。他们忽略那些难以归类的阻碍现象并将一些历史时期当作所谓"特殊情况"[②] 而剔除出分析行列，他们试图用这种方式来对 20 世纪经济发展史进行诠释。

与此相反，将 1945 年以后的德国经济史融入更长历史趋势的做法及其相应的诠释似乎更有价值。有的人将战争与战后时期视为对"正常状态"的阻碍而将其排除在经济史之外，有的人则对其采用无视的态度或对这一段影响德国近代史基本经济模式的重要时期不作任何解释。相较于上述方法，将其视为 20 世纪德国经济发展趋势的中心点和支点的做法似乎更加贴切。这一解释需要从德国经济史的"特殊性"开始，聚焦于回答战后时期是否有特殊的经济增长条件（这必然也适用于世界经济危机以后的时期）的问题，这些经济条件在传统意义上的重建期完结后是否依然继续发挥作用。这类特殊条件正是对导致了经济潮涨潮落——时而跌到谷底、时而飞跃云端现象的最佳诠释，它们使 1914 年以来德国经济的发展展现了使人困惑的图景。对于 1945 年后的"经济奇迹"时期而言，证明这类特殊经济条件的存在是

[①] 克鲁特·博尔夏特在《趋势、周期、结构破裂、巧合：决定 20 世纪德国经济史的是什么？》一文中对此类情况特点的描述。该文载于克鲁特·博尔夏特《19 和 20 世纪的增长、危机与经济政策空间》（Knut Borchardt, *Wachstum, Krisen, Handlungsspielräume der Wirtschaftspolitik. Studien zur Wirtschaftsgeschichte des 19. und 20, Jahrhunderts*. Kritische Studien zur Geschichtswissenschaft, 50, Göttingen, 1982），第 100—124 页。

[②] 克鲁特·博尔夏特对战争时期的研究中，试图"从最近一百年内搜寻经济景气现象的变化"（同上书，第 73—99 页）。

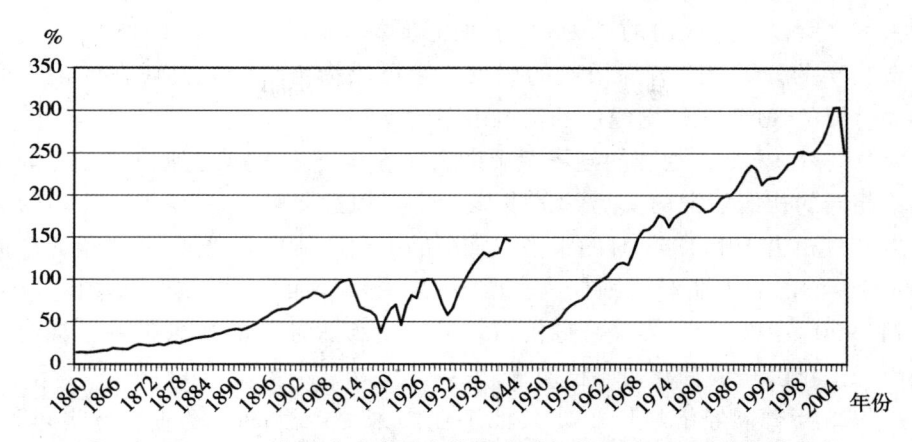

%
350
300
250
200
150
100
50

图 3　1860—2004 年德意志帝国和德意志联邦共和国工业净产值的增长

资料来源：Quelle：D. Petzina et al. Sozialgeschichtliches Arbeitsbuch III，S. 61；Bevölkerung und Wirtschaft 1872-1972，S.176；OECD Stat.

一项很有价值的任务。除了对 20 世纪 50 年代经济腾飞原因的分析以外，还能借此找出解释 20 世纪上半叶德国经济增长轨迹异乎寻常的关键。

战争期间的经济发展与"经典"、"传统"解释模式大相径庭[①]，其经验来源于高度工业化时代资本主义工业国家经济发展的较合乎规律的周期。与 19 世纪二三十年代全球经济危机带来的经验教训相比，德国的特殊发展历程更需要得到人们的重视，因为它是解释民族社会主义崛起的有力工具。从这一视角来看，世界大战、通货膨胀、大规模失业和世界经济危机以及由此引发的社会后果构成了独一无二的德国"融合体"，它无法用传统的景气分析方法进行诠释。因此，19 世纪以来为人们所熟知信任的景气周期分析法在强势来袭的增长趋势面前也就不得不退居二线。两次世界大战期间的经济发展常常被视为停滞典型。不过，将其诠释为两个阶段——1919—1923 年和 1933—1938 年——的重建时期似乎更为贴切，在其间是一段迟缓的重建时期和世界经济危机。凭借战争期间发生的经济停滞现象的消除和魏玛共和国时期储备积累的利用，人们似乎能更好地理解"德国经济奇迹"——由于较快地克服了 20 世纪 30 年代的世界经济危机，这个称号在国外不胫而

[①]　大卫·兰德斯将战争时期描述为"将困境、灾难、临时准备和应急举措融为一体的大熔炉"，并将 19 世纪的经济史视为与此相对应的"现代化的理想事件"。见其著作《解放了的普罗米修斯：1750 年至今西欧的技术变革与工业发展》（David Landes，*The unbound Prometheus. Technological changes and industrial development in Western Europe from 1750 to the present*，2. Aufl. Cambridge，2003），第 359 页。

走——之所以如此成功的原因。① 这里需要指出的是，有关1945年后"经济奇迹"的分析蕴含着深层次的洞见，它可以借来加深人们对在政治方面至关重要的30年代德国经济的基本走向的理解。

"一战"末期，德国的经济发展失去了在国际上的领先地位。工业国家各不相同的初始境况对其后续的发展产生了深远影响。1920年，英国的工业生产只相当于1913年时的水平，美国的工业产值也只比其1913年的产值多1/3，德国的工业产值则仅为1913年的一半。而另一方面，德国却没有受到1920—1921年世界经济危机引发的通货膨胀冲击的半点影响，甚至还经历了十年以来最有利的增长期。

1923年德国经济经历了比其他工业国家都严重的大停滞。与此同时，美国、法国、意大利和日本则为本国直至1929年都未曾间断的"黄金景气期"而备感欣喜。德国经济在迟到了两年后才赶上这波潮流。"一战"结束五年后，恰逢常规景气周期的经济繁荣期，德国经济与战争结束后的初始境况相比已有了明显的改善，不过与战前相比仍然有所倒退。尽管1925年至1929年德国经济的增长速度赶上了国际经济周期的节奏和步伐，朝着战前水平不断迈进，然而，20年代末，德国依然落后于其他大多数工业国家的发展水平。在发展战后经济的国际竞赛中，德国与同样停滞不前的英国一道成了失败者。不过从国家的整体潜力来看，德国依然紧随美国之后占据着世界第二的位置。

"一战"结束五年后，德国的经济发展向世人展示了典型的战后赶超特征。其中，发挥主力作用的是一些在战争结束初期扩张潜力出人意料的关键工业领域。这些关键领域的发展是以在资本储备、岗位结构和现有能力等方面的不平等性得以迅速消除为基础的。1923年至世界经济危机爆发期间，人们很难发现一种稳定的经济增长模式。货币趋稳后，短暂、急促的经济繁荣（1924年中期至1925年中期，共计12个月；1926年早期至1927年9月，共计17个月）与1923—1924年和1925—1926年经济危机开始交替出现。随后两年又出现了走向难以解释的生产瓶颈期（直至1929年秋），紧接着便发生了世界经济危机。有关何时危机得以克服以及30年代"德国经

---

① 参见维尔纳·阿贝尔斯豪塞《战争经济与经济奇迹："二战"期间的德国经济现代化及其对战后时期的影响》（Werner Abelshauser, Kriegswirtschaft und Wirtschaftswunder. Deutschlands wirtschaftliche Mobilisierung für den Zweiten Weltkrieg und die Folgen für die Nachkriegszeit, in: *VfZ* 47, 1999），第503—538页。

济奇迹"根源何在的问题一直备受争议，未有定论。① 然而，1932年出现的景气衰退导致德国经济创历史最低点并维持在低水平状态。随着纳粹党的"掌权"，受到政治反抗阻挠的创造就业计划得以迅速松绑，经济阻塞的情况得以迅速解决。在"十亿帝国马克就业计划"的基础上，政府又在第三帝国成立之初的一个月内再追加40亿马克财政支出用于民生项目与民生计划，并于1933—1934年使德国经济重获生机。② 1935—1936年，德国劳动力市场已接近充分就业水平，与凯恩斯倡导的宏观调控理念相反，德国政府并没有朝着相反的方向调控经济，然而政府全力放开的金融投资却首先被用于大规模发展军备。纳粹政权成功遏制了国内的通货膨胀并自1941—1942年开始加速军备扩充。1944年年底，战争经济滑向崩溃的边缘，在陷入瘫痪之前达到了发展的顶峰。

五 福特主义与战争经济

德国的战后经济在带动20世纪40年代上半期军备扩张的同时，也为1945年以后德国经济的迅速重建创造了前提条件。这可谓德国战争经济之悖论。在军事需求和战败恐惧的重重压力之下，德国工业成功实现了创新。而这在20世纪20年代及30年代初期的魏玛共和国时期苛刻的框架条件下是不可能完成的。谈及创新，新型管理方式和生产方法的引入可谓其典型。虽然德国经济传统上在这两方面一直发展不俗，30年代却始终未能有所突破，只能在理论演绎和技术试验中来回徘徊。战争爆发后，德国军备经济在批量生产问题上与美国相比只能望尘莫及。从1941年秋开始，德国成功实现技术合理化，大大缩短了与竞争对手间的差距。当时设定的目标是最迟到1943年年底达到与美国相当的技术组织水平。③ 然而，上天对德国的眷顾转

---

① 参见维尔纳·阿贝尔斯豪塞《德国：枪支、牛油和经济奇迹》（Werner Abelshauser, Germany: Guns, Butter, and Economic Miracles, in: Mark Harrison Hg., *The Economics of World War II, Six Great Powers in International Comparison*, Cambridge, 1998, 2000），第122—176页。比较克里斯托夫·布赫海姆《"第三帝国"的经济发展——灾难而非奇迹》（Christoph Buchheim, Die Wirtschaftsentwicklung im "Dritten Reich" -mehr Desaster als Wunder. Eine Erwiderung auf Werner Abelshauser, in: *VfZ* 49, 2001），第653—664页。

② 卡尔·席勒：《创造就业岗位与德国财政制度》（Karl Schiller, *Arbeitsbeschaffung und Finanzordnung in Deutschland*, Berlin, 1936）。

③ 卡尔·海因茨·路德维希：《第三帝国的技术与工程师》（Karl-Heinz Ludwig, *Technik und Ingenieure im Dritten Reich*, Düsseldorf, 1979），第462页。关于国际比较之内容参见哈里森的《经济学》（Harrison, *Economics*）。

瞬即逝，通往领先地位的大门很快又关闭了。从 1944 年开始，由于劳动力匮乏和原材料紧缺，批量生产方式被迫中止。尽管德国军备经济在战争期间没能实现生产方式上的"进步"；尽管其他方面的发展瓶颈比组织结构上的进步更具有迫切性，这一经受过考验的技术组织标准却为德国日后的发展提供了支持和帮助。这当然是发生在 1945 年以后，或者更确切地说是在朝鲜危机末期经济增长进程开始以后。

汽车工业就是很好的例证。魏玛共和国时期，它最清晰地反映了技术进步与经济约束之间的不平衡。与其他工业一样，汽车工业虽然拥有完善的组织结构和技术体系，行业员工的教育水平也较高，对"福特主义"的批量生产方法又有着浓厚的兴趣。然而，宏观经济框架条件却阻碍了这一构想和理念的实现。因此，尽管 1923 年德国已取得初步进展，流水线作业方式的引入却姗姗来迟。30 年代"德国经济奇迹"及其影响力和 40 年代初期的战争经济才最终令德国工业的发展有所突破。至此，德国工业不仅实现了理论上的技术进步，还学会了如何将理论应用于现实。①

为了争取生存空间、争夺世界霸主地位，纳粹政权将主要精力集中于为发动战争创造经济条件。尽管如此，它也在此过程中一并实施了一大批经济计划和福利项目。这在一定程度上分散了其军事扩张战略的精力并在战后时期显现出骄人成果。例如，经济福利政策领域的职业培训改革就对后世产生了不可低估的深远影响。20 年代以来，职业培训改革就在重工业领域内受到重工业工会组织和保守派人士的大力倡导。随着 1938 年《帝国学校法》（Reichsschulgesetz）的颁布，纳粹政权决定为帝国无条件全面引入工业职业培训计划。尽管该计划有可能导致学徒培训领域瓶颈问题的产生，但它依然规定所有中学毕业生都必须接受至少一种法制化的职业培训。从 1936 年开始，德国的学徒岗位数量增加了数倍。数月之内，小型企业就不得不对培训岗位和学徒实习车间进行相应调整。1937 年至战争结束期间，几乎所有的男性小学毕业生——以及越来越多的女学生——都完成了 3 年制的学徒培训。

工业职业培训和资质认证成为第三帝国时期的一场全民运动。除了职业培训以外，政府还附带实施了转业培训计划和相关举措。战争之初，德国登

---

① 维尔纳·阿贝尔斯豪塞：《福特主义的两种形式：两大德国城市发展过程中汽车工业的不同作用》（Werner Abelshauser: Two Kinds of Fordism: On the Differing Roles of the Automobile Industry in the Development of the Two German States, in: Fordism Transformed, The Development of Production Methods in the Automobile Industry, hrsg. v. Haruhito Shiomi und Kazuo Wada, Oxford, 1995），第 269—296 页。

记在案的学徒人数达114.3万。如果这类培训仅仅缩短一年就可令德国工业界劳动力储备增加5%，而这在政策层面当然没有实施的可能。相应的劳动力供给缺口只能通过其他方式弥补：即通过招聘女性或外来劳工来解决。他们补充了半熟练工与非熟练工的缺口。对于相当一部分男性劳动力而言，除了职业培训以外，这也有助于其实际能力的提升。"边干边学"效应（"learning by doing"-Effekt）对德国劳动力资质结构的影响过去未能获得足够的重视，工业职业培训项目带来的影响同样如此，尽管培训结业人员已不再有利于战争经济的发展。战争期间，通过完成学徒培训抽离低水平技术员工的做法带来的负面影响要比正面影响大得多。因此，纳粹党人常常抱怨劳动力的资质认证的过度化问题。他们希望取消三年制职业培训，转而实施一年制的基础培训。① 然而不管怎样，培训体制的改革对于1945年后的经济重建而言都是一项重要的前提。

第三节　社团主义市场经济

一　生产性秩序政策

市场与国家的关系以及国家经济政策的角色将在世界范围内获得重新定义。从20世纪初开始，人们希望通过经济政策开创经济增长和社会公平的双赢局面。然而，这种信任随着时间的流逝变得越来越不坚定，最终人们对国家经济政策创造力的高度信任不得不让位于"市场经济之神话"（Mythos der Marktwirtschaft）（W. Lazonick）。为创造最有效的领导方式，两大竞争性的调控方式——市场与国家、管制与解除管制——间的孰优孰劣之争自然无法从经济史学的角度来进行论证。事实上，同市场与企业间的关系一样，市场与国家间并不存在职能上的对立关系。正如1991年诺贝尔经济学奖获得者罗纳德·哈里·科斯（Ronald H. Coase）在1937年所证明的②，企业通过

---

①　德国劳动前线的劳动科学院：《非熟练工的问题》（Arbeitswissenschaftliches Institut der deutschen Arbeitsfront, *Das Problem der Ungelernten*, Berlin, 1942），第311—357页；还可参见约翰·吉林汉姆：《德国社会的"去无产阶级化"：第三帝国的职业培训》（John Gillingham, The "Deproletarization" of German Society: Vocational Training in the Third Reich, in: *Journal of Social History*, 19, 1986, Heft 3），第423—432页。

②　罗纳德·哈里·科斯：《企业的性质》（Ronald H. Coase, "The Nature of the Firm", in: *Economica*, 4, Nov. 1937），第386—405页。

对私人财产支配权的内部化、合同保障以及建立信任关系等方式实现降低交易成本和生产成本进而以比"市场交易"更低的成本满足经济需求的目标。

国家经济政策的作用与上文所述如出一辙。国家经济政策的目标是设定并实施大多数经济主体都遵循的规则和标准,从而实现更加保险、更加稳定和更符合经济效益的市场行为。而这些倘若脱离了国家政策的干预,是无法实现的。每项经济政策不可或缺的核心在于秩序政策,即对制度框架的形塑,而非过程政策,即对经济运行的干预。不过在某些特殊的例外情况下,后者也是十分必要的。

20世纪德国经济政策的核心是生产性秩序政策。自帝国时代以来,它所涵盖的领域除了对外经济还包括广义的基础设施政策、区域发展政策(既包括经济发展政策也包括社会发展政策)和旨在挖掘和激活人力资源潜力的职业导向型教育政策与培训政策。这类国家秩序政策的主体对象是经济发展框架,它通过为经济提供具有全面价值——即可作为一般投入使用——的潜在要素,激发个体的经济潜能、完成空间上的有效整合并最终实现提高生产效率之目的。将无形生产视为提高生产率之源泉,并逐步适应德国"新工业"出现后带来的新发展局势是后自由主义经济政策(post-liberalen Wirtschaftspolitik)[1]的一大特征。另一种新的观点认为,合适的——即能有效降低交易成本的——制度和标准虽然无法直接创造经济价值,却蕴藏着巨大的生产潜力,进而对整个经济领域的生产效率发挥长远(à la longue)而举足轻重的决定性作用。始建于20世纪的制度框架,其任何一个组成部分几乎都备受争议。秩序政策行为必须接受由世界市场和知识社会新发展带来的种种挑战。在这一背景下,德国经济政策的传统理念库还能否继续保值的问题则变得越来越迫切。不论这一问题的答案如何:从经济政策角度来看,其前提条件是以这样的眼光来看待"漫长的"20世纪,它与结束时的19世纪和刚刚到来的21世纪紧密地连接在一起。

德国的国家经济政策自产生以来就依赖于众多主体。在帝国时期,中央政府就不得不将精力集中于对外贸易政策领域,而将国内市场经济的管辖权交由各联邦州。地方政府的经济活动同样也未受到法律的限制。在实践中,自20世纪初以来,市、镇、县就掌控着经济领域内最活跃市场上一些行业

---

[1] 参见维尔纳·阿贝尔斯豪塞《第一个后自由主义国家:德国现代社团主义的发展历程》(Werner Abelshauser, The First Post-Liberal Nation: Stages in the Development of Modern Corporatism in Germany, in: *European History Quarterly*, 14, 1984),第285—318页。

的经济活动，例如电力行业和其他能源供应企业或地区金融业（储蓄所），同时为构建区域福利和发展政策 ["市政社会主义"（Munizipalsozialismus）] 创造优良的物质条件。国家经济政策在这类创新领域和急速增长领域所取得的经济发展成就是不容小觑的。[1]

这一点特别适用于推动知识进步和研究发展的政策举措。尽管知识创造与经济生产率之间并不一定存在明确的直接关联。然而，随着科技主导型工业（science based industries）逐渐成为经济领域的先导行业，非物质生产逐渐成为 20 世纪经济发展领域的关键内容，促进知识进步与科研发展则成为生产性秩序政策的中心议题。此外，国家经济政策还必须处理好生产的知识化问题，通过制定制度框架和资金投入来促进新型能力和知识储备的"生产"与形成。于是，高等院校——尤其是大学——开始出现迅猛发展的势头。在帝国时期，高等技术院校和经济院校都曾跻身拥有更高教育水平的大学行列。除此之外，到"一战"时期，德国共产生约 50 所高等专业研究机构。其中最重要的要数 1887 年创立的帝国物理技术研究所（die Physikalisch-Technische Reichsanstalt）和以尖端研究为使命的威廉皇帝皇家学院（die Kaiser-Wilhelm-Institute）。尽管后者的运营资金大部分由私人提供，国家还是对经济与科学之间共生协同关系的形成做出了一定贡献。帝国时期（直至 1913 年）用于促进科技进步的公共支出增长了七倍。与此同时，科研人员的数量也从 14000 人上升至 60000 人。[2] 而与此形成鲜明对比的是德国的教育事业。截至 1870 年，它的发展几乎处于停滞状态。

制定秩序政策的主体是国家，而对经济运行的管制职权则下属于社团主义市场经济体系。它的运作基于拥有自主行动权的社会团体、协会、公司和康采恩之间的自由合作，国家很少进行协调性干预。市场主体间的合作其实也是一种社会生产体系，国家对此种关系的建立和架构发挥积极的推动作用并提供相应的法律援助和支持。对经济发展的进程和结果起决定作用的责任主体还是经济界本身，它决定着经济发展的未来走向和路线选择，在与工会组织和国家机构充满争执的合作过程中为经济活动创造回旋空间，并通过建立经济联合会来参与经济政策的制定。尽管国家经济政策除了对社会发展的

---

[1] 参见阿贝尔斯豪塞《国家》（Abelshauser, *Staat*）。
[2] 弗朗克·普菲驰：《科学发展的数据手册》[Frank R. Pfetsch, *Datenhandbuch zur Wissenschaftsentwicklung*, Köln, 1982; Ders., Staatliche Wissenschaftsförderung 1870—1980, in: Rüdiger vom Bruch（Hg.）, *Formen außerstaatlicher Wissenschaftsförderung im 19. und 20. Jahrhundert, Deutschland im europäischen Vergleich*, Stuttgart, 1990]，第 113—138 页。

框架条件产生影响外，还对经济成就的实现发挥着重要作用。然而，直到世界经济危机降临之时，它仍没有触及经济界的主体地位。

二 社团主义利益政策

战争、革命、从帝制向魏玛共和国的过渡，尽管重大历史事件频频上演，作为生产性秩序政策的德国经济政策基本构想却改变甚少。与此同时，经济政策所处的制度框架也未发生决定性变革，尤其是帝国时代产生的"生产体制"几乎没有任何变化。工人阶级的社团地位似乎在战争期间和最终的十一月革命中更加牢固了。19世纪80年代以来，工会组织虽尚未合法化，但它们已上升为重要的集体主体，成为工人阶级的代表，无论在德国经济、社会生产体系还是在魏玛共和国时期的政治体系中，都赢得了不可撼动的地位。新颁布的帝国宪法赋予了工会组织合法权利，但其新的、举足轻重的谈判权利和实际经济影响力的基础却来自工人与雇主间对等的工作共同体的合作实践，其最高组织是1918年12月成立的德国工商业雇主与雇员中央工作共同体（die Zentralarbeitsgemeinschaft der industriellen und gewerblichen Arbeitgeber und Arbeitnehmer Deutschlands，即ZAG）。由此，迄今为止已经具有明显社团主义市场经济特征的国家经济宪法又得到了加强并在某些领域第一次有了法律的明文规定。

经反复修改的社会国家构想是魏玛宪法经济与社会制度的核心。从20世纪20年代初开始，革命与人民战争就赋予了其模棱两可的特质。要求对收入和财产进行重新分配的政治愿望第一次获得了多数人的认可和赞同。共和国宪法下的"社会主义"经济与社会制度虽未具有"社会主义"特征，但却明确拒绝所谓的"自由放任主义制度"。[1] 为了确保经济体制达到平衡各方权力的目的，《魏玛宪法》提出了多项国家目标，立志建立社会国家。与波恩的《基本法》相比，这些国家目标更明确地强调社会国家的原则，包括"为了公共利益"的私有财产社会公益义务（《魏玛宪法》第153条第3款），土地改革（《魏玛宪法》第155条），社会化（《魏玛宪法》第156条），劳动力保护（《魏玛宪法》第157、158条），结社自由（《魏玛宪法》第159条），社会保险业（《魏玛宪法》第161条），为服务"公共利益"的劳动力使用（《魏玛宪法》第163条第1款），工作权（《魏玛宪法》第163

---

[1] 克里斯托夫·盖斯：《魏玛宪法》（Christoph Gusy, *Die Weimarer Reichsverfassung*, Tübingen, 1997)，第343页。

条第 2 款)、促进中产阶级发展（《魏玛宪法》第 264 条）和雇员在企业内和跨企业的共决权（《魏玛宪法》第 165 条）。有关社会国家原则最详尽的表述可参见"经济总章"（die wirtschaftliche Generalklausel）的第 151 条："经济秩序必须符合平等原则并以确保所有人的基本生存条件为目标"。换而言之，《魏玛宪法》对所有经济活动都给予了"社会条件限制"（sozialen Vorbehalt）[①]。它虽未与占主导地位的缔约自由之基本原则形成正面对立，却对其进行了实质性修正。它不仅仅是纯粹口号式的宪法目标，而是直接对国家广泛干预举措的有效授权，在某些情况下甚至是对个体法定义务及受保护权利的明文规定。魏玛共和国时期，这些目标中的大多数都无法在政治实践中得到实现，这并非由于福利国家和工业经济宪法的不足或欠缺所致，而是由于其政体内部和对外经济领域存在的问题太多。这又必然导致有关经济政策最终责任的问题陷入模棱两可的争议之中，进而使各类问题的解决变得难上加难。

在 30 年代初期的世界经济危机中，魏玛共和国政府没有顶住时代最具决定性的考验，它借助经济和财政政策等手段降低失业率的尝试失败了。尽管如此，20 年代的就业政策还是证明了，在对抗经济运行中的重大偏差方面，魏玛共和国的经济政策有可取之处。

魏玛共和国时期，国家采取积极的景气政策和就业政策受到了限制。它带来的财政赤字空洞长期得不到弥补。1926 年的景气政策虽然从账面上看实现了目标，成功克服了经济衰退，然而，从长期来看，它却间接带来了更多的问题。国家财政政策的回旋余地长期受到限制。特别是帝国总理海因里希·布吕宁（Heinrich Brüning）采取措施，反对国家创造就业的"面子工程"（Prestigepolitik）。他决定通过缩减财政预算和通货紧缩等不受欢迎的方式来对抗德国经济危机。这一影响深远的决定也强化了他在德国历史上的地位。在今天看来，我们不难发现这一决定显然是有失偏颇的。因为国家扩张性危机政策可能带来的负面后果并不能与 1931 年后实际发生的灾难性发展趋势相提并论。然而，那时却只有极少数经济政策专家认识到，德国的民主制度、法治国家制度和文明制度已岌岌可危。此后，当许多人对此有所警觉时却为时已晚。由于行动根基的丧失，自由派资产阶级与社会民主工人运动不可能再结成联盟共同为经济危机出谋划策。1931—1932 年，应对危机战略的轮廓初显，层出不穷的问题使保守派在压力下逐渐放弃了对实施危机战

[①] 阿尔伯特·亨塞尔：《基本权利与政治价值观》（Albert Hensel, *Grundrechte und politische Weltanschauung*, Tübingen, 1931），第 29 页。

略的反抗，在这种形势下，民主人士间的合作原本能够成为在保留民主的条件下克服危机的重要前提之一。

三 政治主导权

1932年5月，德国纳粹党（NSDAP）借助左翼人士格雷戈尔·施特拉瑟（Gregor Strasser）提出的"紧急计划"（"Sofortprogramm"）成功操控了国民议会上的经济政策之争。社会民主党则以意识形态为由拒绝并反对德国工会联合总会（ADGB）提出的一系列依靠政府财政支持的就业计划。纳粹党"掌权"后也提出了一些克服危机的构想。尽管这些策略并非其独自设计而得，而是在与"德国凯恩斯主义者"的交流探讨中迸发出了设计灵感，并最终纳入纳粹的经济政策计划。事实上，为了创造就业岗位，截至1934年年底纳粹党人额外投入流通领域的货币不少于50亿马克，比同期内所有工业投资总量的三倍还多。资金主要用于公共基础设施扩建、私人住宅的兴建以及推行更大规模的私人和公共领域整顿措施。除此之外，间接的消费刺激——例如结婚贷款或机动车税的废止——也成为提振经济的有效手段。

希特勒从一开始就想通过重塑德国民众自我防卫能力来刺激景气。然而，在实现该目标的过程中，失业率却总是居高不下。1933年，希特勒的这一计划最终以失败告终。军备扩张的前期筹划的时间过长，以至于无法在1934年前提交足够多的军备订单。私人武器生产商，例如位于埃森州的弗里德里希·克虏伯股份公司（die Fried. Krupp AG），甚至直到1935年起才开始参与政府军备订单交易。因此，纳粹政府不得不将其"工作战争"（Arbeitsschlacht）在民用领域进行。事实上，纳粹党"掌权"两年后，德国的失业人数就下降了不少。这自然也就意味着，希特勒当初许下的承诺——四年内解决失业率上升的问题——得以兑现。1936年时甚至还出现了充分就业的状态。1947年，就连纳粹党就业计划的批判者，如自由主义经济学家阿尔弗雷德·米勒-阿尔马克（Alfred Müller-Armack），都不得不为这一举措取得的成就感到惊讶。"它不仅仅为德国带来了举世瞩目之成就，同时也对其周边国家产生了深远影响。甚至直到今天，它们仍然为这一举措的优越性所折服。"[①] 这位"社会市场经济之父"也坦言，"与人们普遍认同的观点相反，从经济角度来看，1936年、1937年的就业岗位创造计划其实也不失为一种

[①] 阿尔弗雷德·米勒-阿尔马克:《经济调控与市场经济》（Alfred Müller-Armack, *Wirtschaftslenkung und Marktwirtschaft*, Hamburg, 1947），第137页。

平衡性举措"。他认为，后来的问题确切地说来自政治范畴。因为，"对调控机器尝试性地成功掌控，迫使政府不得不继续走下去。故而在创造就业岗位计划结束后，它就开始直接为军备扩张和战争准备服务了"。

借此，希特勒便有底气在某些万众瞩目的领域显示其所拥有的真正实力与政治魄力。相比精心设计的操控技巧和恐怖主义的威慑伎俩，纳粹政权通过反危机政策赢得的信任与支持能更有效地确保国家及其政权的稳定。无论是社会统一政策中的对外政策还是军事政策，20世纪30年代"德国经济奇迹"（H. Priester）也为纳粹党目标的实现奠定了物质基础。在摆脱灾难的过程中首先找到实践解决方案的是德国专制制度，而非西方国家的民主政治。英国国民经济学家简·罗宾逊（Joan Robinson）带有讽刺意味的结论对德国乃至国际政坛都造成了灾难性后果："在凯恩斯还未来得及解释失业问题的根源之前，希特勒就已经找到了解决该问题的良方。"[①] 在这一背景之下，作为所谓"革命前的革命"，纳粹党的"国家景气"需从两个方面进行评价：一方面，纳粹党创造的经济奇迹是早于西方经济政策的凯恩斯革命的先行试验；另一方面，它巩固了德国的物质基础，争取到了人民对德国独裁专制统治的信任并认同其社会革命的口号。除了成功的反危机政策以外，纳粹政权是否还开创了经济政策领域全新的构想？对于这一问题的回答必然是否定的。更确切地说，对于如何应对世界经济危机后果的问题，纳粹政权借助经济政策构想在目标和战略上达成了短暂的一致意见。而这些构想早在世纪之交应对全球化和高度工业化趋势的挑战中业已产生。

此外，"第三帝国"时期还有两大历史性转折事件值得关注：此前一直存在的工业劳动关系体系被（暂时）废除，第二大生产方式，即标准化批量生产得以创立并在战争经济中实现了突破。虽然福特主义的批量生产方式在战后时期占据着重要地位，但德国工业领域迟来的批量生产方式并不意味着多元化优质生产方式的终结。后者的市场对德国经济而言仍然有着举足轻重的意义。因此，德国社会生产体系的架构还是主要以该市场需求为导向。19世纪晚期以来将德国引向新经济道路的各种核心制度——自主权、自我管理、合作与社会能力——依然是应对特定市场信号的最佳答案，这些市场对德国经济未来的发展至关重要。

[①] 简·罗宾逊：《经济理论的第二次危机》（Joan Robinson, The Second Crisis of Economic Theory, in: *American Economic Review*, Papers and Proceedings, 62, 1972），第8页。

第二章

1945年以后经济走向的确定

第一节 初始条件

一 德国的经济分裂

当三大反法西斯同盟国不再追求分裂政策时，德国版图事实上已被分割了。为重建中欧而准备对德意志帝国实施"分割"的计划又一次被悄悄地放弃。德黑兰会议（1943年11月）曾将这一设想进一步具体化，雅尔塔会议（1945年2月）上各方的探讨和争论仍然未得出定论。此后，"分割领土委员会"（"Dismemberment Committee"）又于1945年3月在伦敦召开会议。不过，其修改投降协议的目的并未实现。在分割德国领土问题上，美国的态度要比苏联和英国明确、坚定得多。美国总统富兰克林·罗斯福逝世后，财政部部长及其亲信亨利·摩根索在国内的影响力亦逐渐衰退。在这一背景下，美国国务院对待该问题的态度赢得了更多的支持。他们认为必须尊重德国领土完整并希望拉拢德国，使其成为美国阵营的长期合作伙伴。[1] 然而，战争会议的分割计划并未得到官方的正式修改。早在1943年11月1日举行的莫斯科会议上，同盟国外长就做出决议，鉴于军事战略和后勤需要为现已占领的德国领土设置时间限制，即将占领地变为"限时占领区"。这一决定也得到了德黑兰会议后成立于伦敦的"欧洲咨询委员会"（European Advisory Commission，EAC）的认可。然而，在领土分割问题悬而未决的背景之下，完成上述决议提出的任务变得愈加棘手。同盟国军队间为争得操纵德国经济和政治的有利

---

[1] 约翰·贝克：《关于分割德国领土的决议：1943—1948年美国的对德政策》（John H. Baker, *Entscheidung zur Teilung Deutschlands, Amerikas Deutschlandspolitik 1943—1948*, München, 1981），第26—32页。

地位不断争斗。虽然划定领土分界线的目的在于阻止这一不可避免的纷争，并使其政治和经济目标都服从于领土划分问题，然而，不论是从领土面积还是经济利益问题上来考察，伦敦会议上为三大占领区划定时限的决议都符合各国追求利益均衡的需要，即获得更长的占领期。后来的一些领土划分——例如将美国南部占领区与英国西北部占领区中抽出一块土地划为法国占领区——都变动不大，基本与该图相同（见表2）。1944年11月11日，法国在签署第二份占领区协议后才正式成为"欧洲咨询委员会"（EAC）成员。它试图通过加快对斯图加特的军事进攻来尽早占领第二份协约中规定的属于法国的土地并扩大占领区。然而，在1945年7月26日签署第三份——即最后一份——占领区协议后，它又被迫退回到原来规定的界线以内。

表2　　　　德国四个占领区的土地面积、人口及工业化程度

	面积 （1937年，%）	居民 （1939年，%）	净产值[a] （1936年，帝国马克）
英国占领区	20.8	28.5	596
苏联占领区	22.8	21.9	546
美国占领区	22.8	20.6	427
法国占领区	8.5	7.6	417
萨尔区[b]	0.5	1.3	500
柏林	0.2	6.3	697
东部地区[c]	24.3	13.8	229
德国	100.0[d]	100.0[e]	494
美英两大占领区	43.6	49.1	525
美英法三大占领区	52.1	56.7	510

注：
a）净产值＝生产出来的产品价值减去中间消耗，但是包括折旧跟成本税。
b）在第三份占领区协议中规定其为法占区的一部分。
c）在第三份占领区协议中规定其为苏占区的一部分。
d）100：470543.8 平方公里。
e）100：69316526 人。
资料来源：《德国数据统计手册》，1928—1944年，由美占区诸州委员会出版（Statistisches Handbuch von Deutschland 1928—1944, hrsg. vom Länderrat des Amerikanischen Besatyungsgebiets, München, 1949），第8页；《德国工业——帝国战时经济计划系列丛书》（Die deutsche Industrie, Schriftenreihe des Reichsamtes für Wehrwirtschaftliche Planung, Heft I, Berlin, 1939），第146页。

德国西部地区仍然处于同盟国远征军最高统帅部（SHAEF）及其首领德怀特·艾森豪威尔（Dwight D. Eisenhower）将军的统治之下。在盟军占领区和最高司令员控制区，军事首领拥有最高的立法、司法和行政权。通过对

地方现有战争经济基础设施的整合，他们为占领区创造了统一的前提条件，目的在于有效保存并重新恢复各级地方公共领域的基本经济功能，例如电力、水资源和天然气供应，短途交通以及食品供应和分配，等等。就在波茨坦会议即将召开的前几日，1945年7月14日，之前就建立的西德区各军事政府也正式开始了对其占领区的管辖和控制。

在各占领区实施相互独立的自主占领政策对于美国、英国和苏联人来说似乎没有多大意义。占领区之间的紧密联系让人们看到，占领区各自为政的分割性目标似乎也没有多少前途可言。因此，在7月17日至8月2日召开的波茨坦会议上，各占领国认为有必要建立一种全新的模式，让盟国对德管制委员会（der alliierte Kontrollrat）接管尽可能多的——尤其是经济领域的——涵盖整个德国的职能。同时，波茨坦会议也为美国和英国提供了协调其对德政策的契机。而在此之前，英国国防部试图在欧洲咨询委员会框架内发展一个共同对德政策的努力无果而终。

然而，英国于1944年10月发表的德国手册既没有提到对经济政策的基本见解，也未对个别重要问题——例如食品和煤炭供应问题——做出特别说明。就连在战争赔款问题上，英国政府的态度也表现得很不明确。它妄想将两个目标合并实现，即在摧毁德国战争潜力的同时，又让遗留的德国工业重新恢复正常运转。其实，伦敦应该清楚，无论是政治动荡或者是经济混乱，都会使得盟军占领政策的主要目标——捣毁德国军事力量、根除纳粹势力并获得战后赔偿——难以实现。英国政府在方针路线上模棱两可的表述和处理对德问题的拖沓态度正好契合了伦敦在对德政策的关键问题上与华盛顿合作的愿望。而在此时的美国，一场有关未来对德政策的大讨论正蓄势待发。

早在1943年期间，美国国务院就认为，对德政策必须确保德国领土完整和统一，对各区实施非集权式管理，调整经济战略使战争武器转变为和平经济并重新发展有利于"联合国"的对外贸易。战后政策咨询委员会的四大下属委员会曾草定了"H-24德国"备忘录并于1943年7月获得了美国国务卿科德尔·胡尔（Cordell Hull）的批准。[①] 该备忘录虽未经公布，不过人们可以从中找到上述对德政策的相关表述。虽然备忘录中也探讨了领土分割的问题，但最终还是决定拥护德国的统一。占领期间，盟国远征军最高统

---

① 参见约翰·贝克《关于分割德国领土的决议：1943—1948年美国的对德政策》，第26页及其后。

帅部为了给军事和民事管理官员提供一套行动指南，在统一思想主张的影响下，他们又起草了一部《德国军事政府手册》。与"一战"后典型的传统对德政策不同，罗斯福当政期间的财政部部长亨利·摩根索提出了旨在分裂和永久削弱德国的计划——"防止德国挑起第三次世界大战的计划"。起初，摩根索成功说服总统支持这一计划，决定"在德国的新建州中严禁发展或拓展核心工业以防止德国战争潜力的卷土重来"。[①] 虽未明言，但摩根索的计划的确考虑到以下事实：战争开始以来的美国工业生产总值翻了近一番。将德国淘汰出世界市场的举措改善了美国工业品的销售，这也使美国能更轻易地实现从战争经济向和平经济的转变。此外，该计划似乎也帮助英国在牺牲德国利益的基础上增强本国出口工业的发展，这自然也与美国利益相契合。[②] 然而，摩根索战略不仅忽略了德国与欧洲之间密不可分的经济关联问题，同时，它还戏剧性地表明了美国以国内市场为导向的传统贸易政策渐渐淡出历史舞台。该计划的实现需要一个重要的政治环境，即它必须在美国与苏联之间的友好合作条件下才能实现。反法西斯同盟想要摧毁德国的目的在于重新构建和平的世界秩序。然而，此时此刻，这一观念在美国人心中的可信度却在逐渐下降。虽然，英国首相丘吉尔在1944年9月15日召开的魁北克第二次会议上同意并签署了摩根索计划，该计划也由此获得了官方的正式认可。然而，对该计划达成的一致意见仅维持了很短的时间。不久，摩根索计划在美国就遭遇了公众和负责对德政策的过渡部门——外事与战争部的强烈反对和抵制。在强大的舆论压力下，罗斯福总统最终也不得不放弃了这一计划。

尽管如此，摩根索的干预计划还是对美国战后第一阶段的对德政策产生了一定影响。1945年5月，美国参谋长联席会议主席将"JSC 1067方针"送交盟国远征军最高统帅部，其内容包括以下要求："不得采取旨在a）帮助德国经济重建和b）维持或增强德国经济实力的各类措施"。[③] 许多人认

[①] 亨利·摩根索：《德国是我们的问题》(Henry Morgenthau, *Germany is Our Problem*, New York, 1945)；他最早提出的干预观点虽并未计划将德国从工业国转变为农业国（这是丘吉尔在魁北克第二次会议上反复强调的一点），却坚决主张摧毁德国的重工业并将德国公民驱逐出鲁尔区。详细内容可参见威尔弗里德·茂斯巴赫《摩根索与马歇尔之间——1944—1947年美国的对德经济政策》(Wilfried Mausbach, *Zwischen Morgenthau und Marshall, Das wirtschaftspolitische Deutschlandkonzept der USA, 1944—1947*, Düsseldorf, 1996)，第65页。

[②] 茂斯巴赫：《摩根索》(Mausbach, *Morgenthau*)，第55和65页。

[③] 古斯塔夫·施托佩尔：《德国的现实状况》(Gustav Stolper, *Die deutsche Wirklichkeit*, Hamburg, 1949)，第318页。

为，英国人对德国采取的是"柔软"政策，而美国人走的则是"强硬"路线。然而，不得不说这种先入为主的臆断是绝对错误的。事实上，在美国军政府眼中，被占领的德国已经支离破碎、困难重重。因此，美国并不同意"JCS 1067 方针"中提出的迦萨构和平政策（Karthago-Frieden）。如果德国连出口产品都无法自行生产的话，据他们估计必将有成千上万的德国人要饿死。因此，为了重启德国的工业生产，即满足盟军进口需求之外的生产，有必要立即采取一些措施。"JCS 1067 方针"不但禁止了这两方面的经济活动，在某些领域甚至提出停止生产的要求。因此，军政府首脑卢西乌斯·克雷（Lucius D. Clay）于 1945 年 5 月向华盛顿要求对方针进行修改，"以便尽快提出富有建设性的计划"。① 美国国防部和国务院虽然原则上同意他的要求。但依据摩根索计划的惨痛教训，他们又认为这时候重新公开探讨对待战后德国的经济政策问题从政治角度来讲并非合乎时宜。同时，国防部也不得不承认"JCS 1067 方针"在对待克雷实现其设想的问题上的确给予了足够的活动空间。克雷也最终同意了这一观点。因此，尽管严格的"JCS 1067 方针"于 1947 年 7 月被官方撤回，美国占领区自其政权建立之日起就有一个"建设性"的对德政策。只是在此期间，它曾被波茨坦会议记录中的相关规定所取代。

波茨坦会议为美国方面提供了一次契机。借此，美国通过会议协议形式将实际超出"JSC 1067 方针"框架的行动余地确定下来并加以扩大。美国在这一点上取得了成功，原因有二：一方面，《波茨坦公告》的许多表述都源自美国的提案；另一方面，会议结果也偏离了华盛顿的官方政策考虑并为在此期间美国军政府的对德立场提供了保障。附录的发表标志着"JCS 1067 方针"的修订。1945 年 10 月，新版"JCS1067 方针"正式颁布。它含有一个补充条款：万一它和波茨坦协议出现明显的区别，后者拥有优先适用权。另外，该项方针只对美国对德经济政策做了短期的规定，对德国经济的未来发展的决定仍然受摩根索计划的影响。②

波茨坦会议关于"把德国视为统一经济体"的决定令美英苏军事政府重获希望，他们希望各自占领区的结构劣势可以在整个德国地域范围内得到平衡，使占领区在不久的将来能获得不靠外力即可具备生存并履行战争赔款

---

① 约翰·吉姆贝尔：《1945—1949 年美国在德国的占领政策》（John Gimbel, *Amerikanische Besatzungspolitik in Deutschland 1945—1949*, Frankfurt/M., 1971），第 24 页。
② 茂斯巴赫：《摩根索》（Mausbach, *Morgenthau*），第 121 页及其后。

义务的能力。鉴于此，波茨坦同盟国将振兴德国对外贸易视为解决战争赔款问题的着力点。同时，他们还打算整顿国内交通运输业，鼓励采煤业，"尽最大可能"提升农业产值，重建和修缮房屋住宅和重点公共设施。为实现这一经济目标，《波茨坦公告》还计划建立一个中央政权。于是，柏林管制委员会立即对波茨坦会议的经济方针进行了调整并于 1946 年 5 月 28 日公布了"战争赔款与战后德国经济发展计划"。管制委员会的"工业计划"为德国工业带来了巨大的发展动力，实现的生产力相当于 1936 年的 70% 至 75%。然而，与此形成鲜明对比的是，有关德国对外贸易规模的决议却未发挥丝毫作用。原因很简单：它的实现一直欠缺一个重要的前提条件，即德国的经济统一。

履行《波茨坦公告》核心内容的最大障碍来自法国。法国政府虽未受邀参加会议，却明确提出：只有在法国诉求得以兑现的情况下才同意波茨坦决议的相关内容。实际上，这是对协议意义及其经济政策目标的意义提出的又一次质疑。在 1945 年 9 月召开的伦敦外长会议上，法国指出，如果中央政权的权威势力扩展到莱茵、鲁尔地区，它将对建立该政权的计划予以坚决反对。早在 1945 年 5 月，出于经济方面的考虑，法国外长乔治·比道尔特（Georges Bidault）就曾要求将萨尔地区并入法国。法国在盟军对德管制委员会中的否决权成为法国反对波茨坦协议的重要砝码。一开始，法国就拒绝美国提出的建立德国中央运输管理机构的倡议。紧接着，法国声称，一旦各方未能就未来德国西部边界问题达成一致意见，法国就会对建立中央政权的任何决议投反对票。11 月，法国对盟军管制委员会提出的在德国建立中央铁路管理机构的决议进行了阻挠。12 月，它又拒绝了英美两国提出的为客运交通开放占领区边界的建议。这一表决政策造成了各盟国在占领区问题上的意见分歧越来越大。占领区各国也逐渐发展成独立的行政、经济和政治统一体，隔断了占领区之间的跨区域劳动分工，将原本运行自如的统一经济空间分割成了结构完全不同的区域。这严重阻碍了美英苏占领区重振工业雄风的构想和目标。而法国政府反而在独立发展占领区独立经济的政策的道路上走得"自由自在"、"无拘无束"。

二　资源状况

1945 年 3 月，英美联军开始实施攻占鲁尔区的行动。此时，美国陆军航空队（USAAF）也着手对进攻的经济影响进行估算。他们还特地聘请一批经济学专家来研究对这一地区的战略爆炸给德国战争经济带来的影响。从表面上看，此举的目的是为了总结、吸取仍在持续的远东战争之经验教训，而实际却是在炫耀完善的军事装备以满足其虚荣心。美方一直认为，齐全的军备兵种为世界大战中欧洲战场的胜利做出了杰出的贡献。因此，现在正是总结、记录这些成就并将其转化为政治优势的大好时机。

在约翰·加尔布雷斯（John K. Galbraith）[1]的引导下，一众青年科学家在巴特瑙海姆汇聚一堂。他们的名字在"新一代经济学家目标"[2]摘要中都可以找到——布尔顿·克莱恩（Burton H. Klein）[3]、（勋爵）尼可拉斯·卡尔多（Nicholas Kaldor）[4]、恩斯特·弗里德里希·舒马赫（Ernst Friedrich Schumacher）[5]、保罗·巴汗（Paul A. Baran）[6]和艾德华·丹尼森（Edward Denison）[7]以及尤根·古齐恩斯基：（Jürgen Kuczynski）[8]。他们手里掌握着德国国家统计局的资料。其中的"战争生产紧急报告"记录了德国工业最新的发展情况和为战争提供物资的努力。而德国经济研究院（DIW）工业科科长霍夫·瓦根福尔（Rolf Wagenführ）无疑是解释上述相关资料的最佳人选。因为，正是他为阿尔伯特·斯皮尔斯规划署（Albert SpeersPlanungsamt）搜集整理这些资料。他曾受苏联驻德军事机构（SMAD）委托从事统计部门的重建工作，后来被美国司令部从柏林的苏占区劫持到美国。在上述种种有利条件的支持下，加尔布雷斯团队不仅整理出德国战争经济在爆炸战中蒙受损失的相关资料，同时还凭借自身经验和直觉分析获得了有关剩余的德国工业资本存量的信息。

半年后，即1945年10月，加尔布雷斯团队便整理出德国工业的生产数据表，对此后盟军的对德政策发挥了重要作用。在苏联军政府的抗议声中，霍夫·瓦根福尔被再次遣返回国（东柏林）。此后，苏联占领军特别部门又

---

[1] 普林斯顿大学的社会经济学教授，后成为罗斯福管理机构的特聘专员。战争结束后又在哈佛大学担任教授。
[2] 约翰·加尔布雷斯：《重要年代的生活》（John K. Galbraith, *Leben in entscheidender Zeit*, München, 1981），第201页。
[3] 后在加利福尼亚技术研究所任职。
[4] 后在剑桥大学国王学院任职并被封为男爵。
[5] 后成为另类经济学创始人之一（"小即是美"）。
[6] 后在斯坦福大学任职并成为最具影响力的西方马克思主义经济学家之一。
[7] 后在华盛顿"布鲁金斯学会"任职。
[8] 马克思主义社会学家，著名统计学家和共产主义者纳雷·古齐恩斯基（René Kuczynski）之子。1936年，他被迫离开德国并在英国的美国情报机构OSS受聘任职。后成为德苏友好协会主席和（东）柏林科学院经济史研究所所长。

第二章　1945 年以后经济走向的确定

于 1945 年 11 月扣押了回国的尤根·古齐恩斯基。① 从两位科学家口中，苏联得知了德国的相关信息。美国陆军航空队（USAAF）虽是调查德国情况的委托方，却并未对美国战略轰炸调查团（USSBS）相关调查结果的发表做出多大贡献。相比其西方竞争对手，苏联驻德军事机构（SMAD）很早就认识到该项研究的迫切性。不过，在许多人看来，美国战略轰炸调查团的调查报告②更像是对"战略轰炸缘何失败"的记录。③ 美国陆军航空队把他们的轰炸失败归罪于此。

汉堡、科隆、法兰克福（美因河畔）和柏林遭受的毁灭性破坏给加尔布雷斯团队造成了"惊世骇俗"④的影响。不过，人们很快发现，绝大多数针对德国军工厂发起的进攻都无异于"劳民伤财的徒劳之举"。⑤ 即便是 1944 年盟军空袭达到高潮之时，德国受损的工业机床也还不到 6.5%，这其中也只有 10% 左右的机器报废。此外，德国具有重要战略意义的轴承工业在空袭中受损的机床总共也不过 16%。钢铁工业也只有几台高炉和重要机器遭到破坏，仅有一台轧钢机完全报废。鲁尔钢铁生产总值的损失最多仅为 1937 年的 20%。不过，从那时起钢铁厂的生产效率竟大幅提高，鲁尔钢铁的产值还大大超过了和平时期的水平。鲁尔区的采矿业也几乎未受严重影响。根据 1945 年 5 月一位美国经济咨询师的报告，在相关促进机构的敦促下，德国工业在短短数月内就恢复了生产，有的甚至实现了全面投产和运营。⑥ 显然，德国的军备工业是很难通过空袭被摧毁的。英国皇家空军联盟（RAF）——无论是来自兰彻斯特和哈利法克斯的战斗机，还是没有弹药的

---

① 尤根·古齐恩斯基：《与我曾孙的对话》[Jürgen Kuczynski, *Dialog mit meinem Urenkel*, Berlin (Ost) /Weimar, 2. Auf., 1984]，第 50 页。

② 在此之前，美国军事政府办公室就拥有戈林（Göring）记录至战争结束后德国工业扩张和重要工业基地信息的战略地图资料：《"戈林地图"——经济独裁者的工具：来自受托人办公室的赫尔曼·戈林元帅四年计划秘密地图资料》["Goering's Atlas", Das Handwerkszeug des Wirtschaftsdiktators: Geheimes Kartenmaterial aus dem Büro des Beauftragten für den Vierjahresplan Reichsmarschall Hermann Göring (kommentierter Nachdruck der OMGUS-Ausgabe von Januar 1946), hrsg. v. Werner Abelshauser, Braunschweig, 2004]。

③ 美国战略轰炸调查团：《战略轰炸对德国战争经济之影响》[USSBS, *The Effects of Strategic Bombing on the German War Economy*, Overall Economic Effects Division, Washington D. C., October 31, 1945]；也可参见加尔布雷斯《重要年代的生活》（Galbraith, *Leben*），第 227 页。

④ 加尔布雷斯：《重要年代的生活》，第 203 页。

⑤ 同上书，第 227 页。

⑥ 复苏另有原因——滥采滥伐和劳动力短缺的后果；参见维尔纳·阿贝尔斯豪塞《1945 年以来的鲁尔采煤业——重建、危机、适应》（Werner Abelshauser, *Der Ruhrkohlenbergbau seit 1945, Wiederaufbau, Krise, Anpassung*, München, 1984），第 15—49 页。

木制莫斯奎托机——都只能在夜间行动。这其中的例子举不胜举。比如,尽管被誉为克虏伯康采恩核心支柱的埃森"铸钢厂"是皇家空军联盟轰炸名单的头号目标,然而直至1943年3月,它在轰炸战中依旧安然无恙。英国人在鲁尔河南畔设立的假工厂卸下专为埃森克虏伯工厂"量身定制"的爆破弹与燃烧弹,目的就在于欺骗"患有夜盲症"的德国战斗机。这一点与美国陆军航空队的"飞行堡垒"战略有所不同。它们也可以在白天发动进攻,只不过即便搜寻到目标也并不一定意味着即可摧毁它。因此,采用该战略的进攻者不得不承受相当规模的损失。例如,1943年夏末第八空军部队在对施魏因富特轴承工业的进攻中就损失了近1/3的飞机,使联盟军在数月内无法参与作战。而这些袭击给德国造成的影响和损失却微乎其微。[①] 于是,从1942年3月开始,盟军的轰炸袭击自然而然不再以德国军备工业为重点目标,转而把目光投向了交通运输系统,并对德国城市居民区进行地毯式轰炸——这是违反民法的——以达到间接削弱德国战争经济的目的。此后,盟军向德国市民和交通设施投射的炸弹是军备工业的七倍之多。只有在那些工厂和城市林立的地方,例如埃森的克虏伯或路德维港/曼海姆地区的巴斯夫,这一战略才能起到直接打击战争经济的目的,并附带给市民所谓的"间接损害"。[②]

1944年中期,德国工业生产开始出现倒退。造成这一现象的主要原因并非工业固定资产的损毁,而是交通运输系统的全面瘫痪。而鲁尔区煤炭运输线路的切断又是造成德国战争经济崩溃的最关键原因之一。美国战略轰炸调查团的调查结果印证了德国的统计数据:1944年12月德国装甲车的月产量达到最高值,从1945年开始产量仅略有下降。

战争结束后,德国的工业资本似乎也被掩埋在了城市的一片废墟之中。事实上,人们对盟军轰炸给战后德国造成的损失规模有过分夸大之嫌。英国占领区各州和各省财政部长的主观印象就是最好的说明,他们认为,"1945

[①] 美国战略轰炸调查团:《调查报告(欧洲战争)》[USSBS *Summery Eeport*(*European War*),September 30, 1945],第5页。
[②] 参见维尔纳·阿贝尔斯豪塞《国家的军备锻造厂?——1933至1951年战后时期第三帝国的克虏伯康采恩》(Werner Abelshauser, Rüstungsschmiede der Nation? Der Kruppkonzern im Dritten Reich und in der Nachkriegszeit 1933 bis 1951, in: *Krupp im 20 · Jahrhundert · Die Geschichte des Unternehmens* vom Ersten Weltkrieg bis zur Gründung der Stiftung, hrsg. v. Lothar Gall, Berlin, 2002),第432—434页;以及雷蒙德·斯托克斯《从IG染料工业股份有限公司到巴斯夫集团的成立(1925—1952)》(Raymond G. Stokes, Von der I. G. Farbenindustrie AG bis zur Neugründung der BASF (1925—1952), in: *Die BASF · Eine Unternehmensgeschichte*, hrsg. v. Werner Abelshauser, 3. Aufl. München, 2007),第331页。

年年底，德国的生产设施已经重新回到了工业化的初始阶段"①。由此可见，大多数人认为战争最后两年期间的军事空袭是造成德国工业生产全面停滞的罪魁祸首（见表3）。然而，事实上，直至1945年5月，德国工业的固定资产并未遭到任何实质性的破坏。与战争前的1936年相比较，德国净工业固定资产总值甚至还增长了20%（对比表4）。这一结论令人感到有些诧异，其原因有二。

表3　1944—1945年美英轰炸机编队在欧洲战场投掷的轰炸弹药量

单位：吨，根据主要目标分类

年/季度/月	城市	燃料工厂	军备工业	交通运输系统	飞机生产厂	飞机场	总量
1944							
第一季度	44966	195	1603	19581	7925	14442	114360
第二季度	58785	23413	1511	107208	8300	38900	333556
第三季度	114602	58721	6148	70653	7698	37695	403808
第四季度	116612	61465	6363	115684	1802	10045	349810
1945							
第一季度	76967	66077	7948	152968	1924	13297	369687
四月	19461	6451	3572	41999	958	10275	111462
总计	421393	216322	27145	508093	28607	124654	1682683

资料来源：美国战略轰炸调查团：《战略轰炸对德国战争经济的影响》（USSBS, The Effects of Strategic Bombing on the German War Economy, Overall Economic Effects Division, October 1945）。

表4　联合经济区内（1936—1948年）工业设备总资产的发展变化

单位：百万德国马克，1950年价格

1936年的工业设备总资产	100	2366
工业设备总资产投资（1936—1945年实际值）占1936年工业设备总资产的百分比	+75, 3	1782
国民经济折旧（1936—1945年实际值）占1936年工业设备总资产的百分比	-37, 2	880
战争损害（实际值）占1936年工业设备总资产的百分比	-17, 4	412

---

① 《1945年11月17日德特莫尔德备忘录》[Detmolder Memorandum von 17. November 1945, in: Hans Möller（Hg.）, *Zur Vorgeschichte der Deutschen Mark. Die Währungsreformpläne 1945—1948*（Tübingen 1961）]，第117页。

续表

1945 年的工业设备总资产	120，7	2856
1946—1948 年的工业设备总资产投资占 1936 年工业设备总资产的百分比	＋8，7	206
1946—1948 年的国民经济折旧与 1936 年工业设备总资产的百分比	－11，5	272
1945—1948 年的现金与实物偿还与 1936 年工业设备总资产的百分比	－2，4	54
1945—1948 年的工业设备拆除与 1936 年工业设备总资产的百分比	－4，4	104
1948 年的工业设备总资产	111，1	2629

资料来源：维尔纳·阿贝尔斯豪塞：《联邦德国经济史》（Werner Abelshauser, *Wirtschaftsgeschichte der Bundesrepublik Deutschland*, Frankfurt a. M. 1993），第 20 页；罗尔夫·恩格尔：《1924—1956 年在联邦德国地区的设备资产、生产及工业就业》（Rolf Krengel, *Anlagevermögen, Produktion und Beschäftigung der Industrie im Gebiet der Bundesrepublik Deutschland von 1924 bis 1956*, DIW Sonderhefte NF 42, Berlin, 1958），第 98—107 页。

从经济危机结束到盟军轰炸开展战略性空袭之前的十年时间里，各地掀起了空前绝后的投资热潮。1935 年初至 1942 年末，德国净固定资产总额的增长速度年复一年地递增。直到 1944 年，盟军轰炸袭击对德国造成的损失才超过了投资额。截至 1945 年，西德工业的投资额已达到 1936 年德国毛固定设备资产的 75%，同期的国民经济折旧值约为基础资产的 37%。

1945 年工业设备投资的数目相当可观，而投资的质量也不错。"二战"末期，德国的质量等级（Gütergrad）——即净生产资产与毛生产资产之比——达到"一战"以来的最高水平（对比表 5）。考虑到自军备扩张政策实施以来带来的投资井喷，这样的投资率也在意料之中。出于相同原因，1945 年西德工业毛设备资产的年限构成明显比 30 年代更为有利。尽管产量非常低，但德国经济在庞大的资本存量支持下迈入了战后阶段。

拥有专业资质的熟练劳动力是德国生产最重要的生产要素，那时也完全不缺乏。相比 1939 年的公民人数而言，1946 年英国、苏联和美国占领区的居民人数分别上升了 12.5%、14.3% 和 20.3%。只有法国占领区和柏林的居民人数占全国比重略有降低，分别下降了 4.1% 和 26.7%。法国军政府的难民政策造就了法占区的特殊地位。1946 年，共有近七百万移民在美国与英国占领区生活，苏占区也迁入移民近四百万——大多数来自受波兰政府统治的原德国东部地区。而据盟军对德管制委员会的有关决议，法占区仅接纳难民 15 万人。

表 5   工业设备资产的质量等级和年龄结构

	1935 年	1945 年	1948 年
质量等级[a]	49.7	61.3	55.7[b]
各年龄等级的百分比（%）			
0—5 岁	9	34	16
5—10 岁	20	21	34
10—15 岁		6	12
超过 15 岁	71[c]	39	38

注：a）工业净设备资产与总设备资产的比例。
b）1949 年。
c）10 到 15 年。
资料来源：罗尔夫·恩格尔：《1924—1956 年联邦德国地区的设备资产、生产及工业就业》（Rolf Krengel, *Anlagevermögen, Produktion und Beschäftigung der Industrie im Gebiet der Bundesrepublik Deutschland von 1924 bis 1956*）。

  美占区与英占区的人口增长呈现区域分布不均的现象固然也在情理之中。例如，作为农业区的石勒苏益格—荷尔斯泰因州居民人数增长了 63%，而北莱茵威斯特法伦州仅增加了 1.8%，远低于全国平均增长水平。当时的劳动人口虽然充足，但并非集中在中长期角度能够投入使用的地区。但我们要看到在这些限制因素下，西德劳动潜力整体的积极的发展前景（对比表 6）。在确定劳动人口从量上积极发展的同时，也不得不对劳动人口的素质打一些折扣。就业率出现了显著下降，青年劳动力在劳动力储备中的占比也出现明显萎缩，而相反（身体）状况较差、年龄偏大的劳动力人数则相对有所增加。劳动力结构中的性别比例也开始发生变化。1939 年至 1946 年，女性公民人数的不断增长促进了劳动人口的增长，而此期间男性劳动力的人数则减少了 2%。

  从一个对德国经济重建至关重要的角度来看，劳动力素质并没有越来越坏。劳动力的资质结构形成于战前时期。在战争期间它还维持了战前水平，甚至继续得到提高。战争条件下的"边干边学"效应、对外籍工人和强制劳动力的频繁使用对德国劳动力晋升空间的拓展、30 年代逐步完善的技工培训都对此发挥了巨大的作用。谈及劳动力生产要素，总的说来其初始条件——尤其是西部占领区的初始条件——还是十分有利的。先前的限制性因素随着时间推移得以消除，原帝国东部地区和苏占区居民的陆续西迁促进了西德劳动力人数的增长，同时也不断推动着劳动力素质的改善。

表 6　　　　　　　　1936—1948 年美英占区的劳动力储备

年份	绝对值(1000)	增长率（%）年增长率（相对于前一年）	1936—1948 年总增长率
1936ª	20.610		
1939ᵇ	21.247	3.0	17.7
1946ᵇ	22.780	7.3	
1947ᶜ	23.822	4.6	
1948ᶜ	24.249	1.8	

注：a）根据总人口发展估算。
　　b）根据人口普查结果计算。
　　c）根据官方公布的登记人口（1947 年 12 月至 1948 年 6 月）。
资料来源：联合经济区统计局 1936 年、1939 年及 1946 年的公开数据，1949 年 7 月，第 399 页，以及《德国统计数据手册》（Statistisches Handbuch von Deutschland），第 20 页；1947 年及 1948 年的 CCG 月度数据公报（BE），第三卷，第 12 本，1948 年 12 月，第 9 页。

那么在所谓的"零"起点的这种粗略估计的经济发展现状对后世产生何种影响呢？占领区时期的德国无疑为战后德国经济的恢复和发展提供了有利的物质条件。当然，社会重建与经济增长的系列场景并不会自动上演。魏玛共和国的经验教训告诉我们[①]，将隐性经济潜力转化为显性现实还需要有利的政治及经济框架条件。然而，最重要的前提则是德国必须具备自由支配本国资源的能力，这也是波茨坦会议以来德国履行战争赔款义务和盟国安全保障的需要，从而对先前的战争对手有利。1947 年，随着美国对欧政策的转型，这一前提也逐步得以确立。

三　战争赔款问题

对于所有当事人而言，"一战"以来的战争赔款史是一个惨痛的教训。[②]雅尔塔会议上，各方代表秘密签署了一份附加协议，详细规定了战后德国的赔偿方式与赔偿数额等问题。同盟国从 20 世纪 20 年代糟糕的经验教训中似乎仅仅悟出了一个道理：为避免两次世界大战之间给国际金融系统带来沉重负担的

---

① 参见维尔纳·阿贝尔斯豪塞、迪特玛·佩茨纳《危机与结构转型——20 世纪德国经济发展之阐释》［Werner Abelshauser u. Dietmar Petzina, Krise und Rekonstruktion. Zur Interpretation der gesamtwirtschaftlichen Entwicklung Deutschlands im 20, Jahrhundert, in: dies. (Hg.), Deutsche Wirtschaftsgeschichte im Industriezeitalter. Konjunktur, Krise, Wachstum, Düsseldorf, 1981］，第 47—93 页。

② 有关战争赔款问题的详述可参见约克·菲舍《第二次世界大战后的战争赔款》（Jörg Fisch, Reparationen nach dem Zweiten Weltkrieg, München, 1992）。

货币支付问题再次重演，同盟国达成一致，要求德国以实物取代货币履行战后赔偿义务。此外，雅尔塔会议协商确定的赔款方式——拆除工业设备、从现有生产中提取商品实物以及强制劳动——也着实给以市场经济体制为主要特征的西方工业国家带来不少问题。数额庞大的赔款给债权国的劳动力市场和工业设备的利用带来极大的负面影响。德国原有工业设备拆除后又未及时拓展新的生产潜力，这严重摧毁了传统的商品供应链。而美国的经济战略构想也保留了其在西欧稳定政策上的传统。上述种种因素最终导致西方国家对战争赔款协议的美好幻想归于破灭。需拆除的工业设施清单被逐一减少（对比表6a）。[①] 然而，不论是过去还是现在，德国公众都习惯于根据原始计划规模和在战后对其产生的巨大政治心理影响来衡量拆除工业设施举措的意义。

表 7a　　　　　**1946—1949 年西部占领区的设施拆除量**

	设施或部分设施（座）	百分比（%）
1946 年 3 月第一次工业计划之后	1800	100
1947 年 8 月修订了工业计划之后	858	48
1949 年 11 月彼得斯贝格协议之后	680	38

资料来源：同盟国间战争赔款署：《1949 年报告》（IARA, Rapport 1949, Brüssel, 1950），第 13 页。

1946 年年中，苏占区推行的设施拆卸政策发生重大变化。[②] 大部分机械设施都在 1945—1946 年被拆除取走。显然，截至当时，在将波茨坦会议上关于建立经济统一"四区德国"构想变为现实的问题上，苏联占领军都依然认为各同盟国完全能达成一致意见。同时，它也想为先前的既定事实创造有利的前提条件并且想把这一构想付诸实践。虽然在几大债权国之中，苏联经济在将赔偿实物融入自身固定资产的过程中遇到的麻烦最小，不过，它也仍然面临着拆卸设备转换效率过低的问题。价值不菲的生产设备到达新的目的地之后常常只能成为一堆废铁。而各国对其他赔偿实物的巨大需求至少还可以通过德国的原始生产力得到满足。对于支付赔款的问题，同盟国似乎应当考虑以采用全新的富有创造性的方式来解决。为了实现这一目标、确保政治稳定，到 1946 年年中，苏占区已有近 200 家生产率最高的大型企业转型

---

① 同盟国间战争赔款署：《1949 年报告》（IARA, *Rapport 1949*, Brüssel, 1950），第 13 页。
② 莱纳·卡尔什：《只支付赔款？——1945—1953 年苏占区/民主德国的战争赔款义务》（Rainer Karlsch, *Allein bezahlt? Die Reparationsleistungen der SBZ/DDR 1945—1953*, Berlin, 1993），第 84—89 页。

为苏联股份有限公司（SAG）。

同样，法国经济也依赖于"创造性"赔偿方式的支持。随着计划经济体制下行业国有化趋势的不断扩展和经济重建工作的不断深入，充分挖掘和利用占领区的经济潜力——无论是以公开赔款还是私下赔偿的方式——对法国经济有着越来越重要的意义。早在1947年，让·莫内（Jean Monnet）就提出了他的第一个四年计划——设备现代化计划（Plan de Modernisation et d'Equipement）。当时的法国将主要精力集中在促进与重建相关的工业领域的投资上，例如采煤、发电、钢铁制造、水泥生产、化肥生产、石油开采和农业机械制造等领域。四年计划明确规定了这些领域的商品的预计产量。而量化目标是早期法式规划（planification）的典型特征。相比市场经济条件而言，量化规划和在国民生产总值中占比达10%的国有企业更有利于帮助法国占领区大部分工业生产的顺利实现。

萨尔经济区逐步被分离出法占区后——尽管并非实质意义上的分离——该占领区的经济实力随即遭到严重削弱，尽管并非直接物质上的削弱。1945年以来，法国人民普遍期待着萨尔地区能与法国实现经济融合。因此，从一开始，它就受到了食品、原料和工业半成品供应等方面的优待。不同形式的战争赔款式的"对外贸易"固然效果显著，但其路途却太过曲折。与此相比，与萨尔区的经济融合是将其资源纳入法国内部经济循环更直接、更便捷的途径。萨尔区的经济重建步伐在牺牲其他法占区利益的前提下加速前行。与此同时，它与法国的经济联系也日益密切。1945年年底，法国政府征收并全权接管了萨尔区矿井的经营权。1946年年初，盟军对德管制委员会将萨尔区的管辖权授予法国。同年年底，法国在萨尔区与占领区德国领土之间设立了关税边境。1947年年中，萨尔马克的发行从经济上将萨尔区与法占区的其他地区分离开来。在此之前，法国将与萨尔区毗邻的莱茵地区部分领土"去零化整"并入了萨尔区，其领土面积扩大了约33%。同年11月，法国法郎的发行最终实现了萨尔经济对法国商品价格及工资水平的适应性调整。1948年4月1日，该地区在政治上也实现了与法国的合并，并得到西方各同盟国的认可。[①] 至此，法占区失去了6%的领土面积、14%的公民和

[①] 1945年10月，法德两国达成有关"萨尔章程"的一致意见，希望通过国际法实现对萨尔区法律地位的认可。然而，这一期望在民意表决中却遭到三分之二以上选民的反对。此后，萨尔区于1957年1月1日作为第十个联邦州被纳入联邦德国（重新统一道路上的一次小小进步）。直至1959年7月6日才停止将其作为法国关税区。

几乎所有的重工业基础。而法国的战争赔款账户为此仅亏损 1750 万美元。不过，这并未对其占领区内的"其他地区"造成直接的负面影响。相反，在萨尔区问题悬而未决的三年时间里，相当一部分占领区内的"经济盈余"流向萨尔地区，以帮助其重建经济、更好地给养市民，进而在经济融合期内提高萨尔区的工业生产力，使其朝着有利于法国利益的方向发展。[1]

将萨尔区分离出占领区的绕弯之举其实是法国借助"萨尔煤、黑森林木材、符腾堡与普法尔茨农产品"来偿还法国蒙受战争损失的战略之一。法国在其他三个占领州的经济政策也多多少少显露出相同的脉络，即采取服务于法国经济利益的剥削政策。盟军对德管制委员会的对德方针中明确规定了统一的出口程序和设备拆卸处置办法，而有关对德国经济资源掠夺和滥用的规定却只草率设置了宽泛而界限模糊的限制。例如，1945 年 9 月 20 日的暂时性条款就曾规定，西德占领区的产品输出必须依据世界市场价格以美元结算。而占领国自己却可以以 20% 的折扣价销售商品并记入其外汇账户。煤炭的销售模式尤其如此。当时，各国将挖掘开采的煤炭量汇总到欧洲煤炭组织（ECO），组织成员国可根据相关配额使用外汇购买所需煤炭（实际价格远远低于世界市场价格）。最初，法国在该组织中的配额占比为 12%，1947 年 4 月莫斯科会议后逐步提升至 25%。

同样，德国的官方战争赔款也根据配额在不同债权国之间进行分配。法国的占比份额为 B 类中规定的 22.8%，包括拆卸的工业设备和远洋轮船与内河船舶。撇开这一规定不谈，事实上，法国继续攫取赔款与技术转让的活动空间依然不小，并且还对其进行了系统性的运用。[2] 与苏联的情况有所不同，人们对法国的举措能给予较大程度的理解。法国军政府经济与财政总管曾向法国驻德国最高司令克里希将军提交过有关文件，指出占领德国将给法国带来诸多益处。根据法国占领区对外贸易办公室（Office du Commerce Extérieur de la Zone Française d'Occupation，OFICOMEX）的官方资料，截至

---

[1] 占领区内"其他地区"对萨尔区做出的贡献难以量化。与南部占领区遭受重创的工业和交通运输系统相比，萨尔区迅速实现了经济重建，其食品供给量高出平均水平 300 卡路里／日，有的重要生产设备成功转移到萨尔区。详见占领区问题研究院《占领国对西德经济的影响》（Institut für Besatzungsfragen，*Einwirkungen der Besatzungsmächte auf die westdeutsche Wirtschaft*，Tübingen，1949），第 49 页及其后。

[2] 在相当长一段时间里，德国通过向法国转嫁负担来减轻自身履责义务。为了从一开始就避免此种情况的出现造成法国对德国经济掠夺的不彻底性，1945 年 12 月，法国国民议会特意向占领区派遣了一支调查委员会负责此事。参阅《法国议会组成人员——1945 年 9 月 21 日的谈判》（France，Assemblée Constituante，Verhandlungen vom 21，September 1945），第 291 页。

报告撰稿结束之日（1948年3月8日），法占区在对外贸易中获得并记入存款项目的外汇盈余约有1900万美元。该报告还写道，法国军事机构应懂得如何对外掩盖信息：即除上述款项以外，法国还从占领区获得了约3.367亿美元的外汇收益。这些都有利于法国政府的收支平衡。[①] 接管占领区管辖权后，尤其是开展对外贸易以来，法国从中获得的直接或间接好处不胜枚举。因此，在1946年德国就作为出口国成为法国的第四大贸易伙伴，其地位仅次于美国、英国和阿根廷。同年，美国抛出橄榄枝希望与法国合作建立西部占领区的经济联盟区，法国毅然决然地回绝了美国的这一建议。显然，这不仅是政治方面的原因，更是出于经济因素的考虑。[②] 由于外汇储备折扣优势和（尤其是木材出口领域）低于世界市场价格的竞争优势，仅仅依靠"对外贸易"——法占区90%的出口商品运往法国——法国从其占领区获得的外汇年收益就达近2000万美元。当时，法国的某些机关或团体反对将帝国马克用于货币支付。[③] 法国便趁机以此为借口从正在进行的工业生产中直接攫取食品和工业产品，仅此项就为法国财政带去多达7000万美元的年收益额。与此同时，截至1948年，法占区的各类占领开支也远远高出其他西方国家占领区。其占法国占领区"国民生产总值"的比例在1946—1947年达28%，高于同期苏联占领区（26.1%）。而美国与英国占领区的占比更是远低于法国水平，分别仅为15.9%和12.7%。[④]

然而，认为仅有法国从占领区统治中获利的观点是有失偏颇的。撇开东部占领区不谈，其他两大西方占领国都从德国的强制出口、出口禁令和其他隐性赔款中获得了有利于本国公民、机构或经济目标的诸多好处。[⑤] 与法国

---

① 法国占领区经济与财政局局长：《法国从占领区获得的好处》（Der Generaldirektor für Wirtschaft und Finanzen der franz. Zone, *Vorteile für Frankreich aus der Besatzung* (deutsche Übersetzung) [BA, B 146/3]），第106—109页。

② 还可参见直至那时候有效经济利益的计算。见弗里德里希·耶尔秀《1944—1947年世界经济中的德国——盟军的对德政策与战争赔款政策和西德对外贸易的初步发展》（Friedrich Jerchow, *Deutschland in der Weltwirtschaft 1944—1947, Alliierte Deutschland-und Reparationspolitik und die Anfänge der westdeutschen Außenwirtschaft*, Düsseldorf, 1978），第438页及其后。

③ 《法国从占领区获得的好处》（*Vorteile für Frankreich*），第107页。

④ 艾德华·沃尔夫：《占领国的经费开销，各占领区的公共财政与国民生产总值》（Eduard Wolf, Aufwendungen für die Besatzungsmächte, öffentliche Haushalte und Sozialprodukt in den einzelnen Zonen, in: Deutsches Institut für Wirtschaftsforschung, *Wirtschaftsprobleme der Besatzungszonen*, Berlin, 1948），第135页。

⑤ 德国原料强制出口的规定也为其占领国提供了直接或间接利益。它还为美国对欧洲实施稳定政策提供了物质保障。参见约翰·吉姆贝尔《马歇尔计划之起源》（John Gimbel, *The Origins of the Marshall-Plan*, Stanford, 1976），第161页及其后。

第二章 1945年以后经济走向的确定

纳税人不同，美国的纳税人至少还用美元贷款等援助对这些损失部分地做出了补偿。① 在伦敦关于德国战后债务问题规定的框架下，这一政治上决定性的区别致使德国联邦议院在处理法国政府1953年2月27日提出的"从德国获取战后经济援助要求的规定"时，表示了强烈反对。一方面，德国对美英（分别为10亿美元和1.5亿英镑）两国的要求默许接受。另一方面，法国以通过"接管法国占领区对外贸易为德国提供了经济援助"为由要求德国支付1580万美元赔款的言论则遭到议会议员及德国公众的强烈不满和愤慨。②

到目前为止，战争赔款的实际数额及其给德国工业固定资产带来的消极影响也无法精确计算。特别是占领区实施"单方"设备拆卸举措以来给德国造成的经济损失根本无法量化。这一举措一直持续到1946年6月，即盟军对德管制委员会提出工业计划不久后。在此期间，所有占领国都可向赔款账户申请"预支性交付"（"Advanced Deliveries"）。设备拆卸举措不是指对整个工业设备进行的系统拆卸，而是指那些有价值的重要机器和零部件的拆卸和使用。被拆卸机械设备的所剩部件则被弃之不用，变得一文不值。

这一点基本上也适用于随后拆卸政策经历的"多边"阶段，在这一阶段，所有赔偿实物都记入布鲁塞尔战争赔款盟军联盟署（IARA）的账户。盟军的赔款清单上并没有写明价值款项，而只是将实物名称——列出。例如，埃森的克虏伯集团的波尔贝克冶炼厂（das Hüttenwerk Borbeck der Essener Krupp-Werke）作为赔偿实物归苏联所有。波尔贝克冶炼厂始建于1929年，是仅次于赫尔曼·戈林国家工厂（Reichswerken Hermann Göring）的欧洲最现代化的工厂。据英国军政府战后赔款、交付与赔偿机关有关规定的初步估计，该公司1938年的固定资产总额高达6100万帝国马克，战后的剩余价值则仅有3660万马克。③ 1946年夏，出于对赔款债权国利益的考虑，英国人提高了价值评估标准的严格性，使得波尔贝克冶炼厂最终记录在案的剩余价值为2000万马克。此后，布鲁塞尔战争赔款盟军联盟署（IARA）又于1946年9月至1947年4月对此进行了价值复估，将其剩余价值修定为

---

① 也可参见占领问题研究所《影响》（Institut für Besatzungsfragen, Einwirkungen），第81页；吉姆贝尔：《马歇尔计划之起源》，第161页及其以下。

② 参见《德国联邦议院的谈判》（Verhandlungen des Deutschen Bundestages, 1. Wahlperiode, Anlagen, Bd. 23, Drucksache 4260），第205—210页，以及1953年7月2日的会议记录，第13950页及其后。

③ 参见阿贝尔斯豪塞《军备冶炼厂》（Abelshauser, *Rüstungsschmiede*），第454页。

1280万马克。最后又考虑到1947年当年工厂设备的折旧,将工厂以1050万马克的价值记入了德国贷方账户。① 赔款债权国在波尔别克案例中肆意妄为的做法导致约2700万马克的拆卸成本远远高于拆卸设备的"剩余价值"。布鲁塞尔战争赔款盟军联盟署记入贷方的价值为100马克/吨,设备拆卸、包装和运输费用则达到360马克/吨。1949年4月针对波尔贝克冶炼厂的拆卸措施执行完毕后,共运送设备及其零部件75000吨。不难看出,这是布鲁塞尔战争赔款盟军联盟署统治时期所有拆卸措施的真实写照。布鲁塞尔战争赔款盟军联盟署记入赔款账户的设备剩余价值实质上只是充当了赔款分配的量度标准,各债权国赔款分配的比例先前就已经确定。

事实上,布鲁塞尔战争赔款盟军联盟署的价值记录与西德工业生产力的实际损失之间有很大出入(表7b)。据德国政府计算,拆卸设备的时值要比其高三至四倍,或者说至少是盟军计算剩余价值的两倍。以德国工业投资额重置成本(1938年买入原价)计算,布鲁塞尔战争赔款盟军联盟署估算的德国拆卸设备损失率为1.3%,折算到西德为3.1%。② 而与1936年至1949年年底的这段时间相比,德国赔款受托方——不来梅市市长古斯塔夫·哈姆森(Gustav Harmssen)——计算出的平均资本损失为5.3%,③ 且两者均为极限值。

表7b 向盟国机构分配的战争赔款

年份	单位(百万帝国马克, 1938年价值)	百分比(%)
1946	215	42.4
1947	59	11.6
1948	145	28.6
1949	88	17.4
1946—1949	507	100%

资料来源:盟军联合赔偿事务机构,1949年报告(IARA, Rapport 1949, Brüssel, 1950),第23页。

工业装备4%—5%的削减量既可能只相当于手术过程中的"轻微放

---

① 《1948—1949商业年度弗里德里希—克虏伯铸钢厂的运营报告》(*Geschäftsbericht der Fried. Krupp Gußstahlfabrik für das Geschäftsjahr 1948—1949* [WA7-1277]);保尔·汉森:《法令解释》(Paul Hansen, EidesstattlicheErklärung [30.9.1947, WA40B v 56])。
② 布鲁塞尔战争赔款盟军联盟署:《1949年报告》(IARA, *Rapport 1949*, 1950),第13页。
③ 古斯塔夫·哈姆森:《拆卸设备举措实施前夜——6年的战争赔款政策》(Gustav W. Harmssen, *Am Abend der Demontage, Sechs Jahre Reparationspolitik*, Bremen, 1951),第13页。

血",但也有可能造成相当于脊椎骨折类的损伤。这或许是全世界舆论都倾向于掩盖德国工业生产力受损规模的真正原因。从第一阶段的种种行为来看,盟军仅对德国有价值的新设备实施了拆卸措施。尽管真相扑朔迷离,人们还是有理由猜测,拆卸设备举措给德国总资本存量带来的严重的负面影响。此外,不能忽略的是,某些具有战略意义的生产机器被盟军拆卸取走后也造成德国生产比例的严重失调。一份有关西部占领区拆卸设备结构组成的详细分析表明,盟军拆卸举措的主要对象集中在1936—1944年实现扩张最迅速的几大工业行业上。因此,拆卸举措对德国工业资本存量结构的影响不太可能只是单方面的。

除了工业设备拆卸举措以外,现金与实物偿还——即将违法获得的财产物归原主——也沉重地打击了战后的德国工业。德国履行的所有合法诉求总额共计10亿马克(1938年时值),其中约有一半为工商业产品。[1] 西德的工业生产力随之不断下降,导致1946年至1948年的投资额无法弥补因生产率下降和工业折旧带来的损失。据估计,截至1948年,德国设备资产再次减少了2.8%。尽管如此,1948年的设备资产存量仍超出了1936年的11%。虽然与1945年相比情况有所恶化,不过资本存量的时效结构与质量等级还是较1936年有所改善。

相比物资赔偿而言,新的研究分析[2]对所谓的智力赔偿——即对专利权、生产数据和商业秘密的掠夺——给予了更多的关注并赋予其更深远的意义和重要性。人们不禁要问,至少从这个角度出发是否可以认为同盟国的战后赔偿政策导致了德国经济重建进程的滞后与出口经济的严重衰退?出于对多种因素的考虑,要回答这一问题的确并非易事。对非物质战争赔偿进行量化的做法显然是一种附加矛盾(contradictio in adjecto)。事实上,没有任何有说服力的办法可以用来计算表述无形损失的经济数额。因此,历史上有关估价[3]的记载从1亿马克到100亿美元不一而足(!)。这些数据的价值"计算"需遵循基本的估价标准。然而,此类标准通常是些凭空捏造的粗略值,

---

[1] 古斯塔夫·哈姆森:《拆卸设备举措实施前夜——6年的战争赔款政策》(Gustav W. Harmssen, *Am Abend der Demontage, Sechs Jahre Reparationspolitik*, Bremen, 1951),第27页。

[2] 可参见约翰·吉姆贝尔《科学、技术与战争赔款——对战后德国的开发与掠夺》(John Gimbel, *Science, Technology, and Reparations. Exploitation and Plunder in Postwar Germany*, Stanford 1990),也可参见马提亚斯·尤特和布格哈特·希斯拉主编《1945年后德国以外的技术转让》(Matthias Judt, BurghardCiesla, *Technology Transfer Out of Germany After 1945*, Amsterdam, 1996)。

[3] 菲舍:《赔款》(Fisch, *Reparationen*),第213页及其以下。

仅仅是为各方的利益诉求提供合法依据。

因此，要确定无形赔偿的经济意义就必须依靠质量权衡法。然而，出于对相关理论和逻辑方面的考虑，只有当无形赔偿与有形设备拆卸产生紧密的联系时，才能使用质量权衡法。因为这些资产和其可能的载体——科技的实体化或知识的系统化是无法分割的，至少在这一关联中它们有着重要的经济联系。无形赔偿能促进赔款收受国在重建时竞争性地提高工业生产率，以至于替代德国的出口地位或者形成工业排挤态势并在第三方市场上与其进行直接竞争，最终实现优胜劣汰。只有在这种情况下，才有可能对无形赔偿给德国经济重建和出口工业产生的制约性影响进行衡量。一旦无形赔偿和有形设备拆卸措施消除了某些行业出口经济的根基，例如战前对德国出口经济至关重要的军备工业，它给德国经济带来的约束性和负面性影响就更加显著。

对20世纪50年代现实意义重大的军备工业是说明上述问题的一个显著案例，它证明了对智力赔偿影响的评估必须将高素质专业劳动力的转让考虑在内。"智力赔偿"包括战后对德国劳动力进行的系统性或者根据某一特定要求进行的"招募"和征用。除一些早期的美国移民以外［包括韦纳·冯·布劳恩（Wernher von Braun）和他在佩内明德的V2火箭专家同事等著名人士］，英国情报任务委员会（BIOS）利用战后规划框架下的工业政策吸引至英国的约1000名德国专家也应在列。[①] 因此，"智力赔偿"概念并不适用于大多数"私有性质"的劳动力转让。毫无疑问，苏联和法国工矿业中德国劳动力的转让和使用也属于战后赔偿措施的一部分。但1945年以后，德国科学家、技术专员、工程师和专业技工等向美国和英国的"人才外流"现象则并非不是出于自愿。美国所谓的"风桥"计划（Overcast，1945年7月）和"曲别针"计划（Paperclip，1946/47年）就吸引了德国近千名科学家和技术专家前往美国。相比而言，德国境内科学家们自发的外迁行动则出现得相对较晚。1949年至1966年，通过技术移民迁居到美国的德国自然科学家和技术专家分别约为1800名和4200名。[②]

[①] 卡尔·格拉特：《德国的战后赔款与科学工业技术转化："二战"后的经济重建与朝鲜战争期间（1943—1951年）有关英国占领政策的案例研究》（Carl Glatt, *Reparations and the Transfer of Scientific and Industrial Technology from Germany, A Case Study of the Roots of British Occupation Policy between Post-World War II Reconstruction and the Korean War, 1943—1951*, Dissertation EHI, Florenz, 1994）。

[②] 参见托马斯·施泰姆《国家与自我管理之间：1945—1965年德国重建时期之研究》（Thomas Stamm, *ZwischenStaat und Selbstverwaltung. Die deutsche ForschungimWiederaufbau 1945—1965*, 1981），第45页；让·雅克斯·瑟万—史莱博《美国的挑战》（Jean-Jacques Servan-Schreiber, *Die amerikanischeHerausforderung*, Hamburg, 1968），第16页。

"人才外流"究竟对德国的经济生产力产生了多大的限制性影响？要证实这个问题殊非易事。技术知识不仅仅储存在发明专利中或者通过机器设备表现出来，它还"携带"在劳动者身上。同时，它也能借助制度和组织在国民经济中得到巩固。也就是说，只要能确保教育与培训体制的有效运转和经济结构的活力，技术知识终能实现再造并为经济领域所用。[1]

四 对外贸易与跨区贸易

一直以来，德国经济对世界市场就有着很强的依赖性。即便是第三帝国时期自给自足的经济政策也未能撼动两者间牢固的依附关系。因此，对外贸易中蕴藏的机遇和拓展空间对德国经济的战后重建发挥着至关重要的作用。德国经济区条块分割的现状进一步强化了西德对世界市场的依赖。某些地区甚至一旦脱离进口贸易，市民们的温饱问题即受到威胁。在世界大战爆发以前，各同盟国占领区之间就有着频繁且密切的商业往来。这也为区域间的劳动分工与协作奠定了坚实的基础。此后，这类境内贸易方式便为各占领区之间带有外贸性质的复杂交易关系所取代。"二战"即将结束之时，这种覆盖广泛的商品交易几乎完全处于停滞状态。在随后的几个月时间里，虽然城市、农村和各占领区间的贸易往来逐渐得到扩展，私人企业却很少能越过占领区界限开展所谓的"对外贸易"。随着占领区内工业产量的日趋增长，各军政府经济主管部门不得不强制将来自其他区域的商品供应纳入经济发展计划之列。至此，各占领区之间才正式开启了商业贸易和经济往来的大门。自1946年春开始，苏联便与法国及其他占领区签订了一系列小规模的跨区域贸易协议。1946年年中，在经历了一段时间的商品交易后，美英两国宣布将在未来的德国占领区建立"联合经济区"。自此以后，两国占领区间的贸易往来日趋频繁，通道更加通畅。不过，其中一个关键的问题是，由于法苏两国间的贸易关系太过复杂，致使猖獗的非法贸易竟是官方合法贸易额的两倍。1946年3月，英占区中央食品与农业局总管汉斯·施朗格·舍林根（Hans Schlange-Schöningen）在图林根对苏占区进行了所谓的"国事访问"，

---

[1] 欧乐·汉瑟斯：《基础设施——知识》（Ole Hanseth, Knowledge as Infrastructure, in: ChrisanthiAvgerou, Claudio Ciborra, Frank Land, *The Social Study of Information and Communication Technology, Innovation, Actors, and Contexts*, Oxford, 2005），第103—118页；亚曼·克里：《档案记录的局限性——关于经济知识的短暂性与持续性》[Yaman Kouli, Die Grenzen des Archivs. ZurVergänglichkeit und PersistenzökonomischenWissens, in: *Archiv und Wirtschaft*, 42（1），2009]，第22—29页。

商谈用5000马匹换取图林根种子的交易。①1947年末,苏英两大占领区间的月贸易额仅为4500万马克,远低于战前的3亿—4亿马克。鉴于对外贸易领域濒临"枯竭"的现状,即便1947年1月18日明登协议(das Mindener Abkommen)后实现的这种状况对占领区也大有裨益。与此同时,法苏两大占区也签署了相关的双边协议(Sofra-Geschäfte),实现的贸易额达到东西双边商品交易总额的6%,这与该经济区的经济比重相符。

在贸易往来中,西部德国能以钢铁换取木材、粮食、合成橡胶(布纳橡胶)、糖和土豆等紧缺商品。然而,货币改革政策的出台和柏林封锁却将这一有限的跨区贸易扼杀在萌芽状态。1949年10月8日《法兰克福协议》签署后,跨区贸易不受相关规定保护的状态正式结束。事实上,跨区贸易带来的政治意义要大于其经济意义,一方面它是日常政治斗争中政客们的施压工具,另一方面它也被用来在东西部之间物质上相互钳制。因此,1951—1953年跨区贸易出现前所未有的低谷也就不足为奇了。

货币改革实施之前,跨区贸易的重要性大于对外贸易。事实上,1948年以前,严格意义上正规的对外贸易基本不存在。战争结束三年后,占领国才开始在政府层面开展货物的进出口贸易,且仅限于同占领国开展的进出口贸易。苏占区德国对外贸易与跨区贸易管理机构的工作亦是如此。鉴于苏联特殊的战争赔款政策,苏占区并未开展任何大规模的贸易往来活动。苏联股份公司体制内外的工业生产收入并未给"自由"出口留下多少空间。而西德的情况则恰恰相反。英美占领区和法国占领区各自建立的"进出口联合管理处"(JEIA)与"对外贸易办公室"(OFICOMEX)关注的并非德国利益,而是旨在实现各占领国自己的经济目标。盟军对德管制委员会在1945年9月20日签署的对德方针中明确规定,西部德国占领区的出口商品须以世界市场价格为基准以美元进行结算。各同盟国在与第三方国家的贸易往来中都必须严格遵守该项规定。同时,对那些美元短缺而依赖双边贸易以实现货币兑换的邻国盟友,各同盟国都极力限制甚至规避与它们的贸易往来。在这一背景之下,占领区的对外贸易实质上仅限于两种形式:一是占领区获得的来自占领国军政府援助计划的粮食进口(它能有效避免动乱和瘟疫的发

---

① 维尔纳·阿贝尔斯豪塞:《对德政策"磁铁理论"的诞生:汉斯·施朗格·舍林根关于1946年3月图林根"国事访问"的报告》(Werner Abelshauser, Zur Entstehung der "Magnet-Theorie" in der Deutschlandpolitik. Ein Bericht von Hans Schlange-Schöningen über einen Staatsbesuch in Thütingen im Mai 1946, in: *VfZ*, 1979),第661—679页。

生），二是三大占领区以战争赔偿形式的资源输出。

战后的食品进口业务已初具规模，至少已达到战前水平。1946年之前，食品进口开支在占领国财政经费中的占比还很不稳定且其数量不值一提，同期的德国出口业务亦是如此。而1947年的食品进口额就已达到6.59亿美元（1936年为7.18亿美元）。不过，此时进口的主要对象为低质粮食。在此之前，占领国的进口清单中还包括一些动物油脂和肉类。德国经济管理局局长约翰内斯·森姆勒（Johannes Semler）（基社盟，CSU）在一次出席公开活动时将进口的食品称为"鸡食"，即陈年谷仓中的玉米和"少得可怜"仅够塞牙缝的燕麦。这些粮食简直和"垃圾"无异。[1] 尽管如此，粮食进口还是保障了最低限度的基本需求，直到1948年都保持着稳定态势。与此相反，直至1948年年中，工业品的进口却是微不足道。1947年，工业品进口在当年总进口额中的占比仅为8%，相当于1936年工业进口额的4.4%。

虽然战后德国工业生产水平不高且工业结构处于转型阶段，但这一现状有利于非资源依赖型产品的生产和利用，例如煤、天然气和电力等，同时也并未阻碍西德占领区工业生产的重启。虽然出口经济在这种背景条件下无法枝繁叶茂，但各占领区的出口外汇收益还是大大超过了其商业进口所需的外汇支出。截至1948年，法占区的出口盈余都一直保持着绝对优势。根据占领国对西德进出口贸易的相关指令，其出口商品主要限于煤、木材、电力和废铁，虽然这类原材料和产品如果在国内加工能带来数倍以上的出口收益。因此，从这个角度来看，德国的对外贸易结构似乎犯了本末倒置的错误。战前原料出口占总出口额的比重为10%，成品比重为77%。1947年的原料和成品出口比重分别为64%和11%。与此同时，在苏占区，苏联建立的股份有限公司似乎为德国带来了与德国工业发展水平更为匹配的"对外贸易结构"。有人认为，这种出口方式带有一定的强制性特点，很容易让人直接联想到战争赔偿问题。如果这一论断属实，同盟国的出口价格政策对这一企图展现得淋漓尽致。1945年5月至1947年9月，占领国规定每吨煤的价格为10.5美元。同期的世界市场价格实则为25—30美元。截至1947年年末，据德国经济管理局估算，西德占领区通过强制出口2500万吨煤造成的外汇损失达近2亿美元。同期的木材出口售价仅为世界市场价格的三分之一，造

---

[1] 维尔纳·阿贝尔斯豪塞：《1945—1948年西德经济：美英占领区的结构转型与经济增长》（Werner Abelshauser, *Wirtschaft in Westdeutschland 1945—1948, Rekonstruktion und Wachstumsbedingungen in der amerikanischen und britischen Zone*, Stuttgart, 1975），第136页。

成的外汇损失与原煤出口业相当。就废铁的"商品"出口而言——其大部分毕竟（截至1947年年中共计300万吨）都以战争赔偿和战利品形式流入占领国——同样使占领区的外汇收益损失了2/3。此外，1946年至1948年的电力出口造成的外汇损失达5000万美元。

同"对外贸易"一样，各占领区为占领国支付的经费开销（隐形出口）对德国经济也产生了极大的负面影响。仅1946—1947年财政年度，三大西部占领区（不包括柏林）以货币或实物方式为占领国支付的经费开销就达50亿美元，苏占区为64亿马克。① 除了官方公开的战争赔款以外，各占领国还直接瓜分了德国近1/6的国民生产总值。此外，各占领国源自工业生产领域的收入就占1945—1947年产值的10%，这在很大程度上阻碍了德国经济重建工作的开展。在美占区，仅德国公司对美国驻欧洲军人邮政兑换商店（Post Exchange Shops，德语PX-Läden）履行的支付义务就令其出口经济蒙受了近1亿美元的年损失额。② 而美国通过菲亚特方法（FIAT-Verfahren）攫取的收益更是高得惊人。野外情报署（Field Intelligence Agency）根据其特定的科技和技术需求获取的专利、机器和设备在美国经济界得到大规模利用。这个方法成为德国战后经济发展的重大负担。美国军政首领克雷还自责地认为该方法与法国和苏联的方式差不多。③ 根据他的判断，这些无形资产赔偿实际上应属于"商业行为"。他还声明："我们所做的事情与苏联毫无顾忌攫取德国生产工业以及法国肆无忌惮掠夺德国工业资本的行为并无两样：拆走工业资产而不记账。"④ 在这一背景条件下，事实上，1948年秋"马歇尔计划"第一批物资抵达德国以前，西德在经济重建过程中依靠的完全是自己的力量。而彼时的工业财富值和劳动力潜力又是其自身力量坚挺有力的最好印证。西德虽然贫穷，但绝非欠发达。在具备经济重建的政治愿望前提下，如果其力量能够消除组织体系和基础设施内的混乱，德国经济就能迅速实现结构转型。

---

① 艾德华·沃尔夫：《为占领国支付的经费开销——各占领区的公共财政与国民生产总值》（Eduard Wolf, Aufwendungen für die Besatzungsmächte, öffentliche Haushalte und Sozialprodukt in den einzelnen Zonen, in: DIW, Wirtschaftsprobleme），第120页。
② 耶尔秀：《1944—1947年世界经济中的德国》（Jerchow, Deutschland），第403页及其后。
③ 吉姆贝尔：《来源》（Gimbel, Origins），第161页及其后。
④ 同上书，第149页。

第二节　经济政策构想

一　寻找第三条道路

直至20世纪50年代，联邦德国的经济制度仍然饱受争议。撇开这一点不谈，第三帝国瓦解两年后，德国西占区就做出了关乎西德经济未来发展的一系列重大决定。其后的货币改革以及随之而来的核心工业领域消费品市场自由化举措都得以贯彻。东部占领国则从一开始就毅然决然地选择了中央计划经济道路。这期间，在某些领域内有关究竟何为"正确"调控方式的争论依然不绝于耳。1948年，苏联占领区也做出最后决定，在逐步推行中央计划经济体制的过程中引入货币改革计划。1945—1946年，一部分德国人认为——至少在参与争论的德国人眼中是如此——一个德国特色经济政策的发展还有相当大的回旋余地，这种政策能够既克服德国在世界经济危机之前的经济自由主义弱点，也能抵御纳粹政权统制经济的威胁。虽然市场参与者在这些目标上已达成广泛共识，然而，在战后硝烟四起的经济秩序之争中，各方却不自觉地形成了两大对立阵营——即计划经济阵营与市场经济阵营。

事实上，当大家回忆起那段历史时，无论是经济学专家还是政治党派，其最初的观点立场都有类似之处。"自由市场经济"在遭受了世界经济危机的打击后早已名誉扫地，而"计划经济"却必须面对来自另一方面的指责。面对未来的国家计划和调控体制构想，公众不仅批判性地把苏联视为衡量其优劣的标杆，还过于草率地将其与战后时期为占领国暂时保留的纳粹政权的经济方法和制度等同起来。尤其是在农业领域，占领国有意识有目的地广泛沿袭了纳粹时期的经济组织形式。原因其实很简单：实践证明它是"成功且有效的"。相反，在英国人眼中，废除中央控制权的做法是"不负责任的犯罪行为"和"赔上性命的赌博"。[①] 不仅如此，纳粹政权下的经济调控举措的经验也被转用于工业领域。英占区内的德国官员认为，英国期待德国实施纯粹的计划经济体制。不过从德国方面来看，"德国既缺乏投身其中的意

[①] 英国BOAR食品与农业处副处长霍林斯致中央食品与农业局局长施朗格-舍林根的信函（Schreiben des stellvertretenden Leiters der Food and Agriculture Division, C. C. G., BOAR, Hollins, an den Leiter des Zentralamtes für Ernährung und Landwirtschaft Schlange-Schöningen, BA, Z 6 I/17），第3—4页。

愿和兴趣，也没有物质资源与人力资源作支撑"。[①] 1946年年初，作为英国管辖权下的德方辅助机构而成立的中央经济局（ZAW）并未建立自己的政权基础。它被迫求助于各联邦州和各县市经济署等中下级机构。"1000卡路里精神"和薄弱的警察力量使"经济管制体系出现了大范围的坍塌和崩溃"[②]。为了有效地将稀缺资源利用到关系国计民生和服务基础设施建设等重要领域，德国官员尽其所能地为保留这一调控体系不断奋斗。而这一费力不讨好的举动也成为德国在寻求经济政策新发展路途中的绊脚石。

毫无疑问，英占区最为广泛地继承了工农业领域的计划与调控方式。英国曾制订了详细的季度生产与分配计划，即以统筹占领区内所有工业生产规划为目标的斯巴达计划（Sparta-Pläne）。而美占区鉴于"对建立此类企业的普遍排斥心理"则没有制订类似的经济计划。[③] 与此同时，苏占区德国经济管理局试图推行工业生产中央计划体系的尝试却遭到了军事行政机关的策略性反对。[④] 法占区内经济规划与调控政策的重点则集中在农业、林业和工业等对于法国经济重建工作尤其重要的行业。中央食品与农业局局长汉斯·施朗格-舍林根在一封寄往英国军政府农业与食品部的去信中提到："我所管辖的领域似乎不再能为资本主义和自由主义体制的发展提供足够的政治空间。我必须表明我对计划经济体制毫无保留的认同。我相信在不久的将来，它将是克服和战胜目前及未来一切困难的唯一出路。"[⑤] 不过，并非所有英占区德国中央经济管理机构的主管官员们都对此说法表示认同。

"自由主义者"的时机还未成熟。撇开战后初期的经济危机不谈，英占区内的大部分德方代表都青睐非直接调控的分权式经济计划。这些掌权的德

[①] 中央经济局计划与统计部主管君特·凯瑟（Günter Keiser）于1972年4月5日在慕尼黑家中接受访问时所说。

[②] 中央经济局主席维克特·阿嘎茨于1946年10月7日致中央食品与农业局局长施朗格-舍林根的函件（Viktor Agartz, Leiter des ZAW, an den Leiter des ZEL, Hans Schlange-Schöningen, am 7.10.1946, BA, Z 6 I/65），第51页。

[③] 美英两国经济官员于1946年11月22日在明登市经济管理委员会上的会晤记录（Protokoll des Treffens der amerikanischen und britischen Wirtschaftsoffiziere beim Verwaltungsrat für Wirtschaft in Minden am 22.11.1946, BA, Z 8/36），第39页。

[④] 维尔纳·阿贝尔斯豪塞：《自由社会主义还是社会市场经济？1946年6月21日、22日关于经济规划与调控基本问题的鉴定会议（记录在案）》（Werner Abelshauser, Freiheitlicher Sozialismus oder Soziale Marktwirtschaft? Die Gutachtertagung über Grundfragen der Wirtschaftsplanung und Wirtschaftslenkung am 21. und 22 Juni 1946 (mit Dokumtation), in: *VfZ* 24, 1976），第445页。

[⑤] "施朗格1946年4月23日致霍林斯的信"（Schlange an Hollins am 23.4.1946, BA/Z 6 I/17），第192页。

方代表都经历过战后的贫困经济期,而经济职能部门的精英人士中大多出身于战争或战前时期的"知识分子家庭"。经济管理领域中层机构级别——例如部长或局长级层面——的许多领导都是魏玛时期经济研究机构的所属成员,他们或来自景气循环研究所(自 1941 年起更名为德国经济研究所),或来自国家统计局及国家经济部。这些机构以及柏林大银行总部对 20 世纪 30 年代世界经济危机的经验教训进行了总结评估并为德国未来的经济政策指明了方向。他们当中有部分人是纳粹政权的反对者。而纳粹独裁统治结束后,他们思想观点汇总成为对德国经济与商业制度的新规划。

1948 年以后,社会市场经济的政治语言在西德得到迅速贯彻,使得其他与之相对立的秩序政策体制显得有些黯然失色。不过,令人感到诧异的是,货币改革之前,公有经济与计划经济构想的拥护者还占据着重要地位,特别是在经济管理机构内。区域间"政府会议",即 1946 年 6 月 21 日和 22 日关于经济调控与计划核心问题的专家鉴定会议,明确表明了其在实践中的意义所在。在英占区区域顾问委员会秘书长格哈德·威瑟尔(Gerhard Weisser)① 的倡议下,此次会议在该委员会的汉堡会议室召开。会上各方就关乎德国未来经济与社会制度的构想进行了广泛探讨。与会代表包括来自四大占领区的科学家、政府管理人员和德国政客。美国和法国占领区甚至还用官方的方式委派了②观察员列席会议。针对战争结束早期的状况,这是一次不同寻常的聚会,没有其他德国政客和政府委员会具有这种跨区域性的号召力。不过,事实上,鉴定会议并未获得正式的官方认可,因为官方想要强调该会议的非官方性。只有该区域顾问委员会才能对此授权。然而,参与者的纷至沓来恰恰表明了各方对该会议官方特性的认可。来自明斯特的国民经济学家阿尔弗雷德·米勒-阿尔马克(1901—1978)在会议期间扮演了重要角色。1932—1933 年以来,他是自由主义改革派的知名代表。③ 威瑟尔挑选他来推

---

① 格哈德·威瑟尔生于 1898 年,是德国社会政策政治家,曾在地方政府任职并获得大学授课资格。1945 年以后,担任布伦瑞克州副州长。1946 年 3 月又被选举为区域顾问委员会秘书长。
② 鉴定会议记录,德国联邦议院,议会档案 [Protokoll der Gutachtertagung(GA),Deutscher Bundestag, Parlamentsarchiv(BTPA)1/55 GA],第 1 页。
③ 这位后来的"社会市场经济"概念的创始人自 1940 年以来,担任明斯特大学国民经济学与社会学教授。20 世纪 50 年代成为联邦经济部部长路德维希·艾哈德最亲密的顾问和同事之一。这个概念的出处为米勒-阿尔马克《经济调控与市场经济》(Alfred Müller-Armack, Wirtschaftslenkung und Marktwirtschaft, Hamburg, 1947),第 88 页。

广"自由主义对计划经济的反驳论据"①。正如威瑟尔所强调的,这实际上是希望他扮演那个"唱白脸者"(advocatus diaboli)②,米勒-阿尔马克对此心知肚明。

米勒-阿尔马克认为,19世纪为人口增长提供了有力的生活保障的市场经济活力不是以一种自我调节的经济自由主义的方式实现的,只有用"社会调控型市场经济"的方式③才能解决德国经济重建的问题。因此,"一定形式的经济调控"是不可或缺的。④ 诚然,米勒-阿尔马克的"社会市场经济"理念[调控型市场经济(gesteuerte Marktwirtschaft)]与威瑟尔等自由社会主义学家的调控设想[市场经济性质的控制型经济(marktwirtschaftlicher Lenkungswirtschaft)]⑤是有所区别的。世界经济危机和第三帝国瓦解后,"弗莱堡的改革自由主义派"依据当时的时代条件也曾提出过"调控型和规制型市场经济政策"的构想。米勒-阿尔马克的理念是在20世纪30年代发展起来的。在这期间,他并未与改革自由主义派的"弗莱堡人士"有过直接接触。米勒-阿尔马克提出这一构想的目的在于"将道德规范的思想引入经济秩序当中"⑥并将"积极的社会或社会主义的经济政策与市场经济结合起来"⑦。因此,他的思想就与威瑟尔的思想产生了共鸣。战争期间任大学讲师的威瑟尔接触并近距离了解到了米勒-阿尔马克的科学著作。

与此同时,威瑟尔以精致、透彻周密且完善的凯恩斯"规划"理念为基础也在探寻一种可实施的整体经济计划与调控构想。⑧ 他深信,随着德政府对经济政策计划职能的过渡承接,德国至少能够维持其经济上的统一。⑨在汉堡讨论会上,他向各方抛出了一个问题:"德国究竟是否打算重建和复苏东西德之间的经济关系?"⑩ "以最优化取代最大化"(Optimum statt Maximum)是威尔瑟经济政策第三条道路的基本构想,它应以一系列直接或间接

---

① 1946年5月31日格哈德·威瑟尔写给汉斯·彼特的一封信(Gerhard Weiser an Hans Peter am 31.5.1946, BTPA 1/55)。
② 鉴定会议记录(Protokoll der Gutachtertagung, BTPA 1/55, GA),第14页。
③ 米勒-阿尔马克:《经济调控》(Müller-Armack, *Wirtschaftslenkung*),第88页。
④ 鉴定会议记录(GA),第14页。
⑤ 同上。
⑥ 米勒-阿尔马克于1975年3月15日在科隆大学教研室的访谈。
⑦ 鉴定会议记录(GA),第14页。
⑧ 鉴定会议记录(GA),第10页;1946年5月31日威瑟尔写给彼特的信(Weiser an Peter am 31.5.1946, BTPA, 1/55)。
⑨ 鉴定会议记录(GA),第1页及其以下。
⑩ 鉴定会议记录(GA),第8页。

调控手段为支撑，并取代和改变以往"指令与禁令"（Gebots und des Verbotes）式的调控方式。①

图宾根社会经济学教授威尔海姆·克罗法特（Wilhelm Kromphardt）也曾"热切"推荐另一种稍显拙劣的计划经济模式，即将经济割裂为自由市场与苏联模式的"管制"市场两部分。不过，他的构想遭到了之后就任柏林市长的奥托·苏尔（Otto Suhr）的强烈反对。直到 1946 年 3 月，奥托·苏尔一直任职于苏占区的德国中央工业管理机构。他认为"在现有苏联模式的条件下维持自由市场的设想是不大可能的"，故而"苏联模式也不能直接作为典范为德国照搬照抄"。②苏尔曾试图为东德占领区的部分工业制定一份总体规划，但无果而终。他在计划提案中明确指出的核心思想是：德国的经济发展调控方式应根据"东西德之间"③经济体制的异同进行探索。因此，德国必须找到能满足各方经济政策目标要求的调控形式，以消除各占领区在经济领域上渐行渐远的危险趋势。可能由于这一目标的影响，各占领区管理界、科学界和党派代表人物有关秩序政策的观点在战后第一年没有出现大的裂痕。汉堡会议上各方提出的观点都源自其自身的传统理念。1945 年后，这些传统理念也随之开始争夺其优势地位。

二 自由派的改革进路：前卫的社会市场经济

20 世纪 30 年代的世界经济危机具有划时代意义，它推动了经济政策领域的创新和改革。其中，最重要的是凯恩斯主义的发展及其理论创新。④然而，在世界秩序政策趋同的浪潮中，1948 年的德国却走上了一条极不寻常的道路。借助社会市场经济体制，西德不仅要克服传统的自由主义秩序观念，重建有效的市场经济竞争机制。同时作为一种选择，它还要极力反对经济危机背景下更早产生的德式凯恩斯主义。事实上，社会市场经济体制⑤——虽然它的内容随着时间进程不断发生变化——翻开了德国经济秩序的新篇章，它起先被当作明确与俾斯麦时期建立的社团主义市场经济相对立的制

---

① 鉴定会议记录（GA），第 7、10 页。
② 鉴定会议记录（GA），第 10 页。
③ 鉴定会议记录（GA），第 8 页。
④ 约翰·凯恩斯：《就业、利息与货币通论》（John M. Keynes, *The General Theory of Employment, Interest and Money*, London, 1936）。
⑤ 维尔纳·阿贝尔斯豪塞：《皇帝的新装？——社会市场经济的变迁》，诺曼·赫尔佐克研究所（Werner Abelshauser, *Des Kaisers neue Kleider? Wandlungen der Sozialen Marktwirtschaft*, Roman Herzog Institut, Position 7, München, 2009）。

度模式，一个有意识的、在战后制度"真空"时期成为可能的政治决策的产物。①

虽然社会市场经济的根源可追溯到 20 世纪 30 年代的经济危机时期。面对全球性危机带来的挑战，与英国相反，德国并未通过建立一种对经济过程新的理论视角来寻找解决全球危机的答案，而是选择构建全新的经济体系和经济秩序。而这一选择的出发点在于克服经济危机的根源。如果说俾斯麦时期的"大萧条"还只是资本主义世界经济方面的危机并可以用重组经济秩序来克服，那么，世界经济危机却远远超出了经济领域的范围，引起了国家的危机。因此，在经济体系内对国家角色的重新定位才是应对危机的有效策略。

世界经济危机的悲惨经验最终限制了德国秩序政策的构想，使国家主导成为各派的共识。国家主义保守派与社会主义学派这两大流派能轻易地接受凯恩斯革命并把对经济循环的宏观调控归入国家职能范畴。但是这场史无前例的经济危机给占主流地位的经济自由主义信条带来的震撼最大，使其告别了自由国家的观念并有保留地转向了"经济干预主义国家"的现实。根据瓦尔特·欧肯（Walter Eucken）的判断，"这样的国家已经不能实现纯粹的国家利益了"②。因此，引领德国走出"资本主义沼泽"③ 的出路是"自由干预主义"的发展，而非对干预主义的完全拒绝与否定。与其他改革家——如亚历山大·罗斯托（Alexander Rüstow）——一样，他们将此理解为"对与先前完全之相反方向的干预，而不是一直以来被实施的那种干预：并非反市场法则而行之，而是顺应市场法则之潮流的干预；并非保留旧有制度和状态，而是激发新的潜能与体制；并非推延自然进程，而是加速自然进程，即所谓的自由干预主义……"④ 1932 年，罗斯托的呼吁在下述观点中达到了高峰："无论如何，今日之具有代表性的新自由主义观念要求我们建立一个强大的国家，一个凌驾于经济及其利益集团之上的国家。"⑤ 早在世界经济危

---

① 参见维尔纳·阿贝尔斯豪塞的《经济变革、经济制度与国家：德国经验》（Wirtschaftliche Wechsellagen, Wirtschaftsordnung und Staat: Die deutschen Erfahrungen, in: Dieter Grimm, *Staatsaufgaben*, Baden, 1994），第 199—232 页。
② 《国家结构转型与资本主义危机》（Staatliche Strukturwandlungen und die Krise des Kapitalismus, in: *Weltwirtschaftliches Archiv*, Bd. 32, 1932），第 307 页。
③ 同上书，第 315 页。
④ 《对谈》，（Aussprache, in: Franz Boese, *Deutschland und die Weltkrise*, Verhandlungen des Vereins für Socialpolitik in Dresden 1932, Schriften des Vereins für Socialpolitik, 187, München, Leipzig, 1932），第 64 页及其后。
⑤ 同上书，第 69 页。

机末期——而非1945年以后——德国全新的秩序政策就必须在改革自由主义的"调控型市场经济"与凯恩斯主义倡导的或国家主导型的"市场经济型控制经济"间做出抉择。虽然没有明示，阿尔弗雷德·米勒-阿尔马克作为路德维希·艾哈德的拥护者以及"社会市场经济"概念的创始人于1947年提出了这一政策构想，还是完全得益于其在1932—1933年转折时期积攒的理论知识与经验。①

危机期间——或更早之前——纳粹党就做出了发展"市场经济性质的控制经济"的决策。魏玛共和国的失败经历告诉世人，与世界其他国家相比，德国属于首批走出危机阴影的国家。早在20世纪20年代，纳粹党人的纲领就在很大程度上决定着政党的经济政策特征，例如哥特弗里德·费德（Gottfried Feder）关于"废除利息奴隶制"（Brechung der Zinsknechtschaft）的要求，以及以西尔沃·格塞尔（Silvio Gesell）自由土地与自由货币②学说为导向、颠覆现有经济秩序的其他建议就充分表明了这一点。随着经济危机的到来和不断蔓延，德国的政治氛围变得更加紧张。面对秩序政策协调体系明显偏向右倾，纳粹党在相对现代观念的影响下越来越多地争取到中间力量的支持。因此，纳粹党派"掌权"后，其对危机政策的运用——不像其在许多内政政策上那样——既没有依赖"即兴安排"，也没有借助政治剽窃或制造无端的恐怖主义。

世界经济危机催生了与自由主义观念相对立的带有社会责任的市场经济构想，它从一开始就成为第三帝国秩序政策理论与实践中不可或缺的组成部分。③ 亚历山大·罗斯托关于实行与市场变化相适应的干预主义并建立一个强大国家的倡议与纳粹党人经济制度构想的核心完全吻合。同年，米勒-阿

---

① 参见《资本主义的发展规律——关于现代经济制度之经济学、历史理论学与社会学研究》（*Entwicklungsgesetze des Kapitalismus. Ökonomische, geschichtstheoretische und soziologische Studien zur modernen Wirtschaftsverfassung*, Berlin, 1932），《新帝国的国家意志与经济制度》（*Staatsidee und Wirtschaftsordnung im neuen Reich*, Berlin, 1933）以及《经济调控与市场经济》（*Wirtschaftslenkung und Marktwirtschaft*, Hamburg, 1947）。

② 《自由土地与自由货币的自然经济制度》（*Die natürliche Wirtschaftsordnung durch Freiland und Freigel*, Berlin, 1922, Aufl. 5）。

③ 参见雨宫明彦《新自由主义与法西斯主义：自由干预主义和竞争机制》，该文载《2008/2 经济史年鉴》（Akihiko Amemiya, Neuer Liberalismus und Faschismus: Liberaler Interventionismus und die Ordnung des Wettbewerbs, *Jahrbuch für Wirtschaftsgeschichte*, 2008/2），第173—195页。最新的教义论文中没有提到这一方面；对此参见克里斯蒂娜·克鲁泽主编《纳粹主义制度下的国民经济学》（Christina Kruse, *Die Volkswirtschaftslehre im Nationalsozialismus*, Schriftenreihe des Instituts für Allgemeine Wirtschaftsforschung der Albert-Ludwigs-Universität Freiburg, 30, Freiburg, 1988）。

尔马克提出的"未来经济国家"设想亦是如此。在法西斯主义盛行的意大利，人们深知"国家在经济面前牢固的政治霸权地位能控制其对经济产生影响"。① 一年以后，米勒-阿尔马克才在其《新帝国的国家意志与经济制度》一文中透露，他终于看到其关于"国家决定经济发展"原则的设想也在第三帝国得以实现。他写道："随着自由主义发展思潮的没落，迈向积极型经济政策的道路将愈加平坦。其是进步的，并不具有反动性质，它是积极向上而又充满批判精神的，包含着确保民族发展的措施。"② 当然，米勒-阿尔马克将这种积极的经济政策理解为后来由其命名的社会市场经济，而非纳粹的军备扩张凯恩斯主义。但他不费吹灰之力就实现了其市场经济基本立场与纳粹党的自给原则及其等级制度在秩序政策上的调和。与反自由主义保守派的主张相比，米勒-阿尔马克关于新经济制度的构想在一点上与30年代社会现实的需求更加契合。维尔纳·桑巴特（Werner Sombart）是德国当时最著名的国民经济学家，他在后来的《德国社会主义》一书中以最戏剧化的方式写道："如果将技术进步与经济发展速度的放缓视为消灭资本主义的最大弊端，那么我们也恰恰应从其中看到希望。……总而言之，我们已具备成熟条件去发展静止经济了（stationäre Wirtschaft），'活力四射的'资本主义经济可以从哪儿来滚回哪儿去了。"③ 但米勒-阿尔马克及其市场经济体制的同路人却并没有迎合维尔纳·桑巴特发出的"发展静止经济"的号召。

相反，改革自由主义派则认为新经济制度的意义"完全取决于活力四射的资本主义经济"（米勒-阿尔马克）。相比桑巴特及其拥护者从对资本主义世界末日信仰中萌生的悲观主义而言，他们的想法似乎与德国30年代"经济奇迹"提出的要求更加吻合。从某种程度上说，以实际经济情况为导向的做法使赞同国家主导的市场经济学派在第三帝国的政策讨论中赢得了更多关注。当最初的狂喜消散之后，对政府经济政策实践的批评之声不可避免地散发在市场经济读物的字里行间，有时甚至触及新闻管制的容忍底线。撇开这一点不谈，经历了初始期的种种障碍后，社会市场经济思想的发展形势不断得到改善，逐渐在第三帝国的经济研究、出版、教学和经济政策咨询领域占据了举足轻重的地位。

因此，市场经济学派成为"德国法学院"即国家科学同业公会组织[其从

---

① 《发展法》（*Entwicklungsgesetze*），第 127 页。
② 《国家意志》（*Staatsidee*），第 56、58 页。
③ 《德国社会主义》，柏林，1934 年版，第 318 页及其后。

很多角度来看成为被纳粹禁止的社会政策协会（Verein für Socialpolitik）的后继组织］的主流学说。有关该议题的出版物也层出不穷。最为典型的要数 1937 年由弗朗茨·伯姆（Franz Böhm）、瓦尔特·欧肯和汉斯·格罗斯曼-多尔特（Hans Großmann-Doerth）等秩序自由主义（Ordoliberalismus）顶尖代表人物重新出版发行的《经济秩序》系列丛书。秩序自由主义是改革自由主义的一个流派，后来成为社会市场经济最为重要的理论基础之一并对各大高校的国家经济学说教育产生了深远影响。弗莱堡的秩序自由主义者在其机关刊物《秩序——经济与社会秩序年鉴》第一期上就提出了秩序自由主义学派的纲领。弗朗茨·伯姆在刊文中指出："经济秩序的建立不仅是一项历史使命，更是一项立法任务。"[1] "只有当竞争导致秩序时，私有制经济的自由可以得到保障；如果情况并非如此，经济就不允许获得自由。"[2] 尽管存在着区别，秩序自由主义的基础在这一点上完全符合"德国社会主义"经济原则。后者使德国经济与社会科学的国家主义传统在第三帝国被很好地保留下来。恩斯特·鲁道夫·鲁道夫·胡博（Ernst Rudolf Huber）关于第三帝国公有经济的定义就是对此很好的证明："公有经济是一种受约束的经济体制，它把国家的生存法则视为自身的义务标准。不过，从更高意义层面来看，它又拥有自由。因为它是以自愿服从的方式而非禁锢和强迫的方式接受它为之服务的国家约束。"[3]

在改革自由主义浪潮中，值得一提的还有纽伦堡—埃尔兰根市场研究学校，路德维希·艾哈德曾在那里任教。作为学校期刊《德国工业制成品》——其前身为德国陶瓷工业联合会机关刊物——的编辑，艾哈德坚定地站在了消费品工业阵营一方，与当时的卡特尔经济主流保持了批评性的距离。在 1933 年以前他还是民族社会主义的反对者。后来，在他发表的大量科学文献中，他代表了至少三种与主流意识形态一致的观点：他坚决拒绝阶级斗争的观念，肯定国家干预——即便在有限范围内——在经济发展中的必要性，倡导国家相对于经济的主导权。在他看来，"'市场力量的自由博弈'由于不能将经济从衰败中解救出来而已经被抛弃"。他更不认可为了"保证政治目标（通过四年计划确保国家之存续——作者注）不因经济的无能而失败"而去唤起

---

[1] 《秩序——经济与社会秩序年鉴》（Ordo-Jahrbuch für die Ordnung von Wirtschaft und Gesellschaft），斯图加特和柏林，1937 年；出版者还在刊文中附上了序言"我们的任务"。
[2] 同上书，第 108 页。
[3] 恩斯特·鲁道夫·胡博："德国社会主义的构成"（Ernst B. Huber, Die Gestalt des deutschen Sozialismus, in: Carl Schmitt, Der deutsche Staat der Gegenwart, Heft 2, Hamburg, 1934）第 26 页。

这种力量的必要性。他努力"以发展和更远大的眼光来看待和理解当前发生的一切事件",因此认为,"为一个国家或民族能达到和实现更高目标与任务提供坚实的物质基础"是发展经济的"原始使命"。[1] 但是对经济应受国家控制并置于国家政治目标之下的立场,艾哈德同样有所保留。他在文章的字里行间明确表示,这种观点只有在1939年的特殊情况下才具有说服力。[2]

然而即使在1939年以后,对于熟悉德国战时经济情况的观察者而言,完全有可能"将帝国政府对待市场竞争问题的态度视为积极而正面的"。[3] 而在战后时期,以受国家规范、国家监管约束的竞争的形式,"在最大范围内"重建自由竞争机制成为"确保以最小的管理投入获得最大效应的唯一方法"[4]。想要"经济'自动'恢复到适应完全竞争模式下的市场秩序"是根本不可能的。因此,从这个角度来看,"关键性的职责又重新落到了国家头上,它必须敦促市场参与者开展与市场状况相适应的交易行为"。[5]

因此,1945年以后,作为西德经济秩序理想的社会市场经济终于可以得到有深入理论基础的改革构想的支撑。它自然不会像《圣经》中记载的神赐食物那样从天而降。20世纪30年代以来,它逐渐成为德国秩序政策领域坚实的替代经济模式。面对世界经济危机带来的重重压力,即便民族社会主义没有变本加厉实施其一体化措施(Gleichschaltung),丰富的经济秩序构想光谱最终也被大大缩减。国家政策主导是这些秩序构想的共同点。与此相反,纳粹党的其他秩序政策——例如自给自足制度、社会等级制度、劳动权利或德国社会主义制度——则很快退出了历史舞台,即便它们在口头上还有时被提及。由此可见,始于1933年的经济活力给德国带来的影响是多么深远,它似乎扫除了对

---

[1] 《价格形成与价格约束对市场供求质量与数量的影响》[Einfluß der Preisbildung und Preisbindung auf die Qualität und die Quantität des Angebots und der Nachfrage, in: Georg Bergler, Ludwig Erhard, *Marktwirtschaft und Wirtschaftswissenschaft* (Festschrift für Wilhelm Vershofen), Berlin, 1993],第53、76页。

[2] 同上书,第82页。

[3] 彼特·格拉芙·约克·冯·瓦腾伯格:《关于战争经济效率竞争的方法》(Peter Graf York von Wartenburg. Ansätze zum Leistungswettbewerb in der Kriegswirtschaft, in: Günter Schmölders, *Der Wettbewerb als Mittel volkswirtschaftlicher Leistungssteigerung und Leistungsauslese*, Berlin, 1942),第20页。

[4] 李奥纳多·米克什:《约束性竞争机制的机遇与局限》(LeonhardMiksch, Möglichkeiten und Grenzen der gebundenen Konkurrenz, in: ebenda),第104页。这位后来服务于双占区经济管理机构的社会市场经济开路先锋早在1937年就表明自己倡导改革自由主义的态度,见其著作《竞争即任务》(*Wettbewerb als Aufgabe*, Stuttgart, 1937)。

[5] 狄奥多·威瑟尔斯:《竞争与战后经济》[Theodor Wessels, Wettbewerb und Nachkriegswirtschaft, in: Schmölders (Hg.), *Wettbewerb*, 1942],第214页。

工业发展的悲观主义态度和对经济发展停滞不前的恐惧心理。

与此相反,社会市场经济——即受国家约束的市场经济——构想在第三帝国的扩张期得到了实践的检验,而后它就在政策实施中被军备导向和战争经济秩序打入冷宫。在和平时代它仍旧是备受人们青睐的秩序政策选择,这点不只在国家和经济界,在战争最后阶段的战后计划中也得到了证明。

因此,认为社会市场经济是 1945 年以后为应对国家控制与调控经济而产生的这一说法是有待商榷的。[①] 更确切地说,它是社会学习过程的产物。这个过程始于 30 年代经济危机末期并在第三帝国时期取得了一系列初步进展。世界经济危机以来——抛开纳粹时期的"经济奇迹"不谈——社会市场经济体制发展的连贯性和延续性也是不容忽视的。所有这些前导历史以及由此产生的经济界和管理界精英对此类思维模式的信任,在很大程度上对 1947 年以后社会市场经济的实现发挥了积极的作用。然而,对有保留地同意了路德维希·艾哈德经济改革的各占领国而言,上述事实联系并不是其决定性的论据。在他们看来,社会市场经济提供了一条避免费时的试验与政治风险的简易之道,而这些试验和风险都与凯恩斯主义意义上的宏观调控的公有经济替代模式密不可分。

三 另一种选择:凯恩斯主义

大银行的档案库负责人的周三集体讨论会成了柏林反对派经济学家与实践家交流思想的中心。历经实践考验的凯恩斯景气理论及其经济政策构想直到 1936 年才公之于世。它对该集体讨论会针对经济危机的议题发挥了重要影响。约翰·梅纳德·凯恩斯在《就业、利息和货币通论》中提出了与威权体制不同的另一种经济政策选择。因为"威权体制以牺牲经济效率和市场自由为代价来解决失业问题"。[②] 他深信,"只有实现投资活动的广泛社会化,才能确保近似意义上的充分就业。"[③] 于国家而言,比生产资料所有权更为重要的是确保投资数额稳定、资本存量的增长和其所有者收入增加的能

[①] 参见迪特·哈瑟尔巴赫《权威自由主义与社会市场经济——秩序自由主义制度下的社会与政治》(Dieter Haselbach, *Autoritärer Liberalismus und Soziale Marktwirtschaft. Gesellschaft und Politik im Ordoliberalismu*, Baden, 1991),以及拉尔夫·普塔克《从秩序自由主义到社会市场经济——德国新自由主义时期》(Ralf Ptak, *Vom Ordoliberalismus zur Sozialen Marktwirtschaft, Stationen des Neoliberalismus in Deutschland*, Opladen, 2004)。

[②] 凯恩斯:《就业、利息和货币通论》(Keynes, *General Theory of Employment Interst and money*),第 381 页。

[③] 同上书,第 378 页。

力。凯恩斯模式提倡借助货币与财政政策等工具实现对经济的间接调控,这对于银行业内国民经济部门的有识之士而言,有着巨大的吸引力。因为凯恩斯模式的运用能为德国"逐渐引入必要的社会化举措……并能无间断地融入其社会传统的方方面面"。① 因而,它符合以全能银行为根基的德国大银行的传统,即与国家及工业界在共同发展德国特色的社团主义市场经济体制方面密切合作,这种体制倾向于企业政策的长期性和行业间的紧密协作。

同时,它与"自由社会主义"流派代表的经济政策构想之间也存在着——尽管不是在原则上,但至少在方法上——的共同点。魏玛共和国时期,这些"非马克思主义的社会主义人士"② 在年轻一代乐观主义学者圈中还是些不知名的小辈。他们大多在流亡期间积累了有关凯恩斯主义理论的丰富经验。同时,他们将西欧和斯堪的纳维亚工人党视为引领未来社会主义发展的楷模和榜样。他们还认为,凯恩斯主义是市场经济制度下实现经济计划性调控的最佳手段。许多结束流亡生涯归来的社会主义人士都带有崇尚西欧的倾向。截至20世纪50年代,他们通过各种社会关系网保持着彼此间以及和国外仁人志士之间的联系,其中最著名的要数美国劳工联合会—产业工会联合会(AFL-CIO)。③ "二战"结束后初期,虽然德国社会主义工人运动的经济政策构想仍然带有马克思主义的烙印。然而,此时的美国劳联—产联已开始对德国社会民主党和工会联合会的经济政策观念产生影响。通过党的主席团纲领委员会和经济政策委员会,"自由社会主义者"成功掌控了德国社会民主党经济政策的主导思想(该指导思想于1946年5月在汉诺威党代表大会上公布)。在计划和调控方法方面,明确了对经济过程进行间接调控之目标。"德国社会民主党认为社会主义计划经济本身并不是目标。……在引入市场经济竞争机制后,经济计划必须在无损其实质特征的前提下逐步朝着间接调控的方式过渡和转变。"④

---

① 凯恩斯:《逛论》(Keynes, *General Theory*),第378页。
② 参见格尔哈德·威瑟尔《社会主义:(IV)新方向:(V)自由社会主义》(Gerhard Weisser, Sozialismus:(IV) Neuere Richtungen:(V) Freiheitlicher Sozialismus, in: *Handwörterbuch der Sozialwissenschaften*, Bd.9),第509—523页。
③ 参见朱丽叶·安斯特《一致资本主义与社会民主——德国社会民主党与德国工会联合会的西方化》(Julia Angster, *Konsenskapitalismus und Sozialdemokratie, Die Westernisierung von SPD und DGB*, München, 2003)。
④ 维克特·阿嘎茨:《社会主义经济政策:汉诺威社会民主党代表大会上的演讲(1946年5月)》[Viktor Agartz, *Sozialistische Wirtschaftspolitik, Rede gehalten auf dem Parteitag der SPD in Hannover (Mai 1946)*, Karlsruheo, J.],第8页及其后。

四 公有经济与计划

除了借鉴凯恩斯主义的宏观调控策略以外,社会民主党人还在其秩序构想中吸收运用了公有经济模式。1918 年以后,推行公有经济的建议也得到了保守派的赞同和支持。然而,由于魏玛共和国早期社会条件不成熟等种种原因,公有经济体制并未得到施行。20 世纪 20 年代,尽管公有经济模式在理论上得到继续发展,却没能获得实践的机会。它提倡对经济领域的关键行业实行社会化,使其成为整体经济调控的有力杠杆。该模式的构想源于帝国政府及军队的种种努力,他们希望为"一战"中的战争经济提供更广泛的合法地位。战争结束后,它似乎能给经济社会化争论一些具体的实现形式。与此同时,社会保守派则对"民族社会主义"模式情有独钟。自俾斯麦时期发生 1879 年经济政策的重大转型以来,无论是学术界还是政界,都涌现出大批"民族社会主义"模式的支持者和拥护者。[①] 1918 年后的一段时期里,他们从世界大战中发展出了"战争社会主义"概念,并从中引申出了一种"公有经济"[②] 模式。彼时的早期工人运动代表也对该模式的实现表现出了浓厚的兴趣。帝国经济部总管、社会民主党人奥古斯特·米勒(August Müller)及其后任——出身于自由工会组织的人民代表并担任魏玛共和国第一任经济部长的鲁道夫·威瑟尔(Rudolf Wissell)也极力推崇这一构想。他们提倡建立为公有经济服务的经济委员会。在其中,作为生产者的企业家和工会组织在国家的斡旋协调之下同贸易商和消费者一道控制和支配生产资料的使用。而工人政党与自由工会组织中的大部分成员提出的"全社会化"要求与该倡议则形成了鲜明对立。所谓"全社会化"就是指将生产资料私人占有制转变为国家或社会所有制。然而,对于究竟何时开始实施社会化举措及其政策是否可行的问题,大多数党派却一直争论不休,未能达成一致意见。

两次世界大战的硝烟散尽后,实现采煤业社会化的问题被提上了议事日

---

① 这里包括社会政策协会中的"讲坛社会主义者"——如古斯塔夫·施莫勒(Gustav Schmoller)和阿道夫·瓦格纳(Adolf Wagner)和实践主义者——如通用电气公司董事会主席瓦尔特·拉特劳(Walter Rathenau);比较弗里德里希·祖克尔《工业与民族社会主义:德国的经济制度之争》(Friedrich Zunkel, *Industrie und Staatssozialismus, Der Kampf um die Wirtschaftsordnung in Deutschland*, Düsseldorf 1976)。

② 参见威查德·冯·莫伦朵夫《德国公有经济》(Wichard von Moellendorff, *Deutsche Gemeinwirtschaft*, Berlin, 1916)。

程。在对待这一问题的态度上，各党派间的意见达到了空前的一致。1893年以来，各大煤矿之间已不再是竞争关系，而是以莱茵威斯特法伦煤炭辛迪加的形式共同组织和安排煤炭销售。因此，可以说实施采煤业社会化的时机也已"成熟"。它们虽然还保留着法律上的私有制资本形式，但从经济角度来看，它们之间早已不再是相互独立的个体。"一战"以来，它们逐步蜕变成囊括整个煤炭行业的卡特尔组织。采矿业的社会化在整个德国的"公有化讨论"中扮演着关键角色，因为从这里出发，政府可以实现对钢铁工业及其他加工工业的控制，而不用将其公有化。

  "一战"结束末期，对采矿业迅速实施社会化的希望遭遇了实质性障碍。起初，它只是延缓了公有经济构想付诸实践的进程，但最终却使整个计划被迫搁浅。虽然由人民代表委员会任命的社会化委员会于 1919 年 1 月提交了关于采矿业公有化问题的第一份草案。然而，无论是相关的主管机构还是德国社会主义共和国中央委员会的工人与军人委员会都对此份草案提出了坚决的反对意见。大多数与会者更忧虑的是战争赔款政策和国家财政问题。此外，共和国经济部早已下定决心对采矿业实施新的公有经济制度。他们对外大肆宣称其为"社会主义"。然而，实际上他们要做的只是实现"国家对整个采煤业的全面与合法控制"和"对公众参与利润分配的确认"。① 共和国政府借此做出了采矿业采纳社团经济宪法的决定，该宪法实现了民族社会主义原则和参与生产过程的社会团体自主权要求的融合。卡普政变（Kapp-Putsch）失败后，有关采煤业社会化的问题被内阁成员再一次提上了议事日程。然而，光是取得对这一问题的一致见解显然是不够的。此后，有关该议题的讨论再一次陷入了一筹莫展的僵局状态。1921 年夏，出于对战争赔款政策的考虑，政府果断将该问题从德国政策的议事日程中移除。

  1945 年以后，社会民主党人在两个案例上终于在议会多数表决中为公有经济模式赢得了一席之地。不仅如此，黑森州宪法第 41 条甚至还规定，对"关键行业"实施公有化并赋予公众对大银行与保险业的监控权。1946 年年末，在一次由美国在其占领区组织召开的表决会上，黑森州 71.9% 的选民对该条款表示了支持立场，更有 76.8% 的选民对此宪法的整体内容表示赞同。自此，德国在采矿业、冶铁业和交通运输业内迅速开展对 169 家企业的社会化改革。占领区军政府虽然紧锣密鼓地组织了该宪法条款的实施工作，但在黑森州掌权的大联合政府却又提出了所谓的共同体

---

① 1919 年 1 月 18 日有关采矿行业的法令（RGBl），第 64 页。

构想（Gemeinschaftskonzept），它既不属于资本主义也不属于国有化举措，而是要将工人自我管理、消费者合作社式的参与和中央政府的经济计划结合起来，形成所谓的"社会共同体"企业形式。在社会化企业中，政府还委派了委托管理人。然而，黑森州工业领域关键行业的社会化的发展越具体，军政府限制其实施以及以将来建立联邦政府为借口推延国家相应立法权的决心就越坚定。① 同样，社会民主党人对鲁尔区采煤业也提出了社会化要求。他们希望鲁尔区采煤业能发展成公有经济调控的支柱产业。然而，它却也经历了类似黑森州的命运。1948 年 8 月 6 日举行的北莱茵威斯特法伦州议会相关会议以多数表决结果通过了公有化决定，然而这项决定却并不符合当时的政治权力现实。英国军政府干预其中并建议将决定权交给一个未来的联邦政府。

在苏占区，被左派人士诋毁为修正主义和阶级叛变的公有经济构想不能成为德国社会民主党、社会主义党和共产党的榜样，尽管德国共产党（KPD）中央委员会（ZK）于 1945 年 6 月 11 日发出的号召完全可以使人联想到工人运动中的公有经济构想。② 魏玛共和国早期积累的社会化经验和计划经济构想也不可能成为一个国家计划。另一方面，苏占区经济管理机构和德国经济委员会的规划负责人也承认，规划工作中的种种不足源于"对苏联计划经济方法和经验的照搬照抄"并且希望发展一个具有德国特色的社会主义经济政策。③ 很长一段时间内，东德并未能获得这一机会。1948 年 6 月 29 日，1949—1950 年的两年计划开始了后来民主德国地区的一系列经济规划。它虽然摒弃了德国工人运动的传统老路，但也没有将苏联作为其社会化和计划经济的导师来学习。④

---

① 德特雷夫·海顿：《社会化、工业形式还是结构政策？——黑森州从纲领性传统主义到经济理性现代主义的转变之路》（Detlev Heiden, Sozialisierung, Industriereform oder Strukturpolitik? Der hessische Weg vom programmatischen Traditionalismus zur wirtschaftsvernünftigen Modernität, in: *Hessisches Jahrbuch für Landesgeschichte*, Bd. 46, 1996），第 243 页。

② 载于彼特·厄尔勒、霍斯特·劳德、曼弗雷德·威尔克主编《希特勒之后还有我们：关于莫斯科德国共产党领导下 1944—1945 年针对战后德国的目标纲领之文件》[Peter Erler, Horst Laude, Manfred Wilke（Hg.）, "Nach Hitler kommen wir", *Dokumente zur Programmatik der Moskauer KPD-Führung 1944/45 für Nachkriegsdeutschland*, Berlin, 1994]，第 395 页。

③ 奥托·苏尔（Otto Suhr, in: Abelshauser, *Freiheitlicher Sozialismus*），第 438 页。

④ 《1949—1950 年的德国两年计划：德国在苏占区以恢复和发展和平经济为目标的 1948 年经济计划与 1949—1950 年两年计划》（*Der Deutsche Zweijahrplan für 1949—1950. Der Wirtschaftsplan für 1948 und der Zweijahrplan 1949—1950 zur Wiederherstellung und Entwicklung der Friedenswirtschaft in der sowjetischen Besatzungszone Deutschlands*, Berlin, 1948）。

随着东西德的建立和边境划分，这两大社会体制间的竞争与博弈反映在其对经济调控之"最佳"方法的争论上。这场理论层面的经济政策构想之争主要在社会主义与自由主义两大阵营间展开。民主德国的经济政策制定者曾明确声明要摒弃社会民主党人的传统秩序政策。同时，他们还认为，有计划地运用直接配置生产要素的方法可以保证在充分就业基础上经济景气的稳定，与在收入及财产平等分配条件下实现社会公平有效地结合。尽管如此，东部占领区施行的社会化举措和计划经济体制在西德占领区却常常与工人运动的遗产联系在一起。1946年，德国共产党与社会民主党的被迫融合，使一个全新的政党——德国社会统一党（SED）——得以成立。它主张对经济采取直接计划与调控的政策。在战争结束后的困难时期，这一主张似乎有一定的合理性。不过，从长远来看，它却无法适应复杂工业社会和经济发展的需求，更别提"后工业时期"的发展了。此时的英国和斯堪的纳维亚半岛正在推行现代化的"社会主义"经济政策。西德的社会民主党人也对此进行了探寻和摸索。而民主德国1949—1950年两年计划中引入的计划经济模式则从一开始就与该标准背道而驰。民主德国更多的是以苏联国内的状况为导向来推行其计划经济体制，后者作为占领国对其具有巨大的影响。不过，接受苏联计划经济模式不仅是由于权力关系。众所周知，苏联以相对较小的损失度过了世界经济危机的难关，并且也在经济领域成功击败纳粹的战争机器。这一事实不仅令作为当事人的共产党人记忆犹新，也深深震撼了许多生活在那个时代的人们的心灵。因此，民主德国便接受了一个不适合一个相对发达的经济体且过时的经济政策体系。1949—1950年后期，随着1951—1955年第一个五年计划的提出，苏联特色的计划经济模式在民主德国成了毫无竞争对手的主导经济体制。[1] 1949年以来写入宪法的劳动权得以付诸实施。正是这种确保高就业率的粗放式工业化和直接计划经济的过时手段导致了民主德国经济的失败。

第三节　经济复苏

德国各占领区的经济发展境况各不相同。波茨坦会议上达成的相关协议一天没有站稳脚跟，占领区的掌权者就可以在自己的领地范围内任意妄为。

---

[1] 安德烈·史泰勒：《从计划到计划——民主德国的经济史》（André Steiner, *Von Plan zu Plan. Eine Wirtschaftsgeschichte der DDR*, München, 2004），第63页。

事实上，他们的确也是这样做了。这首先对法国和苏联占领区的经济发展造成了一定影响。他们的商品生产很大程度上都以各占领国的"国家"重建计划需求为导向。而英美占领区的军政府则在寻找一切机会遵照波茨坦协议的内容行事。他们以实际行动推进协议的生效。因此，1947年年初，在这两大占领区合并前，其内部模式已呈现出类似甚至相同的经济特征。

一　美国占领区

1945年夏初，美占区的工业发展还基本处于停滞状态。到了下半年便得以迅速复苏。7月份投入运转的工业设备还不到总量的10%。其中有一半为锯木厂，它们专为美国军队的需求服务。[①] 其余部分则主要集中在食品、电力供应、水供应和废水处理等行业。截至1945年12月，已有20%的工业生产恢复到1936年的水平。不过，更重要的一点是，工业生产的重建工作在下半年的冬季仍然得以延续。如果说，1945年下半年，美占区的经济重心还是为工业生产开展筹备工作，那么进入1946年后，该占领区则经历了一场——尽管范围有限——声势浩大的工业复苏浪潮（表8）。

表8　1945—1949年德国占领区工业生产的发展（1936年水平为100）

年/季度	美占区[a]	联合经济区[b]	英占区[a]	法占区[c]	苏占区[d]
1945					
III	12		15		
IV	19		22		22
1946	41		34	36	44
I	31		30	32	39
II	37		33	36	40
III	46		37	38	47
IV	50		37	38	50
1947		44		45	54
I		34		39	41
II		44		46	48
III		46		48	
IV		50		48	

[①] 美国军事政府办公室财政部部长：《月度报告》（OMGUS, *Monthly Report*, 1），第6页。

续表

年/季度	美占区[a]	联合经济区[b]	英占区[a]	法占区[c]	苏占区[d]
1948		63		58	60
I		54		50	
II		57		54	
III		65		61	
IV		79		67	
1949[e]		86		78	68

注：a) 经美占区估算更正过的官方数据。

b) 联合经济区（VWG）；到1947年第三季度（包含第三季度，如 a）；1947年第四季度到1948年第二季度（包含第二季度）数据由联合区给出，之后为官方数据。

c) 不包括萨尔区；1946年数据由曼茨先生给出的生产总产值而得；之后（到1948年第二季度，包括二季度）数据由曼茨先生估算而得；再之后为官方数据。

d) 1945—1947年为官方数据；1948—1949年由估算而得（沃尔夫冈·詹克）。

e) 1—8月。

资料来源：维尔纳·阿贝尔斯豪塞：《西德经济》（Werner Abelshauser, *Wirtschaft in Westdeutschland*, Stuttgart, 1975），第36、39—40、43、57页；马蒂亚斯·曼茨：《1945—1948年法占区的经济停滞与繁荣》（Mathias Manz, *Stagnation und Aufschwung in der französischen Besatzungszone 1945—48*, Ostfildern, 1985），第25、32—36页；《东德1959年统计数据年报》（*Statistisches Jahrbuch der DDR 1959*），第264页；沃尔夫冈·詹克：《东德的经济及就业》（Wolfgang Zank, *Wirtschaft und Arbeit in Ostdeutschland*, München, 1987），第193页。

  1946年秋，占领区内的生产状况已恢复到战前水平的一半。其中，某些行业——采矿、玻璃制造、木材加工、电力和天然气供应——的境况甚至更为乐观。这一相对有利的发展势头似乎与占领区内原始的物质与政治条件形成了鲜明对比。从美占区的生产资料装备角度来衡量，其工业发展原本应该不会取得如此骄人的成绩。而军政府内的政治氛围也从一开始就和美国官方经济政策的限制性方针格格不入。

  卢希乌斯·克雷对德国在战争中遭到的破坏感到震惊，同时也为"JCS 1067计划"引起的占领区重建进程中消极状态深感气愤。1945年4月，他向华盛顿提出自由行动权的要求并获得批准。他甚至有权在不经国务院预先批准的情况下生产镁、铝、合成橡胶和石油等产品（这些商品在当时是被禁止生产的）。最初，这种对待重建问题的积极态度主要是与军队主管克雷及其助手（他们大多在地方经济领域担当领导职务）的心态相吻合的。不久之后，军政府开始被迫自筹管理费用，恢复生产就有了一个现实的原因。

1946年之后，主管的国防部很难再向国会提交预算要求。军队对其管理和服从也越来越抵触。如果说这是重启美占区工业引擎的现实原因，那么到了1947年，这项政策则愈加符合华盛顿官方对德国在欧洲重建进程中的角色定位。

尽管如此，1946年年末，美占区的经济复苏步伐仍旧受阻。12月，区内的工业生产出现了自确认占领权以来的首次回落。如果说这是季节因素在作怪的话，那么此后持续出现的经济衰退则清楚地表明，德国工业的重建工作遭遇了暂时的阻力。

二 英国占领区

1945年夏，英占区的工业生产开始逐步恢复，特别是关乎民生的基础工业发展势头良好。9月，即战争结束后的第一个月，有关数据显示，区内工业生产总值已达到1936年的15%。在初始阶段发放生产许可证的过程中，英国军政府对那些员工少于25人、生产能耗较低的企业给予了特别优待。故而生产加工企业创造的工业产值相对较高。总的来看，1945年下半年区内工业生产水平呈现出稳步上升的态势。

值得一提的是，即使在冬季的几个月里，也依然保持了这一势头并且一直持续到1946年8月，这期间没有发生明显的生产减量现象。尽管处于有利的季节条件下，发展势头在顶着压力延续到11月份之后，逐渐开始出现了趋弱苗头。1946年秋，第一波重建势头破壳而出。此时的工业发展颇有些不可阻挡之势。1946年1月至11月期间，工业生产总值增长了1/4，达到战后时期的最高水平。其中，投资品的生产势头尤为强劲，产值增产超过50%。而其他生产品和消费品领域的增长步伐则相对缓慢，其增长速度要低于平均水平。

尽管如此，1946年12月至1947年2月，投资品领域的产值跌落最为明显，下降超过85%，回落至1945—1946年年度之交的水平。过去一年里取得的进步在1947年2月都化成了泡影。然而到7月，其产值又回到了1946年的最高水平。西部占领区是根据不同的经济地位进行划分的，其中核心区域的经济重建工作在"二战"结束后的第二个冬季就遭遇到瓶颈。

乍一看，1946年11月至1947年2月工业领域煤炭供应量的暴跌似乎要为英美两国占领区的经济衰退负主要责任。事实上，在此期间，硬煤每周的平均供货量已从435600吨下降至406000吨。鉴于德国经济对此类原材料的高度依赖性以及早前持续低位的能源供应水平，煤炭供应量的下跌的确给占领区的经济带来了灾难性后果。

然而，问题的根源并非出自采煤业自身。事实完全相反：恰恰是冬季期间，占领区内煤矿开采量首次出现了显著提升。此时的工业生产已处于崩溃边缘，而采煤业则出现形势利好的重大转折。煤炭开采量从1946年10月的183000吨/日上升至1947年3月的234000吨/日。不过，其库存量也从318000吨提高至1227000吨——是煤荒时期库存量的四倍。这预示着即将到来的大规模运输业危机。

事实上，虽然占领国对区内的铁路和水道进行了重建和修复，1946年至1947年冬，英美占领区的交通运输业已成为制约工业发展的重大瓶颈。国有铁路的在运列车存量还远未能填补战争中的损失量。恰恰在这种情势下，当年冬季的极寒天气又将所有水道封锁。自12月20日起，所有在这个季节还要增加的运输重担都落到了国有铁路的肩上。随后，交通运输业全面崩溃。

尽管同盟国在物质和政治方面对占领区提出了诸多限制性要求，英美两大占领区的经济繁荣仍未因此遭遇瓶颈。相反，如果以基础设施承载能力为衡量标尺的话，区内的经济发展势头似乎太过迅猛。不断攀升的运输需求使在极端气候条件下运输能力不堪重负。1946—1947年冬，战争的后果再一次打击了德国经济。

三　法国占领区

与其他欧洲国家不同，法国在抵御经济衰退危机的过程中并未借助外来势力的帮助。法国的经济结构存在一定弊端，而"二战"的爆发和对德国地区的占领则愈加凸显了法国经济的这一软肋。这是造成战前法国工业滞胀现象及1940年工业体系崩溃的主要原因。要想重新获得梦寐以求的国际强国地位，法国不仅需要开展经济重建，更有必要进行深入的现代化改造。战后时期论实力，只有美国有能力对其提供物质帮助。然而，由此带来的矛盾也显而易见：对美元的依赖对法国不断争取的自主交易权造成极大的限制。在这种两难境地之下，来自德国的物资资源——德国的战争赔款和德国占领区带来的经济收益——便显得尤为重要。对德国资源的窃取将直接有利于法国的经济重建工作。同时，它给德国经济实力和军事潜力造成的持续性削弱似乎也能帮助法国长期坚守其大国地位。法国的对德政策一贯奉行安全与赔款问题至上的原则，故而这一主张也必然在其占领政策中有所体现。因此，法占区也遭到了相邻占领区的孤立和排挤。直至1948年，区域内经济仍然处于独立发展的状态。

在这一背景之下，从经济"联合体"角度来谈论"法占区经济"只能有所保留。无论是州层面还是从整个占领区来看，其经济发展既缺少制度框架，也不具备政治条件。联邦州及其法国当局都欠缺至关重要的调控职能。区域内又没有支持经济协调发展的相关机构。

1947年，让·莫奈提出了第一个法国四年计划——"设备现代化计划"。而在此项官方计划正式启动之前，法占区的大部分工业发展方案都并入了法国政府的规划之中。占领区内50%以上的工业产值都用于外贸出口、军政府、萨尔煤矿或国有铁路等直接或间接为法国经济服务的领域。这一生产目标在整个计划中的优先地位使得不同行业出现了不同的发展水平和状况。钾矿开采、大型钢铁厂、电力公司、石板厂、制药化工、木材建筑企业和锯木厂、造纸厂和纤维制品厂、纺纱厂和铁路修理厂的发展速度超过了平均水平。而其他工业行业则相对落后。在众多行业之中，采矿业在当时最被当局所看重。1948年4月1日法国经济与萨尔地区实施合并得到了西方盟国的认可，然而在此之前，法国只是间接从中得利。最主要的原因在于：当时各占领区的采煤业都被盟国对德管制委员会和欧洲煤炭组织（ECO）的监事会所控制。①

1947年3月，鲁尔矿区的开采量才刚刚达到战前水平的2/3，萨尔煤矿的产量就已经达到1936年的3/4。除此之外，产量处于领先地位的还包括化工产品的生产。货币改革时期，法占区生产达到了其战前工业生产产量的91%。而双占区的产量则连该数额的一半还不到。而法占区的钢铁生产也同样处于较低的水平。1946年下半年，消费品的生产产值仅是战前水平的20%，比英占区的产值水平还要低。

总而言之，由于对法国经济重建工作的支援和因此造成的法占区只开采资源却无法使用资源的状况，法占区的工业生产水平要落后于其他两大西方占领区。事实上，它并没有实现推动德国经济持续发展的目标。截至1948年，每到下半年，上半年的经济增长势头就会停止，随之而来的便是工业停产。② 不过，从工业生产中攫取的收益——法国从占领区获得了1/4的"国

---

① 参见雷吉纳·佩龙《煤炭市场——1945年至1958年欧洲与美国间主要利益之争》（Régine Perron, *Le Marché du Charbon, un enjeu entre l'Europe et les Etats-Unis de 1945 à 1958*, Paris, 1996）。

② 马蒂亚斯·曼茨：《1945—1948年法占区的经济滞胀与经济繁荣》（Mathias Manz, *Stagnation und Aufschwung in der französischen Zone 1945—1948*, Ostfildern, 1985），第85页。

民生产总值"和截至1948年不菲的出口盈余——却并未丧失其作用。与双占区所不同的是，直至法国和法占区加入欧洲经济合作组织（OEEC）并在其政治压力下减少掠夺后，法占区才开始了持续的经济复苏。为此法国得到的好处是：马歇尔计划提供的资金弥补了其出口赤字造成的财政亏空。

四 苏联占领区

毋庸置疑，后来的民主德国是整个德国工业化程度最高的地区。这不单单体现在数量方面。除了褐煤开采以外，中德地区老工业遗留下来的矿井并不多见。与此相反，集中于柏林、萨克森和萨克森—安哈特等地的新工业则对德国中部的采矿业产生了重要影响。事实上，这种情况在战前即是如此。由于战争中军备投资和战争经济对各地区制定的发展战略侧重点，这一地区工业基础还得到了强化。虽然苏占区并非纯粹的"农业区"，但它却有着这方面得天独厚的优势，尤其是食品供应领域自给自足的能力。尽管如此，其工业生产依然呈现出不均衡性并高度依赖于德国内部的经济关系。一方面，区内几乎完全没有重工业基础；另一方面，加工工业领域则呈现出明显的"产能过剩"现象。这在一定程度上消解了设备拆卸赔偿举措给苏占区带来的沉重负担，并在此后很长一段时间内为令人印象深刻的经济计划的实现（或超额）提供了储备。

正是由于中德地区蕴藏着战争经济遗留的巨大潜力，苏占区的经济重建工作才得以开展得如火如荼，令人印象深刻。[1] 这当然也得益于占领国苏联在挖掘经济潜能方面的果断决策力。苏联的做法与英美占领区有着显著区别。也正是这种独特性使充斥着不确定性和矛盾的英美对德政策显得相形见绌。苏联政府明白，无论是哪个生产行业取得的成就最终将要么有利于自己国家的经济发展，要么有利于其在德国政治地位的巩固。而这与直接占领权的持续期限并无多大关联。

苏联的工业生产导向一开始就在大多数市民中引起了共鸣。在遭遇深重的战争灾难后，举国上下都燃起了经济重建的熊熊斗志，人们也开始以乐观主义的心态面对未来。1946年年底，这种现象与心态也开始蔓延至工业生

---

[1] 沃尔夫冈·詹克对苏联占领区经济境况的描述最为贴切，参见其《1945—1949年东德的经济状况与劳动力就业——苏联占领区的经济重建问题》 (Jörg Roesler, *Die Herausbildung der sozialistischen Planwirtschaft in der DDR*, Studien zur Zeitgeschichte 31, München, 1987)。参见约克·吕斯勒《民主德国社会主义计划经济的形成》 (Jörg Roesler, *Die Herausbildung der sozialistischen Planwirtschaft in der DDR*, Berlin (Ost) 1978)，第107—109页。

产领域，出现了工业产值相对较高的局面。经历了军事占领纷争带来的短期停滞后，工业生产又恢复到战前水平的55%（表7）。1946—1947年寒冬造成的灾难性经济衰退在苏占区也未能幸免。不过，1947年的经济活力仍然帮助它成功赶超了西部占领区。毫无疑问，苏占区在对比竞争中拔得头筹的原因之一是：它拥有比西部占领区更完善、更有效的经济调控能力。因此在这种极端例外的情况下，它也至少能确保工业生产与产品供应间协调的底线。

五　关键之年：1947年

1947年，美国对德政策的政治环境发生剧变。在此之前，华盛顿方面认为，相比美苏两国关系而言，德国的前途和命运如何似乎并不重要。与此同时，美国欧洲稳定政策的实施关键在法国。这一形势使军政府的行动受到牵制，他们无法采取非常措施帮助德国克服困境，也无法从赔款债权人手中保留德国资源以供经济重建之用。事实上，在1946—1947年令整个欧洲陷入危机的经济衰退发生以前，占领国的对德政策就已经开始发生转变。美国外长伯恩斯（Byrnes）[①]于1946年9月4日在美占区斯图加特向德国各州代表所做的讲话以及温斯顿·丘吉尔于1946年9月19日在苏黎世发表的演说就清楚地表明了这一点。乔治·马歇尔（George C. Marshall）作为新外交部部长上任后，美国开始重新审视中国、希腊和波兰发生的重大事件。他最终得出结论认为，西德并不会在1946年至1947年冬季的"瘫痪危机"影响下实施共产主义制度，而苏联也不会因此主宰西欧。因此，美国果断决定将德国重建视为复兴欧洲经济的核心与经济杠杆并将对此给予积极支持。虽然对德政策的转变起初只是唤醒了人们对外部援助的渴望，但它强化了美国军政府利用双占区一切手段克服危机的努力。

美国战略轰炸调查团的调查结果公布后，美国对西德经济潜力的评估也随之发生转变并在随后的深入研究中得到了证实。[②] 这些都无疑对美国对德政策的转变产生了一定影响。美国认为必须防止德国经济潜力在设备拆卸赔偿措施的影响下遭到破坏。在其他领域的新生产力尚未得到开发之前，应避

[①] 讲话载于1946年9月4日巴登—符腾堡联邦州议会与州政府等主编《五十周年期许会演讲》[Landtag und Landesregierung von Baden-Württemberg et al. (Hg.), 50. *Jahrestag Rede der Hoffnung*, 6. September 1946, Sindelfingen 1996]。

[②] 参见《卢希乌斯·克雷将军的随笔》(*The Papers of General Lucius D. Clay*, Bd. 1, hrsg. von Jean E. Smith, Bloomington, Indiana, 1974)，第63页及其后。

免德国经济陷入瘫痪。在 1947 年的形势影响下,对西德经济潜力的全面认知反而要求美国终止设备拆卸赔偿政策,就地实施经济重建,这看起来似乎是个悖论。

然而,观察员们亲眼所见的现实并不支持对德国经济潜力分析得出的上述结论。1946 年至 1947 年冬,德国经济的崩溃全面而且彻底,对后续发展产生了深远影响。尽管工业生产已爬升至上年水平,急性昏厥后的经济机制瘫痪还是一直延续到了 1947 年夏天。运输体系不健全,饮食状况急剧恶化,导致 1947 年年初的鲁尔地区出现了反饥饿游行、社会动荡和工人罢工等现象。这一切又将采煤业取得的经济成就消解为零。很明显,当时面临的问题是:要么举全国上下之力一劳永逸地克服经济瘫痪的危机;要么接受西德经济最终发生实质上的损失。因此,1947 年成了决定西德经济前途的关键之年。毫无疑问,美英两国军政府将重启其振兴经济之策。

截至 1946 年年末,美占区在当时社会条件下实施的经济重建举措颇有三心二意之嫌。合理有效且具有可持续性的计划与调控体系根本无从谈起。即便制定了某些经济计划,它们也无法带来实质性的经济效益。因为煤炭计划开采量和进口量与可获得的资金之间并无任何关联。说得更严重一点,即使相关计划付诸实践,如英国的斯巴达计划,也只能覆盖一部分商品流通领域。其原因就在于缺少有效的监管或者同法占区类似,这些措施无法对区域间的经济交流起到推动作用,因为这不是经济计划的意图所在。而 1947 年的形势并未对此有所改变。各占领区在履行波茨坦协议的问题上一直争论不休,因而阻隔了对外贸易的发展。双占区的一系列新的经济框架计划——指导计划(Guide-Plan)、工作计划(Working Plan)、BECG 计划(BECG-Plan)——并不能冲破这条障碍重重的封锁线。但他们显示了美国军政府新的政治意图,即放弃备受德国计划者青睐的"短缺均衡"原则。双占区的所有资源首次将焦点集中到了西德经济的棘手问题上。交通基础设施的修缮、采煤业激励机制(积分制)得以制定和实施,煤矿工人住宅建筑计划,实现英占区电厂效率翻番的紧急计划,以及为运输系统的扩大争取更多的钢和为瓶颈行业争取更多投资的钢铁工业优先分配煤炭计划相继出台,这些领域在重建过程中具有绝对的优先地位。上述措施自 1947 年 1 月 1 日起开始在英美占领区内的联合经济区(VWG)实施。虽然将两大区域合并为双占区的做法并非实现经济发展重大转折的唯一条件,但它绝对是一项必要条件。

为克服交通运输体系面临的瓶颈问题,经济管理机构(VfW)成立了专门的工作小组,旨在协调帝国铁路公司轨道重点扩建计划。纳粹军备经济的项目计划在斯皮尔时代获得了巨大成功。显然,它是该组织学习的榜样。"钢铁"、"木材"、"火车头修理"和"车厢修理"的伙伴合作形式也囊括了一些私人企业并且得到了德国和盟国的官方授权。1946 年 11 月,在火车头修理和车厢修理领域已经超额完成了计划指标。1947 年 10 月,针对 29700 台受损车辆开展的修理计划顺利完成。至此,帝国铁路公司实现了可用列车数量的首次增长。这可谓 1947 年夏天的一场及时雨,它有效缓解了交通运输领域的紧张状况。但像人们期待和担忧的那样,从 1947 年 10 月开始,经济发展计划又不得不根据运输能力而量力而行。

与之前有所不同的是,交通运输业的瓶颈已无法再阻挡秋季经济复苏的势头。尽管 1947 年至 1948 年冬人们对运输业的问题仍然心存忧虑,但举上下之力应对该问题的做法还是促使货物运输能力增长了近 1/3。鲁尔矿区的存煤量从 11 月份的 1213000 吨下降到了 2 月份的 77000 吨,冶铁工业也大大克服了先前发货数量的短缺。运输问题的解决无疑是战后时期经济计划比较罕见的但却是重大的成就之一。

随后,双占区经济管理机构做出的一系列重点发展计划也大获成功并对整个德国经济产生了重要影响。1946 年至 1947 年冬的煤炭供应情况还在逐步恶化,1947 年 1 月的开采业却又整装待发、充满活力。仿照荷兰模式,军政府于年初推行了促进采矿业效率提高的激励机制。他们为鲁尔河畔的煤矿工人提供了诸多优厚待遇,定期发放熏肉、咖啡、香烟、糖和烧酒等日常食品。然而,这种特权享受并未对井下作业的生产率产生多大影响。不过,它倒是降低了工人们的歇班率,也提高了采矿业的吸引力,使得其相邻行业不得不面临专业技工外流的问题。

采煤量的攀升一直延续到 1947 年的 4 月。随后,鲁尔河畔的整体供应情况出现了为期三个月的恶化。为提高生产率而实施的物质激励也显得毫无效果。反饥饿游行和工人大罢工使工业生产步履维艰。对部分行业推行促进奖励刺激机制和重点发展计划始终是一项脱离经济整体的孤立之举,其局限性日渐暴露出来。尤其在食品工业领域,只要自由对外贸易由于诸多政治原因无法进行,除了使个别职业群体获得特殊待遇之外,所有其他努力都是徒劳的。就连日用食品也要从一般消费者比例中拨出一部分为评分体系所用。自 1947 年 8 月开始,政府决定在实现预先设定的开采指标后对煤矿工人发放一批"特殊包裹"。该项举措的施行使上述情形大为改观。这个所谓的"特殊包裹"包括了一部分来自欧洲军队储备和一部分来自美国援助机构私人捐助（"爱心包裹"，Care-Pakete）的生活用品。其实，早在这一激励行动启动之前，德国的煤矿开采量就已经有所上升。这项行动实施后，上升趋势得到进一步稳固。运输业的瓶颈问题有所缓解后，煤炭供应重新向消费者敞开大门。

　　与此同时，食物问题却变得日趋紧迫。倘若工业生产或商品进口量无法显著提升，1947年年初莱茵和鲁尔河畔的饥饿危机将引发在冬季到来时的新灾难。当然两者同时得到改善则最好不过，然而，事实却是两种情况都不可能发生。尽管如此，公众预期的严重饥饿危机随后却并未发生，因为德国食品供应管理机构大大提升了经营管理的效率。1947年4月，德国当局奉行的管理体系还遭到同盟国方面的强烈批判和谴责。[①] 不久后，它马上就向世人证明：德国食品供应管理机构成功为双占区和柏林地区的4300万—4600万人口争取到了每人10000克的面包配额。而在此之前，等额进口量条件下发放给民众的面包配额平均仅为7000克。其间，政府采取了一系列措施来强化对农产品供货量的管制并对食品、农业和林业管理机构（VELF）进行了结构重组。与此同时，英美占领区的区域合并也为此提供了机遇。

　　西德的三大核心经济领域因而得到了重大改善。提振经济举措的经费开支也相对较低。它主要用于组织结构优化和将资源向重要行业聚集，当然这也是以牺牲其他一些工业，尤其是消费品工业为代价的。在不依靠外来援助的情况下，1947年秋以后，德国在实现工业生产高增长率的目标上取得突破并将这一增长率延续了近二十年之久。一年以后，即1948年秋，德国才间或收到来自欧洲复兴计划的商品援助。同时，工业产量的增长也提高了商品出口量，从而促进了对外贸易的复苏和发展。军政府随即决定在双占区——虽未在四大占领区——实施波茨坦协议确定的相关经济条例，这也为对外贸易的发展创造了有利条件。

　　与物质生产不同，新的经济和社会秩序问题到1947年仍未得到解决。其原因在于缺乏逐步消除秩序政策上悬而未决状态消极影响的前期决定。与工业生产领域类似，采煤业在建立新的经济与社会秩序的进程中也扮演着关键角色。工会组织、社会民主党、共产党和部分基督教民主联盟成员在要求对煤矿业进行社会化改造的同时，强调将所有权变更为公共所有制能促进采

---

① BICO, FAG, 致会长韦尔夫（An Direktor VELF），BA Z 6I/188.

煤业生产率和产量的提升，进而推动整个西德经济的发展和进步。①

评分体系及其他激励措施的成功表明，即便在没有解决所有制问题的前提下，利用促进生产率提高的物质杠杆作用也同样能实现目标上的突破。尽管有违其初始信仰，工会组织与政治党派也不得不参与其中，因为他们不愿冒险失去其影响力的根基。这一两难境地也在有关马歇尔计划的讨论中重演。1947年8月，在美国军政府的倡议下，鲁尔地区决定社会化改革措施推后5年。在当时的历史背景下，这无疑是有利于企业私有经济的一次干预举措。私有企业有机会将经济振兴的成就写在自己的功劳簿上。从法律角度来看，鲁尔工业的所有权归属问题依然悬而未决；从政治角度来看，这是对未来经济制度的先行决定；从经济角度来看，秩序政策之争的价值似乎并不如人们想象的那样高。

---

① 参见关于1947年3月4日至6日北莱茵—威斯特法伦州州议会第五次全体会议和1947年7月31日至8月2日第十一次会议（第一会议期间）上的会议纪要。

第三章

从货币改革到朝鲜战时繁荣

第一节 东西德的经济与货币改革

一 漫长的"助跑期"

1947年秋以来，德国当局与同盟国通力合作，为双占区的重建工作付出了诸多努力。这一切成就也在不断增长的工业产量中——也仅仅只在这一方面——得到印证。撇开1948年年初日用生活品比例逐渐提升以及德国煤炭供应量稳步增加这一点不谈，对于普通消费者而言，产量数值的扩大也并非意味着消费品供应情况的改善，逐日攀升的消费品产量倒是弥补了储备空缺。公众都认为这是一场政治闹剧。不过，德国经济管理局及其局长路德维希·艾哈德却期望借助货币改革促成工业产量的增加。1948年5、6月间，工业生产陷入短期停滞状态，原因是生产所需中间产品的供应跟不上形势。货币改革之后，这一衰退现象才得以迅速消除。随着1947年10月以来工业产量的持续上升，计划已久的货币改革也越来越近。

战争期间货币量的急剧增长与彼时的商品供应之间没有任何关联，这一点早在1945年就为众人所知。国家欠下了数额庞大的债务，因此，尽早推行货币改革实属必要之举。只要战争年代实施的监管体系一日有效，货币就无法发挥重要的调控功能，在这种情形下货币超发的弊端将更加明显，具体表现为职业道德下降、黑市交易猖獗、囤积居奇等不良现象。为了及时"分担"物资困境并将紧缺资源集中用于重建工作中的瓶颈，德国似乎有必要采取直接调控和监督举措。然而，此项权宜之计并未受到西德政界人士的青睐，他们认为没有必要长期坚持这一不受欢迎的临时体系。德国社会民主党曾建议采用凯恩斯主义理论倡导的"另一只（看得见的）手"来进行经济调控。而艾哈德则认为利用竞争市场的自由调控机制才是解决问题的有效之道。究竟两者间哪种形式可以取代纳粹战争经济时期奉行的秩序政策，对于理解货币改革的必要性来说几乎没有任何区别。在 1945 年 11 月 17 日英占区各州与各省秉承的自由社会主义思想的代特穆尔特备忘录（Detmolder Memorandum）中，德国当局首次对货币改革问题做出了重要表态。他们希望对货币体系进行整顿并推动经济调控朝着更灵活的方式转变——"通过区域内各方合作关系的重建，将经济调控举措纳入经济的总体计划之中。同时，经济秩序中市场经济元素的逐步引入能够激发生产者——包括私人企业和公共企业——的积极性，从而避免单个生产部门和生产过程中出现的相对供应不足"。在自由主义重建战略框架内，货币改革恰恰是实现商品交易自由化的基本条件。各占领国在占领区的主管委员会上要求德国政府对货币改革做出意见表态。撇开秩序政策立场不谈，货币改革蕴含的社会政策因素则成为此次官方表态中的重头戏。因此，英占区深受社会民主主义思潮影响的区域咨询委员会要求，决不能像此前的破产率评估那样，对在战争中遭受经济损失的受害者进行赔偿时以先期的款项标准来衡量，而应以损失的主观程度为基准进行相应调整。其实，"目前德国的收入与财产分配制度荒谬至极，它纯粹是偶然机遇下的产物"[①]。1948 年 4 月 18 日路德维希·艾哈德领导下的"洪堡计划之金融业革新"也将大规模的负担平衡作为社会福利因素加以规定。[②] 还有一点不同的是，几乎所有德国专家提出的经济计划都有一个共同特点：他们对货币改革的功效都评价甚高，并将其视为帮助德国摆脱经济困境的灵丹妙药。1923—1924 年的货币改革神话仍在发挥余效，它终结了恶性通货膨胀并开启了魏玛共和国的政治经济相对稳定期。

相比之下，各占领国在对待德国货币改革问题的态度上倒是显得冷静得多。他们手中掌握着大量德国的货币：帝国马克。在占领区的日常生活中，帝国马克的使用也能为他们带来诸多好处。此外，工资和物价冻结措施的推行及监管举措的实施也帮助他们成功遏制了通货膨胀的爆发。因此，他们认为当前无须立即对货币制度进行整顿和改革。同时，它也欠缺一个最重要的前提条件：德国的经济统一。经济不统一，在四大占领区推行货币改革的设

[①] 《1946 年 8 月/9 月区域咨询委员会的鉴定结果》。该文载于汉斯·默勒《德国马克的前传历史》（Zonenbeiratsgutachten vom August/September 1946, Hans Möller, *Zur Vorgeschichte der Deutschen Mark*, Tübingen, 1961），第 321 页。

[②] 比较《1946 年 8 月/9 月区域咨询委员会的鉴定结果》，第 492—496 页。

想就无从谈起。各占领区单独的货币政策也预示着它的推行必将失败。因此，1945 年年末同盟国对德管制委员会在首轮货币改革对话中未取得任何实质性进展也在情理之中。

决定西德货币改革政策推行与否的是美国军政府。然而，它却并未对此举的政治意义给予足够的关注。美国年轻的空军少尉艾德华·特伦鲍姆（Edward A. Tenenbaum）在耶鲁大学研读了德国经济史，是计划并实施货币改革之"代号猎犬行动"（"Operation Bird Dog"）任务的不二人选。通过他的协调沟通和美德双方专家的广泛磋商，一份详细的货币改革计划终于得以问世（《清算战时财政与德国财政复兴试验性计划大纲》）。该项被称为"科尔姆—道奇—哥德史密斯计划"（Colm-Dodge-Goldsmith-Plan）的改革计划以其撰写人命名——包括曾任教于基尔大学的金融学家格尔哈德·科尔姆（Gerhard Colm），德裔美国经济学家雷蒙德·哥德史密斯（Raymond W. Goldsmith）和克雷的财政顾问约瑟夫·道奇（Joseph Dodge）。它的制订始于 1946 年 5 月 20 日，囊括了 1948 年 6 月 20 日货币改革措施的所有内容并为 1946 年 9 月盟国对德管制委员会对此的深入咨询奠定了基础。

二 货币对决

出于竞争因素的考虑，英法两国极力反对德国实施货币改革。随后，苏联提出的相关要求也推迟了改革举措的实施。原则上苏联驻德军事机构（SMAD）早已做好参与全德货币改革的准备，也一直奉行波茨坦协议中提到的德国经济统一的目标。自 1946 年 3 月开始，苏方便陆续制定了解决整个德国货币问题的具体方案。① 为了确保货币改革后的预算资金，莫斯科则从一开始就坚持要求保证苏占区的独立性。他们还提出希望赋予苏占区在不受监管的情况下发行一部分新纸币的权利。这自然引发了苏联与西方国家之间的信任危机。此外，苏联提出的另一要求也无法令对德管制委员会的其他各方达成共识。苏联驻德军事机构期望建立一个全德财政管理机构作为货币改革的管理基础并作为实现德国经济统一目标的开始。这一要求在一定程度上是符合逻辑的，但它首先便遭到了法国的明确反对。其实，早在 1945 年秋，法国就曾在关于建立德国中央管理机构的表决中投了反对票。在这一背景下，一个覆盖全德国的货币改革与德国经济统一一样变得虚无缥缈，这使

---

① 约亨·劳费尔：《1944—1948 年的苏联与德国货币问题》（Jochen Laufer, Die UdSSR und die deutsche Währungsfrage 1944—1948, in: *VfZ* 46, 1998)，第 462 页。

得美国将倡议缩减到其策略核心。

1947年年末，在伦敦外长委员会制定一个占领国共同对德政策的计划宣告失败，各西方盟国达成一致，决定先从整顿本国占领区的经济入手。而令人困惑的是美国国务卿马歇尔在这以后才提出了其计划。而货币改革则是计划的下一步。因此，在盟军对德管制委员会内部的谈判则成了谁应该为德国在西方占领国看来不可避免地被分裂为两个货币和经济区负责任的争吵。当苏联下定决心加入"游戏"并竭尽全力摆脱责任时，华盛顿于1948年3月做出决定放弃对覆盖全德国的货币改革的追求。① 继续拖延对美国当局来说风险甚大。这场"货币游戏"也随着3月20日苏联退出盟军对德管制委员会而提前结束。争夺在德经济霸权的货币对决开始了，柏林成了最危险的"竞技场"。②

1947年9月底，西德做出决定，不管东部占领区是否参与其中，都要在西德地区实施货币改革。1946年以来制订的各项计划都将付诸实施。从1947年10月起，美国也开始印发德国货币并于1948年4月送抵美因河畔的法兰克福。其间，备受关注的德国250多项货币改革计划都成了一纸空文。一群经过精挑细选受邀的德国专家在"秘密运钞行动"结束后应军政府要求在卡塞尔—罗斯威特的秘密会议室召开会议。经讨论，他们决定在特伦鲍姆的领导下对相关表格和注意事项进行设计。如果说货币改革进展一切顺利的话，这首先得归功于货币改革"技术层面"的操作。美国军队出色地完成了此次任务。1948年6月20日，他们将500吨总面值为57亿马克的德国货币投入流通市场。特伦鲍姆认为，"货币改革是美国军队自诺曼底登陆事件以来做出的最伟大贡献"③。

1948年3月1日，西德方面依据美英军政府的相关法律成立德意志诸州银行（Bank deutscher Länder）作为国家中央银行，从而为货币改革创造了有利的组织条件。6月16日，法占区的州中央银行加入德意志诸州银行，这是同盟国建立的首个跨占区机构。法占区在参与西德联盟过程中的积极表

---

① 备忘录，美国副国务卿、美占区美国助理秘书处副代理人弗朗克·威斯讷撰写，1948年3月10日（Memorandum by Frank Wisner, Deputy to the Assistant Secretary of State for Occupied Areas to the Under Secretary of State, 10.3.1948, In: FRUS, 48, II），第879—882页。

② 米歇尔·沃尔夫：《1948/49年柏林的货币改革》（Michael Wolff, *Die Währungsreform in Berlin 1948/49*, Berlin, 1991）。

③ 艾克哈德·万德尔：《德意志诸州银行的诞生与1948年货币改革》（Eckhard Wander, *Die Entstehung der Bank deutscherLänder und die Währungsreform von1948*, Frankfurt am Main1980），第130页。

现也为其正式加入货币改革计划奠定了基础。德意志诸州银行分散于西德各个地区的组织机构确立了其对联邦德国中央政府的独立性，从而暂时从制度上明确了其在秩序政策领域所扮演的角色。

6月20日和27日，《军事法》第60号至64号相继生效，"科尔姆—道奇—哥德史密斯计划"最终得以实现。德意志诸州银行由此获得货币发行权（第60条规定）。《军事法》第64号则对开展短期税费改革做出了规定。虽然它在一定程度上削弱了盟军对德管制委员会于1946年2月12日制定的财产没收税率规定，但在德国经济管理局看来，它还不足以对私人投资商产生激励作用。该法第61号和63号（《货币与转换法》）则涉及货币改革自身的相关规定。该法虽然规定了帝国马克与新的"德国马克"之间1∶1的兑换率，但它仅适用于按人头每个人限定兑换60德国马克（Kopfgeld）和一些特别领域——例如工资、报酬、租金利息、退休金和养老金等。其他的帝国马克应付款项则按照10∶1的比例进行兑换。同时，还规定了一种例外情况，即100帝国马克∶6.5德国马克的总兑换率。上述法律条款出台之后，共有93.5%的帝国马克旧货币退出了流通领域。这也成为德国经济史上一次最为彻底的货币改革行动。

银行和储蓄所的结余存款都卷入了此次货币大转换潮流，唯有生产资产未受牵连。《货币与转换法》规定战争损失平衡要到以后一个时段才能解决。1949年被称为"紧急援助"的战争损失平衡暂行规定和1952年制定的《战争损失平衡法》最终确定了一种既能受益于财产增长趋势又能转嫁给消费者的征税方式。这种在对待财产问题上的不平等在1948年的困难时期似乎还不太明显。然而，它却成为60年代备受诟病的收入与财产分配不公加大的元凶。

眼看着西德的货币改革运动进行得如火如荼，东德必须尽快做出决定，以遏制不断贬值的帝国马克流入其经济区。早在伦敦外长委员会会议失败之前，苏联方面就已经对西德单独进行的货币改革行动有所准备。12月以来，它就储备了大量购物票以备不时之需，而受托印发的新货币此时还未面世。苏占区还计划成立一家"德国发行银行"并根据苏联军事管理机构第94号命令最终于1948年5月2日将该计划付诸实施，以作为对德意志诸州银行的回应。至此，一切工作都准备就绪。6月21日，第一批现金换成了"购物票马克"（Kuponmark）。在洗脱德国货币政策分裂责任的"小鸡博弈"（chicken game）中，东部显示出了遇事不惊的能力。大约四周之后，苏联方面开展了第二轮现金兑换行动，并将德国发行银行的马克作为唯一合法的支付手段。

第一轮货币兑换潮爆发的当天，苏占区和大柏林的每位民众可以1∶1的比例将帝国马克兑换成贴上购物票的帝国马克，其中每人允许兑换的数额为70马克。其他现金形式必须以10∶1的比例兑换并存入银行账户并暂时被冻结。5000帝国马克以上金额的来源必须公开。[①] 稳定在6.1∶1水平上的货币兑换比例与西德情况相差无几。此外，新增货币的数量也与西占区差不多。不过，西占区的居民数量要比东德高2.5倍。因此，相对来说与西德货币发行银行相比，东德央行的纸币发行量要多得多。[②] 造成这一现象的原因是对苏联军事管理机构、各党派和中央当局账户比例为1∶1的重新估价，以这种方式确保了苏占区/民主德国的大部分国民生产总值。相反，私人企业则遭到冷落，货币改革也因此进一步促使私人企业向全民所有制企业的转化。与货币改革相伴随的还有苏占区战时与战后经营管理体系向苏联中央计划经济模式的过渡和转变。由于没有额外的商品供应来消化过高的货币量，苏占区管理机构不得不于1948年秋开放自由商店（HO-Läden），并规定其商品类别不受国家管制，试图以高的黑市价格来消化过剩的货币量。

三　结果

相比而言，西德货币改革的准备工作则做得更加充分。这或许得归功于充足的库存储备，正因如此，商品供应多得令人咋舌，这成为西德经济长期增长神话和迅速重建的良好开端。6月21日，零售商店的橱窗里出现了普通消费者许久未见的商品。商家从秘密仓库中搬出了炒菜锅、牙刷、书籍和其他日常消费品。消费者也不需要再凭票购买。连售价为5300马克的大众牌小轿车也可在八天内到货，不过价格远远高出1938年希特勒为"大众甲

[①] 关于民主德国的货币改革可参见弗朗克·茨沙勒：《被遗忘的货币改革——前史，1948年苏占区货币兑换行动的实施与结果》（Frank Zschaler, Die vergessene Währungsreform. Vorgeschichte, Durchführung und Ergebnisse der Geldumstellung in der SBZ 1948, in: *VfZ* 45, 1997），第191—223页；以及卡斯滕·布罗什：《德国苏占区1948年的货币改革：关于苏占区/民主德国向社会主义计划经济过渡进程中货币角色的研究》（Karsten Broosc, *Die Währungsreform von 1948 in der sowjetischen Besatzungszone Deutschlands. Eine Untersuchung zur Rolle des Geldes beim Übergang zur sozialistischen Planwirtschaft in der SBZ/DDR*, Herdecke, 1998），以及马蒂亚斯·埃尔默的《从帝国马克到德国货币发行银行的德国马克——苏占区的内部货币转换（1948年6—7月）》[Matthias Ermer, *Von der Reichsmark zur Deutschen Mark der Deutschen Notenbank. Zum Binnenwährungsumtausch in der sowjetischen Besatzungszone Deutschlands (Juni/Juli1948)*, Stuttgart, 2000]。

[②] 茨沙勒，《被遗忘的货币改革》（Zschaler, *Währungsreform*），第212页及其后。

壳虫"所定的 990 帝国马克的最高价。甚至连奶牛也对货币改革举措表示欢迎。因为,在德国马克发行的第一周,市场上的黄油供应量就远远超出前一周。①

当时的统计资料更是证明了工业生产领域取得的惊人成绩。从第二季度到第三季度,经官方机构测算的工业产值就上升了至少 30%,而在此之前上一年产值的平均增长率还只有 5%。不过,这组资料更多地反映了战后时期的统计现状而非生产情况。粗略的数量估计和大批质量凭证都表明,由于相当数量的库存商品未被列入统计范畴,货币改革前的生产水平确实有被低估之嫌。② 考虑到这一效应的影响(见表8),货币改革似乎就失去了对生产过程的重大意义,它实际上归于始于 1947 年秋的经济持续复苏的一部分,复苏是其成功的前提条件。事实上,货币改革并未能显著加快德国经济的发展。

但"橱窗效应"对人们的心理产生了巨大影响。对大多数人而言,预示着国家和经济全新起点的既非 1949 年 5 月 23 日《基本法》宣告之日,也非 1949 年 9 月 7 日波恩议会的成立,而是 1948 年 6 月 20 日这个特别的日子。世人的这种印象并非错觉,其原因有二:一方面,西德地区独自实施的货币改革计划使重建德国经济统一的希望归于幻灭。随着德国被划分为战争赔款地区和占领区,德国的分裂历史即已上演。而货币改革正是"帮助"德国完成了这一分裂进程。在 1947 年夏美苏冷战爆发的背景之下,这一进程似乎也成为不可逆转的历史潮流。占领国对东西柏林的分隔就是其最显著的表现。也正是由于货币改革对决,1948 年 6 月 19 日苏联方面才开始对西柏林实施封锁,直至 1949 年 5 月 12 日才结束。西德盟军起初并不希望西柏林受货币改革的影响,不过他们还是禁止购物票马克流入西柏林地区。他们

---

① 汉斯·洛佩尔:《德国马克史》(Hans Roeper, *Geschichte der DM*, Fankfurt am Main, 1968),第 20 页。
② 维尔纳·阿贝尔斯豪塞:《西德经济——美英占领区的结构转型与经济增长条件》(Werner Abelshauser, *Wirtschaft in Westdeutschland. Rekonstruktion und Wachstumsbedingungen in der amerikanischen und britischen Zone*, Stuttgart, 1975),第 51—63 页。对其效果的相关评估提出了一系列方法论的问题。有关这些问题的探讨,见于我与阿尔布莱希特·里驰(Albrecht Ritschl)的大辩论,参阅论文《1948 年货币改革与西德工业复苏:有关马蒂亚斯·曼茨和维尔纳·阿贝尔斯豪塞关于货币改革之生产效应的观点评论》(Die Währungsreform von 1948 und der Wiederaufstieg der westdeutschen Industrie. Zu den Thesen von Mathias Manz und Werner Abelshauser über die Produktionswirkungen der Währungsreform, in *VfZ* 33, 1985),第 136—165 页,以及维尔纳·阿贝尔斯豪塞《叔本华法则与货币改革:对方法论问题给出了三大评论》(Werner Abelshauser, Schopenhausers Gesetz und die Währungsreform. Drei Anmerkungen zu einem methodischen Problem, in *VfZ*, 1985),第 214—218 页。

希望发行一种适用于整个柏林地区的第三种货币并为四大占领国所共同控制。直至该战略遭到苏联反对而最终失败后,人们才决定为柏林地区引入一种印有字母 B 的德国马克。最初,在西柏林这两种货币都通用,而在东柏林则禁止拥有德国马克。直到 1949 年 3 月 20 日,西德盟军才宣布德国马克为西占区唯一合法的支付手段。① 最终,东西柏林不仅在货币政策方面产生了分裂,同时也完成了政治、经济和行政管理方面真正意义上的分割。

虽然货币改革不得不仅限于西部占领区,但它是新统一最明显的黏合剂。对战时通胀危机的整顿为德国的经济与秩序政策开辟了新道路。每一场希望摆脱战时经济留下负担的改革都必须从货币整顿开始。对于路德维希·艾哈德的改革自由主义经济政策而言尤其如此。他对市场竞争机制的作用给予了充分信任,而市场竞争机制赋予货币以调控经济的重要职能。

1948 年 6 月 24 日,《货币改革后经济管理与价格政策指导原则法》(Gesetz über Leitsätze für die Bewirtschaftung und Preispolitik nach der Geldreform) 正式生效。如果说货币改革本身是严格遵照美国计划进行的话,德国经济管理局及其局长艾哈德的改革自由主义信条则在这个法案中有所体现。德国社会民主党在经济委员会——即双占区"议会"——上对该法提出了反对意见,却又在各州委员会——即第二议会上——对此投了赞成票。社会民主党人虽然对目前的经济管理形式持保留态度并视其为"可笑而又极具破坏性的管理体系"②,但他们依然希望借助货币改革使更多的商品脱离国家调控的范畴。他们反对所谓的"自由价格试验"并将其视为迈向"自由经济和私人资本主义制度"的第一步。事实上,《指导原则法》颁布后,艾哈德全权负责推行经济重建战略。彼时的生产品领域以牺牲消费品行业为代价获得了诸多方面的优待。因此,艾哈德目标明确地废除了经济管制和价格条例,大力推进消费品工业的发展。同时又借助马歇尔计划资金为生产品与投资品工业的资本需求提供保障。早在货币改革之前,一些重要领域的约束性价格——例如煤炭价格和交通运输价格——都得到不同程度的提高。而此时的消费品将不再由官方定价。政府定价的相关规定并未遭到废除,只是在运用过程中自动终止了。然而,某些关键行业依然存在着价格限制,例如日常食品、石油、汽油、化肥、冶铁工业产品、租金和所有运输价格。另

---

① 沃尔夫:《货币改革》(Wolff, *Währungsreform*),第 281 页。
② 1948 年 6 月 7 日经济委员会第八次全体会议(18. VV des Wirtschafts-Rates am 17.06.1948),第 629 页。

外，相关规定也将金融行业囊括其中。市场自由化改革将市场划分为两种形式：一方面对消费品实施自由价格政策，以应对货币改革后出现的消费风潮，另一方面对关键的基础工业和租金实施价格约束政策以稳定价格水平。

直至1950年4月，这一措施能否取得成功依然不得而知。其间，德国的经济发展也在通货膨胀型复苏和相对停滞之间波动。直至1948年12月3日，纳粹时期遗留下来的工资冻结举措仍然为各盟国所用。因此，这一期间的工资水平也保持着相对稳定的态势。而1948年下半年，居民生活消费指数和工业行业价格却分别增长了14%。原材料价格甚至上涨了21%。流通领域货币数量的疯涨——从货币改革开始不久后的60亿马克增加到1948年12月的148亿马克——是造成上述现象的重要原因。与此同时，银行信贷数量也从零增长到52亿马克。[①] 虽然经济增长趋势得以平稳，但经济与货币改革后的德国经济复苏还是面临着三方面的威胁。从货币政策角度来看，改革实施后不久公众对新货币的信任便开始出现动摇。7月底马克汇率就开始出现下跌。从社会政策角度来看，工资与价格走势间的紧张关系正酝酿着激烈的劳动争端。1948年11月12日反对哄抬物价行为的24小时大罢工就是其预警信号。从经济政策角度来看，重建进程中的领导角色转移到了消费品工业，这似乎延缓了西德经济重要行业——如采矿业和交通运输业——解决其瓶颈问题的进程，因为这些与消费品相关性不大，且在货币改革前备受青睐的领域遭遇到投资资金严重匮乏的问题。

第二节　马歇尔计划：神话与现实

一　物资援助

马歇尔计划的姗姗来迟及其令人失望的援助资金数额是1948年下半年德国经济出现严重衰退的重要原因。与大多数人对它寄予的高期望值相反，1948年年初马歇尔计划并没有对西德的经济重建发挥什么实质性作用。1947年秋出现的经济复苏也不归功于任何外来的援助。一年以后，欧洲复兴计划才为双占区提供了第一批商品资助。盟军进出口联合机构的价格政策并不利于德国出口贸易的发展。尽管如此，德国还是实现了出口盈余。1947

[①]《1948—1954年德意志诸州银行统计数据手册》(*Statistisches Handbuch der Bank deutscher Länder 1948—1954*, Frankfurt am Main, 1955)，第4—7页。

年和1948年的头两个月并未给"商业进口"带来实质性好处。只有1948年的第二季度，进口贸易才实现了对出口贸易的超越。很明显，这出于对货币改革政策的短期支持。然而，此后对外贸易又重回出超局面。不得不说，德国对外贸易是实现经济复苏的致命弱点。

马歇尔计划也没有实现德国经济政策学家对其寄予的希望。1948年2月，路德维希·艾哈德将西德国民生产总值全部用于消费品工业并向工会代表承诺，他可以利用马歇尔计划为其他工业发展筹措资金[①]："德国的货币改革完成后，我们缺乏用于投资的资金。在人民生活水平尚不够理想的情况下吸收资金用于重建，就太强人所难了。为此，我希望我们能获得来自国外的援助。到那时，一方面将国外资金用于支持资本品——即投资——的发展；另一方面则将来自德国低、中、高阶层的国民收入用于消费品工业的发展。"

美国军队提供的食品援助（GARIOA）旨在帮助德国克服饥饿和瘟疫。德国经济管理局官员则认为，与此相比，新的国外援助将得到更加广泛而灵活的运用。马歇尔计划是在货币与经济改革结束后的关键时期引入德国的。它本应对改革自由主义倡议的成功做出一定贡献，这也是1948年联合经济区（双占区）管理委员会在欧洲复兴计划官方工作报告中的主要内容。同时，面对令人大失所望的结果，负责德方欧洲复兴计划的"马歇尔计划顾问"在供内部使用的《1948年秘密年报》中冷静地指出："仅仅根据经济结果对马歇尔计划进行评判的做法是不可取的，这显然是对马歇尔计划实质的曲解。"[②] 事实上，与援助计划对西德经济重建产生的实质贡献相比，双占区参与马歇尔计划获得的政治利益要重要得多。1948年9月，马歇尔计划就有超过一半的援助实物还处在官方机构的审核阶段。总值将近9900万美元的商品最终于年底交付给了德国。其中，"工业品"仅占2200万美元——其中棉花又占了2/3。此外，仅有27%的承诺援助输送给了双占区。

美国军事政府办公室早在8月就已经清楚，欧洲复兴计划的援助不会来得太快。撇开美国政府救济占领区的拨款计划（GARIOA）和美国军队提供的恩尔克—宾德嘎恩款项（Posten Ernte-Bindegarn），马歇尔计划没有兑现物

---

① 具体档案号为 BA Z 32/10, Fol 83。
② 致联合经济区管理委员会主席（An den Vorsitzer des Verwaltungsrates des VWG, Frankfurt/M., 27.1.1949, BA 146/189）。

资供应的承诺，由此战争部的情绪处于"完全失控"的状态。[①] 尽管美国已授权价值约 9000 万美元的采购任务，占领区却连一个供货合同都未能订立。来自占领区对外贸易署（JEIA）、经济监督局（BICO）和（遭到抵触的）马歇尔计划管理处（即经济合作管理处，ECA）的专家们一致认为，造成这一局面的原因在于烦冗的官僚程序和体制（"官僚习气、官僚主义作风"）。华盛顿当局认为，双占区的项目工作本应具备强有力的决议支撑。然而，事实却恰恰相反。于是，它便以此为由对上述行为予以强烈反对。[②]

法兰克福的争论充分揭露了经济合作管理处与美国军政府关于西德重建在欧洲经济合作组织框架内所处级别顺序问题上的严重分歧。美国军政府最想从欧洲复兴计划中获取的利益是扩大出口以加速西德工业的重建进程["经济复兴商品"（recovery items）]，同时反对生活用品与"奢侈品"进口，例如从意大利南部进口水果和蔬菜或从土耳其进口烟草["物资救援商品"（relief items）]。克雷认为，这些或许对德国的欧洲邻国有利。"但于德国而言，它们仅仅只是奢侈而短暂的一剂强心针。"[③] 然而德国尚未进口任何重建物资，马歇尔计划的第一项紧急"长期复兴计划"总额高达 1.24 亿美元，涵盖货运汽车、矿业装备和原材料等。但这一承诺计划也只有 2000 万美元得到了落实。种种事实令克雷开始怀疑，对于西德而言，经济合作管理处是否确是一桩有利的买卖。最终，三占区不得不根据《经济合作协议》第 5 条的有关规定允许美国动用欧洲复兴计划中 5% 的德国战略资源。克雷认为这是一次代价极高（"高利率"），且在他看来还是结构错误的救济援助。

西德的经济重建对稳定西欧局势有着至关重要的意义。经济合作处虽然对此给予了充分肯定，但它却将促进欧洲经济复兴视为德国双占区的义务和职责。因此，经济合作管理处主席保罗·霍夫曼（Paul Hoffmann）不仅拒绝

[①] 德雷伯给罗伊尔和福西斯（原文如此！）的秘密文件（副本）[Confidential and Personal to Royall and Vorhees (sic!) from Draper (Copy), Frankfurt, July 1, 1948; NA, RG 286, Germany, box 4]。

[②] 美国军队经济合作管理处在双占区的任务记录，1948 年 8 月 2 日至 12 日（作者：经济合作管理处项目主管迪金森）(Notes on the Army-ECA Mission to the Bizone, August 2 to 12, 1948 (Verfasser: ECA-Programmdirektor E. T. Dickinson); RG286 号档案（NA, RG 286, Countries-Germany, Mai-Aug. 1948, Asst. Administrator for Programs, Subject files, box 19)。

[③] 霍夫曼（Hoffman）在 1948 年 9 月 10 日写给罗伊尔（Royall）的一封信中也明确地表达了这一观点；参见 RG286 号档案（NA, RG 286, Countries-Germany, Asst. Administrator for Programs, Subject files, box 19）。

了美国军政府关于在欧洲复兴计划第一年将双占区项目从原来的 4.37 亿提高到 6.37 亿美元的要求①，还对欧洲经济合作组织中双占区代表的态度（"目中无人的态度"）以及克雷拒绝与欧洲其他国家签署贸易协议的立场予以了谴责。他认为，"双占区哪怕做一点妥协就能给西欧带来可观的利益和好处"。② 军政府经过不懈努力，终于将项目金额维持在 4.14 亿美元的水平上，避免其降至 3.64 亿美元。③

援助计划的姗姗来迟以及项目组成的漏洞百出令西德"政府阵营"中的自由党与保守党备感失望。与此同时，反对派对马歇尔计划的批评与指责之声更是不绝于耳。巴黎外长会议上（1947 年 6 月 27 日—7 月 2 日），苏联和东欧国家指出马歇尔计划是干预欧洲国家内政的行为并对此予以坚决反对。在此之后，共产党人便将该计划视为"美元帝国主义"和奴化西欧的工具。然而，公众对此却满怀希望。因此，在如何使公众接受他们对该计划提出的质疑方面，社会民主党人和德国工会着实遇到了困难。德国社会民主党的经济学专家——如弗里茨·巴德（Fritz Baade）和维克托·阿嘎茨（Viktor Agartz）——对该计划效果的评价不容乐观，他们的态度与 1949—1950 年时大同小异。将美国对欧政策给整个德国带来的弊端以及西德从煤炭强制出口和东部贸易等政策中受到的损失与援助计划之规模进行权衡对比时，经济学专家们的批判意见则更为强烈。阿嘎茨谴责美国是想借马歇尔计划顺势使西德陷入"地中海东部国家"（Levantestaat）的困境。④ 社会民主党人一贯将德国统一视为高于西德重建工作的头等大事。他们对马歇尔计划带来的影响反应最为敏感。这些影响从其他角度来看又恰好是它最大的成功之处：它为西部占领区融合成为联邦德国以及解除战争赔款债权国和占领国对西德经济潜力之掠夺创造了有利的前提条件。在马歇尔计划实施前，特别是作为战争赔款债权国和占领国的法国，一直有能力阻止美国将西德重建作为西欧稳定战略核心计划的一部分。

事实上，重点放在西德重建的马歇尔援助计划在欧洲经济合作组织中的

---

① 美国军队经济合作管理处在双占区的任务记录，1948 年 8 月 2 日至 12 日；克雷的相关看法在记录中有所体现。
② 1948 年 8 月底的一封信中这样写的；另参见 RG 286 号档案（NA, RG 286, Countries-Germany, Asst. Administrator for Programs, Subject Files, box 19）。
③ 经济合作管理处（ECA）官员致军队秘书（Secretary of the Army）的函件，未注明日期的草案（1948 年 9 月 10 日），同上。
④ 1951 年 11 月 9 日德国社会民主党经济政策委员会会议记录（Protokoll der Sitzung des Wirtschaftspolitischen Ausschusses der SPD）；德国工会联合会董事会档案（Achiv des DGB-Vorstandes）。

活动余地很小。在此之前,世人对西德重建工作的欢迎曾引起过恐慌。这个对双占区有利的美国干预计划重新唤起了人们的恐惧心理,而且尤其给法国的共产主义宣传提供了炮弹。法国对德政策的路线从一开始就超越政治现实地要求法国的独立权。撇开其一直企图不依赖于美国的经济援助不谈,1945年以来,它在建立德国中央管理机构问题上对其他占领国的努力百般阻挠,并且顶着法兰克福军政府的巨大压力在华盛顿找到了靠山。1946年5月,法国对美国设备拆卸暂停计划置之不理,克雷本来想用此来迫使法国在对德政策方面进行调整。法国最终拒绝了与英美占领区一起合并成为联合经济区的建议,而并未因此引起美国采取激烈的反对措施。与此相反,美国则对法国事实上吞并萨尔区的计划并未采取什么阻挠行动,还同意了法国从德国获得进口煤的愿望并用贷款和粮食援助支持法国。

法国内政极不稳定,左右翼极端势力之间关系紧张并对法兰克福军政府不断施压。这是法国的软肋。为了维持法国作为美国欧洲稳定政策合作伙伴的地位,美国付出了诸多努力。它小心翼翼地处理与法国间的关系并在对德政策问题上做出了妥协和让步。马歇尔计划要履行的使命也是为战争赔款问题的解决创造条件。①特别是"隐性"赔款——截至1947年10月共有超过75%的德国出口被列入此项——不断威胁着美国振兴西德政治和经济实力的构想。

马歇尔计划的一项任务是让那些最受益的国家在契合美国利益的基础上放弃德国的隐性赔款。美国决定取消西德经济自波茨坦会议以来对"联合国"背负的抵押并最大限度地对债权人做出补偿。法国虽非该政策的唯一受益者,但却是最大受益者。早在1947年第四季度,巴黎就通过马歇尔计划率先获得了3.37亿美元的贷款。1948年1月2日,法国又获准接受价值2.8亿美元的过渡援助。1948年4月3日的国外援助行动为法国提供了第一批援助,金额9.89亿美元。2月18日才成为欧洲经济合作组织成员的法占区则获得了计划额外提供的1亿美元资金。因此,与双占区不同,它第一次享受到了援助计划带来的益处。欧洲复兴计划末期,法国获得的经济援助共计31.04亿美元。

如果说隐性赔款与动产抵押政策削弱了法占区的经济实力并迫使其与其他占领区相脱节的话,马歇尔计划的目的则是要终止这一政策,为西德的工业复兴和三占区的经济统一创造前提条件。4月30日,法占区中央银行加

---

① 吉姆贝尔:《来源》(Gimbel, *Origins*),第161—164页。

入德意志诸州银行后于 6 月 20 日共同启动货币改革。8 月 24 日，占领区边界对市民和商品贸易开放，法占区两大对外贸易机构——对外贸易办公室（OFICOMEX）和进出口联合管理处（JEIA）——实现融合。1948 年 11 月 18 日，随着法国与三大西部占领区贸易合同的签署，这一进程终获完成。从这个意义上来看，马歇尔计划实际上是西德经济重建的开端。它为西部国家的建立开辟了道路，缓解了联邦德国与赔款债权国间的紧张关系并恢复了西德对自有资源的支配权和使用权。马歇尔计划还开创了西欧合作的新形式，有效地帮助联邦德国恢复了国际名誉并为西德重返世界市场创造了有利的框架条件。与此相反，马歇尔计划提供的援助本身并未给经济重建带来实质性意义。它原本可以成为推动经济复苏的导火索，然而它却姗姗来迟，德国的经济复苏早在之前就在自我力量的支撑下启动了。它来得这样迟，甚至于无法对艾哈德经济试验的成败产生决定性的影响。

马歇尔计划不是美国战争部的政府救济占领区拨款计划（GARIOA）的附属品，而是其替代品。事实上，美国政府救济占领区拨款计划和欧洲复兴计划提供的资金在总额上不相上下。马歇尔计划在 1948 年至 1952 年执行期间的资金总额为 156 亿美元，美国政府救济占领区拨款计划则为 162 亿美元（见表 8）。相比欧洲复兴计划而言，即便后者的资金估价较为随意，美国军政府提供的援助在数量上仍然大大超过了马歇尔计划。因为其规模是以战后初期"对外贸易"和"国民生产总值"的较低水平为参照对象的。然而，马歇尔计划提供的援助则不仅涵盖了食品（高质量食品），还包括工业原料和一小部分投资品（见表 9）。因此，以质量标准来衡量的话，马歇尔计划更胜一筹。德国方面希望自由支配美元资金援助的愿望并未实现。美国政府在计划初期并没有依据德国经济管理局的"理想清单"行事，而是更多地选择以国内经济偏好为导向。虽然由此带来的失望很大，然而西德最终在经济重建的早期将所有援助都投入了使用。

表 9　欧洲复兴计划/互助安全署（ERP/MSA）对西德援助进口的构成

单位：百万美元、%

	食物、饲料、种子	工业原料	机器及机车	运输费用
1948—1949	213	135	8	32
1949—1950	175	212	9	29
1950—1951	196	240	13	31

续表

	食物、饲料、种子	工业原料	机器及机车	运输费用
1951—1952	76	100	8	26
1952—1953	24	38	2	4
共计	684	725	40	122
百分比	43.8	46.1	2.3	7.8

资料来源：联邦马歇尔计划部编：《马歇尔计划引导下的重建》（Wiederaufbau im Zeichen des Marshallplans, Berlin, 1953），第23页。

1948年年末，马歇尔计划的物资援助终于启动。从商业进口量来看，其数额并不突出。尽管随着原材料需求的不断上升，欧洲复兴计划的物资供应变得越来越重要。然而，其特殊的组成结构却一直维持在美国政府救济占领区拨款计划的援助供应和其他物资进口框架内。如果说1947年重建计划的启动与进口物资的涌入没有直接关系，那么我们也不应高估对外贸易和马歇尔援助计划对1947年、1948年经济重建所产生的影响。事实上，过了一段时间之后，项目计划的意义和作用才逐渐显现出来。以西德的总进口额为参照，1949年第四季度的国外援助所占比重为37%，1950年为18%，1951年为12%，1952年为3%。[①] 在此期间，德国与美元区的贸易往来并不活跃。因此，马歇尔计划的重要性尤为凸显，甚至超过了其所占份额的规模。

1949年一季度，大规模的原料进口终于启动，进口商们并没有哄抢由经济合作管理处主导采购的商品。与之相反，马歇尔计划的援助商品常常要历经艰难才到达进口商手中。它们价格高昂、入市过迟，也不符合西德工业的需求。经济合作管理处定额商品的换购价格为30美分/马克，高于当时的世界市场价格。一方面，进口食品在国家财政补贴的作用下低于国内的市场价格水平；而另一方面，美元汇率则完全转嫁到了商品的进口价格上。此外，经济合作管理处开始第一批货物供应时正值西德内部市场的相对萧条期。1948年年末，经济增速减半，价格下降，失业率急剧上升。马歇尔计划的援助商品原本可以畅通无阻地到达德国人手中，姗姗来迟的采购授权却在一定程度上阻碍了这一进程。其间，许多进口商只能通过承接进出口联合管理处的"商业"进口实现自我救助。法占区的进口商则主要依靠双占区

[①] 马歇尔计划联邦部长（出版）：《马歇尔计划印记下的德国重建》（Bundesminister für den Marshallplan, *Wiederaufbau im Zeichen des Marshall-Planes*, Bonn, 1953），第24页。

的商品供应来维持发展,他们并不看好欧洲复兴计划"迟来"的物资援助。马歇尔计划管理机构时常对潜在客户需求缺乏了解,他们不顾专家反对而贸然订购商品的做法也会引起类似的问题。例如,1949 年急需的矿业装备在当时的背景条件下并未得到合理利用。① 一方面,经济合作管理处的进口定额未能充分利用;另一方面,进口商们获得马歇尔计划援助商品却困难重重。1949 年春,人们对这两方面的抱怨和责难声此起彼伏。

法占区内美国商品的采购瓶颈造成了援助计划影响的滞后性。而在双占区造成这一问题的主要原因则是商品的销售难题,这也进一步加剧了人们对经济合作管理处商品定额是否能充分利用的担忧。在艾哈德的邀约下,相关行业部门、协会和工会的最高代表与德意志诸州银行行长及高级官员召开了一次危机会议。会上,艾哈德对任何带有"计划经济特征或色彩的措施"表示明确反对。② 德国经济管理局在应对这一问题时显得更为实际。一边是经济合作管理处的商品定额,一边是占领区对外贸易署的商业进口定额。在二者间如何做出抉择的问题上,它呼吁相关行业部门以"自愿"原则优先、以前者作为目标选择。由此,马歇尔计划的重担便可以均衡地分配给各个市场参与者。德意志诸州银行积极响应艾哈德的号召,通过加大贷款政策力度来确保欧洲复兴计划的顺利进行。银行行长威廉·沃克(Geheimrat Wihelm Vocke)则认为,"一旦进口协议无法履行——无论是出于价格风险还是滞销等原因"③,他们将无法实施自救。然而,不少行业恰恰都存在这一问题。例如,如果橡胶原料和轮胎进口遭遇销售困境,某些行业甚至会出现进口退货的现象。皮革工业一个月之内出现了 9000 吨的过剩供应量,于是在接下来的两个月时间里供货商也将成为买方顾客。它把这一后果归咎于马歇尔计划收受国家之间"毫无意义的约束性条款"并要求货币发行银行提供预付款作为中长期贷款的"导火线"。钢铁制造业也同样面临滞销的问题。如今原钢年产量已达到 900 万吨(被高估),"要想将其产量提高至 1100 万吨则相当困难"。植物和动物油脂的库存量为 85000 吨(约 1 亿马克),"并且售

---

① 法占区经济部长于 1949 年 5 月 28 日给法国军政府欧洲复兴计划部主管科隆内尔·哈尔夫(Colonel Halff)的一封信(BA, Z 14/14b, 1949 年 5 月 28 日)中也可见到相应的指责。
② 马歇尔计划处:"关于充分利用经济合作管理处援助问题的附注(避免欧洲复兴计划获准定额的失效)"(Referat Marshallplan, Vermerk zur Frage der Ausnutzung der ECA-Hilfe(Vermeidung des teilweisen Verfalls der für das laufende ERP-Jahr genehmigten Kontingente), Frankfurt/M., den 16. Mai 1949; BA, Z 14/17),第 3 页。
③ 同上书,第 1 页。

价高出正常水平25%—30%"。如果这些"抵押"被取消,人们将准备接受经济合作管理处新的商品供货。"在经济合作管理处进口配额的接收能力方面,只有纺织工业相对有利。"① 不过,谈及原料商品的价格和质量,纺织工业界对欧洲复兴计划也同样颇有微词。欧洲复兴计划的其他参与者接收"低档"棉花的占比为总额的13%。而德国纺织工业的接收份额却高达22.5%。这一定额遭到了众多人的反对。战前,德国"低级"商品的加工量极少,启动其制作过程也缺乏合适的缝合与纺锤设备。除此之外,人们还对大批量采购经济管理合作处商品的价格过高的问题提出了质疑。

纺织工业从一开始就是从马歇尔计划获利最多的行业。截至1948年年底,经济合作管理处2200万美元的商品总额中,棉花的价值就占了1600万美元。从双占区的棉花进口总额来看,这也就意味着,到1949年3月共有将近2/3的进口商品来自马歇尔计划,而在1948年11月,这一数字还是零。同时,经济报刊对这一资料结果的公布还影响了纺织工业库存管理,11和12月,纺纱厂开始大量将其原料库存投入生产。而这也是马歇尔计划对西德经济或者至少对西德秩序政策构想所产生的主要作用之一。②

事实上,这一效应的确在最后关头避免了纺织业退回到——形式上还没有废止的——经济管制状态。不过,这不仅仅是马歇尔计划的功劳,我们还应将其他影响因素考虑在内。德意志诸州银行将10月、11月高潮过后的价格上涨趋势在12月得到有效遏制并最终于来年1月使价格缓慢下降的心理因素和客观因素加以区分。③ 一方面,公众对商品降价的预期、1949年稳步增长的商品进口额和人们对信贷紧缩政策的担忧对消费者及供货商的市场行为产生了很大影响。另一方面,德意志诸州银行认为,引起市场行为变化的客观因素也不容忽视:货币改革引起的不断上升的货币发行量的终止、央行实施的信贷紧缩政策、日益严苛的征税条款和公共机构库存现金的暂时增加都有力地降低了一些行业的购买力并通过增加库存成本等类似措施极大地增加了货币供应的难度。由于仍然缺乏"微观领域"——包括企业层面的——的研究,要想对纺织工

---

① 所有观点参见马歇尔计划处:"关于充分利用经济合作管理处援助问题的附注(避免欧洲复兴计划获准定额的失效)" [Referat Marshallplan, Vermerk zur Frage der Ausnutzung der ECA-Hilfe (Vermeidung des teilweisen Verfalls der für das laufende ERP-Jahr genehmigten Kontingente), Frankfurt/M., den 16. Mai 1949; BA, Z 14/17],第3—5页。

② 克鲁特·博尔夏特、克里斯托夫·布赫海姆:《马歇尔计划对德国经济关键行业产生的影响》(Knut Borchardt, Christoph Buchheim, Die Wirkungen der Marshallplan-Hilfe in Schlüsselbranchen der deutschen Wirtschaft, in: *VfZ* 35, 1987),第330页。

③ 《月度报告》(*Monatsberichte*),1949年1月,第12页。

业出现转折的具体诱因做出判断的确并非易事。

二 内部马歇尔计划与重建援助的融资

欧洲复兴计划还包括"对等基金"(counterpart funds),它在"内部马歇尔计划"(innerer Marshallplan)框架下为经济重建进程中瓶颈行业的投资需求提供援助。"对等基金"指德国进口商为购买欧洲复兴计划的进口商品需要筹措的德国马克资金。1948年7月14日,美德签署双边《经济合作协定》,为西德援助项目确立了法律和政治框架。与其他受援国不同,在条文中,美国坚持德国必须以外汇方式来偿还得到的美元援助。同时,它还规定德国必须提交有关"对等基金"资金使用情况的总体计划书并由经济合作管理处保留对各资助项目的审查与批准权。1949—1952年,马歇尔计划的德方对等资金在净投资额中所占的比重虽仅为8%,但都做到了物尽其用,主要用于消除基础设施和生产品领域的瓶颈。同时它们对提升银行系统的信贷活力也起到了一定的作用。尽管如此,1949年秋德国经济管理局主管官员仍然认为,"对等基金"的投资援助与"马歇尔计划的核心机制还相距甚远"。①

"对等基金"拥有的是德国马克资金,与以美元援助为支撑的马歇尔计划不同,这些资金可以通过自身央行系统的信用创造或通过资本市场来筹措。英国、丹麦等受援国拥有自主的信贷政策和功能完善的资本市场。因此,它们并不依赖于欧洲复兴计划对"对等资金"使用的批准,也不会将回流资金用于投资领域,而是用来偿还国家债务。因此,就是在那些组建了"对等基金"的国家,美元援助与内部投资融资之间的关系也并非简单的经济关系,而是一种政治关系。这一点既适用于美方,也适用于德方。

美占领军想将对西德经济政策控制合法化的意图是显而易见的。对等基金的使用必须征得美国马歇尔计划管理机构的同意。因此,它也成为美国对西德经济施加影响的一项重要工具。德国方面在对等基金上的利益更难捉摸。他们希望从欧洲复兴计划提供的投资基金中为西德经济重建争取一杯羹,这一希望越渺茫,他们将马歇尔计划(至少间接地)用于启动德国投

---

① 君特·凯瑟尔,1949年9月1—2日慕尼黑德国经济科学研究所联合会第三次全体会议上关于"长期项目与美国政策"的补充报告,手稿,世界经济研究所经济档案馆,基尔(Günter Keiser, Korreferat über "Das Long-Term-Programm und die amerikanische Politik" auf der 3. Mitgliederversammlung der Arbeitsgemeinschaft deutscher wirtschaftswissenschaftlicher Forschungsinstitute am 1./2. September 1949 in München, Manuskript, *Wirtschaftsarchiv des Instituts für Weltwirtschaft*, Kiel)。

资资源的需求就越迫切。而经济合作管理处将商品售卖给德国进口商后获得的"马克—对等资金"似乎对此十分适用。① 然而，关于德国货币账户设立的意义及其使用问题，双方的思路从一开始就不太明晰。

1948年7月9日和1948年7月14日，美国分别与法占区和双占区签订了《经济合作双边协定》，并为西德援助项目制定了明确的法律和政策框架（表10）。协议规定，德方需以外汇形式偿还美方提供的美元资金援助，而那些美国为"未直接用于德国经济"的目标融资的对等资金部分则不受此义务条款的限制。偿还援助时，马克与美元的兑换率依据出口收益而定，即"与在健康与和平基础上德国经济重建相一致的最接近的时间为基准"（《协议》第1—3条规定）。② 同时，两份协议的第4条也对德国对等基金特殊账户的建立和美国对其使用权的控制等做出了相应规定。而1948年《美国对外援助法》第115（b）条第6款指出，只有当"援助是以无偿的方式交付给受援国时"，上述规定才适用。③ 因此，与其他参与国签署的协议仅要求"赠予"的部分交由对等基金特殊账户，而"贷款"部分则不需要。在这种情况下，美国虽然为受援国提供了援助的外汇价值，但也保留了其道义（及协议规定的）要求，在各国以本国货币形式使用对等基金的过程中扮演了决定性的角色。这为美国干预受援国国民经济的合法化提供了有力工具。这一举措背后的目的显而易见，即通过对对等基金的控制来克服欧洲的通胀危机并通过轻微施压敦促各参与国政府重视其工业的重建。

表 10　　　　　　　　美国对西德的经济援助　　　　　　　　单位：百万美元

年度	美国政府救济占领区的拨款计划（GARIOA）	欧洲复兴计划/互助安全署（ERP/MSA）
1946—1947	263	—
1947—1948	580	—
1948—1949	579	388
1949—1950	198	416
1950—1951	—	497
1951—1952	—	210

① 参见吉姆贝尔《来源》（Gimbel, *Origins*），第164—166页。
② 在销售美国政府救济占领区拨款计划（GARIOA）商品和施坦格（StEG）公司商品时也会产生德国马克计值的"对等基金"。
③ 双占区协议刊登于《德国与欧洲重建项目：最重要的文件》（*Deutschland und das Europäische Wiederaufbauprogramm. Die wichtigsten Dokumente*, hrsg. v. ECA-Deutschland, Frankfurt/M., 1949）。

续表

年度	美国政府救济占领区的拨款计划（GARIOA）	欧洲复兴计划/互助安全署（ERP/MSA）
1952—1953[a]	—	67
共计	1620	1578

注：a）到 1952 年 12 月 31 日。

资料来源：联邦马歇尔计划部（出版）：马歇尔计划引导下的重建（*Wiederaufbau im Zeichen des Marshallplans*），波恩，1953 年，第 23—24 页。

美国对德国对等基金的控制权不同于对其他国家的系统模式。协议中避免使用"赠予"（grant）和"借款"（loan）等术语，而是使用了对德国的"权利要求"（claim）这样的表达。保罗·霍夫曼恰如其分地称其为"德国经济埋单的期货交易"。[1] 根据经济合作管理处的有关规定，可偿还性援助中的对等基金将被划入受援国的财政预算并独立于欧洲复兴计划以供自由支配。然而，事实上，美国却向西德要求针对其物资援助的双倍偿还：一部分是以出口收益为来源的美元还款，另一部分则是对德国对等基金的进一步支配权。协议条款规定，上述款项在扣除军政府开销、柏林援助、美国政府购买原材料的相关支出以及经济合作管理处的工作开销后应主要用于促进德国投资。对于该笔资金的发放以及后续操作，经济合作管理处保留所有的权利。然而，协议中这个与管理处通常实践的矛盾让德国政治家看到了希望，"美国并不想将其关于偿还援助的规定按照字面上的意思付诸实施"[2]。美国官员的暗示增加了上述观点的可信度，他们在关于"针对德国的权利要求"的表述中找到了"阻止其他国家在将来的和平协议中实现对德要求的方法，同时，美国对援助偿还的不确定性并无不满"[3]。事实上，经济合作管理处从一份研究中得出结论，在不远的将来，西德将无法偿还马歇尔计划提供的援助。[4] 联邦德国成立后，鉴于经济合作管理处双边协议的重新订立，美国表示其并未准备好为德方要求的机密"临时纸币"提供法律依据，也未准

---

[1] 双占区协议刊登于《德国与欧洲重建项目：最重要的文件》（*Deutschland und das Europäische Wiederaufbauprogramm. Die wichtigsten Dokumente*, hrsg. v. ECA-Deutschland, Frankfurt/M., 1949），第 56 页。

[2] 1948 年 9 月 7 日欧洲复兴计划委员会上频德（Pünder）博士的讲话初稿，档案编号 BA, Z 14/8。

[3] 同上。

[4] 阿尔布莱希特博士 1949 年 10 月 19 日的秘密附注 [Vertraulicher Vermerk vom 19. Okt. 1949 (Dr. K. Albrecht), betr.: Bilateraler Vertrag, Besprechung mit Prof. Bode]，档案号 BA, Z 14/173。

备好将德国对等基金中用作占领目的的款项从其"针对德国的权利要求"中撤销。[①] 因此,德国货币账户的首要任务是积累马克资金,以用于对美元资金援助的债务偿还。

西部占领区根据特别规定的要求也必须针对可偿还贷款筹集所谓的"对等基金"。鉴于逐步恶化的货币与资本市场状况,特别规定在长期紧缺的资本需求下绝非一种优势,更谈不上将欧洲复兴计划作为长期资本筹措的一大来源。德国和平问题办公室[②]和德意志诸州银行(虽然极少被提及)从一开始就在其针对与双占区签订的《经济合作协议》鉴定中对双方的实际合作持有不同看法:"对于双占区的信贷政策而言,它(特别规定)其实是对其行动自由权的极大限制。同时,如果德方真的丧失对于欧洲复兴计划输入品对等价格的完全决定权,而由军政府及美国政府来支配其使用权的话,这不得不令人感到惋惜。"[③] 面对该特殊规定,德国和平问题办公室首先想到的是"美国人借助特殊账户支配权希望对双占区信贷政策产生有力影响的意图"[④]。谈到德国马克的对价问题,直到1949年年中它仍对德国信贷政策产生着约束性影响。德国最高管理机构虽然反复强调"马克货币"的"重要地位和意义",然而,"在公众眼中,它却一再被误解为马歇尔计划的基金"。[⑤] 同时,对于对等基金的资金分配要求,艾哈德给出了他的理由并指出,美国政府救济占领区拨款计划(GARIOA)对等基金"(反映的)是德国一种无形的储蓄行为"。[⑥] 相反,

---

① 国家咨询委员会,第271号文件,"西德偿还欧洲复兴计划援助债务的能力"(National Advisory Council, Staff Doc. No. 271, "Western Germany's Capacity to Repay ERP Assistance, Aug. 26, 1948);档案号 RG 286 (NA, RG 286, Germany # 1, box 19)。

② NfD 德国和平问题办公室:《关于1948年7月14日双占区的经济合作协议》(Deutsches Büro für Friedensfragen, NfD, "Zum Economic Co-operation Agreement mit der Bizone vom 14. Juli 1948, Stuttgart, den 20. Okt. 1948),附件一:《双占区经济合作协议与英帝国相关协定之对比》(Ein Vergleich des Economic Co-operation Agreement der Bizone mit dem entsprechenden Abkommen des Vereinigten Königreichs; BA Z 14/173)。

③ 沃克博士致 VWG 管理委员会主席的函件,关于双占区—美国与1948年9月28日签署的欧洲复兴计划合约(Dr. Vocke an den Vorsitzenden des Verwaltungsrats des VWG, betr. ERP-Vertrag Bizone-USA vom 28.9.1948);档案号 BA Z 14/173。

④ 同上。

⑤ 主席频德博士(Dr. Pünder)于1948年9月7日在欧洲复兴计划委员会上的演讲草稿;BA Z 14/8 (Entwurf der Rede von Herrn Oberdirektor Dr. Pünder vor dem ERP-Ausschuß am 7.9.1948);档案号 BA Z 14/8。

⑥ 参见占领军负责人于1948年12月15日在法兰克福与双占区代表的谈话(In der Besprechung der Militärgouverneure mit bizonalen Vertretern in Frankfurt am 15. Dezember 1948, in: Akten zur Vorgeschichte der Bundesrepublik Deutschland 1945 1949, Bd. 4, Nr. 108),第1017页;此时的经济合作管理处对等基金还没有建立,美国政府救济占领区拨款计划基金则适用同样的流程。

美国方面则率先决定将德国对等基金用作"稳定基金"（stabilization fund）。他们的目标是——"能随时随地从流通领域回收相当数目的资金作为紧缩压力来消解正常经济运行中源自其他领域不可避免的通胀压力。"只要这笔资金还能重返经济循环过程，那么该项目就能赢得众人的支持。"这也将帮助德国实现最为迅速的产能增值。"① 德国经济管理局的想法是希望尽快获得对等基金并用于长期基础设施建设投资。故而美国军政府的处事原则既不符合时代偏好，也无法与德国经济管理局的相关设想达成一致。1949年年中，保罗·霍夫曼对高级委派员约翰·麦克罗伊（John McCloy）提出了"尽早发现通货紧缩趋势"的指示，这标志着其在该问题上思维方式的转变。指示要求麦克罗伊研究并弄清西德长期资本短缺与失业问题间的相互关系并提出相关建议。同时，"建立并维护金融稳定以及实施全面的综合投资政策依然是其实质性目标"。② 而马克对等基金在随后于法兰克福制定的《西德货币政策》③ 备忘录中则只发挥了次要作用。有关方面曾一再建议，尽快对所有阻碍信贷扩张政策的法律规定进行全面修订。美国军政府的专家们似乎认为在劳动力市场欠完善的情况下扩展公共信贷规模是必要之举。备忘录针对此种情况作出了规划，支持经济重建工作的信贷机构，要么自己创造长期信贷，要么发行会被商业银行买入以用作间接信用创造的有价证券。自1949年1月以来，"西德经济就呈现出明显的停滞"，军政府对此种形势的担忧也有愈演愈烈之势。因此，他们认为必须对下列情况有清醒的认知，即马歇尔计划立法当局应允许德国政府利用公共信贷规模扩张来打击通货紧缩的趋势。此外，1948年《国外援助法》中提出的"尽快"实现财政平衡的要求也并未阻挠或妨害该项政策的实施。

巴黎经济合作管理处（Pariser ECA-Mission）也没有袖手旁观，而是想尽一切办法让德方认识到他们认为的"解决德国经济问题的关键"："……进一步推行信贷扩张政策并放开对非国外产品——特别是住房——的购买力。"经济合作管理处认为"将德国国民经济的国内相关部分扩张到可支配产能储备

---

① 占领军负责人的金融顾问（杰克·本内特）于1948年9月25日给经济合作管理处—巴黎副行政长官霍华德·布鲁斯的一封秘密去信［Financial Adviser to the Military Governor（Jack Bennett）vertraulichan Howard Bruce, stellvertretender Administrator ECA-Paris am 25. Sept. 1948］；档案 RG286（NA RG 286, Bizone-Country Mission, box 4.4）。

② 保罗·霍夫曼于1949年7月13日给约翰·麦克罗伊的一份秘密去信（Paul Hoffman vertraulich an John McCloy am 13. Juli 1949）；档案号 RG286（NA, RG 286, Germany-Administrator, box 4）。

③ 1949年10月21日，机密（Oct. 21, 1949, Confidential）；档案 NA RG 286, Germany, box 4。

的极限"的做法是完全有可能的。① 这一立场与艾哈德及货币发行银行的政策形成了鲜明的对立,他们均认为通过创造就业全面提振西德经济的做法并不十分妥当。在他们看来,一方面,由于当前的失业是"结构"性的,所谓的内部扩张政策并不能解决失业问题。另一方面,它甚至还会加剧德国国际收支的恶化。因此,截至1950年年初,他们成功抵住了来自美国的各方压力并仅在表面上对高级委员会的无理要求做出了妥协。自1949年秋以来,美国方面虽然提供了来自马克对等基金的部分资金支持,不过,在他们眼中,这只是刺激德国联邦政府采取更广泛的信贷政策的手段之一:"我们应当为更为合适的促进就业项目继续施压。而要达到这一目的,我们需要通过将对等基金暂时放开为项目的成功贡献力量。"② 其间,美国对联邦政府投资政策的批评转变到基本原则方面。华盛顿经济合作管理处和美国国务院在其共同备忘录中表达了一致的信念:对自筹资金的大幅税收优惠将对住宅建筑和出口贸易产生破坏作用,同时还将促进"奢侈工业"的扩展。③

1950年年初,联邦德国推行累退税率后,市民的纳税道德有所下降;各种奢侈品消费层出不穷,市民购买力分配严重失衡;国际收支赤字率不断攀升,这给美国的贸易自由化政策带来了不利的影响。这一切在美国人眼中都成为"莱茵河畔病态德国"的代名词。因此,备忘录建议,政府应大力提倡对高收入人群和奢侈品消费征收更高税率,对购买德国复兴信贷银行(KfW)长期债券的人群推行税收优惠政策,取消食品补助。所有这些措施的目的只有一个,即在避免通胀危机的前提下为政府和经济重建争取更多的社会投资。政府应把这些资金汇总为一整套项目,用于城市街道(不包括高速公路)扩建、围海造地和向中产阶级及难民安置企业发放贷款。项目的资金筹措应囊括政府和金融系统可触及的所有渠道:包括公共财政预算的

---

① 奥特玛·艾明格;关于与奥斯特兰德先生会晤面谈的文件记录(经济合作管理处德国负责人),内容涉及德国1950—1951年项目计划备忘录,1949年12月23日,BA, Z 14/117,第32页。[Otmar Emminger; Aktenvermerk über eine Unterredung mit Mr. Ostrander (Deutschland-Referent der ECA) betr. deutsches Memorandum zum Programm 1950/51 am 23. 12. 1949; BA, Z 14/117, p. 32.]

② 罗伯特·汉内斯,西德任务特派员总长给艾弗瑞尔·哈里曼的一封信,巴黎经济合作管理处美国特派员,1950年4月21日(Robert M. Hanes, Chief Special Mission to Western Germany an Averill (sic!) Harriman, U. S. Special Representative ECA-Paris, 21. April 1950);档案NA, RG 286, Germany, box 4。

③ 迪金森,项目协调部部长,于1959年2月23日给罗伯特·汉内斯——西德任务特派员总长的一封信和备忘录《德国经济问题》,密件(E. T. Dickinson, Jr. Director, Program Coordination Division, an Robert M. Hanes, Chief ECA Mission to Western Germany am 23. 2. 1950 mit Memorandum "German Economic Problems", confidential);档案号NA, RG 286, Germany # 1, box 19。

直接投资和德意志诸州银行发行的货币。最后也提到了马克对等基金的资金。不过，它仅可用于国家的住宅建设和向中产阶级及农业部门发放贷款等领域。据马歇尔计划管理部长弗朗茨·布吕希尔（Franz Blücher）（自民党）回忆，电力经济在此过程中并未获得任何优待。备忘录在货币政策领域做出了明确的原则性决议，这早在1949年夏就已有征兆："提高货币供应量潜藏的通货膨胀风险不容忽视。但另一方面，有一点很清楚，在目前，通过鼓励生产性投资和降低失业率出现的紧缩压力是允许的和必要的。"

后续的备忘录也一再强调应"善意地"为央行信贷扩张创造环境并理清政府与德意志诸州银行之间的关系。[①] 美国高层委员会和经济合作管理处的专家们都试图提醒德国人在有关对内信贷政策的谈判中"仍有为数不少的外行人"。[②] 在美国（和英国）专家眼中，这些非专业行为主要表现在德国人仅将对等基金资金视为长期投资的来源。而重要的是投资活动利用的应该是德国资源而非国外资源。马克对等基金仅仅是充当盘活国内现存资源的一种工具。

倘若这些资源闲置——两百万失业大军部分证明了这一判断——促进资源流动性则不失为金融政策的有力之举。如果资源为其他经济目的所用，例如被美方提出强烈质疑的"奢侈品消费"，则需要借助货币、税收和金融政策来进行结构重组。如果《货币法》和《德意志诸州银行法》中存在着制度性限制，美国高层委员将愿意对其进行相应的修订。但是该建议遭到联邦政府的拒绝，不难想象他们很大程度上是出于秩序政策因素的考虑。而放弃有别于马克对等基金的其他投资方案的做法不仅延误了基础工业和生产品工业的重组进程，同时也将该领域绝大部分投资政策的决定交由高层委员会和经济合作管理处。因此，尽管仅有两百万马克，双占区监督署（BICO）还是对1949年美国政府救济占领区拨款计划对等基金资助的应急计划中批准的对轴承工业的投资贷款下达了禁令，并取消了所有地方电厂的能源项目——美军驻守地除外。消除魏玛时期"地区奢侈风"的做法体现了美国投资者的真实意图，关停城市能源供应企业之举则是对德国形势的错误判断。这两者都对取消能源项

[①] 例如艾德华·特内鲍姆的《西德的金融计划》（Edward A. Tenenbaum, A Financial Program for Western Germany），1950年7月2日备忘录；档案 NA, RG 286, Germany#1, box 19。

[②] 参阅巴黎经济合作管理处德国负责人奥斯特兰德《经济合作管理处对西德分配援助中暴露的问题》（T. Ostrander, The Problem presented by this year's ECA Aid Allotment to Western Germany），1951年2月13日；档案 NA, RG 286, Special Representative in Paris, Central Sec., Country Subject Files 194852, Germany, box 3, German Payments。

目的举措产生了一定影响。①

法兰克福经济合作管理处的外派机构也将其压力手段用于对路德维希·艾哈德改革自由主义思路的校正。在他们看来,艾哈德的"教条主义"倾向太过严重,太受制于"自由放任主义"意识形态的影响。② 事实上,从对等基金中获取投资资金是货币改革后公共投资调控的最后一座堡垒。虽然经济管理机构中的中层关于国家经济宏观调控谨慎的设想在货币改革后没有完全消失,然而,这一"投资计划方针"却只能在经济部与为管理对等基金而成立的复兴信贷银行之间达成非正式一致意见的情况下半遮半掩地予以应用。③ 与此相反,对等基金的资金则如美国所愿在整个经济领域的投资计划中得到运用。这样,德国复兴信贷银行总裁赫尔曼·阿布斯(Hermann J. Abs)在改革自由主义试验过程中只能对西德"计划经济"的某一狭窄的领域行使管理权。④ 对经济部而言,优先选择使用对等基金的原因还在于:对等基金拥有有效校正市场错误投资引导的计划性储备,而艾哈德则不需要在政治上与其保持一致。尽管国家投资促进在经济重建初期至关重要,但其却并不存在与马歇尔计划密切相连的经济上的"客观需求",而仅需要某种政策上的引导信号。

解冻的资金绝大部分都用于采煤业的投资,其次是联邦铁路和能源行业。朝鲜危机爆发后,解冻资金在尖锐化的世界局势下摆脱了工业计划的产能限制,并在"捍卫自由世界"的旗帜下在钢铁工业中得到广泛运用。1948 年经济改革后这些退居二线的工业行业如今又得以重获生机。一方面,消费品工业开始独立筹集高额的投资经费;另一方面,诸如采煤业、交通运输业、钢铁工业和能源经济等生产品工业领域却——一如从前——仍旧无法通过合理的市场价格来满足其投资需求。于是,对等基金开始接管此重任,扮演起投资援助的角色——尽管相比之下其发挥的作用极其有限。

马歇尔援助计划与国内投资促进间的制度性联系在 20 世纪 50 年代初期

---

① 曼弗雷德·波尔:《经济重建——1947—1953 年财政政策之艺术与技巧》[Manfred Pohl, *Wiederaufbau, Kunst u. Technik der Finanzierung 1947—1953*],第 55 页。

② 参见维尔纳·阿贝尔斯豪塞《50 年代早期朝鲜危机中"社团主义市场经济"的萌芽》(Werner Abelshauser, Ansätze 'korporativer Marktwirtschaft' in der Korea—Krise der frühen fünfziger Jahre), in: *VfZ* 30, 1982),第 717—721 页。

③ 海讷·阿当森:《鲁尔区的投资援助:1948—1952 年的经济重建、联合会与社会市场经济》(Heiner R. Adamsen, *Investitionshilfe für die Ruhr. Wiederaufbau, Verbände und Soziale Marktwirtschaft 1948—1952*, Wuppertal, 1988),第 51 页及其后。

④ 赫尔曼·阿布斯为波尔的《重建》一书所写的结束语(Nachwort von Hermann J. Abs zu: Pohl, *Wiederaufbau*),第 143 页。

主要有一个政治—心理效应。它有助于安抚德国公众的情绪。他们出于传统观念或善意总认为国家信贷政策是引发通胀危机的罪魁祸首。鉴于高失业率和产能过剩，人们对资本援助将带来通胀风险的畏惧是毫无根据的，尽管如此，这种安慰剂还是具有驱散潜藏的通胀噩梦的功效。对等基金授信的好处还在于，央行可以随时拒绝政府的信用创造意愿，如果由法律规定的很窄的界限允许其这样做，在实践中央行"出于货币的原因"就经常这样做了。对这个法律界限的拓展可以通过占领政策实现，但从秩序政策角度却不是可行的。尽管国家投资促进在经济重建的初始阶段尤为重要，但其却并不存在与马歇尔计划连接的"客观经济需要"。

三　辅助性原则

马歇尔计划并未成为点燃西德经济重建的导火索。相反，引入马歇尔计划的美国欧洲稳定政策却成为西德经济开始崛起的见证人。从1947年年初开始，西德就完全成为美国对西欧实施稳定政策的核心目标。早在马歇尔计划援助实施之前，德国就在无须国外资源"净流入"的情况下实现了西德经济的振兴。

这一结论并非意味着对大规模食品进口的漠视，它对于确保西德居民生存与发展发挥了举足轻重的作用。与食品进口相对应的是德国资源的流失——战利品、公开或"隐性"的战争赔款、强制出口和"看不见的"隐性出口。此外，还有强制性交易限制和交易禁令以及占领政策带来的一系列经济负担，例如领土瓜分政策和美其名曰"迁居"而实质是将德国市民从农业产能过剩区驱逐到农业补贴区的行动。① 来自美国政府救济占领区拨款计划项目和英国援助的进口实际上是对德国资源掠夺和限制的必然后果。马歇尔计划通过补偿赔款债权国的债务要求、终止其从正在进行的生产中攫取资源、废除隐性出口并将自有资源的使用支配权归还给西德等方式终结了自"二战"结束以来压在德国肩上制约其经济发展的沉重负担。在这一背景之下，法国最终同意三占区经济统一和建立西德国家就不再特别困难了。作为政治和经济"抵押品"的占领区业已过时。在美国的经济援助下，占领区的政治体系无法再继续维持。然而，倘若没有马歇尔计划，经济上的维持就更不可能了。

---

① 1951年1月25日的一封信中列出了上述所有内容。其中，联邦议院占领规章和外交委员会向联邦总理提出在伦敦债务会议上将这一反对意见呈交给同盟国政府的要求。根据委员会的观点，同盟国的"经济援助无论是数量还是规模都在很大程度上受制于其联盟措施的影响，使其难以有效发挥应有作用"。1951年9月20日马歇尔计划联邦部在一篇《战后债务备忘录》(Memorandum über Nachkriegsschulden) 的秘密文件中重现了该封信的原始内容，见备忘录第8页及其后，档案BA, B 146/234。

战后时期重建经济的物质条件并非如想象中那么糟糕。西德经济组织体系混乱，发展受到温饱不足以及生产与交通瓶颈等问题的制约。尽管如此，它并未遭到巨大的实质性损失，其发展水平也并非处于欠发达状态。而德国人重振经济雄风的意愿和希望也从未被磨灭。诚然，经济复兴与经济增长并不会自动上演。实现这些目标需要有利的政治和经济框架条件，从而将现存的经济潜力化为现实。"马歇尔计划"便创造了这些条件——尽管并非出自其物质贡献。无论如何，来自马歇尔计划的援助有效盘活了德国原材料和商品的后续储备并抑制了新货币基础上的通胀压力。除了央行的信贷政策干预以外，这也在一定程度上帮助艾哈德的市场经济构想安全规避了价格控制风险和盈利危机。马歇尔计划在货币改革前的生产刺激阶段以及引入市场经济政策后的艰难时期都没有起到主导作用。因此，艾哈德及其拥护者对马歇尔计划寄予的原始期望破灭后，他们对该援助计划于西德之价值自然也就提出了种种质疑："欧洲复兴计划与国外援助对德国的经济复苏并没有发挥任何作用（这可能是一种偶然，但事实上它的确与其他马歇尔计划援助国的情况完全相反）。援助计划实施的第一年，它帮助西柏林地区居民抵抗了饥饿；第二年则弥补了库存空缺、推动工厂产能扩建，然而却未能提高国民生产总值。或许我们可以认为，援助计划在实施后的第一年将每位居民每月的食品消费提高了 2 马克（不过是以价格扭曲为代价的，进而对生产产量和国民生产总值的提高造成了一定的负面影响）。德国的经济复苏最终依靠的还是自己的力量。"[1] 根据艾哈德及改革自由主义"盟友"的观点，马歇尔计划实施的第二年，10%的设备与库存增量得益于进出口贸易差额，而在第一年实际上什么也没有发生。[2] 从描述物质资源转换的作用上看，这一观点无疑是正确的，但更重要的是它表明了将国内秩序政策创新视为西德经济复苏

---

[1] 路德维希·艾哈德：《两年的经济复苏》（Ludwig Erhard, Zwei Jahre Wirtschaftsaufschwung, in: *Währung und Wirtschaft 1949/50*, hrsg. v. L. Erhard, E. Hielscher u. M. Schönwandt, Heft 20/21），第 521 页及其后。依马歇尔计划联邦部长之见，"第一波外来援助和美国政府救济占领区拨款计划援助的作用是帮助西德居民维持基本生活，当然是在有利于占领国利益的前提下"（Memorandum über Nachkriegsschulden），第 26 页；因此，经济管理机构主席约翰内斯·森姆勒（Johannes Semler）在 1948 年 1 月 4 日于埃尔兰根召开的基社盟州委员会上发表的著名"鸡饲料演说"["德国政客是时候该摆脱对外来食品补贴和援助的依赖了"（档案 BA, Z 61/70）不再是缺乏责任感的政治家的挫败（他们为此被同盟军驱逐出官方机构），而是德国对待此项问题官方——尽管并非公开的——态度的有力表达]。

[2] 路德维希·艾哈德：《美元礼物，货币与经济》（Ludwig Erhard, Dollar-Gift, in *Währung und Wirtschaft*, 2. Jg, Heft 40, April 1950/51），第 438 页；也可参见德国诸州银行《月度报告》（Bank deutscher Länder, *Monatsberichte*, April 1949），第 17 页。

根源的立场。出于同样的动机,它同时也忽视了其对占领国政策和国际框架条件所产生的影响。马歇尔计划为西部占领区向德意志联邦共和国的融合以及摆脱赔款债权国和占领国对西德经济潜力的掠夺创造了关键的前提条件。

此外,马歇尔计划还为国际经济合作创造了多种形式并提出了各项贸易政策原则,从而有利于联邦德国国际名誉的恢复,也为中期内西德重返世界市场创造了机遇。在马歇尔计划的框架内,联邦德国在世界多边贸易和自由化体系中获得了领先地位,这在短期内充满了艰难险阻,倘若没有来自欧洲经济合作组织的重重压力,没有欧洲复兴计划的支持和掩护,那么它既无法通过自我目标设定获得,也无法成功维持。

1952年年中,世界范围的朝鲜危机引发了对外贸易的空前扩张。而西德在经济增长上取得的突破也不得不归功于它。在努力参与经济复苏运动的过程中,马歇尔计划影响下的自由主义政策成为经济重建有力的政治保障。世界经济秩序也在很大程度上迎合了数十年来西德工业的利益并为其经济复苏和重新崛起做出了不可磨灭的贡献。

马歇尔计划对西德经济秩序的重建也不无影响。美国对构成艾哈德社会市场经济基础构想的政治内涵并不感兴趣。于他们而言,西欧社会的经济和政治稳定才是头等大事。同时,他们也在积极寻求务实对策。谈及西德,在避免复杂的新秩序规划造成不必要摩擦损失的前提下,艾哈德的改革自由主义倡议才是美国人关注的焦点。

马歇尔计划给西德战后经济带来的直接和间接影响数不胜数——尤其是狭义的"政治"因素不容忽视。在西德的核心经济领域,马歇尔计划提供的援助可谓做到了名副其实的"辅助性"。它帮助西德通过自身力量重新崛起并为西欧的政局稳定做出了巨大贡献。

第三节 西德经济与经济秩序的突破危机

一 繁荣前的宁静

1948年年底,德国的通胀压力有所趋缓。最低储备金率由10%上升至15%,贷款最高限额维持在10月末的水平,政府对金融系统的再融资行为予以限制和禁止等一系列举措发生了作用。德国央行借助一整套严苛举措实现了与20世纪20年代德国传统货币政策的对接,从而在艾哈德时代接近尾声之时顺利实现接棒,成为经济政策的新领导者。原有存款的通胀之源逐渐消失，原材料价格的下跌在一定程度上缓解了成本压力。税收的不断增长使财政预算呈现盈余趋势，从而有效满足了国民经济的整体需求。然而，在通货膨胀造成的繁荣假象过后，经济基础并未得到巩固和加强。西德经济在通胀压力解除后便径直出现了为期15个月之久的通货紧缩，经济呈现一片低迷之象。经济增长速度减半、商品价格下跌。货币改革后上升的失业率原本也在意料之中，只是在通胀过后的来势变得更为迅猛（见表11）。

表 11　　1948—1953年联邦德国经济发展数据（按季度）

时间	工业生产（以1936年水平为100）	就业人数[a]（单位：百万人）	失业率[a]（%）	制成品价格指数（以1950年水平为100）	生活用品指数（以1950年水平为100）	毛计时工资[b]（以1950年水平为100）
1948						
II	57	13.5	3.2	92	98	77
III	65	13.5	5.5	99	104	84
IV	79	13.7	5.3	105	112	89
1949						
I	83	13.4	8.0	104	109	90
II	87	13.5	8.7	101	107	94
III	90	13.6	8.8	100	105	95
IV	100	13.6	10.3	100	105	95
1950						
I	96	13.3	12.2	99	101	97
II	107	13.8	10.0	97	98	98
III	118	14.3	8.2	99	99	100
IV	134	14.2	10.7	104	103	105
1951						
I	129	14.2	9.9	116	115	108
II	137	14.7	8.3	121	119	117
III	133	14.9	7.7	121	108	118
IV	146	14.6	10.2	124	112	—[c]
1952						
I	136	14.6	9.8	122	111	120
II	143	15.2	7.6	121	109	122
III	144	15.5	6.4	121	109	123
IV	158	15.0	10.1	121	110	124

续表

时间	工业生产（以1936年水平为100）	就业人数[a]（单位：百万人）	失业率[a]（%）	制成品价格指数（以1950年水平为100）	生活用品指数（以1950年水平为100）	毛计时工资[b]（以1950年水平为100）
1953						
I	146	15.2	8.4	120	109	125
II	158	15.8	6.4	119	108	128
III	160	16.0	5.5	117	108	128
IV	174	15.6	8.9	116	107	128

a) I：3月；II：6月；III：9月；IV：12月。
b) I：2月；II：5月；III：8月；IV：11月。
c) 不详

资料来源：《德意志联邦共和国统计年鉴》1952—1954年；1952—1954年经济和统计。

有关西德经济政策的路线之争重燃"战火"。不过，此次争论的焦点已不再是计划与市场经济两大制度。艾哈德经济政策的反对者不仅遍布德国社民党和各大工会之中，就连阿登纳内阁和盟军高层委员会中也能找到他们的身影。其主张终止严格的货币政策，转而实施国家支出项目以满足国民经济需求。同时，他们还特别指出，大规模的劳工失业将给西德民主制度建设带来极大威胁，联邦政府在寻求正确且合适的经济重建构想过程中也面临着迷失自我的风险。此外，经济合作管理处、西德特别任务委员会和盟军高层委员会也向艾哈德发出明确警告，要求其对马歇尔计划提供的援助给予充分或完全的信任。他在1948年发起的改革行动为货币改革后的西德经济政策指明了自由化方向，而当时他的改革就已经遭到高层委员会务实主义经济专家的非议和质疑。他们怀疑改革政策究竟能否为经济重建工作带来成效，截至1951年的发展现实似乎印证了他们的种种疑惑。1949年8月，盟军双占区监督管理局首次提出了采取既能降低失业率又能加速重建进程的措施要求。从那时起，盟军方面就一而再再而三地强调这一政策要点。直到朝鲜战争爆发后，经济扩张局势的出现才使这种声音逐渐销声匿迹。

1949年年底，德国工业增产陷入停滞僵局。1950年2月，上年度还徘徊于100万上下的失业率达到了200万峰值（12%）。种种衰退迹象导致来自各方的批判之声此起彼伏。1949年12月15日，联邦马歇尔计划部向欧洲经济合作组织提交了一份备忘录，指出了美国继续向西德提供经济援助的必要性。该事件成为美国对艾哈德路线发起批判的直接导火索。备忘录以最悲观的腔调推测了未来失业率的发展趋势。同时，不排除对投资项目的抑制,以确保联邦德国货币与价格政策的稳定性不受威胁。经济合作管理处—特别任务委员会对此予以了有力回应,它认为,仅仅依靠自由放任主义政策和悲观主义是无法解决失业问题的。美国高层委员会的经济顾问也提出质疑,称德国并未制订和实施针对失业问题的具体项目和计划,并将矛头直指艾哈德所谓的"经济政策之哲学"。

在德国联邦政府与美国高层委员会的"备忘录之战"(Memorandenkrieg)中,德国经济部长最终不得不违其所愿地对制定创造就业岗位的项目表示赞同。由于社民党反对派在德国联邦议院成功争取到一项要求政府制订对抗失业问题的详细计划提案的多数赞成票,并要求经济部长采取"适当干预"以调整经济发展方向、提高就业率,对于艾哈德来说就更是火上浇油。① 虽然联邦经济部与央行认为,借助就业项目对西德经济实行凯恩斯主义"宏观调控"的做法行不通。然而,他们却无法完全摆脱美国高层委员会和议会反对派共同施加的压力——后者还包括基民盟/基社盟党派中的一些人。艾哈德在争辩中也不得不承认,德国国民经济在最近一年半时间里的资本形成及其投资运用也许应当为其他更紧迫目的服务。② 尽管如此,面对对手的猛烈攻势,经济部长用了一个"战争诡计"而不是一个"真正的"、需花费额外支出的就业岗位创造项目予以回应。数额为54亿马克的"拓展投资项目"虽然规模甚大,构成其单个项目的质量却参差不齐,它们有的无法直接累加,有的还需耗费部分额外资金。因而,最终能用于就业项目的剩余金额仅为6亿马克。1950年3月,联邦政府还制定了就业项目之后的第二个项目,然而——同第一个就业项目中的大部分举措一样——未能产生效果直至朝鲜危机爆发。货币发行银行早在1949年就对其诸多限制性规定进行了松绑。3月,央行提高了贷款最高限额。截至7月,它将银行贴现率由5%降至4%并于9月将最低准备金率下调至初始水平。鉴于当时的贸易赤字情况,联邦政府于1949年下半年将德国马克与美元的兑换率由30美分下调至22.5美分。不难看出,这是英镑及其他币值高于德国马克的欧洲货币共同贬值后对经济通胀趋势的有效遏制。

路德维希·艾哈德将盟军的干预行为视为"对西德市场经济发起的一次

---

① 1950年1月18日的申请,德国联邦议院(BT),第一选举阶段,速记报告之附件,第2卷,第406号印刷物〔Antrag vom 18. Januar 1950, Deutscher Bundestag(BT), 1. Wahlperiode, Anlagen zu den Stenographischen Berichten, Bd. 2, Drucksache Nr. 406〕。

② 联邦议院1950年2月9日第36次会议,第一选举阶段,速记报告,第2卷,第1148页(BT-36. Sitzung vom 9.2.1950, 1. Wahlperiode, Stenographische Berichte Bd. 2),第1148页。

总攻"。事实上，美国高层委员会并没有用他们一贯青睐的秩序政策对应模式来衡量德国的市场经济。然而，在向自由主义原则靠拢的过程中，他们却不愿接受其占领目标——一方面是政治、社会的稳定，另一方面是西方经济实力的增强——遭到威胁的事实。战争结束以来，美国在欧洲推行经济政策的基本特征是，以务实主义目标为基准实施国家计划和宏观调控，或在特定条件下通过物质支援推动政策实施以获得最大成效。①

在景气项目遭遇烦琐官僚程序和内部投票机制的各种阻碍之前，西德经济的转型进程呈现出无人预想到的新气象。1950年6月爆发的朝鲜战争撼动了全球经济，辐射广泛的震波也改变了联邦德国的经济形势。无论是国外对德国投资品和原料的需求，还是国内对消费品的需求，都在战争的影响下达到了顶峰。这一事件的发生使所有经济政策规划在一夜间都成了一纸空文。西德经济第一次通过对外经济获得了增长动力。而这似乎也成了西德作为西方唯一工业大国尽情释放其产能储备的有利时机。其工业产值在1950年得到迅猛增长。同年11月，季节性最高产能超过1949年水平的1/3。②就业者数量也有所增加（见表10）。尽管如此，失业率却未有显著下降。即便在有利的需求条件下，地区的结构性问题及东德居民持续不断的迁居潮仍然加大了解决失业问题的难度。

此外，朝鲜战时繁荣还带来了其他新问题。为了从世界市场景气中获利，德国企业必须要进口更多的原材料和加工半成品。1950年秋，贸易赤字迅速扩大，在完成60%的进口额之后，对外贸易自由化进程便不得不戛然而止。德国内部的工业发展首次遭遇了1946—1947年以来的生产瓶颈，西德工业如何继续实现合理增长的问题也成为未知。1950—1951年交替之际，钢铁工业在全球范围内的产品需求虽未有减少，其加工生产却出现了停滞。煤炭供应量不足也促使供电企业进行合理化整改，有的地方甚至出现断电现象。1950年10月，年初被取消的煤炭管控规定又卷土重来。某些货币改革前引领生产风潮的产业分支曾经担负着整个国家投资经济的重任，如今却成为严重阻碍西德经济扩张的问题工业。制定合理有益的经济重建战略似乎已迫在眉睫。

---

① 维尔纳·阿贝尔斯豪塞，《马歇尔计划前的经济重建》（W. Abelshauser, Wiederaufbau vor dem Marshallplan, in: *VfZ* 29, 1981），第545—578页。

② 《1952年联邦德国统计年鉴》（*Statistisches Jahrbuch für die Bundesrepublik Deutschland 1952*），第209页。

阻碍经济重建进程中核心行业发展的并非战争因素。相反，随着朝鲜危机引起的经济繁荣景象的出现，钢铁工业的产能先是悄无声息，随后便明显地摆脱了限制，1946 年首个工业计划期间的钢铁产量还保持在 580 万吨的水平，到 1949 年便升至 1110 万吨。到 1950 年，在没有盟军干涉的情况下，西德钢铁产量已超过上述限值。1950 年 8 月——钢铁产量为 1310 万吨——盟军对超出的钢铁定额产量作了官方许可规定。同时，他们要求德国由此实现对国防装备的改进。[1] 采煤业遭遇的生产瓶颈首先也得归咎于占领国实施占领政策后给德国带来的种种负担。更有甚者是以固定价格履行的强制出口义务令德国蒙受了巨额损失。强制出口政策实施后，国内的煤炭需求必须依赖进口才能得以满足。由于美国煤炭进口价格与本地煤的差额约为 10 美元，西德每天流失的外汇金额高达 100 万马克。德国的强制出口量较为有限，但其实际出口配额仍以开采量为基准。鉴于全球范围内巨大的煤炭需求量，国际鲁尔机构委员会上的德国代表团也不得不面临这样一种尴尬境地：即便德国强烈反对，强制出口政策仍将继续施行。而事实亦是如此。

更确切地说，问题的出现源于鲁尔采煤业扩张力的后劲不足。1947 年的采煤量增长率为 32%，1950 年便降至 7.7%。从 1950 年 11 月开始的两年时间里，硬煤的日开采量就徘徊在 40 万吨左右的"最高水平"。采矿业也达到了产能极限。由于矿区内的矿工民用住宅过少，采煤业的劳动力数量严重不足，矿井作业也未经合理化改革，轮班效率滞后。只有加大投资力度，才能实现采煤量的提升。虽然 1949 年至 1950 年所有瓶颈行业——包括联邦铁路在内——的投资额都有所增加，他们却敌不过来势更猛的消费品领域的发展。而这种畸形发展趋势迟早有一天会拖垮西德的整体经济。朝鲜战时繁荣则加速了这一进程并逐渐让公众有所觉醒。西德经济能否取得突破将决定其经济重建任务的成败。此时的突破性危机已达到巅峰并对各行各业产生着影响。1948 年 12 月以来，货币改革带来的通胀势头受到遏制，经济重建步伐和节奏也明显放缓。虽然 1949 年的工业产量增加了 21%。然而，要在现行条件下确保西德经济重建工作的顺利进行，这一增量无疑太少。此外，产量增长后，经济并未出现同步恢复。基础工业和基础设施领域远远落后于消费品工业并成为西德经济实现可持续发展的重大瓶颈。同时，对外贸易决算

---

[1] 《关于工业监督的协议》（Abkommen betreffend die Überwachung der Industrien），1951 年 4 月 3 日，第六条，又载于哈姆森《设备拆卸之夜：六年战争赔款政策》（Harmssen, *Am Abend der Demontage. 6 Jahre Reparationspolitik mit Dokumentenanhang*, Bremen, 1951），第 190 页及其后。

自1949年以来就一直朝着不利于西德经济形势的方向发展。这也成为艾哈德经济改革核心——进口贸易自由化政策——的牺牲品。

失业人数的持续上升以及内部政局的动荡使得经济倒退的风险愈加明显。德国的内部形势也在发生着变化，盟军高层委员会经济问题署署长认为：这是一个"只有极少数人享有富贵，绝大多数民众却忍受贫困煎熬"的国家。[1] 朝鲜危机加剧了这一局势的恶化，同时也为克服危机提供了经济和政治领域的压力与动力。它对联邦德国的经济和经济制度产生可持续性的深远影响。

1952年年中，西德经济显然已通过自身努力实现了经济增长的突破。重工业在此进程中重获新生，并发挥了决定性作用。特别是对外贸易的空前繁荣推动了投资品工业的发展，全球范围的军备扩张令即使慢半拍的联邦德国也获益匪浅。世界市场的繁荣和全球军备扩张都受到了朝鲜战时繁荣局势直接或间接的影响。西德经济拥有足够的自由产能，能够从全球需求增长中获益。相比其他经济政策设计而言，东亚战争对西德经济转型产生的影响要深远得多。

二　朝鲜战争与社会市场经济危机

朝鲜战时繁荣结束后，联邦德国终于找到了属于自己的经济政策信条：社会市场经济。西德的经济成就——无论其与社会市场经济的联系是否具有必然性，抑或纯属巧合——使它的批判者们哑口无言。社会市场经济这一术语从一开始就不光带有弗莱堡秩序自由主义特色。它不仅是一项特别的经济理论，还是20世纪40年代后半期基民盟/基社盟贯彻实行的一项政治战略。在1949年联邦议院竞选中，社会市场经济制度最终将改革自由主义纳入其经济计划（《杜塞尔多夫方针》）。[2] 该计划草案及名称皆源自阿尔弗雷德·米勒-阿尔马克。[3] 他并未在计划中向世人许诺"完全竞争"的自由主义理论，而只是强调将竞争作为经济的组织原则。国家必须建立竞争机制并为其提供保障，还应为各种社会难题提供解决方案，而不能对经济采取放任自流的态度任其发展。艾哈德在每一次有关社会市场经济制度的讨论中从不放过

---

[1] 1951年6月29日新闻发布会，收录在阿贝尔斯豪塞《开端》（Abelshauser, Ansätze, in: VfZ 30, 1982），第755页。

[2] 格洛德·安布洛斯乌斯：《1945—1949年西德社会市场经济的实现》（Gerold Ambrosius, Die Durchsetzung der Sozialen Marktwirtschaft in Westdeutschland 1945—1949, 1977），第195—213页。

[3] 米勒-阿尔马克：《经济调控》（Müller-Armack, Wirtschaftslenkung）。

任何一个机会来强调计划与市场经济的对立。米勒-阿尔马克在这一点上则有所不同,他认为积极的社会经济政策或社会主义经济政策完全能与市场经济实现有益结合。① 社会民主党在 1946 年 5 月召开的汉诺威党代表会议上曾提出引入市场经济竞争机制的要求并有意使经济计划逐步向依靠国家支出政策手段的间接调控转变。由此,米勒-阿尔马克的观点与社会民主党人的主张相距不远。②

除了个别州区官员提倡的马克思主义以外,以凯恩斯主义为灵感源泉的宏观调控政策成为 20 世纪 50 年代初期德国社民党在议会中提倡的经济政策核心议题。其中,尤以汉堡州经济部议员卡尔·席勒为代表。撇开货币改革后经历的"法兰克福"通胀危机不谈,阿登纳政府执政初期曾出现三次有关经济政策原则的大讨论,它们分别是:1950 年年初的创造就业岗位项目之争,1951 年关于《投资援助法》的讨论,和失业问题尚未解决、经济增长又后劲不足时关于朝鲜战时繁荣后如何创造经济增长新刺激的争议。虽然争议之势愈演愈烈,但各方所持观点和构想其实并无多大实质性差异。其原因之一就在于,无论是社会市场经济构想还是自由社会主义者的"凯恩斯主义"都没有深入地植根于其各自代表的政治阵营之中。而与现实的比较也使愿望的实现如此遥不可及。50 年代初的社会市场经济还只是一个美好的设想。

这一构想的社会部分尤其如此。此时的它实际上是由德国社会保险传承而来的体系构成。15% 以上的国民收入经由社会保险实现转移,它似乎将经济与货币改革带来的影响控制在"社会大众得以承受的范围之内"。③ 在路德维希·艾哈德看来,所谓的"福利成分"已包含在市场经济之中。于他而言,以高增长率为导向的扩张型经济政策是一项既有益又有效的社会政策。然而,他也不得不承认,价格和利润与工资间的矛盾很可能招致"令人不悦的社会问题"。尽管如此,他也能从中找出"有利于经济发展的一面"。因为,在他看来这正是构成"西德经济重建之基础"所在。④

---

① 关于经济计划与经济调控基本问题鉴定会议的会议记录(1946 年 6 月 21 日、22 日汉堡),又载于维尔纳·阿贝尔斯豪塞《自由社会主义还是社会市场经济?》(W. Abelshauser, Freiheitlicher Sozialismus oder Soziale Marktwirtschaft?, in: *VfZ* 24,1976),第 415—449 页。

② 维克托·阿嘎茨,《社会主义经济政策》(Viktor Agartz, Sozialistische Wirtschaftspolitik),第 8 页。

③ 亨利·瓦里西:《德国经济重建的推动力》(Henry Wallich, *Triebkräfte des deutschen Wiederaufstiegs*, 1955),第 70 页。

④ 路德维希·艾哈德:《所有人的福祉》(Ludwig Erhard, *Wohlstand für alle*, 1957),第 29 页。

事实上，来自利润和设备折旧的自筹资金越来越成为资本筹措的最重要来源，而由于"二战"引起的有利的固定资产寿命结构，只有一小部分老旧的设备真正地退出了使用。1949 年至 1953 年，自筹资金在投资金额中所占的比重比 1926 年至 1929 年的战前水平高出了近四倍。资本市场、国家、自筹资金间的传统顺序发生了颠覆。因此，经济重建的核心工作——资金筹措——脱离了市场或国家的理性调控。

1948 年后，所有企业都逐一终止了所谓的价格约束策略。而在市场需求旺盛的卖方市场，终止价格约束战略也能为消费领域的厂商带来更高的利润。故而该策略的终止也就成了自筹资金比例过高的原因之一。此外，自筹资金在税收政策领域也获得了优待。1948 年 8 月颁布的《德国货币资产负债表和资本重置法》向所有企业放权，允许其高估企业财产以留存更多的折旧空间，或低估企业财产以便在战争损失平衡估价中获得利益。由于预见到自己在战争损失平衡估价中的不利地位，大多数企业都选择对企业财产进行高估。

此外，税务立法也将自我筹措投资资金的负担转嫁给国家财政。1946 年盟军监督委员会提出的税率规定并未对充实国库起到什么实质作用。其原因就在于当时货币收入基本上失去了意义。德国税收部门的政治家希望借助 1948 年的货币与经济改革将所得税税率减半以刺激投资。这一做法遭到占领国机构的强烈反对。他们认为，此举将引发国家财政预算赤字，进而影响新颁币值的稳定。从军政府《税法暂行新条例》第 64 条规定可知，下层收入群体的税率虽显著下降，中上层群体税率的下调幅度却并不明显。因此，德方此时的唯一出路是改革 1951 年以来西德经济的投资结构，使其朝着有利于消费品工业发展的方向迈进。1948 年、1949 年的税改法首次为淘汰经济产品的替代采购规定了累退折旧税。《个人所得税法》中最重要的第 7a 条规定涉及的资本品上限为 10 万马克。该类商品在购买后的头两年里可进行对半折旧。从实施效果上看，该举措和其他税收优惠政策都相当于对消费品工业的补贴。国家财政借此对私人投资进行资金支持的同时并不干涉资金的使用，其在财产政策方面产生的作用为日后备受争议的不公平的收入与财产分配制度埋下了隐患。在 1949—1950 年失业率不断攀升时期，脱离监管和市场竞争的自筹资金招致了众人对资金错误引导的批判。到朝鲜战时繁荣的后期阶段，来自自由主义阵营的批评之声则更为尖锐。基民盟/基社盟党团也将税收政策视为"导致投资政策发生偏差的最大根源"并将大部分责任都推卸给了盟国管理当局。①

基于此举的经验教训以及 1950—1951 年交替之际行业发展的种种瓶颈问题，联邦政府最终决定进行路线改革。1950 年所得税税率大幅下调之后，能在 1951 年之后享受《个人所得税法》第 7a 和 10a 条规定的税收优待的群体只剩下曾受到纳粹政权迫害的少数成员。这并非意味着市场竞争将更多地控制对资本进行引导，因为资本市场在固定资产净投资额中所占的比重仍在下降。不过，税收补贴改革至少意味着政府放弃了对不加约束的经济自由主义政策的财政支持，它与国家计划经济构想一样，都是与社会市场经济的理念不相容的。朝鲜战时繁荣后期，经济结构发展的弊端日益显露。这也促使德国对艾哈德以消费工业为主导的重建战略进行了首次公开修正。

朝鲜战争爆发以来，全球范围内出现了军备扩张的繁荣景象。而因此大获裨益而又长期被忽视的重工业领域如何优化资本引导的问题则成为 1951 年危机之年经济政策争论的核心议题。不断被提上日程的十多项计划和建议一而再再而三地被驳回。在这种形势下，德国经济界联合会于 1951 年 4 月提出了一项计划：通过自主措施而非财政渠道筹措投资资金来实现对贸易法则的保障。建议举措中的资金原则上指盈利性行业所做出的贡献。1952 年 1 月颁布的《盈利性行业的投资援助法》（IHG）规定，消费品工业的相关企业有义务为采煤业、钢铁制造业、能源经济、水资源管理和联邦铁路等行业的紧急需求筹措 10 亿马克的投资资金，尤其是那些不再受价格约束政策限制、能够利用向卖方市场发展的自由市场经济中融资机会的企业。与此相反，遭遇发展瓶颈的工业企业则可获得设备折旧的特殊优待，同时不受价格约束政策的限制。与之前的资产重组政策相比，特别折旧优待的规定具有更大的实质意义——优惠金额总计 32 亿马克。正是这一投资引导的惊人之举昭示着经济重建新阶段的开始。

三 黑格尔式的社会市场经济：重回社团主义市场经济体制

在关键时刻，美国作出了改变策略的决定。1951 年 3 月 6 日，高层委员会代表和德国马歇尔计划管理处特派员约翰·麦克罗伊对德国联邦总理下发了最后通牒，"要求其对自由市场经济体制进行一次彻底修正"②。他认为，

---

① 雷尔博士：《1950 年 2 月 15 日联邦议院第 38 次会议速记报告》（Dr. Lehr, Sitzung des BT vom 15.2.1950, Stenographische Berichte 1/2），第 1162 页。

② 载《时代史季刊》（VfZ 30, 1982 年），第 734—738 页。

联邦政府在对待朝鲜战时繁荣问题上做出的经济政策反应有可能对其进一步履行国际义务带来致命性损害,其造成的严重后果将威胁到联邦德国在欧洲经济合作组织中的地位。他要求政府对经济采取直接管制和调控措施,制定价格和外汇监控机制,实施有利于满足西方盟军国防需要的优待特权规定并建立相关的规划部门。这一切都与市场经济原则和经济部的目标设定背道而驰。因此,麦克罗伊预言,不论是德国政府还是德国民众都将为此作出不小的牺牲。

三个月以后,时任高层委员会经济问题署署长和马歇尔计划特别任务组组长的让·卡地亚（Jean Cattier）向公众解释了美国要求经济部做出牺牲所包含的内容。[①] 他承认,对于德国而言,自由经济政策是货币改革后"快速繁荣期"的最佳选择。然而,鉴于世界政局新形势的出现,它现在是不合时宜的,或者说是一种"奢望"。原因就在于它的施行将带动一批无用商品和奢侈品的生产热潮。路德维希·艾哈德实施经济改革三年后,联邦德国的经济制度再一次受到世人关注。由于麦克罗伊将履行美国的要求与继续向德国提供援助和供应原料必需品联系在一起,美国干预给联邦政府带来的两难境地就愈加明显。

麦克罗伊于1951年3月6日实施的干预虽并非美占领政权对艾哈德经济政策内容与运行过程的首次"入侵"。但它足以成为铲除政策信条锋芒的一次高潮。朝鲜战争爆发后,各方的批判之声极少涉及经济政策的普遍原则问题,转而把关注点放在了原料分配与促进外贸发展制度领域具体的军备政策措施上。早在1950年秋,盟军高层委员会就曾以占领国国防需求为利益出发点,要求联邦政府采取调控措施确保短缺原料的供应和分配。他们将这视为改变占领区状态的前提条件,即给联邦德国在对外政策方面的有限的自主权,康拉德·阿登纳总理创立的联邦外交部就是这一政策最明确的写照。此外,联邦法律在生效前不需要再经过盟军高层委员会（AHK）的批准。作为补偿,德国除了须对紧缺军备物资分配进行调控以外,盟军还要求德国承认并履行战前及战后债款义务。几天后,煤炭供应链的崩溃迫使经济部长不得不重新采取管制和调控手段来解决这一核心行业出现的种种问题。然而,自1950年4月1日煤炭业管制条例废除后,对采煤业实施宏观规划和政府调控的人事及政治条件都已不复存在。故而管控能源危机的任务就落到了德国采煤业领导机构（DKBL）——1947年由盟军成立的采煤业信托组

---

① 载《时代史季刊》（*VfZ* 30, 1982年）,第753页。

织——的肩上。在相当长一段时间里,艾哈德有意识有目标地将政府的规划与调控权力逐步下放。因此,在危急时刻,他只能将管制任务拱手让给经济界、工会组织和工业联合会并由此进一步强化了他们的权力和影响力。更重要的是,仅仅依靠决心和意志就想对符合自我管制特点的采煤业进行调控是不可能的。煤炭经济及其相关的工业联合会和工会组织圆满完成了盟军高层委员会提出的将煤炭供应集中于"少数重点工业"的要求。①

西德工业并没有如盟军所期望的那样暂停消费品领域的部分产能,而是置不利的外汇形势于不顾,大量进口市场上的紧缺原材料。联邦政府则为该战略保驾护航,要求盟军高层委员会向国际鲁尔机构施压以减少德国煤炭的强制出口量。盟军果断拒绝了这一"无理要求"并谴责联邦政府,指出德国煤炭供应的紧张局势很大程度上是由其自身过错和失误造成的,认为德国政府没能及时采取必要措施监督煤炭的分配情况、限制不必要的煤炭消耗以及提高煤炭价格。吸取上述经验教训,美国高层委员会认为是时候采取更强硬的措施强迫西德参与盟军国防保卫计划。此时的条件相当有利:联邦德国的外汇储备已基本耗尽,美元援助尽管规模不大,但正发挥着比以前更加有力的政治影响。

西德由此被卷入了对假想的全球共产主义攻击进行战略反击的斗争中。一方面,朝鲜发生的一系列事件表明,1949年秋以来有关为保卫西欧建立西德军队的公开议题再次提到日程上来。同时,这一系列事件也迫使美德双方于1950年8月制定了阿登纳《安全备忘录》。其中,阿登纳用同意建立一支联邦警察部队来换取盟军在德国主权问题上的让步。另一方面,美国企图盘活德国庞大的工业储备并将用于"无用商品或奢侈品"生产的原料投入军备生产。他们对占领国物资的直接支配权,尤其是对世界原料市场的管制权成为实现此项政策的有力杠杆,特别是1950年年末在华盛顿签订的《杜鲁门—阿特立协议》成为美国对战略原材料实施国际分配策略的工具。不论是对于联邦德国还是其他欧洲国家而言,马歇尔计划管理机构都扮演着协调人的角色。欧洲国家,特别是联邦德国一旦由此产生对美国的依赖性,便会出现联邦德国工业联合会(BDI)所描述的情形:"这个曾经身为自由经济之化身的工业强国在捍卫西方世界安全的努力中不得不接受更多的管理和管

---

① 阿登纳给盟军高层委员会业务主席伊万讷·基尔克帕特里克爵士(Sir Ivone Kirkpatrick)的一封信,1951年1月13日,BA B 146/201。

制措施。同时，它希望其他国家也能对自身权力做出相应的限制"。①

仅凭德国的经济情况就足以应对美国的种种攻势，联邦经济部长既不需要公开表态正在向与军备相关的计划经济过渡，也不会因此而丢失颜面。然而，德国经济界联合会却并未做好准备接受通行于美国且官僚色彩浓厚的直接监管措施。原因就在于它与德国经济的合作式组织体系背道而驰。联邦德国工业联合会对照搬照抄美国经验的做法表示强烈反对。他们认为，这样做不仅不能增强德国的经济实力，反而会阻碍和削弱其发展。同时，德国经济界还意识到，为了适应西方世界的军备要求，"一切行动都必须经过深思熟虑，必须制定严苛的纪律条款，甚至在特殊情况下作出必要牺牲"。②

"调动经济界的自我责任"便成为联邦德国工业联合会理解这一表面矛盾的关键所在。工商业联合会在1950—1951年的危机形势下抓住机会，通过向联邦政府和总理履行"良好职责"③而扩大了自身影响力并成功阻止了国家对经济发展的干预。因此，联邦德国工业联合会将自己视为实现经济内部转型的有力保障。它提倡在转型过程中要将主要精力放在特别紧急的经济任务上并承担起国家经济政策规定的相关义务。

经济界联合会希望尽自己所能填补1948年经济改革以来产生的调控漏洞。西德经济体系中大批组织结构领域的创新举措正是这一意愿的有力体现。原材料的调控机制曾引发美国制定包括分配、优待和价格控制在内的一整套制度。对于这一复杂而棘手的问题，联邦德国工业联合会则找到了典型的德式解决方案。根据化工业和钢铁工业联合会的传统模式，首先需要在采购市场上建立一个卡特尔组织，由它根据各行各业的区别划分制定供货分配计划，工厂间的供货情况则基本交由竞争机制来调节。遇到困难时或特殊情况时，联合会将稍加干预以排除障碍。国家机构——如新成立的联邦工商业商品交易管理处——则通过联合会广而告之。他们有机会为实现其"特别目的"提出自己的想法，在遇到特殊情况时还可以与工业界中的联系人协商。

私有经济的调控方法诞生于联邦德国工业联合会的"方法工作委员会"（Verfahrens-Arbeitskreis），从1951年开始，德国工业联合会就已经开始工

---

① 《联邦德国工业联合会关于联邦德国经济形势的备忘录》（BDI-Memorandum zur Wirtschaftslage der Bundesrepublik Deutschland），1951年3月28日，第11页。

② 同上书，第22页及其以下。

③ 同上书，第11页。

作。时任汉堡—哈堡凤凰橡胶厂厂长的奥托·弗里德里希（Otto A. Friedrich）为该委员会主席。联邦经济部和马歇尔计划管理部也向该组织委派了数名高级官员。此外，在原料分配调控和（从消费品工业转向重工业的）投资调控等问题上，经济联合会（和工会组织）则承担起了主要责任。正是工业联合组织的合作使阿登纳在回复美国发出的最后通牒时重申了熟悉的规则，尽管麦克罗伊在三周前还在对其缺陷进行攻击。阿登纳回复的目的在于避免美国对德国进行制裁。虽然联邦议院在此期间通过了《经济保障法》，但该法仅仅为经济干预创造了机遇，条款的运用则仍然是未知数。与此相反，德国工业联合会的组织体系和人事结构却为履行美国提出的要求提供了保障。

至此，实行社会市场经济体制的框架条件发生了根本性变化。魏玛共和国时期的社团主义市场经济体制曾为行业联合会及工会组织提供了经济与社会政策领域的高度自主权，也曾为"一战"后的第一共和国确保了经济和政治上最低限度的稳定。1947—1948年的重大转折似乎使西德经济逐步与这一传统体制渐行渐远。虽然准许顾问委员会参与经济管制主体（专业机构）的工作，而且委员会中的社会团体可以对经济管制实行否决权。然而，西德经济的管制领域逐渐大规模地萎缩并最终于1950年变得无足轻重了。因此，由于美国对政府和经济之间关系的干预间接导致的这一历史转折就显得极具根本性。经济联合会和工会组织填补了1948年经济改革有意存留的"调控空缺"。他们以自治形式实施了一系列规划和调控措施——根据自由主义观点，这些都属于国家的主权职责——并在与国家机构的共同合作之下成功克服了危机带来的种种问题。

"履行联邦政府在原材料问题上的顾问职能"最为典型地说明了国家与联合会之间建立的新关系。1951年3月，原材料咨询机构在联邦德国工业联合会的建议下成立，对艾哈德的经济政策持观望态度的批判者[1]奥托·弗里德里希担任机构负责人。早在很久以前他就是提出经济界与政府开展合作

---

[1] 参阅1949年12月31日《世界报》；也可比较《艾哈德部长对汉堡—哈堡奥托·弗里德里希以及德国经济界的回答》，《世界报》（Minister Erhard antwortet Herrn Otto A. Friedrich, Hamburg-Harburg, und mit ihm der deutschen Wirtschaft, "Die Welt" vom 4.01.1950），又载于艾哈德《德国的经济政策》（Ludwig Erhard, *Deutsche Wirtschaftspolitik*, Düsseldorf, 1962），第121页；还可比较沃尔克·贝尔格哈恩《奥托·弗里德里希：一位政治企业家——1902—1975年他的生活与他的时代》（Volker R. Berghahn, *Otto A. Friedrich, ein politischer Unternehmer, Sein Leben und seine Zeit 1902—1975*, Frankfurt/M., New York, 1993）。

倡议的灵魂人物。这位后来的联邦德国雇主联合会（BDA）主席肩负着一项重任①，即提高经济界在原料分配调控领域采取必要措施的参与度。弗里德里希暂时接管了"联邦工商业商品交易管理处"的领导职务。该机构的顾问委员会由工商业企业和工会组织构成，并在很大程度上决定着机构的日常经济行为。联合会与国家权力的结合——不论是以特派员或顾问身份还是以委员会、顾问小组或其他协会的形式——既有利于经济部长对经济政策行为的自愿放权，又有利于强化联邦中央银行、联邦总理和财政部长以及工业联合会在经济政策倡议领域的主动权。双占区经济管理委员会委员、社会主义工会前主席维克托·阿嘎茨认为"在联邦总理周围安插特派员（Kommissare）"的行为可谓"一大奇观"，"用特派员来取代职能部长的做法"② 是对民主制度的践踏。无独有偶，联邦经济部顾问委员会前领导成员，同时也是秩序自由主义倡导者的高校教师弗朗茨·伯姆（Franz Böhm）也认为，"将国家任务交由纯粹的私人机构进行管理……的做法不仅与现行的国家和经济法背道而驰，也不符合民主主义宪法规定的基本原则"③。然而，这一切确实都发生了：解决危机之最紧迫任务，即满足美国在军备生产问题上的愿望以及渡过1950—1951年能源危机，为基础工业提供的投资援助都源自工业联合会的初始倡议，并以联合会和工会组织的自治形式实施。各方表现出来的合作意愿有效阻止了国家的规划和调控行为，这不仅为经济部长挽回了颜面和地位，同时也意味着艾哈德市场经济构想实现了重大的创新突破。④ 1950年，艾哈德曾向奥托·弗里德里希以及经济界表达了他对"企业计划经济"和"旧式卡特尔体系"的反感和憎恶并拒绝了企业界在经济政

---

① 担任经济政策领域外汇任务特派员的除了弗里德里希之外还包括煤炭管理机构的马汀·索根迈尔（Martin Sogemeier）和符腾堡—巴登州前任财政部长艾德华·考夫曼（Eduard Kaufmann），后者为外汇专员。
② 1951年11月9日德国社民党经济政策委员会上的讨论，德国工会联合会—联邦董事会档案馆的会议记录（Diskussion im wirtschaftspolitischen Ausschuß der SPD am 9. November 1951, Protokoll im Archiv des DGB-Bundesvorstandes），第39页。
③ 1951年4月28—29日联邦经济部咨询委员会会议关于投资援助的鉴定报告（副本）[Gutachten zur Tagung des wissenschaftlichen Beirats beim BWM am 28./29.04.1951 über die Investitionshilfe (Abschrift), BA, B 102/12581/1]。
④ 参见维尔纳·阿贝尔斯豪塞《朝鲜、鲁尔河畔和艾哈德的市场经济：1950—1951年的能源危机》（Werner Abelshauser, Korea, die Ruhr und Erhards Marktwirtschaft: Die Energiekrise von 1950/51, in: *RhVjBII* 45, 1981），第287—316页。

策领域深化共识谈判的要求。① 在他看来,不论付出什么代价,"他都会尽一切所能坚定地捍卫市场经济原则的一致性"②。尽管如此,市场经济的特征还是发生了显著的变化。

朝鲜危机加速了西德社团主义市场经济体制的复兴。这是对新的工业联合会发起的一次挑战。他们将向其成员和国家重新证明他们的有效性和不可或缺性。事实上,早在 20 世纪 50 年代初期,联邦德国已(重新)形成并成功运用了利益协调和经济政策的社团体制。朝鲜危机的爆发对西德经济产生了深远影响。人们也逐渐意识到,不是直到路德维希·艾哈德的后任才成功实现了工业联合会和工会组织对制定经济政策的参与,将经济与社会政策重大措施的自主管理实施权下放给他们并赋予其解决具有"国家"意义的特殊问题的相关义务。这种经济政策的理念和方法曾成功运用于采煤业的整顿和重组③,也曾为多年来稳定导向型收入政策的成功奠定了基础。在联邦德国的早期阶段,尽管大多数情况下经济部长都对此表示反对,但它们已开始被用于解决类似的重要问题。弗兰茨·伯姆从秩序自由主义角度对社团组织体制的复兴作出了回应,他在 1951 年一个为路德维希·艾哈德所做的鉴定报告中承认了上述事实并预言了其发展的后续态势④:"如果这一情势继续发展,我们的政治和社会体制将发生宪法预计之外的变化。议会、党派和基于选举产生的立法、行政手段都将被所谓的国家等级体制所取代。在该体制中,决策权将转移给专业的组织机构及其私人官僚体系,从而与政府官僚体系形成对立。"然而,大型社会团体的"计划专制"或国家等级体制的复苏并未像伯姆描述的那样如期而至。相反,经济政策决定权和行政权向专业组织、联合会和其他"私人官僚体系"的转移则不容忽视。50 年代中期,来自图宾根的政治学家狄奥多·艾申布尔格(Theodor Eschenburg)将其称为"联合会的统治"(Herrschaft der Verbände),这是它们产生和存在的源头所在。⑤ 1950—1952 年美国为了最大限度地利用西德军备潜能而采取的措施并

---

① 《艾哈德部长对奥托·弗里德里希及德国经济界的回答》(Minister Erhard antwortet Herrn Otto A. Friedrich und mit ihm der deutschen Wirtschaft, in: *Die Welt*, 4. 1. 1950)。
② 《欧洲政策影响下的德国经济政策:1952 年 2 月 6 日艾哈德在苏黎世瑞士国外研究所做的讲演报告》(Die deutsche Wirtschaftspolitik im Blickfeld europäischer Politik, Rede vor dem schweizerischen Institut für Auslandsforschung am 6. Februar 1952 in Zürich, in: Erhard, Wirtschaftspolitik),第 181 页。
③ 参见阿贝尔斯豪塞《鲁尔采煤业》(Abelshauser, *Ruhrkohlenbergbau*)。
④ 档案 BA, B 102/12581/1。
⑤ 狄奥多·艾申布尔格《联合会的统治?》(Theodor Eschenburg, *Herrschaft der Verbände?* 1955)。

未经受住朝鲜危机的考验。1952年,大量的美国进口商品有效缓解了西德紧张的供应局势。此后,煤炭管制规定再一次被废除并成为永远的过去式。1954年,鲁尔河畔就刮起了另一股风潮。原料采购市场的卡特尔组织在危机结束后丧失了生存根基。这一点也同样适用于经济界的投资援助,尽管其运作一直持续到1955年年末。它在提供57亿马克的投资援助后便完成了其职责义务。尽管"权宜的"的经济调控和朝鲜危机应急体系很快就从德国经济生活中消失,但在此期间的市场经济和国家危机管理体制已深深扎根于社团体制框架之中。正义而又专业的观察员安德鲁·舍恩菲尔德(Andrew Shonfield)认为,50年代的西德经济"比其他国家拥有更完备的计划工具"。同时,他还发现"西德经济拥有私人领域所必需的各种合作形式和相关的理论基础"[1]。相比1948年的局势,1951年重大转折后对上述事件进行归类变得更为简单。产生于帝国时期、形成并完善于魏玛共和国时期、在纳粹政权时期遭到独裁专制者歪曲的德国经济社团体制框架如今又重新得以确立。

---

[1] 参见安德鲁·舍恩菲尔德《计划的资本主义》(Andrew Shonfield, *Geplanter Kapitalismus*, 1968),第351页及其后。

第四章

艾哈德时代的社会市场经济实践

艾哈德时代的社会市场经济实践分为两个截然不同的时间段。它作为实现市场经济的战略是成功的。这一进程在1949年结束，但它又在1951年的朝鲜危机中再次受到挑战并由此发生了明显的变化。与此时段相比，在20世纪50年代明白无误的社会市场经济特征在其后就不是十分清晰了。

第一节 《卡特尔法》——社会市场经济的"宪法"

社会市场经济的拥护者将《卡特尔法》视为市场经济的"宪法"（基本法），而"协会统治"的卷土重来则加大了他们试图建立这一秩序政策框架的难度。对于秩序政策而言，是否拥护卡特尔一直是最重要的分水岭。对于一部分人来说，它属于"困境中的产儿"——最适合在市场经济的混乱局面中为所有市场参与者带来秩序。事实上，卡特尔组织是在第一次经济大萧条（1873—1896年）中崛起的。在大多数德国人看来，这是一次化危机为机遇的成功典范：德国选择的市场秩序道路似乎是全世界最优越的。然而，对于国外观察员而言，卡特尔组织恰恰代表着现代与传统之间无法逾越的鸿沟。它把德国塑造为所谓的"中世纪思想的智库"，进而化身为"反对现代文明进步的使者"（Thorstein Veblen）。两大世界观之间的巨大差异形成了中欧地区社团经济文化与盎格鲁–撒克逊地区竞争哲学的截然对立。

卡特尔的重要性对所有人而言都是毋庸置疑的：它是独立企业在自愿基础上以合同形式组成的联盟，通常以行业共同体的形式出现，其目标在于控制和占领市场。有关它的评判，坊间早有定论。古典经济学创始人亚当·斯密（Adam Smith）坚信，商人时刻都做好了诱导消费者的准备。相反，俾斯麦时期在国际上颇有威望的社会保守派经济学家（讲坛社会主义者）则认为，"商品交易并非通过购买、缔造企业、交易所和投机取巧等形式，而是通过协作合同、对必要性的认识以及重视双方利益共赢胜过自私自利心理的意识促成的"。① 他们将此种心理视为企业市场规制的"道德力量"。卡特尔合同仅仅是冰山的顶峰。自愿遵守法律法规以及企业在自由竞争机制下开展合作曾是（且一直是）德国"社团主义市场经济"的核心与实质。甚至是工会组织也紧随其后，遵循这种德国式的市场秩序道路。因此，1897 年帝国法庭在经济萧条期结束后为卡特尔合同提供法律制度保护，并废除原有的自由主义市场宪法的做法也就不足为奇了。此外，经过十年议会争吵后于1958 年 1 月 1 日作为"社会市场经济宪法"而生效的《反对限制竞争法》理所当然地成为理论界为数不多的一大创新，为 1945 年后西德经济的前进方向指明了另一条道路。德国试图摆脱"卡特尔经典国家"（弗兰茨·伯姆）的称号。在公开推行社会市场经济 10 年后，这一做法至少初步完成了20 世纪 30 年代的改革自由主义提出的核心内容。

原则上，卡特尔从 1945 年以来就遭到禁止。占领国认为，卡特尔正是德国战争经济具有高度影响力的重要原因。事实上，阿尔伯特·斯皮尔领导下的军备部特别对所谓的卡特尔逻辑倍加推崇。它将生产商汇聚成为完成不同项目的集团和委员会，以提高武器装备的生产效率。相对于斯皮尔军备部的不足之处，各同盟军感受更多的是它的活力。他们认为，希特勒时期建筑工程师策划的"军备奇迹"首先得归功于卡特尔组织的效用。主要不是由于对德国战争经济成就的敬畏，而是各方世界观上的差异使卡特尔在战后经济中滑到了犯罪领域。虽然美国也努力尝试通过成立庞大的企业集团（托拉斯）来排除竞争，然而，与德国不同的是，美国公众从一开始就对这一计谋迅速做出反应并制定了严格的反托拉斯法。在这一背景下，第二次世界大战便也成了资本主义大家庭中不同分支间的兄弟阋墙。故而，消除作为德国经济体系特征的卡特尔组织也就成了美国战争清单上头号目标。

1945 年后，大多数德国企业家都表达了对取消卡特尔同盟（去卡特尔化）的质疑和批评。正是由于卡特尔组织曾是为了抗击经济危机而建立并且反复证明了它们的实力和功效，企业家们并不想在最危难之际放弃这种已历经种种考验的企业同盟手段。而卡特尔组织越是摆脱官僚作风的束缚，企业家们对它的不舍和依恋就愈加强烈。"二战"结束时的全面崩溃使"战败

---

① 古斯塔夫·施莫勒：《卡特尔与国家间的关系：1905 年 9 月 27、28 日在曼海姆举行的社会政策协会谈判》（Gustav Schmoller, *Das Verhältnis der Kartelle zum Staat, Verhandlungen des Vereins für Socialpolitik am 27. und 28. September 1905 in Mannheim*, 1906），第 254 页。

国"打破了经过数十年陈积的经济硬化症。这使德国重新获得了有效利用和创新其社会生产体系的能力,并由此推动经济发展和技术进步的希望。而此时这种改革和发展在大多数"战胜国"却遭到了很大的阻力。德国生产体制的具体组成部分如工会组织或经济联合会随之摆脱了沉疴,结构体系得到了简化。这一点尤其体现在卡特尔同盟上,其烦冗复杂的官僚程序和工作作风在1945年以前曾饱受人们诟病。然而,奇怪的是,1945年战败后重建的德国经济组织似乎没有发生太大变化,只是变得更加简洁和更有效率了。

路德维希·艾哈德是首先提出要求全面禁止卡特尔同盟的人。他坚决主张停止对"旧式卡特尔组织的歌功颂德"。[①] 但由于经济联合会和基民盟/基社盟党派的强力阻挠,艾哈德即使拥有占领国的援助和支持也没能取得反卡特尔行动的全面胜利。1949年,包含禁止原则等内容的《卡特尔法》初稿在几周之内便无疾而终。1950年的二稿在历经7次修改后,也最终于立法议会期结束后销声匿迹。1954年的三稿一直被议会拖延到1957年中期才最终通过。

艾哈德的反对者主张拒绝任何形式的卡特尔立法,或是仅限于制定一些针对权力滥用的原则。他们认为,德国的战后经济无法承受竞争机制带来的"摩擦损失"。管制规定废除以后,他们便将卡特尔同盟视为国家早期调控职能的替代品。1951年,朝鲜危机达到顶峰,为了更有效地"保卫自由世界",美国占领当局迫使德国勉强接受了采购工业领域的卡特尔组织。恰恰是这一做法进一步强化了反对者对卡特尔的青睐。而对卡塔尔立法制造障碍的不仅包括大型军备企业和德国工业联合会,由盟军统治的联邦州和大部分基社盟党团也对此表示反对。1955年,巴伐利亚人提出,为了中小企业的利益,只要卡特尔组织不明显分割市场或对产品实行配额管理,巴伐利亚州一般允许卡特尔同盟的存在。

最终,《卡特尔法》在拉迪奥·哀里万(Radio Eriwan)精神的主导下生成。它虽然原则上禁止卡特尔的成立,但同时又规定了许多例外情况,例如条件卡特尔、折扣卡特尔、外国卡特尔、结构危机卡特尔、出口卡特尔、合理化卡特尔以及二手价格约束等特殊形式,它们像瑞士奶酪上的小孔一样

[①] 奥托·A. 弗里德里希:《1950年交替之际的德国经济愿望》(Otto A. Friedrich, Wünsche der deutschen Wirtschaft zur Jahreswende 1950, in: Die Welt vom 31, Dezember 1949),以及《艾哈德部长对汉堡—哈堡奥托·弗里德里希先生及德国经济界作出的回答》(Minister Erhard amtwortet Herrn Otto A. Friedrich, Hamburg-Harburg, und mit ihm der deutschen Wirtschaft, in: Die Welt vom 4, Januar 1950, und abgedruckt in: Werner Abelshauser, Die langen fünfziger Jahre, Düsseldorf, 1987),第101页。

穿透了所谓的禁止原则。法律的 109 项条款中几乎没有哪一条不受到例外情况的限制。此外，依法建立的联邦卡特尔局的权力十分有限。直到十年以后，它开始大量罚款时才真正赢得了尊重。由于卡特尔立法的反对者对"市场支配地位"的禁止标准进行了极其严苛的规定，卡特尔局在这一点面前也显得有些无能为力。仅当"某企业在销售某种特定商品或提供商业服务时没有竞争对手或者没有实质性的竞争的情况下"，卡特尔局才能干预。①这一"瘦身"版本被艾哈德誉为社会市场经济体制顺利运行的基本前提条件。它的出现也多亏了经济联合会的慷慨与仁慈。在此期间，他们发现，德国经济在"经济奇迹"的背景条件下即使没有形式化的卡特尔组织也能实现稳健发展。此外，该项法律对行业内的利益合作、出口导向型"工业集群"的合作实践或其他形式的地区联营经济也绝不加以干涉和阻挠。直到欧洲共同体明确了其对卡特尔组织的严厉态度之后，德国联邦卡特尔局才真正挺直了腰杆、增强了话语权。自此以后，在无法援引大量例外条款中对自己有利的某条的情况下，卡特尔组织终于成了市场经济的违规丑行。社会市场经济的核心计划由设想变为现实的过程延续了 20 多年，而且还不是仅依靠自身的力量。

第二节　调控漏洞：扩充军备的秩序政策与现实经济问题

　　路德维希·艾哈德的市场经济只能在没有"基本法"的支持的情况下开始，因此其秩序政策原则必须要艰难地冲破强大利益群体和路径依赖的思维与行动方式的束缚。归于社会市场经济的立场和观点在"艾哈德时期"的重大政治辩论与方向决定中很难找出来，除认为它带来了高经济增长率外，人们也无法找出其实际政策上的有效性。这不仅适用于对欧洲一体化做出的重大原则决定，也同样适用于诸如军备经济、社会国家的可持续发展和（后）工业结构转型时期经济政策的规制等问题。虽然社会市场经济的政策实践绝不仅限于确立秩序政策框架②，但在日常政治实践中，其主要表现为

---

　　①　《反限制竞争法》（Gesetz gegen Wettbewerbsbeschränkungen, 27. Juli 1957, § 22, BGBl I），第 1086 页。
　　②　参见本纳德·洛夫勒《社会市场经济和行政实践：路德维希·艾哈德领导下的联邦经济部》（Bernhard Löffler, *Soziale Marktwirtschaft und administrative Praxis, Das Bundeswirtschaftsministerium unter Ludwig Erhard*, 2002）。

调控和行动方面的漏洞。

一 军备与市场经济

随着朝鲜战争的爆发,西方世界随后发起了一系列国防保卫行动。不久,占领国便意识到,过去的秩序政策对重工业的忽视和冷落将演变为军备经济的一大安全风险,这是他们绝不能容忍的。因此,社会市场经济的军备适应性问题被提上了议事日程。在针对该问题的无数次争论和探讨中,人们逐渐发现,艾哈德的秩序政策构想在政治实践中为调控空白开辟了生存空间,而这种蓄意忍让也付出了代价。

市场经济学派人士担心,在军备经济政策的引导下,他们很有可能将被迫放弃纯粹学说的信条。事实上,他们的这种担忧的确不无道理。当然,大多数改革自由主义人士也明白,依据"二战"经验,被称为"完全战争"(der Totale Krieg)的现代战争将不再为市场经济的自由发展提供生存空间。早在此类战争的准备阶段,市场经济就不得不进入"充满未知的危险地带"。[①] 毫无疑问,对于苏黎世国民经济学家和新自由主义市场经济学说的著名代表人物——威廉·罗普克(Wilhelm Röpke)而言,"今日之完全战争"要求自由市场经济为"众人熟知的战争集体主义"(Kriegskollektivismus)所暂时取代,而"对不适合战争时期的市场经济只能表示尊重。"罗普克认为,在这种形势下坚持所谓的"教条主义"是极其危险的行为。完全战争倾向于将各国置于经济戒严状态并迫使其对重要商品实行限额配给。在自由市场经济框架内,虽然理论上可以对国家经济潜力采取动员化和军事化措施,但出于现代战争条件下的多种原因,它不再被纳入考虑范围之列。

同时,罗普克还指出,他的意思并不是在保卫自由世界的神圣目标下牺牲自由市场经济。相反,此举正是为了将他厌恶的"战争集体主义"倒退可能带来的损失降至最低。[②] 但对于以艾哈德为首的社会市场经济构想先驱人士来说,即便是这种防御态度也是不能接受的。在秩序政策的争论中,他们奉行进攻是最好的防守的方针,并建议用他们所赞成的经济秩序来解决朝鲜战争爆发后西方世界面临的新问题。因此,他们的口号是:"倘若市场经

[①] 威廉·罗普克:《世界危机与市场经济》(Wilhelm Röpke, Weltkrise und Marktwirtschaft, in: *Schweizer Monatshefte* 30, Januar, 1951),第610页。

[②] 同上。

济无法再像其他经济形式一样胜任军备任务和完成战争使命,那就让它见鬼去吧!"① 在他们看来,出于恐惧而推行"军备经济"的做法只会带来社会贫困,甚至引发一场热战②,这才是"对于世界而言最大的危险"。从这个角度来看,"军备经济"隐藏着一个自相矛盾的悖论。有利于热战的准备可能同时也是输掉冷战的重要原因。

西德政府也不得不向美国压力低头。究竟是让对外贸易、原料分配和投资决策再次接受国家的直接调控还是让政府将经济政策领域的权力分摊给经济联合会?面对这一两难境地,联邦政府最终选择了似乎较小弊端的一方。自此,艾哈德真正意识到美国赞成的"军备合作主义"③与他反对的社团主义市场经济结合后隐藏的危机。

德国在欧洲防务共同体(EVG)筹备过程中积累的经验似乎又再一次验证了先前的担忧。1952年的EVG协议不仅对统一的欧洲军事命令和跨国界共同防御预算作出了规定,而且还对跨国界的军备和采购问题进行了组织规划,因而在排除国家——特别是德国——直接干预权及其对军备经济支配权所采取的措施的同时,也为工业联合会——例如法国"国家雇主理事会(CNP)"和西德"德国工业联合会(BDI)"——的广泛介入提供了温床。正如在军备经济问题上对朝鲜危机的反应一样,艾哈德似乎再一次被迫在违背自己意愿的基础上将国家的主权使命移交给了私人联合会。自此,联邦德国军事工业综合体成立的所有条件都已具备:工业领域拥有严密而高效的军备经济组织,大批来自早期德国国防军军械部和其他采购部门的军备专家成为军事工业的游说者,公共采购业拥有了专业的咨询顾问和先进的工业知识,能确保每一次决策的精准度。因此,军备扩张成了决定西德经济秩序是

---

① 路德维希·艾哈德、埃尔文·基尔舍和马克斯·舍恩万德主编:《社论》(Ludwig Erhard, Erwin Hielscher u. Max Schönwandt (Hg), Editorial, in: *Währung und Wirtschaft*, Unabhängiges Forum für Wirtschafts-Wissenschaft, -Praxis, -Politik, 2, Januar 1951),第285页。

② 马克斯·舍恩万德:"军备部长斯皮尔关于其无能同事的描述,1950—1951年:有关'组织缺陷'和'特权、通货膨胀和现实'的重要一课"(Max Schönwandt, Rüstungs-Minister Speer über seine unfähigen Kollegen von 1950—51. Eine Lektion von der "Organisation des Mangels", den "Prioritäten, der Inflation und der Wirklichkeit),同上,第287页。

③ 参见米歇尔·霍干《马歇尔计划——美国、英国和西欧的重建,1947—1952年》(Michael J. Hogan, *The Marshall Plan, America, Britain, and the Reconstruction of Western Europe, 1947—1952*, Cambridge, 1987)。

巩固还是改变的一个重要的舞台。①

1954年8月，在法国国民议会的反对决议下，欧洲防务共同体协议最终未能获准通过。这又给艾哈德摆脱这一有悖于社会市场经济的秩序元素提供了契机。国家采购又可以根据民事标准重新组织，国家在联邦经济部的统治大权也得以重新确立。坊间对在德国工业联合会内部安插军备经济组织的争论此起彼伏。然而事实上，潜藏在是否启用德国经济联合会的军备经济组织争论背后的基本秩序政策意义表明，50年代期间官方机构与联合会间要想实现合作是不可能的，这也进一步阻碍了对德国工业联合会工作团队的军备经济专业知识的运用。随着第一任国防部长狄奥多·布朗克（Theodor Blank）（CDU）时代军备构想的失败和弗朗茨·约瑟夫·施特劳斯（Franz Josef Strauß）的继位，德国人逐渐意识到，尽管要尊重市场经济基本原则的有效性，但是大规模军备扩张则需要特殊的工具和方法，政府需要和经济界在务实的基础上去发现这些工具和方法并付诸实践。在这种共识的影响下，1954年11月，对联邦经济部在军备问题上的特权作出了详细规定的"指导原则"被废止，在其影响下的经济政策教条不时地阻碍了军备进程的发展。其间，联邦德国在秩序政策方面得到了巩固，大众消费能够自我支持，在这一背景之下，对国防军建设务实式的国家干预和"军备合作主义"更微妙方法得以实施，它使50年代后半期的军备扩张失去了扭曲德国经济结构的力量。

在建设联邦国防军的规划期内，整整三年时间共花费资金约100亿马克，占领国政府还为此支付了67亿马克。事实上，联邦政府最初的计划支出为320亿马克［其中还包括来自"瞭望塔"（Juliusturm）的50亿马克］，而实际支出却不到一半。在美方看来，这一国防经费显然是不够的。因此，国防支出在国民生产总值中的占比呈现倒曲线也在情理之中。50年代上半期，其平均占比为14.4%，到下半期——即西德军备的扩张期——则下降至8.5%。50年代步履蹒跚的军备扩张节奏是阿登纳时期德国政策的优先次序的最好写照，即便在冷战背景下，且德国又处于中心的地理位置，而军备却罕见地只在短时间成为西德政府政策目标清单上的重点对象。经济重建、重返世界市场、货币与经济周期的稳定以及共和国内部政局的稳定始终是国家

---

① 参见维尔纳·阿贝尔斯豪塞《50年代的经济与军备：1945—1956年西德安全政策的发端》（Werner Abelshauser, *Wirtschaft und Rüstung in den fünfziger Jahren*, Anfänge westdeutscher Sicherheitspolitik 1945—1956, 1997），第5章。

政策框架内的重中之重。

二 军备赤字的政治代价

从对外政策的角度来看，艾哈德不情愿、也缺乏能力通过自身努力为北大西洋公约组织（NATO）的国防需求做出贡献，这原本也是一项沉重的负担。约定占领期限结束后仍在西德驻军的占领国对德国提出了补偿驻军费用的要求，理由是他们为德国军备赤字填补了漏洞。同时，他们还指出德国在国防经费支出方面太过保守和吝啬，并因此认为德国不断增长的出口盈余是他们自己国家经常项目赤字的罪魁祸首。迫于舆论压力，德国为存在支付问题的驻军国家提供了至少700亿马克的资金支持，或向西德领土内的外国军队提供商品和服务，或以现金支付的方式补偿其在当地的外汇支出。[1]

20世纪50年代末以来，驻军费用问题主要集中在对北大西洋公约组织成员国的支持上。这些国家通常由于财政或外汇问题无法继续承担其西德驻军的各种费用。成员国向北约组织提交的军事互助（mutual aid）申请又常常以德国方面的不作为和军备节制政策为由而遭到拒绝。最终，德国于1958—1959和1960—1961财政年度再次向英国提供每年1200万英镑的财政援助，尽管不再打着支付"占领费用"的旗号。此外，作为采购武器的预付款，波恩需向英国政府在英国银行的账户支付5000万英镑的外汇资金并承诺免息。同时，联邦政府还偿还了部分1962—1964年前未到期的战后债务。总而言之，为帮助英国解决国际收支失衡问题，西德总共需为其提供2亿英镑的资金援助。而它自己却未获得安全政策方面的对等回报。虽然英国政府在1958年10月签订的《支持成本协议》（"support cost agreement"）中曾承诺将为德国派驻55000名士兵，并且到1961年士兵人数不少于45000人。然而，此后英国并没有兑现这一承诺，而是陆续撤回了驻扎在德国的军队。最终，留守在莱茵河畔的英国驻军人数远远低于协议规定的承诺。

对"泰晤士河畔病夫"的拯救只是50年代后期国际财政政策舞台上各大重头戏的前奏。随后，华盛顿跻身为这出戏的主角。[2] 面对美国要求德国

---

[1] 阿贝尔斯豪塞：《经济与军备》（Abelshauser, *Wirtschaft und Rüstung*），第109—113页。

[2] 维尔纳·阿贝尔斯豪塞：《力量的负担：20世纪50年代期间国际财政关系的军事视角》（Werner Abelshauser, The Burden of Power: Military Aspects of International Financial Relations During the Long 1950s, in: Marc Flandreau, Carl-Ludwig Holtfrerich, Harold James (eds.), *International Financial History in the Twentieth Century. System and Anarchy*, Cambridge, 2003），第197—212页。

实行负担共享的愿望,德国是做好了准备的并自愿通过了为第三世界国家提供金额约 10 亿美元的首个发展援助计划。西德工业界也承诺愿意参与其中。西德通过这一方式明确地向世人宣告,出于为第三世界提供发展援助战略的考虑,愿与西方国家共同承担责任并减轻美国的负担。在冷战背景下,这一发展援助成为全球制度竞争的一部分。在德国看来,这也成为广义上国际联盟的共同任务。此外,波恩政府也愿意承担北约组织为基础设施建设支付的大部分费用。同时,它也决定提前偿还 1953 年伦敦债务协议中规定的年付债款和利息。德国的这些举措都有利于缓解美国紧张的外汇状况。不过,对于美国提出的支付驻军费用和其他旨在延续其占领政权的要求,联邦政府都予以拒绝。

新当选的肯尼迪政府最终冲破了双方一直相持不下的僵局。这一次,美国人总算没有空手而归。他建议德国购买其最新开发的核武器技术,条件是德国可以接近,但是还要待在核武器国家的门槛外。这一点与德国对平等军事与政治权利的需求不谋而合。核武器运载系统技术的掌握可以使德国获得对部署在本国领土上的核武器使用有更直接的发言权。显然,为达到这一目标,联邦政府很乐意使用其在国际竞技场上的比较优势。20 世纪五六十年代,联邦德国打败其他所有贸易国家,在国际金融界建立起强有力的储备地位。如今,这似乎也成了其实现国防利益的有力杠杆。

约翰·肯尼迪(John F. Kennedy)看待这一问题的角度和出发点则有所不同。他努力寻求妥协,以阻止德法联手开辟独立发展核武器的新道路:"一旦法国与其他欧洲强国掌握了核武器,他们便可以实现完全独立,我们在他们面前也会变得无能为力。因此,我们必须利用自身的军事和政治优势以确保经济利益不受威胁。"[①] 1961 年 8 月 13 日,民主德国修建柏林墙对西柏林实施封锁。美国实现强权地位的有利时机也随即成熟。虽然柏林墙的修筑是德国共产党人(经济)示弱的表现且带有浓厚的防御色彩,但它还是唤起了人们对国防安全的更高需求,而在当时能满足这种需求的只有美国。

美国新增 45000 人以强化其驻德军队。与此同时,德国也首次增投资金来加速联邦国防军的建设并努力将军备实力提升至国际先进水平。由此,德国的国防预算增加了 30 亿马克,达到 166 亿马克。1961 年 10 月 24 日,德国与美国签署《外汇平衡协议》(即《对冲协定》,offset agreement)。其大

[①] 肯尼迪总统对 NSC 会议的评论(Remarks of President Kennedy to the NSC-meeting, Jan. 22, 1963, FRUS XIII, 1961—63),第 486 页。

部分金额都用于购买先进的武器装备与技术，其中包括装载武器，如能运载核弹头的先进火箭系统潘兴（Pershing）、耐克（Nike）和萨金特（Sergent）和臭名昭著的 F-104"星"超音速轻型战斗机。此外，协议还为其他领域的合作大开方便之门，签署了共同生产传统军事装备、通过联邦国防军利用美国军队在后勤领域的关系网和生产力、在美国军事学校培训西德军队、共同利用军事机构以及共同研发军事项目等一系列协议。协议对双方的采购业务制定了严格的框架条件。首个协议将在两年时间内为武器采购提供 14.25 亿美元的资金。以后直至 1973 年，美德双方还陆续签订 7 项协议，其中武器采购的计划总金额为 100 亿美元。[①] 至此，联邦国防军变成了一支主要依靠美国武器装备的军队，其长期参战能力也完全受制于美国。《对冲协议》也没有给其他形式的军事合作——例如与法国或英国的合作——留下任何空间。正如英德关系一样，外汇平衡问题也成了长期以来影响美德关系的首要问题。

由于军事需求的千变万化和财政预算问题的日益凸显，很难将一次性商定的美国武器供应量维持 10 年不变。因此，首批的两个对冲协议仅对合作的意向作出了规定并明确了德方的预算保留权。但美国总统林登·约翰逊（Lyndon B. Johnson）在艾哈德到访他位于得克萨斯的农庄时，成功说服了这位 1963 年当选、经验尚浅的联邦总理接受将政府的对冲要求作为美国的权利而且艾哈德还同意了继续其外汇平衡的支付。而 1965 年 10 月以来，德国的财政状况日益恶化，"二战"后出现的经济衰退使政府的税收收入锐减，宪法规定的预算平衡难以实现。面对 10 亿马克的财政赤字和 9 亿马克的对美平衡义务，联邦政府面临的内部政局压力倍增。对于英国提出的对冲要求，联邦银行只能以玩笑式的"简单"解决方案予以回应：联邦政府应该直接向英国购买劳斯莱斯汽车配给联邦部门作为公车，而不是支付平衡资金。[②]

外汇平衡问题显然并非西德联合政府（由联盟党和自由民主党组成）

[①] 埃尔克·提尔：《美元的统治地位、负担共享以及美国在欧洲驻军：关于美德关系中货币与驻军政策目标的微妙关系》（Elke Thiel, *Dollar-Dominanz, Lastenteilung und amerikanische Truppenpräsenz in Europa. Zur Frage Verknüpfungen währungs-und stationierungspolitischer Zielsetzungen in den deutsch-amerikanischen Beziehungen*, 1979)，第 67 页。

[②] 1965 年 10 月 25 日 A21 部门备忘录，联邦银行档案馆（BBA），A270/13168；也可参见胡伯特·茨摩尔曼《货币与安全：军队、货币政策以及西德与美国和英国的关系（1950—1971）》（Hubert Zimmermann, *Money and Security: Troops, Monetary Policy, and West Germany's Relations with the United States and Britain, 1950—1971*, 2002)，第 187 页。

面临的唯一挑战。但作为最重要的问题之一，如果政府能为它找到正确的解决方案，就不至于这么快就崩溃了。因此，1966年9月，艾哈德将全部希望押宝在与美国总统举行的一次会面上，希望通过与约翰逊面对面进行协商说服其作出妥协或让步。① 艾哈德最终空手返回了波恩。随后，他的政治伙伴都疏远了他。11月9日，艾哈德下台为建立基民盟/基社盟与社民党的大联合政府扫清道路。然而，艾哈德在外汇平衡问题上的失败并不仅仅因为欠缺了一点政治艺术，在其政界友人看来，"他过于迎合了美国人的愿望"。② 除此之外，艾哈德还必须面对其经济政策的后果，它使联邦德国在国际政治中留下了一个致命的弱点。导致艾哈德政府最终垮台的原因有很多，而且并非所有的原因都是由他一手造成的。不过，他提倡的社会市场经济未能令人信服地解决军备扩张问题，这是导致其最终失败的关键原因。

外汇平衡问题并未随着德国政权的更迭而最终得到解决。大联合政府有更多的政治和经济发展空间实现艾哈德许下的草率承诺，它为美国提供了一个中期解决方案：政府为克服危机实施了一揽子计划，其中还包括一封备受争议的信件：1976年3月30日德国联邦银行主席卡尔·布莱辛（Karl Blessings）写给美国联邦储备委员会主席威廉·马丁（William Martin）的信。在信中，布莱辛承诺，今后，联邦德国——不同于法国——将不把联邦银行日益增长的美元储备盈余兑换成黄金。同时，为了安抚美国方面，他表示，"联邦银行将来应继续扮演现在的角色，成为美国在国际货币政策上稳定的合作伙伴"③。此外，为了缓解对外汇平衡问题带来的种种龃龉，他主动放弃了联邦银行的部分金融自主权。直到1971年布雷顿森林体系崩溃，外汇平衡问题才失去了其重要性。

第三节 公平漏洞：俾斯麦式的社会市场经济

一 社会国家的要求

魏玛共和国时期的"社会国家要求"构成了《魏玛宪法》（WRV）有

---

① FRUS 的会议记录，1964—1968年，第471—477页。
② 弗兰茨—约瑟夫·施特劳斯：《记忆》（Franz-Josef Strauß, *Die Erinnerungen*, 1989），第429页。
③ 更多信息参见茨摩尔曼《货币》（Zimmermann, *Money*），第7至9章。

关经济与社会秩序的核心内容,随着联邦德国将"民主的、社会的联邦制国家"(第 20 条第 1 款)定义为国家秩序的基础,波恩《基本法》(GG)就契合魏玛共和国的这一传统。经济与社会宪法之要求与社会现实间的紧张关系决定了魏玛共和国的悲惨命运。因此,魏玛共和国的失败阻碍了德国在 1945 年后不加批评地延续这一宪法传统的进程。鉴于那些经验教训,社会民主党的"宪法之父"趋于保守。而在涉及如何确定社会与经济宪法具体目标的问题上,日渐强势的改革自由主义派就更是如此。其代表人物认为,公正的社会与经济秩序目标不是依靠宪法就能实现的,还需要可持续的秩序政策形塑能力的有力支撑。而确定某些与保障公民初始权利和国家义务联系在一起的特定国家目标则会对这种形塑能力起到阻碍作用。事实上,《基本法》产生之时,"社会市场经济"的秩序政策纲领与能够在宪法中明文表述出的约束性条款还相距甚远。

不论是弗莱堡的秩序自由主义人士的鉴定报告还是阿尔弗雷德·米勒-阿尔马克非教条主义的改革建议,都没能在战后时期受到广泛的好评。作为秩序自由主义学说可能执行者的基民盟在货币改革前的计划目标中一直推崇非市场经济秩序的构想。虽然"基督教社会主义"(christlicher Sozialismus)一词不久后便从 1945 年 6 月颁布的基督教民主党(CDP)科隆指导原则中被删除,但该原则在内容未经任何改动的情况又再次出现在北莱茵—威斯特法伦州基督教民主党的官方党章中。1945 年 6 月 6 日,基民盟在柏林提出了在整个苏占区成立基民盟的倡议。1945 年 9 月,在法兰克福出台了基民盟党派的相关指导原则并提倡"在民主基础上建立经济社会主义"的构想。这两项倡议有一个共同点,即对德国核心工业和大型银行实施公有化,使其转化为公有财产。

1947 年 2 月 3 日,基民盟为北莱茵—威斯特法伦州制定了经济计划,其序言的经典表述中就包含了建立"集体经济秩序"的要求。这一点及其对采矿业、大型钢铁制造业实施社会化和对货币与金融业实施公共监管要求的提出为实现与社民党的早期合作奠定了基础。基民盟/基社盟与社会民主党共同将国家对社会和经济过程负责的原则(社会国家原则)写入了所有各州宪法中(这些宪法在对《基本法》进行讨论之前就已经产生)。这通常是通过各联邦州宪法中大量有关社会及经济权利和义务的规定来实现的,例如巴伐利亚州(州宪法第 3 条)、巴登州(州宪法第 50 条)、符腾堡—巴登州(州宪法第 43 条)和莱茵兰—普法尔茨州(州宪法第 74 条)有这方面的显性条文规定,而不莱梅州(州宪法第 8、14 和 27 条)、黑森州(州宪法第

27 和 28 条）和符腾堡—霍恩索伦州则有这方面的隐性条文规定。此外，在生产资料所有权及其分配制度和相关的社会经济特权等问题上，基民盟与社民党也持有相同的观点和态度，即倾向于集体经济秩序构想而非改革自由主义的理念。因此，所有早期州宪法中都包含这样一条规定：对某些重要工业行业，当然也包括地产，在特定情况下"应当"或"可以"实施社会化。虽然公有财产并未直接取代私人财产，然而当时社会对采矿业、能源经济、钢铁制造业和交通运输业实施公有化和集体化的倾向已十分明显。黑森州宪法中有关这一构想的表述最为明确。

1948 年 9 月 1 日，西德议会委员会（der Parlamentarische Rat）正式开始履职。此时，最初为西德大多数政界人士所推崇的建立公有制经济秩序的构想在军政府的重重阻挠下宣告失败。另外，备受改革自由主义人士青睐的秩序政策框架还未在西德经济实践中完全建立起来。与各州的立法者不同，《基本法》的执笔人凭借经验深知其自由拟定权的界限。因此，所有参与者——德国共产党除外——都认为，放弃对社会国家原则的具体规定不失为明智之举。社会民主党人希望未来能在联邦议院中掌握经济决策权。《基本法》第 20 条（和第 28 条第 1 款）表述的社会国家要求没有对未来的相关秩序做出正式的规定。基民盟则期望其主导的经济政策能取得更大的实质进展。他们对待阿尔弗雷德·米勒-阿尔马克改革自由主义新秩序模式的态度仍然摇摆不定。最终，他们将"社会市场经济"计划纳入 1949 年 7 月 15 日制定的《杜塞尔多夫方针》中。同时，自由党人的态度也存在着不确定性。其议会委员会议员狄奥多·霍伊斯（Theodor Heuss）指责州议会"大胆或冒险"地将未来社会经济结构的规定写入宪法的行为太过"草率"和"傲慢"。他只是认为，"在此类问题上明确联邦政府职能"是必要的。① 《基本法》在秩序政策问题上保持中立对自由党派是十分有利的，因为这样一来，他们可以在法兰克福的经济议会中按照他们的构想来发展秩序政策。议会委员会以保守态度制定的经济与社会宪法明确删除了有关具体经济秩序的规定，并通过《基本法》的社会国家要求反复强调国家应对社会与经济活动负责的原则，从而对秩序政策的方向采取了开放的选择。1954 年，在针对1952 年《投资促进法》立法起诉的判决中，联邦德国最高法院首次——但

---

① 议会委员会上关于宪法基本情况的演说（1948 年）[Rede im Parlamentarischen Rat über die Grundlagen einer Verfassung (1948), in: Theodor Heuss, *Politiker und Publizist. Aufsätze und Reden*, ausgewählt v. Martin Vogt, Tübingen 1984]，第 362 页及其后。

也并非最后一次——重申了这一开放态度:"虽然在《基本法》框架下,目前的经济与社会秩序具有可行性,但绝非唯一可行的道路。"同时,它还补充道:"《基本法》并不能为某一种特定的经济体系提供保障。"[1]

在生产资料所有制和与其相关的经济与社会权力的问题上,德国要想在短期内重拾战后早期的公有制新秩序构想似乎不大可能。一方面,美国的拖延策略阻碍了它的发展。另一方面,德国集体经济构想的代表人士并未制定出一套能为大多数民众所接受的简单的实施计划,他们也无法承诺西德经济重建在体制过渡期内不会对国家造成任何额外负担。而这些又正是改革自由主义新秩序模式在 1948 年这个特定时点的优势所在。艾哈德的突破只在一点上要归功于美国占领军的干预,它实际上阻止了德国秩序政策的其他选择。但更重要的是,双占区监督委员会和美国高层委员会批评艾哈德的秩序政策试验在方法上的教条主义倾向太过明显,其成功前景风险太大,所以他们对这一构想表示强烈反对。这是美国方面的典型态度和立场。现在来看,如果当时市场经济的实现需要建立一整套复杂的制度架构的话,它就很有可能不仅遭到内部政界的强烈抵制,而且也会由于占领国的务实态度而归于失败。然而事实上,仅 1948 年 6 月 24 日颁布的《关于货币改革后经济管制与价格政策指导方针法》就颠覆现有的重建战略,并制定了新的秩序政策标准。尽管社会民主党人原本竭尽全力反对"自由经济和私有资本主义关系",但甚至他们也对迄今为止的经济管制持否定态度,并在双占区的上议会(Länderrat)对该法律投了赞成票。至此,西德开始引入新的经济和社会秩序。像两年前的集体经济体制模式的遭遇一样,这种秩序在当时还无法赢得民众的广泛支持和信任。此外,由于其在朝鲜危机期间经历了一次社团主义市场经济规则和"协会国家"(狄奥多·艾什布尔格)(Theodor Eschenburg)体制回归的嬗变,其轮廓和特征还不易辨识。然而,1947—1949 年,西德经济实现了较大发展,这足以为"社会市场经济"构想在第一届联邦议院选举中险胜自由社会主义竞争对手提供了保障。

至于西部共和国如何应对《基本法》社会国家要求的问题,其考验在 1949 年 5 月还没有到来。50 年代的"经济奇迹"似乎使国家干预经济成为多余的,朝鲜危机也仅在短期内需要国家的行动。《投资促进法》引发大量遭受投资税困扰的消费品工业企业在联邦宪法法院进行投诉,从而间接地有利于澄清有关西德经济秩序的特点。此外,朝鲜危机加速了西德重拾社团主

---

[1] 《联邦宪法法院判决汇编》(BVerfGE4,1954)。

义市场经济体制的进程。纵然朝鲜危机的催化剂功能不应被低估，但它也只是漫长的 50 年代平稳的重建复苏期内的一段小插曲。相比之下，对于社会政策方向的确立，1957 年的退休金改革和 1967 年大联合政府使用的凯恩斯主义宏观调控景气政策则更加令人瞩目。

二　西德市场经济的社会维度

艾哈德市场经济体制的拥护者虽然认可社会国家要求的基本原则，但他们并不准备推进社会国家的进一步发展。与此相反，他们认为国家干预是造成战争期间经济危机和停滞倾向的罪魁祸首，对此，国民经济学家阿道夫·瓦格纳远在 19 世纪下半叶，在其《发达民族中不断加强的政府活动扩张法则》中就对此做出了预言。他们认为，相比 20 年代的社会干预国家体制，社会市场经济应当少一些"社会"；而相比 19 世纪的古典经济自由主义，它又应多一些"社会"。路德维希·艾哈德的社会市场经济构想也对物质保障做出了承诺，这一点在其"共同富裕"（Wohlstand für alle）的简明口号中得到了最明确的体现。[①] 尽管如此，扩展和改善社会政策的传统并非西德的优先目标，社会市场经济构想的拥护者的做法是通过市场和国家秩序政策来实现秩序中的社会内容，而非通过干预型国家的调控或俾斯麦式社会保险的自治社团体制。一边是西欧现代福利国家的救世学说，一边是改革面向自由主义的"共同富裕"之目标的人民资本主义。在这两者之间，是作为"中庸之道"（Weltkind in der Mitte）的俾斯麦社会政策体系的延续和扩展。在 50 年代末对社会政策的公众讨论热潮尚未掀起之前，改革的决定——即使俾斯麦式的社会保险更有效率——便宣告了西德经济政策中人民资本主义的终结，这也意味着西德重新走上了德国社会秩序的古典发展道路。人们在《基本法》第 20 条中虽然能够找到社会国家的目标，但并未指明该目标实现途径的方向。上述结果绝非事先确定的。然而，彻底而深刻的制度变革势必带来高昂的成本代价，这显然成为接受英国—斯堪的纳维亚式福利国家体制的一大障碍。同时，在 50 年代的实践中，改革自由主义替代方案依然无法对其经济资源配置的社会平衡作用给出明确的证明。

---

① "Wohlstand für alle"是艾哈德 1957 年德文名著的标题。见 Erhard, Ludwig, *Wohlstand für Alle*, Bearbeitet von Wolfram Langer, 1, Auflage: Februar 1957, Düsseldorf: Econ-Verlag, 原书名可译为"共同富裕"或者"所有人的福祉"。但是国内一些学者往往将其误译为"大众福利"或者"大众的福利"，致使读者以为艾哈德支持"福利国家"。但实际上艾哈德反对"福利国家"。——译校者

人们之所以能够在50年代为艾哈德的市场经济加上"社会"这一定语，就在于社会市场经济体制——与世界经济危机之前经济自由主义不同——为国家赋予了"竞争监督""新"和"强"的角色。艾哈德及米勒-阿尔马克身边的改革自由主义人士认为，要将自由的基本观念从秩序政策上成为经济的基础，并通过改革挽救经济自由主义，就必须有一个"强国家"。古典自由主义强调的是经济主导，而不同派别的自由主义自1932年以来便开始提出改革构想，以此来为市场竞争提供保障并推动市场经济规则朝着有利于公共利益的方向发展。[1] 在竞争秩序的理想状态下社会政策是多余的，如果它确有必要，至少要避免它为那些实施方向和效果偏离市场均衡的干预手段服务。因此，促进住宅、股票或独立经济存在等个人财产形成的措施与社会市场经济的目标是适应的。而俾斯麦式强制保险范畴内的"社会财产"的获得则不在此列。

事实上，联邦德国成立前业已存在的社会保险网与德国社会保险的传统体系是完全相符的。世界经济危机期间，保险给付被削减，并在"第三帝国"期间没有继续上调，而战后军政府为了应对社会保险承担机构的财政紧张，又对其进行了进一步削减，因为纳粹政权将他们的财产"悄无声息地纳入战争资助"并趁机侵吞。根据《联邦供给法》和《联邦遣返法》（两项法律都于1950年颁布）的规定，政府将明确施行战争损失补偿并为战争牺牲者和遣返归家者提供资助。当时的国民收入相对较低，而15%的社会给付比例似乎已达到了财政承载力的极限。虽然西德的社会给付比例仍位居欧洲国家的前列，但在其间它却已经远远落后于邻国在社会保障领域达到的相关标准。[2] 1945年后，英国在布弗里奇计划的引导下推行了针对全体公民的最低退休金政策，成为当时该领域的领军者。正如罗伯特·欧文（Robert Owen）对资产阶级—社会主义改革运动所期望的那样，经济政策的凯恩斯主义改革似乎为现代福利国家奠定了全新、坚实的基础，为发达工业国家的公民们燃起了建立一个"全新的耶路撒冷"的希望。1945—1949年后，在

---

[1] 参见维尔纳·阿贝尔斯豪塞《经济局势的变换、经济制度与国家：德国经验》（Werner Abelshauser, Wirtschaftliche Wechsellagen, Wirtschaftsordnung und Staat: Die deutschen Erfahrungen, in: *Staatsaufgaben*, hrsg. v. Dieter Grimm, 1994），第199—232页。

[2] 彼特·芙罗拉和延思·阿尔伯：《西欧现代化、民主化和福利国家的发展》（Peter Flora u. Jens Alber, Modernization, Demokratization, and the Development of Welfare States in Western Europe, in: Peter Flora u. Arnold J. Heidenheimer (Hg.), *The Development of the Welfare State in Europe and America*, New Brunswick, 1981），第55页。

西德面临着重建社会保障体系和适应新发展形势的艰巨任务时,它受到了上述新的社会保障福利国家标准的挑战。[1] 在俾斯麦改革基础上继续发展的社会国家自然也是西德的一种选择。它不仅在很多方面是英国式"福利国家"的先行者,而且早在魏玛共和国时期已经部分实现。这个社会国家不仅已经包括了积极的景气政策,而且通过修正(新增了失业保险)的"俾斯麦体系"为所有公民——不论其社会地位和财产状况如何——提供根据个人的情况享受公共社会保障的最优可能。[2]

然而,人们很快就发现,在社会市场经济的旗帜下社会政策的传统领域在不断扩大。尽管自由主义方面的不断质疑,即便在50年代,国家的社会干预主义趋势仍在继续蔓延。这种"违背意愿的社会政策"与人们对市场机制在收入与财产分配方面缺陷的认识相关联。[3] 最初人们还普遍认为,战争破坏、货币改革与战争损失补偿使全体公民的经济初始条件大致相同。但50年代后半期,这一看法便不攻自破。与此同时,自50年代中期开始,经济学专家与社会大众也越来越清楚地意识到,社会市场经济的分配机制并不能产生最佳效果。虽然直到60年代才出现关于收入与财产分配不均的可靠数据[4],但这一趋势早在50年代就已显现。

社会市场经济的拥护者认为,为所有公民提供积累财富的均等机会对经济和社会秩序的稳定而言起到核心的作用,它也是在市场经济框架内解决退休人员赡养问题的基础。但尽管有这些自由主义者关于财产形成的论调,对50年代雇员的退休养老而言,来自"社会财产"的"收益",也就是法定社保和公务员退休金的诉求,比来自生产性资产及其他对50年代的个人财产分布起到一定作用的(横向分配)的财产形式所得更重要。1949年以来,虽然每位负有保险义务的雇员仅需拿出月收入的10%用于养老金筹措,联邦

---

[1] 汉斯·霍克茨:《布弗里奇计划影响下德国战后的社会政策:针对比较分析进行的预备观察》[Hans G. Hockerts, German Postwar Social Policies against the Background of the Beveridge Plan. Some Observations Preparatory to a Comparative Analysis, in: Wolfgang J. Mommsen u. Wolfgang Mock (Hg.), *The Emergence of the Welfare State in Britain and Germany*, London, 1981],第315—342页。

[2] 参见维尔纳·阿贝尔斯豪塞《魏玛共和国——福利国家?》(Werner Abelshauser, Die Weimarer Republik-ein Wohlfahrtsstaat? in: Ders., *Die Weimarer Republik als Wohlfahrtsstaat: Zum Verhältnis von Wirtschafts-und Sozialpolitik in der Industriegesellschaft*, Stuttgart, 1987),第9—32页。

[3] 贾思顿·林姆林格,《欧洲、美国和俄罗斯的福利政策与工业化》(Gaston V. Rimlinger, *Welfare Policy and Industrialization in Europe, America, and Russia*, New York u. a., 1976),第184页。

[4] 参见威廉·柯雷乐等《劳动者的跨企业利润分享:对联邦德国财产结构的分析》(Wilhelm Krelle u. a., *Überbetriebliche Ertragsbeteiligung der Arbeitnehmer. Mit einer Untersuchung der Vermögensstruktur der Bundesrepublik Deutschland*, Tübingen, 1968)。

德国"社会财产"的规模仍远远超出了私有财产总额。同时，其在具有合法受益资格的人群中的分配也相对均等。

在这一背景下，坊间对国家干预市场失灵的呼吁又有回潮之势。1957年，随着养老保险、伤残保险与工资增长挂钩，有关退休金改革的争论对西德社会政策的继续推进发挥了重要的战略作用。

三 养老金改革

1945年后，盟军占领国很快便着手对德国社保进行改革。1942年布弗里奇报告中的许多构想在英国和法国得以实施。德国的社保改革草案则开始有意向这些构想靠拢。然而，战后四分五裂的德国为四大占领军分割统治，改革刚刚开始便于1948年宣告失败。社保体系改革的重任再一次落到了德国政府肩上。在货币改革的立法过程中，西方三大占领国就断定："德国立法机构将负责新社保制度的规划和建立。在新制度建立之前，以德国马克为单位的保险金缴纳额度将与帝国马克保持一致。"[1] 面对为保持制度连续性而作出的这一前置决议，德国各政党放弃了对社保进行全面重构的想法，转而寻找有利于保障服务得到切实改善的过渡性解决方案。随着基民盟/基社盟和社民党在法兰克福经济委员会上对养老金改革方案投了赞成票，《养老金调整法》最终于1948年12月17日获准通过，因此在社保问题上政党大联合的长期传统也日渐形成。

虽然社保体系进行了符合新货币关系的调整，然而面对商品价格和雇员工资的不断上涨，社保体系的给付却没有相应跟上。特别是法定养老保险中的社会养老金尤甚。1950年，工人平均每月的养老金金额为60.5马克——法定最低金额为50马克，占工资或酬劳的10%。[2] 50年代中期，社会养老金成为社会市场经济体制的致命弱点之一。大多数雇员都会将"老龄"与"贫困"联系在一起。因此人们对退休年龄到来的普遍恐惧情有可原。早在1932年，社会学家狄奥多·盖格尔（Theodor Geiger）就已经意识到传统社会养老金的缺陷。在谈及其造成的影响时，他写道："领取社会养老金的

---

[1] 《第三版货币新制度法》[Drittes Gesetz zur Neuordnung des Geldwesens, Teil II, 4. Abschnitt, § 23（Gesetz No. 63 vom 27. Juni 1948）in: *Verordnungsblatt für die Britische Zone*, 30. 1948]，第154页。

[2] 参见汉斯·霍克茨《战后德国的福利政策决议》（Hans G. Hockerts, *Sozialpolitische Entscheidungen im Nachkriegsdeutschland*），1980年，第172页。

人——即便他是高资质的工人或公司职员——都成了无产阶级。"① 最初，养老金是政府发放给老年人家庭保障的一种补贴。然而自20世纪20年代以来，这个前提就逐渐丧失了意义。如今面临的形势则更加严峻，在岗公民实际收入的迅猛增长与1000多万社会养老金接受者中大部分的贫困化形成了鲜明的反差。

1957年的养老金改革正是在这一背景下发起的。1952—1953年，社民党以英国—斯堪的纳维亚的模式为基准制定了"社会计划"。养老金改革之前，他们又回到了德国的保险原则，脱离了"人民退休金"的模式②。1955年，在对养老保险改革问题的大辩论中人们提出了许多计划和草案，其中最重要的无疑当属所谓的"施赖勃计划"（"Schreiber-Plan"）。③ 来自波恩的国民经济学私人讲师、天主教企业家联盟主席威尔弗里德·施赖勃（Wilfried Schreiber）的计划得到了天主教社会学首席代表人物奥斯瓦尔德·冯·内尔·布罗伊宁（Oswald von Nell-Breuning）的支持。因而，他也引起了联邦总理对他的关注。很早之前，阿登纳就已成为"施赖勃计划"的积极推动者之一，并将他的计划提议列入了社保问题内阁会议的议事日程。

"施赖勃计划"的实施有三大前提条件：

第一，20世纪中期工业企业工人的保障需求不同于俾斯麦时期。

第二，社保退休金不再以养老保险的补充形式出现，而必须成为全额满

---

① 特奥多尔·盖格尔：《德国民众的社会分层》（*Theodor Geiger Die soziale Schichtung des deutschen Volkes*），Stuttgart：Enke，1932年，第70页。

② 社民党：《社会整体计划的基础》（SPD, Die Grundlagen des sozialen Gesamtplanes, Bonn, Oktober, 1952）。也可参见霍克茨《决议》（Hockerts, Entscheidungen），第216页及其后。

③ 威尔弗里德·施赖勃：《工业社会的生存安全：天主教企业家联盟对社会改革的建议》（Wilfried Schreiber, *Existenzsicherheit in der industriellen Gesellschaft, Vorschläge des Bundes Katholischer Unternehmer zur Sozialreform*, Köln, 1955）；《联邦劳动部部长的备忘录（1955年4月7日），关于社保业整体改革的基本思路》［Denkschrift des Bundesarbeitsministers (vom 7.04.1955), Grundgedanken zur Gesamtreform der sozialen Leistungen, in：Max Richter, *Die Sozialreform-Dokumente und Stellungnahmen*, Bad Godesberg, 1955］；联邦工会组织：《社会改革的问题——1956年4月备忘录》（BDA, Probleme der Sozialreform-Denkschrift vom April 1956, Köln, 1956）；《独立企业家合伙企业关于社会改革的备忘录》（Denkschrift der Arbeitsgemeinschaft selbständiger Unternehmer zur Sozialreform, Bonn, Oktober 1956）；社会市场经济行动共同体：《养老金改革的问题——1956年6月26日会议上的报告与讨论》（Aktionsgemeinschaft Soziale Marktwirtschaft, Das Problem der Rentenreform-Vorträge und Diskussion auf der Tagung am 26. Juni 1956, Ludwigsburg o. J.）；安东·施托尔希：《养老保险与伤残保险草案》（Anton Storch, Der Grundentwurf eines Alters-und Invaliditätssicherungsgesetzes, in：*Bulletin des Presse-und Informationsamtes der Bundesregierung* 1956），第489页；威利·里希特：《德国工会联合会社会改革的研究——养老保险新制度》（Willi Richter, *DGB zur Sozialreform-Neuordnung der Rentenversicherung*, Düsseldorf o. J.）。

足公民养老需求的生存保障。

第三，从国民经济学角度来看，养老保险的资金已不可能再从存储的投保基金中获得，而必须从相应的国民生产总值中抽取。

因此，他建议养老金应依据工资的发展形势进行可持续性调整（"动态化"），从而使社会养老保险受益人也能从国民经济生产率的增长中得到好处并分享经济繁荣带来的物质成果。同时，他们也应当得到保护以抵御经济增长过程中暗藏的通胀风险。基民盟内工人利益的代表人物安东·施托尔希（Anton Storch）是负责养老金改革的联邦劳动部部长，他和德国工会联合会都对上述目标表示认同。社会民主党和联邦劳动部的法律草案在"动态化"目标上的表述基本一致，都包含了"施赖勃计划"的核心思想。自1956年起，官方正式将其称之为"生产率养老金"（"Produktivitätsrente"）。它不再使用过去工人与职员间有所差异的固定缴纳金额作为支付退休金的计算基础，而是将缴纳金额与劳动贡献数据——例如"所有受保工人和职员的年均总报酬——挂钩……其中，年均总报酬的数额取保险项目生效前三年内的平均值"。① 然后再根据个人计算基础和保险年限进行核算。

上述建议遭到了联邦财政部、经济部、银行、保险公司和雇主联合会的坚决反对。除了通胀威胁以外，他们还担心由此秩序政策原则能否得到坚持的问题。艾哈德批评称，改革无法与他倡导的经济秩序原则取得一致。他担心由此将导致"没有灵魂的机械化社会"的产生，而"社会臣民"则处于它的最下层。② 只有当工资浮动本身不会给货币和景气政策的发展带来障碍时，与工资挂钩的生产率养老金才"不会对景气和货币政策产生危害"。艾哈德认为，退休金与工资之间太过紧密的联系必然会减少对劳资谈判中被刻意抬高的工会要求的阻力。这也是"退休金动态化可能带来的毁灭性影响"。③

财政部长弗里茨·舍佛尔（Fritz Schäffer）除了对联邦政府多出的数十亿财政支出心存疑虑以外，还担心它会影响币值稳定。央行的权威人士也对此表示认同。德意志诸州银行（即后来的德意志联邦银行）执委会主席威廉·沃克（Wilhelm Vocke）在德国联邦议院社会政策委员会上抱怨道，该

---

① 《工人保险新制度法第二版》（2. Arbeiterversicherungsneuordnungsgesetz）第1255条和《职员保险新制度法》（Angestelltenversicherungsneuordnungsgesetz）第32条。
② 艾哈德：《所有人的福祉》（Erhard, *Wohlstand*），第260和262页。
③ 同上书，第269—72页。

法律的指数化条款"是对货币能否保持稳定的官方质疑",他建议放弃退休金根据工资上涨自动调整的做法。① 联邦经济部顾问委员会也认为,一旦经济政策无法成功说服民众接受潜藏的通胀危机,退休金动态化策略便隐藏着"巨大的风险"。② 由德国工业联合会(BDI)和德国雇主联合会(BDA)领导的核心经济联合会甚至认为,退休金动态化举措将导致退休人员与工人结成以工资政策为导向的利益联盟,从而破坏劳资政策中的权力平衡,从而有利于工会自 1954 年便持续倡导的"扩张性工资政策"(expansive Lohnpolitik)。

撇开工资谈判政策这一论据不谈,经济因素在有关养老金改革的争论中并非主角。在这里,秩序政策原则和诸如个性、尊严、团结和义务等伦理道德范畴的重要性,明显高于短期和长期、个别和整体经济收益的考虑,而社会政策的经济价值其实应服从于这种计算的坐标体系。比如社会市场经济体制最有威望的代表人物之一,国民经济学家威廉·罗普克就认为,"国家组织的大规模救济是被无产主义致残、被趋同化摧毁社会的人造肢体"。③ 社会政策最终被看作是对社会秩序进行深入干预的分配政策,而不是经济体系职能的一部分。由于在 50 年代的社会市场经济构想框架内实现收入与财产分配理想结果的政策不成功,上述观点反对艾哈德构想的意图愈加强烈。④ 再加上此时联邦政府的腰包正鼓,因为在 1955—1957 年,他们不敢滥用为联邦国防军扩充军备准备的资金。越是临近 1957 年的大选之日,波恩政党及其致力于瓜分"选举蛋糕"的专门委员会挪用这笔资金以资助大规模退休金改革的欲望就越强,将它们作为献给选民的"礼物"。⑤ 面对这种形势,政府内外的改革反对者也只能将计划的实施推迟并对其进行少许调整。最终对实施改革发挥关键作用的还是联邦总理,因为他意识到改革将为他赢得更多的支持率,对当年联邦议院选举有重要的政治意义。因此,他不顾一切反对——援引了联邦总理在政策选择上的指导权——毅然宣布实施改革。

改革的成果可以归纳为三大要点:

---

① 1956 年 9 月 4 日的演讲(Rede am 14.09.1956, in: *Gemeinschaft zum Schutz des deutschen Sparers*, *Die Rentenreform1956/57*, Köln, 1957),第 61、64 页。
② 《景气政策鉴定报告》(Gutachten zur Konjunkturpolitik, Nachtrag Sozialrentenpolitik, in: Richter, *Sozialreform*, B IV, 2a,),第 7—10 页。
③ 1956 年 2 月 25 日《法兰克福汇报》,第 5 页。
④ 参见维尔纳·阿贝尔斯豪塞《漫长的 50 年代》(Werner Abelshauser, *Die Langen Fünfziger Jahre*, 1987),第 50 页及其后。
⑤ 阿贝尔斯豪塞:《经济与军备》(Abelshauser, *Wirtschaft und Rüstung*),第 4 章。

①退休金增长了60%多，对社保养老金受益人的歧视问题也有所改善（他们曾一贯认为自己是被"经济奇迹"所抛弃的"继子"）。①

②养老金额度在有一定的时间间隔下与工资增长挂钩，即退休人员在职业生涯结束后仍可分享经济增长带来的成果。1957年至1969年，净工资增长了115.7%，养老金则增长了110.5%。②

③退休养老金不再是家庭的生计补贴，而成为工资的替代品。标准退休金应占所有受保人最近年均毛收入的60%（1956年为34.5%）。因而在计算入各种杂费和扣除广告费后，退休人员的生活质量基本可以保持原有水平不变。

尽管起初订立的目标无法完全实现，改革还是将西德又重新拉回了先进社会政策国家的行列。事实上，标准养老金在40%至50%的最后工资收入之间徘徊。即便如此，养老金改革为德国历史作出的贡献依然功不可没。它帮助德国公民重新建立起了对西德社会国家的信任，进一步巩固了社会团结与和平。社保养老金受益人和大部分工人群众都将养老保险视为人生的头等大事。改革并未带来负面的经济后果。就连德意志联邦银行最终也不得不承认，起初对改革措施将给未来养老保险和失业保险资本筹措带来消极影响的悲观判断是完全错误的。③

20世纪60年代，新"养老"保险制度的基本方针只发生了少许改动。虽然1961年的《联邦社会救济法》为德国引入了福利国家的元素，不过直至60年代中叶，它对社保基金额度的变化并未产生什么实质性影响。西德的社会市场经济有违常理地直到艾哈德时代结束后才实现了自由市场经济与国家社会政策的结合。自此开始，它就成为这一结合的典范。

1966年后，即使在新的大联盟政府的影响下，在社会政策的分配和利益政策工具化方面也没有发生大的变动。然而，政府又面临着经济景气和增长政策任务。截至1965年，社保基金额度只有缓慢上涨。就连在国民生产总值高速增长形势下的养老金改革也未使社保基金额度显著提升。直到70年代初，情况才发生了根本性的改变。社保基金终于以两位数的增长率大大超越了国民收入增长率。这一现象的出现固然有多方面的原因。社会民主党

---

① 《联邦政府的社会报告》（Sozialbericht der Bundesregierung, Bonn, 1958），第22页。

② 《联邦劳动部的社会政策信息》（Sozialpolitische Informationen des Bundesministeriums für Arbeit），1978年2月23日第4号。

③ 《德意志联邦银行月度报告》（Monatsberichte der Deutschen Bundesbank），1958年2月，第17页。

意识到，实现其长期愿望的时机已经成熟。经济与财政部长卡尔·席勒（Karl Schiller）的景气政策创造了必要的资金筹措空间并且在未来应该不会改变。福利国家的构想突然燃起了人们借助经济政策领域凯恩斯主义革命的力量为所有公民提供持续、人道的基本社会保障的希望。西德的福利国家政策可谓姗姗来迟，虽然它已经不在1945—1948年推行布弗里奇计划时所处的"世界末日"阶段，但毕竟它在英国已经有了遭遇重创的迹象。然而，卡尔·席勒"导演"的版本似乎能为景气问题提供解决方案。社会政策和社会保险在经济增长和景气政策"新路线"的框架内扮演着至关重要的角色。保守型工资政策带来的损失将由社会政策作出的妥协予以弥补，为收入政策服务。除此之外，它还通过指数条款存在时滞的反周期效应为经济循环带来一定程度的"内置稳定性"（built-in-stability）并赋予其更多的可持续性。

养老金改革后的几年时间里，社保支出的增长与国民生产总值增长率之间发生着相互作用并确实呈现出反周期的趋势。它们对西德经济景气发挥了一定的稳定作用，尽管从国际比较来看，这种作用的效果并不显著。[①] 尽管如此，政策应该引起的正面效应并未出现。一方面，促进经济有计划和加快的增长政策很快遇到了劳动力储备和其他可支配资源的瓶颈。经济重建期结束后，促进战后经济增长的有利条件已基本耗尽，社会政策方面在推动经济增长问题上的一致意见已无法激发生产率的进一步提高。另一方面，70年代日益显著的就业危机并未遵循传统的景气循环规律发展，故而人们对社会政策景气稳定作用的希望也未能实现。

第四节　行动漏洞：煤炭与政治

一　矿区的秩序政策权力之争

1956—1957年是鲁尔区煤业发展的巅峰时期。持续的经济景气令矿区的产能得到极其充分的利用。鲁尔河畔的大煤堆——特别是焦煤——被迅速消除。钢铁工业是焦煤的主要需求方，到1957年仍然供不应求。1952年以

[①] 参见格尔哈德·克莱亨茨《社会政策的经济价值》（Gerhard Kleinhenz, Der wirtschaftliche Wert der Sozialpolitik, in: Helmut Winterstein, *Sozialpolitik in der Beschäftigungskrise*, Bd. 1, Berlin 1986），第71页。

来的大规模投资活动终于在1960年收获回报——采煤业生产力得到显著提高,年供应量增加了4000万吨。不过,对价格的压力似乎并未如期而至。所有专家一致认定,采煤业对西德能源供应的独特作用必须继续保持。相反,煤矿企业则认为,在对鲁尔煤炭的最高限价取消之后,出现了实现"与市场一致"的价格即更高价格的重要机遇,而这在迄今为止国家与超国家价格监管条例的约束下是完全不可能的。

1957年10月,德国煤矿业正式公布提价决定。这不同于1952年以来煤价每吨每年上涨5马克的惯例性价格调整,而是战后时期鲁尔区煤矿企业首次以企业自主决定的形式为产品定价。直到1956年4月1日,欧洲煤钢联营高层机构还担任着鲁尔矿区煤炭最高价格令的发布机构,而这一次,他们却成了完全的信息接收方,提价决定生效五天前他们才得到相关的价格清单。由此,欧洲煤钢联营(EGKS)内部的煤炭市场似乎顺利地朝着市场经济方向发展。他们在其"预估计划"(Vorausschätzungsprogramm)中提到,当前的市场是"完全健康"的市场。①鲁尔区的煤矿企业也毫不犹豫地抓住了这一市场机遇。焦煤供应量一如既往地呈紧缺状态,然而,市场似乎已做好了承受焦煤提价10%、原煤提价6%—8%的准备。公众虽未有所觉察,然而事实上鲁尔区已开始迈入市场经济时代。

在路德维希·艾哈德看来,尽管有正式的保证,煤炭价格当然并非市场价格,而是煤矿企业类卡特尔式协商谈判的结果。虽然波恩早已将矿业领域的经济政策管辖权完全交给了欧洲煤钢联营,但上述事实为西德经济部长继续掌控秩序政策制定权提供了合理依据,使他能够在鲁尔煤价放开后继续对其施加影响。甚至有迹象表明,价格政策领域的君子协定甚至成为波恩批准1956年《卢森堡决议》不可言传的前提。所有迹象表明,1956年初煤炭业曾承诺让行业行为"看似"遵守国家卡特尔部门的监管,但同时接受大量间接补贴为其自愿的、从总体经济上看有必要的限价行为弥补损失。然而,这时煤炭业脱离了与联邦政府达成的保持与经济政策的一致性的基础。②

在艾哈德看来,采煤业在景气和价格政策领域扮演着至关重要的角色。

---

① 欧洲煤钢联营:《高层机构公报》(EGKS, Amtsblatt der Hohen Behörde), 515/57, 1957年10月3日。

② 维尔纳·阿贝尔斯豪塞:《煤炭与市场经济:路德维希·艾哈德与鲁尔煤矿企业联合会在煤炭危机前夕发生的冲突》(Werner Abelshauser, Kohle und Marktwirtschaft. Ludwig Erhards Konflikt mit dem Unternehmensverband Ruhrbergbau am Vorabend der Kohlenkrise, in: VfZ 33, 1985),第489—546页。

因为，煤炭（仍）是西德经济的全能型能源载体。他认为，"这是一次突破景气周期的表象、打破这一规律性的绝佳机会，可以用来建立有意识的新意愿、制定反周期的新政策，在经济持续繁荣中发现常规形势"。① 然而，恰恰是这一对国民经济至关重要的行业分支与艾哈德的社会市场经济政策背道而驰。煤炭市场的组织架构并不符合竞争原则，鲁尔采煤业的发展也未遵循波恩经济政策。1956 年 4 月 1 日，卢森堡煤钢联营当局提议推行价格开放政策。即便在这种形势下，上述境况也未有丝毫改变。相反，对鲁尔矿区实施的解除官方机构管制举措却进一步加剧了秩序政策的两难境地。这就要求艾哈德对此作出明确表态。

起初，采煤业似乎愿意接受艾哈德提出的长期合作建议。也就是说，为了获得补贴政策给予的损失补偿，他们愿意以国民经济发展大局为重，实施价格抑制举措。他们承诺，在不损害高层官方机构管辖权的前提下，愿与艾哈德在经济决议上保持一致意见。② 然而，1957 年 10 月，采煤业便声明上述承诺作废并实施了大规模的提价政策。艾哈德将其视为"宣战"挑衅并警告鲁尔区煤矿企业准备接受"全方位围剿"。③ 事实上，他本人已做好心理准备，不惧怕任何挑战。

1956 年，艾哈德还能够以物质诱惑来激励采煤业开展合作。如今，他只能以严厉的制裁警告来面对其发起的挑战。他希望废除美国原煤和燃料油的销售税，为美国原煤争取与鲁尔煤同等的运费优惠，将国有煤矿合并为分散型销售企业并说服高层机构实施价格下调策略。出于对其所处市场地位的乐观估计，鲁尔煤炭企业联合会置上述呼吁于不顾，拒绝了艾哈德的合作建议。鲁尔煤矿业在陶醉于当时伪强势地位的同时切断与国家合作的"金链条"，因而不得不独自承受为期十年的矿业危机之痛。

二 鲁尔河畔的持续危机

1958 年早期出现的销售阻滞现象导致 60 年代后期采煤业发展持续下行，

---

① 路德维希·艾哈德：《1956 年 1 月 16 日瓦尔森煤矿企业"威廉"矿井启动仪式致辞》，(Ludwig Erhard, Rede zur Eröffnung des Schachts "Wilhelm" der Bergwerksgesellschaft Walsum am 16, Januar 1956)，再版于该公司杂志《朋友》(*Der Kumpel*. Werkszeitschrift der Bergwerksgesellschaft Walsum mbH, Jg. 6, Nr. 3 vom 23. 1. 1956, Sonderausgabe)，第 11 页。

② 路德维希·艾哈德在社民党组织的大型访谈中对问题的回应和作答（Ludwig Erhard in Beantwortung einer großen Anfrage der SPD, Deutscher Bundestag, Stenographische Berichte, Bd. 39, 3. Wahlperiode, 5. Sitzung am 28. 11. 1957），第 108 页。

③ 阿贝尔斯豪塞：《煤炭》(Abelshauser, *Kohle*)，第 489 页。

这一下行趋势只能在景气周期走向发生更替时得到暂时缓解。煤炭库存量也随之逐渐增加。短短几年时间里，无法出售的煤堆库存就达到近1230万吨——约占开采量的10%。对于造成销售阻滞危机的直接原因，所有人都心知肚明。然而，其深层次根源却并未引起大家的重视。煤炭需求条件的变化是大多数人都未曾预料的。整个欧洲的能源需求却在不断上升，仅仅依靠原煤经济已无法满足其需求，因此，对于艾哈德提出的改善竞争对手市场地位的警告，他们并未当真。1956年夏，联邦政府对燃料油实施免除关税政策，进而为美国原煤和燃料油进口大开方便之门。对于消费者而言，这是德国政府发出的明确信号，即不再单单依靠本国矿业来满足德国的长期能源需求。路德维希·艾哈德在联邦议院面前明确将该措施定义为"将激发能源市场的竞争潜力作为解决满足未来能源需求问题的基本手段"①。此言一出，消费者的心理预期就更加明显。经济部长认为，很显然这是一次遏制采煤业对经济发展施加阻碍影响的有利时机。截至1957年，联邦德国的原油进口曲线还呈缓慢增长趋势，自此之后的进口量便随之直线上升：从1957年的800万吨增至1959年的近1700万吨，最终于10年后超越了9000万吨的峰值。同时，危机发生的第一年，原油在工业燃料消费中的占比也从8.3%升至15.7%。工业生产的能源已开始向使用矿物油转变，这种境况一直持续了12年。

联邦政府认为，鲁尔区煤炭市场的扭曲现象绝不是能源行业危机四伏的征兆。与此相反，原油业的繁荣似乎是西德经济战后关键发展阶段上的一次机遇。强势来袭的原油热潮消除了人们对未来能源短缺的疑虑。② 同时，能源载体的多重选择也有利于促进新技术的发展，增强日渐衰弱的经济增长动力。联邦经济部的社会市场经济倡导者也无须担心新发展带来的社会后果。对于路德维希·艾哈德而言，市场经济的社会内容首先在于他的经济体系有能力借助市场竞争为消费者确保最优惠的产品价格。很显然，这也正是当时发生的事实。因此，在危机处理过程中，艾哈德首推延迟策略，即当原煤遭遇的排挤势头进展过快时，国家可采取适当经济政策加以干预。艾哈德的国务秘书鲁德格·维斯特里克（Ludger Westrick）——曾经的矿业主管——用一句话总结了联邦经济部的立场："政府必须认清正视硬煤开采业的困境，

---

① 路德维希·艾哈德在德国联邦议院前的演说（Ludwig Erhard vor dem Deutschen Bundestag, 2. Wahlperiode, 174. Sitzung am 19.11.1956, Stenographische Berichte），第9642、9645页及其后。

② 见莱纳·卡尔什和雷蒙德·斯托克斯《原油因素——1859—1974年德国的矿物油经济》（Rainer Karlsch, Raymond G. Stokes, *Faktor Öl. Die Mineralölwirtschaft in Deutschland 1859—1974*），2003年。

但是始终要在整个国民经济发展框架内来看待这个问题,因此,获得尽可能低价的能源供应始终处于更加重要的地位。"①

艾哈德认为,原煤危机并非由景气周期导致,而是由"结构特性"所造成。1958年11月,他曾表态不会为采煤业屏蔽竞争。正如煤油灯总要被电灯取代一样,原煤这一能源也被技术进步推向了"死亡边缘"。但是,他对此并不感到遗憾。② 对于如何疏导原油与原煤间排挤竞争的问题,艾哈德希望利用经济政策手段来解决,而他对此精湛的驾驭则体现了其个人统治风格:即说服双方自愿进行自我约束。他的呼吁最终促成了1959年2月由埃施韦勒矿业协会、盖尔森基兴矿业股份有限公司、DEA与德国BP、壳牌、埃索和美孚石油公司共同签订的卡特尔协议。签订协定的煤矿和矿物油企业需承担以下义务:在德国市场上以世界市场价格(附加运费和其他杂费)出售重型燃料油。签约企业仅承诺放弃利用世界市场价格实施商品倾销行为。考虑到热值及运费问题,原煤即便在没有操控市场的情况下也完全处于劣势。半年后,卡特尔同盟感受到来自协议外供应商的巨大压力,以至于埃索石油股份公司最终退出了该项协议。按照艾哈德经济自我调节的逻辑,应对君子协议破裂的对策是采取相应的反措施。然而,即便引入燃料油消费税,原油的胜势也依旧无法阻挡。

60年代初,鲁尔采煤业似乎又呈现出回潮之势。然而好景不长,不久后,它又遭遇了新一轮矿区停产危机。1965—1966年,煤矿工人在鲁尔区另觅一份工作还是件相对比较容易的事情。彼时的劳动力市场不仅有足够的容量来吸收失业矿工,还能把他们从即使在危机时期也存在矿工紧缺的矿井"抢走"。1960年,西德经济呈快速增长之势,鲁尔区工业在这一背景下完成了结构转型。一方面,它为采煤业实现对需求环境变化的适应提供了有利条件,另一方面,"经济奇迹"与"矿业危机"的鲜明对照又进一步加重了矿业没落给失业矿工与鲁尔区带来的心理影响。反过来看,鲁尔区的种种遭遇也对路德维希·艾哈德任总理期间(1963—1966年)德国的政治氛围与局势不无消极影响。1966年的经济衰退——这时西德经济实际上仅出现了轻微的增长倒退——使鲁尔区的痛苦似乎也蔓延至了整个德国。1965年,

---

① 国务秘书维斯特里克博士在联邦经济部能源会议上的讲话,1968年1月10日(Staatssekretär Dr. Westrick in der Sitzung des Energiekreises im Bundesministerium für Wirtschaft am 10. 1. 1968, Protokoll im Archiv beim IGBE Hauptvorstand, "Verhandlungen in Bonn")。

② 1958年11月17日的《商业公报》(Handelsblatt)。

鲁尔煤业的下行趋势进一步加剧，在结构转型进程中已遭受重创的矿区陷入了战后首次经济危机的旋涡。受到景气周期和结构效应的叠加影响，鲁尔原煤的需求量在两年之内下降了近 2000 万吨。1962 年 5 月，联邦政府作出承诺要使原煤年开采量达到 14000 万吨并于 1965 年夏再次重申了这一许诺。然而，在当时条件下，这一承诺显然不切实际。鲁尔采煤业持续不断的下行趋势迫使其面临着毁灭性冲击。面对这一糟糕局面，鲁尔采煤业、企业联合会和行业工会试图说服联邦政府介入干预。

面对这一困境，联邦经济部终于也按捺不住了，决定对煤炭经济政策进行调整和修正。经济部曾试图尽可能减少对行业萎缩进程的干预，因此并未积极参与公开进行的鲁尔区寻求集中的行动。在尝试与对话伙伴开展"长期的、有计划的合作"宣告失败后，联邦经济部便打算验证一下下列方法的可行性，即"基于对当前形势的考虑，在统一的企业领导下对德国硬煤采矿业实施私有制基础上的集中，它作为一种政策工具，可以在不实施国有化的前提下为联邦政府的煤炭政策找到一个企业的代理人"[①]。在下台的九天前，艾哈德政府总结了煤炭政策失败的经验，并做好了如果不能修订目标的话，至少修正相关措施的准备。此时的艾哈德政府已经没有时间将这一认识付诸行动了。其在鲁尔区实施的市场经济的危机应对策略也对其下台负有一定的责任。

三 为挽救煤业的联合行动

鲁尔区煤业危机达到顶峰之时，波恩与杜塞尔多夫的政治局势几乎同时发生了翻天覆地的变化。在 1966 年 7 月 10 日举行的北威州州议会选举上，社民党以 49.5% 的支持率获胜。尽管如此，北威州总理弗朗茨·梅耶斯（Franz Meyers）（基民盟）还是选择与自民党结成联盟，其在州议会中的席位只比社民党多一个。在波恩，自民党退出与基民盟/基社盟结成的联邦政府后，出现了一个基民盟与社会民主党的大联合政府。在这种形势下，梅耶斯内阁随之瓦解并被由海因茨·库恩（Heinz Kühn）领导的中左翼联盟所取代，社会民主党人库恩担任了州总理。解决煤业危机问题成为新政府议事日程清单上的头号目标。大联合政府的联邦总理库尔特·乔治·基辛格（Kurt

---

① 国务秘书尼夫博士：《关于硬煤采矿业目前情况的文章》（Staatssekretär Dr. Westrick in der Sitzung des Energiekreises im Bundesministerium für Wirtschaft am 10. 1. 1968, Protokoll im Archiv beim IGBE Hauptvorstand, "Verhandlungen in Bonn"）。

Georg Kiesinger）于 1966 年 12 月 1 日宣誓就职并在其任职宣言中承诺，政府将采取"完善而周密"的措施对鲁尔区煤业进行"长期的治疗"。①

此时的企业家阵营也在酝酿着一场观念变革，促使他们在对待鲁尔区结构转型和煤业经济集中化的问题上采取了更加灵活的态度。德国工业节的所有代表机构都越来越频繁地介入寻求危机战略的行动。这在一定程度上削弱了鲁尔矿业企业联合会的地位。它将采煤业的利益代表权交由德国工业联合会（BDI）和个别煤钢联营企业的做法并非完全基于理性，而是带有主观上的复仇心理。相比之下，工商企业协会和钢铁工业联合会的利益格局则更为明晰。它们代表着鲁尔采矿业最重要的所有者群体。德国钢铁工业面临着争夺国际市场份额的激烈竞争，因此，为了站稳脚跟，它不得不开展大规模的现代化投资活动，这种情况下，流动资金比固守亏损的煤炭库存要更有吸引力。故而，建立采煤业联合统一体（Einheitsgesellschaft）这个在企业层面广为人知的建议由钢铁工业提出就绝非偶然了。

对于下游的工商业而言，能继续享受廉价能源供应带来的实惠才是最重要的。同时，出于价格政策因素的考虑，他们也希望政府能继续保持本土原煤的最低供应量。银行家赫尔曼·阿布斯、德国工业联合会主席弗里茨·贝尔格（Fritz Berg）和德国工商总会（DIHT）主席恩斯特·施耐德（Ernst Schneider）与钢铁工业家君特·亨勒（Günter Henle）和汉斯·君特·索尔（Hans-Günther Sohl）、盖尔兴吉尔煤矿股份公司（GBAG）总裁弗里德里希·范克（Friedrich Funcke）、费巴国有康采恩董事会主席海因茨·肯佩尔（Heinz P. Kemper）共同缔造了过去艾哈德政府一直呼吁的"企业家代理伙伴"（bevollmächtigten unternehmerischen Partner）。企业家间的新秩序之争移师到埃森的莱茵钢铁业圈。1967 年 3 月以来，来自矿业行业的企业主和上游工商业界代表便定期在其所有的俱乐部聚会来共同探讨相关事宜。讨论通常都以弗里德里希·范克提出的计划为出发点，即将矿井出租给由联邦政府、北威州政府以及危机期间由矿业企业成立的德国硬煤矿区共同体（ADS）建立的企业管理股份公司②，以这种方式来取代资产国有化。如此一来，即便后来还有其他不同来源的计划方案，但新秩序之争的框架已经划

---

① "1966 年 12 月 13 日的就职宣言"（Regierungserklärung vom 13. 12. 1966, Verhandlungen des Deutschen Bundestages 1966/1967, 63. Band），第 3659 页。

② 参见库尔特·毕登科普夫《能源政策之论点》（Kurt H. Biedenkopf, *Thesen zur Energiepolitik*, Heidelberg, 1967），附件四。

分清楚了。①

在新的联邦经济部长席勒组织了第一批双边会谈后,诸多事实都表明,同其前任一样,席勒原则上根据市场经济标准来对待鲁尔采煤业的重组。同时,出于对社会政策和区域政策等因素的考虑,他也希望减缓不可避免的行业萎缩进程。随着工业界倡议的提出,这些也都在发生改变。6月9日,阿普斯、贝尔格、亨勒、施耐德和索尔等企业家作为德国经济和矿业"五巨头"的代表以书面形式向联邦经济部长阐述了"莱茵钢铁计划"。他们很快发现,"莱茵钢铁计划"是唯一能为德国煤业提供快速解决方案的计划。因此,说服席勒履行部分特定要求是"完全有可能的"。② 起初,人们以为席勒已对莱茵钢铁计划表示赞同。③ 然而,在与工会代表的谈判过程中,他先是小心翼翼地、随后便明显地与企业联合提出计划的实质内容划清了界限。尽管如此,他仍然认为莱茵钢铁计划是"一次企业倡议的壮举"。因此,他敦促矿业和能源工会(IGBE)积极与莱茵钢铁企业圈代表开展会谈。11月10日,会谈正式开始。原煤联合行动(Konzertierte Aktion)由此迈入了一个新阶段。

五轮会议过后,各方仍未达成一致意见。依据其政策逻辑,席勒认为在对煤炭法作出适当调整的过程中,一方面,从前基于自愿的解决方案仍保持不变,另一方面,政府则适时对参与者施压以就迅速寻求解决方案达成一致。次年3月,莱茵钢铁企业圈开始认真考虑寻求妥协和让步,以实现坚守自愿结盟计划的目标,这无疑也是议会施压的结果。国家政府绝非仅仅扮演调停人的角色。更确切地说,卡尔·席勒成功实现了让鲁尔煤业两大社会阵营支持他的计划构想的目标。将采煤企业纳入政府的计划无疑是更艰难的任务,这是很自然的事:他们掌握着煤矿业的所有权,在《基本法》框架内,政府不能为了建立一个统一共同体而强迫其放弃控制权,特别是这样做很可能对整个矿区的发展不利。

同样,与工会作对无疑也将导致煤业整顿计划的失败。建立一个统一共同体将进一步提升共同决策的经济价值:结构转型对国家有着至关重要的意

---

① 参见库尔特·毕登科普夫《能源政策之论点》(Kurt H. Biedenkopf, *Thesen zur Energiepolitik*, Heidelberg, 1967),附件四。

② 《弗里德里希·范克博士关于莱茵钢铁企业圈与联邦经济部长间的谈判》[Dr. Friedrich Funcke(GBAG)über die bisherigen Verhandlungen des Rheinstahl-Kreises mit dem Bundesminister für Wirtschaft, Aktennotiz vom 16.11.1967, Archiv beim IGBE-Hauptvorstand, Ordner "UVR"]。

③ 《席勒支持莱茵钢铁计划》(Schiller unterstützt den Rheinstahl-Plan, Industriekurier vom 20.7.1967)。

义，基于对整体经济利益的考虑，以政治、社会尤其是经济上能够接受方式使转型顺利实现，这一点是不可或缺的。莱茵钢铁企业圈共同决议委员会中还包括矿业能源工会的主席。在共决制问题上，为计划中的总公司在生产单位层面指派一名负责人事与社会问题的企业领导是重要一环，这一问题的解决使建立鲁尔煤矿股份公司（Ruhrkohle AG）的进程实现了重大突破。所谓的人事与社会关系主管将受相应生产单位总经理的领导并是其管辖范围内——通常为一个矿井——所有部门的直接上司。各企业管理经营公司董事会根据其劳工董事的建议对人事与社会关系主管予以任命，而劳工董事享有工会的信任。自此，矿冶行业创立了一种全新的共同决策制度。

四 整顿、适应、倒退

鲁尔煤矿股份公司（RAG）作为鲁尔煤业的一体化公司的成立为1969年的行业危机画上了休止符。然而，采煤业适应能源市场快速变化的问题并未得到有效解决。[①] 事实上，解决经济适应才是其成立的初衷，大联合政府是这一进程的主导力量，为了给能源问题和鲁尔区经济创新问题寻求一种各方能够接受的解决方案，大联合政府已做好付出必要的昂贵代价的准备。非重工业企业阵营将原煤视为远古时期的天然能源和现代化进程的绊脚石，钢铁工业则一如既往地保持着对焦煤的青睐，矿业和能源工会（IGBE）甚至为了其会员的利益，在困难情况下甘于抛弃意识形态的障碍而加入企业家的行列。事实上，成立5年后，鲁尔煤矿股份公司就在整体调整计划的引导下成功实现了关停并转的目标，将52座矿井缩减至33座，矿工人数也从原来的183000下降至150000人。同时，在未引起社会冲突或失业危机的前提下关闭了8家炼焦厂。一体化公司从原来的公司和公共财政手中获得的资金援助极其有限，确实是"食之无味，弃之可惜"的"鸡肋"。另一方面，从企业构成上来讲，其实力也有所欠缺，还不足以完全依靠自身力量来应对结构转型带来的长期性挑战。早在其成立之初，能源市场就刮起了一阵"偏爱原煤之风"，这在一定程度上减少了当时的煤炭库存量。1973—1974年和1979—1980年的石油危机以后，甚至出现了"原煤复兴"的现象。截至1986年，燃料油价格已超出等量热值鲁尔原煤价格的50%—60%。与此同时，进口煤炭的价格仅为本土原煤的一半，自然也就成了最具价格优势的能源载体。

[①] 参见阿贝尔斯豪塞《鲁尔采煤业》（Abelshauser, *Ruhrkohlenbergbau*），第118—164页。

建立鲁尔区的新秩序自身并不是成为一体化企业联合体的目标。其优先目标是对鲁尔区硬煤采矿业的整顿，但它10年来并未制定出企业与能源政策的整体方案，因此，在面对需求动荡和能源市场长期结构转型的种种挑战时，时常显得十分无助，并给所有受牵连企业带来了痛苦。此前，公共财政和国民经济负担已为此投入约150亿马克资金——其中至少有100亿马克直接用于鲁尔煤业的结构转型——却完全打了水漂。康采恩的建立避免了慢性的企业破产并进一步强调了西德经济决策部门的目的，即出于政治和经济因素的考虑，至少可以在一定范围内长期保证德国硬煤采矿业的运营。

1974年，鲁尔煤矿股份公司终于摆脱了自成立以来背负的沉重负担，在市场中如鱼得水。石油危机和钢铁制造业的蓬勃发展使原煤库存量空前锐减，销售量的递增与价格上涨使原煤销售额由原来的78亿马克提高至111亿马克。煤业一体化公司成立之初，参与各方曾信誓旦旦地承诺要在70年代实现真正的"原煤复兴"。如今，这一时代终于到来。当然，没有政府的资金补贴这是不可能实现的。其成立之初的10年时间里，企业特殊津贴高达近38亿马克。此外，来自纳税人和电力消费者的数十亿马克资金也对此作出了巨大贡献。更重要的是，补贴帮助鲁尔煤业很好地实现了调整适应。在其成立的最初10年里，鲁尔煤矿股份公司挺过最初的困难，抓住了硬煤采矿业实施统一经营后企业内外蕴藏的各种机遇，成功实现了结构合理化。它以13%的比重继续在联邦德国保持着初级能源最大供应商的地位。同时，作为北莱茵—威斯特法伦州工业行业的最大雇主，它为20%的鲁尔区工业从业者提供工作岗位。在这期间，鲁尔煤矿股份公司关闭了15家焦煤厂并对24个矿井进行了改造，它们或被关停或与更有效益的厂矿实行联合。然而，无论是合理化举措还是生产率提高，都并非第一个10年的最大成就，国家和工会组织对25家煤矿企业合并的促进主要出于社会和区域因素的考虑。因为整个分支行业和地区如此迅速又彻底地从发展顶峰跌落至谷底并由此引发了一场灾难，给所有参与者带来意想不到的经济、社会和政治后果，这在德国经济史上还是前所未有的。而随着煤业一体化公司的建立，德国煤业危机面对的既无法预计又难以控制的局面得以结束，德国将这一场灾难成功转化为有组织的行业结构转型。虽然其间有50000多名矿工离开原有工作岗位，但至少避免了失业的命运。60年代，鲁尔区1/2的工作机会都来自矿冶工业，在某些城市，甚至仅采煤业本身就提供了1/2的工作岗位。这一对能源市场上的风吹草动极其敏感的传统产业成功渡过了自1967年以来就步步紧逼的经济与政治危机。

为鲁尔煤矿股份公司成功开展了短期的维稳计划之后，1973年，联邦政府又提出了综合能源政策的构想，准备实施长期的整顿措施。受夏季石油危机影响，联邦政府直至1978年都将硬煤年开采量维持在8300万吨，并为鲁尔煤矿股份公司的企业计划设置了固定额度。在这一形势下，原煤经济自然难以抵挡住诱惑，最终决定放弃长期调整路线转而改打"政治牌"。西德的鲁尔、萨尔、亚琛和伊本比伦矿区无法依靠自身的力量在市场竞争中站稳脚跟，因此，它们需要国家的公共订单"以确保德国的能源供应"。纳税人需支付一笔保险溢价以应对市场动荡和政治风险带来的能源供应危机。因此，1974年，联邦政府放弃了"石油危机"前的产量削减计划并提高了产量。1975年，"国家原煤存量"达到1000万吨。在政治困难时期，联邦总理不愿意放弃一个重要的选票来源。1978年由他主导的"煤炭圆桌会议"最终决定，国家继续对采煤业实施财政援助并终止了先前的调整路线。1980年，联邦政府签订了被称之为"世纪协议"的《原煤电力协议》。根据该协议以及鲁尔煤矿股份公司成立时订立的《矿业协议》有关内容，电力消费者和纳税人分别通过"原煤开采附加费"（Kohlepfennig）和焦煤援助计划以年均20亿马克和年均15亿马克的缴费金额为鲁尔煤业弥补"竞争漏洞"，以应对进口煤炭和燃料油的冲击，以此确保发电厂和钢铁工业的销售量。受油价暴跌和德国马克对美元升值的影响，自1986年起，德国煤业再次陷入困境。彼时的直接补贴高达近90亿马克，加上其他直接或间接补助（发给全体矿工的津贴）总值甚至达到175亿马克。[1] 80年代末，随着东欧集团的瓦解，其在改善德国与石油国竞争中的战略地位和西方世界的安全局势方面发挥了重要作用，采煤业所谓的"危机补贴"（Zitterprämie）失去其继续存在的基础。由此，采煤业扮演的角色再一次面临调整。"煤炭圆桌会议"（Kohlerunde）一如既往地遵循联合行动模式，任命了一支由前北威州文化部长保尔·米卡特（Paul Mikat）领导的专家委员会，旨在对原煤开采业实施新一轮的"健康瘦身"计划。根据该计划，到2000年，德国的电厂用煤、焦煤和焦炭领域要实现年开采量降至5000万吨的目标。开采矿厂的数量也要从1991年年末的17家缩减至12家。对于鲁尔区而言，这意味着到2000年，该行业将削减27000个工作岗位。不过，有关各方对如何完全执

---

[1] 阿克塞尔·诺伊：《联邦德国的能源政策：继续优先青睐原煤？》（Axel D. Neu, Erergiepolitik in der Bundesrepublik Deutschland: Weiterhin Vorrang für die Kohle? in: *Die Weltwirtschaft* 1986, Bd. 1），第126页。

行计划的问题一直争论到 2007 年才达成一致。联邦政府、北威州、萨尔州和矿业能源工会（IGBE）以及鲁尔煤矿股份公司最终对煤炭政策达成了一致，在各方同意在 2012 年就终止使用煤炭能源的问题进行商讨的前提下，计划到 2018 年全部取消硬煤采矿业的补贴。[①] 而在此时建立的鲁尔煤矿公司基金会（RAG-Stiftung）则受命将鲁尔煤矿股份公司的控股公司包装上市。该公司在 2006 年收购德固赛精细化工公司后进一步增强了市场吸引力。上市后的公司改名为赢创工业股份公司（EvonikIndustries AG）。到 2018 年，基金会积累的资金将足以承担硬煤采矿业产生的后续费用（"永久性负担"）。

---

① 《硬煤资助法》[Steinkohlefinanzierungsgesetz vom 20. 12. 2007（*BGBl.* I）]，第 3086 页。

第五章

重返（西部）欧洲

第一节　是连续还是新开始

第一次世界大战爆发前，西欧是德国发展对外贸易的核心市场。德国彼时的对外贸易完全受制于欧洲贸易协议下形成的关系网。而这种相互间密不可分的关系又逐步推动着欧洲经济格局的融合进程。德意志帝国建立后，德国成为金本位制体系的一员。这一体系成为全球统一的货币机制并遵循着严格的市场规则。一旦遭到破坏，成员国将"自动"接受市场经济制裁的惩罚。通过这一方式，国际收支失衡现象得到迅速扭转，世界贸易摩擦也得到很大程度的缓和。（自愿）受制于金本位制规则的货币也成为功能齐全、可自由兑换的世界货币。在此条件下，直到"一战"爆发，世界经济活力也实现了空前倍增。

维尔纳·桑巴特曾说道，把"中欧"定位为由德国掌控的经济普惠区之构想"普遍受到贸易政策制定者的欢迎和拥护"。因为相比世界经济的现实状况而言，他们更青睐于中欧关税同盟的策略。[①] 尽管对中欧权力政治的幻想依然存在，但随着世界贸易大国地位的确立，德国不断向西欧市场寻求挑战，中欧也随之迅速丧失在世界市场中的重要性。

"一战"爆发后，中欧贸易政策的框架条件自然也发生了实质性变化。在

---

① 维尔纳·桑巴特：《新贸易协定，尤以德国为例》（Werner Sombart, Die neuen Handelsverträge, insbesondere Deutschlands, in: Jahrbuch für Gesetzgebung, *Verwaltung und Volkswirtschaft* 16, 1892），第234页。

长期交战中，面对对手略胜一筹的实力，德国在不断寻求平衡。① 因此，追求"经济统一和中欧解放"便成为其唯一的战略目标。从德国出口工业的角度来看，"中欧"仍然只是一个不成器的"堡垒共同体"（Schützengrabengemeinschaft，鲁道夫·希法亭）。在第一次世界大战爆发之际，德国在中欧的影响力正值巅峰，而正是在这时，约瑟夫·熊彼特曾对其他"帝国主义们"给出的诊断最明显不过地适用于德国的中欧政策："中欧"的概念"并非派生于经济结构和生产关系对生活形式的影响"，由此，它的返祖特性显露无遗。②

20世纪20年代，"中欧"概念在国家保守主义者白日梦的背景下逐渐淡出了人们的视野。而随着世界经济危机的爆发，它再次作为紧急解决方案赢得众人的关注和追捧。纳粹党统治时期经济部长亚尔马·沙赫特（Hjalmar Schacht）的新计划亦是如此。在1934年世界经济摇摇欲坠之际，它的出现既顺应经济规律又符合政治逻辑。德国发现其外贸经济通往世界市场的边门——自19世纪60年代以来是西欧——遭到了封锁。于是，次优选择的短期经济战略与返祖的、前工业时代对生存空间的渴求混杂在一起③，"中欧"概念也因此赢得了暂时的注意。

对于德国的对外贸易政策而言，"中欧"既非对其短期成就的展示，也非其拓展战略的区域焦点所在。德国"向东南方向进军"的野心曾被世人多次提及。然而，从长远来看，它其实早就丧失了具体的实质意义。正如西欧的竞争对手认为的那样，德国的帝国主义者们心急如焚地想登上资本主义世界剧场的舞台。只有少数人对其登上欧洲东南部地区的做法表示满意。从经济角度来看，只有当国家与私人参与者的回旋余地受到限制时，争取实现中欧计划的种种努力似乎才有价值。因此，"中欧"构想始终只能成为德国外交政策和对外贸易政策的次要选择。德国外交战略的首要目标是殖民主义、世界政策和占领世界市场。德法合作或欧洲融合则是其第二大目标。而所谓的"中欧"计划则排在这两者之后。所有对德国经济与外交政策的现实评判其实都源自乔治·亨利·索图的格言：德国——与神话传说所描绘的

---

① 瓦尔特·拉特劳于1914年9月7日给帝国总理特奥巴登·冯·贝特曼·霍尔维格的去信（WaltherRathenau an Reichskanzler Theobald von Bethmann-Hollweg am 7.9.1914, in: Walther Rathenau, *Politische Briefe*, Dresden, 1929），第15页。

② 约瑟夫·熊彼特：《论帝国主义社会学》[Joseph A. Schumpeter, Zur Soziologie der Imperialismen (1919), in: ders., *Aufsätze zur Soziologie*, Tübingen, 1953]，第74页。

③ 注意：在东方的生存空间，这里首先指希特勒不断提及的乌克兰。

不同——既不位于东欧也不位于中欧，而是一个双脚屹立于西欧的国家。[1]

1945年后，"中欧"选择不再具备可行性。东西德均陷入了欧洲霸权地位之争的旋涡，试图在世界市场分层中各自找到自己的定位。对于西德工业而言，这意味着1914年以来追求的受到限制的传统目标构想的实现。对于德国的邻国而言，彼时的新局势孕育着美好的新前景，同时也唤醒了他们——在西欧甚于东欧——对德国优势地位的恐惧。其中，尤以德国蓄势待发的军事潜力为甚。此外，德国的经济实力也使欧洲置身于两难境地之中。一方面，人们希望从与强势伙伴的贸易往来中获利，从而不愿意长期束缚德国经济；另一方面，他们又要避免出现对实力日渐增强的贸易伙伴的单一依赖以及不得不为进入德国市场付出政治代价。因此，为确保密切而平等的经济合作关系，各方需寻求一种有效的"游戏规则"。欧洲一体化问题故而再次被提上了议事日程，尽管其意义与1914年以前已有所不同。

第二节 迈向世界经济之路

一 世界经济新秩序

联邦德国在确定对外贸易战略的问题上无法自主选择，它不得不接受"二战"后占领国在世界经济新秩序框架内为其赋予的新角色。1947年12月拉佛—斯特朗协定（Lovett-Strang Agreement）签订以来，美国就取得了对西德经济政策的实际控制权。西德不得不逐渐适应自由、多边和开放的世界贸易体系的构想。

此外，德国各方也一致认为有必要进一步扩大对外贸易规模。20世纪30年代的经济危机使整个世界市场濒临崩溃，德国的对外贸易也蒙受了巨大的经济损失（表11）。1935—1938年的新计划提倡自给自足的经济政策，

---

[1] 乔治·亨利·索图：《黄金与血液——"一战"中经济斗争的目的所在》（Georges-Henri Soutous, *L'or et le sang. Les buts de guerre économiques de la première guerre mondiale*, Paris, 1989），第847页。其在德国很少被众人接纳的著作极具说服力地驳斥了弗里茨·费舍（Fritz Fischer）的论点，德国"向世界市场发起的进军"实际上是"一战"爆发的罪魁祸首（Fritz Fischer, *Griff nach der Weltmacht. Die Kriegszielpolitik des kaiserlichen Deutschland 1914/18*, Düsseldorf, 1961）。也可参见维尔纳·阿贝尔斯豪塞《"中欧"构想与德国对外贸易政策》（Werner Abelshauser, "Mitteleuropa" und die deutsche Außenwirtschaftspolitik, in: *Zerrissene Zwischenkriegszeit. Wirtschaftshistorische Beiträge. Knut Borchardt zum 65. Geburtstag*, hrsg. v. Christoph Buchheim, Michael Hutter u. Harold James, Baden-Baden, 1994），第263—288页。

在它的引导下，德国出口贸易额最终下降了6%。实践证明，为把德国从30年代世界经济萎缩的旋涡中解救出来，同时又不放弃国际商品贸易给德国带来的种种好处，纳粹党自给自足的经济政策和对外贸易双边化不失为有力的政策工具。沙赫特因祸得福。在这一方面，其他以牺牲世界经济为代价推行经济政策以克服危机的世界贸易国家与德意志帝国相比毫不逊色。1932年，在与英联邦国家签署的《渥太华协议》中，英国做出了建立贸易普惠体系以歧视其他国家的决定。早在一年前，英国就放弃了其在自由贸易领域的传统领导角色，逐渐偏离了金本位制。与此同时，美国也赞同对世界经济格局进行系统整顿的做法。于是，它取消了金本位制并建立了用以保卫本国经济的高额关税门槛。

基于这一经验，"二战"结束后，包括西德在内的弱势贸易国家也倾向于从贸易保护主义政策中寻求拯救经济的良方。尤其是当世界贸易体系还没能渡过其危机时，情况更是如此。截至20世纪1947年，仅欧洲大陆签署、延长或更新的双边协议就达200多个。除比利时和瑞士以外，其他所有欧洲国家都实施了完全的进口配额限制。英国迫于美国压力曾经准备允许英镑自由兑换并取消英镑集团成员国的交易特权。1947年8月，面对日益严峻的收支平衡危机，英国也不得不再次放弃了上述计划的实施。

西德希望借助战前经验实现经济政策的重新定位。不过，这一构想还缺乏相应的前提条件。即便是最简单的自给自足经济政策设想，也由于会造成贸易空间的萎缩和国家经济结构的改变而不被寄予希望。东德农业盈余地区已不可能再为西德提供原料供应。过去德意志帝国将近20%的食品需求依靠国外进口，如今联邦德国一半的食品供应来源也不得不依赖进口。德国分裂给工业结构带来的影响也引发了类似的问题，贸易政策的框架条件也发生了变化。曾经在发展双边贸易关系中备受青睐的东南欧腹地也逐渐退居幕后。论及与世界经济的关系，从1947年的角度来看，西德已经成了一个"规模更庞大的比利时"（卡尔·席勒）。

美国为自己"不得不"重回世界经济舞台设置好了条件。为避免国际经济与金融体系的再次崩溃，美国决定担负起世界经济领导者的角色。早在1944年7月召开的布雷顿森林货币与金融会议上，美国就草拟了世界经济新秩序的制度框架，并建立了旨在重构国际收支平衡的世界货币基金组织与国际复兴开发银行（世界银行）。两大机构于1946年正式开展工作并在一个相应体系内发挥效用，它建立在相互间及与黄金之间可兑换的货币之间稳定汇率的基础上，由此确保自由商品交易的顺利进行。布雷顿森林体系是世界经济两大极端秩序原则相互妥协和让步的结果。截至20世纪70年代初，它的运转都一直相对稳定。同时，这一时期也是世界贸易尤其是西德对外贸易最强劲的扩张阶段之一。直到"一战"结束，金本位制一直是世界经济关系的决定因素。在赋予对外贸易收支平衡目标以绝对优先权的同时，它禁止贸易国家推行独立自主的经济政策。一方面，重建"一战"后金本位制的努力注定要失败，因为主要工业国家要实现经济与内政结构转型，必须对经济增长和就业目标予以充分考虑。这在30年代早期的世界经济危机期间就已显现出来，而"二战"结束后的一段时期内尤其如此。另一方面，世界货币体系新秩序也不能在为各国国内经济目标赋予无条件优先权上走得太远。国际收支失衡会引发外汇管制、竞相货币贬值、贸易壁垒和交易歧视并最终导致世界经济的分裂和贸易额及其福利效应的萎缩，这同样属于世界经济危机带给世人的经验教训。

与此相反，《布雷顿森林协议》虽然明确了固定汇率条件下货币的可兑换，但它同时也允许世界货币基金组织行使特别提款权以实现短期收支平衡的弹性调整。在国际收支出现"根本性失衡"时，它甚至允许暂时偏离基本原则，即变更汇率和取消货币的可兑换。制定新体系的目的是在模拟金本位制效应的同时避免僵化。黄金依然是除美元以外最重要的储备介质，货币体系的功能与效应不受国际收支平衡机制的制约。国际收支平衡的实现需以公序良俗为前提，在必要情况下，美国也能够借助其掌控的世界货币基金组织和世界银行等工具来实现这一目标。

二　西德重返世界经济舞台

英国争取实现英镑可兑换的努力归于失败表明战后初期的世界经济与理想状况仍相距甚远。在英国问题上，美国提出可以为英镑自由兑换发放亿万贷款也仅对自由化和多边倡议产生了间接影响。[①] 而在德国，美国则对贸易规则自行做出决定，进而利用西德充当起世界贸易体系新秩序的有力杠杆。

马歇尔计划的实施是联邦德国朝这一方向迈进的第一步。美国国外援助计划的主要目标之一就是为布雷顿森林体系提供充足的初始流动资金——这对于解决欧洲的美元赤字问题十分必要——进而再次推动世界贸易的发展。为了依靠自己的力量推动欧洲内部商品贸易的发展，欧洲复兴计划管理机构

[①] 参见温弗里德·克雷茨施玛尔《外交政策工具——国外援助》（Winfried W. Kretzschmar, *Auslandshilfe als Mittel der Außenpolitik*, München, 1964），第158—184页。

拒绝了所有为货物融资而得到美元援助的要求，因为欧洲人需要的这些资金可从其欧洲邻国获得。除了美元资助以外，为了填补需求空缺，存在潜在赤字风险的国家还获得了欧洲货币的"提款权"（Ziehungsrechte）以满足必要的资金需求。针对马歇尔计划的其他受援国，取得国际收支盈余的国家要想获得美元支付的进口援助必须满足一个前提条件，即它们得放弃在此途径下产生的收支盈余。因此，它们要以无偿出口的方式将分得的马歇尔援助转移给其他国家。由于联邦德国投资品工业具有很高和没有充分利用的生产能力，因此，他在"小马歇尔计划"（kleiner Marshallplan）框架内获得仅次于比利时的最高收支盈余。1949—1950 年，由此联邦德国获得的"美元净资助"从 3.329 亿美元（不包括美国政府救济占领区拨款计划 GARIOA）下降至 1.69 亿美元。[①] 虽然德国方面对马歇尔计划的"设计缺陷"有诸多抱怨，但也不得不承认，美国对强化欧洲贸易关系施加的压力在很大程度上推动了"欧洲迈向经济共同体的重要一步"。[②] 尽管德国因此在短期内失去了美元进口援助带来的积极效应。但无论如何，从长远来看，西德出口经济还是获得了再次进军欧洲市场的有利时机（表 12）。

表 12　德意志帝国及德意志联邦共和国出口依存度：出口占国内生产总值的比重（按市价计算百分比）　　单位：%

年份	比重
1910—1913	17.5
1925—1929	14.9
1930—1934	12.0
1935—1938	6.0
1950	8.6
1955	14.4
1960	15.8
1965	15.5
1970	18.5
1975	21.4
1980	23.7
1985	29.4

---

① VfW：《马歇尔计划的结构缺陷》（VfW, Konstruktionsmängel des Marshallplans, BA, B 146/171）。

② 同上。

续表

年份	比重
1910—1913	17.5
1990	26.5
1995 *	21.3
2000 *	28.9
2005 *	35.0
2008 *	39.9

注：* 表示从 1995 年开始为全德数据。

资料来源：总体经济发展专家鉴定委员会（SVR）历年的鉴定；联邦统计局历年的数据。

德国重返欧洲市场贸易政策条件的决定权也同样掌握在欧洲复兴计划管理机构的手中。根据欧洲经济合作组织（OEEC）咨询委员会——马歇尔计划欧洲协调委员会——的要求，从 1949 年 11 月起至年底，成员国必须取消私人进口总量 50% 的数量限制（配额）。另外 60% 的自由化目标应于 1950 年年底实现。1950 年 9 月与《欧洲支付联盟协议》（EZU）同时生效的《经济自由化倡议》还规定，到 1951 年 2 月德国需实现 75% 的市场开放率。无论其愿意与否，作为欧洲经济合作组织唯一非独立成员国的联邦德国成了第一个"吃螃蟹的人"。

对这种强制自由化做法的反应褒贬不一。一方面，一些经济分支如农业和某些工业行业由于战争破坏还没有能力参与国际竞争。这些行业的代表纷纷对此表示反对。另一方面，出口工业和大部分经济决策者，例如社会民主党人士兼外贸专家弗里茨·巴德（Fritz Baade）和经济部长路德维希·艾哈德则认为，这是西德经济重拾竞争力、确保其相应世界市场份额的有利时机。"小马歇尔计划"的经验表明欧洲邻国对德国投资品仍有巨大需求。而西德出口工业凭借其有利的供给结构也能在很大程度上满足此类需求。因此，为了争取"市场自由化"目标的实现，他们甚至愿意承担国际收支失衡的风险。尽管如此，经济管理机构却深信，在一个过渡时间内，"学习关税"（Erziehungszoll）也必不可少。经济管理机构应对过去竞争扭曲的领域进行纠正性干预。然而美国希望通过关税调节推动欧洲消除贸易壁垒并让德国成为该领域的"领头羊"，德国方面在这一问题上也不敢违抗美国意图而行事。

早在 1948 年 4 月 16 日马歇尔计划框架下的《欧洲经济合作巴黎协议》中，美国就曾预先确定，西德未来的关税政策将采取单方面最惠国待遇、降低关税税率和取消特权、歧视及补贴等举措。数月后，美国便要求受其军事占领的西德地区对 13 个国家实施单方面最惠国待遇。1949 年 8 月，美国《安纳西声明》(Statement von Annecy) 中将上述决议的对象拓展至德国从所有国家进口的商品，不论受惠国是否对德国出口实施单方面最惠国待遇。德国把这一合同约定视为无异于《凡尔赛和约》的单方屈从。[1] 在这种形势下，美国又不断施加干预以降低德国关税。1950—1951 年，德国对关税税则进行了修订，从而打破了保护性关税条例的传统。联邦德国确定的最终税率处于国际惯例的中等水平，低于意大利、法国和英国等高关税国家，又高于丹麦和荷兰、比利时、卢森堡等超低关税国家。天赐良机，联邦德国于 1951 年 10 月 1 日加入了"关税与贸易总协定"(GATT) 并重新获得了关税与贸易政策主权。这一协议由掌握着世界 80% 贸易总额的 34 个贸易国家共同签订，为集中取消贸易壁垒创造了宽松的制度环境，而这也正是美国一直追求的目标。此后，各国分别于日内瓦、安纳西和托基举行了有关降低关税的圆桌会议并订立了近 55000 项的关税减让决议[2]，这些决议与无限制的最惠国待遇都对新成员国大有裨益。西德及其他重要贸易国的加入又为冲破顽固的关税结构、增加其灵活性提供了重要契机。美国也在利用这一机会迫使德国担任破冰者的角色。

三　危机与扩张

　　进口配额的取消使德国贸易与国际收支账户率先出现了赤字现象。德国的进口需求较大，而出口自由化战略却迟迟未能跟上步伐。1950 年，德国进出口贸易额分别达到 113.47 亿马克和 83.62 亿马克，国际收支严重失衡。约有 18% 的进口商品直接或间接需要马歇尔计划的资助。1950 年年中，朝鲜战争的爆发引发了原料工业的井喷式发展。在经济重建背景之下，西德对外贸易呈现出先天的被动趋势，最终酿成了意想不到的"德国危机"。同年年底，外汇收支入不敷出，黄金与外汇储备合计为零。联邦德国不得不在欧洲支付联盟 (EZU) 框架下提出 3.2 亿美元的配额申请，除此之外还不得不

---

[1] 弗里德里希·耶秀：《斗争中的对外贸易——联邦德国正向 1949—1951 年的关贸总协定迈进》(Friedrich Jerchow, Außenhandel im Widerstreit. Die Bundesregierung auf dem Weg in das GATT 1949—1951, in: Heinrich A. Winkler, *Politische Weichenstellungen im Nachkriegsdeutschland 1945—1953*, Göttingen, 1979)，第 256 页。

[2] 路德维希·艾哈德：《德国重返世界市场》(Ludwig Erhard, *Deutschlands Rückkehr zum Weltmarkt*, Düsseldorf, 1953)，第 210 页。

举债。欧洲支付联盟是西欧对外贸易的多边资产清算与信贷机构，美国借助马歇尔计划为其提供资金，使其成员国通过相互提供贷款以弥补结算时的外汇储备不足。欧洲支付联盟的目标是推动欧洲货币向普遍可兑换过渡，到1958年年末实现国际商品贸易的自由化。1950年11月，为了避免清算体系的崩溃，它被迫向联邦德国提供了一笔1.8亿美元的特殊贷款。眼看这笔贷款即将被西德国际收支的赤字旋涡卷走，德意志诸州银行与联邦政府连忙给贸易政策紧急刹车。原本应于1951年3月实现的60%自由化率目标被延迟，与此同时，德国政府还对为进口申请的外汇设置了50%的现金储蓄率并最终全面暂停了进口许可证的发放。此项举措也引起了国际社会的强烈反响。人们越来越警惕第三帝国时期进口歧视政策的卷土重来，这种政策在英语地区以其创造者命名，称为"沙赫特主义"（Schachtianism）。美国虽然批准了中断自由化举措的建议，但实际上是想借此实现对德国市场经济的进一步干预。

早在1951年下半年，国际收支危机就已消退。曾引发国际收支危机的因素如今却成了德国有能力自行为进口埋单的原因。朝鲜危机之初，德国以较低的价格进口了一批原材料，其出口的加工成品受到其他国家的热捧，需求量持续上升。1952年，联邦德国首次实现了国际收支盈余并由此成为60—70年代仅次于美国的世界第二大贸易强国。

无形财富赔款、企图消灭竞争的拆除，以及专利、商业秘密及生产数据的强制转让均对德国出口经济造成的限制性影响极其有限。德国对赔款债权国的强制技术转让也仅在提升其竞争性出口能力方面显得比较有意义。当时的研究结果表明，关于无形财富赔款与出口经济间的相互关系，英国无疑提供了最佳的例证。[①] 50年代，英国进一步巩固了在航空技术与军备经济领域的欧洲领先地位并从德国的知识赔偿中获益匪浅。不过，它究竟有没有损害德国的经济利益这一问题还有待商榷。诸多迹象表明，恰恰是这种行业专业化令英国出口经济丧失了在其他领域发展和进步的机遇与空间。其中一个重要原因是，它们占据了英国大部分可支配的社会生产力。[②] 借助德国的行业

[①] 格拉特：《战争赔款》（Glatt, Reparations）。

[②] 科内利·巴内特：《战争总结——英国成为强国的幻想与现实》（Correlli Barnett, The Audit of War, The Illusion and Reality of Britain as a Great Nation, London, 1986）；马尔科姆·查尔姆斯：《防御代价》（Malcolm Chalmers, Paying for Denfence, London, 1985）；安德鲁·舍恩费尔德：《战争时期以来的英国经济政策》（Andrew Shonfield, British Economic Policy since the War, Harmondsworth, 1958）也都曾提出过相关言论。

技术，英国在一些领域距离进口替代的目标越来越近。然而，即便进口替代能帮助其缓解国际收支负担，它也不一定有利于英国的经济发展。比如英国工业借助德国技术与专家最终于1945年后有能力制造用于钟表生产的宝石传动装置，但其售价却高达世界市场价格的近四倍。精湛的打磨技术不仅需要对生产过程的通晓与合适的机器，还有赖于宝石匠长期积累的丰富经验。但无论是官方主管机构还是工会组织，又或是英国民众，都反对引进德国相关的专业人员。[1]

所有这些因素都为西德出口经济打开了曾经流失给英国的市场的大门。50年代，西德占世界出口贸易份额的比重由3.6%（1950年）上升至8.9%（1960年），而英国则从11%下滑至7.8%。[2] 无论如何，没有事实证明德国出口贸易的国际竞争力受到了阻断。

德国出口经济难以重返北美市场究竟在多大程度上归咎于知识赔偿的负面影响还有待具体研究。1946年6月27日的《伦敦协议》废除了所有对德国专利的保护条例并将其无偿给所有相关利益群体分享，这对德国肯定不会没有任何负面影响。因此，除了对没收的德国财产处置问题外，德国商标和著作权的交付一直到60年代都是美德政府谈判的长期议题。1953年4月，美国根据《对敌贸易法》（Trading With the Enemy Act）剥夺德国财产权的做法终于被废止。[3] 然而直到1956年美德双方签署的《专利交换协议》才为技术转让确立了法律保障。除此之外，德国对美国出口面临的问题还有关税和行政障碍，这也体现了美国针对德国和其他出口国长期实施贸易保护主义政策的"传统"。[4] 不过，德国的出口最终还是在北美实现了6%—7%的长期市场占有率。

德国以无形财富赔偿方式向债权国进行的技术转让对西德重返世界市场究竟造成了多大影响，目前对此下定论显然还为时尚早。不过，从趋势上，其对德国进口替代或在第三市场上竞争局势的影响应该是正面的。在各领域全面扩张的50年代，德国被迫通过"出卖"技术和专家向主要的贸易伙伴国支付战争赔款的做法似乎非但没有限制，反而改善了德国的市场机遇。因

---

[1] 例证参见格拉特《战争赔款》（Glatt, *Reparations*），第1章。
[2] 联合国：《统计年鉴》（UN, Statistical Statistical Yearbook），多处引用。
[3] 汉斯·迪特·克莱坎普：《美国的德国财产——财产返还之争是1952—1962年德美关系的一个重要方面》（Hans-Dieter Kreikamp, *Deutsches Vermögen in den Vereinigten Staaten, Die Auseinandersetzung um seine Rückführung als Aspekt der deutsch-amerikanischen Beziehungen 1952 bis 1962*, Stuttgart, 1979）。
[4] 莱茵哈尔德·内毕：《1945—1966年西德经济的海外市场与出口战略》（Reinhard Neebe, *Überseemärkte und Exportstrategien in der westdeutschen Wirtschaft 1945 bis 1966*, Stuttgart, 1991）。

为在很多情况下，强制技术转让也帮助德国建立或加深了与外国企业的合作关系。① 德国与欧洲邻国出口经济间的直接交织成为50年代德国出口充满活力的基础并具有一体化的特征。欧洲邻国是德国制成品的重要进口国，而与此同时它们也向德国出口其生产的半成品并在德国出口商品中——例如机械设备——得到大量运用。因此，德国的出口经济成为欧洲生产商的重要市场，并在欧洲经济共同体建立之前就开始了进出口共同市场的创造。但人们揣测，这一发展趋势的幕后推手并非贸易政策战略，而是德国在战争赔款中要的"手段"。

  在整体拆除工业行业设备背景下的技术使用禁令并没有加大西德重返世界市场的难度，这一点是十分肯定的。拆卸设备并未使德国工业结构发生实质性的改变，这里"纯"军备工业除外，对它的拆除一直持续到50年代中期，这些工业部门还部分受到生产禁令的限制。不过，这些限制约束条款显然并未给西德工业带来发展负担。50年代初，西德工业并未萌发出重建军备生产的强烈意愿。② 对许多军备工业技术而言，例如合成橡胶（布纳橡胶）或汽油技术（费舍—特洛施—煤气合成工艺），在当时的世界市场价格下根本无法实现经济利用，故此生产禁令也就如同一纸空文。当然，这也不能一概而论，1950年3月15日《盟军高层委员会法》第22号文件（核反应堆与粒子加速器）和1950年3月30日第24号文件（钢铁制造与轧钢厂产品、化工业、造船业、电子技术与工具机械）中的禁令与限制条款确实阻碍了相关市场的发展和进步。因此，虽然政府早在1950年就将250000伏的X线设备定为技术标准，但建造150000伏以上的X线设备却需要有关部门的批准和许可。250兆赫以上电子管的生产禁令则是另一个典型例证，尽管它是生产电视机的必备配件。③ 随着1950年6月朝鲜战争的爆发，这些限

---

① 相关信息可参见雷蒙德·施托克斯《分割与繁荣——1945—1951年盟军统治下法本化学公司的继承人》（Raymond G. Stokes, *Divide and Prosper, The Heirs of IG Farben under Allied Authority 1945—1951*, Berkeley, 1988），第189页及其以下；也可参见吉姆贝尔《科学》（Gimbel, *Science*），第183页及其以下；或维尔纳·阿贝尔斯豪塞《自1952年成立以来巴斯夫集团的历史》（Werner Abelshauser, *Die BASF seit der Neugründung von1952*），该文载于《巴斯夫——一段企业史》（*Die BASF, Eine Unternehmensgeschichte*, München, 2007），第三版，第221—224页。

② 这是美国领事在与西德钢铁工业领军人物奥托·沃尔夫·冯·阿莫龙根（Otto Wolff von Amerongen）于杜塞尔多夫举行的会谈中提出的观点和看法。参见 Amerongen, Düsseldorf an Department of State am 22. 12. 1955, NA762A. 5/12—2255 und am 13. 12. 1955, NA762A. 5/12—1355。

③ 莱茵哈特·内毕：《联邦德国初期的技术转让与对外贸易》（Reinhard Neebe, Technologietransfer und Außenhandel in den Anfangsjahren der Bundesrepublik Deutschland）, in: *VSWG* 76, 1989），第51页及其后。

制和监督性条款和禁令大多在获得《巴黎条约》的取消指令之前就已失效。

其他数据（表4）表明，工业设备拆卸结束后，德国工业资本存量中的无形资产——德国的技术标准和从中产生的生产效率（"质量等级"）——在跨期比较中仍然相当可观。在这一背景下，知识赔偿对德国对外贸易产生了抑制作用的因果关联是很难建立起来的，尤其是50年代德国的出口增长率远远超过其普遍的经济增长率。

出于同样的理由，人们自然也很难天真地认为，正是工业设备拆卸为德国工业实现合理化和现代化开辟了道路。在德国的出口进攻策略取得成功之前，出口相关工业的寿命构成、质量等级和技术标准并没有显示德国工业已普遍处在急需克服的落后状态。不考虑知识赔偿，1952—1953年德国80%的出口商品都是"二战"结束前在国内外享有盛誉的品牌商品。[1] 从中期角度来看，西德出口工业也无法绕过对生产设备及其产品实施现代化与合理化。从这个角度来说，工业设备拆卸以及对德国知识产权的掠夺也同样对德国工业的发展环境产生了积极影响，当然，这里指的是间接意义上的积极影响。为了说服州政府和联邦政府实现其自身的经济、金融和税收政策构想，德国工业界出于政策上的利益考虑自始至终都强调工业设备拆卸举措给德国带来的损失和危害。不过，他们辩护的目的并不在于从政府那里获得所谓的"再装配"贷款——例如1948年以来北莱茵—威斯特法伦州对在拆卸赔偿中的受损工业一直采取的做法，而是希望获得政府对设备折旧实施税收优待，为德国马克资产负债表中的设备估值和其他诸如保障支付期限、延期支付等创造优惠的税收条件。50年代最重要的融资手段是自筹资金。因此，设备拆卸论据在实现对西德工业——尤其是出口工业——实施税收和金融优待政策问题上的分量非常重。撇开个别有争议的项目不谈，对于相关利益代表而言，例如赔偿受损工业紧急共同体，（Notgemeinschaft der reparationsgeschädigten Industrie）他们的目的并非要阻止所谓的战争赔款——不论是有形还是无形的——而是利用反对设备拆除来实现其资本市场和产业政策的重要重建目标，以及为确保在自由企业决策下的经济增长而消除经济负担。[2]

---

[1] 艾哈德：《重返》（Erhard, *Rückkehr*），第255页。
[2] 马提纳·柯西灵：《北莱茵—威斯特法伦州的设备拆卸政策与经济重建（杜塞尔多夫关于联邦州新史与北莱茵—威斯特法伦州历史的文章）》[Martina Köchling, *Demontagepolitik und Wiederaufbau in Nordrhein-Westfalen* (*Düsseldorfer Schriften zur Neueren Landesgeschichte und zur Geschichte Nordrhein-Westfalens* 40), Essen, 1995]。

重建信贷资质是联邦德国再次融入国际经济网络的一个重要前提。这就要求德国必须对国外的公共和私人债务予以清算。1951年3月6日，联邦政府对德国的新旧外债做出了原则上的承认。虽然联邦德国是西部占领区的法定继承人，但是要它承担德意志帝国的所有债务似乎有些说不过去，占领国提出的战争赔款要求也大大超出这一深陷国际收支危机国家的支付能力。

　　德国于1951年与三大西方国家展开的伦敦债务谈判最终确定，头五年的债款支付额为5.67亿马克，之后为7.65亿马克。谈判期间，需偿还的债务总额由原来的293亿马克减至145亿马克。美国利用美国政府救济占领区拨款计划（GARIOA）与欧洲复兴计划提供的援助资金将战后赔款要求由32亿美元降至12亿美元。英国则通过援赠基金将其债务要求由8.14亿美元下调至6.05亿美元。同样要求德国向其占领区提供经济援助的法国也削减了1600万美元债务中的400万美元。[①] 最终，战前债务中的资本金额由83亿马克减至60亿马克，利息欠款由44亿马克减至14亿马克。由15个国家协商讨论的《伦敦债务协议》并未将战争赔款问题本身列入其框架范畴。不过，德国代表团主席——银行家赫尔曼·阿布斯明确表示，各国不应再以"战争赔款"名义向德国继续提出债务要求，[②] 其他参与成员最终也对此予以了默许。

　　不过，对以色列进行赔偿的规定并不受此影响。1952年的《卢森堡协议》规定联邦德国需承担向以色列支付30亿马克"融入援助"（Eingliedungshilfe）的义务，该援助以商品供应的形式分十年交付。协议期满后，联邦德国继续向以色列支付援助款项（采取贷款援助或经济援助的形式）。除了以色列以外，德国还需向"犹太人索赔会议"（Jewish Claims Conference）提供4.5亿马克的融入援助。另外，联邦德国需单独向以色列公民支付240亿马克赔偿金直至1982年，即在1965年《联邦赔偿终结法案》（Bundesentschädigungs-Schlußgesetz）[③] 有效期届满后仍需继续支付。至此，为迫害犹太人罪行的牺牲者支付的官方总赔偿金额（包括对居

---

　　① 德意志联邦银行：《1976—1975年德国的货币与金融业数据》（Deutsche Bundesbank, *Deutsches Geld-und Bankwesen in Zahlen 1976—1975*, Frankfurt am Main, 1976)，第336—341页。
　　② 赫尔曼·阿布斯：《伦敦债务协议》（Hermann J. Abs, Das Londoner Schuldenabkommen, in: *Zeitfragen der Geld-und Wirtschaftspolitik*, Frankfurt am Main, 1959)，第11—42页。
　　③ *BGBl*. 1965年，I，第1315页。

住在以色列地区以外受偿者的赔偿）共计 680 亿马克。① 事实上，在 1980 年又考虑通过一个"终结法案"时，索赔会议主席纳洪·戈特曼（Nahum Goldmann）向当时的联邦总理赫尔穆特·施密特坦言，到 1980 年，实际赔偿金额已经达到了 800 亿马克。在戈特曼看来，这已是一笔不菲的"巨款"。歌德有句格言："行为者是盲目的"，而这似乎就是此格言的最佳印证。② 到 2000 年，官方赔偿的总金额继续上升至 1030 亿马克。加上自 19、20 世纪之交以来的 52 亿欧元——款项一半由纳税人提供，一半由德国经济基金会以"回忆、责任与未来"基金名义为补偿强制劳动而筹措——目前的总金额已达 642 亿欧元。③

这一数额之高是当时人们完全不敢想象的。从 1951—1952 年的视角来看，德国似乎根本无力承担这一赔偿义务。然而几年之后，它却向世人证明，利用对外贸易赚取的外汇利润节节攀升，要偿清所有债务根本不费吹灰之力。例如，1953 年 2 月《伦敦债务协议》通过决议，将战后债务降至 18 亿美元，其清偿期限也延长至 1988 年。由于经济日渐繁荣，德国分别于 1959 年和 1961 年支付了大量预付款，并于 1966 年付清剩余款项，提前还清了债务。④ "一战"后给国际关系造成沉重负担的债务问题最终以有利于西德的方式得到解决。此时，西德终于为自己重返西方世界金融与经济体系扫清了一切障碍。

1952 年年初，为了于 1956 年年末取消欧洲经济合作组织范围内的所有私人进口配额，联邦德国又重新开启了自由化进程。在与其他西方国家的谈判和对话中，自由贸易原则的推广也获得了极大成功。事实上，只有受农业

---

① 联邦财政部长主编：《对纳粹罪行的赔偿——赔偿规定》（Bundesminister der Finanzen (Hg.), *Entschädigung von NS-Unrecht. Regelungen der Wiedergutmachung*, Berlin, 2001），第 342 页。

② 联邦总理与纳洪·戈特曼博士（Dr. Nahum Goldmann）于 1908 年 6 月 19 日在联邦总理署 11 点至 12 点的谈话记录［Vermerk über das Gespräch des Bundeskanzlers mit Dr. Nahum Goldmann am 19. Juni 1980 von 11.00 Uhr bis 12.00 Uhr im Bundeskanzleramt, in: AdsD der FES, Depositum Matthöfer (DM), Box 017］。

③ 汉斯·霍克茨：《德国的赔偿金——1945—2000 年的历史账户》（Hans G. Hockerts, *Wiedergutmachung in Deutschland. Eine historische Bilanz 1945—2000*）一书中提到的总金额，载于 *VfZ* 49, 2001, 第 214 页。霍克茨援引了彼时联邦总统沃尔夫冈·迪尔瑟（Wolfgang Thierse）的观点，称赔偿款总金额（以 2000 年价格为准）共计 1084 亿欧元。也可参见 BMF 第 V 处报告（MF-Referat V B 4, 2007）。有关基金会倡议的信息可参见苏珊娜·索菲亚·斯皮里欧提斯《责任与法律程序——德国经济的基金倡议》（Susanne-Sophia Spiliotis, *Verantwortung und Rechtsfrieden. Die Stiftungsinitiative der deutschen Wirtschaft*, Frankfurt am Main, 2003）。

④ 见联邦财政部长《赔偿》（Bundesminister der Finanzen, *Wiedergutmachung*），第 336—341 页。

领域市场秩序法规约束的产品未受其影响。依靠逐年递增的黄金和外汇储备两大坚强后盾，1954年后德国货币逐渐开始实现可兑换，到1958年已完全实现自由兑换。将近200亿马克的外汇储备——其中一半以上为黄金——足以满足所有的兑换需求。

如果说西德的"经济奇迹"的内在活力源自内部：即成功地扫除了长期的发展阻碍，动员了西德经济的全部生产率潜力，那么五六十年代世界市场的空前扩张与西德融入这一发展过程则为这一"奇迹"提供了宽松的社会环境。1913—1950年，16个经济合作与发展组织（OECD）成员国的出口增长率仅提升了一个百分点，1950—1973年的增长率却超过了8.6%。德国从这一发展趋势中获利，其同期出口增长率从-2.8%上升至+12.4%。[1] 机械制造业及包括专用机械、办公室系统与通信系统、家用电器和机动车等在内的相关行业都因此获利良多。这些行业获得了这一趋势的双重好处：一方面，他们能自由获得世界市场提供的战略投入，例如原料、优质金属片或专用机器；另一方面，他们也能将世界市场纳入其销售规划之中，进而利用规模经济获得成本优势，这也是福特式生产方式最显著的特征之一。事实上，机动车与飞机已成为西德外贸统计资料中最重要的分支（50年代时，飞机在贸易中的重要性几乎为零），它们在出口商品中占的比重由1950年的4.8%提升至1965年的14.4%。而在1936年，这一数值仅为2.6%。[2] 毫无疑问，1945年后，德国的宏观经济框架条件适合福特式的规模生产方式。

1951—1958年，德国实现了44.5亿马克的外贸盈余。人们把这一成就的取得归功于保护主义、外汇倾销和出口刺激三重战略的支持。然而，有关研究结果却让人相信，解释德国出口成就的这一论据并不成立，而且它也不仅仅只适用于德国。[3] 50年代以来，德国出口经济逐步成为欧洲半成品的一大重要客户，同时，在欧洲经济共同体建立以前，它就为该领域共同市场的建立创造了有利条件。1954年，美国经济开始出现战后衰退，德国便承担起维护西欧经济稳定发展的重任。

---

[1] 马蒂森：《20世纪的世界经济》（A. Maddison, *The World Economy in the 20th Century*, Paris, 1989），第67页。

[2] 《联邦德国统计年鉴》（*Statistische Jahrbücher der Bundesrepublik Deutschland*），1952—1966年。

[3] 琳达·冯·德尔哈斯·君特：《20世纪五六十年代西德出口贸易成功的因素》（Linda von Delhaes-Günther, *Erfolgsfaktoren des westdeutschen Exports in den 1950er und 1960er Jahren*, Dortmund, 2003）。

第三节　欧洲地区：通过歧视实现一体化

一　法国的两难境地

早在朝鲜战争爆发之前，西德在经济重建中就展现出强劲的发展潜力，而这恰恰是法国长期以来所欠缺的。对美国经济援助的依赖又将法国置于两难境地之中。美国在发放国外援助的同时提出了一个约束性条件，即要求受援国减少对德国生产能力的掠夺。美国启动马歇尔援助计划的这一考虑也成为西德经济重建得以迅速成功的重要因素。为了继续享受美国的经济援助，法国不得不同意将西德工业设备拆卸数量减少至原计划的 1/3，如果不是这样，它原是德国战争赔款的最大受益者。除此之外，在接受马歇尔计划援助的同时，法国还需放弃对西南德工业产品的掠夺，并逐步实现其占领区与英美占领区的融合。随着 1949 年秋西德地区国家建立的完成，盟军已无法再限制德国工业生产力的发展。同时，出于对西方世界军备利益的考虑，它们也不愿对其进行限制。1949 年 10 月 31 日，美国马歇尔计划管理处主席保罗·霍夫曼（Paul Hoffman）在对欧洲经济合作组织巴黎委员会发表的演说中指出，他已充分了解美国援助计划的意图，即推动西欧经济一体化，扩展欧洲内部市场，同时促使欧洲经济合作组织"为经济一体化创造有利条件"①。

对于法国而言，此时的"一体化"当然意义有所不同。巴黎对此的理解是：将一个和平民主的分裂的德国置于一个统一的欧洲约束下。巴黎当局想借助共同体机构的间接控制手段确保西德的军备潜力不能将矛头再次指向法国并确保重要的"战略"资源——例如鲁尔区的焦煤——能为法国自由使用。法国掌握了萨尔区的控制权后，此项战略的初始目标自然莫过于鲁尔区的矿冶经济。不过，首要的前提条件是建立超国家机构来剥夺德国政府对其军备力量的支配权。此举并不必然与削弱参与共同体的民族国家的主权联系在一起，相反，法国认为，对经济核心领域的跨国调控是维持和保障主权的必要手段。在德方看来，此举则为其提供了重获西部地区国家主权的机会。

如果法国想要继续接受美国的经济援助，那么在它"大踏步迈向"工

---

①　演说文章载于 1949 年 11 月 1 日的《纽约时报》（*New York Times*），见 FRUS，1949 年，IV，第 438 页及其后。

业社会的过程中将不再可能违背联邦德国的意愿来依赖后者的资源供给。同时，投靠和依附美国的选择与法国保持政治独立性的外交政策原则并不相符。法国必须在两难境地中作出决定和选择，究竟是向德国作出妥协和让步以确保自身对鲁尔区经济潜力的影响力，还是甘愿冒险，接受西德强势来袭的重建"车轮"之残酷辗压，进而危及自身的大国地位？认识到自己的战略目标在与西德对抗下无法实现，法国最终决定与邻国一道追求这个目标，舒曼计划（Schumanplan）则为此提供了前提条件。

严格来讲，舒曼计划的提出也有其自身的经济背景。法国希望通过"重工业计划"实现经济与军事实力赶超德国的目标，然而，1949年以来，这一计划却遭遇了重重阻碍，这一点就是制定舒曼计划的经济缘由所在。彼时，旨在实现法国工业现代化与扩充军备实力的舒曼计划都一直进展顺利。1948年，法国的煤炭与钢铁产量超过了战前水平并超过西德产量达50%。[①] 1952年，法国又成功将硬煤采矿业的生产力提升至战前水平。而此时鲁尔区矿井的生产力才仅仅达到战前的75%。[②] 尽管两国的钢铁产量都达到920万吨，但在1949年就已经很明显，法国依然无法取代鲁尔区成为欧洲重工业的中心。一方面，西德的经济重建刚刚起步并拥有相当规模的产能储备；另一方面，法国的钢铁生产却出现50万吨的回落现象，就连1950年初夏开始升温的朝鲜战时繁荣也对此无能为力。甚至根据不切实际的假设条件：即对德国继续维持产能限制并实现充分就业，1949年经济预测还推断1953年西欧的钢铁产量将出现800万吨的过剩，因此法国核心工业的现代化计划能否获得成功依旧是个未知数。[③] 拔地而起迅速建立钢铁工业新产能的倡议很快就面临组织与经济方面的限制，美国马歇尔计划管理机构赋予法国对其提供给欧洲复兴计划美元援助的对等资金使用的共决权，并将1500万吨钢的初始目标下调至1250万吨[④]，莫内计划的重点投资目标因此面临着打水漂的危险。1949年11月，政界人士不断向规划委员会施压，要求其修订现代化计划，放弃国家调控原则转而采取市场自由化举措。这刺激了莫内"向

[①] 维尔纳·阿贝尔斯豪塞：《煤钢联营建立的经济背景》（Werner Abelshauser, Wirtschaftliche Aspekte der Gründung der Montanunion, in: Walter Först, *Beiderseits der Grenzen*, Köln, 1987），第152页（表2）。

[②] 同上书，表3。

[③] 联合国（欧洲经济委员会）：《欧洲钢铁工业在世界市场的发展趋势》[UN (ECE), *European Steel Trends in the Setting of the World Markets*, Genève, 1949]，第67页及其后。

[④] 阿贝尔斯豪塞：《煤钢联营》（Abelshauser, *Montanunion*），153页。

前方进军的冲动"。他下令要求规划委员会制定一个"工作文件",为钢铁工业的新产能寻求销售市场提供政策保障。故而舒曼计划实际上是对莫内计划的一次拯救行动。①

此外,法国也有安全政策方面的考虑。在马歇尔计划的主导下,法国外交斡旋的难度日渐增大,在直接控制鲁尔区矿业经济与保留德国钢铁工业产量限制规定("钢铁配额")的问题上很难赢得美国的赞同与支持。因此,由直接调控向间接调控方式的过渡似乎已迫在眉睫。

二 监护人:美国与英国

煤钢联营面临的安全政策形势十分严峻,这也是英国虽然受邀却并未加入其中的原因。1950 年,英国的原钢产量达到 1660 万吨,比舒曼计划成员国钢铁产量的一半还多。因此,如果英国加入,将遭遇超国家的高层机构更为严格的调控(甚至超过德国)。根据舒曼计划,调控的实施原则是满足法国相对于德国的安全需求并确保法国钢铁工业对鲁尔区焦煤原料的随时支配权。为了享受上述特权,法国、意大利和荷比卢国家的弱势矿冶工业需服从适用于鲁尔区的严格调控措施。其中,法国位于北非的新矿石基地可排除在外。对联邦德国而言,对这种结构歧视的容忍不是不可理解的,毕竟同时也取消了国际鲁尔机构对其煤钢生产的直接调控,而且这对于萨尔问题的解决也有利。然而,这对于英国就不一样了:为何对英国仍旧重要的矿冶工业要接受与战败的德国一样的监管?

虽然英国的钢铁工业并不想仿照 30 年代的成功经验重新加入欧洲钢铁市场的卡特尔同盟,不过,在某些重要方面,即将成立的煤钢联营还是与战前时期的原钢共同体有着显著区别。出于安全政策的考虑,面对重工业参与方各不相同的利益诉求,一个超国家机构能够将政治对特殊利益的优先权置于首位。但对于 50 年代历史条件下的英国工业而言,将企业自主决策权服从于一个超国家机构似乎有些难以接受。即便该委员会根据生产配额来确定各国代表的权重,欧洲大陆的影响仍势必成为此官僚制度中的主流。但按生产配额确定在超国家机构中的权重其实是不可能实现的,因为这一规定会强

---

① 弗里德里克·豪斯曼:《欧洲曙光中的舒曼计划》(Frederick Haussmann, *Der Schuman-Plan im europäischen Zwielicht*, München, Berlin, 1952),第 18 页及其后;阿兰·米尔瓦德:《1945—1951 年西欧的结构转型》(Alan Milward, *The Reconstruction of Western Europe 1945—1951*, London, 1984),第 395 页。

化德国相对于其他小成员国超过其能够忍受程度的政治地位。英国并没有充分的理由参与重工业卡特尔同盟,因为该同盟必然要承受德国问题的政治成本。1952年,在合约各方形式上地位平等的幌子下,以西德为代表的合约国不得不放弃意义重大的国家支配权。直到50年代,矿冶经济对于共同体国家的重要性逐渐降低,西欧战后秩序的长期性得到巩固,欧洲一体化进程的差别化基础在参与国之间才逐渐失去了分量。

舒曼计划也将美国置于两难境地之中。1947年以来,协调西欧国家利益、敦促其为实现欧洲复兴而共同努力是美国对欧稳定战略的核心,其针对16个国家实施的马歇尔计划也遵循着同样的目的。早在"二战"期间,美国就提出了"发展开放、自由的对外贸易"之构想。战后初期,美国希望能逐步将这一构想付诸实践。然而,区域集团化趋势及其对外贸易保护主义效用却与美国的这一理想背道而驰。事实上,战后初期美国的秩序政策构想在军政府的执政过程中扮演着极其重要的角色,然而,重工业领域的卡特尔超国家联盟与这一构想完全不符。虽然去联营化与反卡特尔极端政策的拥护者早在1947年就为美国商界及金融界的务实主义人士所取代,不过,他们的观念和想法却以温和的形式成为美国对欧政策中理所当然的一部分。

1948年年初,华盛顿的美国国会通过了马歇尔计划,从而为促进西欧经济与政治一体化创造了有利条件。美国起初考虑的是在欧洲经济合作组织框架内对欧洲重建举措进行协调,目的是防止马歇尔计划各受益国出于本国的雄心,不顾各自的区位是否合适继续扩展其重工业产能。但上述目标只有以牺牲鲁尔区为代价才可能实现,而且德国在实现美国1947年以来的与欧洲经济融合的目标后势必会遭遇产能过剩的问题,进而给世界贸易带来严重的干扰。

事实上,马歇尔计划的受援国并没有意向在各自的重建问题上与其他国家达成一致意见。身为专业观察员的基尔世界经济研究所所长弗里茨·巴德甚至对此表示担忧,认为"西欧经济区的巴尔干化不仅不会遭到阻止,反而会在一定程度上有所加剧"[1]。这一畸形发展趋势似乎预示着美国对西欧稳定政策即将失败。面对此种情形,1949年10月,美国对德高层委员会委员约翰·麦克罗伊建议,鲁尔地位的特殊规定不仅适用于战败国德国,还应

---

[1] 《美国的长远计划》(*Der amerikanische Long-Term Plan*, Kiel, 1949),第15页。

运用于整个西欧的矿冶工业。①

乍看之下,人们似乎会认为,美国长达半个世纪之久的反卡特尔传统即将终结。麦克罗伊向西欧人提出建立行业联盟建议时,他有意跳过了自己的秩序政策框架,其目的正在于拯救美国的对欧政策。尽管如此,在针对舒曼计划开展的巴黎谈判期间,美国依然没有放弃抵住法德重工业界的强大势力为煤钢联营注入自由竞争与开放型贸易政策精神的努力。

三 独一无二的卡特尔?

重拾战前卡特尔传统的现象不仅仅在西德有回潮之势,1950 年,法国和比利时的卡特尔联营趋势也愈演愈烈。他们不仅对改革人士的反卡特尔立法倡议进行重重阻挠,同时也加强了莱茵河对岸的自由企业市场秩序拥护者的地位。40 年代后期,西德企业对盟军下发的严格禁令置若罔闻,相互间开始订立大批市场销售协议。联邦德国工业联合会成了这场卡特尔运动的代言人。其中,鲁尔工业界的影响在初期占据了主导地位。1950 年年初,法国与比利时提出倡议,要求就建立可能的欧洲钢铁卡特尔联盟的问题进行谈判,西德工业界对此表示欣然接受。与法、比业界人士进行轮番接触后,各工业利益群体——鲁尔重工业在其中发挥了重要作用——在煤钢联营谈判之初就提交了各自的协约建议。矿冶经济界业内人士汉斯·迪希冈斯(Hans Dichgans)对这些建议的基本内容总结如下:"来自经济领域的专家希望打消众人的疑虑,问题需要利用生产商之间的相互理解来解决,即通过卡特尔的方式……他们认为,解决问题的最佳途径是生产商之间的相互理解和包容,而非一个官方机构订立的生产和分配定额。"② 然而,华盛顿方面却对此提出质疑。美国政府随后便竭尽一切所能来对抗这一新共同体的"反竞争趋势"。与此同时,美国也争取到了其战略盟友让·莫内的支持。莫内指出,超国家"高层机构"要确保可以与私人经济利益联盟抗衡的政策优先权。在美国专家的共同参与下,莫内成功地将明确的"卡特尔禁令"写入了协议。

从另一个角度来看,华盛顿在煤钢联营成立过程中也发挥了关键的经济

---

① 威廉·迪博尔德:《舒曼计划——1947—1951 年对国际公司的研究》(William J. Diebold, *The Schuman Plan*, *A Study of International Cooperation 1947—51*, New York, 1952),第 44 页。

② 汉斯·迪希冈斯:《煤钢联营、人和制度》(Hans Dichgans, *Montanunion*, *Menschen und Institutionen*, Düsseldorf, 1980),第 79 页。

作用。煤钢联营进程不可逆转后,法国开始强烈地担忧,如果没有国际鲁尔机构的支持,很难在与鲁尔工业的对抗中站稳脚跟。因此,法国急切盼望盟军去实现联营政策,借此来削弱鲁尔经济的实力。相反,德国方面则将煤钢联营的集中化策略视为订立合约的基本前提,于是便催促各方取消根据占领法制定的去联营的举措。1950—1951年冬,舒曼计划准备工作的焦点暂时从巴黎移到了波恩。最终,美国作出让步,放宽了对煤钢联营的限制,形式上分解了鲁尔原煤辛迪加组织并将矿业康采恩分解成数个相对小的企业,但同时也承诺德国在新秩序框架内享受与法国一样的建立集中化联营的机会。

在巴黎举行的欧洲煤钢联营(EGKS)谈判结束前,朝鲜战争爆发。在其影响下,新联营经济体的经济基础与外部条件似乎也发生了变化。1949年预测的钢铁产量盈余并未如期而至,相反,供应量的短缺现象则为德国钢铁工业燃起了政治与经济领域的新希望。在西方军备扩张需求的影响下,鲁尔钢铁的消耗量急剧上升,即便没有德国对舒曼计划的赞同,取消盟军生产限制规定也指日可待。由此,德国接受舒曼计划的决定变得不那么迫切,然而尚存的占领国订立的限制与监管条例在此时却显得格外惹眼并成为障碍。巴黎以其在国际鲁尔机构中的地位为杠杆,希望在舒曼计划谈判期间说服波恩作出妥协和让步。许多鲁尔区企业家则盼望着朝鲜战争能帮他们不需要再对法国做出让步,然而事实证明这是白日做梦。西德重工业钢铁需求的暴涨为其开辟了意想不到的新前景,正因为如此,德国更应该理性地与法国达成和解,以冲破占领国重重枷锁的束缚。杜伊斯堡克洛克纳康采恩董事会成员和德国联邦议院议员君特·亨勒(Günter Henle)(基民盟)是一名颇有政治远见的企业家。他赞同在现有条件下实施舒曼计划的做法,同时他强调:"这些事件发生后,欧洲一体化目标的紧迫性未有丝毫减少,恰恰相反,它变得比从前更为紧迫了……那些认为朝鲜、中国台湾或其他国家能给我们提供解决方案,既不需要我们做出牺牲,又能为我们带来希望的观点和看法都是错误而肤浅的。"[1] 代表鲁尔经济利益的钢铁工业同盟对此也表示赞同,尽管相比而言少了些激情。

煤钢联营成立的经济史告诉我们,仅凭欧洲思想和对于欧洲经济一体化更高理性的自愿理解都不能为其成立开辟道路,欧洲煤钢联营的产生源于各

---

[1] 君特·亨勒:《1950年9月30日关于"欧洲委员会与舒曼计划"的演说》(Günter Henle, Rede "Europarat und Schumanplan" vom 30.9.1950),第13页;KA, EG, Schumanplan/WV2/1.7.-30.9.1950)。

种动机的混合。无论是法国对保留国家实力的想法，还是德国对"自愿"放弃主权两害权衡取其轻的认识，抑或是双方对两国企业间经济合作优良传统的回顾，都促进了共同体的建立。而共同体的作用范围也只有从 20 世纪 50 年代早期的特殊态势出发才能得到理解。即便一开始建立煤钢联营的目标并非欧洲一体化，而是确保和重获国家主权或出于安全政策的考虑，但是这样的复杂初始态势并不必然会阻止向这一目标的功能主义的自行发展。

四 煤钢联营的实践

1952 年 7 月 23 日，煤钢联营协议正式生效。根据该协议第 2 条，煤钢联营的目标是建立一个煤钢联合经营市场，以推动经济发展，提高就业率和成员国的生活水平。协议第 4 条规定，实现上述目标最迅速最有效的方法是取消关税和其他征税，尽管彼时的煤钢关税并未对经济造成太大影响。事实上，法国与德国早在协议订立前就已叫停所有的税费。然而更重要的是，从即日开始计算的 5 年协议期内不允许有任何引入或抬高关税的行为。即便在 1953—1954 年钢铁销售出现短暂衰退时，这一规定仍得以继续遵守。而其他协调措施都不同程度地难以实施。各成员国在长达数十年的实践中制定出一套运费价格表，对某些区域实行优惠政策，它们像关税一样对来自邻国的进口商品产生影响。但这些从区域政策角度完全合理的对自由市场的干预却被《欧洲煤钢联营协议》第 70 条规定所废止，该规定禁止各成员相互间实行歧视政策，例外条例则需经高层机构批准。因此，出于共同市场利益的考虑取消了例外条例后，成员国通常需要制定其他类型的国家补贴政策以履行类似的区域政策职能。

对无障碍贸易往来而言，更为重要的是取消运输领域的国家歧视行为。然而，成员国间运费统一并不一定能达到降低运费的目的，其原因在于某些成员国通过调高费率的做法规避了歧视性收费。不过，跨境交易的焦煤运费还是降低了 15%，而钢铁成品运费则保持不变。引入铁路交通领域的国际资费标准后，钢铁成品的运费也降低了 16%—18%，原煤与焦煤的运费则下降了 26%—31%。[①] 尽管如此，成员国确定运输资费的国家职权并未因此而受到影响。

---

① 维尔纳·阿贝尔斯豪塞：《煤钢联营成立的经济背景》（Werner Abelshauser, Wirtschaftliche Aspekte der Gründung der Montanunion），载瓦尔特·福尔斯特《身处边境两侧》（*Beiderseits der Grenzen*, Köln, 1987），第 175 页。

不过，取消相关补贴、补助或其他特权的问题似乎变得更加棘手，因为《煤钢联营协议》第 4 条并未对此作出任何限制性规定。法国首先向本国采煤业发放大规模补贴并对钢铁制造业实施小范围补助政策。巴黎政府试图通过资助法国焦煤产业的做法来支持其与德国进口商品竞争，而没有采取为保住南德的销售市场而有意降低法国原煤的出口价格的做法。面对此种情况，高层机构一再敦促成员国取消补贴并确定了相关的过渡期限。截至 1955 年，它最终成功废除了法国对钢铁工业实施的补贴政策。1956 年，法国的原煤补贴也从最初的 130 亿法郎降至 30 亿法郎。① 截至协议过渡期末，上述补贴金额仍在持续下降。

不过，与此同时，煤钢联营本身也制造了新的补贴。比利时要求煤钢联营赋予它的煤矿以特殊地位。如若不向其南部瓦隆区老化的博里纳日煤矿发放补贴，它将丧失竞争力。此外，意大利也从共同体账户获得了小数额的补贴资金，以维持撒丁岛与西西里岛采煤业的市场竞争力。

尽管如此，就在 5 年过渡期接近尾声之时，煤钢联营大刀阔斧地取消了公开补贴。各成员国的补助行动也逐渐步入了调控轨道。然而，无论是过去还是今天，煤钢联营及其后任——欧洲联盟——在对待隐性补贴的问题上仍然显得有些无能为力，以致国家援助破坏和扭曲市场竞争机制的"戏剧"在历史舞台上频频上演。成员国——尤以法国为典型——通常以矿冶企业所有者的身份甘愿用税收收入来弥补亏损、提供投资援助或对国有工业提供税收优惠，而煤钢共同体则不得不容忍这些事件。在其他方面，煤钢联营的部分一体化也会遭遇仍旧残存的国家主权的抵制。由于各国商品生产所处的经济环境截然不同，在相当长一段时期内，煤钢联营并未产生对税务框架进行协调的想法。除此之外，各国自有货币的存续也是实现欧洲一体化的最大障碍。汇率变动势必直接影响到市场的竞争环境，从而引发竞争扭曲。

工业界人士推测，卢森堡的高层机构很可能将推行国家调控体制，并且焦点会集中在共同体的财政政策上。作为超国家机构，煤钢联营高层机构有权以应缴款项的形式对煤钢产业生产总值进行征税。起初，这种类型的征税形式还能顺应时势，不过，随着煤钢产量的提升，应缴税款很快便从原来的 0.9% 降至 0.2%，到 60 年代每吨原煤的征税额仅为 10 芬尼，每吨托马斯钢

---

① 维尔纳·阿贝尔斯豪塞：《煤钢联营成立的经济背景》（Werner Abelshauser, Wirtschaftliche Aspekte der Gründung der Montanunion），载瓦尔特·福尔斯特《身处边境两侧》（Beiderseits der Grenzen, Köln, 1987），第 176 页。

为 40 芬尼。德国鲁尔区在共同体内需承担的分摊税款为 46%，这对它来说无疑大有裨益。成员国开展较大规模的投资活动必须事先向高层机构报备，如果投资确实有利于经济发展，那么高层机构不得予以阻挠。尽管如此，共同体还是能够推行自己的投资政策。此外，在建立 1 亿美元储备基金的同时，它还可以向资本市场申请贷款并以更优惠的方式转贷给成员国企业。但是它在运用此手段时需要避免共同体以国家调控方式滥用它在理论上相当大的权能。

贯彻煤钢联营协议中有关秩序政策的构想亦是如此。50 年代，共同体高层机构允许那些被占领国强制解散的钢铁工业进行大规模重新联合。1962 年煤钢联营批准的 50 个企业联盟中，德国就占了 34 个[1]，其中有 14 个是重新结盟。虽然鲁尔区原有的大集团公司结构已无法重新建立，但此举毕竟打破了鲁尔共同体内其他工业区之间竞争条件的不平等。德国曾担心，煤钢联营将长期保持德国在占领期内的状况，但事实证明这一担忧是多余的。

五　一段成功的历史？

在德国，公众在对待共同体卡特尔政策的问题上有两种截然不同的声音。一方面，煤钢联营没有将美国推崇的反西欧重工业传统卡特尔精神的战争进行到底。截至 1964 年，卢森堡当局就批准了 32 项卡特尔提案，其中一半以上在德国。此外，高层机构也赋予相关国家的工业协会以充足的活动空间采取一致行动。虽然煤钢联营协议禁止成员国在共同市场上开展无限制的价格协商并强制钢铁工业解散了其销售联盟。然而，企业的价格表却显示——尤其在危机阶段——各国在定价上以默许方式达成一定程度的一致。

1953 年，钢铁工业遭遇需求萎缩的重创。为了确保其相对于非成员国的价格稳定，共同体内的钢铁生产商甚至结成了出口卡特尔同盟。他们明确表示，要沿袭 30 年代国际原钢出口共同体的行事传统。尽管华盛顿方面对此表示了强烈反对和抗议，但由于缺乏合法的干预手段，高层机构不得不对这一行为予以忍受。1956 年，延续战争期间的传统，德国菲尼克斯—莱茵管道公司（Phönix-Rheinrohr）和曼内斯曼公司（Mannesmann）参与的国际管道卡特尔同盟又死灰复燃。

---

[1]　维尔纳·阿贝尔斯豪塞：《煤钢联营成立的经济背景》（Werner Abelshauser, Wirtschaftliche Aspekte der Gründung der Montanunion），载瓦尔特·福尔斯特《身处边境两侧》（*Beiderseits der Grenzen*, Köln, 1987），第 178 页。

另一方面，高层机构下定决心要摧毁鲁尔煤业销售辛迪加，原因只有一个，即它违背了反卡特尔规定第 65 条。1956 年，高层机构下令解散鲁尔区采煤业的所有集中销售组织并制定了一套使用至 1959 年类卡特尔的折中方案。1958 年原煤危机爆发后，即使依靠建立辛迪加组织，鲁尔煤业也无法再将煤价维持在竞争价格以上，尽管如此，高层机构还是采取行动"杀鸡儆猴"。鲁尔区在一场法律诉讼中失败后，卢森堡当局便坚持建立两个销售组织并委派监督员确保竞争机制的顺利运行。1968 年，鲁尔原煤股份公司成立后，这场争辩也随之告一段落。从那以后，鲁尔区便建立了一个类似于法国国有原煤工业的统一共同体——销售联盟组织。这一诉讼结果恰恰表明了《煤钢联营协议》第 65 条卡特尔禁令在经济上的不合理性。

70 年代中期，欧洲钢铁工业危机爆发，高层机构随后迅速采取了配额卡特尔手段，引发了鲁尔工业界的极大不满。然而，如果引入竞争机制，那么在为莱茵—鲁尔区高效的钢铁工业创造更多优势的同时，还会给比利时和法国的竞争造成压力。高层机构应对钢铁危机的反应再一次证明，煤钢联营虽声称反对一切形式的卡特尔组织，然而它自己本身却带有明显的类卡特尔特征。这是一种"新型卡特尔组织"，即民族国家联合组成一个拥有法定主权和自主市场秩序决定权的超国家机构，而非企业或联合会间的协商联合。

五年过渡期即将结束之时，西欧矿冶工业一体化以煤钢联营为标志谱写了一段经济界的成功史。随着 1955 年新一轮繁荣周期的到来，联营目标在很大程度上得以实现。不过共同体的成就并没有体现在煤钢工业的生产发展上。其间，矿冶工业的增长率不但未能赶超整个工业界的产量增长，就连 1949—1952 年的增长率也没能维持。撇开西德迟来的重建进程不谈，当煤钢联营于 1953 年秋正着手建立煤钢共同市场之时，事实上欧洲已与有利的重建时机擦肩而过。虽然钢铁工业也从 50 年代经济的持续繁荣中获利不少，但重建期结束后，德国的发展重心由原来的"老"矿冶工业转向投资于消费品"新"工业。这类新工业特有的生产方式也逐渐普及蔓延至整体经济，从而开创了以无形价值创造为基础的"新经济"时代。

过渡期末，煤钢共同体遭遇了原煤销售量的下降，并且此次危机一直持续下去。虽然 50 年代的朝鲜战时繁荣为再次拓展煤钢市场提供了机遇，50 年代末则出现了与 40 年代催生舒曼计划时相同的局势——尤其是在煤炭业。面对德国日渐强劲的竞争攻势和市场上出现的需求疲软，法国关于让·莫内的现代化计划有可能是一个巨大的失误的担忧起到了作用。随后，煤钢联营共同体的目的则是使欧洲矿冶工业的自有市场得到保障，同时降低各国增长率，共同应对危机，这总好过自扫门前雪的做法。从这个角度看，煤钢联营带来了明显的成就。无论是英联邦内部，还是美国与加拿大之间，其20世纪50年代的贸易额相比对第三国的出口贸易而言都有较大幅度的下降。而煤钢共同体则恰恰相反，它是当时唯一一个能深化国内贸易并开辟更大目标市场的组织。

欧洲煤钢联营在经济界取得的巨大成就，使它在许多意义上成为六国组成的欧洲经济共同体中西欧经济其他领域一体化的典范。1950年5月5日，罗伯特·舒曼在其引起轰动的计划宣言中立了以下目标："煤钢联营必将成为欧洲在通向邦联体制道路上迈出的第一步，必将以最快的速度为经济发展创造共同的基础条件……"[①] 然而，欧洲一体化——不论是经济还是政治一体化——进程并非一帆风顺，其间既有过倒退也遭遇过阻碍，欧洲防务集团（EVG）计划失败后尤其如此。在此之前，许多事实证明，虽然从理论上讲，高层机构拥有极大的跨国权力，可是一到实践中，其行动即遭遇各主权国家经济特权的干预和阻碍。因此，高层机构能利用的超国家职权极其有限。1954年8月，法国国民议会拒绝通过建立欧洲防务集团的计划，煤钢联营便沦为欧洲一体化进程中的一名"独行侠"，这也通过其首任主席和设计师让·莫内的卸职体现出来。1957年，经过又一次的努力终于促成《罗马条约》的签订，但是一体化政策的目标却大大降低。参与国政府不愿再按照煤钢联营的模式将国家主权移交给超国家机构。

第四节　欧洲复兴

一　关键之年：1956年

在煤钢联营之外，欧洲为实现一体化开辟新经济和政治领域的行动从未间断。特别是荷、比、卢三国，其极具开放性且依赖出口的国民经济似乎特别需要关税同盟或西欧经济合作特区，因此这些国家涌现出大量的新想法和计划。其中一项计划以荷兰外长威廉·贝耶恩（Willem Beyen）命名，并在欧洲防务集团项目失败后成为欧洲复兴计划的一个基础组成部分。在1955年6月的墨西拿会议上，煤钢联营的六大成员国再次向公众强调了其进一步

[①] 舒曼（Schuman）：《1950年5月5日宣言》，该文载于《联邦司法部公报》（*Bundesanzeiger*），*Nr.* 120，1950年6月26日，第8页。

探求建立欧洲经济共同体的蓝图。1956年4月,比利时外长保罗·亨利·斯帕克(Paul-Henri Spaak)领导下的委员会提出了建立关税同盟的计划,却并未得到所有比利时人的支持。1956年10月,六大成员国在巴黎就建立西欧关税同盟问题召开外长会议,却并未能在此问题上达成一致。德国方面认为,"不可避免的反对意见是导致该问题无法取得实质性进展的重要因素"。[1] 这也是会议最终失败的原因。对新动议提出质疑的主要是德法经济界的各方利益代表,法国认为,其工业实力还不足以在国内市场上承受来自德国竞争者的挑战。德国几大出口商则担心这会导致它在非成员国开展对外贸易时必须承受更高的外贸关税,而非成员国市场在其出口总额中所占的比重通常都超过了与煤钢联营五大成员国间的贸易额。与此同时,路德维希·艾哈德认为,欧洲经济共同体会使官僚主义计划有滋生的萌芽。因此,他并不赞同采取速效方案来解决问题,而是倾向于支持英国提出的自由贸易区建议。于是,联邦总理康拉德·阿登纳不得不在1956年1月援引其总理指导权来要求其遵守墨西拿决议的建议。[2] 最终,德国方面的谈判主导权落到了外交部手中。

然而,1956年的两大事件——美国的雷福德计划和苏伊士与布达佩斯联盟政策的双重危机——使先前的经济计算都成为泡影。以后的进程事实上服从于高级政治的优先考虑。事实上,这里起决定作用的也不仅仅是经济利益。1955年以来,英国和美国就已采取秘密行动,试图绕过欧洲高层在完全违背德法利益的情况下,在北约组织内实施一项新的军事战略。他们计划大规模削减美军驻扎部队数量以便发动核武器战争,简而言之,即"要么不打,要么发动热核爆炸"的构想,这势必将给欧洲安全局势带来灾难性影响。[3]

美国军队参谋长联席会议主席阿瑟·雷德福(Arthur W. Radford)上将提出了发展低成本的防御经济的新战略计划。然而,这一规划却动摇了美国与其欧陆盟友间的信任关系。自艾森豪威尔总统执政以来,美国在对欧军事

---

[1] AA/PA,联邦部委处长卡斯滕斯博士(Dr. Carstens)之记载,波恩,1956年10月29日,第2卷,第203册。

[2] 《基本法》(GG)第65条规定的指导方针正式移交给联邦部长,尤其是针对不服从决议的经济部长。由康拉德·阿登纳(Konrad Adenauer)编《1955—1959年的回忆》(*Erinnerungen 1955—1959*, Stuttgart, 1967),第253页及其以下。

[3] 维尔纳·阿贝尔斯豪塞《50年代的经济与军备》(Werner Abelshauser, *Wirtschaft und Rüstung in den fünfziger Jahren*,(《1945—1956年西德安全政策的开端》丛书,第4/1卷),第3章。

战略上就展现出以核武器为主要特征的"新风貌",并由此引发了一系列经济和战略后果。

面对日益紧张的安全局势,1956年秋,各邻国间的联系愈发紧密。法国也尝到了英国先前经历的痛苦并逐渐意识到,欧洲强国单独行动能力十分有限。特别是美国对待苏伊士危机的态度表明,各国即便结成联盟,在根本的权力问题上也依然有可能发生正面冲突,欧洲人不得不完全依赖于美国。① 为了在以色列的军事支持下捍卫苏伊士不被埃及国有化的权利,占领苏伊士运河地区的法国与英国并不会遭受埃及及其盟友苏联的军事威胁。相反,对他们发起军事阻碍的是美国。对于法国而言,这一经历只会愈加证明其旨在争取国家独立外交政策的正确性。与此同时,它也进一步强化了其在其他领域赢得的认知,即国家独立性只有在与其他欧洲国家合作——当然尽可能以法国为主导——的前提下才能实现。② 苏伊士危机引发了欧洲各国政府对相关问题的深入思考。其中,各国对核武器问题的态度是其焦点所在。在此之前,法国的门德斯内阁就决定将法国发展成为核武器强国——无论美国或英国是支持还是反对。如今,法国的这一决议在变得更加坚决的同时也在寻求新的发展道路。他们希望将新武器的开发与生产纳入欧洲一体化构想之中。

二 核武器问题

德国联邦政府曾信誓旦旦地承诺,"自愿"放弃在本国领土范围内使用核武器。然而,在雷福德危机的重重压力下,它似乎在有意弱化这一承诺。在1956年7月20日的内阁会议上,联邦总理提出,鉴于自由世界军备政策有所调整这一事实,各方应根据"情事变更原则……重新审核《巴黎协定》的法律有效性"。③ 虽然德国并未受到苏伊士危机的直接影响,不过其在波

---

① 有关苏伊士和布达佩斯危机的信息可参见布鲁诺·托斯《在集团同盟与休养生息的紧张局势下(1954—1956年),联邦德国加入欧洲经济共同体和北约组织》[Bruno Thoß, Der Beitritt der Bundesrepublik Deutschland zur WEU und NATO im Spannungsfeld von Blockbildung und Entspannung(1954—1956)],载汉斯·厄勒尔特《北约组织的选择:1945—1956年西德安全政策的开端》[Hans Ehlert, Die NATO-Option(Anfänge westdeutscher Sicherheitspolitik 1945—1956, München, 1993)第3卷,第224—231页。

② 有关民族国家与欧洲融合的辨析可参见阿兰·米尔瓦德《民族国家的欧洲营救行动》(Alan S. Milward, The European Rescue of the Nation-State [London 1992])。

③ 1956年7月20日144次内阁会议之会议速记,BKA,内阁会议记录,第24A卷;也可参见彼特·菲舍《联邦政府对西方国防军核武器化策略的回应(1952—1958年)》(Peter Fischer, Die Reaktion der Bundesregierung auf die Nuklearisierung der westlichen Verteidigung(1952—1958)),该文载于 MGM 52(1993年),第105—132页。

恩造成的影响还是进一步动摇了德国人对美国盟友的信任。阿登纳之所以对美国的近东政策"高度不满",主要是因为担忧邻国法国因美国的干预而生隙的局势稳定性。①1956年的美国政策引发了各方人士的愤慨。在阿登纳看来,美国放弃裁减核武器的军备政策、在核武器技术领域试图超越苏联以及推行核武器"非扩散"政策的决议是其罪魁祸首。②德国认为,长此以往世界将成为两个超级大国相互角力的竞技场,德国也面临着接受双重统治体制的风险。而苏伊士危机正是这场"剧变"的前奏。11月6日,阿登纳以争取欧洲团结为目的前往巴黎进行国事访问,在如何评判此事的问题上,盖·莫勒(Guy Mollet)政府表达了与阿登纳相同的观点。③

这也促使法国就其在欧洲经济共同体协议的特殊愿望这一问题上做出了可行的让步,撤回了对竞争条件进行社会协调的要求。与此同时,法国也再次赢得了创建一个军备事务特别委员会的有利时机。尽管德国经济部长对法国的一系列举措提出了质疑,但联邦政府仍然同意在新的框架条件下"尽快建立'欧洲军备共同体'"。1957年1月17日,两国国防部长在位于阿尔及利亚科隆—贝沙尔(Colomb-Béchar)的沙漠要塞签署了武器技术合作协议并决定成立由官员和技术专家各15名组成的共同军备委员会。同时,在使用核武器的问题上,双方也达成了一致意见。尽管德国方面一如既往地认为,"成立共同体是理性又全面的解决方案",不过,它还是想在欧洲原子能联营(EURATOM)框架内给法国一个"自行发展"——即"四年内专注于原子弹研究"——的机会。④这样一来,如果德国不甘于长期忍受欧洲三流国家的地位,将自身生存问题系在保护国身上,那么它在短时间内成为核大国几乎就是必然的了。因此,1956年12月19日,联邦政府在内阁会议上作出决定:"必须加速完成联邦国防军的建设,推动欧洲一体化并制造属于德国的核武器。"⑤

英国虽然早就决定要拓展其身为核大国的实力,然而苏伊士危机却再一次向英国政府证明依附美国将带来的风险与威胁。面对金融和工业大国地位

---

① 美国观察员柯南特(Conant)关于1956年11月16日阿登纳与外事议会议员格林(Green)在波恩谈话的报告;NA, GH 59, 740.5/11—1656。

② 同上。

③ 马提翁酒店谈判的会议记录,AA, PA,国务秘书办公室,第280卷,外交谈判II。

④ 联邦总理与莫勒先生关于欧洲融合问题的谈话记录;同上。

⑤ 1956年12月21日第164次内阁会议记录(节选);BA-MA, BW1/48957,第2卷,第388及其以下(机密)。

不保的局势，英国意识到独立开发弹头与运载器才是壮大英国实力的有效途径。早在苏伊士危机期间，英镑的弱势就已严重威胁到英国的主权。面对美国拒绝帮助其维持货币稳定的行为，伦敦政府并没有以苏联将向英属岛屿投放原子弹的警告相威胁，而是作出了终止对运河地区实施一切干预的决定。① 此时的英国面临两种选择：要么成为美国的小伙伴，要么成为决定西欧未来原子能发展的领军人物。在建立一个以英国为主导的欧洲军备共同体的"大计划"建议中，选择欧洲得到了明确的表达。1957年1月5日，英国外交部部长瑟尔文·罗伊德（Selwyn Lloyd）在内阁备忘录中也为建立7大西欧国家军备共同体组织提出了政治和经济论据②："谁想成为强国，谁就必须掌握一切热核武器和威力无穷的核炸弹。即便英国有幸拥有核弹技术和武器制造原料，但仅凭一国的力量是无法成就一番事业的。它最终的结局也必将是破产灭亡。不过我们还可以选择……如果我们想成为一流的核大国，就必须与其他国家合作。英国与西欧联盟其他六大成员国加在一起，拥有2.1亿居民、相当可观的工业产能、资源和潜力。如果我们统一行动，我们就能建立一套无价的热核军备系统。一旦合作成功，我们就很有可能成为第三大世界强国。"军备共同体应当在核武器及其运载装置的研发、投资、生产和推销活动中形成合力并发展成为欧洲经济合作组织框架内的欧洲自由贸易区和负责协调所有欧洲会议的"欧洲大会"统一组织。英国需承担25%的经费支出并对德国资源和技术予以充分信任。鉴于其在原子能技术领域的领先地位，英国毫无疑问将担负起共同体组织的领导角色。基于在欧洲更加强势的基础地位，英国也将重新巩固其与美国间的特殊关系。

英国人的"宏伟蓝图"似乎有些生不逢时，以至于从一开始它的命运就岌岌可危。1955年6月15日的英美协议再次强调了有关规定：未经其他伙伴国同意禁止将原子能机密泄露给第三人。因此，英国人有意拉大西欧经济共同体成员国与美国之间距离的建议必须首先获得美国与加拿大的同意。与此同时，英国还应避免成员国对其意图产生怀疑，认为它是在阻碍欧洲经济共同体的建立进程。由于涉及核武器内容，瑟尔文·罗伊德的"宏伟蓝图"遭到了英国内阁的严词拒绝。③ 批判者认为，英国将会完全依附美国这

---

① 狄安娜·昆茨：《苏伊士危机的经济外交政策》（Diane Kunz, *The Economic Diplomacy of the Suez Crisis*, Chapel Hill, North Carolina, 1991）。
② 公共记录办公室，CAB 129/84。
③ 与西欧的合作，第69号文件，第445—450页。

一铀资源的最大掌控者。英国要想为欧洲盟友供应核武器的话，得花上7—10年时间，而在这之前，美国就会迅速作出回应将其打破。倘若美国不愿接受英国在核武器领域的中间人角色而更希望与欧洲国家开展直接合作的话，英国将会丧失其在西欧原子武器领域的唯一性，更别提军事政策的领导者角色了。此外，批判者还认为美国势必也愿意尽一切所能来阻止核武器的蔓延。英国国防部长不得不面对这样的问题："我们是否真的做好了应对德国核武器的准备？"[①] 根据苏伊士危机的经验，大多数参与讨论者都认为美国毫无疑问将为达成此目标动用一切手段。

在这种形势下，唯有与美国"重修"旧好，继续维持其唯一的核武器合作伙伴的地位，才是解决英国两难处境最简单的办法，尤其是这笔费用仅占总国防支出的10%。另一方面，苏伊士危机又恰恰表明，英国唯有成为更大的国家联盟中的一员，当然最好是作为其领军人物，才能与美国开展同等级别的谈判。因此，英内阁成员一致认为，"与欧洲建立更紧密联盟的时机已经成熟"。[②] 在英国内阁中的多数意识到英国成为欧洲核武器领头羊道路受阻后，英国的新欧洲政策议程就只剩下建立欧洲自由贸易区以及为西欧联盟赋予新的角色，使其成为北约防务体系中的中流砥柱这两项建议了。

英国人为了到手的大西洋联盟而放弃了仅是理想的欧洲，而法国和德国也拒绝了建立"欧洲大会"（General Assembly of Europe）的建议。[③] 他们将其视为对"欧洲目标"的"有意或无意"的阻挠并认为将美国与加拿大牵涉进来的做法是对欧洲思想的稀释和弱化。因此，法国便不再把处理对德关系政策的焦点放在如何确保自身安全上，而是考虑如何同德国一道共同抵御危机，不管是军事威胁还是政治威胁。1956年秋，苏联军队平息了匈牙利起义。世界安全局势因此发生了显著变化。显然，这标志着后斯大林时代缓和期的结束，对此应该采取一个应对的姿态。欧洲一体化进程首次从与美国利益相悖的行动中获利，而矛盾的是，一方面，美国在继续推进欧洲大陆一体化道路上的利益却并未遭到丝毫削减。另一方面，"欧洲"刻意与美英两国保持一定距离。这一局势为1957年3月25日《罗马条约》的签订提供了可能性。而这并不归功于各成员国之间经济利益的角逐，而是得感谢法德

[①] 与西欧的合作，第69号文件，第447页。
[②] 同上书，第449页。
[③] 外长布仑塔诺（Brentano）与皮纳尔（Pineau）间的谈话，1957年5月4日，波恩；AA, PA，国务秘书办公室，第280卷，主题：外交谈判，第Ⅱ卷。

两国对安全局势的考虑。

　　1957 年 11 月,德法两国间的军备合作以及建立西欧经济共同体与原子能联营的计划成为欧洲联合的一个阶段性高潮。在"史布特尼克震撼"(Sputnik-Schock,指美国与欧洲对于苏联 1957 年 10 月 2 日发射世界第一颗人造卫星的反应——译者)的影响下,盖拉德政府于 11 月 15 日决定,吸取前几个月混乱局势的经验教训重新整装待发,并要求美国对北约组织实施政治和军事改革。巴黎再也不愿忍受二等成员国的地位,因而提出了参与西方世界一切核能秘密行动的要求。为了进一步强调其提出的要求,巴黎不仅准备加速原子弹制造进程并在皮埃尔拉特(位于德龙省)建造同位素分离装置,还打算邀请德国和意大利共同参与计划实施,以实现其"欧洲化"的目标。在 11 月 16 日一次秘密的莱茵河短暂访问中,国务秘书莫里斯·富尔(Maurice Faure)向德国联邦总理阿登纳和外交部部长布伦塔诺详细阐述了一项三边军事共同体计划,以便为遭受英国阻挠的共同市场项目注入新的活力:"拯救欧洲仅靠现有成就显然是不够的。我们必须进一步拓展合作。"①双方一致认为,欧洲的防务体系不能仅仅依附于美国。德国方面则警告不要把这变成美国迅速撤离欧洲的借口。因此,新计划应当是"六大成员国一体化政策合乎逻辑的发展",从而使北约组织对此"既成事实"无能为力。法国也认为,"在共同市场框架内继续推动一体化进程"不失为"最符合逻辑的解决方案"。作为补偿,莫里斯·富尔向阿登纳表示愿意将"核武器制造也列入共同计划之中"。阿登纳的回答则是:"我们必须制造核武器。"即便法国总参谋部同意"与德国开展最广泛的密切合作",人们也不愿意将计划的实施权都交由国防部长或军事部门。但如果是有关"坦克、火箭、技术合作等具体问题"的探讨与研究,还是得由他们来迈出第一步。正如阿登纳所强调的,谈判结束后两国离建立欧洲防务共同体的目标又近了一步。

　　与欧洲防务共同体时代不同,美国对此次三国采取的新举动"并不满意",尤其是它的那种"秘密与模糊"的风格使美国感到不快。美国错误地认为国防部长是《三国协议》(FIG)的幕后推手,并且相信阿登纳不仅对计划规模毫不知情,而且对国防部长作出的承诺也无从知晓。② 不论是几

---

　　① 11 月 16 日的谈话记录(115-9/57);AA,PA,国务秘书办公室,第 279 卷,主题词:与联邦总理的外交谈判,第 I 卷。
　　② 美国驻波恩大使馆给外交部的一封信,1957 年 2 月 28 日,NA,RG 59,762A.5611/2-2858。

天之后美国外长在与德国同事海因里希·冯·布伦塔诺（Heinrich von Brentano）的谈话中对三边合作项目进行的大肆批判①，还是伦敦对此表示的不快②，都没能阻止其倡导者继续推行它的意图。1月21日，各国国防部长会面制定了协议草案。其中就包含了为军事目的共同使用和研究核能的内容并规定了各方应承担的费用和生产比例，其中，法国45%、德国45%、意大利10%。1958年复活节的周一，三大欧洲国家的国防部长正式签署了三边合作协定。根据官方规定，订立协议的核心意义自然不是为了制定一份约束各国政府行为的书面"法律合同"，而仅仅只是为了确定一份"联盟协议"，绝不具备"国际文件"的特质。③ 戴高乐将军掌权后，为了寻找实现在北约组织内部实现其安全政策独立性的其他途径，法国政府果断"中止"了这项协议。上述举措遭遇失败后，戴高乐也认为，依照"常规推理"，"德法两国间理应开展密切的军事合作"④。同时，他也向德国总理坦言，如果其他国家继续拥有核武器，他不相信德国会永远放弃对核武器的使用。⑤ 事实上，此时的德国其实早就做出了与美国在北约组织框架内开展核武器合作的决定。

三 欧洲经济共同体与政治主导

虽然建立欧洲军备共同体组织做出的第二次尝试未能实现其既定目标，但它对欧洲经济共同体计划做出了巨大贡献。顶住了英国猛烈的反对攻势以及德法经济专家和工业界的激烈批评，它帮助欧洲经济共同体计划度过了最艰难的阶段并为其注入了新的活力，但其特别诱因却是对安全政策的思考。《罗马和约》签订的前期阶段，这一趋势就在德国决议进程中有所体现。联邦经济部长认为法国政府提出的特权要求颇有些咄咄逼人的态势，例如要求

---

① 1957年11月23日的谈话，FRUS 1955—1957年，IV，第190—209页。
② 华盛顿大使馆给AA，FS的第218号令，1958年2月20日；AA，PA，国务秘书办公室，第190卷；主题词：重拾武装戒备，第I卷。
③ 意大利大使格拉茨（Grazzi）在西欧外长会议上的报告，1958年3月12日；AA，PA，国务秘书办公室，主题词：北约组织，第IV卷。也可参见乔治-亨利·索图《1957—1958年协议：将形成一个法国、德国和意大利之间的战略与核能共同体？》（Georges-Henri Soutou, Les Accords de 1957 et 1958: Vers une communauté stratégique et nucléaire entre la France, L'Allemagne et l'Italie?），载《我们这个时期的历史资料》（Materiaux pour l'histoire de notre temps），31（1993年4月—6月），第1—12页。
④ 1959年12月2日戴高乐与阿登纳的谈话；BA，B136/490，国务秘书卡斯滕斯（Carstens）笔记的第6页。
⑤ 1960年7月29日阿登纳与戴高乐的谈话，同上，译者笔记第3页及其以下。

获得在由第一阶段向第二阶段的过渡时期对协议的修改权,对出口补贴与进口征税规定的暂时保留权,在国际收支出现困难时实施保护条款的权利以及对"以几乎无法忍受的方式加剧"其余成员国麻烦的海外区域诉诸请求的权利。因此,在他看来,整个协议都是"不合理且难以接受的"。① 联邦经济部推行的则是欧洲经济一体化构想:"以符合欧洲经济合作组织原则的方式推进商品、服务和资本自由流动,取消关税及其他保护主义贸易壁垒。"从这个角度来看,六大成员国的"一体化"必将成为"在其间更加自由的世界中的一片去一体化的孤岛"。正如1956年9月路德维希·艾哈德向联邦总理所做的阐述一样:与推行保护主义政策的法国联姻后,届时德国的自由行动权将受到限制,它与世界其他重要国家的密切往来也将遭到威胁。② 艾哈德在处理与法国建立军备共同体事务上积累的经验为上述观点提供了更进一步的事实依据。

然而,外交部和联邦总理却并不认同"经济部长占领世界经济的计划"。③ 外交部抛出了政治优先的观点予以反驳并认为,"对自由区域猛烈的弥漫式攻势必然会遭遇挫折,不论是以经济危机的方式还是遭遇其他动荡","政治组织体系"才是稳定持久的。在协商过程中,双方都对对方提出了较高的要求和看似出于经济紧急情况考虑的单方保护性条款,使经济一体化政策有失败的危险。面对此种情况,外交部提出,要确保将"目前这一阶段的欧洲经济一体化保持在纯政治范畴内并被视为政治事件"。然而,在各方经济专家和利益涉及者的重重围攻之下,两国的"欧洲政客"要想实现这一目标却并非易事。

1956年10月20、21日,煤钢联营外长会议在巴黎召开。会上,各方的反对热潮势不可当。欧洲公众甚至认为所谓的"欧洲复兴"已经失败。为了实现各自国家的特殊愿望、避免本国经济遭受损失,两国专家都提出了相应的必要条件,并且无法在经济政策争论框架内达成共识。虽然现有的经济局势要求建立西欧经济共同体,为越来越密切的外贸往来提供制度保障并平衡德国经济在西欧大陆扮演的新角色,但是对这一构想持完全赞同意见的只有比、荷、卢三国。④ 相反,煤钢联营六大成员国中德法两国的经济界与

---

① 1956年10月4日会议的内阁草案,AA/PA,第2卷,第155册,主题词:共同市场。
② 艾哈德于1956年9月25日给阿登纳的一封去信,同上。
③ 内阁草案。
④ 米尔瓦德:《拯救欧洲》(Milward, European Rescue),第173页及其以下。

经济政策代表对"小型欧洲"的构想表示质疑。[①]

经济激励——如果确实存在的话——是将西欧经济共同体计划提上欧洲政策议事日程的必要前提。然而,要将这一构想付诸实施形成具体的合同协议,仅仅依靠经济激励显然是不够的。在雷福德事件背景下爆发的苏伊士与布达佩斯双重危机似乎在提醒德法两国,加强欧洲政策领域的合作才是解决问题的根本之策。随后,两国又迅速投身到争取军备合作的探索行动中。从那以后,经济考量就不再具备大的影响力。阿登纳与莫勒非常自信地无视各方专家的反对意见,将关税同盟和经济共同体计划作为全面的欧洲政策愿景的引擎,这其中当然也包括军备合作。[②] 正是安全政策在政治上最终推动了1957年3月25日《罗马条约》的签署。

第五节 德国、欧洲与世界市场

一 西德对外贸易的结构转型

随着西德加入1958年生效的欧洲经济共同体协议,它向西欧国家区域一体化迈出了关键一步。欧洲经济共同体的成员身份是否给德国的经济发展注入了新的活力,这还难以下定论。有人认为,"内部市场"扩展后,规模生产、技术进步和供应多样化带来了降低成本的效应,这一论据是对上述假设的有力支持。在六大成员国经济一体化进程之初,西德27%的出口商品都流入了该区域。另外,也有同样多的商品流向共同体以外的"小型自贸区"国家(EFTA)。1971年,在经济共同体即将扩展为9个成员国的前夜,其在德国出口商品中的占比提升至40%。1972年1月,共同体正式完成规模扩张,西德商品对该区域的出口比重已达到50%以上。换言之,区域一体化中孕育的贸易商机抵消了贸易转移带来的负面效应,而且绰绰有余。尽管如此,成员国间在相互协调经济与社会政策方面所取得的进展却远远低于人们的预期。1973年4月,维尔纳计划首次以官方名义提出了建立经济与货币联盟的倡议,然而没过多久便宣告失败。由于各成员国的预算政策都只以本

[①] 托马斯·海内什:《欧洲一体化与工业利益——德国工业与欧洲经济共同体的建立》(Thomas Rhenisch, *Europäische Integration und industrielles Interesse. Die deutsche Industrie und die Gründung der Europäischen Wirtschaftsgemeinschaft*, Stuttgart, 1999)(VSWG 附刊 152)。

[②] 联邦总理阿登纳与法国总理盖·莫勒(Guy Mollet)1956年11月6日的会谈记录,1956年10月31日,AA/PA,第2卷,第203册。

国利益为导向，中期框架目标势必得不到有效遵守。同时，各国在税务协调与资本市场自由化问题上也未能取得进展。在结构、区域和就业政策协调以及权能向共同体转移方面，甚至还出现了倒退现象。不过，有一点值得庆幸：共同体内的关税已被取消，取而代之的是用以平衡税务竞争环境的类关税形式的调节税征缴。行政性贸易壁垒虽然也不断被消减，却在实施进程中一再出现回弹。正如50年代景气繁荣期后出现的经济衰退一样[1]，随着70年代经济框架条件的不断恶化，西欧一体化的离心趋势也日益增强。

随着其重要性的不断增强，西德对外贸易的"面貌"也在发生着变化，最显著的特征是贸易往来从东欧转移至西欧。"二战"前，德国有15%的出口商品销往东欧与东南欧地区。到了50年代初，这一比例便降至1%—2%。自欧洲分裂为两大对立阵营后，西德外贸在所有欧洲国家中受其影响最严重。国家与政治主权的缺失阻碍了西德对东欧贸易的发展。与此同时，西方专门针对东方国家高技术投资品的禁运令（Cocom-Liste）也对西德工业的传统出口商品造成了严重的负面影响。因此，尽管西德是东欧最大的贸易伙伴国，但是在与东欧、东南欧国家的贸易往来中，其出口商品的比重却依然无法超过5%。不过，60年代的东德与这些地区的贸易往来比重却已超过75%，直到1980年还保持在2/3的份额，故而整个德国的区域贸易收支与战前相比没有太大变化。此外，德国的对外贸易合作伙伴国也发生了较大改变，逐渐转移至西欧工业国。60年代，德国与此类工业国的平均贸易额比重超过了总贸易额的85%。而同期与发展中国家的贸易往来中，出口额仅占12.8%，进口额为8.4%，但这是西德半数对外贸易盈余的来源，这一点十分引人注意。

五六十年代的扩张进程中，德国贸易额的组成结构也发生了变化。进口食品的比重先后从44.1%（1950年）降至26.3%（1960年）和19.1%（1970年），最后到12.7%（1980年）。工业制成品的进口比重则从12.6%（1950年）先后升至32.2%（1960年）和50%（1970年），最后到51.2%（1980年）。与此同时，原料出口比重从14%（1950年）降至1.9%（1980年），工业制成品进口比重则从1950年的64.9%提高至1980年的83.4%。频繁的工业制成品贸易往来已成为联邦德国在重返世界市场进程中的一大重

---

[1] 约翰·吉林汉姆：《1950—2003年欧洲融合——超级大国还是新市场经济？》（John Gillingham, *European Integration, 1950—2003, Superstate or New Market Economy?*, Cambridge, 2003），第2章。

要特征。而德国投资品工业的出口盈余——占总出口额的 28.5%（1960—1971 年）——则为其国际收支盈余作出了最大贡献。

二 与世界市场融合的利与弊

与世界市场日益紧密的联系、国际收支盈余的持续稳定是西德经济史上浓墨重彩的一笔。它对 50 年代以来德国的经济增长、就业保障以及人民生活水平的提高做出了巨大贡献。至少对第一个 10 年来说，上述论点是完全贴切的。国际收支盈余有利于内部经济的投资进程，对经济增长与充分就业也有着举足轻重的意义。雇员们也都享受到了对外贸易成功的益处。1954 年，出口对雇佣劳动总收入的贡献仅为 15%，到 1960 年就已达到 17%。[①] 外贸盈余为德国赢得了对外政策领域高度的行动自由权和整合能力，并使德国有机会承担国际义务，在不损害其"净债权国地位"的情况下增强政治权威，这一点同样适用于其提供的发展援助和支付的战争赔偿。德国对北大西洋公约组织（NATO）、国际货币基金组织（IWF）、世界银行、联合国教科文组织（UNESCO）、欧洲经济共同体、欧洲经济合作组织和联合国等国际组织支付的款项同样随着其外贸盈余规模增长。总而言之，德国对外贸易领域的强势地位对稳定内部发展发挥了至关重要的作用。只要世界各国没有同时陷入经济衰退，出口贸易就能在一定程度上弥补衰退时期国内需求乏力带来的负面影响。此外，对外贸易能使生产朝着有利于节约成本的规模化方向发展，实现规模效益和更合理的产能利用。

六七十年代，德国对世界市场的依赖性逐渐增强，而这种依赖性带来的许多问题却在不断侵蚀着上述进程产生的积极效应。[②] 一旦实现充分就业目标或达到某种福利水平，逐步积累的国际收支盈余便会导致越来越多的实物商品转移到外国，而德国却只留下一些无法随时转化为生产力的应收账款或外汇储备。出口经济在满足国外需求的同时却在削减国内供应并对整个经济福利水平产生着负面影响。从 60 年代开始直到欧元的引入，国际收支与外汇盈余带来的通胀效应（输入型通胀）一直是西德经济政策的一大顽疾。从外贸经济中衍生出来的通胀压力，其形成原因众多。一方面，货币发行银行受换汇义务约束，不得不将国内流通领域的货币供应量提高至高于正常所

[①] 德国经济研究院，《周报告 45/76》（Wochenbericht 45/76），第 403 页。
[②] 维尔纳·格拉斯泰特：《联邦德国在世界经济中的地位》（Werner Glastetter, *Die Stellung der Bundesrepublik Deutschland in der Weltwirtschaft*, Köln, 1973），第 14—17 页。

需的规模。另一方面，由于国外价格水平高于国内，一旦德国马克有升值倾向，这种国际价格的相互联系便会引发诸如投机资本流入等效应。在1973年浮动汇率取代固定汇率之前，马克对美元的汇率一直处于升值状态。此外，还有一点是不容忽视的：逐步积累的国际收支盈余即便能通过资本往来赤字得到短期平衡，仍会因为相应赤字国采取的反措施而引发去一体化的作用。因此，为了直接或间接地平衡货币差距，德国一再陷入马克升值的压力。因此德国先后四次对汇率进行了升值调整：1960年、1969年、1971年和1973年（图4）。汇率放开后，70年代期间，德国马克对欧共体成员国货币及23个重要贸易伙伴国货币升值近50%，对美元升值超过80%。[①] 尽管如此，马克的升值却并未对德国的国际收支盈余起到丝毫抑制作用，这也完全出乎贸易伙伴国的意料。从中期角度来看，相比价格比例的短期调整，"结构"因素对西德外贸经济竞争力的影响更为强烈。这包括——尤其在投资品领域——短而可靠的供货期、高质量标准、长期的合作关系、相对更低的价格水平和有利的供给结构。

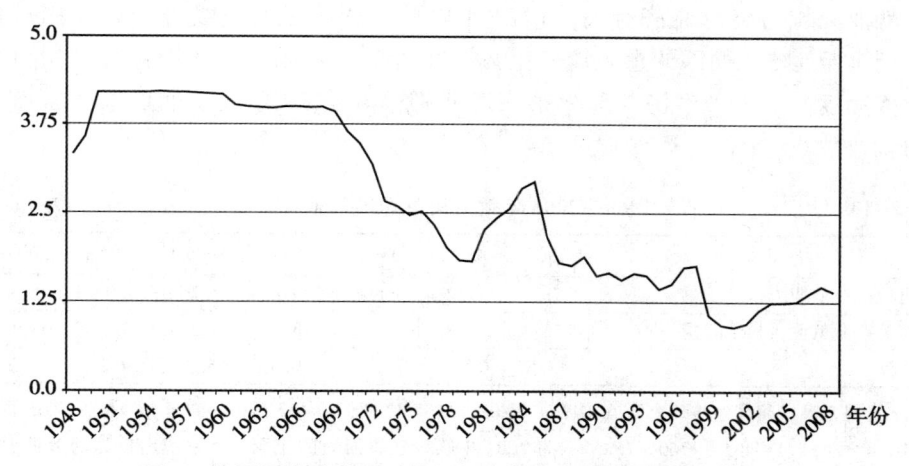

图4　德国马克及欧元对美元汇率变化（参考货币1美元）

注：1999年之前是德国马克，之后为欧元。
资料来源：德国联邦银行。

凡事都有利有弊。对于德国而言，硬币的一面是其对外竞争中的强势地位，而另一面则是对世界市场的依赖性。50年代以来，后者日渐增强。60年代末，钢铁制造或机械和机动车制造等工业近一半的商品生产依赖于出

[①]《德意志联邦银行月度报告》（Monatsberichte der Deutschen Bundesbank, 1983），第81页。

口，如今这一比例仍在增长。就连后工业时代的农业经济，其 1/7 的生产总值也直接或间接地依赖出口。仅有采矿业和能源经济对出口经济的依赖度有所下降。不过，这一发展趋势并非意味着原煤作为能源载体地位的下降，而是德国采煤业特殊成本结构的真实写照。

同时，整个经济领域的出口额也远远超过了德意志帝国时期的水平。从某种程度上来说，这一发展趋势仅仅反映了经济空间的规模与出口额之间的负相关。另外，西德对世界市场的高度依附性也是由其战后时期的特殊环境造成的。虽然50年代的外贸经济发展导向对西德的经济重建做出了重大贡献，但它同时也给德国带来一个遗留问题，而这一问题的严峻性在后期以世界市场为导向的发展进程中也开始日渐升级。70年代以来，超过 1/4 的国民收入都源自对外贸易，在这样的情况下，西德的经济政策能够对此产生的影响明显小于国内市场。相比从前，70年代中期要降低德国对世界市场的依附性似乎变得更加艰难。就算自愿或被迫撤离世界市场的举措不会造成较大的就业政策风险，但这一风险也会在此之后扩大。1960年，"仅有" 1/7 的就业岗位与出口经济有关。1977年以后，依赖于出口经济的就业岗位占比则升至 1/5。德国的重新统一也只是在短期内降低了就业岗位对出口贸易的依赖度。而外贸经济与部分第三产业则弥补了70年代中期以来日益严峻的就业危机。

表13　　　　　　　1960—2005年就业岗位的出口依存度　　　　　　　单位:%

年份	1960	1972	1977	1984	1995	2000	2005
出口行业就业人口（直接）	7.7	9.2	11.2	15.8	7.7	8.9	10.1
相关产业就业人口（间接）	7.1	7.8	9.3	13.6	8.2	10.3	11.6
共计	14.8	17	20.5	29.4	15.9	19.2	21.7

资料来源：德国经济研究所（DIW）周报1978年42期，第402页；1987年第4期，第55页和2001年第46、47期，第760—763页。为2007年政策建议而做的应用投入—产出核算的数据手册整合。

三　欧洲冠军：欧洲工业政策的失败

欧洲经济共同体的创始人从一开始就将欧洲经济一体化视为应对"美国挑战"的重要资源，当时美国跨国公司在欧洲越来越占有统治地位。[1] 1968

---

[1] 让·雅克·塞尔旺—施赖勃：《美国的挑战》（Jean-Jacques Servan-Schreiber, *Die amerikanische Herausforderung*, Hamburg, 1968），前言由弗朗茨·约瑟夫·施特劳斯（Franz-Josef Strauß）注。

年，法国作家让·雅克·塞尔旺·施赖勃（Jean-Jacques Servan-Schreiber）掀起了一场论战，其同名作品成为当时欧洲最炙手可热的畅销书籍。因此，为了加强欧洲人在自身内部市场和世界市场的竞争力，欧共体便将培育欧洲冠军定位为欧洲工业政策的头号目标。其中，电子数据处理市场似乎对此有着重要的战略意义，因此无论欧共体选择将德国西门子股份公司还是法国信息国际公司（CII）[①] 或是荷兰皇家菲利浦电子有限公司（Koninklijke Philips N. V.）培育成欧洲第一的国际公司，都绝非偶然。1973 年年中，三家公司决定协调各自在商业和技术数据处理领域的企业行动并以"单一数据"（Unidata）名义合并部分业务，德国政府对此做出了实质贡献。在协调发展方向和产品战略过程的初期，各方都存在一定的行动困难。但磨合期过后的技术融合则进展较为顺利——尽管时间上有一两年的延迟，同时也产生了一笔不小的额外费用。不过，从中期角度来看，仅凭几个独立的合作伙伴对各自的重点生产领域实施专门化策略似乎并不具备可行性。而对参与其中的公司进行兼并重组则是实现可持续性经济发展的首要前提。最为典型的要数 1969 年德法两国为进一步巩固经济合作以欧洲工业集团（GIE）形式成立的空中客车公司。两国将各自的航空生产能力都投入到合资公司（Joint Venture）当中，随后，西班牙航空制造有限公司（Casa）与英国宇航公司（British Aerospace）也分别于 1971 年和 1979 年加入其中。此次行动的目标旨在削弱美国波音和麦克唐纳·道格拉斯（McDonnell Douglas）公司在航空市场的巨头地位，为欧洲摆脱其技术依赖提供保障。超级计算机市场与电子数据处理技术带来的经济意义是显而易见的。三大参与国中，美国领军企业 IBM 公司拥有最大市场份额（以电子数据处理设备存量来计算），把其他国家的市场巨头远远甩在了身后。在德国，IBM 公司的市场份额为 59.1%，西门子股份公司为 17.9%。在法国，IBM 公司的市场份额为近 60%，信息国际公司则仅为 4.7%。荷兰菲利浦公司在市场竞争中的地位"更是不值一提"。1973 年，以供货量为衡量标准，"单一数据"三方联盟（Dreibund Unidata）所取得的销售额也仅占世界市场的 4.7%。因此，结成战略联盟的目的是实现市场占有量翻一番或增两倍的目标，进而"防止欧共体成员国成

[①] 信息国际公司（CII）于 1966 年在戴高乐的"振兴电子产业计划"（Plan Calcul）进程中建立，目的是借助国家支持摆脱对美国计算机工业的依赖（原因之一在于美国计算机工业拒绝支持法国拓展核能军备的追求）。

为美国在数据处理行业的殖民地"。①

1974年6月,德法两国在巴黎举行了首次政府磋商谈判。双方一致认为,法国方面在适应作为西门子公司小伙伴角色中有所保留。与空客的公司合并不同,在那个案例中,法国拥有实力较强的航空工业,法国政府现在担心的是:从长远来看,其计算机制造业将融为欧洲工业的一部分,到那时拥有话语权的要么是德国西门子公司要么是英国国际计算机公司。对于大股东法国信息国际公司(CII)、法国通用电气(Général d'Electricité)和汤姆逊(Thomson)半导体制造商而言,以获得自主发展为目标的欧洲工业政策本身并没有多大的价值。他们更希望与一个在世界市场上运作的美国公司合作,进而进驻利润较高的美国市场、学习他们的顶尖技术。与此相反,"单一数据"的道路要想取得成功不仅需要漫长的等待,而且它也无法确保为参与公司带来更高的商业利润。尽管如此,法国科研与工业部的行动给人以法国似乎更青睐建立欧洲工业融合的印象。德国方面则对此不予理会,并极力劝说英国政府赞同"单一数据"计划。德国一再强调"自主发展欧洲计算机技术"的紧迫性,认为"在这一领域依赖于美国的做法是绝不可取的"。② 同时还指出,欧洲四大计算机制造商(单一数据与英国国际计算机公司)的年销售额仅为IBM公司的60%。英国工业部长托尼·本(Tony Benn)则认为,英国国际计算机公司(ICL)在国内至少能与IBM公司相抗衡,而且它已开发出"另一种计算机语言",因此英国政府"暂时并不希望"其加入欧洲的"单一数据"数据处理联盟。此外,各国工程师不同的工资水平也是一大不利因素,据说英国工程师的工资仅为德国水平1/3。实际上,英国拒绝实施该项目的原因并非这么简单。放弃了其第二任斯坦斯盖特子爵贵族名号"安东尼·内尔·维特伍德·本"(Anthony Neil Wedgwood Benn)的托尼·本认为欧洲共同体的官僚主义和集权主义倾向太强。不过对他来说,更糟糕的是英国有一天将"真正为德国所控制"。③ 除此之外,这位工党政治家也是欧洲一体化倡议的明确反对者,这在英国内阁成员中并不罕见。

---

① 德国科研部部长汉斯·马特霍夫(Hans Matthöfer)在接受信息技术杂志《计算机周刊》(Computer-Woch)的访问中提到:"先是'单一数据',然后又是国际计算机公司,或许还有美国合作伙伴和近12%的世界市场份额。"格哈德·冒勒博士(Dr. Gerhard Maurer)和康纳德·米勒(Konrad Müller)与马特霍夫部长的谈话,《计算机周刊》第6号,1975年2月7日。

② 马特霍夫:《周二日记》(Diensttagebuch),1974年9月1日至3日,AdsD,DM0404。

③ 托尼·本:《本的日记》(Tony Benn, The Benn Diaries, London, 1995),第410—432页。

与此相反，波恩与巴黎则一再强调其希望为欧洲创建高效数据处理工业的意图。他们一致认为应尽快采取措施来解决这些悬而未决的问题。然而，事实上，在法国两大首席股东的影响下，有关信息国际公司前途命运的争议讨论仍在巴黎继续上演。各方的选择决议虽未被提上议事日程，却仍旧发挥着重要作用：欧洲合作的尝试是否该继续，或者是否该直接推动一体化进程？合同条件是否应当重新协商？法国是否应当强化信息国际公司的市场地位以应对西门子公司的挑战？是否有必要将其他欧洲或美国的合作伙伴纳入单一数据项目？而法国信息国际公司（CII）的大股东与美国电子数据处理巨头霍尼韦尔—布尔公司（Honeywell Bull）有着密切的关系。在法国，霍尼韦尔—布尔公司是优于信息国际公司仅次于 IBM 公司排名第二的市场竞争对手。当信息国际公司的工人为反对企业未来风险在图卢兹（Toulouse）举行"向巴黎前进"的示威游行之时，有关其命运的争议讨论也随之达到了高潮。此时的西德联邦科技部长在接受驻波恩《世界报》（Le Monde）记者丹尼尔·维讷特（Daniel Vernet）的采访中也表明了将介入法国内部争论的意向。[①] 他试图打消世人对项目重要性提出的质疑，并对"经济萧条期"企业合并行为将给信息国际公司与法国政府带来"巨大财政负担"给予了充分理解。同时，他还指出，由于合作企业间的产品和技术缺乏兼容性，信息国际公司与霍尼韦尔—布尔公司建立的伙伴关系将维持多久仍是一个问号。不过他主要是想通过国家补贴方面的承诺来获得法国对该计划的青睐，仅 1975 年的补贴金额就达 1.5 亿马克，占西德联邦科技部（BMFT）电子数据处理研发支出的 1/3。同时，他也强调了德国联邦政府的意愿："西门子公司与德国政府希望在欧洲创建一个结构合理、制度严谨、政策统一的公司"，而非制造一个"什么也做不到的病巨人"。

　　1975 年 2 月，德法两国的第二轮政府磋商对"单一数据"合作能否顺利进行提出了质疑。此时，被德国视为合作伙伴的法国与英国已明确决定与美国企业开展合作。德国甚至试图实施一场疏通销售渠道的整治运动。西德联邦科技部希望也能在美国、日本和澳大利亚等市场开展"单一数据"业务。其目标是创建欧洲自主而非"土生土长的"技术："单一数据与英国国际计算机公司合并为一家实力雄厚的联合企业，然后再加上一家有实力的美国合作伙伴作为技术供应商，这或许是一次理想的工业结盟。"这一举措需

[①]《欧洲数据处理产业的未来》（Die Zukunft der europäischen Datenverarbeitung），汉斯·马特霍夫（Hans Matthöfer）接受采访，1975 年 2 月 28 日《世界报》。

由"单一数据"联营独立履行，联邦政府不应对此加以干预。然而，1975年5月20日，法国"在没有任何预警的情况下突然"[①] 宣布反对单一数据的提议转而决定信息国际公司与霍尼韦尔—布尔公司实施合并。因此，创建计算机工业欧洲冠军的梦想也随之破灭。事实上，各国在欧洲技术政策问题上的利益分歧显然是无法修复的。无论是法国信息国际公司还是英国国际计算机公司，它们都未能获得美国企业的青睐。甚至连德国西门子公司也不得不继续寻求与 IBM 及其他欧洲以外地区竞争对手的合作，来确保其电子数据处理业务的市场竞争地位。与民用航空市场有所不同，信息技术市场是美国与日本企业巨头的天下，欧洲扮演的角色微不足道。90 年代初，法国试图通过跨国合作来阻止日本电子工业的进一步扩张，然而已经太迟了。1990年，英国国际计算机公司在经历了一段小插曲后，其美国标准电话电缆公司（STC）的业权最终被富士通（Fujitsu）收购。自此以后，法国与英国的生产实力直线下降，日本企业则成了欧洲高新技术市场上的桥头堡。

第六节　走向欧洲货币联盟的漫长之路

一　变不利为有利

争取在 10 年内取消 1959 年 1 月 1 日起开始征缴的内部关税是欧洲经济共同体协议的核心目标之一。而事实上，这一目标早在 1968 年就已经实现。随后，欧洲经济共同体便把注意力转移到其他政策领域，这其中就包括充满艰辛的农业政策[②]，还有货币政策，自布雷顿森林体系瓦解后迫切需要建立一个欧洲方案来替代美国的领导地位。

一直以来，欧洲经济共同体都欠缺一个统一的货币政策。除了 1958 年 3 月成立的货币委员会和 1964 年建立的央行行长委员会以外，该领域的进展和成就可谓屈指可数。1962 年，第一任欧共体委员会主席瓦尔特·哈尔施泰因（Walter Hallstein）提出了货币联盟分三步走的倡议，计划在 1971 年

[①] 马特霍夫：《周二日记》（Matthöfer, *Diensttagebuch*），1975 年 6 月 18 日，AdsD, DM0404。

[②] 欧洲委员会：《欧洲经济共同体农业改革备忘录》（Mémorandum sur la réforme de l'agriculture dans la Communautééconomique européenne），《欧共体公报》（*Bulletin de la Communautééconomique européenne*），1969 年 3 月，副刊 2/69，第 19—48 页；理查德·格里菲斯和布莱恩·吉尔文：《绿色联营与共同农业政策之源》（Richard Griffiths, Brian Girvin, *The Green Pool and the Origins of the Common Agricultural Policy*, London, 1995）。

引入统一的欧共体货币，但是这一倡议未能成功。之后，德国联邦银行逐渐在实际上承担起了欧洲货币政策核心主体的角色，其他欧共体国家的央行根据不同具体情况——尽管并非总是出于自愿——选择向德国央行的决定看齐。这也给德国马克发展成为欧共体的锚货币提供了有利条件。鉴于国际外汇市场的动荡局势，欧共体经济与财政委员雷蒙德·巴尔（Raymond Barre）最终于1969年向欧共体提交了一份有关协调欧洲货币政策的计划（巴尔计划），希望以此降低成员国间货币兑换汇率的波动幅度。经过辩论，最终在1970年，卢森堡总理皮尔·维尔纳（Pierre Werner）呈交了一份关于到1980年逐步建立经济与货币联盟的规划报告。

然而，早在规划之初，人们就预见维尔纳期望在第三阶段实现政治联盟的目标是不切实际的。除了建立欧洲央行体系以外，他还计划成立对欧洲议会负责的经济政策共同决议委员会。[①] 德国方面将此视为欧洲经济共同体协议不可或缺的组成部分，而法国却并未有往这方面拓展的打算。作为妥协，成员国一致认为，在采取进一步具体措施之前应先实施计划的首个步骤。因此，随后的计划目标被降低为缩小欧洲汇率波动幅度并在发生对某些货币投机的情况下欧共体成员国相互提供信贷帮助。

就在维尔纳计划第一阶段决议通过后不久，国际货币交易所就发生了一系列紧急事件，欧洲因此面临巨大的挑战。1971年5月，德国联邦政府在未与法国政府事先协商的情况下终止了当时对美元的汇率平价。8月，鉴于履行《布雷顿森林协议》规定义务的难度日渐加大，美国也不得不终止了美元与黄金的挂钩。同年年底，根据《史密森协议》（*Smithonian Agreement*），美国对美元实施了7.89%的贬值措施并表示愿意接受更大幅度的外汇波动。至此，汇率才得以维持稳定。1972年3月，为了维护双边贸易关系，欧洲决定将其货币之间的汇率浮动范围调整至±2.25%，致使欧洲货币与美元之间汇率"蛇形爬动"。这一规定也得到了丹麦、英国和爱尔兰等新成员国的支持和拥护。至此，欧洲人在争取与美国货币政策平等的道路上迈出了重要一步。

70年代以来，欧洲货币的纪律机制严重受挫，而欧洲汇率联盟是否可行恰恰取决于成员国能否在这一问题上达成一致。大多数国家还坚守着凯恩

[①] 《提交给议会和委员会关于实现欧共体经济与货币联盟的报告》（Report to the Council and the Commission on the Realization by stages of Economic and Monetary Union in the Comunity）[《维尔纳报告》（Werner-Report）]，载《欧共体公报》副刊 II [*Bulletin of the European Communities*, Supplement II Luxemburg, 1970]。

斯主义构想，即利用货币政策工具来解决经济危机和失业问题。究竟是以牺牲国家的经济政策行动力为代价来捍卫汇率稳定，还是大规模推行就业政策？面对这一难题，欧共体的大多数成员国仍会选择追求国家经济政策的自主权。1973年2月，美国宣布解除《史密森协议》，进一步对美元实施10%的贬值措施并过渡到跟随供求关系的浮动汇率制，货币的波动压力也随之进一步加剧。此时的汇率"爬动"不仅失去了方向，而且也引发了相关货币汇率的"集体浮动"。石油危机给劳动力市场带来的负面影响也对规范欧洲汇率联盟成员国的货币政策造成了不利后果。一时间，各国身陷同一困境。在此期间，法国先后两次（1974年和1976年）退出该联盟。意大利、挪威和瑞典也表示出各走各路的意图。在这一形势之下，没有人再提及维尔纳计划的第二、第三阶段。由于德国联邦银行的强势地位，德法两国最终决裂，维尔纳计划也因此而归于失败。法兰克福货币发行银行在决定内部或外部货币稳定的优先问题上拥有足够的自主权，它甚至可以对联邦政府出于景气与劳动力市场政策原因提出的货币扩张要求予以明确反对。其他国家不愿意也不必要向德国联邦银行以稳定导向的货币政策看齐。因此，1978年年底，由西德、丹麦和荷、比、卢三国组成的马克联盟只能在既定汇率范围内徘徊（"蛇形爬动"），而其他共同体成员国货币则可自由浮动。除了货币政策领域的分裂以外，欧共体本身的存续也变得岌岌可危。

二 欧洲货币体系

1978年，德国总理赫尔穆特·施密特与法国总统瓦勒里·吉斯卡尔·德斯坦（Valery Giscard d'Estaing）在不来梅欧共体峰会上宣布建立欧洲货币体系（EWS）。它的目的在于使欧共体成员摆脱分裂状态，为欧洲一体化进程增添新动力，因而有着十分重要的政治意义。早在1974年，施密特就深信：从长远来看，实现经济联盟必不可少的前提条件就是"为经济联盟创造和运用相同的经济工具"。[①]但同时他又对进一步的"经济政策超国家协调"的可行性有所怀疑。理论上，他认为"以大幅度牺牲德国利益为前提——全力奉献德国的货币储备、在忍受实际工资下降的情况下提供高额财政资金、放弃价格稳定的目标——说服其他欧共体成员国的新政府或政府领

[①]《对外贸易条件下关于现时经济问题的简述》（Exposee zur aktuellen ökonomischen Problematik unter dem Gesichtspunkt ihrer außenwirtschaftlichen Bedingtheiten），1974年4月15日（官方保密），弗里德里希·艾伯特基金会（Friedrich Ebert-Stiftung），AdsD, DM 014。

导人参与冒险是完全有可能的"。但是对施密特来说，建立一个共同体经济与预算政府失败的可能性比成功更大，这一点在他的秘密备忘录中有所提及。除了不太吸引人的共同农业政策以外，接下来要做的便是"实施谨慎的、对我们来说并非一无是处的区域平衡政策"。不过，他也很清楚："实际上，农业政策与区域政策对南意大利或苏格兰与鲁尔—莱茵—美因地区和巴黎间结构调整所起的作用微乎其微。其实它是在地区结构平衡掩盖下的横向财政平衡。"施密特谈及的方法实际上是贯穿欧洲一体化历史的一条主线。超国家演进的里程碑被羞羞答答地搭建起来，各成员国的主权所有者——即公民——除个例外均未被纳入决策过程中。

欧洲货币体系表达的政治意愿尽管很重要，但从经济角度来看，它的步子迈得不大。因此，欧洲的货币政策原则上基本维持原样。以"欧洲汇率机制"（EMR）新名称示人的汇率联盟在很大程度上得以继续推行。尽管如此，两国的"国家经济学家"却一致认为有必要进行小范围改革以帮助法国重新加入欧洲汇率机制，同时象征性地削弱德国央行的主导地位。而新的欧洲货币单位（ECU）将履行这一职责。这一名称很容易让人联想起法国中世纪路德维希九世时期的货币（黄金盾牌），18 世纪时，它在德国部分地区和其他欧洲地区也曾广为流通。[①] 它成了计算货币兑换率的参考系数，充当起国家间信贷机制的计价单位并象征性地取代了德国马克。在虚拟的欧洲货币单位一揽子货币中，德国马克占到最高的 30%，法郎次之，为 20%，英镑为 12%。为了加强对货币汇率的干预，各成员国首先需将其 20% 的黄金与外汇储备交由一个基金管理，并且每两年向该基金注入同等规模的储备。根据计划，到 1989 年，欧洲货币体系应该完全确立，而货币联盟已无法实现。鉴于欧洲货币联合体持续的不确定和不稳定性，人们也不对此抱任何幻想。截至 1983 年，欧共体共实施了 7 轮主导汇率调整（Leitkursanpassungen），对参与货币实施的升贬值措施达 21 次，其中有 4 次马克升值、3 次法郎贬值。[②] 此后，趋势发生了转变。不过，这并不意味着货币政策的不稳定性业已终结。

[①] 1726 年，路德维希十四世发行了欧洲货币单位（ECU）（白银）。它以"弗朗茨货币"（Franzgeld）的形式席卷了整个欧洲市场。专制主义时代的法国人不再像圣路易斯时期（1270 年）一样使用黄金作为铸币原料，而转而使用白银。

[②] 德意志联邦银行：《货币与经济领域的国际组织和委员会》（*Internationale Organisationen und Gremien im Bereich von Währung und Wirtschaft*, Frankfurt am Main, 1997），《德意志联邦银行特刊 3》第 5 版，第 120 页及其以下。

各成员国是否愿意收回其货币和汇率政策主权在很大程度上决定着欧洲货币体系的成败。它要求各成员国彻底转变思想观念。在渥太华（1981年）七国集团世界经济峰会上，新任美国总统罗纳德·里根（Ronald Reagan）提出了"传统凯恩斯主义构想已不再适用"[①]的政治口号，并因此成为在转变思想道路上迈出第一步的领军人物。由此，美国便开始遵从米尔顿·弗里德曼（Milton Friedman）的货币学说，它主张以稳定而可控的货币数量增长为经济持续增长提供前提条件。这意味着美国完全抛弃了过去对外汇市场的干预。1983年，法国也改变了其货币政策战略。1981年社会党人弗兰索瓦·密特朗（François Mitterand）竞选获胜后，巴黎政府在景气与就业政策领域就一直坚决遵循政治凯恩斯主义。而到这时，同一个政府却开始转而支持联邦银行稳定导向型的货币政策路线。新优先政策的确定也受到了其他国家的追捧。因此，在计划第二阶段直至1987年，新增了15个国家汇率的欧洲货币单位"仅"实施了5轮主导汇率调整，就体现了欧洲货币体系一定程度上的稳固。

1987年以后，欧洲货币体系似乎渐入佳境。各成员国几乎无需再实施主导汇率调整措施，只有那些不太重要的南欧"不稳定货币"体系才需要调整。1990年，英国也加入这一体系。乐观主义开始占据上风。一些内部人士开始谈论"冻结的平价机制"（regime of frozen parities）[②]，在公众中营造出货币联盟实际上业已建成的假象。事实上，利用国家货币政策来解决经济发展与劳动力市场问题的做法在大多数成员国中早已过时。将稳定而可控的货币数量发展趋势视为经济增长基本前提的货币理论在各大高校广为流传并通过一系列制度建设大获成功。就连那些先前并未将货币稳定提上经济政策目标议事日程的地方也接受了货币政策新的"游戏规则"。熟悉的凯恩斯主义"良方"遭遇失败，为经济学象牙塔内的新思维向金融家与政治家世界进军提供了有利条件。70年代的石油危机以来，为劳动力市场经济循环提供的国家信贷支持不仅没有多大成效，同时还增加了国家的债务成本，急剧削减了国家经济政策的活动余地。需求方宏观调控措施失败后，国家经济政策转向了供给方。以往优先次序列于劳动力市场政策之后的货币和汇率稳定，如今成为国家必须为企业行为创立的不可或缺的框架条件。为了推进前

[①] 1981年7月19日德国联邦总理与美国总统里根的谈话记录，蒙特贝洛，1981年7月20日，AdsD，DM031。

[②] 国际结算银行（Bank of International Settlements, 1993），年度报告，第7页。

景光明的欧洲货币联盟计划，一项新的制度业已诞生，新的游戏规则和实现条件也得以创立。

三 欧洲货币联盟

因此，欧洲货币联盟在 1991 年年底签订《马斯特里赫特条约》之前很久就已经成为欧洲议事日程的头等大事之一。1987 年，联邦政府期望借助《单一欧洲法案》(*Einheitliche Akte*) 为陷入僵局的欧洲一体化进程增添助推力。[①] 而欧洲货币联盟则正是《单一欧洲法案》的核心要求之一。尽管如此，德国方面当时还未深入探讨货币联盟策略将带来的一系列影响，也没有与重要的当事人——德国联邦银行进行磋商。与欧洲一体化进程的以往步骤类似，这一议题也发展出自身动力，更高的政治考虑参与其中，最终，偶然事件对其成功也发挥了至关重要的作用。

身为最有成就的欧委会主席之一的雅克·德洛尔（Jacques Delors）在一篇报告中总结了完成欧洲内部市场建设所需的一切条件并重点提出了成立经济与货币联盟的倡议。他希望报告目标能在马斯特里赫特举行的欧盟政府首脑会议上得以实现。除了引入欧洲公民、成立地区委员会、强化联盟与民族国家之间关系的辅助原则和欧洲政治合作（EPZ）制度化等议题外，货币与逐步建立一个欧洲央行问题是本次会议的核心所在。因此，《马斯特里赫特条约》大大超出了建立欧洲内部市场的预期要求。通过迫使成员国之间（也适用于与第三国）实现资本往来自由化，它为欧洲联盟开辟了全球竞争市场。欧洲成了世界经济实现开放市场、多边合作和蓬勃发展的核心区域，因而欧洲又重新回到了 1914 年时的状态。《马斯特里赫特条约》的签订正是为了扫清实现市场全球化的障碍，但它同时也摧毁了阻止对全球金融市场资本主义无限制统治的最后一道防护网。因此，欧洲联盟放弃了欧洲经济共同体成立时尤其对联邦政府至关重要的战略堡垒，它当时的目的是为自身的世界市场开放打下一个更安全的基础，及在世界经济危机爆发时提供紧急避难所。欧洲联盟在马斯特里赫特实现了华丽转身：从一个国民经济的保护共同体转变为不再惧怕美国并敢于与其公开竞争的全球参与者（global player）。但它并未对全球市场上的欧洲利益和游戏规则作出明确的定义。

[①] 吉林哈姆：《1950—2004 年欧洲融合——超级大国还是新市场经济？》（J. Gillingham, *European Integration, 1950—2003, Superstate or New Market Economy?* Cambridge MA, 2003）第 10 章和第 11 章。

因此，为西欧创立一种充当主导货币并能在各项职能上与美元相抗衡的共同货币可谓当时的不二选择。为此并不一定必须要剥夺联邦银行的职权。到目前为止，它成功敦促了各方遵守统一的货币与汇率政策的相关规则。1914年以前，此项任务由英国中央银行负责，金本位制成员国也从未对此提出过质疑。尔后，英国央行迫于形势需要而开放全球市场，这一点也与英国的世界贸易利益完全吻合。与此相反，德国联邦银行则时常将德国国内的经济利益视为首要目标，还为此制定了相关的法律条款。虽然它并非首次对德国重新统一进程产生重要影响，但在这个过程中德国央行所起的作用却依然特别有害。并不是所有法兰克福中心为减轻西德财政负担而采取的措施都与欧洲邻国的利益相吻合。然而，有违常理的是：创立一个欧洲货币恰恰又是德国赢回国家主权的有利时机，这促使联邦政府同意法国提出的将联邦银行纳入欧洲央行体系的要求。这一做法在一定程度上并不符合西德的权力利益，因为联邦银行的领导地位与德国马克作为锚货币的成功正是西德最重要的资源。但这是西德在解决国家问题上争取法国支持所必须付出的代价。不过，即便没有对法国的此次科尔式馈赠，欧元的引入也是迟早的事，只不过可能是在其他框架条件下完成。与煤钢联营①的成立类似，又是这个德国"格列佛"将自己在欧洲一体化一个重要领域的统治权交了出来，并屈从于法兰克福"小人国"的多数决议程序。因此，毫不为奇，伴随着欧洲货币联盟建立过程的激烈学术争议对政治决策几乎没有起到任何作用。人们并没有很好地总结先前欧洲货币联合的负面经验。对于欧元区是否是最佳货币区，以及政治联盟是否必须先于货币联盟的问题，没有给出答案。《马斯特里赫特条约》制定的趋同标准（EU-Konvergenzkriterien）与阿姆斯特丹的《稳定与增长公约》（*Stabilitätspakt*）意图在至少部分弥补统一政治调控意愿的缺失。事实上，对货币区实现经济趋同的期望基于成员国在货币与景气政策领域达成的一致意见。它似乎永久地替代了凯恩斯主义的政策模式。

《马斯特里赫特条约》实施的进展并非一帆风顺。1992年年中，现存汇率就遭受了来自各方的压力，主要体现在丹麦选民反对政府批准条约，而在法国，为该协议投赞成票的选民也仅以微弱优势获胜，就连德国重新统一进

---

① 维尔纳·阿贝尔斯豪塞：《欧洲命运：经济还是政治？——以煤钢联营作为欧洲融合的学习典范》（Werner Abelshauser, *Europas Schicksal：Wirtschaft oder Politik? Die Montanunion als Lehrstück europäischer Integration*, Bochum, 2008）（鲁尔区图书馆基金会藏书第24卷）。

程的货币政策效应也影响到欧洲经济共同体的稳定。一方面，德国联邦银行对"仓促建立的"货币联盟质疑不断。一年之前，联邦银行主席卡尔·奥托·波尔（Karl Otto Pöhl）就曾引用了东西德货币联盟的实例以向欧洲议会提出告诫。[①] 另一方面，联邦银行的高利率政策（与货币升值举措）吸引了大量资本流入德国。1992 年 9 月，德国马克最终被迫继续升值，埃斯库多（葡币）（Escudo）与比塞塔（西币）（Pesete）等其他货币则出现了贬值。英国、意大利迫于货币投机行为的重重压力最终退出了欧洲货币体系。1993 年夏，面对持续发生的市场动荡，欧盟财政部部长唯一能做的就是将汇率波动幅度扩展至±15%。自此以后，虽然个别地方仍有汇率波动现象，但欧洲货币体系的汇率浮动范围基本维持在±2.25%之间，稳定性得到大幅提高。

《马斯特里赫特条约》为第三阶段设定的目标是：最迟到 1999 年，"为实现统一货币确定最终的汇率"。[②] 其前提条件是遵循《条约》规定的巩固财政预算之义务。推行欧元统一货币后，判断该义务规定是否得到遵守需以两大标准为依据——国家的所有公共财政赤字不允许超过国民生产总值（BIP）的 3%，公共债务总额不允许超过国民生产总值的 60%。另外，统一条件还对加入货币联盟申请国提出了通胀率以及长期利率的相关要求：不允许超过三大最稳定成员国平均通胀率的 1.5%和长期利率的 2%。除此以外，至少在引入共同体货币前的两年时间里，欧洲货币体系的汇率机制不允许再出现动荡。1996 年，在上述条件成熟后，欧洲议会最终以绝对多数通过了推行共同体货币欧元的决议。此规定于 1999 年 1 月 1 日起自动生效，从 2002 年中开始，欧元成为"欧元区"的唯一法定支付手段。

四 欧元所继承的负担

经历了 50 多年的风风雨雨，德国马克最终成了欧洲统一"圣坛"上的祭品，随后而来的是一声惊天巨响。虽然德国马克已隐退多年，但许多德国人仍在缅怀和纪念它。有调查报告显示，相比欧元，德国大多数人更青睐德国马克，甚至有超过 1/3 的受访者希望重新恢复马克货币的使用，尽管其最

[①] 《1991 年 3 月 19 日欧洲议会声明》（Erklärung vor dem Europäischen Parlament am 19, März 1991），载《现存的基辛档案》（Keesings Archiv der Gegenwart, 1991），第 366 页。

[②] 《欧洲联盟协议》（Vertrag über die Europäische Union），欧盟第 C191 号公报，1992 年 6 月 29 日，第 3a 条。

终的价值仅为原始值的 1/4。① 不过，它交了一张不错的最终成绩单：德国马克在整个使用生涯中的年均通胀率为 3%，与欧洲央行规定的稳定目标理想值 2% 相差不远。与此相比，将欧元贬为"贵元"的说法显然有失偏颇。在欧元发行的最初十年时间里平均贬值仅 2.1%。与马克类似，相比其他货币，欧元打下的根基较为牢固。同时，实践证明，即便在危机条件下，它也依然能保持币值的稳定。

与欧元有所不同，德国马克从自身的创立传奇中可谓获益匪浅。德国人至今仍将 1948 年 6 月 20 日的货币改革视为 50 年代经济奇迹的根源所在。当时大多数人都认为，德国三大占领区先后不一的货币改革也预示着联邦德国的诞生，而货币稳定则意味着政治稳定。事实上，50 年代中期以来，"坚挺"的德国马克也给德国带来了辉煌的经济与政治成就：提前偿清战前与战后赔款，对以色列及其他纳粹政权牺牲者支付了"赎罪赔偿"，对外贸易成为"世界冠军"，对外政策领域获得广泛行动自由权（撇开德国主权领域的缺陷不谈），对欧洲一体化进程提供了财政支持，以德国马克为依托通过建立欧洲人自己的货币体系，打破了美国在世界货币体系中的霸主地位。矛盾的是，在成为欧洲层面的政治牺牲品之前，它还推动了德国的重新统一进程。最终，它给欧元留下了宝贵的成功秘诀。这是一部内容丰富而充实的货币史，毫无疑问，就连欧元也不得不向德国马克创造的传奇历史致敬。只要人们总是拿德国马克而不是那些现实存在的货币作为绩效比较的标杆，欧元就根本无法摆脱人们心目中对它怀有的莫名的坏印象。

此外，欧元的推行还遭遇到另一个障碍。欧洲统一进程的参与者从一开始就错过了释清其与欧洲主权间关系的机会。煤钢联营的超国家地位是在逼迫德国放弃国家主权并接受结构性歧视措施的基础上建立起来的。1957 年，欧洲的一系列动作在促成《罗马条约》签订的同时，也在很大程度上模糊了一体化进程的政策目标。各参与国政府不再愿意依照煤钢联营模式将自己的国家主权交由一个超国家机构来履行。主权国家的协议共同体由此而成了争论的焦点，正如联邦宪法法院所指出的，这些国家最终决定维护其"协议主子"（die Herren der Verträge）的地位长期不变。各国对克服"民族国家主义倾向"的期望日渐成了一体化进程中功能主义理论的一部分。在这一理论的影响下，对经济—技术一体化进程的必然性及市场一体化逻辑的信

---

① 西德联邦中央银行暨欧元发行十周年所做的问卷调查。2008 年 5 月 2 日，德国《焦点》杂志（Der Focus）对此作了有关报道（《"贵元"只是一个童话》，Der 'Teuro' ist ein Märchen）。

任便成了欧共体的政治谎言。

《马斯特里赫特条约》也并未逾越欧盟超国家统治结构的局限,但却扩大了其对某些核心政治领域的影响力,而这些核心领域经济危机的审视效应恰恰又是最显而易见的。在"常规"状态下,货币联盟的生存有赖于对市场规律一体化进程必然性的信任。作为意识形态润滑剂,它从一开始就陪伴着欧洲统一进程并使其易于被接受。欧盟尽可能避免与国家主权的对立和碰撞并为成员国争取了欧洲政策上比其民主正当性更广阔的行动空间。尽管如此,相对于超国家机构这一替代而言,民族国家似乎比欧洲一体化学说理论家们预言的要更加不易瓦解。

由于《基本法》不允许对《马斯特里赫特条约》进行全民公投,联邦宪法法院必须在放弃货币主权的权限问题上作出决议。卡尔斯鲁厄的法官们最终允许将权力转交给条约签署国当局并为条约获批开辟了通道。① 但在基本判决中,他们也指明了《条约》有效性的界限并强调《基本法》(和联邦宪法法院)在欧洲法面前的特殊权力地位。他们还指出,一旦规则遭到破坏,《条约》即刻失效。除了货币政策问题以外,德国最高法院还在联邦德国加入一个欧洲超国家联邦的问题上设置了很高的限制性门槛规定。

与欧洲主权国家周旋过程中产生的问题令货币联盟在对付迄今为止遇到的最大挑战时举步维艰。2010年春,金融危机中的欧元汇率让欧盟的竞争对手忧心忡忡。不过,欧盟成员国实施戏剧性货币政策手段的目的并非为了稳住欧元汇率。欧盟的金融总动员(金融拯救计划)希望借助2013年到期的4400亿欧元稳定基金来制止破坏地中海"橄榄树地带"金融稳定的国际投机活动。而隐藏在这一行动背后的是欧元成员国对货币区崩溃瓦解的恐惧。2010年5月7日,欧洲国家与政府首脑峰会在布鲁塞尔仓促召开。为了消除人们对会议目标的种种疑虑,德国总理安格拉·默克尔(Angela Merkel)宣布,这一"史无前例的一揽子计划"将主要负责保护和巩固欧元区的共同货币。② 德国政府选在德国人口最多的北莱茵—威斯特法伦州选举前夜实施这项紧急行动,目的是避免人们产生这项措施实际上是为了拯救银行

---

① 《联邦宪法法院判决汇编》(BverfGE, 89/155—马斯特里赫特)。

② 除了"欧洲金融稳定基金"(European Financial Stability Facility)以外,欧盟还承担了为世界货币基金组织针对同一目标的2500亿"金融拯救基金"(Rettungsfonds)提供大部分资金的责任。有关5月7日、8日峰会进程的内容可参见彼特·鲁特劳(Peter Ludlow)的《最后的诉诸手段——欧洲理事会与欧元危机》(The Last Ressort: The European Council and the Euro Crisis, in: *Euro comment*, Spring 2010)。

的印象。① 显然，默克尔选择这个时间点是为了转移人们对这一不受欢迎行动的注意力。事实上，正是这项行动被提上了欧盟议程。与2008年秋不同，此次联邦政府并未获得欧洲层面的相关授权。《欧盟工作方式条约》规定，只有在自然灾害或债务国无法控制的"特殊事件"情况下②，才允许对欧元区其他成员国实施援助。也就是说，相关条约并没有规定，为了实现1992年《马斯特里赫特条约》规定的财政金融政策纪律或至少保证成员国的支付能力，可以不顾相关成员国的主权进行直接干预。1997年阿姆斯特丹《稳定与增长公约》③规定的制裁机制由于违反了主权国家利益在紧急情况下并不适用。因此，德国政府才实施了这一转移注意力的策略。这也正是欧洲一体化政治经济学不为人知的特殊之处。36年前，赫尔穆特·施密特认为区域间的财政平衡措施虽然有道理，但是不具备可行性。④ 与此类似，2010年的欧洲国家与政府首脑们依然惧怕与欧洲主权国家进行硬碰硬的对决。

因此，我们也就不难发现，伴随着欧洲货币联盟的相关学术讨论对政治决策而言并无多大意义。人们并没有很好地总结先前建立欧洲货币联盟的失败教训。对于欧元区是否是最佳货币区域以及货币联盟是否必须先于政治联盟的问题，答案依然待定。马斯特里赫特欧盟趋同标准与阿姆斯特丹《稳定与增长公约》至少在一定程度上弥补了统一政治调控意愿的缺失。事实上，对货币区实现经济趋同的期望很大程度上要基于成员国在货币与景气政策领域达成的一致意见。而它也成为替代凯恩斯主义的一种新的政策模式。然而，面对各成员国对违背标准甚至欺骗行为——例如希腊——的容忍，人们很快便对欧盟统一标准的确定性提出了质疑。希腊案例表明，最高可达国民生产总值0.5%的罚金措施会对无支付能力成员国甚至是有害的。道理其实很简单：因为"溺水者"当然不会自愿放开救命稻草，所以即使有将违

---

① 2008年10月5日，以"金融业拯救者"（"Retterin des Sparbuchs"）形象示人的默克尔公开承诺："我们将保证储户的存款安全。联邦政府将为此提供担保。"（"Wir sagen den Sparerinnen und Sparern, dass ihre Einlagen sicher sind. Auch dafür steht die Bundesregierung ein."）她以无形的国家资本对随时可能出现的银行挤兑做出了有力回应。杜克·舍尔夫：《我们正濒临深渊》（Dyrk Scherff, Wir waren sehr nah am Abgrund），FAS，2009年6月28日，第39页。
② 协议固定内容的第122（2）和125条，欧盟第C83号公报，2010年3月30日，第57页及其以下。
③ 欧盟委员会关于《稳定与增长公约》的决议，欧盟第C 236号公报，1997年8月2日。
④ 《对外贸易条件下关于现时经济问题的简述》（Exposee zur aktuellen ökonomischen Problematik unter dem Gesichtspunkt ihrer außenwirtschaftlichen Bedingtheiten），1974年4月15日（官方保密），弗里德里希·艾伯特基金会（Friedrich Ebert-Stiftung），AdsD，DM 014。

约成员国开除的标准，它在主权国家的反对下的实施也是不能想象的。

与此同时，欧洲货币联盟的第二大制度支柱也有所动摇。重拾凯恩斯主义危机战略的做法不仅将实现国家经济政策风格趋同的目标置于不利境地，同时它也对成员国之间财政支出的融资规则、国内金融市场结构和劳动力市场政策逐渐接近的进程造成了负面影响。优先采用凯恩斯主义劳动力市场战略将当时的欧洲货币体系变成了一个熙熙攘攘的鸽子棚，成员国在这里按照其景气政策的需要进进出出。当这条出路遭遇封锁后，又不得不再次寻找欧洲内部市场的重心。1996年以前阻碍欧洲统一货币目标实现的框架条件再一次找到了用武之地。除此之外，为了帮助成员国调整债务结构，欧洲央行决定以印钞方式来支持其购买国家坏债。这也使德国联邦银行再次面临丧失权力的危险。至此，欧洲央行似乎继承了法兰克福"前任榜样"稳定政策的遗产并推动德国"稳定文化"的继续。具备储备货币和全球性流动资金双重身份的欧元凭借其潜力当然也能成为欧洲世界政策的必要工具。不过迄今为止，它依然是一块未经雕琢的玉石。直到欧盟能够将其用于实现共同利益时，它才能绽放光芒。

从对欧洲货币联盟历史的回顾中，我们可以清楚地看到欧元政治经济学带来的两大遗留问题。只要欧盟不释清与欧洲主权国家间的关系，那么在紧急情况下的货币联盟也将丧失行动权。对经济强国与弱国间实施的区域财政平衡政策就是一个很好的例证。早在20世纪70年代，所有决定都是在实现"财政转移联盟"的背景下做出的，但是却都避免公开提及这个问题。很可能已经错过了提出这个目标的最有利时机。无论如何，如今要获得欧洲主权国家对该目标的赞同与支持似乎不大可能。从历史角度来看，这也是欧洲货币政策最沉重的负担。

欧洲货币联盟面临的第二大挑战——凯恩斯主义的回归——似乎更容易解决。面对财政赤字，国家行动力必须为此付出沉重代价。因而，世人对凯恩斯财政政策本质的认识也会更加清晰而深刻——虽然对于阻止经济崩溃而言，它是不可或缺的"救命稻草"，但它并不能充当景气政策的日常工具。从长远来看，这一认识甚至有利于强化欧元区的稳定局势。90年代的经验告诉我们，如果欧元区解散，世人也不必担心欧洲将重返货币政策的石器时代。不出一个周末，成员国便会迅速引入各自国家的货币。[1] 拥有固定汇率的货币体系将像20世纪90年代一样充分满足欧洲经济的大多数条件。

---

[1] 倘若如联邦央行所言，2002之后，1961年创立的德国马克储备体系最终崩溃，德国还是能重新诉诸1948年德国马克引入时所采取的方法实施自救（票据马克，现金马克）。

过去人们深信，货币联盟必将用功能主义的必然性进一步推动欧洲一体化进程。然而，金融危机的重重打击却引发了信任危机。人们也不必对此感到惋惜。因为，欧洲民族国家是政治参与体制、法律信任体系、文化自主权与经济制度的历史见证。它们以其对内对外的成本比较优势的多样性处于相互竞争的生存环境之中。相比超国家单一性而言，推动竞争机制的发展并在世界市场上有效利用其带给欧洲的无限创造力无疑是更好的战略选择。危机控制为老生常谈的争议问题开辟了新的视角：欧洲机构创立的目的是为了终结民族国家时代，还是完全相反——民族国家是为了利用经济一体化手段来确保自我存续？里斯本会议后，欧盟很难再继续逃避主权问题。这一点也同样适用于欧洲货币联盟。不论是由于货币联盟内部发展出现倒退导致其无法回避，还是由于国家法院——如联邦宪法法院——不再容忍逃避策略的继续。总而言之，解决主权问题已迫在眉睫。德国最高法院在2009年6月30的裁决中指出：在主权国家协议联盟的基础上，欧洲联合将不允许在"成员国经济、文化和社会的政治形塑丧失足够的行动空间"的情况下实现。很显然，里斯本会议后的欧盟已经做好了承接民族国家核心主权，但又不越雷池的准备。

第六章

重建、延续、变革：联邦德国经济发展的基本路线

第一节 经济增长：重建与延续

一 对长期增长趋势的阐释思路

直到20世纪80年代初，经济增长都一直充当着西德战后历史舞台的主角。50年代初国民生产总值回归至战前水平之后，德国的人均实际生产总值翻了近两番。经济增长提高了个人的福利水平，缓解了社会分配冲突，稳定了联邦德国的政治体制。同时，相比战争和先前的世界经济危机，它也更加彻底地改变了德国的经济、社会和环境面貌。联邦德国将自己定位为促进经济增长、增加社会物质财富的共同体，对于其他事实上也无可非议的目标则关注甚少。70年代以两次"石油危机"为重心的小世界经济危机（dieKleine Weltwirtschaftskrise）使人们意识到经济增速放缓的问题，它深深动摇了德国人的经济自信。经济与社会政策面临着层出不穷的新问题，以往为人们熟悉的经济发展现象如今似乎已经过时。50年代中期开始、一直到70年代前半期仍然还能确保的充分就业目标从那以后再也没有办法实现，传统的经济政策已无法阻止大规模失业的汹涌势头。凭借五六十年代的鲜活经验，德国虽对社会政策体系进行了调整和修订，可面对变化了的框架条件，它面临着失灵的危险。经济发展速度的放缓改变了人们对未来的期待，悲观主义态度占据了主流。演奏的乐曲一如既往，可调性却发生了变化：从大调变成了小调。80年代初以来，认为西德经济风光不再的观点便开始广为流传。

对于"经济增长趋弱"新现象的解释和研究从未停止。在政治选举中，人们将其首先归咎为经济政策路线的改变：正是60年代末开始的路线变革

深刻撼动了曾经成就显赫的经济体系。其他观点则认为,经济增长周期性的长期动荡是增长趋弱的根源所在。他们指出,工业时代的发展进程有内在的规律,无法在短期内对其施加影响。"经济增长趋弱"的这一解释思路——至少以默认的方式——引发了人们对五六十年代德国"经济奇迹"原因的讨论。

从长期对比来看,"二战"后西德的经济增长水平明显较高。结构断层假说(Strukturbruchhypothese)尝试用经济指导思想的颠覆、经济制度、经济政策和世界经济框架条件的转变来解释这一现象。这些转变同时也深刻地改变了经济主体的行为方式和经济活动的游戏规则,同时,该学说也认为这些改变提高了经济绩效。因此,该学说的拥护者认为,20世纪40年代后期德国的经济重建与改革自由主义思潮之间有着必然关联。尤其是在德国,以"社会市场经济"政策为主要特征的资本主义经济制度改革被视为德国经济全新的开始。改革人士深信,他们的成功首先得归功于生产资料与生产收入分配进程中市场作用的增强。此外,国家减少对经济活动的干预以及为确保竞争机制正常运行和防止市场垄断行为所做出的努力也是此次改革的核心内容。同样,自由贸易和国际贸易关系多边化促进了全球经济市场作用的加强。在结构断层假说的代表人士看来,以上因素对重启1914年以前资本主义经济黄金时期的内生动力并将其有效运用于西欧重建进程做出了重要贡献。因此,70年代以来的经济衰退现象被认为是德国经济偏离自由主义改革道路而误入调控主义和贸易保护主义歧途的结果。

然而,如上文所述,结构断层假设的理论前提在历史检验面前并不能站住脚。无论是经济改革与工业复苏间的因果联系还是改革内容本身都并非是无可非议的。在经济改革之前,西部占领区就已经实现了经济复苏,改革对其没有什么影响。同时,面对朝鲜危机后的经济增长趋缓态势,如果没有对现存结构的适应,经济复苏也不可能持续下来。其核心问题本身——"二战"后经济生活中的国家角色究竟是否出现了颠覆性的改变?也并非三言两语就能解释得清楚。相比第三帝国时期而言,国家干预经济的幅度和强度确实都有所弱化。然而,如果以魏玛共和国和帝国时期的经验来衡量,则不能这样一言概之。国民生产总值中国家支出与税收收入的比重(国家份额与税收份额)只能大致反映国家在经济活动中扮演的角色和发挥的作用,而"二战"后该比重的发展趋势更倾向于支持而非质疑国家干预活动的增加(对比表14)。

令人心生疑虑的不仅仅是结构断层假说的理论前提,其结论似乎也缺乏足够的说服力。贸易保护主义和国家对内干预主义是经济增长趋弱带来的后果，而非造成这一现象的原因。在德国经济史上，贸易保护主义和国家干预主义这两种趋势都恰恰出现在危机时期：无论是 1873 年"帝国初创危机"（Gründerkrise）还是 20 世纪 30 年代早期的世界经济危机。而且正因如此，经济增长趋弱并非国家干预带来的后果。在这样的思考下，人们有理由怀疑：1945—1948 年和 1967 年的秩序政策转向究竟是否彻底改变了市场经济的运行机制并由此改变了经济增长的速度？

表 14　　1913—2008 年国家份额和税收份额占国内生产总值的比例　　单位：%

年份	国家份额[a]	税收份额
1913	16.0	9.0
1929	23.5	18.0
1938	37.0	28.0
1950	29.8	29.0
1960	32.9	22.6
1970	39.1	22.8
1980	47.9	24.6
1990	44.5	22.7
2000	45.7	23.1
2008	42.3	22.5

a) 所有公共服务的支出包括社会保险。

资料来源：总体经济发展专家鉴定委员会（SVR）不同年度的鉴定；德意志联邦共和国不同年度的统计年鉴。

结构断层假设强调的是长期发展进程的中断，而长波假设（Lange-Wellen-Hypothese）则认为经济发展力量的存续是带来战后"经济奇迹"和"经济增长趋弱"现象的背景。在长波假设理论的拥护者看来，工业经济遵循着一套自己的内在运动法则，它时而快增时而趋缓，形成了内生的景气交替规律。20 世纪 30 年代，经济景气周期研究学家约瑟夫·熊彼特[1]对尼古莱·康德拉季耶夫（Nicolai D. Kondratieff）曾运用的研究方法进行了进一步拓展并给出了详细的理论阐释。他认为，一连串长约 50 年的经济指数波动（康德拉季耶夫长波）是对创新、投资和信贷扩张活动及类似的推动力作出的长期反应。这些推动力从经济角度来看是间断性的，而非连续性的。这类创

---

[1] 约瑟夫·熊彼特：《景气循环周期（1939 年）II》[Joseph A. Schumpeter, *Konjunkturzyklen* (*1939*) II, Göttingen, 1961]。

新推动在工业史上完全有迹可循（比如图4）。熊彼特发现了1843—1897年德国工业化发展的第一个循环周期，这条长波上的经济繁荣阶段（1843—1872）以铁路建设时代的开始为主要特征，铁路建设出现饱和后，经济形势即发生转变。由此，经济便进入萧条期，经济增长也大幅放缓。根据熊彼特的阶段划分，"康德拉季耶夫铁路周期"之后，便出现了1897—1913年以化工、电子技术和机械制造等"新工业"为主要特征的"新重商主义康德拉季耶夫周期"，1932年，康德拉季耶夫萧条期宣告结束。与此相反，里昂·杜普利茨（Léon Dupriez）与其他经济景气周期研究学家则认为经济低谷期直到1945年才结束。① 按照这种解释方法，50年代的"经济奇迹"便成了长波周期中的经济景气阶段，并于70年代越过其高潮期。

长期经济发展过程中快速增长期过后紧接着便会进入增长停滞期，这是被公认的一个现象。不过，很少事实能证明——尤其在德国——它遵循着某种内在的运动规律，在德国甚至连证明经济长波确实存在的统计资料都没有。有关经济增长周期的争论此起彼伏，人们不禁怀疑，是否是证明方法本身在为这一现象说话，甚至是它制造了这一现象？②

赶超假设（catching up）理论可以填补这一解释漏洞。它假设性地认为，战后最发达国民经济体——美国——与后来的"经济奇迹国"——西德、意大利、日本和法国——之间存在一定的技术差距。在战后时期的社会条件下，这些国家可以通过资本积累、结构转型和技术输入等方式满足这一赶超需求。只要存在差距，他们就会实现比没有美国的榜样和帮助更高的生产率增长的目标。③ 在赶超过程中，欧洲经济合作组织核心成员国的生产力水平逐

---

① 里昂·杜普利茨：《1945—1971年——康拉德季耶夫周期的繁荣阶段？》（Léon-H. Dupriez, 1945 bis 1971 als Aufschwungsphase eines Kondratieff-Zyklus?），载《IfO-研究》，18（1972年），第503页及其以下。

② 参见迪特马尔·佩茨纳（Dietmar Petzina）和戈尔·范·鲁恩（Ger van Roon）（主编）《景气循环、危机、社会》（Konjunktur, Krise, Gesellschaft, Stuttgart, 1981）中的相关文章。也可参见莱讷·梅茨《寻找持久的景气循环》（Rainer Metz, Auf der Suche nach den Langen Wellen der Konjunktur, Stuttgart, 2008）。

③ 摩西·阿布拉莫维茨：《思考增长》（Moses Abramovitz, Thinking about Growth, Cambridge, 1989）和其他关于经济增长和财富的论文；鲁德格·林德拉对其变体做了大致介绍：《被误解的经济奇迹》（Ludger Lindlar, Das mißverstandene Wirtschaftswunder, Tübingen, 1997）（有关经济研究的论文第77期），第85—95页；鲁尔夫·顿克《重新评价经济奇迹：国际背景下西德的结构转型与战后经济增长》（Rolf H. Dumke, Reassessing the Wirtschaftswunder: Reconstruction and Postwar Growth in West Germany in an International Context），载《牛津经济与统计学公报第52期》（Oxford Bulletin of Economics and Statistics 52, 1990），第451—492页。

渐与美国实现趋同。至此，经济增长便失去了动力。不过，技术赶超效应所带来的意义在该理论的代表人士中仍存在着较大争议。一方面，为了能够运用先进技术，他们往往会假设存在着较高的"社会能力"。另一方面，宏观经济研究否定了 60 年代以前美国生产方法的扩散对西欧产生了较大的影响。[1] 企业史研究结果显示，战争末期时各行业并未出现更大规模的技术落后现象。[2] 在这一问题上，宏观经济与企业史的观点是相吻合的。尤其在与民主德国及其在东部世界市场上的地位进行对比时，我们发现，先进技术的掌握有利于西方工业国之间的劳动分工，从而进一步推动这一部分世界市场生产力的进步与提高。事实上，即使像赶超进程非常明显的工业领域——如 1945 年后在西欧经济体中新出现的福特主义工业模式——技术转让也并非一直是单一方向的，并不存在一条美国技术向欧洲输出的单行线，这种状况一直持续到赶超结束的 70 年代初。对于赶超过程究竟产生了多大效应这一问题，目前还很难回答。原因就在于：引起战后经济增长的因素是多方面的，而赶超效应学说又与其他诠释理论存在着竞争关系。

随着人们对战后经济增长动力给出的不同解释，不仅西德经济复苏的可能原因在发生变化，人们对现在和将来社会期望的视角也在发生着惊人的改变。运用重建假说并不需要排挤其他视角，不同方法的结合可以对事实联系进行更合理的描述与分析。但是人们不禁要问，如果 50 年代的经济增长从根本上归因于战争结束时的条件所提供的特殊机遇，那么还有多少成分需要"长波假设""结构断层假设"或"赶超假设"来解释呢？

重建时期（Rekonstruktionsperiode）模式假设可以将一个经济体的增长路径与在经济增长遭到破坏后偏离增长路径的其他发展轨道区别开来。该假

---

[1] 艾德华·丹尼森：《增长率产生差异的原因：九大西方国家的战后经验》（Edward F. Denison, *Why Growth Rates Differ: Postwar Experience in Nine Western Countries*, Washington, 1967), 第 285 页及其以下。

[2] 化工业的有关情况可参见维尔纳·阿贝尔斯豪塞《1952 年成立以来的巴斯夫化工集团》（Werner Abelshauser, Die BASF seit der Neugründung von 1952), 载其主编的《巴斯夫集团——一段企业史》（*Die BASF. Eine Unternehmensgeschichte*, München, 2007) 第三版，第 443 页和维尔纳·阿贝尔斯豪塞：《国家的武器锻造厂？——第三帝国和 1933—1951 年战后时期的克虏伯康采恩》（Rüstungsschmiede der Nation? Der Kruppkonzern im Dritten Reich und in der Nachkriegszeit 1933 bis 1951), 载洛塔尔·加尔主编《20 世纪的克虏伯集团——从"一战"到基金会成立时的企业史》（Lothar Gall, *Krupp im 20. Jahrhundert, Die Geschichte des Unternehmens vom Ersten Weltkrieg bis zur Gründung der Stiftung*, Berlin, 2002), 第 462 页。

说认为①，经济增长进程有一种经济发展进程遭遇中断后又将重返增长轨道的趋势，因为该进程反映了经济上可能的和历史上实现了的增长。毫无疑问，这种经济增长的中断——也是极其严重的一次——于1945年出现。1945年德国的经济生活出现了短期停滞，而后恢复得十分缓慢。以往深刻的经济破坏和崩溃也没有能够阻挡的潜力的扩展受到了阻碍，特别是可获得的"技术进步"涌流与劳动力资质结构，后者是将前者转化为经济增长的前提条件。② 战后初期的资源状况记录证明，这在一定范围内也发生在物质生产要素方面，"二战"结束时，实际产出与生产潜力间的差距十分明显。即便"二战"前德国工业的绩效水平还低于1914年"一战"爆发时的水平，当时德国工业偏离了其增长轨迹（对比图3）。克服了30年代世界经济危机引发的景气大倒退后，在第三帝国出现了"经济奇迹"，但即使在这时，德国长期发展的阻碍也并没有完全消除。"进步过剩"（以生产过程的实际产出来衡量）的积累使德国可以实现大大高于经济阻碍出现前的人均产值增长率，直至这些过剩被全部消除，其前提条件是经济发展必须重新步入复苏，发展潜力能在多大程度上得到运用首先取决于实物资本的积累速度。因此，问题就在于——从理论和实证角度——找出战后经济实现快速增长和结束时出现速度放缓的那些特殊条件。

二 重建理论

重建理论与新古典主义增长理论一样由来已久。19世纪中期，它见证了各个国家如何从战争废墟中迅速复苏。"敌国用枪炮和刀剑将国家夷为平

---

① 弗朗茨·雅诺斯和玛利亚·霍洛：《经济奇迹的终结，经济发展的表现与实质》（Franz Jánossy, Maria Hollò, *Das Ende der Wirtschaftswunder, Erscheinung und Wesen der wirtschaftlichen Entwicklung*, Frankfurt am Main, 1969）；也可参见赖讷·梅茨以数据分析视角为主要特征的《趋势、周期与偶然——长期经济波动的决定因素与表现形式》（Rainer Metz, *Trend, Zyklus und Zufall. Bestimmungsgründe und Verlaufsformen langfristiger Wachstumsschwankungen*, Stuttgart, 2002）（*VSWG*-副刊165），第21—25页。

② 关于知识充当经济基础设施的内容可参见沃勒·汉瑟斯《知识就是基础设施》（Ole Hanseth, Knowledge as Infrastructure），载克里桑西·阿维格鲁、克劳迪欧·西博拉和弗朗克·兰德的《信息与通信技术的社会研究——创新、市场主体与社会背景》（Chrisanthi Avgerou, Claudio Ciborra, Frank Land, *The social Study of Information and Communication Technology. Innovation, Actors, and Contexts*, Oxford, 2005），第103—108页，也可参见贝尔特汉·舍福德《知识就是经济财富——知识生产与传授》（Bertram Schefold, Wissen als ökonomisches Gut. Über die Erzeugung und Weitergabe von Wissen），载约翰内斯·弗里德和米歇尔·施托莱斯主编《知识文化》（Johannes Fried, Michael Stolleis, *Wissenskulturen*, Frankfurt am Main, 2009），第79—102页。

地,又摧毁或掠走了所有资源和财富,居民死伤无数。它却只花了几年时间又恢复原样。这种自愈能力(vis medicatrix naturae)令所有人都感到惊讶……不过,它却并未创造什么奇迹。"[1] 约翰·斯图尔特·穆勒(John Stuart Mill)提出的"自然界自愈能力"的至理名言强调了向一个理论上的增长均衡调整的过程,罗伊·哈罗德(Roy F. Harrod)又将其作为"自然增长率"(G^n)引入到了他的动态经济增长理论之中。[2] 哈罗德的自然增长率由劳动潜力增长率和技术进步双重因素决定,描述了一种最优福利状态。不过,由于资本与劳动力被视为固定比例投入的生产要素,这一最优状态在大多数情况下都无法实现。因此,从长期来看,自然增长率是增长率的最高平均值。"增长率不可能永远维持在比人口发展与技术进步允许的更高水平"。[3] 但是,反过来,"经济增长率 G 经过倒退后却能在较长时间保持比自然增长率 G^n 更高的数值"。而且相对于固定比例投入均衡关系,资本越少,这一状态的持续时间就越长。根据古典主义生产法则,资本的生产能力通常相对较高。从马克思时期到哈罗德时代的经济理论又证明,资本增长率与资本生产率成正比例关系。因此,高生产率有利于加速资本积累。而随着资本积累的增长,资本的生产率又会逐步下降。也就是说,边际资本系数升高,国民生产总值增长率则下降。一旦哈罗德定义的资本积累率达到平衡值,资本生产率与增长率就都将保持不变。

所以,重建理论描述的是经济过程的内生机制,它确认经济倒退只是暂时现象,局势终将被扭转过来。[4] 对于历史学家而言,该调整进程是否或多或少自动出现是十分重要的问题。不过整体经济生产函数的重建动力至多提供一种可能性,而并不能构成调整进程自动开始和加快的原因。倘若企业与政界人士——无论出于何种原因——无法借助整体经济的高投资率使这种特定的发展可能性成为现实,这种动力只能仍旧保持在隐性状态,这正是在战

---

[1] 约翰·斯图尔特·穆勒:《政治经济学原则》[John Stuart Mill, *Grundsätze der politischen Ökonomie* (1851), Hamburg, 1864],第60页及其后。

[2] 《走向动态经济学》(*Towards a Dynamic Economics*, London, 1948),德文版为 *Dynamische Wirtschaft*, Wien, 1949)。

[3] 同上书,第109页。

[4] 沃德·奥克鲁斯特:《经济发展因素:研究评论》(Odd Aukrust, Factors of Economic Development: A Review of Research, in: *Weltwirtschaftliches Archiv* 93, 1964 II),第30页。近期文献有亚曼·科里:《档案界限——关于经济学的过去与坚持》(Yaman Kouli, Die Grenzen des Archivs. Zur Vergänglichkeit und Persistenz ökonomischen Wissens, in: *Archiv und Wirtschaft* 42, 2009),第22—28页。

争之间时期存在着的尖锐问题。在可获得的增长潜力与现实的增长之间也不能一概而论地画等号。国民经济增长逻辑的核心是企业对资本投入回报率的考虑，因为，劳动力资质与就业岗位结构之间的紧张关系虽说是理解经济增长动力的必要前提，但绝非是充分条件。① 事实上，对这一"转换机制"的理解还必须借助历史的分析。

还要指出的是劳动力资质结构并非一成不变的固定值，通过职业教育的组织形式和教育政策是能够对其进行改造的。由于无法对其进行足够的确定，增长潜力构想一直受到质疑。对于长期的、跨代的研究，必须将教育政策框架和劳动力市场机构的变化等因素纳入考虑范畴。如果没有超出这一解释方法的上限，经济增长路径的"非常规性"完全可以从经济增长可能值与现实值之间的紧张关系中得到理解。重建范式不但没有对20世纪经济史的特殊性视而不见，而且还将其视为研究分析的重中之重。

三 重建的进程

上述所有前提条件在50年代初的德国就已具备。1947年以来，德国经济就一直处于复苏状态。朝鲜危机的爆发进一步稳定了这一发展局势。同时，随着世界市场条件的变化，德国也获得了经济持续发展的新动力。从资源方面来看，经济增长也几乎没有任何上限。在资本储备与劳动力市场大量自由产能的作用下生产得到迅猛增长。大致到50年代中期，工业生产的进一步增产主要靠机器设备利用率的有效提升。此后，为继续提高产量必须扩大生产能力，这一过渡可以从边际（总）资本系数的显著提升看出。在1951—1955年西德经济战后第一个循环期，为达到社会产值增长1%所需要的实际国民生产总值的投资比重仅为2.4%。而到了第三循环期（1959—1963年），同样增长额的平均投资额就达国民生产总值的4.5%。② 从狭义上的"经济重建"扩张阶段向资本密集增长阶段的过渡并非意味着战后特殊增长条件——即重建阶段——的终结，相反，其有效性才刚刚显现出来，尽管其根源在当时并不为人所知。真正意义上的"经济奇迹"刚刚开始。

为了满足无限增长的市场需求，西德经济将物质上的所有一切都调动起

---

① 艾尔玛·阿尔特法特、尤根·霍夫曼和威利·塞姆勒：《从经济奇迹到经济危机——联邦德国的经济与政治》（Elmar Altvater, Jürgen Hoffmann u. Willi Semmler, Vom Wirtschaftswunder zur Wirtschaftskrise. Ökonomie und Politik in der Bundesrepublik, Berlin, 1979），第21页。

② 经济鉴定专家委员会：《1954年度鉴定报告》（SVR, 1954, Ziffer 93）。

来，增长因此如此迅猛。长期积累的"无形资本"储备对经济发展的促进作用此时也变得日渐明显。在潜在劳动大军中能够很快获得的优质能力储备也有利于资本存量对技术进步和需求结构转型的适应性调整。50年代中期，随着经济增长德国重建了传统的工业结构。同时，1945年德国领土遭遇分割占领后各行业分支出现的结构冲突也逐渐得以消除。随着生产能力的进一步扩张，市场供应结构也在发生着变化。这一转型进程不仅有利于新产品与未来导向型技术的开发，而且也对潜在劳动力的资质结构提出了更高的要求。而此时西德能借助的首要因素莫过于代表着西德劳动力形象的"无形资本"，虽然经济发展遭到破坏，这些资本仍然是他们日渐积累起来的。[①]战后时期，劳动力资质与就业岗位结构间的数量与空间分布关系存在明显的比例失衡。1949—1964年，劳动力的流动通过新修建的800万间住房得到了改善，这是一个好的范例。通过这种方式，人力资本的储备得到充分利用，如果不是这样，那么他们将耗费很大一部分社会产值才能"制造"出来。

德国对该"蓄水池"开发殆尽后，重建进程的源泉并未枯竭。在15年的时间里，它接连不断地获得新源头的补给和扩充。1946年时，居住在西德的人口有710万在战争初期还居住在联邦德国以外的地区。到1950年，又有250万人口加入西德居民的行列。这不由让人联想到大批从东部迁往西部的悲惨的移民大潮，但是这次的移民并不主要是妇女、儿童和老人。从人口统计学角度和迁徙人的职业结构等因素来看，他们对西德整体居民的比例构成产生了积极有利的影响。事实上，迁徙人群中45岁以下年轻人和中年人所占的比重比西德原有人口更高，而老年人口所占比重则比西德原有人口要低。其中一个重要原因就在于：迁徙者与难民人群大多要经过苏占区，那些弱势群体的迁徙之路也终结于此。那些继续迁移的移民往往是经济上更为灵活、给社会带来较少负担的群体。苏占区在此过程中即发挥着过滤器的作用。1950年至1962年从东德迁移至西德的360万人群更是如此。从1000名居民所处的年龄段来看，参与此次迁移的人群中，18—21岁与21—25岁

[①] 参见瓦尔特·克鲁格《有形与无形资本间的数量关系》(Walter Krug, Quantitative Beziehungen zwischen materiellem und immateriellem Kapital, in: *Jahrbuch für Nationalökonomie und Statistik*, 180, 1967), 第59页。有关反例的研究参见亚曼·科里《知识的价值——1936—1956年下西里西亚（理论视角）的经济发展》(Yaman Kouli, *Der Wert des Wissens. Die wirtschaftliche Entwicklung Niederschlesiens 1936—1956 aus wissenstheoretischer Perspektive*, Dissertation Bielefeld, 2011)。

的人口比重最高，分别为 47.2% 和 36.4%。① 这一年龄段人群的灵活性和受教育程度较高，西德的经济繁荣对他们产生了巨大的吸引力。与此同时，迁徙者的平均就业率为 58%，远远超过了西德原始居民 48%—49% 的就业水平。

人力资本转移带来的经济作用再怎么高估也不过分。打个比方，一个先在东德接受教育培训而后又转化为西德潜在劳动力的就业者，如果对其花费的平均投资成本为 15 万马克，那么，20 世纪 50 年代"输入"人力资本的价值就达到近 300 亿马克。② 这一方法仅适用于迁徙者中资质能力较浅的人群。事实上，大批工程师、医生和其他高技能职业从业者也迁移到了西德。仅在 1951—1963 年，就有超过 20000 名工程师与技术员，4500 名医生和 1000 名高校教师向联邦德国递交了移民申请。③ 高素质工程师在东西德所占的就业人数比重就清晰地表明了这一迁徙进程的特点——联邦德国的工程师就业者比重为 0.33%（1956 年），而东德 1955 年的该比重仅为 0.07%（1959 年为 0.09%）。虽然东德接受教育培训的工程师数量为西德的近两倍（1958 年），但其就业人数却远远低于国际标准。④ 由此可见，人力资本转移能带来具有长期积累效应的"技术进步"。与此同时，在 50 年代的西德教育培训支出没有增加，甚至支出水平还低于魏玛共和国时期标准的情况下，这一转移使经济发展的机遇没有减小（表 15）。

表 15　　　　　　联邦德国教育和职业教育方面的公共支出　　　　单位：十亿马克、%

年份	中学、高校及其他教育形式	科学研究（不包括高校）	总计	占国内生产总值比重
1950	7.0	0.4	7.4	2.1
1955	8.2	0.4	8.6	2.5

---

① 1913—1959 年的平均值；WiSta：《1950 年以来从苏占区到联邦德国的人口迁徙》，[WiSta 1961 (Text), Abwanderung aus der Sowjetischen Besatzungszone nach dem Bundesgebiet seit 1950]，第 522 页。

② 以弗里茨·巴德在《整体德国与欧洲融合》一书中的数据说明为估算基础，参见 Fritz Baade, Gesamtdeutschland und die Integration Europas, in: Arbeitsgemeinschaft für Forschung des Landes Nordrhein-Westfalen, Heft 17, Köln 1957, 18；以及 1961 年 11 月 28 日的《新德国》(Neues Deutschland) 和 1961 年 12 月 30 日的《真理报》(Pravda)。

③ 《1964 年联邦德国数据统计年鉴》 (Stat. Jb. für die Bundesrepublik Deutschland 1964)，第 74 页。

④ 联合国、欧洲经济委员会：《1961 年欧洲经济观察》(UN, ECE, *Economic Survey of Europe in 1961*, Teil 2, Genf 1964, V)，第 16 页。

续表

年份	中学、高校及其他教育形式	科学研究（不包括高校）	总计	占国内生产总值比重
1960	8.6	0.8	9.4	2.0
1970	12.6	1.4	14.0	4.1
1975	10.2	1.1	11.3	5.8
1980	9.8	1.3	11.1	5.6
1985	8.9	1.4	10.3	5.1
1990	8.5	1.1	9.6	4.5
1995	8.9	0.9	9.8	6.1
2000	8.5	0.9	9.4	4.7

资料来源：联邦德国历年统计年报。

从另一个方面来看，它与马歇尔计划的作用可谓有得一比。马歇尔计划（欧洲复兴计划）在四年时间里为西德提供援助的金额达到15亿美元。在此期间，东德移民以及来自东德和其他地方的难民都成了西德经济发展最重要的资产和筹码。从东到西的人力资本转移在12年间每年创造的价值高达26亿马克，远远超过了马歇尔计划。不过，有一点是不能忽视的：在西德经济重建的早期阶段，大规模的西迁行动起初加重了西德的困境，对缓和社会和政治矛盾几乎没有起到任何作用。当时的一些社会观察学者担心，对难民的收容与接纳有演变为"自我毁灭人道主义"的危险。不过，后来在重建的背景条件下，它却成了有利于西德经济发展的重要因素。在某些发展阶段，社会对管理阶层和劳动力在应对经济结构转型方面提出了相当高的要求。而此时人力资本恰恰就成了帮助欧洲经济把握增长机遇的关键所在。它的运用决定着西欧将在多大程度实现繁荣与复兴。因此，50年代末，无形资本就成了与40年代末美元储备类似的紧缺要素。在遭遇战胜国的分割占领后，德国在该领域所拥有的资源储备比西欧邻国要多，尽管其占有量呈下降趋势。因此，在狭义的经济重建期结束后，它取得了相对较高的生产率进步，从而为其在世界市场赢得了生产率和价格优势并成为西德在对外贸易方面拥有强势地位最重要的前提条件。而这一增长动力又反过来作用于内部发展的速度。从这个意义上来说，西德的经济重建是一次在战前生产力与生产结构恢复后仍没有结束的重建进程。

四 战后时代的终结

60年代上半期，种种社会迹象表明，西德战后经济增长的特殊条件已消耗殆尽。政界人士与科学家们起初还模棱两可地将其称为"战后时代的终结"。不过,他们的话也不无道理。潜在劳动力再无利用空间,"技术进步"不再随处可见,资本生产率显著下降,经济的整体增长率也下滑到接近德国经济长期增长轨迹的水平,经济增长失去了稳定性。换句话说,50年代初以来从未出现过的经济增长波动如今已成了"家常便饭",同时,币值稳定也受到威胁。社会领域开始爆发前所未有的分配大战,社会的和谐氛围降至冰点。这一深刻而彻底的改变同时也见证了1964年10月路德维希·艾哈德从经济部长荣升为联邦总理的全过程,他曾将这一变化历程称为战后时代经济发展的大转折。事实上,艾哈德担任联邦总理的任职期限还没有经济大转折持续的时间长。他在1965年的政府宣言中,将西德经济增长模式发生重大转折的根源归结为对劳动力储备的过度利用。[①] 而劳动力市场的发展状况又是对其观点最有力的证明(对比表16)。

表 16　　　　联邦德国教育和职业教育方面的公共支出　　　单位:十亿马克、%

年份	中学、高校及其他教育形式	科学研究(不包括高校)	总计	占国内生产总值比重
1950	7.0	0.4	7.4	2.1
1955	8.2	0.4	8.6	2.5
1960	8.6	0.8	9.4	2.0
1970	12.6	1.4	14.0	4.1
1975	10.2	1.1	11.3	5.8
1980	9.8	1.3	11.1	5.6
1985	8.9	1.4	10.3	5.1
1990	8.5	1.1	9.6	4.5
1995	8.9	0.9	9.8	6.1
2000	8.5	0.9	9.4	4.7

资料来源:联邦德国历年统计年报。

60年代中期,大规模迁入的国外劳工逐渐取代了东德移民的强势地位,西德的失业人员储备被吸收掉了。与新增加就业相比,人口数量的自然变化使退出了职业生活的劳动者多于进入者,就业者人数出现了自1948年以来

[①]《1965年11月10日的政府声明》[Regierungserklärung vom 10. November 1965, in: Klaus von Beyme (Hg.), *Die großen Regierungserklärungen der deutschen Bundeskanzler von Adenauer von Schmidt*, München 1979],第199页及其以下。

的首次绝对下降。同时，潜在劳动力的素质情况也有所恶化。早在对东德大规模的人员逃亡实施严格的收紧政策之前①，外国劳工就开始大批量涌入西德。不过，他们无法接替东德移民技能人才储备的功能。外来务工人员在占据低级岗位的同时，也为本土劳工间接开辟了一条通往高技能职位的道路。在另一支人才储备大军——失业者——也被吸收后，西德与主要工业国相比在教育、职业培训支出方面的落伍就显现出来了。60年代中期，德国该领域的公共支出占比（以在国民生产总值中所占比重来计算）仅为3%，美国则已达到4.8%，法国为4.6%，荷兰为6.2%，瑞典更是达到了6.8%。② 由于拥有技能人才的积累储备，西德能够承受如此之低的教育投资，而如今所呈现出来的状况却预示着一场"教育灾难"（皮希特）的到来。

虽然毛投资率一如既往地实现了25.2%的较高增长率，但资本积累似乎也遭遇了战后时期的首次瓶颈。新上任的联邦总理断言，节省劳动力的投资行为也未必能彻底改变"劳动力市场收窄"的状况，即使理论上通过财政支持手段是可以行得通的。联邦德国已接近重建的尾声并遭遇了经济史上的首次衰退。艾哈德认为："经济增长潜力的上限在未来几年的社会条件下绝不会高于目前。"③ 接下来出现的经济繁荣使这一预测不攻自破。不过从中短期来看，它还是与事实相符的。

1966—1967年的经济衰退给德国社会带来不小的冲击，不过，好在其持续时间并不长。两年后，经济增长率又重回高位，让人不禁想起50年代德国的经济辉煌。回想起来，1967年的经济停滞似乎是经济政策出现人为错误造成的负面后果。通过相关工具的利用，它又能得以有效克服，"适度的"经济增长又能重新出现。虽然1967年的《促进经济稳定与增长法》将其设定为德国经济发展的目标之一，然而，50年代的社会条件却无法复制。1967年，凯恩斯主义者卡尔·席勒（Karl Schiller）负责起大联合政府的经济政策制定，在一片争议声中他不得不于1972年离开勃兰特/谢尔政府。在

---

① 李勇：《外国从业者与技术进步：西德招聘政策与日本封闭性劳动力市场政策之比较（1955—1973年）》［Yong-Il Lee, *Ausländerbeschäftigung und technischer Fortschritt: Die Anwerbepolitik der Bundesrepublik im Vergleich mit der geschlossenen Arbeitsmarktpolitik Japans*（1955—1973）, Diss, Bielefeld, 2003］，第183页。

② 《70年代教育报告》（Bildungsbericht'70, Bonn 1970），第98页及其后。教育研究院乔治·皮希特早就指出过由此带来的危险。参见其《德国的教育灾难》（Georg Picht, *Die deutsche Bildungskatastrophe*, Freiburg, 1964）。

③ 《政府声明》（Regierungserklärung），第199页及其后；联合国，经济合作委员会：《经济调查》（UN, ECE, *Economic Survey*）。

他的引领下，70年代的经济发展顺利实现了60年代就有所显露的速度转换。自此，德国经济增长开始出现"趋缓"态势，与战后时期的经济高涨（growthmanship）形成鲜明对比。当时对经济政策可行性持乐观主义态度的人自信地认为，经济增长是实现工业社会内部稳定的关键，是在制度竞争中体现优势的基础，也是在第三世界发展问题上实现突破的前提条件。然而，希望越大失望也就越大，在一个依靠扩张的经济和社会中出现紧缩现象使人备感痛苦。

在漫长的50年代里，联邦德国成了充满矛盾的工业国。一方面，"新兴工业"得到继续发展并使德国逐步进入后工业经济时代；另一方面，不论是关系到人口发展还是社会和经济结构，所有迹象又都表明，西德工业已达到其扩张和重要性的高潮。恰恰是那些有利于重建发展的各类因素——世界市场的扩张与战后特殊条件下的内部市场扩张——为西德传统工业领域的强势发展提供了条件，并且使德国比其他国家实现了更加迅速的扩张。

60年代中期，德国战后经济增长的特殊条件已经消失，而十年后即将出现的世界经济危机在此时还未有任何迹象。1966年的经济衰退和鲁尔区新一轮煤业危机的加剧使西德人民意识到：从长远来看，西德的经济政策构想和秩序风格并不能持续地避免邻国生产与就业动荡给本国经济带来的冲击，而且经济增长的"常态化"仍旧会带来新的社会问题，与社会市场经济体制改革的要求相联系的大量期冀显然已过时。秩序政策自信和稳定性的丧失引发了60年代西德社会的动荡，失业率随之显著上升。

重建阶段——从经济角度看战后时代——的终结不仅使西德经济发展的速率发生了变化，还导致了当时西德引以为傲的共识政策发生危机。仅仅依靠社会福利的持续提升——仅在1966年遭遇了经济衰退的短暂性打击——已无法再确保社会各方在经济与社会政策等基本问题上达成一致意见。收入与财产分配、参政议政和机会均等问题成了各界争议的焦点。意见一致也不再是经济成就的必然产物，要达成一致意见就必须借助合理的组织和政策推动，而这些又恰恰属于大联合政府经济政策的核心目标。在经济部长卡尔·席勒时代，诸如联合行动和寻求"社会对称性"等高标准构想似乎不费吹灰之力就融入了社会市场经济长期政策当中。

50年代末，西德的经济与社会面貌发生了较大改变。不过，不论是秩序政策模式还是经济和社会结构，其本质特征是不变的。在50年代相当长的一段时间——在某种程度上讲甚至直到今天——都是德国经济与社会政策成就的标杆。此外，更重要的是，50年代这一特殊发展阶段的历史条件无论如何都无法复制。

五 重返增长轨道？

70年代的经验数据表明，德国完全没必要对经济增长持悲观态度。事实上，此时人均国民生产总值的实际增长率明显比德国经济史的工业化时期高（对比表17）。甚至在由70年代向80年代过渡的进程中，受小世界经济危机影响，世界经济出现衰退现象，而西德的经济增速——景气平均值——仍还高于1870—1913年的高度工业化时期。相比其他主要经济体而言，它的表现确实不差。种种事实表明，西德重建期结束后的经济增长是德国国民经济长期发展的一部分。然而，要清晰地描绘德国持续的经济增长轨迹却并

表17 持续增长：1870—2008年实际人均国民生产总值增长率
（平均年增长率） 单位:%

时间	1870—1913	1913—1950	1950—1965	1965—1980	1980—2000	2000—2008
德国	1.8	0.4	5.6	3.9	1.8	1.4
美国	2.2	1.7	2.0	2.3	2.8	2.2
英国	1.3	1.3	2.3	2.0	2.3	2.3
法国	1.4	0.7	3.7	4.1	2.0	1.7
瑞典	2.3	1.6	2.6	2.2	1.9	2.4

资料来源：维尔纳·阿贝尔斯豪塞：《联邦德国经济史》（W. Abelshauser, *Wirtschaftsgeschichte der Bundesrepublik Deutschland*, Frankfurt a. M., 1983），第101页；经合组织历年研究报告。

非易事（对比图3）。认为高度工业化时期的增长轨迹克服了发展进程中的重重阻碍继续前进并又一次脱茧而出的假设似乎有些牵强。对那些只是轻度卷入世界大战的经济体的长期发展历程——例如美国或瑞典——稍加关注，我们就会发现其经济增长的数据规模并未发生实质性的改变（对比表15）。对这种经济增长趋势保持相对稳定的最佳解释似乎是，"技术进步"的局限以及其向劳动力资质结构的转化都为经济发展速度设定了上限，而这一限制恰恰在重建期完全不起作用。这里的"技术进步"是指技术发展带来的整体影响，它改变了资本与劳动力的使用效率，也就是说，它不仅包括产品创新与流程创新，还包括从业者生产知识与技能的发展。以惯常经验来看，发明和创造热潮通常是间断而不连贯的，恰恰是这种"人为因素"阻碍了经济的跳跃式发展。"具有划时代意义的发明创造"成为经济生活中活生生的

产品需要一个漫长的过程。① 这些对于发展中国家具体而又痛苦的经验原则同样也适用于联邦德国这样的发达国家经济体。因此,技术与经济变革不仅会改变经济与社会面貌,而且它们也要以经济与社会的剧变为前提。因此,德国当前与未来的经济发展将更多地呈现增长波动与内部结构变化的特征,而非经济增长长期趋势的特征。

第二节 经济发展态势:重回经典周期

一 经济波动之新形式?

周期性的经济波动从一开始就属于工业经济的表现形式。经济波动中定期到来并遵循一定运动规律的繁荣与衰退交替不仅作用于狭义上的经济领域,而且对社会发展的节奏也产生着深远影响。"一战"以前,经济波动的周期性变化决定着整个时代的政治氛围与社会环境。当时的经济周期很少给德国带来生产损失,资本市场是其主要的作用领域。相比应对就业形势的波动,俾斯麦时期的德国对金融市场、债券、利息率与利润率的风吹草动更为敏感。一旦感知这些领域的形势波动后,德国就顺势加以利用使其成为经济增长的助推器。甚至在所谓的"大萧条时期"(1873—1896年),德国的经济增长趋势也从未有所中断(对比图3)。

1918年以后,形势发生了戏剧性的改变。两次世界大战之间,经济波动频率不仅剧烈上升,同时,它还转移到了生产领域,造成社会局势的高度紧张并给工业国家带来了新的问题:大规模的工人失业。30年代早期的世界经济危机期间,经济的不稳定性达到了峰值。当时的见证者甚至将其视为资本主义的"没落"。经济危机带来的经济与社会后果对私有制经济体系的有效性提出了质疑。不仅在德国,其他国家也面临着同样的问题。为了确保经济与社会局势的稳定,所有工业国的国家政府都承担起调控经济的重要职能。尽管如此,工业社会的未来依旧前途未卜。西方大多数国家最终利用军备扩张和战争策略渡过了世界经济危机的难关。

相比这一昏暗的历史背景而言,西德50年代的种种经历要光明得多。

---

① 参见巴利·布鲁斯通和贝内特·哈里森《分享福祉:21世纪的经济增长与社会平衡》,(Barry Bluestone u. Bennet Harrison, *Geteilter Wohlstand. Wirtschaftliches Wachstum und sozialer Ausgleich im 21*, Jahrhundert, Frankfurt/M., 2002)。

第六章 重建、延续、变革：联邦德国经济发展的基本路线　　　233

重建期经济的迅速增长使经济波动问题失去了锋芒，许多人认为增长将持续很长一段时间。不少当事人甚至认为经济周期即将终结。在德国，人们将其归功于社会市场经济体制改革。在其他 1945 年后同样经历了重建的西方国家，许多专家和政客们都坚信凯恩斯主义经济政策的有效性。到 1966—1967 年的经济衰退期，这一希望在德国最终破灭。如同一个自行车快车手能够在冲击下调整平衡，然而，一旦放慢了速度，它就有跌倒的可能。经济发展的周期特征再次引起了人们的重视，与此同时，社会各界也意识到，即便在战后时期，拥有固定规律的周期模式仍然有可能再次出现（对比图 5）。

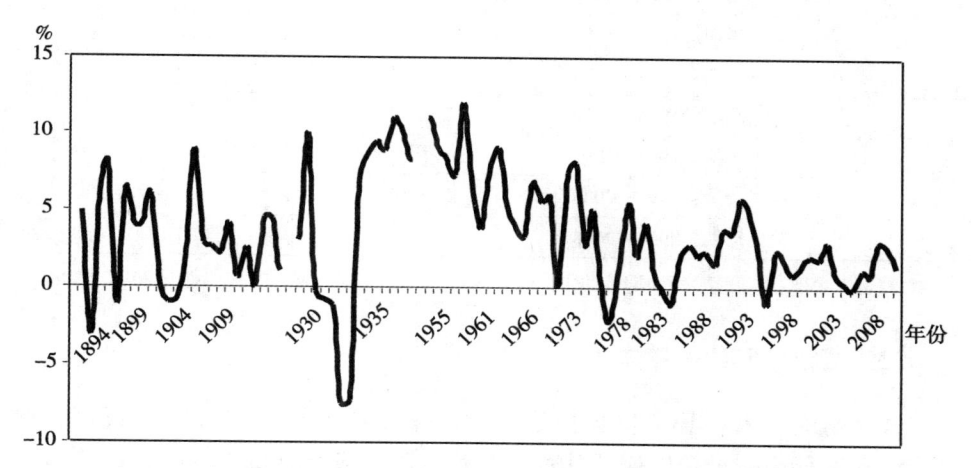

图 5　景气周期德意志帝国及德意志联邦共和国年度社会生产总值的变化（极限值）
资料来源：瓦尔特·霍夫曼等：《十九世纪中期以来的德国经济发展》（Walther G. Hoffmann u.a., *Das Wachstum der deutschen Wirtschaft seit der Mitte des 19*, Jahrhunderts, Berlin, 1965），第 827 页；联邦统计局 2004—2005 年度国民经济核算的调整因为系统性原因未被考虑在内。

当然，西德战后时期的经济波动走势不同于二三十年代发生的灾难，它一直都没有出现负增长。与"一战"之前相比，1947 年以后的经济发展更为稳定，也更持续。首先，经济周期的持续时间有所缩短。"一战"以前，从一个高峰到另一个高峰或从一个低谷到另一个低谷的时间间隔为 7—10 年。五六十年代，其间隔缩短为 4—5 年。此外，值得注意的是从周期到周期，平均增长率呈不断下降的趋势（对比表 18）。

60 年代中期以来出现的趋势稳定化体现了战后经济增长的重建特征。事实上，60 年代初即使景气出现剧烈波动，经济的实际增长率的最低值仍有 7.4% 或 3%。这一事实使经济周期在公众意识中没有造成什么影响，而且也没有成为经济政策的主要问题。总的说来，彼时的经济波动强度与

"一战"前相比没有丝毫降低。60年代以来的周期模式有着惊人的相似性,观察一下经济发展的决定性指标,例如交易所行情和证券利润率,我们就会发现,相比高度工业化时期而言,1950年以后的经济形势变得更加不稳定。①

表18　　　　西德经济战后景气周期（每个周期的平均增长率）　　　　单位:%

周期	增长率
第一周期：1950—1954年	8.8
第二周期：1955—1958年	7.2
第三周期：1959—1963年	5.7
第四周期：1964—1967年	3.6
第五周期：1968—1975年	3.8
第六周期：1976—1982年	2.5
第七周期：1983—1993年	2.7
第八周期：1994—2003年	1.6
第九周期：2004—2008年	1.7

资料来源：德意志联邦共和国不同年度的统计年鉴；作者计算结果。

二　凯恩斯革命并未发生

这个结论令人诧异。世界经济危机以来,特别是"二战"结束后,对经济活动进行调控干预以避免其过分动荡进而造成社会负面影响是国家经济政策的公开目标。30年代以来,经济政策就充当起应对经济危机挑战的有力工具。战争结束后,它在西方国家也得到了普遍的贯彻。而实现上述目标正是对经济政策实施"凯恩斯革命"的目的所在。

相比其他西方国家而言,凯恩斯主义宏观调控策略进入西德经济政策的时间要相对晚得多。直到1966年,即战后第一轮经济衰退期,面对经济增长停滞和失业率上升（2%!）等问题,时任联邦政府总理的路德维希·艾哈德不得不让位于一个由基民盟/基社盟与社民党组成的大联合政府,其通过实施凯恩斯主义经济政策成功抵御了那次经济危机。不过,这一药方在德国并不是什么新鲜事。早在战后初期,以货币和金融政策为工具的凯恩斯间接调控模式就吸引着经济界各方人士的关注。然而,1948—1949年艾哈德经

---

① 比较克鲁特·博尔夏特《近100年景气周期的变化》（Knut Borchardt, Wandlungen des Konjunkturphänomens in den letzten hundert Jahren, in: Abelshauser/Petzina, *Wirtschaftsgeschichte*）,第11—46页。

济改革的主要目标是反对这一服务于军事扩张的"国家经济调控"手段和德国经济传统的社团主义体制。当时，德国企业界对社会合作体制，即争取合作反对竞争，建立自行控制的市场制度和利益政策的偏好根深蒂固。而艾哈德作为首任经济部长的改革运动恰恰就是为了纠正这一倾向。与此同时，艾哈德的新经济政策也反对国家对经济行为的过分干预。而凯恩斯宏观调控模式要求以劳资协议双方与国家经济政策机构在经济行为上协商一致为前提条件，故而遭到艾哈德的反对和拒绝。竞争对手提出的所有以贷款支持的国家额外支出计划来应对货币改革后出现的高失业率的建议，都被艾哈德一一否决。

然而，推迟凯恩斯主义构想在西德经济政策中的运用并非仅仅出于原则理论方面的考虑，货币改革初期的社会实际情况也同样不允许过快采取扩张性的经济调控策略。毫无疑问，40年代末50年代初的大规模工人失业并非是由于经济整体需求的波动造成的，而应当归咎于实现充分就业目标道路上遭遇的暂时性"结构"障碍。相对需求不足，由战争因素造成的就业岗位缺口与大批东德移民的涌入才是西德失业率居高不下的主要原因。在这种情况下，国家的额外支出并不能对解决失业发挥什么实质性作用。相反，它还会在短期内拉大需求过剩与供应紧缺间的差距与鸿沟。50年代后期，当失业问题再次凸显时，国家宏观调控又缺乏必要的动机。经济局势在峰值与低谷间不断徘徊，1952—1954年的增长率从11%下滑至9%—7%。人们并未将其视为经济衰退，而是朝鲜战争过后经济增长的巩固与强化。因此，这一发展趋势并不需要国家干预。尽管如此，艾哈德时代经济政策机构利用经济政策进行干预的现象并不在少数。不论是1948年、1950—1951年、1955年、1959年还是1964年，一旦币值稳定受到威胁，央行就会在各个景气上升阶段运用货币政策来抑制需求。1956年《联邦银行法》中规定的一整套调控工具曾为其前身——德意志诸州银行——所广泛运用。贴现、最低准备金和公开市场政策（自1955年以来）都能对通货膨胀产生显著的抑制作用。货币政策旨在抑制投资需求，通过提高利率来限制投资行为的潜在利润，通过收紧贷款来缩窄经济主体的融资空间。央行的紧缩型货币政策通常以《联邦银行法》规定的币值稳定为优先导向，它并不适合用来熨平经济发展中出现的经济波动，甚至更可能对此推波助澜。至少在1951年和1956年，以及1965—1966年，央行货币政策的反向调控策略要对当时德国经济衰退的程度负有一定的责任。

直到艾哈德时代结束之时，联邦政府都没有制定与独立央行货币政策类似的反周期预算政策。除了景气上升期停止用于公共建设的预算支出和 1955—1956 年财政部长弗里茨·舍佛（Fritz Schäffer）（"瞭望塔"）为支持军备扩张而推行的（起到非预料的通货紧缩效果的）储备政策以外，联邦政府更多地采取顺周期策略而非反周期性的财政支出政策来应对经济波动和税收（波动）。因此，1966 年以前，德国都未借助财政政策来推动经济发展。事实上，战后三次经济周期中的景气上升期主要是由于出口需求引起的，而这种出口需求又是由于国内经济衰退而形成的。通常在经济衰退期，国内商品的价格比国外商品要便宜，供货时限也比竞争对手要短，西德企业家在国内需求乏力的情况下小心翼翼地维护着国外市场。只要国内外市场不同时出现波动，例如 60 年代中期的情形，那么就可以在不需要经济政策意义上的国家干预基础上找到应对危机的有效机制和手段。

  失业问题的变化——更确切地说，向充分就业目标的靠近——是对国家景气政策采取远离态度的关键。失业率于 1950 年初达到峰值（12.2%）后便开始逐年下降，在 1961—1966 年稳定在迄今为止没有出现过的充分就业率水平（低于 1%）（图 6），其实在 1955 年，它就已经下降到当时被视为充分就业率上限的 5% 水平。事实上，由战争和结构因素引发的失业问题已得到解决。尽管数据记录有所缺失，但经过整理分析，有一点是可以肯定的：联邦德国的失业率不仅远远低于战争期间水平，而且还远低于帝国时期的水平。失业问题的解决可谓实现了世界经济危机以来国家经济政策最为重要的目标之一。不过，在公众眼中，它并非重建时期特殊发展条件带来的结果，而是艾哈德及其推崇的社会市场经济体制的个人成就。在当时，国家经济政策的运用不仅不具备现实条件，在西德经济秩序框架内甚至是有害的。不过，这种情况在 1966—1967 年经济衰退的打击下发生了根本性的转变。1967 年失业率的轻微上升（2.1%）就彻底摧毁了公众对市场经济体制自行调控能力的信任。相比其对待艾哈德经济路线失误的冷静态度——例如收入分配领域的种种失误——失业问题似乎戳中了公众的要害和敏感神经，就业风险是检验经济政策成功与否的试金石。它不仅威胁到大多数居民的切身利益，大规模失业带来的毁灭性效应也为众人所熟知。现在看来，联邦德国并非选择了一条没有长期风险的特殊资本主义发展道路，重建期接近尾声之时，西德其实几乎成为当时所有国民经济体中的一个普通成员。

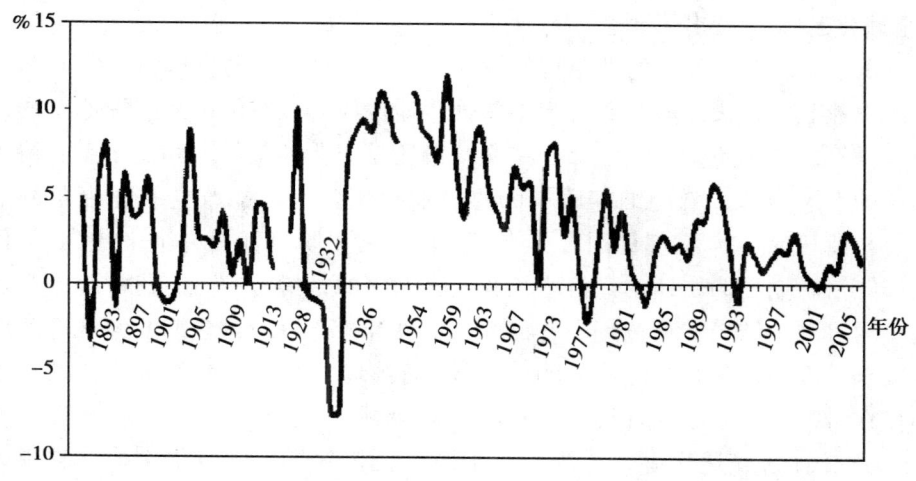

图 6　失业：失业率的发展（1887—2005 年）

A) 1931 年前的失业率指的是占工会成员的比例；之后的失业率指的是占相关就业人口的比例（不包括军人）。

B) 1990 年后为全德国的数据。

资料来源：联邦德国和德意志帝国历年统计数据年报。

第三节　行业结构：迈向服务业社会之路?

一　（后）工业时代经济扩张的优先次序

19 世纪末，以雇主和生产者身份出现的工业经济首次超越了农业经济，这一过程也引发了有关德国经济未来走向的激烈讨论。[①] 德国是否应该继续保持"农业国家"的状态，以避免对世界经济的依赖？工业化举措对生活条件（城市化）、人口增长（出生率下降）和社会变革（无产阶级化）产生的影响就一定是正面而积极的吗？迈向"工业国家"的过渡过程是否恰恰通过社会（和政治）变革以及物质进步引发了一系列"社会问题"，并为德国成为世界强国开辟了道路？在公众讨论中，相对于对未来的乐观主义态度，疑虑和担忧占了上风，当时的论调令人惊愕，不仅成为 20 世纪 70 年代关于"增长的极限"讨论的前导，也为 21 世纪初的

---

① 参见肯尼斯·巴尔金的《论 1890—1902 年的德国工业化》，芝加哥，1970 年。（Vgl. dazu Kenneth D. Barkin, *The Controversy over German Industrialization 1890—1902*, Chicago, 1970）。

"全球化恐慌"做出了预言。①

事实上,德国经济行业结构的发展并未给经济政策的选择留有空间和余地。农业利益代表在联邦和各州中的强势地位与农业在国民经济中地位的萎缩丝毫不相称。不论是农业保护主义政策还是农业利益代表都无法左右德国农业的发展趋势,就连纳粹政权的再农业化主张也不能改变农业衰落的事实。与此相反,20世纪德国历史的其他任何一个阶段都没有带来比30年代纳粹统治时期更为快速的经济增长和更为彻底的结构转型。有违常理的一点是,通过减少结构转型过程中的牺牲,世界经济危机后重建期的经济迅猛增长减轻了人们对工业社会认同的压力②,而魏玛共和国时期经济增长的趋缓却使在帝国时代就已意识到的社会转型问题更加严峻。第三帝国时期的"强力现代化"(达伦道夫)为战后德国社会找到了新的身份定位,它更倾向于忽略或排挤工业领域自19世纪末以来构成非物质生产新经济的发展路径。因此,从某种程度上说,它又具有一定的错时性特征。

实际上,不仅工业生产在增长,工业行业的就业人数比重也得到大大提高,1953年时甚至还超过了战前水平。1965年,西德工业经济更是得到进一步扩张:工业领域的从业人员比重高达49%(对比图7)。对生产结构进行国际对比后,联邦德国也发现了一些问题:其在欧洲经济共同体内部的工业化导向远远超过了其他国家,更别提日本和美国了。从其对价值创造做出的贡献来看,德国工业的表现则更为出色,一半以上的国民生产总值具备了"工业化"特征。而在这一发展背后,经济结构——包括工业结构本身——也在发生着前所未有的变革。

发展潜力停滞影响着工业领域变革的加速和国民生产总值增长率的提高。西德经济增长的结构效应,即就业人员从生产率较低的行业领域(例如农业)向较高领域(例如工业)的转移和过渡,直到60年代初才显现出来。1951—1962年,近1/6的生产率进步都源于这一结构效应。③ 此后,这

---

① 参见格哈德·希尔德布兰《工业统治与工业社会主义的动摇》(Gerhard Hildebrand, *Die Erschütterung der Industrieherrschaft und des Industriesozialismus*, Jena, 1910);大卫·吉尔根《工业所在地选址争论史》(David Gilgen, Totgesagte leben länger. Geschichte der Standortdebatte, in: Das Parlament, Nr. 47, 2006, http://www.bundestag.de/dasparlament/2006/47/Thema/004.html)。

② 参见维尔纳·阿贝尔斯豪塞和安瑟姆·福奥斯特《经济与社会政策:一次纳粹主义革命?》[Werner Abelshauser u. Anselm Faust, *Wirtschafts-und Soialpolitik: eine nationalsozialistische Revolution?* (Nationalsozialismus im Unterricht, Teil 4), Weinheim, 1983]。

③ 彼特·施万瑟:《1950—1963年联邦德国的就业结构与经济增长》(Peter Schwanse, *Beschäftigungsstruktur und Wirtschaftswachstum in der Bundesrepublik Deutschland 1950 bis 1963*, Sonderhefte des DIW 24, Berlin, 1963),第26页。

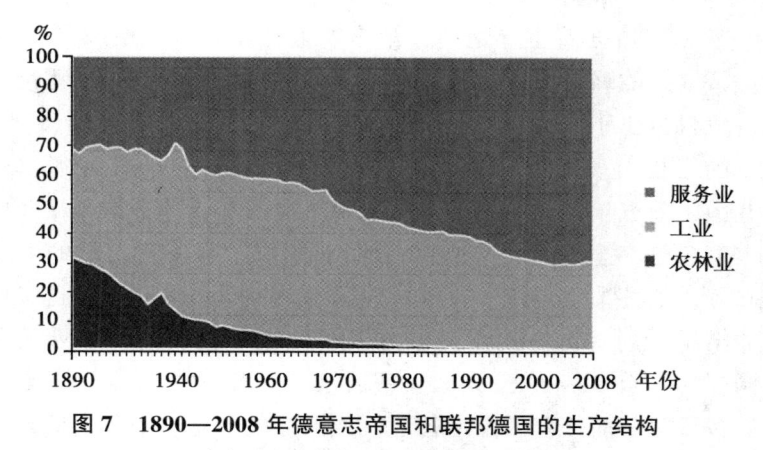

图7　1890—2008年德意志帝国和联邦德国的生产结构

（各行业在总价值形成中所占百分比）

资料来源：德意志帝国及德意志联邦共和国历年统计年鉴。

一比例便开始下降，源于经济领域迁移效应的国民生产总值增长率自1963年起开始变得无足轻重，与整体生产率进步相比，它已不值一提。从各行业的生产率差别来看，同1951年一样，1965年的整体劳动生产率还可以通过行业内就业结构的变革得到提高，而战争末期的劳动力背井离乡与就业岗位和资质结构相脱节的现象已经基本消除。结构转型采取的是一种更为平静的方式，第一产业在整体就业结构中所占的比重也遵循了类似的发展模式。50年代期间，农业领域为整体经济结构的发展做出了卓越贡献，农业从业者的外流进程比以往一百年间的平均速度快了三倍。截至第一次世界大战末期，农业领域的就业比重以相同速率下降（对比图8）。此后，战争与战争期间危机四伏的发展趋势逐渐削弱了工业与服务业对农业外流人员的吸纳能力，农业人口向城市外流的现象出现了短暂的停滞。从长远来看，50年代第一产业增速的急剧下降应归咎于以下因素：即行业结构发展进程中的结构转型。直到60年代初，农业领域的发展趋势才重回正轨。19世纪中期，农业领域从业人员比重超过了50%，60年代的比重为13.3%，到1980年仅剩2.4%，到2000年继续下降为1.3%（表19）。

在德国，结构转型有利于工业领域的发展，而在其他拥有类似发展水平的国家，例如美国，则已经开始出现有利于第三产业发展的新突破。1960年，美国第三产业比重为58.2%，明显高于工业比重。而西德的工业比重为 54.4%，依然占据着主导地位，第三产业比重仅为 39.9%。① 由此可见，西德的经济复兴战略将工业扩张置于优先发展地位，并在很大程度上依赖于世界经济危机打击下和 1945 年经济崩溃后遗留下来的潜力储备。60 年代，工业比重的增长出现停滞（表 19）。70 年代以来，工业领域所占比重持续下降。其中，前五年期间的下降速度要快于后五年，这一点与十年间经济增长的整体节奏是完全吻合的。1965—1981 年，工业从业人员的绝对数量减少了 180 万。到德国重新统一，又减少了近 87 万。这不仅仅是经济周期波动带来的结果，同时也是就业岗位的"结构性"损失。与早期的景气上升阶段不同，1975 年以来，西德工业领域从业人员的数量就没再增长，德国工业的许多行业都面临着需求增长趋缓或停滞的问题。而与此同时，其工业生产率却还保持着较高的增长率。因此，德国工业的整体效率在危机四伏的 70 年代还上升了超过 40%，而且今天其年均增长率仍然约 3%。

表 19　产业部门结构的国际比较（1960—2008 年为国内生产总值做出贡献的经济部门，按时价计算）　　　　　　　　　　单位:%

国家	德国						英国						美国					
年份	1960	1970	1980	1990	2000	2008	1960	1970	1980	1990	2000	2008	1960	1970	1980	1990	2000	2008
农、林、渔	5.7	3.7	2.4	1.5	1.3	0.9	3.9	2.7	2.1	1.8	1.0	0.9	4.0	3.4	2.9	2.1	1.2	1.3
工业	54.4	48.1	41.1	37.3	30.3	29.8	47.7	42.6	40.7	34.1	27.3	23.6	37.8	33.9	33.3	28.0	24.2	21.8
服务业及国家职能	39.9	48.7	56.9	61.2	68.5	69.3	48.4	54.6	57.2	64.1	71.7	75.2	58.2	62.2	63.7	69.9	74.6	76.9

1）由于各国核算的经济领域不同，有关数据问题详见德国经济研究所（DIW）周报 13/94。该表格统计的经济领域有：农、林、渔；工业（矿业、采石、采土；加工业；电子业；气、水、供热、建筑业）；服务业（批发及零售；餐饮酒店；交通、通信；银行及保险；集体及社会福利事业）；国家服务。

2）按 1980 年价格计算。

资料来源：总体经济发展专家鉴定委员会（SVR）：《鉴定 1973—1974》，第 25 页。经合组织统计数据。

自重建期结束——即 60 年代中期——以来，类似于之前在农业领域的情况，如何有效吸收工业领域的剩余劳动力成了亟待解决的问题。截至 1970 年，在第二产业内部下滑的就业率得到了加工工业的弥补，而能源工

---

① 经济鉴定专家委员会：《年度鉴定（1973—1974）》（SVR, *Jahresgutachten 1973/74*），第 25 页。

业则从50年代中期起释放出大量劳动力，建筑行业自60年代中期以来出现了大量剩余劳动力。就连加工工业也从70年代开始遭遇了就业率不断下降的问题（表20）。90年代期间，新联邦州的工业发展更加剧了这种状况，尽管建筑行业曾出现过短暂的繁荣。

表20　1950—2008年在各经济部门及社会阶层的就业人数及占比　　　　单位：%

年份	总就业人口（千人）	农、林	工业	贸易、交通	服务业*	独立职业者	帮忙的家庭成员	公务员及职员	工人
1950	23.489	22.1	44.7	15.9	17.2	14.5	13.8	20.6	51.0
1957	26.084	15.8	47.6	19.6	17.0	12.7	10.8	25.1	51.4
1960	26.653	13.3	48.4	19.9	18.4	12.4	9.8	28.1	49.7
1965	27.157	10.9	48.1	17.2	23.5	11.4	8.2	32.5	47.8
1970	26.617	8.9	48.6	17.2	25.3	10.4	6.7	36.2	46.6
1975	26.020	6.7	44.7	18.7	29.9	9.2	5.0	42.9	42.9
1980	26.874	5.3	45.3	17.6	31.8	8.6	3.4	45.6	42.3
1985	26.489	4.5	40.8	18.6	36.1	9.1	3.4	49.3	38.2
1990	28.479	3.5	39.7	18.6	38.1	8.8	2.0	51.8	37.4
1995	37.382	3.0	32.7	24.9	39.4	9.1	1.4	53.5	36.0
2000	38.706	2.5	29.2	25.4	42.9	10.0	0.9	54.5	34.6
2005	38.851	2.2	25.9	25.2	46.7	11.2	1.1	58.2	29.5
2008	40.330	2.1	25.3	24.9	47.7	10.7	0.9	88.4[1]	—

注：*自1995年起包括餐饮业。

2008年为公务员、职员及工人总和。

资料来源：德意志联邦共和国历年统计年鉴。

二　服务业社会还是工业的第三产业化？

70年代以后，结构转型主要在工业和第三产业领域之间进行，但其中仅有服务业的就业率不断提升（图7）。直到1973年，其新增的就业岗位还能弥补其他行业失业率上升带来的就业问题。第三产业内部，新的就业岗位大多来自国家或其他一些服务业领域（图7和图8）。前者包括了地方政府和社会保险机构，后者则囊括了餐饮住宿、房屋租赁、科学、教育、艺术和出版，自由职业服务业、洗衣店、美容美发和非营利性组织及其下属机构。与此同时，银行与保险业也在一定程度上增加了就业岗位。而贸易与交通运输业自60年代以来对就业率增长的贡献则几近为零。其他类型的服务业和家政服务则逐渐开始崭露头角。80年代国家创造工作以满足对国家服务需求的潜力已经用尽。与其他发达经济体类似，德国的服务业成了经济发展进程中的领军行业。70年代以后，它也完成了由工业社会向服务业社会的过渡和转变。

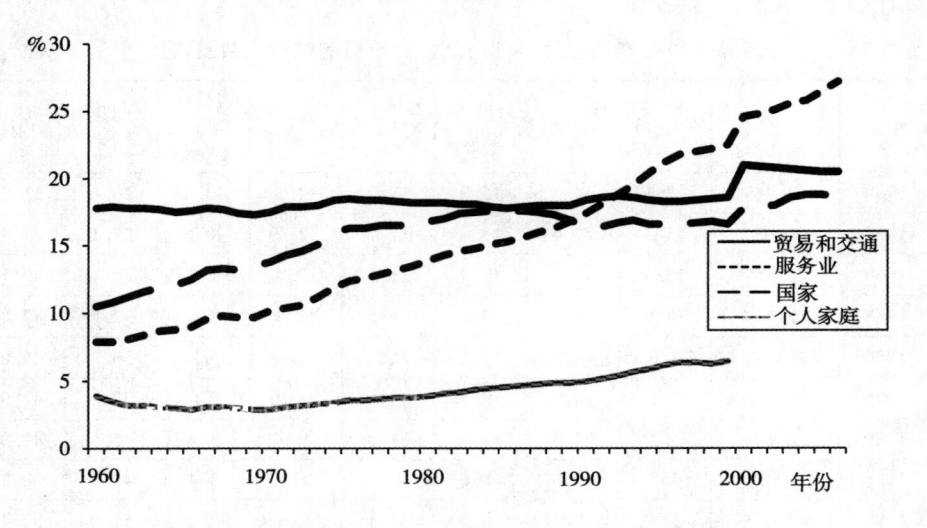

图8　德意志联邦共和国第三产业的结构（1960—2008年）

资料来源：*Statistisches Jahrbuch der BRD*（德意志联邦共和国统计年鉴），2001年起采用新的调查抽样方法。

事实上，工业化进程中也伴随着"第三产业革命"，而这也是时常被人们所忽略的一点。最初，第三产业只能在占据优势地位的工业发展阴影下默默成长。尽管如此，第三产业扩张所经历的时间却和工业化本身几乎同步。原始的服务业包括贸易、金融和交通运输业，随着物质生产的扩张，它们的发展呈现出直线上升的趋势。19世纪末，科技进步也推动了工业生产领域的合理化变革，其中，化工与电子业——从兴起到繁荣的大部分过程都是在德国完成的——尤其需要先进的科学技术和无形资产作支撑。从那以后，整个工业领域的第三产业得到进一步发展并逐渐成为生产进程中的核心产业。还需一提的是，数据统计上工业与服务业的界限也在经济实践中基本失去了意义。

"二战"结束后，第三产业产值在整个国民经济生产力中发挥着越来越显著的核心作用，因为第三产业不可能通过大量资本投入来节约劳动，其生产率受其特征限制明显低于农业和工业的水平，但这一说法并不适用于所有时期的所有服务行业，比如银行业的近期发展就是一个例外。但是对于整个第三产业来说，这种关系却是千真万确的，其主要原因在于：第三产业的需求和需求结构不断变化，而工业品需求则呈现出停滞状态（对比表21）。

表21　1950—2007年私人家庭由下列支出项表示的需求结构　　　　单位：%

年份	1950	1960	1970	1980	1990	1991	2000	2007
食物及嗜好品	43	38.6	30.6	28.1	24.1	18.2	15.6	14.4
衣物、鞋	15.4	12.5	10.6	9.3	8.1	7.9	6.4	4.5
房租	7.2	7.6	12.5	16.4	21.6	20.1	24.5	33.5
电、气、热	3	3.9	3.7	6.5	5.3	4.3	3.8	
其他家庭支出	12.1	13.5	12.3	9.4	7.2	8.1	7.2	5.8
交通及通信	5.7	7.8	13.6	14	15.9	17.3	16.9	17.4
健康与美容	3.2	3.6	4.6	3	3.7	3.2	4	4
教育、娱乐	6.6	7.6	7.3	8.6	10.6	10.5	10.4	9.8

资料来源：德意志联邦共和国历年统计年鉴；总体经济发展专家鉴定委员会（SVR），历年的鉴定报告。

食品与奢侈品在消费中比重的绝对下滑已是众人皆知（恩格尔定律）。社会对家具、家用电器、衣帽服饰等消费品支出比重的下降则是战后时期的一种典型现象，一些使用寿命较长的消费品需求的下降则从70年代才开始。与其他工业国相比，"二战"后西德进入"大众消费时代"（罗斯托）的时间相对要晚得多，其中工业消费品的赶超需求最先得到满足。生产结构的发展趋势表明，德国第三产业商品和服务的大众消费需求仍落后于其他工业国。当时的美国已成功将标准化规模生产的福特主义原则转用到服务行业，以加盟体制为主要特征的生产模式已覆盖运用到快餐店、国际连锁酒店和全球经营的律师事务所。国家对第三产业产品——例如教育——采取无偿或低于市场价格的供应策略后，其相比工业商品而言具有明显的价格优势，由此大众对第三产业产品的需求也随之增加。

只要第三产业的产品供应一直遵循上述发展轨迹，服务业就能弥补工业领域合理化效应后出现的岗位损失。然而，1975年以后，服务业的扩张速度开始减缓，"结构性"失业问题的出现又在所难免。第三产业出现供应缺口的主要原因就在于作为头号供货商的国家在第三产业领域扮演的角色，第三产业只能在很小部分上通过市场机制来实现其劳动力政策和经济发展政策的补偿功能，只有在"其他服务业"领域对于需求发展趋势的调整和适应才具有普遍性。而国家层面则截然相反,它通常以政治决定的方式创造新的就业岗位。在联邦德国，国家的经济比重虽明显超过了统计上归于地方政府和社会保险机构的社会产值近7%，却远远低于私人服务业的产值（21%）。[1] 总的说来，国有第三产业的发展依赖于不同层面政府的财政预算状况。1975年以后，联邦德国的经济政策不得不面临这一两难境地。

向第三产业的结构转型已经不可逆转，服务业的扩张又能为德国面临的诸多问题提供解决方案，尽管如此，这个构想却越来越失去其内容实质和解释价值。在工业领域内部也充斥着第三产业的产品和服务，它为德国生产体制赋予了新的价值创造形式，即实现了物质与非物质生产进程的共生结合。对于这种新型经济，以往的行业结构界限已不再适用。物质生产是区分工业与第三产业最显著的标志之一，因此，如今在德国，"工业"概念背后隐藏着比物质生产更为丰富的内容。传统新工业的创新潜力在20世纪进程中已扩散到整个经济并创造了后工业时代的新型产业模式——新经济（new economy）。这一点尤其适用于德国经济的世界市场导向和科学化的生产原则。显然，这种新经济形式表现在非物质价值创造的比重不断提升。其实，早在60年代，某些新兴工业领域中的这一比重就达到了2/3，而如今在大多数行业更是远远超过了这一数值。此时，从业人员的就业特点也发生了相应的改变。德国经济研究所的统计数据显示，90年代德国非物质生产领域的就业人员比重超过了75%。[2] 为了适应这一新型联合生产模式，德国必须对三大产业的界限进行重新划分，使其能够准确地说明它们在经济发展中发生的变化。

---

[1] 经济鉴定专家委员会：《2007—2008年度鉴定报告》（SVR, Jahresgutachten 2007/08），第542页。

[2] 德国经济研究所：《服务行业的拼图游戏——德国与美国之现时比较》[DIW, Das Dienstleistungs-Puzzle. Ein aktualisierter deutsch-amerikanischer Vergleich, in: DIW-Wochenbericht 65（1998）Heft 35]，第625—629页；关于60年代情况的相关内容可参见阿贝尔斯豪塞《巴斯夫》（Abelshauser, BASF），第480页。

第七章

经济奇迹的错时

第一节 社会结构与生产结构的矛盾转型

一 被赶出家园者、难民、外籍劳工

虽然,在德国经济奇迹的背景下,被赶出家园者和难民很快融入了德国社会,但这一进程还是在西德社会发展历程中留下了深深的印记。此后,人们时常称其为"移动的社会"并将其内容解释为:"一切事物都动起来——人、商品、思维、观念……"① 驱逐与流亡带来的人潮迁移对德国社会产生的影响与重建进程产生的效应有着千丝万缕的联系。即便没有大批难民的涌入,西德的重建进程也可以顺利实现。将几百万人驱逐出原始居住区的做法也绝非经济发展的必要条件。② 经济重建进程很可能以其他方式实现,西德战后经济的某些特征可能不会或更晚显现出来。这适用于无法量化的、但在50年代的时代精神下触手可及的绩效与上升导向,它无不令人回忆起19世纪工业化进程中的社会境况。在纳粹主义和共产主义政权下获得的经验使西德社会对社会革命的鼓动有着很强的免疫力,这尤其适用于被赶出家园的人群。而鉴于西德社会当时正遭受生存威胁,这样的立场并不是非常自然的。

---

① 伊丽莎白·蒲凡尔:《难民——时代的转折》(Elisabeth Pfeil, *Der Flüchtling. Gestalt einer Zeitwende*, Hamburg, 1948),第11页。
② 见约翰·哈巴库克《19世纪美国与英国技术——寻找节省劳力之发明》(John Habakkuk, *American and British Technology in the Nineteenth Century*, *The Search for Laboursaving Inventions*, London, New York, 1962)与埃尔文·罗斯巴尔特《美国工业相比英国工业更具效率优势之原因分析》(Erwin Rothbarth, Causes of the Superior Effiviency of US-Industry as compared with British Industry, in: *Economic Journal* LVI, 1946),第383—390页。载《经济学期刊》(LVI, 1946年,争论。第383—390页。)比较两者之间经典的论战。

不过，1200万人的涌入加速了西德的产业集中并给人们的居住和生活方式、外向性和文化氛围造成了特殊影响。[①] 外来居民的迁入推动了西德的城市化和居民住宅区的集中化进程，强化了地区间、企业间、职业间的人员流动，加剧了劳动力市场竞争，提高了雇佣就业人员的比重，打破了既有的单一经济结构并为农业工商业混合模式的建立创造了条件，进而提升了西德经济的纳税能力和应对景气周期波动的抵抗力。不过，被赶出家园者与难民的融合进程对各个地区产生的影响也截然不同。以"重工业"为支柱产业的北莱茵—威斯特法伦州和以"农业"为主要特征的巴伐利亚州就是很好的例证。最初，面对难民企业和迁至德国西部的、以前中东德地区（某段时间甚至在柏林安家落户的）的生产行业，北威州根本无力承接。与这些区域经济往来的切断，特别是来自东部的难民大批涌入，不可避免地引发了一场新工业化进程。但它没有在德国的老工业区展开，却在南部联邦州如火如荼地开展起来。于是，这些地方开始成为新的经济战略要地并逐渐吸收了西迁的大批社会劳动力。50年代期间，北威州还不具备参加人员流动进程和结构转型的实力，居民住房的短缺给人员迁入造成了极大障碍。战后初期，从东往西的人潮迁徙因此与北威州擦肩而过。1946年，北威州迁徙难民在其居民中所占比重达到历史最低，只有6.1%。而与此同时，类似石勒苏益格—荷尔斯泰因、下萨克森和巴伐利亚等"难民州"的迁入逃亡人员比重则分别达到了32.9%、24%和18.9%。[②] 到1957年，北威州15.3%的比重仍然明显低于德国17.9%的平均水平。[③] 与此同时，其从业人员中被赶出家园者所占比重也相应偏低。

巴伐利亚州的情况则完全不同，这里的经济结构以农业为主。30年代与战争期间军备扩张战略引发的工业化热潮似乎并未对它产生什么影响，大部分移民都来自发展程度较高、以中型企业结构为主的苏台德或西里西亚等地区，这为推动农村地区的工业化进程提供了有利条件和机遇。在居民的一片反对声中，巴伐利亚州政府并没有将居民迁移至现有的工业基地，而是决

---

① 弗里德里希·爱丁和沃伊根·雷蒙贝尔格：《迁入与社会转型》（Friedrich Edding u. Eugen Lemberg, Eingliederung und Gesellschaftswandel, in: Eugen Lemberg, Friedrich Edding (Hrsg.) *Die Vertriebenen in Westdeutschland*, Bd.1, Kiel 1959)，第156—173页。
② 格特鲁德·施达尔贝克：《北莱茵—威斯特法伦州的难民》（Gertrude Stahlberg, *Die Vertriebenen in Nordrhein-Westfalen*, Berlin (West), 1957)，第9页及其后。
③ 维尔纳·内勒：《数据统计基础与主要结果》（Werner Nellner, Grundlagen und Hautpergebnisse der Statistik, in: Eugen Lemberg, Friedrich Edding (Hrsg.), *Die Vertriebenen in Westdeutschland*, Bd.1, Kiel, 1959)，第85页。

定利用这一有利局势,在难民聚集区开办工业企业。① 这一政策与巴伐利亚州的集中型国家管理传统有着天壤之别。除上法兰克地区以外,以往政府的做法都是将工业区集中建在一些大中型城市内。而这一次,巴伐利亚却以符腾堡州的目标设定为榜样,将工业化政策散布到村镇,希望其经济也能成为"健康"工农业混合结构的典范。

直到 60 年代初期,巴伐利亚州的分散型发展策略都一直是其区域经济政策的主导目标,"二战"期间战争原料的生产和储备工厂后来成了重要的工业基地。截至 1945 年,在外来劳工的帮助下,这些基地得到了很好的保护。因此,在难民或逃亡者定居或融入巴伐利亚州的过程中,这些帝国时期一流的工业基地对分散型发展策略的推行极为有利。这些企业出于防空需要往往建在农田上,为整乡镇的移民提供了良好的基础设施条件,新加布隆茨(Neugablonz)(考夫博伊伦,Kaufbeuren)、格雷特斯里德(Geretsried)、特劳恩罗伊特(Traunreut)、瓦尔特克莱堡(Waltkraiburg)、艮多尔夫(Gendorf、赫斯特股份公司的一处化工基地)、诺伊特劳布尔(Neutraubling)(雷根斯堡,Regensburg)或威尔德弗雷肯(Wildflecken)等难民聚集区都是以这种方式产生的。1948 年法兰克福经济委员会有关扩大职业自由权的建议和巴伐利亚建筑资助机构提出的国家担保"难民生产贷款"计划都对经济发展产生了积极的推动作用。于是,格拉斯里茨的乐器制造师、海达—施泰因肖恩瑙尔的玻璃工业、加布隆茨的首饰生产商、苏台德地区的手套制造商、肖恩巴赫的小提琴生产商分别在艾什河畔新城、佛恩施特劳斯及其周边地区、考夫博伊伦—新加布隆茨、均茨贝尔格—布尔高地区和布本罗伊特地区汇聚起来。这些专业化工商业的生存主要依赖于出口需求并随着 50 年代外贸经济的活跃发展得到了进一步巩固。诸多事实表明,被赶出家园者和难民的迁入本身并未推动工业化进程的发展,准确说来,起关键作用的是当地的经济框架条件。对于巴伐利亚州来说,条件特别有利,由于事实上,在两次世界大战之间和战争期间业已兴起的经济现代化迁移迹象在 1945 年以

---

① 奥托·巴巴利诺:《难民迁入与融合的必要性——结构转型的契机》(Otto Barbarino, Der Zustrom der Heimatvertriebenen und die Notwendigkeit der Eingliederung-ein Anlaß zum Strukturwandel des Landes, in: Friedrich Prinz (Hrsg.), *Integration und Neubeginn. Dokumentation über die Leistung des Freistaates Bayern und des Bundes zur Eingliederung der Wirtschaftsbetriebe der Vertriebenen und Flüchtlinge und deren Beitrag zur wirtschaftlichen Entwicklung des Landes*, Bd. 1, München, 1984),第 36 页及其后;也可参见新近的文献史蒂芬·格林勒《计划中的"经济奇迹"?——1945—1973 年巴伐利亚州的工业与结构政策》(Stefan Grüner, *Geplantes "Wirtschaftswunder"? Industrie-und Strukturpolitik in Bayern 1945 bis 1973*, München, 2009)。

后继续下来，它为西迁难民的融合创造了特殊的社会条件。此外，南部各州在波恩联邦政府时期又占据着重要的政治地位，是联邦经济资助的最大受惠者。1950—1962 年的经济结构分析研究表明，巴伐利亚与巴登—符腾堡州的经济结构与其他联邦州有着显著区别。一方面，其原始工业结构有利于促进经济增长；另一方面，大批赶出家园者和难民的劳力储备又为战略要地迁移创造了机会，两者都使它们受益匪浅。与此相反，在北莱茵—威斯特法伦州，赶出家园者和难民的劳力"供给"并不能满足后工业时代经济结构创新与多样化的需求，因而在一定程度上产生了相对负面的结构效应。①

对西德经济结构产生比其他相似的工业国家更大影响的不仅仅只有其工业化趋势现象和劳动力市场的强势地位，对于工业化社会态度转变的外在迹象也是其重要因素。魏玛共和国时期，德国大部分区域还无法以工业社会自居。"二战"结束后，工业社会便在社会经济意义上获得了广泛认同。更重要的一点是，德国社会把所有希望都寄托在了工业重建进程之上。

只是为数百万无家可归者和难民创造新就业岗位的压力并不会使德国迈向工业社会。德国虽然起步晚，但是十分成功地接受了标准化批量生产方式，这是德国生产体制的另一个重要支柱，它为西德工业经济开辟了新的前景，能够将熟练工与非熟练工都融入劳动力市场在当时无疑十分有意义。1954 年年末，德国在国外市场上招聘外来劳工的第一拨尝试仍然以传统形式为主。路德维希·艾哈德迫切希望与意大利政府就招工问题进行谈判，其目的旨在弥补房屋与街道建筑业领域的劳工缺口以及意大利在德意双边贸易中的财政赤字。② 随着 1955 年充分就业形势的出现以及德国劳工向工业聚集区的涌入，西德政府逐渐将兴趣和焦点转向了对农村劳动力的招募。在同欧洲劳动力市场的竞争较量中，德国农业很快便暴露出工资水平过低的弊端，而汽车制造业及其他实行"福特主义"的行业则完全不同，传统上不论是非熟练工还是半熟练工，他们在汽车行业获得的工资通常都比较可观。因此，德国汽车制造业对于此类型的外籍劳工来说有着特殊的吸引力。该行业外籍劳工的比例从一开始就居高不下，60 年代更是从 6.5%（1961 年）攀升至 25.7%（1970 年）。③

---

① 德国经济研究所：《特刊》（DIW, Sonderheft 70），第 13 页。
② 李：《国外劳工就业》（Lee, *Ausländerbeschäftigung*），2003，第 47 页及其后。
③ 联邦劳动署：《经验报告：外籍劳工的招募与介绍》（Bundesanstalt für Arbeit, *Erfahrungsbericht: Anwerbung und Vermittlung ausländischer Arbeitnehmer*, Nürnberg, 1961, 1970）。

1955年，德国与意大利政府签署了有关外籍劳工招聘与介绍的协议。此后，德国又分别与西班牙和希腊（1960年）以及土耳其（1961年10月）签订了类似协议。虽然最后一项协议是在柏林墙修建之后签署的，不过，双方早在东德劳动力西迁潮结束前就举行了相关谈判与磋商，因此，这两者间并没有什么直接联系。与土耳其签订的和早期相关的协议一样，涉及的是完全不同的劳动力市场领域。来自东德的西迁劳动力通常具备高于平均水平的资质和技能，而在国外招聘的外籍劳工中专业工人的比重仅为14%，远低于40%整体（包括外籍劳工在内）专业劳动力的比例。[1] 在以非熟练工身份来到德国的外籍劳工中，能取得职业成就、发展为专业工人的人员比例仅为3%，时隔多年后，这一比例依然未有改善。事实表明，那些在充分就业情况下由于外籍劳工的加入呈现出就业人数上升的地区，其劳动生产率通常会出现连年下降的现象，汽车制造业就是如此。在无法满足（技能型）劳工需求的行业，例如加工工业，其劳动生产率在六七十年代则呈现出上升趋势。

截至1973年停止招工，德国出现了两次大规模的劳动力迁移。1960年，新招入163000名外籍劳工后，外来务工人员的数量翻了近一番。同等规模的劳动力迁入热潮一直延续到1965年，外籍劳工在就业人员中的比重从0.8%提升至4.7%。随后出现的经济衰退导致外籍劳工的就业人数减少了30多万，认为外籍劳工在经济危机时能充当"景气循环缓冲器"以规范劳动力市场的假设似乎得到了验证。1969年，外来劳工再一次大规模涌入西德劳动力市场。截至1973年，其就业人员比重达到11.6%。面对250万外籍劳工大军，联邦政府不得不决定中止对外招聘。标准化批量生产危机的爆发是石油危机引发的首个负面效应，德国对非熟练劳工的需求顿时锐减。在企业雇主的支持下，外来劳工越来越倾向于长期留在德国，而与此同时，物质生产领域的许多就业岗位则逐渐丧失了意义，而留下的只是一个无用武之地的工业储备大军。

二　居民与就业

人口数量与居民生活方式的变化遵循了自然界生殖繁衍的基本模式，反

---

[1] 联邦劳动署：《关于联邦德国外籍劳工就业及其家庭和居住情况的代表性研究1972》(Bundesanstalt für Arbeit, *Repräsentativ-Untersuchung '72 über die Beschäftigung ausländischer Arbeitnehmer im Bundesgebiet und ihrer Familien-und Wohnverhältnisse*, Nürnberg, 1973)，第80页。

映了20年代以来工业社会人口发展的基本态势。直到60年代中期，15‰—20‰的出生率与10‰—13‰的死亡率决定着德意志帝国与联邦德国人口发展的总体情况（对比图9）。

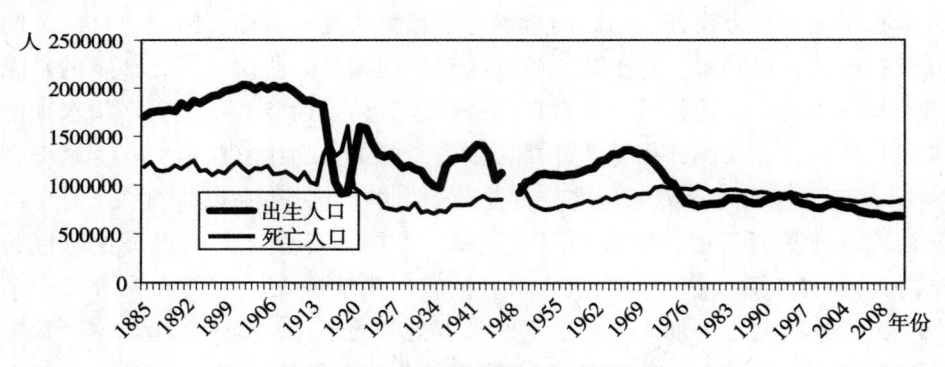

图9 1885—2008年的人口自然变动

资料来源：德意志帝国及德意志联邦共和国历年统计年鉴。

人口发展实现了由"一战"前的前工业时代的高增长率向仍旧具备再生能力的相对较低增长率的"过渡"和转变。在外来移民迁入与1949—1965年人口自然增长的双重作用下，西德的人口增长了1000万，达到5900万人，人口密度由198人/平方公里提升至238人/平方公里。西德由此成为世界人口最稠密的工业国之一。60年代中期以来，德国人口出生率急剧下降，70年代初甚至出现了低于死亡率的现象。种种迹象预示着德国的人口发展将实现新的转变，不过其状态稳定与否还不得而知。德意志帝国时期的工业化进程中，人口发展也发生了适应工业化的滞后性转变。与之类似，这次转变可以解释为是人口发展方式对非物质生产方式的适应性调整。

60年代中期以来，就业人数也在不断下降（对比表21）。不过，与之相比更为重要的是从业者组成结构的变化。截至1980年，自由职业者与家庭辅助从业者的比重仍在持续下降。这符合专家们对工业社会社会阶层愈加分化的预测。而之后自由职业者比重的稳定意味着在持续性的失业危机中"踏步向前"的无奈之举，但它也有可能预示着与新经济相关的新的自由职业领域带来的就业市场的潮流逆转。与之保持同方向发展的还有工人比重的持续下降。这期间，公司职员的比重却在上升。这也预示着劳动力市场上就业领域的重大变化：从物质生产向非物质生产的转变。目前超过2/3的技能型或高技能型就业者都来自非物质生产领域或曾从事该领域的相关工作（对比表22）。这也意味着劳动力市场上登记的失业者中，有近1/3的人的技能在批量生产模式终结后不再被市场所需要，有关技能型人才失业率的对比调查结果证实了这一结论。1975—2002 年，各（新）老联邦州与西柏林地区的平均失业率为（18.5%）8.3%。其中，高校或专科院校毕业生的失业率仅为 3.3%（5.5%），不具备职业资格证书的男女性失业率为 19.8%（49.1%）。① 很明显，不同的生产方式与劳动力市场上待业者资质等级间的差距是造成大规模失业的重要原因之一。

表 22　　　1991—2010 年根据就业活动水平划分的就业人数*　　　单位：%

年份	1991	1995	2010
高水平工作	19.3	20.2	24.1
有领导任务的专业工作	14.4	14.6	16.4
专业工作	28.4	29.2	30.1
简单工作	17.9	16.6	13.6
辅助工作	20.1	19.6	15.7

* 不包括正接受培训的人员；四舍五入时出现的错误原文即存在。
资料来源：劳动力市场及就业研究所（Institut für Arbeitsmarkt und Berufsforschung, IAB），VI/4。该研究所及预测（Prognos）股份公司对就业市场技能状况改变进行了预测（1999 年）。但两者均未继续进行该项目。

50 年代的结束意味着西德就业结构发生了纵深转折。工业扩张的年代已经过去，非物质生产开始占据经济与社会领域的主导地位。然而，有违常理的一点是：在漫长的 50 年代，西德已将自身定位为社会经济意义上的工业社会。工业化主导思想对西德的社会环境、人民的意识形态与精神心智都有很大的影响。并非像之前和之后，代表"德国重建进程中年轻一代"（舍尔斯基）的不是高中生或大学生，而是青年工人与公司雇员。这是 50 年代的典型特征，也是德国社会史上独一无二的现象。60 年代末，青年人典型的行为特征又开始重新组成了这一代德国人的"形象名片"。此时，这类"突破性尝试"的内容与实施主体发生了改变，他们的行为代表了脱离工业社会的社会文化转型。

1968 年，西方工业国青年学生发起的抗议运动达到最高潮。这类抗议究竟是"学生反抗"还是"时代叛乱"，是"文化断层"还是"文化革

---

① 亚历山大·莱茵贝尔格、马尔库斯·胡梅尔：《专业劳动力的短缺威胁着德国经济竞争力》（Alexander Reinberg u. Markus Hummel, Facharbeitermangel bedroht Wettbewerbsfähigkeit der deutschen Wirtschaft, in: *APuZ*, B 28/2004, Tabelle 1）。

命",是"狂欢节"还是"价值观革命",仍然是一个悬而未决的研究议题。① 不过,此类抗议行动可以解释为社会运动的一种表达。它表明,青年学生已经意识到自己在创新社会与经济知识利用的过程中发挥着越来越重要的作用。高校和大学是最早认知知识型社会重要意义以及工业社会与其之间差距的地方,因此,抗议运动从高校兴起绝非偶然。在德国,教育事业受物质生产模式(和在与东德的人才竞争中取得优势的假象)主导思想的影响已经远远落后于社会发展的需要。因此,工业社会与知识型社会间的矛盾和差距在此处便表现得更为突出。

三 无产状态的终结

工人阶级的"去无产状态"是 50 年代西德社会最值得关注的转变。在这个阶段结束时,工人阶级虽然仍可以明显与社会其他阶层区别开来,而且特别是根据相关人群的主观感受,工人、公司职员和公务员之间仍存在显著的区别。尤其是手工劳动———一种高度消耗体力的职业——在教育程度、人生轨迹和收入水平与其他阶层的差别仍然是工人职业状况的典型特征,并使"工人"这个概念并未完全过时。但是随着时代的变迁,从业人员的"领级"界限亦开始逐渐模糊,越来越多的非手工劳动进驻到低层职业。随着社会政策(例如为工人提供带薪病假)、企业福利(例如将工资改为月支付形式)和社会氛围(以雇员替代工人/公司职员的称谓)的种种改变与创新,不同从业者之间的社会地位问题也得到很大程度的缓解。60 年代以后,经济奇迹直击"无产状态的"要害②,即工业化以来决定着工人阶级命运的社会环境与经济机遇。他们既没有财产收入、失业保障,又没有高枕无忧的养老保险,疾病、事故或残障保障。在这种境遇中,一方面,他们需要依赖雇佣关系的持续再生产,另一方面,这又使他们生活在自身独特的文化群体

---

① 因格里德·基尔希尔·霍尔提:《从历史事件到历史学研究对象》(历史与社会,特刊17),[Ingrid Gilcher-Holtey (Hg.), 1968. Vom Ereignis zum Gegenstand der Geschichtswissenschaft (*Geschichte und Gesellschaft*, Sonderheft 17) (Göttingen 1998)],第 7 页。
② 相关概念参见歌茨·布里夫《商业无产阶级》(Goetz Briefs, Das gewerbliche Proletariat, in: *Grundriß der Sozialökonomie* IX/1, Tübingen, 1926),第 146—240 页;也可参见约瑟夫·莫瑟《告别无产主义》(Josef Mooser, Abschied von der Proletarität, in: *Sozialgeschichte der Bundesrepublik Deutschland*, hrsg. v. Werner Conze u. Mario R. Lepsius, Stuttgart, 1983),第 143—146 页。新近的一项经验研究可参见迪特马尔·苏斯《朋友与同志——1945—1976 年巴伐利亚矿冶工业的工人阶级、企业与社会民主主义》(Dietmar Süß, *Kumpel und Genossen. Arbeiterschaft, Betrieb und Sozialdemokratie in der bayerischen Montanindustrie 1945 bis 1976*, München, 2003)。

和团结互助的氛围中。

随着生活状况的改善和社会条件的变迁，这种无产状态的氛围也同样发生了转变。50 年代期间，工人的实际工资和购买力都翻了一番。满足生存需求的收入比重持续下降，储蓄率则呈现出上升态势。1962 年，拥有私家车的工人比重达到 22%。1950 年，工人中拥有不动产的人员比重仅为 6%。到 1968 年，这一比重就上升至 32%。1965 年以后，每周工作 40 小时的政策惠及越来越多的工人阶层，他们也因此而拥有了更多的业余时间。充分就业的经验为社会带来的安全感和其对工人阶层对生活感受的作用怎么评价也不会过高。养老金改革终结了人们在贫困中老死的命运。简而言之，50 年代末期，传统意义上决定着无产状态生活方式的诸多条件都得到了显著的改善。

尽管如此，富足显然还不是 60 年代工人阶级生活的典型特征。即便是经常被引证的所谓工人阶层的"市民化"也还鲜有迹象。甚至在与第三帝国时期进行对比时，50 年代末以前西德工人阶级的"社会声誉"也不尽如人意。[①] 直到那时，大多数人认为，纳粹党为工人阶级的社会地位上升做了宣传并提供了保障（"工人阶级既是智囊团又是武器装备"）。然而，19 世纪以来为无产阶级氛围保驾护航的种种因素却无法抵挡福利上升及广泛的社会保障所造成的心理影响，无论是工人住房条件的改善还是社会形象的改变都证实了这种变化。魏玛共和国时期，大规模群众组织的无产阶级独特文化氛围还对工人运动的表现形式起着决定作用，如今，无论是工人教育协会还是工人体育协会都消失得无影无踪。1945 年后重新成立的各种协会和组织由于内容空洞，加之又缺乏人员支持，最终还是走向了消亡。由工人运动支撑的、1933 年以前作为为工人阶级自助组织的集体企业在 1945 年以后起初没有遭受群众组织同样的命运。它们以建筑公司、银行、保险公司和供销社的形式出现。虽然它们对西德的经济重建做出了重要贡献，但在经营作风和经济目标方面，它们与其他合作社或私人资本主义企业并无实质性区别。50 年代，工业工人数量有极大的增长（增长超过 200 万），因此这样的转变就更令人吃惊，因为按照传统意义上有利于工人阶级的策略来组织企业的动机还完全存在。90 年代，德国工会组织中的核心集体企业——例如 Coop 贸易

[①]《1958—1964 年公共意见年鉴》(*Jahrbuch der öffentlichen Meinung 1958—1964*, hrsg. v. Elisabeth Noelle und Erich P. Neumann, Allensbach, 1965)，第 368 页。

连锁公司和新家乡建筑公司——逐渐走向没落。这是市场经济合理化的必然结果。①

鉴于个人阶层数量的急剧扩大，50年代工业社会的发展带来了使人困惑的结果。一方面，它通过社会保险和增加大众收入改变了工人阶级的心理意识，使得身为其传统特征之一的无产状态彻底消失，并为其向公司雇员的社会地位过渡奠定了基础。另一方面，工人阶层也放弃了其在德国社会内部许多传统的特殊地位，这些地位随着其在政治与社会生活中参与机会的增多似乎已经失去了意义。

四 趋向平均主义的中产阶级社会？

要构建新的社会模式、为社会和平创造条件，首先需解决中产阶级的问题。工业社会的发展障碍和"高度资本主义"对于中小企业暗淡的未来前景引发了社会的"中产阶级恐慌症"（盖格）。这不仅加速了魏玛共和国的灭亡速度，也为纳粹主义政党"夺权篡位"创造了有利条件。1945年以后，中型企业的发展前景似乎也不太被看好。早期的社会学分析研究甚至认为，由于以早期标准为导向的社会需求不可能得到满足，魏玛共和国时期的中产阶级问题对于战后趋向平均主义的德国社会而言有转化为整个社会问题的风险。事实上，50年代，中型工商企业中的某些核心群体，例如手工业，对销售额增长做出的贡献比工业领域还要多。其中，收音机和电视机技工、汽车机械工、电器安装师和公共卫生及暖通工程师从1956年后的消费热潮中获益最多。税收优惠政策实施以后，自由职业者的平均收入也有所上涨。同时，景气繁荣也加速了零售业与手工业的结构转型，从而巩固和加强了中小型企业的市场地位。向雇员阶层的过渡并不一定会降低人们的生活水平、使其失去社会威望。相应地，人们也逐步消除了对无产阶级化的恐惧。阿登纳时代，"发展中小型企业的价值观念"再次体现在官方经济政策当中。与1953年推行"资格证书"政策以规制市场准入的做法类似，手工业领域的保护主义手段进一步加强了"中型企业价值观念"的地位。故而，在未引发重大社会政治冲突的前提下，工商业中型企业与农业"老中型企业"的数量出现了持续缩减。

---

① 维尔纳·阿贝尔斯豪塞：《经济奇迹之后——工会主席、政治家和企业家汉斯·马特霍夫》（Werner Abelshauser, *Nach dem Wirtschaftswunder. Der Gewerkschafter, Politiker und Unternehmer Hans Matthöfer*, Bonn, 2009），第8部分。

50 年代期间，身为"新兴中产阶级"（Neuer Mittelstand）的公司雇员与公务员在经济生活中的地位不断提高（对比表 19），并逐步成为"中产阶级"行为方式与意识形态的主要载体。在教育背景和受教育程度方面，他们与工人阶级有着明显区别。"第三帝国"时期，为了追求"国家共同体"（Volksgemeinschaft）的构想他们被迫放弃了许多利益，如今又重新获得了在法律、社会和组织领域的特殊地位。其中还包括企业基本法中对公司雇员的特权规定、为公司雇员重新引入社会保险的规定以及关于德国雇员工会（DAG）地位的规定，后者在初步合作后，于 1949 年独立于德国工会联合会（DGB）而壮大起来。从物质方面来看，与之相对应的是 50 年代中期以来与工人阶级不断拉平的趋势。

工人与雇员间长期存在的声誉差距不可能就此消除。对于"谁在社会公民心中拥有更高声望——究竟是拥有 300 马克月收入的销售雇员还是拥有 450 马克工资的铸造厂工人"这一问题，1995 年（1960 年）56%（51%）的问卷受访者给出的答案是公司雇员，而认为工人声望更高的受访者仅占 21%（20%）。[①] 与此同时，雇员群体中的收入差距分化也在不断加大。人们曾担心社会将发展成为"趋向平均主义的中产阶级社会"，或担心"新兴中产阶级"（以战前社会为取向的）对社会声望的需求得不到满足。很明显，这些预见都没有成为现实。第一共和国时期，限制性经济条件下的社会发展落后曾带来了不堪回首的严重后果。而如今，在有利的经济条件下，德国则成功弥补了这些领域的社会发展漏洞。

第二节　分配与参与：阶级社会的彼岸？

一　战争损失的分摊

战后初期，饱尝战争之苦的德国人提出了战争损失分摊的要求，这也成为德国社会政策讨论的焦点问题。它可以借鉴魏玛共和国时期的做法：1923—1928 年对根据《凡尔赛和约》遭受他国剥削的地区实施近 100 亿帝国马克的经济补偿。"二战"后，为了以各种方式对德国人的大规模损失给予补偿，战争损失分摊政策逐渐发展成德国主流的社会政策。在东德地区，

[①]《1958—1964 年公共意见年鉴》（*Jahrbuch der öffentlichen Meinung 1958—1964*, hrsg. v. Elisabeth Noelle und Erich P.Neumann, Allensbach, 1965），第 367 页。

相关的语言规定要求对"被赶出家园者"三缄其口并以对待"移民"的方式对待他们。故而当地的战争损失分摊问题更为复杂。除了紧急援助金和住房需求贷款以外，当地还推行与1945年对大地主的无偿土地没收联系在一起的补偿政策。① 与此相反，西德官方机构的诸多建议则是将战争损失分摊策略与全面的货币改革相结合，以实现对没有被战争摧毁的财产重新分配。在西部占领区，温和的土地改革一直停滞不前。当美国领导下的军政府推行货币改革之时，为了确保货币政策的顺利实施，进行大规模社会改革的相关要求被收回。②

1949年8月，《紧急援助法》(Soforthilfegesetz)在双占区生效，并于一年以后在法占区生效。作为1952年8月14日《战争损失平衡法》(LAG)的前身，它为难民、战争受害者、货币改革受害者和政治迫害者列出了有关基本生活和住房建筑等方面的援助规定。③ 按月支付的生活援助（基数：70马克）取代了救济金。同时，它还赋予受害人得到此援助的合法权利，由此排除此项救济日后成为其负担的风险。负有缴税义务的旧财产将提取2%—3%的资金作为生活援助金的来源之一。截至1952年8月，这一"援助金缴纳机构"共筹得款项60亿马克。此外，货币改革中基本债务贬值（1∶10）后以抵押方式获取的利润的缴纳费也是该援助金的另一大资金来源。这是当时社会条件下相当可观的社会政策贡献。不过，它与平均分配战争损失的社会公平标准还相距甚远。《对被赶出家园与战争损失的确认法》

---

① 关于苏占区的战争损失分摊政策可参见米歇尔·施瓦尔茨《战争损失：两个德国的难民政策问题》[Michael Schwartz, Lastenausgleich: Ein Problem der Vertriebenenpolitik im doppelten Deutschland, in: Marita Krauss (Hg.), *Integration. Vertriebene in den deutschen Ländern nach 1945*, Göttingen, 2008]，第167—193页；有关土地改革的内容可参见乌尔里希·恩德斯《1945—1949年美占区的土地改革，特别关注巴伐利亚州的情况》（Ulrich Enders, *Die Bodenreform in der amerikanischen Besatzungszone 1945—1949 unter besonderer Berücksichtigung Bayerns*, Ostfildern, 1982），以及安德·鲍尔卡普编《农民手中的容克土地？——苏占区土地改革的实施、影响与意义》[Arnd Bauerkämper (Hg.), "*Junkerland in Bauernhand*"? *Durchführung, Auswirkungen und Stellenwert der Bodenreform in der Sowjetischen Besatzungszone*, Stuttgart, 1996]。

② 艾克哈德·万德尔：《西德联邦中央银行的诞生与1948年德国货币改革》（Eckhard Wandel, *Die Entstehung der Bank Deutscher Länder und die deutsche Währungsreform 1948*, Frankfurt/M., 1980）。

③ 有关《战争损失平衡法》的前史，尤其可参见莱茵霍尔德·施林格《战争损失平衡的决议过程》（Reinhold Schillinger, *Der Entscheidungsprozeß beim Lastenausgleich*, Ostfildern, 1985），以及吕迪格·温泽尔《大转移？——战后德国战争损失平衡政策从前期准备到1952年法规的通过》（Rüdiger Wenzel, *Die große Verschiebung? Das Ringen um den Lastenausgleich im Nachkriegsdeutschland von den ersten Vorarbeiten bis zur Verabschiedung des Gesetzes 1952*, Stuttgart, 2008）。

(Feststellungsgesetz)① 对整个问题进行了较为全面的阐述。截至 1950 年，来自原德国东部地区的 1400 万被赶出家园者或难民中，共有 790 万人入住西德地区（截至 1961 年为 890 万）。这里有超过 300 万的居民遭遇了空袭和其他战争行动带来的财产损失并饱受驱逐之苦。1/3 的联邦公民在战争中都或多或少地遭受了财产损失。东部地区的驱逐政策造成的私人财产损失就高达 620 亿帝国马克，而空战带来的私人实物损失也达到 270 亿马克。此外，价值 1000 亿马克的存款储蓄则成了货币改革的牺牲品，其中仅有 258 亿马克获得了"赔偿义务"的认可。② 与此同时，也有大批的财产躲过了战争的损害。尽管如此，立法者并未想过在短期内对现有实际财产进行重新分配。在经济重建战略中，私人企业主占据着主导地位。如果德国政府利用财产税对实际财产进行大规模的干预，就会阻碍私人企业家的活动空间和创造性，而未必能给受益者创造新的机遇。联邦总理在政府报告中指明了经济重建计划相对于社会公平要求的优先地位："西德经济重建是各项社会政策和实现难民融合最重要且唯一的基础前提。只有经济繁荣，社会才能持续挑起战争损失分摊政策的重担。"③ 除了要为抵押与贷款收益收费以外，《战争损失平衡法》还对自货币改革之日起现有财产的 50%（农业领域为 25%）做出了征税规定。其计算方法以基础财产相对较低的课税标准价为基准，并规定了免税金额与补偿损失的减税金额。其征税分摊义务从即日起到 1979 年都一直保持不变，上缴税率则根据不同财产种类的预期利润而有所差异。因此，财产缴纳费实际上是对现有财产收益征收的税赋。1950 年，企业主和财产承受的税率负担仅为 5%。之后几年，虽然财产收益强势攀升，税负却不断下降，直至几乎可以忽略不计。截至 1979 年，战争损失平衡框架内的征税义务终止后，德国政府共筹措和分配资金 1139 亿马克。到 2000 年，共支出资金 1460 亿马克。其间，政府并未对生产性财产分配进行干预。④

对于社会政策而言，战争损失平衡举措并非一无是处。事实上，无论从其筹资规模还是分配金额来看，它都堪称德国历史上规模最大的经济和财政

---

① 《联邦法律公报》(*BGBl*)，1952 年，第一部分，第 237—246 页。
② 《联邦德国的社会保险》，有关社会福利调查委员会报告的附录卷之附件（Soziale Sicherung in der Bundesrepublik Deutschland, Anlagenband zum Bericht der Sozialenquete-Kommission, erstattet von Walter Bogs u. a., Stuttgart, 1966），第 13—15 页。
③ 1949 年 9 月 20 日联邦议院会议（Bundestagssitzung vom 20. 9. 1949, in: *Stenographische Berichte des Bundestags*, Bd. 1, S. 19.）。
④ 德国重新统一后对《战争损失平衡法》进行了相应修改：至 1995 年年底，"新加入区"提出的要求仍然有效。重新统一后获得财产返还的受益人必须将早期获得的损失赔偿予以返还。

活动之一。从此项基金中流出的数亿资金都用于赔偿损失、战争损失养老金、家庭用品赔偿与平衡货币损失。除此之外，政府还利用它为经济重建、住房修缮与国民教育提供贷款。1959 年以前，由于损失金额难以界定、资金援助难以实现，政府并未向战争受害人支付损失赔偿。截至 1979 年，近 22% 的被赶出家园者的被承认的财产损失基本得到补偿。这些资金已经由原始受害人的继承人认领。

被赶出家园者与难民无疑是战争损失分摊政策的最大受益对象。1950 年的人口统计结果显示，战争期间以及战争结束后，西德 4770 万居民中共有 960 万为移民人士。总人口中 790 万或 16.5% 为被赶出家园者。官方统计数据称，其他"移民"则大多来自苏占区和东柏林地区。1/5 的西德居民饱受了无家可归和恶劣生存条件的煎熬。其中，近 1/3 的人没有工作，1/4 的人连住房都没有。大多数人都"蜗居"在狭窄的转租房或难民营中①，过着寄人篱下的生活。只有极少数人能继续从事原有工作，但他们不得不忍受社会地位的下滑。西德的本土居民在面对移民潮带来的种种问题时颇有些心有余而力不足。在这种背景之下，对朝鲜战争所带来的繁荣期之前紧急收容政策"自我毁灭的人道主义"的批判便不绝于耳，各方纷纷要求对占领区边界实施封锁并提出通过国际援助来解决被赶出家园的问题。② 1950 年至 1954 年，即从联邦紧急收容政策制定到经济复苏期间，根据《紧急收容法》的规定，仅有 43.4% 的移民人士获得了德国居留许可。

倘若 50 年代的德国经济未发生重大转折，对于德国民众而言，紧急援助和战争损失平衡举措也只是杯水车薪，起不了什么大的作用。例如截至 1956 年，到劳动力市场的紧张局势有所缓解之时，政府一共花费 2.86 亿马克用于就业机会的改善，共创造就业岗位 58000 个，其中有 48000 个是专门针对被赶出家园者的。1950 年至 1956 年，被赶出家园者的失业人数减少了 35 万人。不难发现，除"纯粹的"制造就业资金外，从联邦政府针对"典型被赶出家园者州区"重点项目和其他区域援助项目发挥的效用来看，战

---

① 《难民融入德国社会——ECA 技术协助委员会关于难民融入联邦德国社会的报告》（Die Eingliederung der Flüchtlinge in die deutsche Gemeinschaft. Bericht der ECA Technical Assistence Commission für die Eingliederung der Flüchtlinge in die Deutsche Bundesrepublik, hrsg. v. Bundesministerium für Vertriebene, Bonn, 1951）。

② 威利·阿尔伯斯：《国民经济角度的难民融合》（Willi Albers, Die Eingliederung in volkswirtschaftlicher Sicht, in: *Die Vertriebenen in Westdeutschland*, hrsg. v. Eugen Lemberg u. Friedrich Edding, Bd. 2, *Kiel* 1959），第 441 页。

后的经济问题仅仅依靠社会政策手段来解决是远远不够的。① 与此同时，过分高估融合进程带来的助推作用也是错误的。50 年代期间，被赶出家园者堪称西德经济奇迹的掩护撤退队伍。从这个意义上来讲，"迅速融合的神话"（P. Lüttinger）也不得不在现实境况面前低头。②

二 走向消费型社会的漫长之旅

1945 年，收入与财产公平分配的问题并非西德社会关注的焦点所在。在大多数德国人眼中，战争带来的破坏、国家的分崩离析和包括从前的富人在内的人民大众的疾苦使大家足够的"平等"，阶级差异已经无关紧要了。特别是历经战争风雨和设备拆卸举措后仍然存留下来的生产性财产失去了其在社会政治上的重要意义，因为在战争结束最初几年的盟军管控体制下，大的财产所有者不允许将生产性财产转化为经济权力或政治上的影响力。1948 年的货币改革——虽然未触及当时的生产性财产的分配不公——也进一步强化了西德人当时对于所有德国人 1945 年后都处于同等起始条件的肤浅印象。因为从 1948 年 6 月 21 日开始，每个人都必须从 40 马克的"人头钱"（Kopfgeld）重新起步。货币改革对分配造成的影响很快便证明"同等初始机遇"设想是一个幻觉。而消费品供应条件的改善很快就促成了一个新的幻觉的产生。50 年代，联邦德国开始向大众消费时代过渡，政治家与选民们逐渐意识到消费领域的机会均等化以及居民生活方式的同一化趋势。社会市场经济体制的成功似乎克服了等级社会的种种弊端，传统的等级与阶层差异逐渐弱化，德国正朝着"趋向平均主义的中产阶级社会"（H. Schelsky）迈进。

"二战"后，西德迈入"大众消费时代"的时间要比其他工业国晚得多。耐用消费品在居民中的普及率成为这一阶段工业发展的主要特征，在美国，它在"金色的 20 年代"业已开始。消费繁荣景象下的领军行业包括冰箱和吸尘器等家用电器以及汽车，其在美国的广泛流行给街道建设和新型居

---

① 蒲凡尔：《难民》（Pfeil, *Flüchtling*），第 11 页。
② 有关战争损失平衡举措的内容可参见米歇尔·胡格思《承担财政赤字的负担——西德与社会公平的重建》（Michael L. Hughes, *Shouldering the Burden of Defeat. West Germany and the Reconstruction of Social Justice*, Chapel Hill, 1999）；保罗·埃尔克尔《希特勒战争之清算——战争损失平衡问题的视角》（Paul Erker（Hg.）, *Rechnung für Hitlers Krieg. Aspekte und Probleme des Lastenausgleichs*, Heidelberg, 2004）；也可参见《1945 年以来的德国福利政策史》（*Geschichte der Sozialpolitik in Deutschland seit 1945*, hrsg. v. Bundesministerium für Arbeit und Sozialordnung/Bundesarchiv, Baden-Baden, 2001—2008）第 2、3、8 卷的相关文章。

住模式等领域带来了重大的经济影响。此外,"有闲社会"的商业先驱也开始出现,例如费用包干旅行、大众体育营销和包括电影经济及提神饮料销售等在内的展示型商业。大多数德国人都认为,消费型社会带来的种种福祉——加上学习美国文明模式的意向与趋势——与50年代的社会境况有着密不可分的联系。同时,这也是50年代不可替代的时代特征之一。

然而,从独一性角度来看,这一说法并不贴切。我们惊奇地发现,西德消费型社会的许多特征都延续了30年代的发展模式,而这一时期已经有了大量从美国输入的文明。[1] 纳粹政权通过对畅销商品价格施压[欧宝P4型轿车,小奇迹皇室级轿车(DKW Reichsklasse)、欧宝卡德特轿车(Opel Kadett)等]和开发价廉物美新车型(KdF车——大众车)将以美国榜样为导向的30年代"汽车热"引入了大众消费轨道,尽管战争的到来令德国政府的长期政策规划暂时都成了一纸空文。但截至1942年,在与军备工业的竞争中,高速公路建设得到持续发展(1939年建成3065公里,1849公里在建,其中2100公里为1945年后在西德建造)。与其他邻国相比——例如英国,西德汽车拥有者的数量也增长较快。在"民族社会主义消费型社会"方针在战争中失败之前,可口可乐(1929—1942年)、好莱坞电影和美国娱乐业其他产品(截至1941年)大获成功,尽管军备扩张政策带来了消极影响,大量的私人住宅、私家车、收音机和电视机、照相机与厨房家电等产品的广告仍为德国创造了一个以消费品为主导的市场环境。[2]

50年代的新现象是耐用家居产品的消费对象不再仅限于中高端收入阶层,而是随着实际收入的增加遍及所有居民阶层。50年代后半期,对于拥有电视机、音箱和冰箱等消费品而言,社会地位已不再发挥决定性作用。消费重新实现了民主化,自从工业革命以来,大量先前只是统治阶级特权的商品消费如今已经大众化。这一发展进程中最典型的例子就是为特殊阶层设计的汽车(例如盖特博德的"微型汽车"、麦科或梅塞斯密特)以及其摩托化的替代"可拉福特拉德"的失败。而相反,以技术功能性和服务于跨阶层

---

[1] 见汉斯·舍佛《分裂的意识——1933—1945年的德国文化与生活现实》(Hans D. Schäfer, Das gespaltene Bewußtsein, Deutsche Kultur und Lebenswirklichkeit 1933— 1945, München, 1981),第146—240页。

[2] 沃尔夫冈·科尼希:《大众汽车、大众消费者、大众社会——第三帝国的"大众产品":纳粹政党消费型社会的失败》(Wolfgang König, Volkswagen, Volksempfänger, Volksgemeinschaft, "Volksprodukte" im Dritten Reich: Vom Scheitern einer nationalsozialistischen Konsumgesellschaft, Paderborn, 2004)。

群体著称的大众牌甲壳虫汽车却获得了极大的市场成功。虽然大众公司在纳粹时期制造的汽车辜负了当时 30 万投资者的期望，而且该款车型很容易让人联想起阿道夫·希特勒第三帝国时期的 KdF 汽车，但是这些都没有使大家对甲壳虫的热情减退。

1951—1961 年，德国的轿车存量从 70 万台上升至 500 万台，增长了七倍。1954 年以来，相比摩托车而言，轿车产量不断增加；1957 年，轿车总量首次超过了摩托车数量。这一发展趋势带来的结果是：机动化率由 12.7 辆轿车/1000 居民提升至 81.2 辆轿车/1000 居民。不过，这一比例仍然远远低于其他工业国。[①] 1960 年西德的机动化率仅仅达到了美国 1920 年时的水平，这说明后发追赶需求有多么的大。

与此同时，在新汽车行业中的从业人员比重从 8.8%（1950 年）上升至 53%（1960 年），其在整个轿车存量中的比重也由原来的 12% 提升至 54%。劳埃德（Lloyd，博格瓦德）、依赛塔（Isetta，宝马）和格哥摩（Goggomobil，格拉斯）等几大品牌在市场上占据着主导地位并"价格走低，适应了缓慢而不断加速提高的大众购买力"。[②] 50 年代，私家车成了社会舒适、公民自由、职业机遇和社会威望的核心象征。它给城市建设、社区政策、业余生活规划、交际行为、经济结构和生存环境，即人类生活的方方面面带来的影响使人们的日常生活发生了革命性的改变。其间，个人私家车出行方式在整个客运交通中所占的比重由 33.1% 提升至 63%，铁路交通与公共客运交通出行比重则分别从 37.5% 和 28.8% 下降至 17.1% 和 18.9%。[③]

旅游业的兴旺和新型大众媒体——电视机的普及也都朝着同一方向发展。在德国，这两大具有划时代意义领域的突破都始于 30 年代，并在发展进程中积累了属于自己的经验教训。纳粹政权赋予充当工会替代组织的德国劳动阵线（Deutsche Arbeitsfront）新的任务，即将延长的雇员假期组织起来，使它们成为"精神净化的进程"和为巩固"纳粹—国民共同体尽国家义务"。其成就显而易见：1937 年，德国旅行社接洽的旅游业务达 1000 多万单，其中 1/3 的服务对象为工人。一年以后，帝国邮政部长为大众放开了

---

① 见尤根·西布克《轿车问题》（Jürgen Siebke, *Die Automobilfrage*, Köln, 1963），第 79 页及其后。

② 沃尔夫冈·萨克斯：《汽车之爱——梦想历史的回顾》（Wolfgang Sachs, *Die Liebe zum Automobil. Ein Rückblick in die Geschichte unserer Wünsche*, Reinbek, 1984），第 84 页及其后。

③ 见联邦交通运输部长编《交通数据》（Bundesminister für Verkehr (Hg.): *Verkehr in Zahlen*, Bonn, 1972），第 28 页及其后。

广播电视节目。"二战"前夜，纳粹政权宣布将生产10000台标准电视机。不过，该生产直到1951年才以变相方式开始进行。

毫无疑问，五六十年代消费型社会的主要支柱——机动车、旅游业和大众传媒——已在公众意识和大众生活情感中留下了深深的印记。因此，它被视为"二战"后经济奇迹的结果就不足为怪了。但是它在30年代"纳粹经济奇迹"中的发端也并非毫无意义。它为以德国传统和经验为导向的三大领域提供了新的发展机遇。相比二三十年代而言，50年代的美国汽车工业并没有为德国树立典范和榜样。到了60年代，其影响方式甚至发生了逆转，大众汽车的出口成就改变了德美汽车工业间的关系，后来的戴姆勒·奔驰、宝马和保时捷等名牌产品也相继为其提供了佐证。虽然旅游业和大众传媒业领域没有发生可与汽车行业相提并论的事件，不过它们相对独立的发展方式也对彼时的德国社会产生了重要影响。50年代美国在经济领域的优越性带来的外来文化冲击并未被当作问题受到重视。直到70年代，人们才对此引以为戒，当然这一情况不仅仅发生在德国。

将整个时代统称为"消费型社会"的说法似乎有失偏颇。直到1951年，居民人均私人（实际）消费额才得以重回1936年"战前正常年份"的水平。① 1953—1954年，每位居民食品的卡路里含量才达到1935—1938年的水平。由此可见，食品、服装和家电采购是50年代初居民消费的重点。香烟的人均消费量直到1952年才超过1936年的战前水平，啤酒、烧酒和糖以及咖啡的人均消费量则分别到1954年和1956年才超过战前水平。耐用消费品的采购热潮则来得更晚，直到1958—1960年才出现。1962—1963年对收入及消费构成的抽样调查结果还显示，居民家庭成员社会地位的不同会造成耐用消费品占有情况的巨大差异。相比公务员和自由职业者家庭，工人家庭仅在收音机、电视机、缝纫机、洗衣机和摩托车等消费品领域的装备水平与其持平或更优。随着居民实际收入的不断增加，社会各阶层实现消费领域平衡化的趋势也越来越明显。

1958年以来的经济繁荣期不仅为实现社会充分就业目标提供了机遇，也为实际工资增长增添了新的助推力，同时还进一步强化了西德外贸经济的

---

① 上述说明论证可参见维尔纳·阿贝尔斯豪塞《漫长的50年代——1949—1966年联邦德国的经济与社会》（Werner Abelshauser, *Die langen Fünfziger Jahre, Wirtschaft und Gesellschaft der Bundesrepublik Deutschland 1949—1966*, Düsseldorf, 1987），第56—60页。

市场地位（阿登纳："德国马克是世界上最有力、最优秀的货币之一"）。①随后，包括工人阶级在内的人民大众也巩固和加强了对西德社会、国家制度和政治体系的认同感。这完全得益于经济成就所积累的宝贵经验。同时，它也是直面未来的现实期望。相比"东占区"（"Zone"一部分德国人对德意志民主共和国的贬称——译者）的公民而言，他们拥有更好的生存条件，机动化拓宽了个人休闲娱乐的活动空间，四处游历的休闲方式拓展了人们的见识和视野。在充分就业与养老保险（自1957年开始）的双重保障下，人们对本国经济的未来充满了信心和希望，这一切都为人们营造了一种全新而积极的生活感受。

经济状况的普遍好转使经济奇迹时期的其他问题被视而不见。消费机会的均等化使人们产生了财产横向分配范围的拓展指日可待，甚至可以实现"人民资本主义"以克服阶级社会的经济与社会冲突。虽然消费领域的分配情况有所改善，然而50年代末期，生产性财产依然存在分配不均的现象。对于消费民主化进程中隐含的矛盾，只有极少数人有所觉悟。社会的机动化程度越高，居民的闲暇时间越充裕，大部分居民所处的"汽车世界"的社会成本也就越高。而随着轨道交通空间的日渐缩窄，每位私家车主的驾车空间也在萎缩。原有的品质生活成了一种环境负担。大众旅游业与传媒业也面临着类似的问题。旅游业的火爆以及居民旅游消费能力的提高也不可避免地给环境造成了破坏。而对于电子媒体而言，其导致的文化问题在很大程度上直到70年代才为人们所察觉。

50年代的德国在挺进工业社会道路上取得成就的同时也不得不忍受其带来的特殊问题。60年代，对世界市场、能源进口和紧缺资源的高度依赖，工业排放与废弃物造成的严重环境负担，分散化的工业区位政策扯碎了自然风光以及经济结构转型引发的就业危机还未成为迫在眉睫的社会问题。不过，所有这些问题早在50年代就业已出现。这些问题对已经处于"增长的极限"彼岸的联邦德国来说尤其严重。与此同时，与民主德国不同，联邦德国逐渐脱离了之前德意志帝国时代由于高额能源成本不得不走的资源节约型经济发展轨道。在50年代经济与消费增长的助推作用下，人们对待稀缺资源的方式逐渐发生了改变，这就是普遍发生的西方世界生产生活方式的改

---

① 此观点见于1956年6月22日德国联邦议院景气循环的讨论（2. BT‐152. Sitzung, Stenograph. Berichte, Sp. 8162 B）。

变。环境问题专家将其称为"20世纪50年代的环境问题并发症"。①

三 功能性收入分配

从收入与财产分配的发展形势来看,"趋向平均主义的中产阶级社会"这一论点似乎并不能找到现实依据。不管是劳动力(工资率)与资本(利润率)等生产要素间国民收入的功能分配,还是依据收入等级划分的总收入的个人分配,抑或是财产分配或者生产性财产分配都未显现出平均主义的趋势。鉴于实践与方法上的差异与局限性,对不同时期分配情况的记录也有着细微差别。尤其是个人收入与财产分配领域,由于立法机关拒绝对统计部门进行相应授权,致使该领域一直缺乏具有代表性且可靠的一手统计资料。尽管联邦统计局能够精确地给出葡萄收成与蜂蜜产量的相关资料,但这些对极具政治敏感性的社会分配领域几乎没有任何指示作用。不过,1984年以来,德国社会经济调查研究(SOEP)竭尽所能地选出10000多户有代表性的私人家庭为研究对象,其在此基础上开展的统计调查完全可作为研究收入发展和社会形势的抽查样本。

功能收入分配的形势最为有利(对比图10)。截至50年代末,尽管雇员占总体就业人员的比重从1950年的72%上升至1959年的78%,但工资率——即所有雇佣从业者的收入在国民总收入中所占的比重——在对总体原始资料的统计观察中几乎未发生任何变化。60年代初,即西德经济重建期接近尾声之时,德国社会实现了充分就业目标,雇员的工资收入在国民收入中的占比得到大大提升。然而,劳动力与资本间的比例关系的变化从名义值上看却被过分高估。这些数据并未明确表示出,提高了的工资率必须在更多的雇佣从业者中分配,因为自由职业者的人数呈下降趋势。倘若从功能性收入分配中刨除此效应的影响,例如假设就业基础结构保持不变(如图11),那么就会发现,生产要素之间的再分配是十分微不足道的。50年代呈逐年下滑趋势,60年代又略有上升。1960年至1968年,雇员的平均收入增长了78%,自由职业者的平均收入增长了73%。由此可见,两者间的绝对差距虽未有明显变化,但至少其增长率开始呈现趋同。70年代,雇员平均收入增长了93%,自由职业者平均收入仅增长了78.5%。此时两者间的绝对差距有所缩小。刨除结构因素的工资率虽然在70年代期间有了明显改善,

---

① 克里斯蒂安·普菲斯特:《20世纪50年代并发症——迈向消费型社会之路》[Christian Pfister (Hg.), *Das 1950er-Syndrom. Der Weg in die Konsumgesellschaft*, Bern, 1995]。

但它并未超越1950年的起始水平。雇佣职业者与自由职业者之间的收入比例为1∶3。这一比例在过去30年间并未发生显著变化。

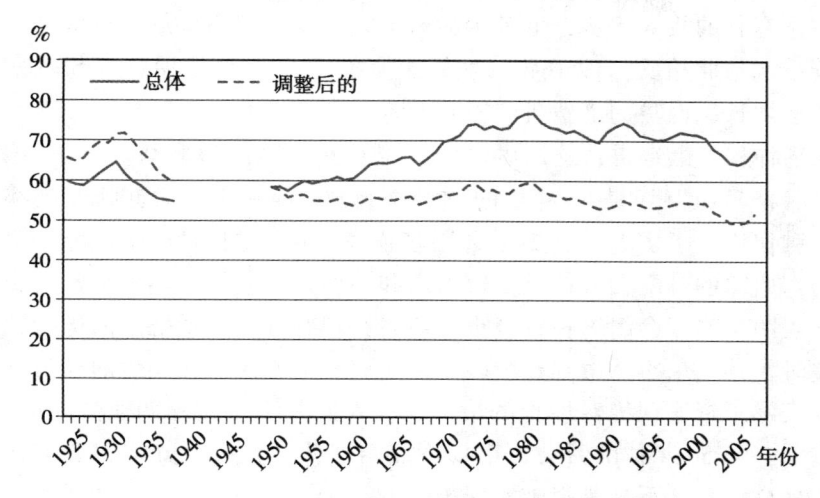

图10　1925—2005年工资占国内生产总值的比例

资料来源：D. Petzina et al. Sozialgeschichtliches Arbeitsbuch III（贝慈娜等：《社会历史工作册》，第三册）；Materialien zur Statistik des Deutschen Reiches 1914—1945（《德意志帝国 1914—1945年统计材料》），München 1978，第102页；总体经济发展专家鉴定委员会不同年度的总体经济发展的鉴定。

不管怎样，雇员在50年代期间的实际工资状况得到了改善。从长远来看，实际工资——即扣除通货膨胀效应后的工资数额——相比利润而言从生产率提高中获益更为显著。它的成功与20世纪20年代的情况不尽相同，既没有撑破生产率提高限制的空间，也没有持续性地改变分配比例。根据累积的实际工资的数额可以展示雇佣劳动平均实际工资与通过整体经济生产率发展给出的标准之间的偏差。[①]

当实际工资的增长超过生产率的发展时，曲线就会在中性分配效应直线的上部区域运动。其运动走势也成了有组织的工人群体谈判权力的风向标。同时，在其累积的图示中它代表了雇员与雇主间收入分配情况的长期变化。曲线形态透露了两个对于劳资协议双方的收入政策以及对于联邦德国的收入状况的关键结论。一方面，它表明从经济重建至60年代结束期间，西德的工资政策默认以生产率发展为导向，工会组织在困难时期放弃了对企业主收

[①] 该构想由总体经济发展鉴定专家委员会提出，一直沿用至80年代。参见"1964—1965年度鉴定报告"（Jg. 1964/65，Zf. 248）。

入地位发起攻击。另一方面，其与战争时期的分析对比也表明，功能性分配比例并未直接反映广大市民阶层的生活水平与生活境况。20年代期间，雇员虽占据有利的收入比例，但其生活水平只是相对较高，从绝对水平来看却十分低下。与此相反，1950年后实际工资的"中性"发展趋势却带来了经济的快速增长，雇员的消费机会得到改善。

从某种程度上来讲，这两者之间并不存在什么因果联系。无论是20年代的"经济危机"还是50年代的"经济奇迹"，劳动者工资的发展都并未发挥关键作用。事实上，它更适合用来描述分配"战争"的特点。截至70年代初，西德的分配大战都是以较为温和的形式开展的。实际工资的长期发展趋势表明，当工会组织在经济重建期间在现有分配关系框架内进行工资政策调整时，其结果必然由双重原因导致而成。一方面，在强劲的经济增长势头带领实际工资实现绝对增长的情况下，人们并未考虑到调整分配的问题；另一方面，与50年代的劳动力市场特点类似，调整收入分配的要求在高失业率的社会背景之下又是很难实现的。

60年代末，上述情况发生了根本性转变。当时的社会已实现充分就业之目标，国家也承诺将不惜一切代价为此保驾护航。工会组织为克服1967年经济衰退而付出了工资稳定的代价，大大地降低了其先前提出的要求，使其低于从"社会对称"角度来看应有的标准。进入景气繁荣期后，工会又要求对现行分配比例进行调整，特别强调补偿性的社会改革远远低于工人阶级的预期。但取得的成就十分有限。早在1974年，在失业率不断上升的重重压力之下，雇员的实际工资水平就又开始走低，自那时以后一般趋近于甚至低于生产率的增长水平。

四 个人收入分配

根据现有的统计资料，个人收入的分级——即根据收入高低而非收入的种类和来源实施的分配——也同样使人获得分配关系相对稳定的印象。如果把收入人群中最富有的10%放在一起再计算其在总收入中的占比，1950—1961年的这一比重从34%大幅提升至38%。而1965年的这一比重又再次下降，使这一比重在1974年重新回到初始水平。与此相对应，40%的中间收入阶层在总收入中的占比从1950年的46%下滑至1960年的40%。而以后又重新爬升至初始值。收入人群中最底层（最贫困）的50%在总收入中的占比从20%上升至22%（1961年）并一直维持在这一水平上（表23）。粗略观察后，"趋向平均主义的中产阶级社会"就开始出现问题了。在经济活跃的50年代期间，相比高收入与低收入人群而言，中间收入阶层的比重大大减少。与魏玛共和国时期的对比则又呈现出另外一番景象。1928年，相比1/10的高收入人群和占比将近一半的低收入人群，中间阶层在收入分配中地位明显较弱。尽管如此，我们并不能在与魏玛共和国时期的比较中来定义这一中间阶层群体的生活水平。对第二帝国时期中产阶级财富状况起关键作用的是人均实际收入的增长，人均实际收入近3.5倍的增长幅度极大地改善了中产阶级的生活状况。个人收入分配领域也并未出现其他戏剧化的新发展形势。作为评判收入分配水平权威标准的基尼系数在1984—2004年出现了轻微恶化（表24）。之所以出现这一现象是因为：1991年至2004年家庭的市场收入的不公平分配趋势有所提升。虽然来自国家转移支付的收入比重从3.7%（1991年）提升至6.9%（2004年），但其造成的家庭净收入分配不均之趋势并不明显。① 基尼系数虽然仅仅在家庭市场收入的集合中有所体现，但毫无疑问，它与失业率高低间的正相关关系却是显而易见的。

表23　　　　　1913—1974年个人收入分配税前收入分布

不同收入档次人口占总人口的百分比（%）／年份	占总收入的百分比（%）		
	10（收入最高档次人口占比）	40（收入中等档次人口占比）	50（低收入档次人口占比）
1913	40	36	24
1928	37	38	25
1936	39	43	18
1950	34	46	20
1961	38	40	22
1965	35	43	22
1974	33	45	22

资料来源：迪特马尔·佩齐尔：《19世纪末以来德国社会和经济变革》，载哈拉尔德·温克尔编《经济和社会发展变革》，达姆施塔特，1981年，第335页；联邦统计局不同年份的经济数据。

---

① 《德国的个人收入分配发展形势》（Die Entwicklung der personellen Einkommensverteilung in Deutschland, in: SVR, *Widerstreitende Interessen—ungenutzte Chancen, Jahresgutachten 2006/07*, Wiesbaden, 2006），第429—440页；约阿辛·弗里克和马尔库斯·格拉普卡：《德国私人家庭收入之发展趋势（至2004年）》（Joachim R. Frick, Markus M. Grabka, Zur Entwicklung der Einkommen privater Haushalte in Deutschland bis 2004, in: DIW, *Wochenbericht* 28, 2005）第429—436页。

表 24　　　　1984—2005 年的个人收入分配（基尼系数）

年份	旧联邦州	新联邦州	德国
	基尼系数 *		
1991	0.257	0.203	0.257
1993	0.27	0.217	0.267
1996	0.271	0.221	0.265
1999	0.27	0.213	0.264
2002	0.297	0.242	0.292
2005	0.322	0.257	0.316

注：＊，基尼系数是基于洛伦兹曲线的概念。洛伦兹曲线表现的是处于不同收入段的人的收入占总收入的比重。基尼系数是洛伦兹曲线和收入分配绝对平等曲线之间的面积，它尤其可以体现出分配中间区域的变化。基尼系数介于 0 与 1 之间，0 表示收入分配完全平等，1 表示收入分配完全不平等。

资料来源：总体经济发展鉴定专家委员会（SVR）：《2007/08 年度鉴定报告》，表 59。

五　财产分配

有利的收入发展趋势也为雇员提供了积累个人财富的机会。在社会市场经济体制拥护者看来，财富积累对经济与社会制度的稳定有着至关重要的意义和作用。艾哈德更是将财产分配视为其构想倡议的"战略要点"并对财产分配形势的改变寄予了莫大的希望："如果越来越广泛的社会阶层能成为财产拥有者，抨击社会市场经济体制的敌人们必将失败。"[1] 如果依众人之见这仅仅涉及分配公平性问题的话，那么其希望终将破灭。60 年代以来，对分配现状不满的批判者数量迅速增长。1970 年，61% 的德国公民在民意调查中表态，认为当时的财产分配状况存在不公现象。[2] 不过，对产生这一现象的原因进行分析解释却并非易事。无论是调查问卷下财产一词的精确定义还是可支配的少量数据的说服力，人们对此都存在较大疑惑。虽然在养老保障方面，私人财产与社会财产的功能在很大程度上类似，但向私人保险公司主张的养老金要求属于私人财产而非"社会财产"。只有向法定社保机构

---

[1] 参见汉斯·沃尔格洛特所著《所有人的财产》（Hans Wollgerodt, *Vermögen für alle*, Düsseldorf, 1971）的前言，第 10 页。

[2] 社会经济学与社会研究所：《萨尔布吕肯 1970 年》（Institut für Sozialforschung und Sozialwirtschaft e. V., Saarbrücken 1970），摘引自《联邦政府关于财产构成的报告草案》（*Entwurf des Berichts der Bundesregierung über die Vermögensbildung*, Reihe "Dokumentation" des gesellschaftspolitischen Informationsdienstes, Bonn 1971, Anhang 1, "Meinungsumfragen"）。

提出的养老金要求、企业养老金和公务员退休金才属于社会财产范畴。换而言之，对法定养老保险、公务员保险或企业养老保险提交的养老金请求权和其他向社会国家提请的养老权利应算作社会财产，其属于宪法保障的所有权。自从1957年养老保险动态化以来，社会财产的累积势头不断增长。根据不同的估算基础值，相关各机构接到的养老金请求金额高达4.6万亿至7万亿欧元（2005年）。① 在其他国家，例如美国，支撑这些请求的资金流入私人退休金账户，自然也属于私人财产的一部分。因此，联邦宪法法院坚决做出决议，对退休金与保险金的所有权属性进行了明确的规定。

事实上，将社会财产从德国人集体记忆中抹去是对社会保险的"国有化"进程的说明。其间，社保业的所有缴纳费用理所当然但错误地计入了国民收入中的国家占比中，而社会财产本身则不纳入收入计算之内。一旦纳入计算范畴，"受益的"将是低收入阶层群体。在全球资本市场危机时期，它仍能保持相对稳定，这正是其优势所在。然而，另一方面，社会财产的"无形"积累也有其弊端。它无法为资本市场提供资金，只能将其交由主要来自外国的机构投资者操控。这导致德国资本市场的波动节奏过快，对德国社会生产体系造成了一定程度的损害。

对私人财产与社会财产做概念上的区分——虽然从其他角度来看完全有道理——使通行的财产集中数据的说服力大打折扣。2009年，每位负有保险义务的雇员每月至少需拿出总收入的19.9%用于养老保险的资金筹措，而其中的一半需由雇主缴纳（对于公务员而言，雇主需缴纳全部资金），这对于结果无足轻重。早在70年代，德国"社会财产"的金额就达到了私人家庭财产的两倍多并相对均匀地分配给了权利人。如果要对分配公平性予以评判的话，有关方面必须考虑到社保请求权未计入分配估算中这一事实。类似的问题也同样适用于公共财产，每个个体对国家财产的使用情况各不相同，因此对其分配效应进行评判的难度更高。"公共财富"的某些方面——例如教育——为就业与生活机遇的平等做出了重要贡献，而某些国家投资的

---

① 约阿辛·弗里克、马尔库斯·格拉普卡：《财产收入的不公平分配》（Joachim R. Frick und Markus M. Grabka: Vermögen wesentlich ungleicher verteilt als Einkommen, in: DIW, Wochenbericht 45, 2007, 第665—672页），根据德国社会经济调查研究2002年的研究数据得出的结果为4.6万亿欧元。受访者通常没有意识到其候补资格，因此该结果是有待商榷的。以联邦统计局的国民经济数据为基础进行计算得出的结果相对较高。也可参见阿尔伯特·布拉克曼、延思·格吕茨和托尔斯滕·浩克《国民经济计算结果中的养老金与退休金财产》（Albert Braakmann, Jens Grütz u. Thorsten Haug, Das Renten-und Pensionsvermögen in den volkswirtschaftlichen Gesamtrechnungen. Methodik und erste Ergebnisse, *Wirtschaft und Statistik*, 12/2007, 第1167—1179页）。

基础设施给生产资本占有者带来的好处又比雇员要多得多。

通常而言，财产一词是指能直接带来收益的实物财产和滋生利息的债权。1973年，其比例关系如下：① 30%的家庭享有1.5%的私人财产。也就是说，这些家庭在财产平均分配中仅获得其中的1/20。另一方面，1/4的家庭拥有4/5的私人财产。这类25%最富有的家庭则掌控着私人总财产的80%。根据财产种类划分的财产占有情况则又是另一番景象：住房储蓄与银行储蓄的分配相对比较均衡。其集中度仅为总财产的一半。与此相反，有价证券、住宅和土地以及生产性财产则集中在少数人手中。房屋与土地和生产性财产（不算股票）分别占私人总财产的63%和10%，因此，它们对财产的整体分配影响更大。

生产性财产的分配至关重要，因为它不仅是许多人的收入来源之一，而且它还意味着对于生产设备的支配，从而在市场经济中代表着政治权力，因此从社会政策的角度上更加重要（这里的"社会"的德语是Gesellschaft，与社会福利政策中的sozial不同。——译者）。因此，当大联合政府倡议对生产性财产进行估算时，公众的反应非常强烈。② 1960年，1.7%的家庭拥有生产性财产的比重达到70%，而其拥有总财产的比重则"仅"为35%。基于同样的基础估算，截至1966年，财产集中度进一步提高——同样的家庭群体拥有生产性财产的比重上升至74%（表25）。在同一个研究中计算的总财产分配情况则相对均衡得多。1966年，1.7%的家庭拥有的私人总财产"仅"为31%。以后，又有人采用其他方法对1969年与1973年的情况进行了估算，结果是无论是财产金额还是分布趋势都与先前的研究有明显差异。③ 根据这一同样是很粗略的估算方法，人们至少可以得出财产集中度的下限估值。1969年，1.7%最富有家庭拥有的生产性财产比重介于55%至60%之间。1973年以后，这一比重下降至51%。而实际的数值可能就在这两个极值之间。

---

① 霍斯特·米尔海姆、鲁茨·威克：《联邦德国的个人财产分配》（Horst Mierheim u. Lutz Wicke, *Die personelle Vermögensverteilung in der Bundesrepublik Deutschland*, Tübingen, 1978），第272页。

② 参见威廉·柯雷乐《雇员参与跨企业的利润分配》，附有一项对联邦德国财产结构的调研结果（Wilhelm Krelle u. a., *Überbetriebliche Ertragsbeteiligung der Arbeitnehmer. mit einer Untersuchung der Vermögensstruktur der Bundesrepublik Deutschland*, Band 2, Tübingen, 1968)；尤根·西布克《联邦德国私人家庭的财产构成（手稿）》 [Jürgen Siebke, *Die Vermögensbildung der privaten Haushalte in der Bundesrepublik Deutschland* (Manuskript), Bonn, Mai 1971]。

③ 米尔海姆、威克：《财产分配》（Mierheim, Wicke, *Vermögensverteilung*），第262页及其后。

表 25a　　　　　　　　　　　　个人财产分配　　　　　　　　　　　　　单位：%

年份	1.7%的家庭拥有的资产占全部资产的比重	
	总资产	生产性资产
1960	35	70
1966	31	74
1969	24ª	55—60ª
1973	b	51

表 25b　　　　　　多大百分比的家庭支配多大百分比的总资产

	位于最高层的 1%	位于最高层的 10%	位于最底层的 70%
2002	>20	60	<10

a) 估计基础的不同不允许将两列数据进行比较。1969 年及 1973 年数据为最小值且由粗略估算而得。

b) 预测出现了进一步显著的资产集中减弱，参见米尔海姆、威克《财产分配》，第 262 页。

资料来源：霍斯特·米尔海姆、卢茨·威克：《联邦德国的个人财产分配》（Horst Mierheim u. Lutz Wicke, *Die personelle Vermögensverteilung in der Bundesrepublik Deutschland*, Tübingen, 1978），第 272 页。还可参见威廉·克雷勒等《跨企业的雇员收益所得》（Wilhelm Krelle u. a., *Überbetriebliche Ertragsbeteiligung der Arbeitnehmer. Mit einer Untersuchung der Vermögensstruktur der Bundesrepublik Deutschland*, II, Tübingen, 1968）；尤尔根·西布克《联邦德国私人家庭的财产组成》（Jürgen Siebke, *Die Vermögensbildung der privaten Haushalte in der Bundesrepublik Deutschland*（Manuskript），Bonn Mai, 1971）；约阿辛·弗里克、马尔库斯·格拉普卡《与收入相比，资产分配极不公平》（Joachim R. Frick und Markus M. Grabka, Vermögen wesentlich ungleicher verteilt als Einkommen, in: DIW, Wochenbericht 45, 2007，第 665—672 页）。

　　这一结果并不出人意料，它反映了工业经济财产分配的长期集中化历程。这一进程在从业人员的社会结构发展中也有所体现。因此，对财产分配的最新研究结果表明，不公平分配的规模呈持续上升趋势。[1] 比如 2002 年，相对较高的基尼系数——0.79（与最高值 1 相差无几）——就体现了财产分配不均的现状。德国社会经济调查（SOEP）在某些重要领域——例如企业财产——的可信度并不高，而早期研究通常都是以它的数据为基准，故而很难将新的研究结论与早期结果进行对比。一般情况下，需用复杂估算值——比如在多重归算的基础上——来替代早期计算的结果。据此，2002

---

[1]　约阿辛·弗里克、马尔库斯·格拉普卡：《财产》（Joachim R. Frick, Markus M. Grabka, *Vermögen*）。

年德国社会经济调查分析可以粗略地概括为以下结果：2/3 以上的底层居民没有或仅拥有少量财产。而居民中最上层的 1/10 群体则拥有 60% 的总财产，而其中最富有的 1% 甚至拥有超过 20% 的总财产（表 25）。社会底层的 70% 群体拥有的总财产比重则不超过 10%。如果对德国东部和西部居民的财产占有情况进行比较，东部居民在财产分配领域更是要远远落后于西部居民。其中，差距最为明显的是不动产财产的占有情况。在货币财产方面，东部居民则已达到西部水平的 60%。虽然无法对东西部企业财产的占有情况进行直接对比，但没有任何数据表明，六七十年代以来整个德国的企业财产集中化程度有所下降。2002 年，仅有 4% 的德国人拥有企业财产，占整体净财产的比重却达到了 12%。在财产收入对总收入做出的贡献中，企业财产的比重高达 33.8%。在税收法中，财产收入有优惠特权。1997 年以来，政府不再对财产征税。2009 年以后，财产收益需缴纳 25% 的"预扣税"，仅为最高税率的一半多一点。此外，遗产税和馈赠税仅占总税收的 0.8%（2002 年）。与经济合作组织的其他成员国相比，德国与财产相关的税收收入重要性相对较低，仅占国民生产总值（2008 年）的 0.9%。[①]

六 市场经济体制下的财产政策

德国政府曾经大肆鼓吹的"人民资本主义"构想希望实现对生产资料所有权的不断分散化，进而将社会市场经济构想建立在更广泛的物质基础上。然而，生产资本所有权的日益集中则很早就预示着这些努力的失败。50 年代末以来，服务于此目标的联邦工业财产私有化行动显然收效不大。1959 年对国有矿冶康采恩普罗伊萨格（Preussag）价值 1.2 亿马克资本和 1960 年对大众汽车制造厂（3.6 亿马克）实施的私有化举措以及 1965 年出售能源康采恩费巴公司（VEBA）价值 5.28 亿马克股份资本的举措则成了万众瞩目的惊人之举。不过，尽管采取了许多预防措施，那些国民股份还是陷入了投机危机，而且其市值也未能满足人们对它很高的期望值。最终，这些努力都未取得成功。90 年代，当联邦政府对大部分国有经济实施私有化并向社会提供"国民股份"时，先前的这一幕又再次上演。与 60 年代大众汽车公司的股份相比，曾被誉为蓝筹股的德国电信及其子公司则更加令投资者大失所望。

---

① 《经济合作组织经济调查：德国》（OECD Economic Surveys: Germany, 2008, Heft 7），第 1—190 页。

生产资本的高度集中也证明，战争损失分摊举措带来的重新分配效应是极其有限的。此外，货币改革以来的税务立法——最典型的案例莫过于《德国马克——资产负债法》与《投资援助法》的第 36 条规定——极大地促进和资助了资本积累进程。因此，关于 50 年代财产分配不均的态势进一步加剧的观点就不是无根之木了。当时采取这一政策的考虑是，由于居民对消费品的追赶需求，德国居民的自愿储蓄不足以支撑投资需求。因此，需要采取一些措施使那些强制储蓄的公众或多或少对经济重建资金的融资做出一定贡献。但是将新购置的实物财产的所有权单方面地计入生产资本所有者的名下，则完全没有必要。

无论是出于社会政策的考虑还是对由此产生的权力集中的担忧，早在 50 年代，上述做法就招致了社会各界的日益不满。对扩大财产分散的考虑并非旨在针对现有财产的重新分配，而更多的是为了纠正和调整未来新增财富的分配。1953 年，政府通过收紧税收优惠措施实现了对自有资金筹措过分增长的限制。与此同时，《住宅建筑补贴法》（1952 年）则促进了住房储蓄的积累。1959 年，政府又推出了有奖储蓄政策，为长期存款提供 20%—30%或 42%的国家额外奖励。1965 年《股份公司法》中引入的"小额股"——也适应于《储蓄奖励法》的相应奖励——以及公司职工股（从 1960 年开始）和国民股的发行旨在在公众中推销参股资合公司的投资形式，并使生产性财产进一步分散化。与此同时，政府还采取一系列措施促进自有住宅的建设。而其中的最大受益者是社会高收入人群，因为他们最符合相关的征税特征。60 年代，社会各界就掀起了对雇员财产构成的讨论热潮。1969 年，政府最终通过了《雇员财产积累促进法》。据此，雇主的特定给付——只要其每年不超过 312 马克——可以取得所得税减免并且还解除了这些开支的社保缴纳义务。1965 年 4 月生效的第二部《财产构成法》完全取消了征税并将此项措施拓展至劳资协议的相关收益，同时也把公共服务领域的雇员纳入法律规定的范畴。尽管如此，其产生的影响却收效甚微。低收入人群并不能从税收减免政策中获益。于是，1970 年的第三部《财产构成法》将免税金额提高至 624 马克，并用分级的雇主的储蓄奖励替代了税收免征政策，而获得的奖励又可以免交工资所得税。于是无法从减免税收的政策中获益的低收入人群也从中得到了好处。事实上，利用该法律的雇员数量增长了一倍。其在总就业人数中的占比实现了从 26%（1969 年）到 49%（1970 年）最后到 76%（1977 年）的飞跃，这一发展在由于奖励而投入的总金额的数量上表现得更为明显。①

小规模经济危机（1966—1967 年）爆发时，西德财产的集中程度显著下降（对比表 25）。这在一定程度上得归功于政府相关立法产生的效应。与生产性财产不同，在整体发展的方向上，上述数据还是清晰而明确的。当然，在财产集中度的绝对数值方面，结论也必须像对待生产性财产一样谨慎。1969—1973 年，工人的平均净财产增长了 91%，而雇员和所有家庭的平均财产增长率分别为 76% 和 55%。② 对这一比例扩张起关键作用的主要是雇员住宅与土地财产的增长。此类财产的同期占比由 56% 提升至 64%。带来这一积极发展趋势的原因是多方面的。自由职业者——尤其是农业领域——数量的下降使越来越多的住宅与土地资本落入工人或雇员等社会群体手中。60 年代末以来大众收入的强势增长无疑也为底层收入群体实现大规模储蓄并在政府促进措施中获利提供了机遇。

七　共同决策制与协商民主

除了社会国家的继续发展以外，为 50 年代期间内政稳定提供保障的还有建立在大的社会群体民主协商一致基础上的利益均衡体制。联邦共和的利益均衡机制实践的主要内容是给予经济与社会团体与大型组织在规范管理它们的事务中充分的自治权。凡涉及具有全国意义的问题，有关团体通过合作寻求解决，而国家在其中仅扮演主持人的角色。

1945 年以后，工会组织的新秩序构想起初希望对最重要的经济领域（主导产业）实行共有经济秩序转型，从而为雇员和消费者取得对经济事务企业或跨企业的共决权奠定基础。此外，它还希望引入一套超出目前的人员安排、将工会代表包括在内的特定共决机制，以取代企业职工委员会参与企业经济社会事宜的现行机制。然而，这一战略最终因受到占领军政府的消极抵抗而付之东流。之后，在 50 年代初，新秩序问题就聚焦在合同决策制方面，因此 1947 年占领军政府为强制解体的钢铁工业企业制定的一套企业共同决策规定就获得了特殊的意义。

雇员对获得共同决策权的要求"始于个别企业并一直延伸到经济组织

---

① 约阿辛·布雷特施耐德、尤根·胡斯曼和弗里茨·施纳贝尔：《收入、财产和社会政策数据手册》（Joachim Bretschneider, Jürgen Husmann u. Fritz Schnabel, *Handbuch einkommens-, vermögens-und sozialpolitischer Daten*, Köln, 1982）。

② 米尔海姆、威克：《财产分配》（Mierheim, Wicke, *Vermögensverteilung*），第 264 页及其后。

的最高决策机构",其目的是实现经济民主化。上述目标在采矿业工业协会(IVB)与矿工统一工会组织有关章程提出的目标中占有极其重要的地位。[①] 而对于如何将其付诸实践的问题,矿工们的想法也是大同小异,即通过"早已成熟的社会化"为煤矿工人开启对采煤业完全共同决策的大门。

经过工会与企业家历时一年的商议咨询,德国采煤业领导机构(DKBL)总秘书处最终在1950年秋发布了一个德国新秩序规划,其与各行业工会组织关于雇员共同决策权的构想基本吻合。然而,由于美国对企业解散问题采取的僵硬态度以及矿冶康采恩原始所有权人的重重阻挠,计划最后不得不以失败告终。确切地说,1951年5月21日生效的矿冶企业共同决策权发源于钢铁制造业。第三帝国灭亡后,钢铁工业的企业高层与企业职工委员会之间便开始开展合作,以抗议当时的设备拆卸举措。1946年12月,盟军监督管理机构"北德钢铁监管局"(NGISC)宣布开启德国工业解散和建立新秩序的进程。1947年年初,这一举措正式施行,从而为钢铁工业雇员共同决策权的引入提供了契机。英占区的统一工会主席汉斯·柏克勒(Hans Böckler)很早便开始介入这一进程。他提出,工会组织在解散康采恩和创立独立"统一工会"问题上的合作要与雇员参与企业董事会和监事会的决策挂钩。1946年12月,在北德钢铁监管局(NGISC)宣布实行康采恩解散计划和成立由钢铁联合公司前主席海因里希·丁克尔巴赫(Heinrich Dinkelbach)主持的信托管理公司时,工会得到了同意伯克勒要求的承诺。同一方向的推动力还来自企业家阵营。为了争取各方支持以共同反对盟军的设备拆卸和企业解散政策,1947年1月——在盟军答应赋予工会组织上述权利之后——卡尔·雅赫斯(Karl Jarres)(克洛克纳公司,Klöckner)、赫尔曼·罗伊什(Hermann Reusch)(新希望炼铁厂,Gutehoffnungshütte AG)、汉斯·赫赫曼(Hans Hehemann)(奥托·沃尔夫股份公司,Otto Wolff AG)在给统一工会组织和经济管理局主席维克特·阿嘎茨的信中给予了雇员广泛的共同决策权。雅赫斯建议,克洛克纳公司应根据资本与劳动地位平等的原则重新组建监事会。雇员代表和国家代表应获得其中的多数席位。[②] 康采恩领导层原则上对共同参与决策权构想表示同意:"我们不希

[①] 采矿业工业协会第一次全体会议记录(Protokoll der ersten Generalversammlung des IVB am 8. und 9. Dezember 1946 in Herne, Bochum o. J.),第139页。

[②] 1947年1月18日的信件,也收录于《矿冶企业共同决议权》成立资料(Montanmitbestimmung. Dokumente ihrer Entstehung, zusammengestellt von J. Peters, Köln 1979, Dokument 15),第79页及其后。

望将新时代的要求拒之门外。同时,为了广大钢铁工业从业人员的利益,我们对雇员参与企业规划、调控和监管机构的要求表示完全赞同。"①

虽然没有任何协议保障和法律基础,雇员的平等共同决策权在企业与工会组织的一致认可下由理想变为了现实。1947年3月1日,四大炼铁厂——上豪森新希望炼铁厂(das Hüttenwerk der Gutehoffnungshütte in Oberhausen)、波鸿钢铁冶炼厂(das Werk Bochum der Eisen-und Hüttenwerke Bochum)、多特蒙德霍尔德协会(der Hörder Verein in Dortmund)和哈斯普钢铁厂(die Eisen-undStahlwerke Haspe)——成为首批脱离旧的康采恩的企业并成立了独立的股份公司。劳工经理进入公司董事会,由11人组成的监事会则在一名来自委托管理机构的中立的主席主持下,由同等数目的资本代表和公司雇员组成。后来的煤钢联营共同协商机制在根本上就是模仿了共同决策权规定,步了这一规定的后尘。1951年1月初,冶金工业工会董事会和咨询委员会决定,如果有关方面不就共同决策达成协议,他们将号召工人发动罢工。此后,煤炭工业工会在煤矿工人中发起了相关的投票表决,表决的范围除共同决策之外还包括建立采煤业新秩序的要求。

面对原煤和钢铁等原材料的短缺以及内外交困的紧张局势,阿登纳必须不惜一切代价避免与工会组织以及可能的矿冶工人的罢工行动发生正面冲突。在这一背景之下,矿冶工人的罢工意愿获得了新的意义。要使冲突向有利于工会组织获胜的方向发展,工人们就必须以罢工相威胁。但它又并非是工人群体取得成功的充分条件。1951年内政外交的特殊形势着实为罢工威胁增添了分量,这成为其赢得这场冲突的决定因素所在。在工会组织的协助下,联邦政府最终渡过了1950—1951年的难关。在朝鲜战争后的繁荣期影响下,西德经济实现了突破性增长。此后,类似的特殊形势再未出现,因此它具有不可复制性。但在1951年年初,工会组织仍然稳操胜券,于是它决定逐步亮出自己的"王牌"和"绝活"。矿冶工业共同决策权的获得只是整个西德工业界推行特定的共同决策机制道路上迈出的第一步。1951年5月21日,联邦议院通过了《关于采矿业和钢铁制造业雇员在其公司监事会和董事会行使共同决策权法》。在雇员数量超过1000名的矿冶企业推行了劳资对等的共同决策权。在工会组织看来,该决议无疑是一次巨大的成功。

---

① 1947年1月21日给经济管理局领导的去信,该文收录于《矿冶企业共同决议权》成立资料,17号文件,第85页。

乍看之下，经济动因似乎并未在鲁尔煤钢工业共同决策权的实现和构建中发挥任何作用。起主要作用的似乎是政治防御和政治策略方面的考虑，它包括应对盟军的设备拆卸政策、抵制社会化运动和外交政策方面的联盟需要。事实上，要在劳资双方一致同意的条件下引入特定的共同决策机制仅仅依靠这些是不够的。经济上获得的好处对于政治计算的天平最终偏向于矿冶共同决策权发挥了重要的影响。采煤业在西德和西欧战后经济重建进程中扮演着关键角色。只要意识到这一点，经济因素也就显而易见了。无论是战争刚结束，还是朝鲜危机爆发后，采煤业在工业重建中的瓶颈问题就暴露无遗。为了提高战争期间由于野蛮开采而没落的矿厂的生产率，需要大量的投资来引进和推广新设备与新技术。然而，如果无法建立稳定的劳资合作关系，这些巨额投资是否能为广大矿工所接受，又是否能顺利地付诸应用都是一个未知数。而且其经济上的后果也会引起风险。通过对德英采煤业的比较，我们会发现，雇员参与公司经营形式的不同决定着公司投资决策能否成功以及需要花费多大代价而取得成功。[①] 很显然，鲁尔煤矿工人对大型投资规划的抵触和反对要比英国小得多。其原因在于：德国工人对劳动关系塑造和岗位监控措施的后果了解得更具体，对短期的劣势和长期的优势能够更好地权衡。与新兴工业不同，企业内的知识不对称并非造成采煤业委托—代理问题的关键所在。问题在这里出自专有的日常工作组织，它使矿工有可能在出现冲突时使顺畅的企业流程陷于瘫痪。

对于工会组织而言，矿冶工业共同决策权的获得是整个西德工业界推行特定企业共决制道路上迈出的第一步。而联邦政府则认为，矿冶工业的相关规定只是一个例外，并不能预设其他工业领域的发展趋势。只有在这一前提条件之下，工业与雇主最高联合会才会对矿冶工业的共同决策机制投出赞成票。在下一年，工会组织又向联邦议院提交了《企业组织法》，想要再一次取得成功。这一次，它遭遇了各方的坚决反对。就连其罢工恐吓也没能产生作用。工会害怕引起劳资争端，因为——与在钢铁工业保持现状的情况有所不同——劳资争端可能使年轻的共和国脆弱的宪法共识毁于一旦。对于大多

---

① 内尔·伯克斯顿：《英国采煤业的经济发展史》（Neil Buxton, *The Economic Development of the Britisch Coal Industry*, London, 1978）；毛里斯·科比：《1870—1946 年的英国采煤业》（Maurice W. Kirby, *The British Coalmining Industry, 1870—1946*, London, 1977），第 45 页；博尔特·维斯布罗特：《鲁尔采煤业的雇主政策与劳动关系》（Bernd Weisbrod, Arbeitgeberpolitik und Arbeitsbeziehungen im Ruhrbergbau, in: Gerald D. Feldman, Klaus Tenfelde, *Arbeiter, Unternehmer und Staat im Bergbau*, München, 1989），第 160 页及其后。

数工会领袖而言，议会民主的游戏规则对于实现雇员合理的要求有优先权。他们接受了一部在他们看来——除了矿冶工业以外——并没有在劳动关系上相对于魏玛共和国时期取得实质性进展的企业基本法。不过，1952 年 10 月 11 日通过的法律至少规定了雇员代表可获得合资公司监事会 1/3 的席位。而在此之前，工人阶级最多能获得的席位仅为两个。除此之外，法律还新规定了 100 名职员以上的企业中企业职工委员会对企业经济问题广泛的知情权和查阅所有企业资料的权利。而对于那些企业职工委员会仅拥有听取和发表意见权的领域，劳动法庭的审判实践则负责确保其权利的行使不流于形式。监事会雇员代表相对较高的个人收入大部分需流入德国工会联合会的共同决策基金，用以为受社会歧视且天资聪颖的工人家庭小孩提供物质帮助。1976 年，随着对等共同决策机制向各大工业领域的蔓延，各界人士又在共同决策基金的基础上创立了汉斯—柏克勒基金。时至今日，它仍以拓展雇员共同决策权为己任不断发挥着重要作用。

雇员参与决策规定出台后，工业界的罢工运动便少有发生。旷日持久的劳动争议——例如石勒苏益格—荷尔斯泰因州 34 万名金属行业工人争取带薪病假的罢工行动（它始于 1956 年 10 月，一直持续到 1957 年 2 月）——则并非旨在获得更高的工资收入，而是为了争取社会政策原则要求的实现。工会与雇主联合会在利益协调进程中的合作方式和所谓的"社会伙伴关系"特征能在许多情况下消除劳动争端并做出相应的有利于双方的社会妥协与让步。通常情况下，随着国民收入的不断增长，以非罢工方式解决雇员工资问题成为可能。不过，劳资双方在处理相互关系时也免不了发生冲突。社会与工资政策的原则性问题——比如带薪病假和劳动工时问题——则时常容易引发激烈的争端，有时甚至出现罢工或解雇现象。石勒苏益格—荷尔斯泰因州金属行业工人大罢工就历时 16 周。而有 35 万名金属行业工人在巴登—符腾堡州的罢工中遭到企业雇主的解雇和开除。合作式利益政策的实践意味着对冲突的疏导，在调解过程中建立明确的游戏规则以及集中解决需要在协会等级较高层面做出决定的重要问题。50 年代，德国、荷兰和瑞典一起成为国际罢工频率最低的国家。正是由于这一时期经济的蓬勃发展为消解社会冲突做出了重要贡献。同时，它也为社会改革蓝图的失败提供了物质补偿。

八　阶级社会的彼岸？

德国社会是否正在失去其阶级特征？生产性财产分配的现实却指向相反

的方向，它强调了传统意义上阶级界线的存在。一方面，不具备生产性财产支配权的居民人数在不断上升，另一方面，生产性财产却只掌握在少数人手中。在社会市场经济体制下所有争取经济宪法的社会合法性的努力都归于失败。过去数十年间，产权阶级的对抗意识似乎在不断增强。缺乏民主合法性的权力集中能够使生产资本掌握在少数人手中。对这一问题的轻视和低估十分危险。特别是德国财产分配的发展趋势警示我们，"问题会随着时间自行解决"的想法只是幻想。

但认为阶级对抗在社会团体相互关系和大部分居民的生活中起到主导作用的看法似乎有失偏颇。作为在紧急情况或年老后保障的产权退休金已经失去其原来的主导地位，而且社会与经济宪法的标准化也没有给产权退休金的社会作用留下多少余地。生产资料所有权和支配权不再像从前一样对没有资产居民的生活状况起决定作用。[①] 土地租赁者通过地租与债务关系对农民生活状况的决定权也随着农业人口比重的锐减而逐渐消失。为保护住房承租人的权利，《租赁法》明令禁止房屋所有者滥用支配权的行为。工会组织的对抗能力和国家标准化措施则降低了资本所有者对工人与公司雇员生活状况的影响强度高于资本关系本身所确定的强度的机会。

虽然有产阶级在质与量上的重要性都有所降低，但其在财产、更高的就业机遇、更高的收入、从而更多财产积累的循环中的特权优势却依然存在。相反，所有者基于财产权的自主行动权则大多转移给了没有财产的知识分子或雇佣的管理人员，私人企业目前大多由他们在领导。现如今，被称为"无风险所有者"的新职能精英则构成了金融市场资本主义的服务阶层。[②] 即使财产支配权并未失去其经济战略意义，在这个联系中"知识"这一生产要素的价值在不断上升。由此，一种新的资源成为财产构成的重要前提。而在德国获取这种资源的途径基本上没有社会方面的障碍。因此，财产的意义并非仅限于所有者（财产权）对物质生产资料的自由支配权。在非物质生产领域，它对资本使用效率的决定作用越来越小。委托代理问题的解决为传统资本家和后工业时代股东提供了财产最佳收益的有力保障。委托人必须

[①] 马里奥·雷普希乌斯：《联邦的社会不公与阶级结构》（Mario R. Lepsius Soziale Ungleichheit und Klassenstrukturen in der Bundesrepublik Deutschland, in: Hans-Ulrich Wehler, *Klassen in der europäischen Sozialgeschichte*, Göttingen, 1979），第 170 页及其后。

[②] 保罗·温多尔夫：《无风险所有者——金融市场资本主义的服务阶层》（Paul Windolf, Eigentümer ohne Risiko. Die Dienstklasse des Finanzmarkt-Kapitalismus), in: *Zeitschrift für Soziologie* 36, 2008），第 516—535 页。

确保雇员（代理人）能将其专业知识和组织技能全都投入到企业当中以创造生产性资本。专业技工知识与技能是企业生产必不可少的资源。在德国生产方式中，这种强制性合作形式拓展至专业技工层面。合作形式包括建立雇员共同决策机制、允许雇员参与利润分配以及对生产资本支配权做出新的经济限制等。从这个角度来看，生产资料所有制所体现的阶级冲突如今又提出了不同于联邦德国初始阶段的新问题。

第八章

经济奇迹之后

第一节 艰难的新导向

一 变革与坚守

"经济奇迹"发生以来,西德终于从"第三帝国"时期的灾难中走出来,重新回到原来的经济发展轨道,上升为西方世界最富有、最具声望的国家之一。然而,这种几乎让人如痴如醉的牢稳地位也随着经济奇迹的结束而结束。无论在企业还是在国家经济政策层面,定位全新的发展导向比固守旧有的教条显然更为重要。尽管如此,50年代重建期间特殊框架条件下取得的经济成就却在很大程度上制约了西德经济制度转型的长期激励结构。到60年代初,大型企业董事会已经很少有必要在不确定的形势下作出决定市场成败的决策。[1] 西德经济政策的核心人物——比如阿尔弗雷德·米勒-阿尔马克——甚至明确表示,经济政策的成就完全归功于对经济政策决定的节制。[2] 这或许能很好地解释:企业决策与经济政策为何直到后来才背负起对市场全球化与生产科学化力量适应压力的重担,这些力量尽管经历了所有的社会动荡和经济危机,但仍然汇成20世纪一股不间断的经济潮流。

此后,德国经历了三次经济政策战略大调整,旧有的思维和行为方式受到了挑战,经济组织形式与交易规则也遭到了质疑。1966年,大联合政府

---

[1] 截至1962年,巴斯夫公司董事会就没有再做出被马克·卡森(Mark Casson)誉为经典模式的决策意见。参见其著作《企业家——尝试进行历史理论的阐释》(*Der Unternehmer, Versuch einer historisch-theoretischen Deutung*, GG27, 2001)第524—544页。另见阿贝尔斯豪塞《巴斯夫公司》(Abelshauser, *BASF*),第382页及其后,第478页及其后。

[2] 米勒-阿尔马克1975年3月15日在科隆大学任教时所接受的采访。

上台就是这一转折的见证，路德维希·艾哈德在经历了经济奇迹的巅峰时期后不得不屈服于当时的社会形势。70年代中期，小规模经济危机再一次向西德贸易与社会国家的经济政策的自主权发起了严峻的挑战，社会的不稳定因素进一步增加。最终，2007年国际金融危机爆发以来，德国经济也受到了冲击和损害，德国经济不得不就是否为市场效率和经济伦理捍卫国家的抑或是欧洲的游戏规则作出决定。德国经济政策对这一挑战的反应不一。1966年以后，为顺应西欧潮流，它首先求助于凯恩斯主义的经济循环宏观调控方法，并将其与社团主义市场经济的制度框架条件进行巧妙的整合，从而创立了直至80年代都被广为认可的经济模式。此后，社会生产体系——德国经济的组织形式——本身进而整个德国模式首次陷入了此起彼伏的批判热潮之中。[1]

50年代末，景气政策、增长政策以及利益政策一道成了社会变革的焦点。几乎所有的政界人士和社会力量都对艾哈德式社会市场经济的经济政策调控缺陷怨声载道。50年代以来，凯恩斯主义宏观调控政策都一直在等待"咸鱼翻身"的机会，而这一次显然是其作为替代政策得到启用的有利时机。在卡尔·席勒（Karl Schiller）的领导下，凯恩斯主义政策工具在德国发展成为一个精致的、超出景气政策范畴的经济杠杆体系，经济增长与社会稳定成为其追求的双重目标。现行的社会生产体系不仅没有被质疑，而是相反得到了进一步的巩固和拓展，因为即便面对社会市场经济的要求，它的游戏规则也显示了很强的抵抗力。

对于历史自发形成的体系偏好，可以这样来解释：虽然在某些高科技产品市场中德国已被极少的市场领先国家所超过，但在另一些产品市场上，德国经济凭借复杂的成熟技术和多元化的优质产品一如既往地非常成功。除此之外，德国经济的制度框架自19世纪晚期形成开始就对市场国际化与生产科学化趋势做出了回应，因此在这方面不存在追赶需求。随着迟到的凯恩斯主义革命在德国降临，西德经济政策的目标也逐渐变得清晰而明确：在制定切实可行的经济增长规划（经济发展政策）的同时，确保整体经济平衡与社会国家的有效运作。

---

[1] 参见维尔纳·阿贝尔斯豪塞《德国工业的发展动力——德国走向新经济之路与来自美国的挑战》（W. Abelshauser, *The Dynamics of German Industry, Germany's Path toward the New Economy and the American Challenge*, New York, Oxford, 2005）。

二 批量生产方式的终结

事实上,在"经济奇迹"后寻求新定位的目标不仅仅局限于政策领域。在那一时期,企业的管理层都忙于追随市场的发展,如今,大多数企业则不得不进入战略决策阶段,这一转变适合于所有行业。然而,对于那些以标准化批量生产为导向的企业而言,它却带来了特殊的问题。"福特主义生产方式"始于汽车工业,随即扩散到西德工业的各个领域。自动化是50年代除核能的经济利用("原子能的和平利用")(atoms for peace)以外的核心议题,它点燃了同时代人的未来憧憬。尽管个别专家已经意识到自动化覆盖范围和创新力的局限性,提醒社会不要过分夸大其意义和作用,[1] 然而,对于大多数人而言,要冷静地评价其发展趋势和风险却并非易事。"经济奇迹"本身并非推行福特主义批量生产方式带来的结果。不过,在经济重建期,这种生产方式的外在表现形式得到了最显著的体现。化工或电子等核心行业也接受了福特制生产模式,当然是作为其标准化优质生产的变种。这些行业从未放弃后工业时代多元化的优质产品生产,量身定做是这一生产方式的基石。西德工业新的领军行业——汽车工业——对西德工业社会的"游戏规则"产生了重要影响,从而确保其有效运行并推动其进一步发展。这一点在基础设施建设领域——从高速公路到"适合汽车交通"的城市建设——表现得更为明显。此外,在福特主义生产方式中积累的工资政策经验也成为整个经济的典范。截至60年代,德国实际工资增长都与整体经济生产率的发展趋势保持同步。除70年代初的例外情况,此后两条曲线也基本保持着并行不悖的走势。对于某些不符合多元化高质量生产体系要求的企业和行业,福特主义体系也促使工会组织在与其交往中表现出更多的灵活性,从而对雇员共同决策机制的实施产生了重要影响。为稳固销售趋势,新的生产方式也激发了西德对国家与国际景气政策的需求。所有这些行为方式和政治目标都比70年代初陷入危机的福特主义的生命更持久,当然其成功的概率却不再能够保持。所以,福特主义本身给德国经济带来了能够克服其衰落后果的工具。

60年代,福特制生产模式的发展达到顶峰。然而,仅仅十年之后,它

---

[1] 汉斯·马特霍夫:《关于参与欧洲经济合作组织欧洲复兴计划"贸易与工业自动化"项目的报告》(Hans Matthöfer, Bericht über die Teilnahme am EPA-Programm "Automation in Handel und Industrie" der OEEC, 4. April 1957, IG Metallarchiv im AdsD der FES, IG Metall Vorstand, W 255)。

就在世界范围内开始衰落。造成这一发展趋势的原因是多方面的，也难以对这些原因做出孰轻孰重的判断。① 此外，一些外来因素也对此起到了一定作用，例如布雷顿森林体系的崩溃（如果不愿将其视为福特制体系组成部分的话）、70年代的两次石油危机、全球粮食价格的上涨和其他动摇人们信任体系和抑制需求增长的世界市场异常波动。另外，收入增加后，需求结构发生了向个性化发展的变化，这也提高了标准化大众商品的销售难度。而数十年前就开始推行福特主义生产模式，并使其成为世界现象的行业也出现了一定程度的市场饱和。"基本"耐用消费品已经普及到美国、日本和许多欧洲国家的近乎所有家庭，人们的消费需求发生了行业转移，在这些行业中，供给的商品与服务在很大程度上脱离了标准化的规模生产方式。这特别发生在对70年代开始引领市场潮流的娱乐电子产品和电子数据处理设备的生产上。

从长期来看，厂商们应对危机的策略——产品多元化和市场全球化——并不能真正消除这些障碍，反而由于供给的分散化和生产场所的增加消解了大规模生产方式（规模经济）的比较优势。乍看之下，福特主义结束后，人们似乎又从规模生产退回到了在福特主义方式边缘幸存下来的单件生产模式。如果认为21世纪后工业时代工业生产特征将局限在对奢侈品、样品模型手工制作和小批量生产上，这其实是对它的重大误解。手工制作，特别是依靠自发工业区（industrial districts）的协同作用的手工业生产，能在一定程度上利用技术创新的好处，提高生存和开辟新市场的能力。19世纪末，电动机的出现不仅实现了生产分散化，并因此使手工业在与大型工业的激烈竞争中能够继续生存。而如今，灵活的新兴技术的应用——例如产品设计、生产规划与加工生产一体化计算机辅助系统（CAD系统）——进一步提高了工业生产的灵活专业化，为后工业时代的中小型企业开辟了新的前景和机遇。然而，在德国的大多数市场上，取代标准化批量生产模式的并非手工制造业，而是囊括了近乎所有企业生产与服务规划的多样化优质生产模式。即便在福特主义体制的巅峰时期，它在德国工业中的绝对地位也从未消减。批量生产时代晚期，其雄厚的市场竞争力得到了实践的检验。与此同时，它似

---

① 参见米歇尔·皮欧勒和查尔斯·萨贝尔《规模生产方式的终结——关于劳动力资质提升一级经济重返社会之研究》（Michael J. Piore, Charles F. Sabel, *Das Ende der Massenproduktion. Studie über die Requalifizierung der Arbeit und die Rückkehr der Ökonomie in die Gesellschaft*, Berlin, 1985），第7章；霍尔斯特·柯恩和米歇尔·舒曼《劳动分工的终结？——工业生产合理化：事态分析、确定趋势》（Horst Kern, Michael Schumann, *Das Ende der Arbeitsteilung? Rationalisierung in der industriellen Produktion: Bestandsaufnahme, Trendbestimmung*, München, 1984）。

乎比以往任何时代都更适应全新的世界市场竞争环境。除此之外——正如德国汽车制造业所展示的——德国正在不断地赢回曾经输给福特主义生产模式的战略领地。

德国高端奢华、现代时尚、私人定制型顶级豪车的制造商早已名扬四海并且在高端乘用车领域独占鳌头。戴姆勒、宝马、奥迪和保时捷等品牌虽比通用、丰田等汽车批量生产商的产量要少得多，但它们却占据了高端乘用车2/3的世界市场份额，并使德国汽车制造业成为德国最有力的出口行业之一。其强势市场竞争力的形成无疑得归功于两大条件：一方面，它嵌入在历史上自发形成的区域联营经济体中（图3），并拥有一个相应的由专业供货商构成的高度专业化和密集的网络（集群）。这极大地推动了一个行业的高端领域契合消费者个性需求的生产多元化模式发展。不久以前，汽车行业还以标准化批量生产为主导模式，利用不断扩大的规模效益来实现比较优势，而今天人们几乎已经不去生产两台完全一样的车了。另一方面，德国的生产体制对提升产品质量十分有利。而运动型和奢侈型轿车生产商恰恰能从德国生产体制的这种框架条件中获利，无论是高效率的高速公路网还是雇员共同决策机制。1988年，奔驰公司吞并了美国汽车厂商克莱斯勒（出于策略的考虑当时被称为"合并"），并购完全按照德国法的规范进行，这足以表明德国战略要地在世界市场的强势地位。斯图加特公司以这一在伦敦完成的事件为契机大唱"共同决策机制"的高歌，因为它在母公司的运作"十分成功"。[①] 但是由于完全不同的制度框架条件，以施瓦本模式为导向的对美国克莱斯勒公司的整顿行动很快便遭遇瓶颈，最终以失败告终。总的来看，德国加工工业在福特主义瓦解后寻求新定位和新导向是成功的。其中，尤以汽车制造业为典型代表。日本的汽车工业也取得了类似的成就。它们从自身极端落后的状态起步，找到了属于自己的"福特式"生产方式[②]，这种生产方式使它们特殊的制度框架条件十分有效地发挥了作用。它还在此基础上实现了对市场发展新趋势的调整和适应。经历了景气动荡和不同技术潮流冲击的洗礼，它如今已成为世界市场高端汽车领域的"最佳实践"典范。

[①] 《法兰克福汇报》（FAZ）第108号，1998年5月11日。
[②] 春仁汐见、田稻盛：《转型后的福特制——汽车工业生产方式的发展》（Haruhito Shiomi, Kazuo Wada, *Fordism Transformed, The Development of Production Methods in the Automobile Industry*, Oxford, 1995）。

三 经济政策的错时

然而,"经济奇迹"后并非在所有领域寻找新定位的进程都是一帆风顺的。国家经济政策构想未能成功地脱离其工业导向,并为适应后工业时代对稳定的制度性行动基础的需求找到一种建设性的秩序政策。从长期来看,这会给德国经济带来灾难性的影响。事实上——就像前面指出的——这类政策并非无法在20世纪的实践中找到典范,只不过其经验教训常常被从工业社会过往的深渊中浮起的尘埃所掩盖。如果刨根问底,这也是造成70年代以来德国经济一大顽疾——大规模失业——的重要原因。一方面,国家经济政策以工业社会主导思想为圭臬;另一方面,私人经济政策则以新的非物质生产进程为导向。这两者间日益增长的不兼容性是对失业问题的有力解释。从60年代初开始,原料生产商——例如大型化工企业——2/3的工业产值都源于对原料转换技术的科学应用。[1] 然而,无论是业界人士还是社会公众,他们都未曾意识到这一社会现实。而同样未受到重视的还有:根据德国经济研究所90年代的数据估算,超过75%的就业岗位和相同比例的国民生产总值都是由后工业时代的非物质生产带来的。[2] 这种经济政策上的方向迷失在德国特别严重,甚至在一定程度上直到今天依然如此。它是造成长期经济发展严重扭曲的罪魁祸首,也是20世纪经济典型的危机与重建之间政治经济交替不断的结果。20世纪初以来,德国经济时钟的内在节奏一直被那些追求后工业时代非物质生产模式的力量所左右,而其外在的指针却使魏玛共和国、第三帝国以及"二战"后重建期间的经济活动围绕着工业部门转,进而满足战后和经济萧条期后必然的追赶需求。长期以来,经济政策都未能消除这一矛盾。

重建期结束后,德国经济政策范式的错时性完全未能消除。50年代以后,德国经济政策以所谓不可避免的工业经济发展为导向的举措并不少见。期间的一些政策决议也大大延缓了德国重返后工业发展顶峰的进程。相关例证比比皆是。60年代,为确保福特主义生产体系下非熟练劳动力市场稳定而大规模招聘外籍劳工就是一个对德国经济影响深远的决定。60年代以来,

---

[1] 阿贝尔斯豪塞:《巴斯夫》(Abelshauser, *BASF*),第480页。
[2] 德国经济研究所:《服务业之谜——德美之现实比较》(DIW, Das Dienstleistungs-Puzzle. Ein aktualisierter deutsch-amerikanischer Vergleich, in: *DIW-Wochenbericht* 65, 1998, Heft 35),第625—629页。

德国劳动力市场对外籍劳工的开放在一定程度上如同对古老并且没有未来前途的工业行业的维持补贴，而且德国经济政策还在工业主导思想的引领下，在许多情况下作出了以公共援助来维护亏损行业的决策。采煤业就是其中的一个典型例子。60年代，大联合政府及其经济部长卡尔·席勒将整顿采煤业提上了议事日程。整顿计划应根据整体经济利益的要求对竞争力较强的部分予以保留，在中期内为公共财政和准财政机构（Parafisci）减轻负担并为莱茵鲁尔地区的经济结构转型争取时间。在政策和财政领域的积极努力下，德国似乎为结构转型的实施方式和发展方向找到了一种方法模式，它能够为包括采煤业在内的德国经济迈入后工业时代提供有力保障。然而，1973年和1979年的石油危机却使这一计划打了水漂，因为采煤业领域的顽固势力将危机爆发演变成了调整经济政策目标的契机和借口。同样可以作为政策失误案例的还有，作为高科技国家的德国直到80年代都未将信息技术的拓展提上研究与技术政策的议事日程，而是一味寻求以推动煤炭技术确保传统能源供应的目标。[①] 这也表明德国的发展已经偏离了正轨。显然，甚至与欧洲其他国家相比，德国的经济政策——无论其遵循的是哪种理论或学说——在寻求新导向和新定位的过程中都遇到了极大的麻烦。

尽管如此，经济与社会政策同私人经济一道还是为社会生产体系的某些重要领域制定了新的标准。在此期间，德国采取了一系列行动：1967年社团利益政策得以再次启动并为其制定了相关制度，1969年改革职业培训双元制，1972年和1976年修改了《企业基本法》，进一步拓展了共同决策机制的适用范围，并且70年代德国在普遍的世界经济危机和特别的规模生产危机中没有失控。在所有事例中，行为者都遵循了过去经由实践检验有效的模式：即多元化优质产品的生产能力和基于信任关系的社会互助。

第二节　凯恩斯式的社会市场经济

一　席勒时代的新路线

经济领域出现的轻微衰退现象宣告了德国战后时代的终结，这也是经济奇迹之国完全始料未及的。不仅如此，它似乎还达到了威胁西德政治秩序的边缘。1966年秋，1948年自由主义经济改革的主角——路德维希·艾哈德

[①] 阿贝尔斯豪塞：《经济奇迹之后》（Abelshauser, *Nach dem Wirtschaftswunder*），第309页。

与自民党——不得不从政府的权力顶峰下台。这成为具有标志性的事件。他们为倡导另一种经济政策的力量组成的大联合政府势力退位让贤,作为政策替代他们其实已经存在一定的时间了。但之前他们的形成遭到了康拉德·阿登纳以保护市场经济路线为由的阻挠。[①] 一名社会民主党人士卡尔·席勒接替了艾哈德的角色。这位在担任汉堡州经济部长期间在联邦参议院和以后作为议员在联邦议院一直都是艾哈德的对手。作为"凯恩斯之前的凯恩斯主义者"队伍中的一员,他在 1933 年后在帮助德国成功克服世界经济危机的过程中积累了有关经济政策的丰富经验。[②]

《促进经济稳定与增长法》(以下简称《稳定法》)以凯恩斯主义构想为理论依据并被誉为德国"经济政策发展史上的里程碑"。1967 年,该法通过后,大联合政府最终为德国经济的方向转变奠定了基础。自此以后,"注重经济平衡的要求"并以其"魔幻四角"四大目标为导向便成了德国经济政策的明确目标[③]。经济政策应同时确保物价稳定、国际收支平衡、经济持续增长和较高就业水平。[④] 此外,要实现公共财政对经济循环的反周期"调控"并制定中期财政计划的目标,还需对《基本法》进行几项修改,以使联邦与各州政府的预算经济符合"总体经济平衡"的要求(第 109 条)并根据新景气周期政策的需求进一步拓展贷款融资的范围(第 115 条)。

这是西德政府第一次明确承担起经济运行的责任,新的经济调控工具的加入也进一步充实了政府的"兵器库",为干预整体经济循环提供了武器装备。"宏观调控"的核心要求是政府反周期公共支出的形塑。在需求不足的情况下,增加公共支出以稳定经济循环,为实现这一目标,国家可以举债来为扩大公共开支融资(赤字开支)。为了防止出现私人购买力下降、私人家庭需求向国家转移的现象,国家不应向社会征收额外的税负。相反,如若出现总需求超过生产可能性的情况("通胀缺口"),政府则应在税收额不变的情况下收紧开支并将未支出资金以"景气平衡储备金"的形式存入央行以备用。

---

① 康拉德·阿登纳:《1945—1953 年回忆录》(Konrad Adenauer, *Erinnerungen 1945—1953*, Stuttgart, 1965),第 224—229 页。

② 参见卡尔·希勒《德国的就业岗位创造与财政制度》(Karl Schiller, *Arbeitsbeschaffung und Finanzordnung in Deutschland*, Berlin, 1936)。

③ "魔幻四角"即指物价稳定、国际收支平衡、经济持续增长和较高就业水平这四大目标——译者。

④ 1967 年 6 月的《促进经济稳定与增长法》第 1 条,第 582 页。

各联邦州和乡镇机构可支配的公共投资比重分别达 1/5 和 2/3。在反周期预算政策方面有更多的活动余地。因此，将它们纳入景气循环政策对西德政府而言至关重要。为此目的，《稳定法》规定，建立像"国家景气循环委员会"或"财政计划委员会"这样的机构和相关协调工具，这些机构有些仅具备政策建议的特征，有些如景气平衡储备金和某些贷款限制（"债务封顶"）则极难在实践中进行操作。在《稳定法》通过后的几年，联邦政府财政预算的发展趋势还基本上能够顺应景气循环的需要，但是所有相关的法律手段都无法阻止各联邦州和乡镇政府的投资支出与景气周期的要求不符，也就是说，是在顺周期操作。1969 年和 1970 年，尽管出现了强烈的经济过热迹象，但地方政府机构还是将其投资支出分别提高了 14% 和 24%。而在 1967 年经济衰退前夜，它们的投资支出却下降了 8%。由此可见，乡镇政府根本没有能力出于景气周期的原因减少其投资。迫于公众压力，他们必须实现具有"内部改革"特征的交通、教育和卫生事业的政策目标。

新景气周期政策中税收政策工具的有效性也极为有限。《稳定法》为这一领域规定了投资补贴、不同的税收折旧率以及可上下调整的个人收入税和公司税。国家在实践中也确实运用了这些干预手段。1970—1971 年，联邦政府暂时将对收入税、工资税和公司税的（有偿）景气补贴提高了 10%。不过，该举措却收效甚微。限制性措施通常在其政治上能够实现时已经为时过晚。与此相反，扩张性措施则只能对企业家的投资意愿产生间接影响。"自己的事还得自己做"，说的就是这个道理。①

动员经济活动中的所有社会团体和各级政府参与经济规划的制定和实施并依据《稳定法》（第 3 条）有关规定尽可能使参与者"协调联合行动"也是席勒经济改革的重要目标。为此，政府应当向社会提供"定向数据"，这主要包括"对既定情况下总体经济联系的描绘与阐述"（第 3 条、第 2 条）。50 年代初以来，传统的合作式利益平衡经济政策框架就以非正式身份调控经济。如今，它获得了比较有组织的形式，即"联合行动"。它作为在央行和总体经济专家鉴定委员会（1963 年成立）参与下政府与协会团体间的会议，为经济部长提供了机会，使那些其经济行为完全自治的团体承担起"稳定政策"必要义务，将稳定政策确定为"定向数据"，并促使生产总值增长的分配符合稳定的原则。不过，仅靠向参与各方发出"集体理性"

---

① 约翰·凯恩斯自己也曾指出过这个问题，见其著作《实现繁荣的途径》（John M. Keynes, *The Means to Prosperity*, London, 1933），第 25 页。

(kollektive Vernunft) 的呼吁是解决不了问题的。在联合行动创建的利益框架中,"为稳定做出牺牲的一方"——通常情况下是雇员——的利益能在其他社会团体和国家的让步妥协下得到补偿。联合行动也因此成为政府、工业协会总会和工会组织间对所有经济政策重大问题预先协调的重要场所。尽管如此,西德的利益政策并未由此创造出新的元素,它只是将现行的、非正式的利益平衡模式公之于众并进一步强化了参与者的行为职责。它所带来的问题也不是新问题。虽然联合行动向人们展示通过国家的努力可以将经济权力引向公益的轨道。然而,同之前通过非正式渠道做出的努力一样,新的利益政策平台并不能阻止国家本身在经济权力的引导下作出有利于经济团体利益的决策和行动。概而言之,在讨论的议题方面,联合行动留给联邦议院的只是决议的批准和通过权。不过,这种"经济政策的预成"(卡尔·席勒)过程至少更明显地在社会公众的眼皮下完成,这巩固了其合法地位,但对其结果并不一定起到促进作用。

席勒认为,他的新经济政策与社会市场经济原则并不冲突,更确切地说,它是"弗莱堡律令与凯恩斯主义构想的结合"。[①] 他的国务秘书奥托·施莱希特(Otto Schlecht),一个自由主义人士,甚至认为它是社会市场经济体制的另一个"《基本法》"。因此,除了将《卡特尔法》视为秩序政策宪法外,他们将《稳定法》视为过程政策的宪法。[②] 联合行动机制建立后,经济部长试图采纳1965年总体经济专家鉴定委员会提出的建议[③],却在艾哈德政府的强力反对下而归于失败。就在1967年2月新的大联合政府准备将其付诸实践时,币值稳定问题却成了议事日程中亟待解决的首要问题。会议要求劳资协议双方根据整体经济的数据规模来做出工资政策决定,对市场形势允许的协议工资上涨留有余地。不过,联合行动一开始,其局限性即暴露无遗。不愿意受此战略约束的德国工业联合会(DGB)很快发现,计划与现实是两码事:"在首轮谈判进行的几周中,劳动力市场的态势就发生了根本的变化,以至于工会组织最初拒绝的'定向数据'在新一轮劳资协议中

[①] 卡尔·席勒:《市场经济宏观调控下的物价稳定》(Karl Schiller, *Preisstabilität durch Globale Steuerung der Marktwirtschaft*, Tübingen, 1966),第21页。

[②] 奥托·施莱希特:《经济政策的集体行动》(Ott, *Konzertierte Aktion der Wirtschaftspolitik*, Tübingen, 1968),第4页。1991年至2003年,施莱希特都一直担任路德维希·艾哈德基金会主席。

[③] 1965年11月,经济咨询专家委员会提出"一致稳定行动"建议,以采取抑制需求以外的其他方式来对抗通货膨胀问题。参见经济咨询专家委员会(SVR)《1965—1966年度报告》,第113页。

已不再能够达到了。"① 尽管如此，对于政府可能利用新的利益政策工具强迫劳资协议双方遵守整体经济目标的问题，工会组织还是给予了充分的关注。工会组织原本想借景气周期和劳动力市场形势转换之际改善落后的工资上涨状况或者对分配关系进行有利于工会的调整，然而，作为议事日程第二大重点任务的中期经济规划却近乎完全抹杀了这一机遇。由于卡尔·席勒努力用经济规划来诱使雇主代表欢迎联合行动，所以工会的利益就更不可能实现。② 因此，工会组织从一开始就深知，现行分配关系的固化是协调谈判取得成功的基本前提。此外，他们也担心会出现一个"专断的、对雇员利益有损害的经济规划"。他们并不认为席勒有这样的企图，但工会组织想"阻止一位社会民主党的部长成为一名以后建立反工会组织的计划经济的同谋者"。因此，主管经济政策的德国工会联合会主席团成员鲁道夫·亨舍尔（Rudolf Henschel）建议"作为工会方面的战略路线"③，"寻求政府、工会和其他经济协会间制度化的合作，类似的合作在我们那些民主制度的邻国也已经以不同的方式建立起来了"。因为，德国工业联合会拒绝任何一种形式的国家计划。

与此相反，金属工业工会显然愿意支持席勒的利益政策创新。金属工会主席奥托·布雷纳（Otto Brenner）认为，西德政府第一次"掌握了一整套有效调控整体经济发展的政策工具"。④ 对他而言，"中期经济政策至少展现了在工会的基本纲领中长期寻求的经济规划与经济调控的蓝图"，这才是关键所在。布雷纳还认为，"要求每一项具体的经济景气政策都对劳动者及企业家利益双方有利或有害"是错误的。不过，对他来讲有一点是可以肯定的，即"联合行动完全符合社会对称性原则"。他有足够的自信来对联邦政府目标计划做出以下评价，它是"通过目标计划影响经济发展的尝试"，但是并不是要通过目标计划偷偷地"对现行经济与社会体系做出根本的改变"。⑤ 从根本上看，定向数据并非什么新鲜概念。在以往，它们是仅依靠预测而非目标计划推导出来的。因此，布雷纳认为联合行动能为劳资政策的

---

① 鲁道夫·亨舍尔致维尔纳·托讷森的一封信［Rudolf Henschel（DGB）an Werner Thönnessen（IGM），Düsseldorf, den 7. Juli 1967, AdsD, Bestand IGM-Vorstand, 1-2, 1118］。

② 发生于1967年6月1日全体会议，同上。

③ 同上。

④ 1967年10月3日，在冶金工业工会咨询委员会会议上与经济咨询专家委员会成员赫尔伯特·基尔什（Herbert Giersch）关于联合行动问题的讨论，同上。

⑤ 布雷纳致梅耶尔（Brenner für Mayr），1968年春，同上。

务实化作出贡献,而工会的决策自由权在他看来并不会受到威胁。他看重的并非原则性问题,而是社会对称性的具体操作问题。

在不触犯宪法有关劳资双方自治权规定的前提下,对稳定导向型工资政策产生影响是联合行动的主要目标。工会与雇主应当在订立劳资协议时遵循生产率发展的主导思想。该主导思想又以总体经济鉴定委员会的分配构想为导向,提出了维持劳动与资本收入现有比例关系的要求。经过再三考虑,委员会认为,鉴于通胀效应的影响,重新分配市场收入的目标无法通过提高名义工资的方法实现。[①] 工会组织则要求通过提高雇员的收入改变他们认为的分配不公现象。在联合行动实践中,收入分配起初加重了雇员的负担,工资比率和实际工资水平都于1968年跌至低谷(对比图11)。工会组织的工资要求是按照1968年、1969年联邦政府对经济增长率将实现4%和4.5%的预测做出的。但事实上,这一期间国民生产总值的实际增长率要远远超过这一比例,达到了7.3%和8.2%。虽然,稳定导向型收入政策构想对经济衰退期提出了收紧工资政策的要求,然而,为了重建社会对称性,工会组织在战后第五次经济循环周期的衰退期(1969—1971年)还是为其成员实现了平均收入高增长率的目标。由此可见,经济政策当局无法对超出定向数据框架规定的工资和其他物价上涨实施制裁,也无法利用财政和货币政策强迫劳资双方做出稳定导向的行动。

工会组织与"工资主导路线"[②] 计划目标间的斗争是一场持久战。它虽然是联合行动中参与各方讨论的焦点,却从未击中过问题的"要害"。虽然即便布雷纳也认为这是将联合行动"发展为使工会组织遵守规则的工具"的尝试,但这主要是雇主方的目的所在。物价与投资活动不受直接调控的影响,即便调控方是权力很大的经济联合会,这是市场经济固有的属性之一。因此,雇主阵营——其发言人为时任戴姆勒—奔驰董事会主席、联邦德国工业联合会兼雇主联合会主席的汉斯·马汀·施雷尔(Hanns Martin Schleyer)——很难履行其义务。在德国企业家中,施雷尔是最愿意为"德国模式"承担其在社团主义市场经济体制中的职责的人。[③] 这些职责包括对社会

---

① 经济咨询专家委员会(SVR):《1964—1965年度报告》,第69页。
② 布雷纳于1970年7月17日发表的文章(Beitrag Brenner für KA am 17.7.1970, AdsD, Bestand IGM-Vorstand, 1-2, 1119b)。
③ 汉斯·马汀·施雷尔:《社会模式》(Hanns Martin Schleyer, *Das soziale Modell*, Stuttgart, 1973)。

国家构想的认可，他当然也不想看到这一构想被"滥用"。① 雇主联合会实施这一战略的目的是拒绝在"雇员财产形成"和"拓展共同决策机制"问题上向工会阵营作出补偿性的让步。在经济部长看来，前者不仅具有分配政策效应，而且还将抑制市场消费和需求，即景气周期政策效应。在这一点上，施雷尔愿意做出让步。但对于已成为利益政策冲突之核心焦点的共同决策机制，他的态度则截然不同。

二 凯恩斯主义的局限性

席勒的目的是通过定向数据向劳资双方提供"软性提示"，以避免"国家采取价格和工资冻结等制裁措施"。② 但在他辞职后，这类敏感的强制举措已无法再督促工会组织继续坚持原来的策略。身为席勒后任的汉斯·弗里德里希斯（Hans Friderichs）（自民党）认为此时必须将社会公约的覆盖范围拓展到经济政策的所有重大问题领域。此类"次要战场"为联合行动的开展提供了广泛的空间选择。1972 年，社会民主党人士草拟了一份定向框架计划，内容涵盖了所有经济和社会领域直至 1985 年的具体改革规划与行动步骤。③ 该计划充分考虑了社会各界对寻求目标导向的需求以及国家和地方政府④现有的调控职权，希望以有前瞻性、透明且协调一致的方式为经济和社会改革作出贡献。在这一计划背后是对进步的技术性理解，它可以通过"内部改革"的进取型社会政策战略而逐渐积累，其重点在教育与交通运输两大领域。赫尔穆特·施密特在党内推行了这一政治路线，但他作为政府首

---

① 德国工业联合会联邦董事会：《1975 年 8 月 26 日集中行动在波恩联邦经济部的会议记录》（Bundesvorstand des DGB, Protokoll der Konzertierten Aktion am 26. August 1975 im Bundesministerium für Wirtschaft in Bonn, Düsseldorf, den 1. September 1975, AdsD, Bestand IGM-Vorstand, 1—2, 1119a）。

② 《双边会谈会议记录》，1970 年 12 月 10 日（德国工会联合会—席勒）[（Kurzprotokoll der (bilateralen) Vorbesprechung der KA vom 10. 12. 1970 (DGB-Schiller), AdsD, Bestand IGM-Vorstand, 1-2, 1119b]。

③ 德国社会民主党：《1973—1985 年经济政策定向框架长期计划的第一份草案，有关土地制度改革的建议，卫生事业政策主题草案，以及财产构成指导方针》（SPD, Langzeitprogramm 1. Entwurf eines ökonomisch-politischen Orientierungsrahmens für die Jahre 1973—1985. Vorschläge zur Reform der Bodenordnung. Entwurf der gesundheitspolitischen Leitsätze. Leitsätze zur Vermögensbildung. Texte, Bonn-Bad Godesberg, 1972）；以及第二份长期计划，关于 1973—1985 年经济政策定向框架草案的批评（Langzeitprogramm 2. Kritik zum Entwurf eines ökonomisch-politischen Orientierungsrahmens für die Jahre 1973—1985, hrsg. v. Horst Heidermann, Bonn-Bad Godesberg, 1972）。

④ 见时任财政部长阿历克斯·莫勒（Alex Möller）在德国社会民主党机构内富有影响力的演说《国家力量超乎人们的想象》（Der Staatseinfluß ist größer als man denkt, in: Vorwärts vom, 18. Juli 1974）。

脑总是无法驾驭由此唤起的亢奋情绪。第一任社会民主党联邦总理威利·布兰特（Willy Brandt）1974 年 5 月辞职后，其后任在经历了第一次石油危机后发现景气周期与世界经济形势已发生重大转变。出于长远考虑，他不得不对许多领域进行转向思考。最初，由于"不愿也无法实施布吕宁的通货紧缩政策"①，施密特的社民党和自民党联合政府还是对凯恩斯宏观调控构想的效应表示出了信任。为避免引起持续的、法定的政府支出义务，该政府不得不坚决抵制将政府为扩大就业增加的支出与定向框架 1985 的理想目标联系在一起。事实上，为了给将来的景气政策保留活动余地，不再一味提高公共支出的贡献基数是逆周期支出政策的目的所在。与此同时，联邦总理还必须保留其政党的"结盟实力"，以消除社民党内的左翼势力利用计划经济构想对定向框架 1985 提出的质疑。无论是党内左翼势力还是议会外反对派（außerparlamentarische Opposition）阵营，他们都认为联邦德国正处在"国家垄断资本主义"（Stamokap）阶段并希望将整体经济的投资调控权交由国家负责。具体而言，这一"国家垄断资本主义党团"的目的是妄图赋予国家在联邦议院内外对投资规模、种类和地域选择的决策权、"国民经济框架计划"的制定权以及联邦与各州之间基础设施构想与规划的协调权。施密特深知，国民经济的调控能力始终有限，其效应的发挥还取决于占比达四分之一社会产值的外国以及销售近一半产品的外国市场。依赖于国际贸易的德国不可能采取特立独行的政策（"社会主义在一国取得胜利"），施密特也不敢置联合政府窘迫的信任基础于不顾，为了相互不能接受的意识形态把分歧扩大。与利用投资引导政策来削弱大企业权力的做法不同，施密特更乐意赋予"企业在其组织内对等的共同决策权"。这一战略举措的优势是显而易见的。共同决策权的扩大既满足长期发展路线又符合社团主义市场经济结构。它不仅不会为国家财政预算增添负担，还迎合了工会组织的目标。同时，也保持在社民党和自民党联合政府能够达成一致意见的框架内。

工会组织，尤其是金属工业工会，是联邦总理最重要的战略合作伙伴之一。作为"政治原则"的改革是其推动经济与社会持续发展的主导理念。②而他们的利益自然也无法轻易得到满足。70 年代中期，除了劳资协议政策

---

① 联邦总理赫尔穆特·施密特在 1975 年 9 月 23 日社民党党团面前的阐述 [Ausführungen des Bundeskanzlers Helmut Schmidt vor der (SPD-) Fraktion am 23. September 1975, AdsD, DM, 113]。

② 克劳斯·肯普特讷：《沃伊根·罗德勒与冶金工业工会：工会成员自传》（Klaus Kemptner, Eugen Loderer und die IG Metall, Biographie eines Gewerkschafters, Filderstadt, 2003），第 343 页。

以外，工会代表大会还一再强调对投资引导和国家规划方面进行"体制变革"的要求。改革政策领域的经典目标——确保和扩大雇员的共同决策权——也因此变得日益重要。在当时的社会条件下，政府与工人运动之间在这方面有着最大的共同诉求。因此，联合行动将扩大在大企业中雇员的共同决策权摆到议事日程之首，目的在于将工会组织纳入到制定经济政策框架内来。工会组织建立对等共同决策机制的目标越接近，他们就越乐意以稳定目标为导向来制定工资政策，其对收入重新分配的要求也将默许式地自我收敛。1976年中期，针对雇员超过2000人的股份公司而制定的《雇员对等共同决策法》最终生效。[①] 然而，在"对等"分布的监事会中，雇员方被分裂为不同的劳工群体，属于雇主方的监事会主席又被赋予了双票权。因此，该法与工会组织提出的要求以及1947年以来在矿冶工业实施的共同决策权之间还存在一定差距。对于雇主联合会而言，这一规定已经走得太远了，因此不能接受。他们在联邦宪法法院对该法提出了宪法诉讼，但该起诉于1979年3月被联邦宪法法院予以驳回。该法得到了联邦议院各政党的支持和力挺。面对企业家们的抱怨，工会组织认为这本身就是对社会各界达成一致意见要求的反叛。为了表示抗议，他们脱离了联合行动。作为正式机制的联合行动虽归于失败，但《稳定法》规定的为履行法律目标，各级政府、工会组织和企业联合会行为协调一致的要求却保留了下来。

新的经济政策路线可谓野心勃勃，其目标是实现高质量的经济发展计划性并推动自由经济主体间的理性合作。然而，这一理想最终并未实现。一方面，经过短暂的适应调整期后，各级政府与私人经济的投资者就逃避了政府时间上与事实上的调控目标并由此使调控无疾而终，市场行为主体的理性预期行为导致了国民经济循环宏观调控的失败。另一方面，当景气循环发生翻转时，联合行动——还有股市——并未发出警示信号。"对景气循环要谨慎、及时和适度，即无声无息地进行反向调控"[②]，但由于各种原因，在这种努力中相关利益代表、行业专家和政府一般总是反应过慢，无法取得反周期效应。其他人——例如央行主席卡尔·克拉森（Karl Klasen）——虽然听到了"景气循环变换的风声"，但"鉴于持续高位的消费需求"，他们还是习惯在

---

① 《联邦议院公报》（*BGBI*），I，1976年，第1153页。
② 经济咨询专家委员会成员克劳斯·科勒在1970年12月10日于联邦经济部召开的集中行动会议上的讲话（Das Mitglied des Sachverständigenrats Claus Köhler auf der Sitzung der Konzertierten Aktion am 10. 12. 1970 im Bundeswirtschaftsministerium, Protokoll für den Bundesvorstand des DGB, Düsseldorf, den 22. 12. 1970, AdsD, Bestand IG Metall-Vorstand、1—2, 1119b）。

对景气政策的枷锁进一步松绑之前等待"风声更大些"。① 特别是由于劳动力市场与其他资源的限制,"经济发展"和有计划的、推进式的经济增长政策很快便遭遇瓶颈。重建期结束后,战后经济增长的特殊条件也随之消失。联合行动圆桌会议上社会各方力量达成的一致意见也无法进一步驱动生产率的潜力的发展。仅仅几年以后,"凯恩斯主义革命"的力量就消失殆尽了。其遗产像一个阴影不声不响地淹没在西德经济秩序的大环境当中,直到2007—2008年金融危机爆发。根据《基本法》第115条规定,西德自1969年5月开始允许政府"为抵御经济平衡的破坏"而超出政府投资支出的举债。直到金融危机爆发,这项允许国家更高负债的例外规定一直颇受欢迎。目前,人们普遍认为,利用凯恩斯主义工具来熨平市场经济固有的景气波动毫无意义,然而凯恩斯主义革命却在新的世界经济危机中显露出其原本的使用范围。作为凯恩斯主义政策目标的"凯恩斯形势"不是可以用国家补充性财政政策克服的由需求方引起的周期性景气不足,它的核心是政府有必要用国家资金去克服私人投资者陷入的流动性陷阱,因为他们有流动性偏好。如果在不可预见的时间内,他们的利润期望——无论出于何种原因——无法实现,私人投资者通常就会将流动性囤积在手中。

与经济本身类似,席勒与施密特时代成功的利益政策的主导路线也未遵循冲突范式及其相应的解决措施,而是采取了以协会团体之间达成一致与合作的范式,政府在其中自然扮演着协调人的角色。70年代,特别是在外国人眼中存在着"德国模式",谈起它,人们总是对其社会平衡与政治稳定大加称赞,这似乎是其利益政策方式所内在固有的。一旦它能唤醒市场主体的集体理性并能在利益冲突问题上达成一致,社团主义市场经济就能证明其优越性。不过,30年代早期应对世界经济危机的历史经验表明,其局限性也是显而易见的。最初,政府在没有了联合行动正式框架的情况下成功地延续了社团主义利益政策的实践。施密特及其财政部长汉斯·马特霍夫会定期邀请经济界与工会组织的高层代表到总理府的后院别墅共进晚餐,残存的席勒主义体制为这类圆桌会议赋予了政治合法性。这些高层代表——例如奥托·沃尔夫·冯·阿梅龙根(Otto Wolff von Amerongen)(德国工商会总会,

---

① 经济咨询专家委员会成员克劳斯·科勒在1970年12月10日于联邦经济部召开的集中行动会议上的讲话(Das Mitglied des Sachverständigenrats Claus Köhler auf der Sitzung der Konzertierten Aktion am 10. 12. 1970 im Bundeswirtschaftsministerium, Protokoll für den Bundesvorstand des DGB, Düsseldorf, den 22. 12. 1970, AdsD, Bestand IG Metall-Vorstand, 1—2, 1119b)。

DIHT)、弗里茨·艾瑟（Fritz Esser）（德国雇主联合会，BDA）、尼可拉斯·法索尔德（Niklas Fasold）（德国工业联合会，BDI）、卡尔·豪恩施尔德（Karl Hauenschild）（化工工会，IG Chemie）、沃伊根·罗德勒（Eugen Loderer）（金属工会，IG Metall）、保罗·史尼特克（Paul Schnitker）（德国手工业联合会，ZDH）和海因茨·奥斯卡·菲特（Heinz Oskar Vetter）（德国工会联合会，DGB）——都是圆桌会议上的常客。相比以往，施密特政府更加依赖于大的社会群体的一致性。联合行动瓦解后，施密特政府希望至少可以以残缺的形式对社团主义市场经济最高层面的合作予以保留。总理府内的高层会谈分为两种形式：一种是集合了核心经济联合会与工会组织相关代表的"三方"模式，另一种是与其他分散阵营的核心人物开展的信任谈判。这类阵营的成员主要由经济界的领军企业家构成，例如西门子公司总裁伯恩哈德·普雷特纳（Bernhard Plettner）、部分私有化的费巴股份有限公司董事会主席鲁道夫·冯·贝宁森·福尔德（Rudolf von Bennigsen-Foerder）、大众汽车股份有限公司董事会主席托尼·施穆克（Toni Schmücker）和德国银行董事会发言人威尔弗雷德·顾特博士（Dr. Wilfried Guth）。这些在总理府举行的私人会晤主要是对经济政策、工资协议谈判双方合作问题以及联邦层面的经济问题解决进行预先决策。1978年在波恩召开的七国集团世界经济峰会上，联邦总理施密特利用额外的数十亿财政支出成功协调了经济领域的利益政策问题。不过，它已不再只是由联邦政府独自发起的景气计划，此时的施密特和马特霍夫已经同各主要发达国家的领导人一道，担负起为克服世界经济危机而制定全球景气计划的责任。

  1998年施罗德政府上台后，德国政府试图以"就业联盟"（Bündnis für Arbeit）重新恢复社团主义市场经济的运作体系。然而，新政府这一雄心勃勃的尝试最终还是以失败告终。与此同时，它的失败也预示着社团利益政策的进一步瓦解。关于经济规则的文化斗争早已开始了，与经济格局有所不同。90年代以来，利益政策局势在某些方面与30年代早期失败的"就业联盟"模式有着惊人的相似之处。[①] 直到2007年金融危机的爆发——其发生在很大程度上要归咎于规则的变化，德国经济界——至少在企业层面——又重新燃起恢复社团主义模式的激情。

[①] 维尔纳·阿贝尔斯豪塞：《帝国时期与魏玛共和国时期的社团主义体制》 [W. Abelshauser, Korporatismus im Kaiserreich und in der Weimarer Republik, in: ders. (Hg.), *Die Weimarer Republik als Wohlfahrtsstaat*, Stuttgart, 1987] 第165页及其后。

三 共同决策机制的经济价值

特定的共同决策机制能赋予雇员参与探讨和影响企业决策的权利。随着这一机制在大型股份有限公司的推行,德国为欧洲大陆制定了一种前所未有的新标准。共同决策机制旨在通过不懈努力追求适应德国情况的委托代理问题之解决方案。与此同时,它还充分地顾及非物质生产阶段企业内知识分配的不对称性和不均衡性。而仅从工业政策视角来评判企业基本法与共同决策实践的发展却是经济政策与理论思维错时的典型特征。

50年代,稳定的合作式劳动关系对大多数企业家而言有着非凡的意义。而共同决策权成为长期生产率提升、经济增长和企业竞争力的前提条件。[1] 在工业关系(industrial relations)的经济理论中,自由主义视角依然居于主流地位。[2] 该理论认为共同决策机制加强了工会组织的谈判权力及其在劳动力市场的垄断地位。然而,工会组织一旦成为垄断者,它就会以努力最大化其成员工资为目标。而相关公司的目标则只能是将员工数量削减到其利润最大化的水平。其后果必将造成员工失业、物价蹿升、资源配置扭曲。只要共同决策机制有利于解决工业社会不容易达到的社会平衡问题,即便是那些将自己打扮得更温和的自由派也可以接受。另外,它也能够维护社会和平与劳资关系的稳定。随着工业社会的结束以及物质生产重要性的丧失,共同决策机制也逐渐失去了在社会政策领域的合法地位。作为达到工业关系稳定目标的手段,它似乎只能在工业社会发挥其作用。而工业革命的划时代意义本身已经消逝,作为经济发展的范式已经被取代。

在这一背景下,长期的合作式劳资关系对非物质生产进程和交易成本的

---

[1] 格洛丽亚·米勒:《结构转型与雇员权利:1945—1975年钢铁工业的共同参与决策机制》(Gloria Müller, *Strukturwandel und Arbeitnehmerrechte, Die wirtschaftliche Mitbestimmung in der Eisen-und Stahlindustrie 1945—1975*, Düsseldorfer Schriften zur Neueren Landesgeschichte, 31, Essen, 1991);诺贝尔特·兰福特:《从客体到主体》(Norbert Ranft, *Vom Objekt zum Subjekt*, Köln, 1988);沃尔夫冈·史特雷克、诺贝尔特·克鲁格:《德国的共同参与决策机制——传统与效率》(Wolfgang Streeck, Norbert Kluge, *Mitbestimmung in Deutschland. Tradition und Effizienz*, Frankfurt am Mein, New York, 1999);有关雇主方的实践内容可参见维尔纳·阿贝尔斯豪塞《明登—吕布贝克州的社会市场经济体制——1945年以来的雇主联合会》[zur Praxis an der Arbeitgeberbasis siehe Werner Abelshauser, Soziale Marktwirtschaft in Minden-Lübbecke: Der Arbeitgeber-Verband seit 1945, in: Ders. (Hg.), *Die etwas andere Industrialisierung. Studien zur Wirtschaftsgeschichte des Minden-Lübbecker Landes im 19. und 20. Jahrhundert*, Essen, 1999],第269—293页。

[2] 巴利·希尔什、约翰·艾迪森和约阿辛·基诺思克:《工会组织之经济研究》(Barry Hirsch, John T. Addison, Joachim Genosko, *Eine ökonomische Analyse der Gewerkschaften*, Regensburg, 1990)。

高低将产生何种影响，就成为决定共同决策机制经济价值的关键问题。这类关系在雇员的组织嵌入结构及其在企业中的利益都有所体现。为了实现这一约束效应、构建合作式劳资关系，雇主也乐意为雇员提供高于以往的工资标准或做出保障工作岗位的承诺。他们会在长期合作的基础上加大对雇员人力资本的投资力度，为雇员提供岗位培训和就业深造的机会。随着后工业时代非物质生产的飞速发展，员工素质已经成为企业提升利润空间的前提条件。而员工的企业忠诚度及工作动力的提高将为由此产生的额外成本做出补偿。[1]

"知识型社会"生产关系的典型特征就是企业内部知识的不对称分布。非物质生产及其所需的以知识为基础的资质依赖于特殊的专业知识，这种知识通常不易替代，其在劳动过程中的生产性转化也不易监督。一个掌握专业知识的雇员的最优劳动贡献既无法以合同方式精确计算，其劳动合同也无法用适当的成本得到监控或实现（委托代理问题）。因此，企业管理层以一定成本保留劳动岗位无限监控权的难度越来越大。传统产业工人掌握的仅仅是较易替代的普通知识。相比他们而言，在劳资争议和冲突中，拥有特殊专业知识的雇员会给企业造成更多的损失。在过去的工业化时代，列宁提出的"信任固然好，监管更重要"的人生格言备受各界推崇。然而在新的历史条件下，将它反过来说似乎更有道理——因为监控之道往往需要付出更多的代价。随着这一认识的深入，企业管理层、雇员及其代表组织实现了对就业岗位的监管分工。参与利润分配与共同决策机制有效促进了"委托人"与"代理人"之间在效用函数上取得一致。

在经济结构的迅速转型期，长期稳定而和谐的劳资关系还有着另外一番意义。拥有高资质和工作热情的公司雇员通常能激励企业积极开展对固定资产的大规模投资。同时，他们也能为投资金额的有效利用和及时摊还提供保障。高额固定成本能够转化为低额单件造价，对新技术的投资活动能提高企业生产率，进而扩大其市场份额并实现更高的利润。如果公司雇员能适当地参与企业的利润分配，合作型劳资关系将得到进一步强化。

对于多元化优质生产和标准化批量生产这两种生产模式而言，共同决策已经发展成为企业层面一种行之有效的机制。从某种程度上说，它似乎更是为前者量身定做的。不过，对于后者，它也具有一定的吸引力。在以泰勒主

---

[1] 威廉·拉佐尼克：《工厂车间的竞争优势》（William Lazonick, *Competitive Advantage on the Shop Floor*, Cambridge, MA, 1990），第310—312页。

义和福特主义为主导的工业体系中,专业劳动力不仅面临着职业技能的退化,甚至还会有丧失岗位自主权的威胁。共同决策权能在一定程度上弥补雇员工作动力不足带来的问题。生产发展与竞争环境面临着许多不确定因素,同时技术变革也日趋复杂化。在这种形势下,企业的每一项投资决策都必须依赖企业及联合会在投资过程中有计划的沟通协调,这种协调比市场调节更重要。20世纪非物质生产与劳动分工的发展越迅猛,交易成本就上升越快,人们对抑制交易成本上升的制度与惯例的需求就越强烈。[1] 在这种环境下,尽管企业内部的劳资冲突仍时有发生,但"共同决策"制度和合作型劳资关系的原则已在德国茁壮生长。1945年后,体现共同决策原则的法律和组织形式虽然是由当时的政治条件所塑造的,但它也符合当时经济上的需求。

1971年年底,联邦议院以社民党和自民党多数票通过的对《企业基本法》的修订也符合上述精神。它扩展了企业职工委员会的共同参与权和共同决策权,并赋予它更多的工作岗位管理权和劳动过程规制权。与此同时,它还强化了工会组织在企业中的权利。在联合行动框架内,共同决策权的扩大主要是对工会组织在工资政策方面让步的补偿。因此,其在后工业时代的经济价值几乎没有人注意到,企业雇主大多看到的是企业的政治化风险。除此之外,企业雇主还担心法律规定的名额对等的劳资协调委员会将导致企业事务出现瘫痪。不过,共同决策机制的实践很快证明这些担忧都是毫无根据且站不住脚的。因为该机制具有极高的灵活性,在新法规定下达成双方同意的解决方案,并不会将问题提交给劳资协调委员会。[2] 1976年生效的、仅对大型企业适用的《共同决策法》也并未涉及企业内部的权力关系。它对监事会和董事会的成员构成以及成员选举作出了规定。同时,依据矿冶企业共同决策模式,该法还在劳动和社会董事的任命上赋予雇员以参与权。工会组织、工人、公司雇员和管理人员按人数比例分配监事会雇员方的成员名额,且总人数与雇主方对等。特别是对监事会在选举股份公司董事会成员时必须满足三分之二法定人数的规定,雇主方面表示反对并向联邦宪法法院提请了诉讼。

雇主方向联邦宪法法院(位于卡尔斯鲁厄)提出的诉讼请求自然产生

---

[1] 约翰·瓦利斯、D. C. 诺斯:《衡量1870—1970年美国经济的交易领域》(John J. Wallis, D. C. North, Measuring the Transaction Sector in the American Economy 1870—1970, in: Stanley L. Engerman, Robert E. Gallman, *Long-Term Factors in American Economic Growth*, Chicago, 1986),第95—161页。

[2] 阿贝尔斯豪塞:《社会市场经济》(Abelshauser, *Soziale Marktwirtschaft*),第288页。

了一定的影响。工会组织感觉自己失去了在社团主义市场经济"社会对称性"体制中应有的地位。出于抗议和反对,他们脱离了联合行动。1972 年卡尔·席勒辞职后,联合行动早已失去了往日的生机和光辉。以立法诉讼为契机,工会开始对联合行动提出质疑并不再参与联邦政府的经济政策制定。然而,雇员方面摧毁了早已不再起作用的利益平衡机制,原因是所有参与者对利益平衡的关心远远小于对各自特殊好处的关心。卡尔斯鲁厄法院对共同决策权所做的判决对后世产生了深远影响。1979 年,法院驳回起诉并宣布《共同决策法》符合《基本法》的有关规定。① 然而,法院在其判决中并没有强调监事会中的雇员阵营,很难在重大的人事决定上——由于其多元性——对雇主方取得多数,而是再一次强调了适用于大企业的财产社会义务(第 14 条、第 2 条)。据此,它们有义务接受其自由支配权遭遇的"一定的事实障碍"。同时,判决结果也再次强调了《基本法》在经济政策上的中立态度,它并未确定或保障某一种特定的经济秩序。最终,法官认定,共同决策机制可以追溯到"工业化的初始时期",但对其并没有造成明显的负面作用。

对于共同决策机制带来的经济利益,卡尔斯鲁厄的法官无须作出判决。在 21 世纪初,几乎人人懂得,"人类财产"的价值不能仅以其自身的质和量来衡量,更重要的是根据相应社会表现出的"社会能力"来评判,即在经济过程中建立相互信任的合作关系的能力。② 社会一旦欠缺这种能力,各方合作就只能借助正式规则、规定和强制措施来实现。在成功进驻(世界)市场的进程中,经济主体需完成的任务越复杂,由此产生的交易成本就越高。缺乏信任就如同税收一样对经济行为产生影响。德国引入共同决策机制的初衷正是为了减少这一成本。随着新工业的萌生,合作型财产(Kooperationsvermoegen)在 20 世纪甚至变得更加重要。这也可以很好地解释,为什么德国生产体系在经历了种种政治灾难后依然能保持其固有的基本特征,而

---

① 1979 年 3 月 1 日的判决,《联邦宪法法院判决汇编 50》(Urteil vom 1. März 1979, BVerfGE 50),第 290 页及其后。见汉斯·尤根·巴皮尔《联邦宪法法院的共同参与决策权判决——从宪法角度看是一次关键性的评判》(Hans-Jürgen Papier, Das Mitbestimmungsurteil des Bundesverfassungsgerichts-Eine kritische Würdigung aus verfassungsrechtlicher Sicht, in: *Zeitschrift für Unternehmens-und Gesellschaftsrecht* 8, 2009),第 444—470 页。

② 见弗朗西斯·福山《信任:社会美德与财富之源》(Francis Fukuyama, *Trust, The Social Virtues and the Creation of Prosperity*, New York, 1995),第 3 章。

共同决策机制正是其重要的特征之一。①

相比而言，矿冶工业的共同决策机制则有所不同。从社会政策角度看，它也同样做出了令人印象深刻的贡献。尽管如此，最终它却没有满足人们对其给予的巨大期望。在"合作现代化"（kooperativen Modernisierung）② 进程中，对鲁尔煤业的整顿只是一小段前奏。矿冶工业的共同决策机制不仅只为企业雇员承担行业结构转型和重获竞争力不可避免的后果，它本身也是现代化进程的推动力之一。在整顿煤业经济与联合行动框架内，它还为劳资双方寻求合作之道以冲破德国工业政策顽疾的束缚做出了努力和贡献。然而，最终它却与社会民主党和基社盟的工人羽翼一道成了说服波恩、杜塞尔多夫和柏林政府延缓取消煤业经济的顽固势力，种下了对德国模式社团主义市场经济未来能力提出严重质疑的种子。面对日益激烈的国际竞争，这种模式只好不断重新接受令人不快的实践检验和挑战。对于德国模式的批判者来说，共同决策机制是造成企业决策缺乏灵活性和果断性的罪魁祸首，也是导致90年代德国经济在活跃的产品市场上深陷困境的主要原因。这样的评价对于矿冶工业共同决策机制而言似乎是消极的，但它既不能代表为90年代新工业代理问题的解决做出了重要贡献的雇员参与典型，也不能确保合作式现代化战略在老工业领域取得成功，取消煤业经济过程中的消极经验证明了这一点。共同决策委员会在未来雇员参与企业决策形塑的相关建议中不再提及矿冶工业的共决制。③ 2000年，实施矿冶工业共同决策机制的企业还有50家，如今仅剩下30家。80年代以来，对是否保留矿冶工业共同决策机制的争论焦点主要集中在康采恩企业集团的母公司上。1981年以后，在立法者给出

---

① 这一点已被反复强调，比如可阅读弗兰西斯·福山《儒教与市场经济，文化的冲突》（Francis Fukuyama, Konfuzius und Marktwirtschaft, Der Konflikt der Kulturen, Frankfurt/M. 1992），米歇尔·阿尔伯特《资本主义对资本主义》[Michel Albert（Kapitalismus contra Kapitalismus, Frankfurt/M. 1992），他提出了"莱茵模式的社会优越性"。或可参阅索斯基斯《全球化》（Soskice, Globalisierung）]，他看到了德国"生产体制"在全球化背景下的核心市场上依然保持了其优越性。安德鲁·舍恩菲尔德在此之前就曾强调过这一观点，见其《现代资本主义：公共力量与私人力量间的平衡转变》（Andrew Shonfield, Modern Capitalism, The Changing Balance of Public and Private Power, Oxford, 1965）。

② 参见《共同参与决策机制与新的企业文化——总结与前景展望，共同参与决策委员会报告（Mitbestimmung und neue Unternehmenskulturen-Bilanz und Perspektiven. Bericht der Mitbestimmungskommission, hrsg. v. der Bertelsmann Stiftung und der Hans-Böckler-Stiftung, Gütersloh, 1998），第71—76页。

③ 同上书，第113—120页。2006年，毕登科普夫委员会（Biedenkopf-Kommission）向联邦政府提出了构建共同参与决策机制的相关建议。该委员会遵循的路线虽然大同小异，但始终无法达成意见共识。

的标准之中（矿冶产品增加值比率至少为20%，员工人数为2000人），联邦宪法法院在1999年的决议中仅承认增加值比率这一项与宪法相符。[①] 目前满足这一前提条件的仅有扎尔茨吉特股份公司（Salzgitter AG）一家，就连鲁尔煤业统一公司也在很大程度上丧失了矿冶工业共同决策机制的基础职能。艾森的鲁尔煤业康采恩转轨改制成为基金会后，2007年成立了两个截然不同的企业。一方面，包括化工、能源和不动产等在内的技术行业领域以赢创工业集团（Evonik Industries）的名义接受了1976年通过的共同决策机制有关规定。另一方面，为了确保公共补贴的采煤业可以运作到2018年停止和承担采煤业的"永久负担"，鲁尔煤业股份有限公司（RAG-AG）依然保留了矿冶共同决策机制的核心地位。因此，我们可以预见，矿冶共同决策机制未来将仅限于狭义的矿冶工业。

60年代以来，为欧洲内部市场创建一套统一的《公司法》的愿望与共同体要在关键行业培育欧洲冠军企业以与美国跨国公司相抗衡的目的有着密切联系。历时四十年，欧共体最终在尼斯峰会上实现了突破。在这之前，对企业共同决策机制适用范围的不同构想阻碍了建立一个统一的资合公司欧洲法律形式。2001年，各方最终达成共识，允许企业在迁址到其他欧盟成员国时无须通过解散或者重新设立来改变自己的原本的法律身份，同时也允许企业进行跨境的兼并活动。欧洲公司（Societas Europaea）法律形式的有关规定应为成员国共同决策机制条款的应用提供尽可能广阔的适用空间，共同决策问题也由此得到了解决。2004年，德国政府将其列为国家法之后，欧洲股份公司的有关规定并未对1972年《企业基本法》的适用范围和1976年《共同决策法》作出强制变更的规定，它实际上开辟了企业通过谈判途径形塑企业组织的可能性。由此，相应成员国的各种模式在很大程度上得以实现。欧盟立法者对寻求谈判方案赋予了优先地位，并放弃了事先设定企业共同决策机制的权利。除此之外，还保障在企业层面总是新设立公司参与国中最高的共决权水平得到使用。工会组织担心，新的法律形式将会被滥用来绕过相应成员国的共决权规定。然而，事实证明，这一担忧是毫无必要的。在某些情况下，实行合作式企业结构的股份公司——例如巴斯夫公司或保时捷股份公司——甚至会利用转制为欧洲公司的机会，在超出民族国家规则外的

[①]《联邦宪法法院判决汇编99》，367：矿冶工业共同参与决策机制（BVerfGE 99, 367-Montan-mitbestimmung）。

所在地巩固劳资关系方面取得的进步。[1]

当欧洲公司超出相应的雇员参与监事会的界限值，并由此进入了根据《企业基本法》1/3 雇员代表参与或根据《共同决策法》对等参与的领域时，则可能产生在《共同决策法》的解释问题上的分歧和冲突。在未来，64 家在德国运营的欧洲公司中将有 34 家超出员工人数 500 人的上限标准，其中 23 家的职工人数现在已经超过了 500 人，在未来某个时间将达到 2000 人的界限。根据德国《公司法》的有关规定，它们将进入 1976 年的《共同决策法》的管辖范围。在出现"结构转型"的情况下，法律允许对欧洲公司协议进行新的谈判，最终可能要由劳动法庭做出裁决。[2] 除了共同决策问题以外，欧洲股份公司新法律形式的引入还带来了一些新的认识。从目前形势来看，新法律形式并没有在德国引起一个退出德国股份有限公司形式的风潮，其自由选择权也没有被用来排挤德国式的监事会作为公司治理（corporate governance）的工具或削弱其影响，并用在盎格鲁—撒克逊文化圈流行的一元制董事会（board of directors）取代之。[3] 这些事实表明，企业组织结构的方式是以市场需求和生产方式为导向的，因此需要差异式的表现形式。

第三节　小规模经济危机

一　一出三幕场景的戏剧？

20 世纪 70 年代，大多数国家的经济都面临着最艰难的挑战，联邦德国自然也不例外。1973 年，布雷顿森林体系最终崩溃后，德国货币与美元间的兑换率增长了近两倍多。进口贸易成本的降低大大消解了第一次石油危机给西德带来的负面影响。特别是通胀率也维持在相对较低的水平。出口贸易成本的上升则引发了工业结构的严重扭曲和变形，重要的老工业行业明显丧失了竞争力。在 60 年代爆发的煤业危机后，纺织业、造船业和钢铁工业同样未能幸免，而且相应的框架条件更加恶劣。德国经济由此开始走上了漫长

---

[1] 彼特·芬泽尔：《欧洲股份公司的共同参与决策机制》（Peter Finzer, Mitbestimmen in der Europa-AG, in: Handelsblatt vom 16, April 2009）。

[2] 《引入欧洲共同体法》，2004 年 12 月 24 日（BVerfGE 99, 367 – Montanmitbestimmung, 第 3675—3701 页）。

[3] 《无法逃离共同参与决策机制》（Keine Flucht aus der Mitbestimmung, in: Böcklerimpuls 18/2009），第 2 页。

而痛苦的工业萎缩进程,日趋增多的失业工人也超出了劳动力市场的接纳能力。

因此,接二连三的打击勾起了受牵连国家对20世纪世界经济灾难的回忆。早在1944年,这些回忆就对世界经济新秩序产生了深远影响。在布雷顿森林体系中,美国最终确立了在世界经济中的领导地位。直到70年代,它都一直为西方世界市场的稳定提供着保障。1973年,战后新货币体系最终崩溃,阴魂不散的"老恶魔"又重新回到了人们的视野当中。在应对70年代的小规模经济危机时,从先前世界经济危机中吸取的经验教训自然就成了政客们危机政策的指南针。例如1974年4月,赫尔穆特·施密特宣誓就任联邦德国总理后,在一份秘密的思想记录中对当时的形势作出了精确的判断,从而为他赢得了"世界经济学家"称号。这份寄送给其政界最紧密的"战友"的经济政策战略计划主要针对的是经济灾难可能产生的后果。时至今日,撰写人还对计划内容记忆犹新。[①] 45年之后,施密特依旧认为当时的世界经济正在经历一场在和平年代史无前例的"通胀危机"。国家自私主义贸易干预和经济衰退的迹象也处处可见。在他看来,布雷顿森林体系的崩溃只是"这出戏的前奏"。随后的石油危机则是"第一幕场景的开始"。他认为其他原料卡特尔的缔结也完全可能。鉴于30年代经济萧条和政治极端化的经验教训,它又为后续的第二、第三幕的综合场景做了预设。一方面,他担心在工业国家贸易政策双边主义、失败了的自给自足的企图以及实际工资的停滞甚至下降会卷土重来。这些灾难还将相应地导致原料匮乏的发展中国家出现更加严重的贫困。另一方面,他也担心这样的发展趋势会摧毁工业社会的民主结构。施密特深信:"这并非什么可怕的预言和诅咒,而是世界经济必须直面的现实。"他希望人们从他承担解决问题责任的方式上来对他做出评判。施密特认为,工业国家必须认识到启动一个国际共同商议、在国际道义和政治压力下实行经济稳定政策的必要性并且服从它——这才是拯救危机的唯一出路。否则的话,许多国家都"将被混乱的、迅速扑来的萧条所吞噬"。因此,他作为联邦总理首先要实行这一政策。对于这样的政策对欧洲内部市场和国家财政预算产生的影响,施密特及其财政部长马特霍夫一直持怀疑态度。尽管如此,作为1978年波恩世界经济峰会的主办方,他还是

[①] 赫尔穆特·施密特:《以对外经济视角来简述现时经济问题》[Helmut Schmidt: Exposee zur aktuellen ökonomischen Problematik unter dem Gesichtspunkt ihrer außenwirtschaftlichen Bedingtheiten. 15. April 1974 (amtlich geheimgehalten), AdsD, DM 014]。

接受了七国集团赋予德国（和日本）的"世界经济火车头"的角色并制定了一套耗资数百亿马克的景气计划。① 同年，在自编自导的"戏剧"指引下，施密特冒着极大的风险提出了欧洲货币体系计划。这不仅遭到了他的第一任财政部长汉斯·阿佩尔的公开反对，而且连支持该计划的继任财政部长马特霍夫和法国也对此持有一定的保留意见。② 这一从历史经验中谨慎地导出现实可能性的政策使德国平稳渡过了小规模经济危机的难关，联邦总理施密特在七国集团中的地位和声望也得到显著提升。然而，在德国国内，人们对他的批判指责声却不绝于耳。有人甚至认为，他为了成为主角不惜导演了一出"世界经济大戏"。

"小规模经济危机"带来的挑战着实令德国政界与社会公众感到措手不及。卡尔·席勒提出的经济政策新路线在就业领域取得了不小的成就：德国再次实现了充分就业目标并一直维持到70年代中期（对比图7）。因而，币值稳定问题成了彼时亟待解决的首要问题。在西方各国物价迅猛攀升的重重压力下，1973年德国的消费价格最终也增长了6.9%，超过了在充分就业情况下经济政策能够容忍的界限。因此，稳定目标的重点就从财政政策转移到货币政策，调控主体也由政府变成了联邦银行。1973年年底"石油危机"的爆发进一步激化了"币值稳定"与"充分就业"两大经济政策目标间的矛盾冲突。原油产品价格的提升又引发了新一轮的物价飞涨。同年10月，核心原材料价格同比增长了近70%。③ 在对外贸易发展较为平稳的形势下，以稳定币值为目标任务的联邦银行决定采取严格的货币限制措施来应对危机。早在同年3月，央行解除对支持美元的干预义务后，德国马克便与欧共体其他国家的货币结成联盟，共同实现了与美元兑换利率的自由浮动。自此，央行自主决定稳定政策的行动空间得到大大扩展。因为只要德美货币间存在着固定汇率，央行就必须在一年内购买价值360亿马克以上的外汇并不得不违背其意愿将央行货币量提升16%。在新货币秩序下，央行成功地通过控制货币发行量使利率上涨，缩窄了经济界的融资空间。财政政策则以11%的投资税和取消累退折旧率的行动来支持央行的路线，德国经济界对此类紧急刹车也迅速作出了回应。1973年年初，也就是第一次石油危机发生之前，

---

① 阿贝尔斯豪塞：《经济奇迹过后》（Abelshauser, *Nach dem Wirtschaftswunder*），第378—387页。
② 同上书，第388—402页。
③ 经济咨询专家委员会（SVR），《1973年度鉴定报告》，第4页。

景气循环的上升趋势先是停滞，最后则近乎直线下降（对比图5）。联邦德国遭遇了历史上最为严峻的经济衰退。不仅实际国民生产总值下降了1.85%，1973—1976年的就业人数也减少了130万。虽然1976年工业生产又再次呈现上升态势，但以往的充分就业目标却再也无法实现。德国就业岗位首次呈现出持续性减少的趋势，仅1973—1976年就减少了近80万个。[①]

熨平景气周期的希望也未能实现，只是景气周期的时间出现了延长的趋势（超级周期）（Superzyklus）（对比图5和表19）。在宏观调控影响下，生产波动的强度并未有所减弱。1969—1970年的繁荣期后经济下行呈温和的特征，它似乎印证了利用新景气政策工具能够实现经济的稳定发展。而1975年的经济急剧下行却令众人的希望化为泡影，特别是失业率也再次上升。

1975年，利用扩张性财政政策对景气周期进行调控策略的局限性暴露出来。经济出现衰退以来，财政政策背负的不仅仅是提振经济的任务，为了给政府争取更大活动空间，它还必须有效应对日益严峻的公共财政赤字问题。在这种两难境地中，财政政策的效用自然也大不如前。自此，不论是总体经济发展的循环模式还是就业形势的波动，甚至连经济增长轨迹也都越来越倾向于"一战"前的表现形式。

很显然，不管是50年代向充分就业目标的过渡还是60年代就业目标的稳定抑或是70年代中期以来就业形势的动荡，它们都与景气政策的成败没有直接关联。如果说"二战"后重建条件带来的诸多好处是直至60年代德国经济发展模式的决定性因素，那么到70年代末，这一解释则很难再有说服力。从景气周期的角度，将日趋恶化的就业形势归咎于世界经济危机的重灾区和对德国的波及似乎也不太可行。恰恰相反，正是对外贸易成为至今德国最可靠的景气支柱。但是鉴于世界经济越来越多的问题，这种状况可能发生变化。更为重要的是在日益激烈的市场竞争或竞争扭曲压力下的结构转型进程，不论是在特定行业内部还是在经济部类之间都不可避免。鉴于周期模式的长期稳定，认为凯恩斯主义构想在经济政策中失灵的观点——尽管从70年代中期以来十分明显——也在很大程度上失去了说服力。因此，自1975年开始，人们便不再将失业率再次上升的原因归咎于景气周期，转而把矛头指向了在小世界经济危机期间越来越明显的"结构"原因。这背后蕴藏着的特殊利益的硬化进一步加大了实现整体社会利益均衡目标的难度，

[①] 经济咨询专家委员会（SVR）：《1976—1977年度鉴定报告》（SVR, *Jahresgutachten 1976-1977*, Ziff. 95）。

"过度扩张"的社会国家长期无法整顿，以补贴与发放特权为特征的"善意"国家干预行为的泛滥进一步挤压了经济与财政政策的行动空间。正是德国社会生产体系在其数十年成功路线上逐渐积累起来一些这样的负担。除此之外，对于后工业时代目标导向的缺失也难辞其咎，它在70年代变得非常严重，而从那时以来至今无法真正克服。

二 全球化的卷土重来

世界经济危机的震荡使联邦政府突然意识到之前为政界和公众舆论完全排斥的一个事实：联邦德国在"国际社会的经济与财政领域已经变得至关重要"。[1] 联邦银行在欧洲的领军地位、德国马克的强劲实力、西德经济与政治抵御危机的能力，以及社会各界对世界经济的责任意识汇集成了德国最重要的政治资源。它们使德国成为国际舞台上备受东西方共同尊重的行为主体，也使联邦总理成为由他发起的七国集团峰会上万众瞩目的"璀璨之星"。[2] 在七国集团论坛上，正是德国总理多次公开批评美国总统令世界经济受损的高利率政策，而他的那些欧洲同事却有时欲言又止，在大多数情况下则完全不愿提及。[3] 70年代，西德在全球治理结构（global governance）中的地位日渐增强其实还另有他因。1973—1981年，德国为联合国作出的贡献从1700万马克上升至1.32亿马克，对其他国际组织的贡献也从6100万马克上升至1.41亿马克。其发展援助支出增长了两倍多，为欧共体缴纳的各种税费也从49亿马克增加至135亿马克。联邦德国以65亿马克的净缴纳额成为欧共体为数不多的最大费用缴纳主体之一，令许多其他成员国望尘莫及。[4] 70年代期间，其国际转移支付数额也从80亿马克猛增至201亿马克。光是这一点，德国就无法在国际社会上"自扫门前雪"。联邦总理也意识到

---

[1] 赫尔穆特·施密特在1981年6月26日社民党联邦议院党团会议上的讲话（AdsD, DM 027）。

[2] 1975年11月15日，在法国举行了与六大工业国（法、德、美、英、意、日）的首次峰会。1976年，在波多黎各（美国）举行的第二次峰会上，加拿大也加入其中。共同体委员会主席则首次出现于伦敦峰会（1977年）。期间，俄罗斯也加入其中（八国集团）。比较哈罗德·詹姆斯《1975年11月15日：经济的全球化》（Harold James, Rambouillet, 15. November 1975, Die Globalisierung der Wirtschaft, München, 1997）。

[3] 《1981年7月19日联邦总理在蒙特佩罗与里根总统的谈话记录（蒙特佩罗，1981年7月20日）》（AL 2, AdsD, DM 031），以及有关1982年3月30日德国总理在布鲁塞尔法国大使馆与法国总理密特兰德谈话的翻译记录摘要（Bonn, den 15. April 1982, AdsD, DM 032）。

[4] 同上。

"德国已经被迫以极其深入的方式为其他国家负责"。①

于是，国际合作在全球许多地方蓬勃开展起来。世界银行、国际货币基金组织、关贸总协定、七国集团峰会、欧共体峰会和一系列密集的双边定期磋商网络为世界经济规则的协调提供了有利的机会。尽管如此，70年代期间，西方各国对30年代初的世界经济危机卷土重来依旧心存畏惧。布雷顿森林体系崩溃后，国际货币政策需要制定新规则。石油输出国组织结成的卡特尔之所以能冲破自由贸易的框架并非是其秩序政策的功劳，而是通过突然的价格上涨给那些国家被迫改变过时的结构施加调整压力而实现的，它们不得不马上进行调整。第三世界与个别"门槛国家"债台高筑的现象使国际金融体系陷入财政压力之中，并最终随着1982年墨西哥国际收支体系的崩溃而使西方世界又置身于经济危机深渊的边缘。标准化批量生产的危机摧毁了世界经济中传统的领军行业。美国经济由此开始一段增长停滞的时期，生产率也在下滑，这使得贸易保护主义开始抬头。面对经常性项目赤字的强势来袭，世界头号经济强国用高利率政策加以应对，进而剥夺了其贸易伙伴在货币政策方面的所有行动空间。此时，各国还不得不面对世界经济的新兴结构，就像被四处漂移的美元资产所统治的欧洲资本市场（欧洲美元市场），它既不受国家控制也不受国际监管（离岸市场）（Xenomärkte）。这些市场上发生的任何一次意外都随时可能引发一场国际银行危机。70年代末，游离资金的总数超过了1万亿美元，这着实令社会各界感到惶恐不安，从而成为一个国际政治问题，被1980年威尼斯七国集团峰会摆上了议事日程的头号位置。② 它给政府首脑同时提出了三大问题。首先，政府必须避免国家的货币政策被这类市场以通货膨胀方式破坏；其次，30年代以来各国都引入了国家层面上的银行监管机制，他们必须确保这类匿名的金融市场要接受严格的银行监管；最后，为了避免在离岸市场上产生灾难性的连锁反应，他们还必须明确在紧急情况下谁是对货币政策采取及时补救措施的"救火人"（最后贷款人，lender of last resort）。联邦总理赫尔穆特·施密特向各国首脑发出紧急呼吁，要求他们对"离岸市场的爆炸性的扩张"采取必要的抵御措施。③ 他认为，同国内业务一样，国际金融市场"也必须接受相关银行监管

---

① 赫尔穆特·施密特在1981年6月26日社民党联邦议院党团会议上的讲话（AdsD, DM 027. AdsD, DM 027）。
② 《1980年6月22—23日威尼斯峰会上有关经济问题的会议记录》（AL 4, AdsD, DM 031）。
③ 同上。

法律规则的严格监管"。但是,如果没有人为此承担责任,金融市场遭遇连锁反应的风险就会大大增加。鉴于世界经济危机的经验教训,这位德国的"世界经济学家"批评道:"如果任其发展,这将完全与理智背道而驰。"他的观点得到了其"朋友"吉斯科尔·德斯坦（Giscard d'Estaing）的支持,但美英两国却对此三缄其口。德国人提出的建议——私人银行应建立自己的国际安全网,以便为个别商业银行遭遇资金荒时提供帮助——最终只被打回到国家货币机构去继续商议。① 尽管该议题已成为世界经济会议议事日程上的"常客",但并未引起实质性的变化。

一年以后,诸多事实证明,人们的这些担忧以及经济危机卷土重来的危险并非空穴来风。1981年9月28日,国际货币基金组织在华盛顿召开年会期间,纽约交易所的股价狂泻。然而,美国政府并未对此进行干预。崩盘的动因至今依旧是个谜。在此之前,纽约的股票交易教父约瑟夫·格兰维勒（Joseph Granville）曾预言这个周一将会成为华尔街的黑色星期一。他还预言这将是自1929年10月24日"黑色星期四"以来最为严重的股市崩盘。此言一出,顿时震惊了周一早晨忙于交易的全球交易所。东京、悉尼、香港、新加坡、苏黎世、法兰克福、巴黎和伦敦交易所都遭遇了迄今为止没有经历过的重创,最后一个开市的华尔街交易所开市就出现股票下跌。尽管纽约交易所同一天的市场趋势有所逆转,这个"蓝色的（迷糊的）周一"也没有产生什么直接后果。然而,这一事件还是给各国央行行长和财政部长不小的震动与打击。于是,美国央行主席保罗·沃尔克（Paul Volcker）及其瑞士同僚弗里茨·洛伊特维勒（Fritz Leutwiler）在这一事件的影响下纷纷表示"不会为了防止1929年卷土重来而进行干预"②。倘若全球证券交易所都遵循江湖骗子的套路发展,那当真正使人担忧的事件出现时又会发生什么呢？比如伊朗对霍尔木兹海峡油库发动的任何一次袭击随时都将引起新一轮石油危机的爆发,投资者也将陷入一片恐慌之中。当然,极端分子根本不需要用如此激进的手段就可以扰乱世界经济秩序。人们在一点上取得了一致意见：美国的高利率政策已给世界经济留下创伤,大规模的企业破产和倒闭只是迟早的事情。德国方面认为,"人类智识的增长并未与市场上货物和金融

---

① 由跨国经营的银行业代表组成的委员会在威尼斯成立并成为"园艺师们"的坚强后盾。《1980年6月22—23日威尼斯峰会上有关经济问题的会议记录》（AL 4, AdsD, DM 031）,商议结果未知。

② 国务秘书舒尔曼博士（Dr. Schulmann）关于1981年10月1日在华盛顿与洛伊特维勒圈（Leutwiler-Kreis）会晤的会议记录（Bonn, den 7. Oktober 1981, AdsD, DM 07）。

经济融合的现实同步。因此，像联邦德国这样的民族国家的实力规模已不再能够确保其出发点很好的政策能够取得成功"。这一观点也得到了国际货币专家的认同。倘若这个论断也符合赫尔穆特·施密特的立场——从他那里学到最多经济知识的美国总统吉米·卡特（Jimmy Carter）将他奉为"世界领导者"[①]——那么它也必定更加适用于其他政治家。无论如何，施密特对前景持极端悲观主义的态度，从未停止提醒美国时刻谨记自己对世界经济应承担的责任。事实上，这一做法已超出了谨慎外交的界限，即便在公开会面时，他对自己的态度也从不加以掩饰。[②]

随着全球化趋势回归德国政治的精神层面，德国内部经济政策的自主权严重"缩水"。对外贸易开放后，景气调控与经济增长政策这两大重要杠杆工具便开始失效。利用国家手段来推动经济平稳发展并不断扩大社会国家的计划，及其通过对景气周期的整体调控将其予以实现的美好愿望最终化为泡影。在凯恩斯主义引导下取得的经济与社会成就越显著，梦醒的难度就越大。一方面，涉及的是公共基础设施，包括乡镇游泳池和高校建筑，它们从景气政策引致的公共财政额外支出中获益良多。另一方面，这一期间建立起来的社会保险网在国际上是独一无二的。1969年，勃兰特政府正式上台。同年，德国的社会福利支出，即社会保险、战争抚恤津贴和战后赔偿共计250亿马克。截至1974年——石油危机爆发的那一年——这类支出增加至380亿马克。到社民党和自民党联合政府即将下台之时，该类支出则高达830多亿马克。甚至在世界经济危机期间，它们仍实现了高速增长。1974年，德国的社会福利支出占国家总支出的比重达28%，1981年更是达到了36%。社会福利支出在国民生产总值中的占比也从1970年的16%提升至1981年的24%。与此同时，国民生产总值中的投资比重却呈现出持续下降的趋势，从26.5%降至21%；失业人员的数量将近翻了一番，从60万人（1974年）增长至110万人。在国家负债的基础上重新启动耗资巨大的就业促进计划遭遇到全球经济低迷现状的阻碍。70年代末以来，"结构性"失业

---

① "卡特与施密特之间的公开谈话"（Offene Sprache zwischen Carter und Schmidt, FAZ 149 v. 15. Juli 1978），第2页。卡特在其回忆录（Carter, *Das Beste geben*, New York, 2002）中特别强调了德国总理好为人师的行事方式。也可参见克劳斯·韦格勒福《意见争论：赫尔穆特·施密特、吉米·卡特与德美关系危机》（Klaus Wiegrefe, *Das Zerwürfnis: Helmut Schmidt, Jimmy Carter und die Krise der deutsch-amerikanischen Beziehungen*, Berlin, 2005）。

② "施密特：美国必须明确其领导责任"（"Schmidt: Amerika muß sich seiner Führungsverantwortlichkeit bewußt werden", FAZ Nr. 88, 29. April 1978），第2页。"卡特与施密特之间的公开谈话"（"Offene Sprache zwischen Carter und Schmidt", *FAZ* 149 v. 15. Juli 1978），第1页。

"无法通过需求管理来减少"。① 对于这一点，财政部长马特霍夫早已心知肚明。事实上，没有哪项国家战略能消除造成失业问题的世界经济原因。

当然，这样的洞见并不一定总能导致坚决的实际行动。在1978年6月的波恩七国集团峰会上，德国政府决定"树立好的榜样"，承诺将国民生产总值的1%用作"应急预算"。这一有违常理的行为实际上是德国屈从于美国压力并接受了世界经济"火车头"职能的表现。其实没有人能够设想，借助额外支出——例如延长产假——就能使世界经济飞速增长。1979年的第二次石油危机使问题进一步恶化。在危机即将结束时，德国进口商为同等数量的石油需支付八年前价格的15倍。此外，财政政策未来的行动空间进一步收窄。就连1981年为缓和鲁尔钢铁工业危机而实施的投资计划也付出了再次抬高利率水平的代价，这不仅不利于整体经济景气的发展，同时也延长了老工业行业结构转型的时限。为此，身为"政策连续性支柱"的鲁尔区义正词严地要求提高其在内容和对外宣传上的"话语权"。②

因此，彼时的西德经济政策陷入了无法克服的两难境地。一方面，政府必须考虑对联邦总理"为世界经济做出牺牲"充耳不闻的工会组织和坚持内部改革的社会民主党人的立场。社民党—自民党联合政府垮台前夕，维利·勃兰特在一次社民党主席团会议上激动地表示，"社会民主党不允许诋毁自身的工作以及推行社会改革的意图"③。另一方面，施密特还得依赖更小的联合政府伙伴的支持。他们不仅对就业促进计划表示极力反对，还要求为整顿国家财政预算而大幅度减少社会福利开支。在这一形势下，联邦总理自主的、客观的经济政策几乎失去了行动空间。而他对这一矛盾的解决方式类似于求圆面积公式："必须确保社会福利网的承载能力！而多余和昂贵的分支必须从社会福利网中剔除。"④

---

① 《1979年9月29日联邦总理与国务秘书米勒以及汉堡海外俱乐部主席沃尔克的会谈记录》（Vermerk über das Gespräch des Herrn Bundeskanzlers mit Secretary Miller und Chairman Volcker im Überseeclub Hamburg am 29. September 1979, AdsD, DM 034)。
② 《1981年7月14日联邦总理与财政部长马特霍夫关于国家财政预算问题的会谈结果》（AL 4, Ergebnisvermerk über das Gespräch des Bundeskanzlers mit BM Matthöfer zum Haushalt 1982 am 14. Juli 1981, AdsD, DM 012)；有关决议是联邦总理以"钢铁工业圆桌会议"的形式进行的，参见《1981年7月8日联邦总理关于现时钢铁工业问题的会谈结果》（AL 4, Ergebnisvermerk über das Gespräch beim Bundeskanzler über aktuelle Stahlfragen vom 8. Juli 1981)，同上。
③ 1982年6月28日伯恩党主席团会议记录（AdsD, DM 151），第8页。
④ 赫尔穆特·施密特在1981年6月26日社民党联邦议院党团会议上的讲话（AdsD, DM 027)。

第九章

德国问题的经济视角

第一节 西德的"磁石"作用

1947年5月,德国社民党主席库尔特·舒马赫(Kurt Schumacher)在该党高层面前阐释了其德国政策的最后努力,在西占区政治和经济上倒向西方体制既成事实情况下,社民党唯一还能够做的是:"我们必须在社会和经济领域做出点成绩,以证明三个西占区相较于东占区的优越性……西占区基于双占区经济政策的集中优势而实现的繁荣景象已经成为西方经济的诱人'磁石',没有什么其他途径比西占区经济的'磁性'作用更能促进德国统一,它对东部地区散发着诱人的吸引力。久而久之,对权力架构的掌控也可能不再是万能的保障手段。不过可以肯定的一点是,这必将是一条艰难而漫长的道路。"[1] 从此,德国政策的"磁石理论"得以形成。在东方政策开始前的20年时间里,它都充当着西德恢复国家统一的希望的基石,这不仅仅对社会民主党是如此。在德国分裂为东西德的过程中,它成为彻底西方导向的德国政策托词,作为现实政治的行动对象,两德重新统一的宪法要求则越来越不受重视。舒马赫发表演说的前一年,受图林根州政府之邀,前帝国部长、布吕宁内阁东德援助委员会委员汉斯·施朗格–舍林根(Hans Schlange-Schöningen,基民盟)以英占区中央食品与农业署署长的身份对魏玛进行了访问。他在提供给英国军政府的一份秘密备忘录中详细写下了对此次访问的

---

[1] 以建立双占区经济委员会为目的的《克雷—罗伯特森—协议》(Clay-Robertson-Abkommen, in: Vorstand der SPD, 8 Jahre sozialdemokratischer Kampf um Einheit, Frieden und Freiheit. Ein dokumentarischer Nachweis der gesamtdeutschen Haltung der Sozialdemokratie und ihrer Initiativen, Bonn, 1953),第26页及其后。

印象和感受。由此可见，西德政策对其占领区重建问题的集中关注根本无法满足德国对盟军理性解决正在形成的东西方冲突的需求。同时，在东苏占区和东柏林的工人党实现强制联合后，也并没有找到解决德国社民党德国政策两难境地的有效出路。1946年5月，作为"德国爱国者"，施朗格-舍林根向英占区政府提出了"根据目标明确的西部政策"对三大西占区进行规划组织的要求。[1] 然而，这正证明了德国人在寻求德国问题的解决之道时西方导向的早期和原始倾向。事实上，早在1946年年初，始终把德国问题放在心中的爱国人士就避开了走实现德国统一的冤枉路，从而避免了与苏占区"实际情况"[2] 的正面冲突。

当时苏联政府不断表示赞成在东占区建立多极政党，反对苏维埃化。这一态度似乎也给一个在外交政策上能够考虑苏联利益的全德非共产党政府一定的理论支撑。然而，施朗格-舍林根于1946年从图林根带回的信念是事实并非如此。苏联的立场是"长期占领这个国家"或至少"决不放弃其政治影响力"。[3] 所以对于施朗格-舍林根代表的保守派而言，并不存在一个可以谈判的权宜之计（Modus Vivendi），对于舒马赫领导下的西占区和西柏林地区反共产主义的工人阶层亦是如此。早在1945年10月31日，阿登纳在给杜伊斯堡市长海因里希·维茨（Heinrich Weitz）的去信中就冷静而客观地分析了欧洲分裂的事实，并将所有精力都放在了处理"没有被俄国占领的部分德国"与其西方邻国的相处之道上。[4] 与他不同，施朗格-舍林根则认为对苏联实施经济封锁是主动的德国政策的有力武器。在他看来，备受其推崇的西占区"磁石理论"应当冲破一切物理障碍"迫使俄国放弃奥德河以西的领土"。[5]

50年代初期以来，西德经济发展取得了举世瞩目的成就，而经济成就带来的高生活水平也令东德人民艳羡不已，直至1961年不可阻挡的西迁热潮就是最好的证明。柏林墙修筑完工后，西德的吸引力依然未曾减退。不

---

[1] 维尔纳·阿贝尔斯豪塞：《德国政策"磁石理论"的产生》（Werner Abelshauser, *Zur Entstehung der "Magnet-Theorie" in der Deutschlandpolitik*）。另参见汉斯·施朗格-舍林根关于1946年5月林林根的国事访问报告（Ein Bericht von Hans Schlange-Schöningen über einen Staatsbesuch in Thüringen im Mai 1946, in: VfZ 27, 1979），第661—679页。

[2] 同上书，文件6，第672页。

[3] 同上书，第678页。

[4] 康拉德·阿登纳：《1935—1945年回忆录》（Konrad Adenauer, *Erinnerungen 1945—1935*, Stuttgart, 1965），第39页。

[5] 阿贝尔斯豪塞：《磁石理论》（Abelshauser, *Magnet-Theorie*），文件六。

过，此时迁徙之路的大门却遭到了封锁。这使得对东德政权的政治压力不断上升，最终演变成致使其政权覆灭的关键原因。由于"磁石效应"的间接作用，东德经济已无法再用东欧集团所取得的成就来进行衡量，而是一直处于与西德成就直接的对比当中。本国居民在跨体系对比中确立的自身地位又进一步缩窄了政府经济政策的行动空间，尽管这一现象经常但不总是对东德经济不利。此外，在国际体系对比中的前线地位本身并不是一无是处，它其实是一面反光镜，能更清晰地折射和暴露出东德经济存在的种种问题。

第二节 体制转型的负担

人们时常要问，为什么同样从第三帝国的覆灭阴影中恢复过来，也有着相同的"遗传基因"，东德经济的成就却始终无法与西德相媲美?[①] 最频繁的回答是：民主德国的初始条件要劣于西德（国土不成比例、高额的战争赔款负担），没能享受到马歇尔计划的"赐福"，高技术人才向西德大量流失，1949—1950年又引进了计划经济体制，其经济政策在当时就与在英国或斯堪的纳维亚国家盛行的且备受德国社会民主党推崇的现代社会主义经济政策标准相背离。其实，最新的经济史研究结果表明，造成东西德经济成就差异的原因并非初始条件的优劣或经济重建进程中外国援助的存在与否，而是因为当时运行的旧式经济政策体系和经济组织已无法满足发达和差别化的工业社会的需求。经济政策的基本决策一旦发生偏差，就会进一步造成经济长期的灾难性发展，而这些问题积累在一起，从一开始就减少了东德的经济机会。

而对中部德国企业家阶层系统的漠视和排斥是导致上述结果的原因之一。[②] 在一次次推动私有经济社会化的运动热潮中——1952—1953年、1958—1960年、1970—1972年——"工业资本家"，即中小型企业，都成为众矢之的。社会主义世界观强调经济集中规划与调控机制的历史优越性，

---

① 最近的文献可见大卫·吉尔根《民主德国与联邦德国之比较："二战"后的初始境况与经济增长条件》（David Gilgen, DDR und BRD im Vergleich: Ausgangslage und Wachstumsbedingungen nach dem Zweiten Weltkrieg, in: Karl Delhaes (Hg.), *Vom Sozialismus zur Marktwirtschaft*, München, 2009），第117—135页。

② 见弗朗克·艾兵豪斯《利用与排挤——1955—1972年德国统一社会党中小型企业政策的调控问题》（Frank Ebbinghaus, *Ausnutzung und Verdrängung. Steuerungsprobleme der SED-Mittelstandspolitik1955—1972*, Berlin, 2003）。

在社会主义世界观的体系中，根本就没有专门在不确定情形下做出决策的企业家的容身之地。企业家通常有能力搜集信息，对数据、构想和创意做出评判，并从中发现对生产进程和市场营销的意义和价值。当然也不可否认，一直到 70 年代初——在几次社会化运动中的间歇期——民主德国也对企业家进行了一定程度的保护，其原因在于他们意识到企业家在消费品供给领域的支柱性作用是不可或缺的。即便如此，到 1972 年止，东德尚存的成百上千家中小型企业的运营自由仍然一再受到限制。企业家——不一定是财产所有者或管理层人员——的工作依赖于完善的社会网络，这不仅方便其搜集信息，也有助于信息的推广和传播。另外，为了投资决策的实现，市场上的行动自由权是他们的头号需求。然而，在东德，上述两大条件只在一定程度上存在，并在不断地消失。因此，不仅企业家作为社会角色遭到社会各界的排挤，而且企业家的职能也已名存实亡，要么作为旧制度的产物被判定为与社会主义经济体制格格不入，要么在东德的社会生产体系中丧失了作用，虽然这付出了商品和服务供应短缺的代价。

在乌尔布里希统治时代，有人还曾试图在一段较长时期里在社会主义社会中为私人企业家保留一席之地，尽管有关企业家存在的观点一直是体制内激烈的意识形态与权力斗争的对象。到 1972 年的昂纳克时代，东德的私人企业家——除很小的手工业残余外——最终销声匿迹。[1] 事实上，此前在社会主义经济体制下恢复企业家职能的尝试就以失败告终。1963—1970 年的"新经济体系"（NÖS）改革中断后，东德政府放弃了完善社会主义经济体制的最后一次机会，即通过至少在"社会主义康采恩"领域创造新的企业家空间来改善社会主义经济的绩效。[2] 最终，富有创新精神决策导向的企业家被彻底逐出了民主德国的经济领域，其实即便在"公共"经济中这样的企业家也完全可以存在。[3] 1990 年民主德国终结后，这一现实对私人企业和半国有制企业的重建以及从前"社会主义厂长"领导下"全民企业"（VEB）中剥离出的部分能否成功都产生了深远影响。后者可能是优秀的管理者，但肯定不是企业家。前者治理企业的技能全都源自在过去的经济框架条件下所接受的教育，如今都已不再适用。在民主德国，成功的企业家是其

---

[1] 约克·吕斯勒：《计划与市场：1963—1970 年民主德国的经济改革》（Jörg Roesler, *Zwischen Plan und Markt. Die Wirtschaftsreform 1963—1970 in der DDR*, Freiburg, Berlin 1990），第 120—125 页。

[2] 罗斯勒：《计划与市场》（Roesler, Plan und Markt）。

[3] 马克·卡森：《企业家——历史理论意义实验》（Mark Casson, Der Unternehmer, Versuch einer historisch-theoretischen Deutung, in: *GG* 27, 2001），第 528 页。

经济发展的关键瓶颈，在1990年后新联邦州的经济领域也是同样。

对传承的社会生产体系的肆意践踏则是导致传统特色社会主义经济体制失败的第二大原因。50年代初，西占区就以精简可控的模式建立起当地人所习惯的生产体系。而东德经济却被迫与延续数十年的组织模式"说再见"。许多根深蒂固的惯性思维和行动方式不仅不再受到追捧，甚至还遭到政治上的歧视。民主德国的管理层人员与劳动者都不得不屈从于全新的、不总是明晰的游戏规则。

这种断裂在金融体系中最为显著。作为其支柱的大型全能银行被摧毁，而其他贷款机构则只能在国家监护下运行；在经济政策领域，不再允许其载体自由联合会的重新建立；企业管理与监控机构（公司治理结构）失去了自主权；在行业体系内的联合会协调被迫终结。就连那些表面上基本维持原样的领域——如劳资关系、资质认证体系、法律制度和社会保险领域——也在表层下开始了翻天覆地的、政治强制的制度转型。这些转型却并未对生产率的提高做出贡献。一边是强制的制度转型，一边是对私人行动自由权的限制（这种限制到那时为止由于经济理性的原因被自愿接受），随着这两者间鸿沟与裂痕的不断扩大，东德经济逐渐丧失了历史自发形成的比较制度竞争优势。

第三节　另一个世界市场

相对于基础的体制决策而言，东西德融入世界经济的进程与程度差异对东德创新能力、经济结构、经济成就与市场竞争力所产生的影响似乎更少受到人们的关注。相较于西德的相应过程，其间决定东德外贸垄断实践的目标转型使人们对其有了更清晰认识。在政治优先的影响下，东德对外经济呈现出前后相接且界限明确的不同发展阶段。最初，苏占区/民主德国的外贸政策主要用于解决战争赔款问题和满足同盟国的需求。50年代初，平衡和克服德国分裂以及冷战期间"经济战"给东德经济结构造成的负面后果和消极影响成了东德政府的主要任务。40年代后半期，东西德对外贸易的发展出现了一定程度的趋同，而到了50年代初却又立即呈现出各自分离的发展态势。

其中，最引人注目的要数对外贸易区域结构的变化。魏玛共和国时期，德国对东欧与东南欧的出口仅为全部出口的10%。即便在纳粹经济部长亚尔马·沙赫特出于外汇政策与自给自足政策考虑而推行的"新计划"影响下，其出口比重仍然低于15%。1945年以后,这一比重再次出现明显回落,西德对该地区的出口比重持续下降,而东德的回落则只是短暂性的。1950年,在多种因素的诱导下,东德总出口中超过2/3的商品流入了苏联和其他东欧集团成员国。与此同时,东德也越来越依赖于这些国家的原料进口,这些进口原料最终又用不断提高的德国工业制成品出口来"支付"。层出不穷的国家"内部"问题迫使东德政府不得不对对外贸易的区域流向进行重新定位。众人皆知的外汇短缺、市场竞争力的持续下降和外贸垄断呆板的规划机制是几大核心问题。1949年11月的巴黎"出口管制统筹委员会"(Coordinating Committee on Export Controls, COCOM)是冷战战场上马歇尔计划的有力武器,它也要为东德贸易的区域转向负一定的责任。该委员会成立的目的是对东欧集团实行禁运,从而从1950年开始对东西方之间贸易的"战略性物品"进行了必要限制。[1] 这些限制远远超出了禁止军火贸易的范围,从而迫使东欧集团国家进一步强化其(由于意识形态原因已经开始的)自给自足的重建计划和经济发展路线。

从中期来看,东德对外经济与高度发达经济体的迅速脱钩必将对其创新与市场竞争能力产生一定的负面影响。德国的对外经济自19世纪晚期以来一直在竞争最激烈、顾客要求最高的市场上占据着强势地位。然而,其与殖民地和发展中国家开展的对外贸易却未引起太多的重视。[2] 如今,东德仅仅在捷克斯洛伐克市场和苏联经济的某些行业找到了与其自身工业发展水平类似的条件与环境,并在那里能够展开竞争,否则为出口市场研发高级产品的动力就会匮乏。如此一来,获得世界市场最新技术标准的途径便遭到阻碍,东德的机械制造和其他新兴工业不得不在寻求新突破的道路上不断地摸爬滚打。

60年代上半期以来,德国政府就为对外经济的发展制定了各种方针政策,希望它能服务于创新推动和技术转让。然而,在这种背景形势下,要实

---

[1] 罗伯特·波拉德:《经济安全与冷战之源:1945—1950年》(Robert A. Pollard, *Economic Security and the Origins of the Cold War*, New York, 1985);关于西德对此作出的反应内容可参见莱因哈特·内毕的《全球化的重大转折——德国世界市场政策以及艾哈德时代(1944—1963年)的欧洲与美国》(Reinhard Neebe, *Weichenstellung für die Globalisierung. Deutsche Weltmarktpolitik, Europa und Amerika in der Ära Erhard (1944—1963)*, Weimar, Wien, 2004),第186—192页。

[2] 维尔纳·阿贝尔斯豪塞:《"中欧"与德国对外贸易政策》(Werner Abelshauser, "Mitteleuropa" und die deutsche Außenwirtschaftspolitik, in: *Zerissene Zwischenkriegszeit. Wirtschaftshistorische Beiträge. Knut Borchardt zum 65. Geburtstag*, hrsg. v. Christoph Buchheim, Michael Hutter u. Harold James [Baden-Baden 1994]),第263—288页。

现这些政策指示显然并非易事。此外，对其成败起决定作用的还有东欧集团特殊的国际分工结构。1954年，经济互助委员会（RGW）启动了首轮尝试，推动东欧集团内部机动车、拖拉机、农用机械与电车车厢朝着多边的专业化生产发展。[1] 为了消除成员国出产的机动车出现类型多样化的问题，同时也为了实现机动车主流机型的统一化管理，经互会依据机动车的类型规模对其进行了分类。载重汽车根据载重量的不同主要用于各类基建工程领域。载人汽车以气缸容积为分类标志，对应着各自的系列机型。对机动车进行分类是为了实现经互会成员国之间在机动车生产领域的分工合作。然而，与先前期望有所不同的是，实践证明要在经互会成员国内部实现机动车生产专业化的目标相当困难。大多数国家都决定继续保留和拓展各自的汽车机型，唯有匈牙利例外。因此，最终只有汽车工业的几大核心供应件——例如苏联生产的轴承——实现了彻底的生产专业化目标。但实现了的仅是产品相关的专业化。诸多事实表明，在其他行业与部门，经互会提出的生产专业化建议也未能深化东欧集团成员国之间的劳动分工。特别是机械制造领域，其产量的提升速度明显快于对外贸易总量的增长速度。只有不到一半的专业化建议旨在实现工业产品在一个国家的集中化，另有30%的专业化建议则允许产品继续在三个或三个以上国家进行生产。[2] 为了推动本国工农业现代化进程的发展并促进本国经济发展水平尽可能与较发达的成员国实现全面接轨，经互会中的发展中国家认为，自行生产机动车和拖拉机与较宽领域的机械制造业是不能放弃的。

不管怎样，有一点是可以确定的：对外经济的政治工具化和50年代东部世界市场的固有特点在很大程度上造成了东德工业发展的倒退，这种衰退在十年之后更为明显。80年代末，由于经互会其他成员国无法——或者说不愿——再为其提供有吸引力的进口商品，东德成了"社会主义经济区"的大债主——净债权达36亿马克（1989年甚至达到60亿马克）。80年代中期以来，向社会主义经济区的商品出口贸易仅有少许增长。[3] 与西德有所不同，战后很多年间，东德的对外经济资源并不能对其工业现代化进程提供支持。50年代，西德的汽车工业实现了跨越式发展并成为其工业领域组织结

---

[1] 见戈尔德·诺依曼《经济互助委员会的经济发展条件》（Gerd Neumann, *Die ökonomischen Entwicklungsbedingungen des RGW*, Berlin, 1980），第1册，1945—1958年，第204页。

[2] 诺依曼：《经济互助委员会》（Neumann, *RGW*），第207页。

[3] 德国中央银行：《1975—1989年的国际收支情况》（Deutsche Bundesbank, *Die Zahlungsbilanz der ehemaligen DDR 1975—1989*, Frankfurt/M., 1999），第31—33页。

构、科学技术与经济创新的动力和支柱。而在此期间的东德工业并未能很好地融入世界市场。在与前者的比较过程中，后者暴露出的弊端和劣势变得更加明显。除了标准化批量生产的技术条件有所不同以外，东西德之间的对比也让人们认识到这一全新生产方式对整体经济的重大影响，这必须以与世界市场的高度融合为前提。同时，它也证明了"福特制"批量生产方式的引入不仅伴随着技术、组织与经济方式的重大创新，还能大大推动西德工业的产业关系、国家社会政策、交通运输业等其他行业和其他基础设施领域的进一步有深远影响的创新。这些缺陷究竟给东德造成了多大困扰？可以通过东德核心行业的发展状况找出答案：汽车工业为新的标准化批量生产模式在东德提供的发展空间极其有限，采煤业成了东德经济发展的致命弱点的标志，其能源供应局势日趋严峻。此外，身为中德地区知识密集型新兴工业代表的强大化工业即便坐拥最佳的发展条件和环境氛围，长期来看，也只能在通往新经济道路的后工业时代竞争中大败而归。

第四节 汽车工业：两种不同的福特主义

一 民主德国："一个国家内的福特主义"

两次世界大战之间，德国的宏观经济框架条件阻碍了汽车工业福特制批量生产模式的引入。1945年以后，与西德有所不同，在东德这一框架条件仍在一定程度上继续影响其经济的发展。东德计划经济体制的期望在于对工业批量生产与合理装配优势的充分利用。但是一方面，这一期望由于东德对外经济运行框架的东部世界市场的缺陷而未能实现；另一方面东德内部经济相关重大决策的缺失也阻碍了其实施，诸如交通基础设施的扩建和私家车交通的发展。

虽然，1945年后苏占区"继承了"德国汽车工业近30%的生产能力（在德国工业净产值中的占比仅为27.5%），但是，汽车生产并未在50年代的东德经济重建时期起到重大作用。这究竟是政治局明确的政治决策的结果，还是由于其世界市场融入度低且缺乏能源进口供应所造成的，目前仍然不能百分之百地确定。后者一直延续到了1963年，燃料供应情况随着俄罗斯"友谊号"新石油管道的铺设得以大大改善。

东德也曾尝试着利用大规模生产的优势，在此过程中标准化和批量成套生产模式会有可能得到充分利用。造船业和后来的批量住宅建筑（板房建造）都是如此。原则上，东德汽车工业的组织形式也具有"福特制"的特点，其生产计划主要集中在两大乘用车型。此外，60年代期间，东德将乘用车制造集中到了位于卡尔·马克思市（开姆尼茨）的一个中央领导的联合企业中进行。此时，东德汽车工业的发展虽然慢于西德，但并未完全丧失创新能力。1957年年底，一种18马力的500ccm—双汽缸—双冲程"卫星"（Trabant）牌轿车在茨维考正式投入生产。60年代末，其年产量达到10万台，这是德国第一批批量生产的塑料车身客货两用车。50年代，深冲钢板的短缺曾是德国汽车制造业遭遇的主要瓶颈。大众汽车公司在50年代初也为此头疼不已。卫星车的底盘在原来的霍希汽车制造厂（Horch-Werk）生产，车身及零部件的最终装配则在奥迪完成。这两大工厂最终于1958年实施合并，共同组建了茨维考萨琛林汽车制造全民企业（VEB-Sachsenring Automobilwerke Zwickau）。①

位于艾森纳赫的前巴伐利亚汽车制造厂则负责生产中低档的瓦特堡311（Wartburg 311）车型。50年代末，汽车制造业规划部门禁止研发四冲程发动机的决定也抹杀了瓦特堡311占领未来国际市场的美好愿景。作为其后续替代品的瓦特堡353车型则完全符合德国当时的技术水平，并于1966年中期开始投入批量生产。在与法国和西德公司的通力合作下，东德的汽车制造业实现了整个车身生产和部分发动机与汽车底盘等机械零部件生产的现代化改造。它不仅能组建现代化的焊接设备与多点装置，还实现了气缸盖与摆动轴承组装的流水线作业。

10万或5万台汽车的年产量给标准化批量生产模式的推行和应用提供了契机。与此同时，50年代专业人才的西迁潮使东德的高技能人才出现严重短缺。这也在一定程度上促进了福特主义模式的推广，然而其他标准化生产模式成功的前提条件则并不存在。特别是"福特式的工资妥协"（fordistischer Lohnkompromiss），即将工资与生产率挂钩，对于东德的经济体系而言十分陌生（70年代早期一段时间除外）。这里普遍盛行的是所谓的"消极等级妥协"（negativer Klassenkompromiss），即工人的劳动绩效要适应低收入水平及工资缓慢增长。即使通过发放特殊津贴也基本无法满足更高的消费需求。联合企业内部结成"再生产统一"系统用来解决供货短缺的问题，但

---

① 彼特·基尔希贝格：《塑料、金属片与计划经济——民主德国的汽车制造史》（Peter Kirchberg, *Plaste, Blech und Planwirtschaft. Die Geschichte des Automobilbaus in der DDR*, Berlin, 2000）。

同时却阻碍了迅速提高生产率。① 汽车制造联合企业的加工深度比重最终不少于80%，实际上达到了"一战"前的福特式生产水平。② 与之相比，西德领军汽车制造商中间产品的自加工比重仅为30%—40%。而日本汽车厂商的这一比重则更低，仅为15%—25%。

综合多种因素的共同作用，汽车工业在东德经济中的地位不高。虽然东西德的机械和汽车制造业以及整个金属加工业占整个工业生产的比重均为25%和35%，基本上相同，但汽车制造业的情况却并非如此。西德的汽车工业占机械与汽车制造业以及金属加工业的生产比重分别约为40%和30%，而东德的这两项的比重却仅为18%和12.5%。在推行"一个国家内的福特主义"后③，情况表明，这一新兴生产方式的创新力不单单包括规模经济的利用。50年代，西德与世界市场的高度融合为其发达的劳动分工创造了有利的前提条件，进而赢得了相当可观的成本优势，推动了跨国技术转让并在竞争高压之下加快了创新的实现。④ 西德汽车工业自动化之初，其所需的特种发动机和其他高技术零部件通常可从美国进口获得。而东德的情况则截然相反，它必须自行研发和生产此类产品。1960年4月，中央研究与技术发展署的一篇报告很快对此弊端和缺陷做了详细说明："自动化进程落后首先应归咎于没有及时地扩大企业规模以及建立测量与控制技术以及电子技术系统。此外，这些领域的发展能力以及电子组件的加工生产也根本无法满足实际需要。"⑤ 因此，东德"一个国家内的福特主义"的强制推行严重阻碍了后工业时代经济结构的形成和发展。

---

① 莱茵霍尔特·鲍尔：《民主德国的汽车制造业——中央集权型经济体制的创新劣势》(Reinhold Bauer, *PKW-Bau in der DDR, Zur Innovationsschwäche von Zentralverwaltungswirtschaften*, Frankfurt am Main, 1999)。
② 柏林经济研究公司：《东德汽车及其零部件工业的发展与战略要地分布之区域研究》(*Regionalstudie zur Entwicklung und Standortverteilung der Kraftfahrzeug-und ihrer Zulieferindustrie im östlichen Deutschland*, Berlin, 1992)，第13页。
③ 有关该构想的内容可比较乌尔里希·沃思坎普和沃尔克·维特克《国家福特主义体制——民主德国的生产模式》(Ulrich Voßkamp, Volker Wittke, Fordismus in einem Land-das Produktionsmodell der DDR, in: *Sozialwissenschaftliche Informationen*, Bd.10, 1990)，第170—180页。
④ 鉴于出口管制统筹委员会的禁运货单，民主德国无法像联邦德国那样从西部市场的技术创新中获利。大众汽车制造厂的示例清楚地告诉人们，优质钢铁和专用发动机等工业产品的出口对工厂竞争环境和实力的改善发挥着举足轻重的作用。
⑤ 引自沃尔夫冈·穆尔弗里德尔《50年代民主德国工业的技术发展》(Wolfgang Mühlfriedel, Zur technischen Entwicklung in der Industrie der DDR in den 50er Jahren, in: *Modernisierung im Wiederaufbau, Die westdeutsche Gesellschaft der 50er Jahre*, hrsg. v. Axel Schildt u. Arnold Sywottek, Bonn, 1993)，第168页。

苏占区/民主德国的发展自然而然造就了福特式批量生产模式历史的独特形式。东德虽然也在工业领域广泛推行了规范化和标准化，汽车工业也不例外，但它主要依赖于小范围的国内市场，并且其福特制构想也仅限于企业经济和技术层面。因此，通过研究德国实例，人们可以对西德经济奇迹背景下和东德计划经济体制下福特式生产体系的实施与专门化取得有益的认识。

东德对外贸经济的严格管制在一定程度上阻碍了本国汽车制造业的发展。与此同时，国家垄断的对外经济还将发展本国重工业列为50年代东德经济政策（与几乎所有人民民主国家一样）的发展重点，这也给汽车工业的发展带来一定的间接影响。政府的外汇管制与贸易垄断也同样缩窄了汽车制造业的发展空间。因为它一方面截留了发展本国汽车零部件制造业的资金，另一方面也剥夺了东德汽车工业将出口收益用作本国投资和零部件进口的机会。

直到50年代后半期，随着政治决策高层意识到大量领域弊端的严重性，东德的现代化与创新促进问题才引起了关注。于是，德国社会统一党的第三次代表大会（1956年3月24—30日）明确提出了"新一轮工业改革"的倡议，并为此制订了第二个五年计划和"推动生产广泛机械化与自动化"规划。[①] 由此，汽车制造业也得到了更多的资助。不过，它却远远未像在西德那样发展成为东德经济的领军行业。

二　联邦德国：西德福特主义

1945年以后，西德汽车工业重新恢复了生产。此时，同东德一样，西德人也熟知了福特式批量生产模式的组织与技术基础。代表当时技术发展水平的企业已不再仅是美国跨国公司福特汽车的德国分厂（科隆福特厂）和通用汽车的德国分部（亚当欧宝有限责任公司）。早在战争期间，大众汽车和其他德国汽车工厂就斥巨资对标准化批量生产模式进行了大范围推广。尽管受到战争破坏和战后设备拆卸工程的巨大冲击，大众汽车还是于1949年成为德国汽车制造商中的领军企业。同年，大众汽车的年产量为40000辆，其中大部分出口商品销往比利时、瑞士与荷兰。1945—1946年，在军政府的庇护下，福特汽车科隆分厂还是德国汽车行业的领头羊。短短三年时间，其排名就跌落至第五位，"金牛座"（Taunus）车型的月产量仅为1000辆。

[①]《谈判记录》（Protokoll der Verhandlungen, Berlin, 1956），第2卷，第76页。

"二战"之前领头羊位置不可撼动的欧宝汽车制造厂也被大众汽车赶超。[①]以上发生的种种绝非偶然。因为根据英国专家的相关意见,1945年的大众汽车公司已拥有世界上最先进的生产装备。要不是第二次世界大战的沉重打击,它早就在世界市场上独占鳌头了。[②]

从需求方面来讲,直到50年代的朝鲜战争才为大批量销售提供了必要的前提条件。由于过高的维修成本以及过差的基础设施,这些条件在两次大战之间还不具备。寻求最佳福特式组织结构适应进程的艰辛可以用一个典型指标很好地展示出来,即节拍时间(Taktzeit)。早在20世纪20年代,美国的福特式生产模式就已经达到了经典的"一分钟节拍"。然而,德国1950年的2.8分钟节拍还与之相差甚远。大众汽车制造厂在1953—1954年之后才达到了这一经典时间标准。[③]

福特式生产方式取得最终且经济上有效的突破后,西德的汽车工业自然也实现了质的飞跃。这一生产方式的市场优越性也随之一览无遗。1950—1962年,即西德经济重建期间,轿车价格甚至有所回落,而同期的居民消费价格指数却上升了近27%。[④] 更令人惊讶的是,50年代期间汽车行业的生产投入成本也大大增加。钢铁价格增长了近100%,工人工资甚至增长了近150%。[⑤] 行业生产率的提高对汽车工业发展起到了决定性的作用。1953—1962年,德国汽车制造业生产率年均增长9.37%,乘用车制造业在1952—1970年的生产率的平均增长则为9.4%,而同期德国整体经济的年均生产率的增长却"仅"为5%。[⑥] 与此同时,汽车工业在国民生产总值中的占比从1952年的1.7%上升至1960年的5%,尔后又增至1968年的8.9%。1950年,联邦德国轿车与客货两用车的年产量约为22万辆。到1962年,这一数值已经达到210万辆。因此,

---

[①] 米拉·威尔金斯、弗朗克·恩斯特吉尔:《美国的海外商业——六大洲上的福特公司》(Mira Wilkins, Frank Ernest Hill, *American Business Abroad*, *Ford on Six Continents*, Detroit, 1964),第391页。

[②] 同上。

[③] 以沃尔克·威尔霍勒:《经济奇迹——世界市场——西德福特主义:以大众汽车制造厂为例》(Volker Wellhöner, "*Wirtschaftswunder*"-*Weltmarkt-Westdeutscher Fordismus*:*Der Fall Volkswagen*, Bielefeld, 1993)一书中的数据为计算基础。见该书附录,表5.3。

[④] 德意志联邦银行:《货币与金融业数据》(Geld und Bankwesen in Zahlen),第7页。

[⑤] 德国汽车联合会:《1961—1962年度商业报告》(VDA, *Geschäftsbericht für das Jahr 1961—1962*, Frankfurt/M., 1970),第3页。

[⑥] 参见阿辛姆·迪克曼《汽车工业在经济增长进程中扮演的角色》(Achim Dieckmann, Die Rolle der Automobilindustrie im wirtschaftlichen Wachstumsprozeß, in:VDA (Hg.), *Automobil-technischer Fortschritt und wirtschaftliches Wachstum*, Frankfurt/M., 1970),第101页。

自 1956 年以来，西德的乘用车制造业先于英国稳居世界第二位。乘用车制造业的寡头市场形势越来越明显，5 大公司占据了 79% 的市场份额。其中，大众汽车制造厂的所占份额就达到 30%。它不仅是西德规模最大的汽车制造商，而且在技术创新和组织规划的追赶竞赛中，也占据着领头羊的位置，从而进一步推动了德式福特主义体制的发展。

建厂开始，大众汽车就一直竭尽所能地赶超美国汽车工业的发展水平。50 年代初，"底特律自动化"运动曾在世界上引起了一片骚动。1951 年，福特公司在克利夫兰建造的新发动机制造厂就是这一模式的最明显体现。这一切都给德国大众汽车带来了巨大的挑战。1954 年，自动化中的过于机械和呆板的步骤成了各界评判人士的众矢之的，原因就在于它阻碍了生产方式的灵活应用。作为发展进程中的后来者，大众汽车公司同样从这类负面的经验教训中获益良多，从而避免了走冤枉路的困扰。而正是在这一背景下，通过对美国模式进行符合德国国情的适应性调整，德式福特主义体制于 1954—1955 年"破茧而出"并平安度过了 70 年代这一生产模式的没落危机。事实上，它与德国占统治地位的多元化优质生产模式和劳资关系体系——共同决策机制在其中扮演着重要角色——一道实现了共生共荣式的发展。这一杰作充分体现了在德国历史形成的事实，即一个企业首先被看作是一个共同体。其中，劳动与资本的合作以及管理层与雇员之间的权力分配在对工作岗位的监督上发挥着举足轻重的作用。[1] 这种劳资关系的制度化安排反映了追求工作质量经典范式的根本要素，其重心是技术精确度。[2] 它对后工业时代的生产过程具有决定意义的"委托代理问题"的解决作出了巨大贡献。此外，企业社会福利政策的推广也进一步调动了雇员中附加的生产率储备。

同所有西德汽车厂商一样，大众汽车制造厂也特别注重对其旗舰车型的技术改进。它为此付出的努力甚至比亨利·福特（Henry Ford）之于"轻快小汽车"（Tin Lizzie）所做的更多。与位于里弗鲁日（River Rouge）的福特汽车制造厂不同，这是它的美国样板，沃尔夫斯堡（狼堡）的大众汽车公司并不热衷于复制和模仿美国公司的集中化生产模式，它在一个公司内整合

---

[1] 有关英国与美国实践之间的偏差，参可见威廉·拉佐尼克《工厂车间的比较优势》（William Lazonick, *Comparative Advantage on the Shop Floor*, Cambridge, Mass., 1990）。

[2] 同上书，第 162 页。

了从原料供应到成品出厂的整个生产过程。① 这也正是西德与东德在实施福特式生产模式进程中的区别所在。相较而言，东德人受形势所逼也乐意遵从所谓的"美式"深加工模式。而大众汽车则依照德国典范的传统经验更倾向于与企业外的各类零部件供应商开展合作，这些供货商通常会在某些地域密集分布，形成产业集群。东德的情况则与之截然不同。经济实力的非对称性分布是供货商与西德总装厂间关系的一大显著特点。通常而言，供货商超过 50% 的年销售额都直接依附于个别采购企业，这也给这些采购商提供了直接干预其定价和生产计划的可乘之机。换句话说，汽车制造集团与其供货商之间的合作并非像多元化优质生产模式下历史形成的区域联营经济体那样基于彼此间的充分信任，但是汽车制造商却利用可以获得多个供货商的局面来建立其采购市场基地。

建厂之初，西德的汽车厂商——尤以大众汽车为首——就以世界市场动态为风向标来推动企业发展。这一点与其标杆美国企业有很大区别。20 世纪 20 年代，美国汽车制造商可以基本上完全依赖美国本土市场。不过，对于大众汽车来说，同样庞大的欧共体市场在其建立的最初年代却完全无法与 20 年代的美国市场相比。法国与意大利仍然固守其国家经济的传统，通过贸易保护主义措施来阻挡德国竞争对手的进驻，从而保护其各自的本土市场。1957 年《罗马和约》签订后，西德制造的轿车对欧共体市场的出口比重仅为 16.4%，而对其他欧洲工业国的出口比重则达到了 35%，其中包括已加入欧洲自由贸易区（EFTA）的瑞典、瑞士和奥地利等重点销售市场。即便在 1962 年，西德轿车对自贸区出口值的比重仍为出口汽车总值的 27.2%，高于欧共体的 25.6%。因此，1963 年，长年担任大众汽车公司董事会主席的海因里希·诺特霍夫（Heinrich Nordhoff）视欧共体相对于欧洲自由贸易区为"欧洲的厄运"。② 1961 年，《关贸总协定》（GATT）"狄龙回合"（Dillon-Runde）虽然较大幅度地降低了欧共体在汽车工业领域的共同对外关税，美国将轿车关税从 8.5% 降至 6.5%，欧共体则从 29% 降至 22%。而对德国来说，这一举措的实施则意味着对欧共体共同关税的适应性上调，

---

① 见亨利·福特《伟大的今天，更伟大的明天》（Henry Ford, *Das große Heute, das größere Morgen*, Leipzig o. J., 1926），第 130—139 页。

② 诺尔德霍夫·海因里希（Nordhoff Heinrich）：《演讲与文章——时代的见证》（*Zeugnisse einer Ära*, Düsseldorf, Wien, New York, Moskau 1992），第 317 页。

因为在此之前，德国汽车厂商需缴纳的关税仅在13%—16%。[①]

在这一背景下，西德的出口战略就变得尤为重要。对于大众汽车公司而言，美国市场不仅是其德国内部市场的延伸，而由始至终都是其增长战略的一大固定目标。自动化兴起之初，大众汽车对美国的出口比重占公司出口总量的8.2%。因此，1962年，德国汽车在美国的出口份额就已达到了其国内总产量的31.2%。其中，大众牌轿车出口份额为其国内产量的22.2%。60年代初，每4辆"甲壳虫"就有一辆销往了美国。用这一条件来衡量的话，东德"一国之内的福特主义"战略毫无疑问必将失败。70年代在西方国家爆发了标准化批量生产危机并且很快使福特式生产方式引领世界经济的构想成为泡影。即便如此，东西德之间两种"福特主义体制"的差距也未能缩小。而此时的西德早已建立起一套自身独特的以产品质量为导向的规模生产模式，这种模式帮助其成功地渡过了这次危机。

第五节 褐煤——一份希腊人的礼物

东西德分裂之时，采煤业是工业领域中为数不多的产值远远超过战前水平的行业。但其在东西德的分布情况却不同。萨尔经济区分离出去以后，为能够满足其硬煤与焦炭的需求，鲁尔产煤区作为西德领土得以保留。而在失去东部的上西里西亚产煤区之后，民主德国仅获得四大占领区硬煤开采量的3%（焦炭产量更是不到1%）。这主要是萨克森硬煤区的煤，但它的储量很快被耗尽。[②] 1977年，当硬煤开采全面暂停时，茨维考和卢高—厄尔尼茨地区3000名矿工的硬煤开采量仅为50万吨，而1960年时其开采量还有270万吨。这也就意味着，将近75%的硬煤需求需通过从苏联、捷克斯洛伐克和波兰进口来满足。为满足钢铁工业对冶炼燃料的需求，东德需进口900万吨的硬煤和焦炭。实际上，东德仅有褐煤、钾盐和1945年后战略地位显著上升的铀矿储量能满足需求。[③]

---

① 德国汽车联合会（VDA）：《1961—1962年度年报》，第15页和《1959—1960年度年报》，第79页。

② 霍尔斯特·巴特尔：《民主德国经济发展的初始条件》[Horst Barthel, *Die wirtschaftlichen Ausgangsbedingungen der DDR*, Berlin (Ost), 1979]，第72页。

③ 莱纳·卡尔什：《国中之国：位于萨克森与图林根的威斯姆斯铀矿股份公司》（Rainer Karlsch, Ein Staat im Staate. Der Uranbergbau der Wismuth AG in Sachsen und Thüringen, in: *Aus Politik und Zeitgeschichte*, B49—50/93），第14—23页。

不久事实就很快证明，东德丰富的褐煤储量其实是一份希腊人的"危险礼物"。原德意志帝国三分之二的褐煤储量都分布在后来的东德地区，在之前战争经济下，尤其是中德地区的褐煤已被大量开采。1936 年以后，新投资计划的重点放在褐煤低温碳化上。生产出来的"化学煤球"以原料形式用在焦油生产上。与高压氢化工艺直接制成的褐煤燃料一样，这种焦油产品按照计划将取代战时岌岌可危的石油产品成为新的燃料供应来源。战争爆发后，原油进口量确实持续下跌，褐煤开采更加迫切。1938—1944 年的褐煤开采量又提高了 11.3%，而在后来的东德地区更是提高了近 28%。① 因此，1943 年 1.65 亿吨的开采目标要到 1953 年才能实现。与硬煤采矿业相反，直到 1947 年，褐煤区都不得不忍受设备拆卸之痛。与 1943 年相比，超过 1/3 的开采量因此而遭到损失。② 依靠这些较长的"预热"，褐煤业在未增加额外投资的情况下实现了重建条件下的增长。因此，50 年代上半期褐煤工业的投资重点放在了对原煤的价值升级上。但这一计划也遭遇了战后设备拆卸的严重打击。在该领域投入的金额为 10 亿马克，而真正用于原煤开采的仅有 8.5 亿马克。50 年代后半期，在战争期间勘测出的开采潜力见底之后，政府又将投资重点转移到了新矿区的勘测与褐煤开采领域。③ 在第一个五年计划期间，原煤开采业并未实现其计划额定量。1955 年，褐煤开采量仅达到了东德国民经济计划目标值的 89.3%（硬煤：75.7%）。因此，第二个五年计划为此筹措了近 80 亿马克的资金，其中一半以上用于勘测开发新矿区。为此，政府计划在 12 个新的褐煤矿区继续开展勘察钻井工作。④

"二战"以前，德国的煤矿开采主要集中在易北河以西的地区。50 年代，采煤业又从中部转移至东部地区——以科特布斯地区为主。东德地区估计能够开采的褐煤储量为 200 多亿吨。其中，劳希茨地区的储量高达 110 亿吨，为东德最大的矿区。特别是斯普伦堡、森符腾贝格和霍耶斯韦达附近的下劳希茨地区是第二个五年计划的核心主体——褐煤升级联营企业"黑

---

① 约克·吕斯勒、维诺利卡·希特、米歇尔·艾勒：《1945—1970 年民主德国工业的经济增长》[Jörg Roesler, Veronika Siedt, Michael Elle, *Wirtschaftswachstum in der Industrie der DDR 1945—1970*, Berlin (Ost), 1986]，第 39 页。
② 联邦德国问题研究部主编：《1955 年和 1956—1960 年规划后苏占区的采煤业与能源经济》(*Der Kohlenbergbau und die Energiewirtschaft in der sowjetischen Besatzungszone Deutschlands im Jahre 1955 und nach der Planung 1956—1960*, Bonn, 1957)，第 15 页。
③ 沃尔夫冈·穆尔弗里德尔、克劳斯·维斯讷：《民主德国的工业史》[Wolfgang Mühlfriedel, Klaus Wießner, *Die Geschichte der Industrie der DDR*, Berlin (Ost), 1989]，第 226 页。
④ 同上书，第 227 页。

泵"——的原料基地。尽管东德政府在这方面付出了艰辛的努力,褐煤工业的扩张速度却始终无法满足迅速增长的消费需求。1957年4月,在莱比锡召开的中央原煤与能源会议上这一问题就被公开提出:"我们的工业发展增长过快,几乎耗尽了所有的原煤储备,能够开采的原煤矿区如今已所剩无几……原煤的发掘速度跟不上开采速度。"[1] 这一局面的形成得归咎于多种因素。一方面,褐煤热值较低,仅相当于0.286个单位的硬煤热值。因此,在替代硬煤使用的过程中,其用量必然随之增加,进而又带来严峻的运输问题。仅仅是为适应褐煤燃烧更换帝国铁路的火车头就令东德陷入了苦不堪言的境地。此外,其他能耗大户也饱受褐煤利用效率低下问题带来的种种困扰。当时曾有人估算,工业设备、家用燃料和"移动型锅炉设备"——即城市间的客货运交通——中能源的不充分利用率分别达80%、85%和95%。[2] 另一方面,50年代末褐煤开采业50%以上的大型施工设备都源自"二战"之前。1973年,煤厂一半以上的煤球生产是依靠1920年以前的机械设备完成的。在这种形势下,即便是原煤与能源计划做出各种尝试和努力也无法带来生产率的显著提升。[3] 除此之外,电力生产领域的技术设备也严重老化,有形磨损十分严重且故障连连。因此,在东德公众眼中,矿工们"英雄式的努力"越来越类似于希腊神话中希绪福斯国王的悲惨遭遇。他的工作难度越大、计划目标履行得越好,推动东德经济实现现代化的举措就愈加徒劳,迫于集团属性和经济体制而维持自给自足经济条件的努力也只能付诸东流。

  自给自足政策的两难境地绝不只限于采煤业及其客户。1957年的原煤与能源计划实施以来,东德的许多其他工业部门也必须为建立以褐煤为基础的能源体系做出贡献,且不允许考虑损失。被迫为煤炭开采及价值升级而制造专业设备尤其对机械与装备制造业的发展产生了较大的负面影响。大多数情况下,新的生产机型品种不符合相关企业的技术和企业经济的需要,只有在为数不多情况下,这些机械能够转换用来解决其他行业的技术问题。此外,它们也不适用于出口到选择了其他初次能源载体的世界市场。机械制造业对原煤与能源自给自足计划的依附普遍地削弱了东德经济技术创新向"世界水平"看齐,以

---

[1] 《新德国》(*Neues Deutschland*),1957年4月27日。
[2] H. 舍恩赫尔:《民主德国工业的原料基础》[H. Schönherr, *Die Rohstoffbasis der Industrie der DDR*, Berlin(Ost),1957],第41页。
[3] 罗斯勒、希特、艾勒:《经济增长》(Roesler, Siedt, Elle, *Wirtschaftswachstum*),第123和172页。

及提高经济生产率的能力。正因如此，50年代后半期，身为东德工业核心行业的机械制造业就成了中央集权社会主义工业领域计划亏损率最高的行业，而事实上，某些时候亏损甚至远远高于这一比例。所以，在探寻80年代后半期经济下滑的原因时，民主德国的工业史作者十分谨慎地得出结论，东德在"特殊的政治与经济条件下"选择褐煤为工业的主导初次能源，"而由此产生的经济问题以及对整体国民经济的后果则退居次要地位"。①

尽管障碍重重，截至1964年，东德的褐煤开采量仍然迅速提升至2.57亿吨，相比1949年将近翻了一番。此后，褐煤产量又有所下降，到80年代初便停滞在1964年的水平。煤矿的开采难度也明显加大。由于地表储量已基本耗尽，矿脉、原煤比例逐渐开始恶化。1970年，开采1吨褐煤需要铲平3.6立方米的覆盖土层，到了1978年，这一数值就上升至4.7立方米。此外，还需抽干6立方米的地下水。哈雷、瓦伦多夫、艾格尔和奥舍斯雷本附近易北河以西矿区开采的原煤含盐量极高。因此，这些矿区开采量的增加不仅带来一系列化工技术问题，还引发了严重的生态危机。并且劳希茨矿区的开采也并没有完全依照计划进行。为充分挖掘潜藏储量而对斯普伦堡市进行迁址并对施普雷河进行改道的建议遭到了众人反对而被迫放弃。无论是从经济利益上进行权衡，还是从保护自然与生态方面进行考虑，这都是有百害而无一利的。1985年，东德褐煤开采量达到3.12亿吨，达到历史新高。十年之后，这一数值略有回落，跌至3.01亿吨。与此同时，褐煤开采业的从业人数（工人与职员）从1964年的112090人（1938年为35000人）增加至1989年的133811人，分布在18家企业。到60年代为止，原煤出口量占开采量的比重达到25%。褐煤从此成为东德吸纳外汇储备的有力工具，但这绝非一个高度发达的工业国所应具备的典型特征。60年代中期以来，西方市场上原煤与石油间愈演愈烈的市场排挤性竞争也开始蔓延至出口贸易领域，褐煤出口急剧萎缩几乎降至零。但这对东德褐煤开采业的影响并不大。东德的褐煤开采量占全球开采量的近30%，是世界上最重要的褐煤生产国。

第六节　化工业：涅槃重生

1945年以后，德国的化工业便开始接受占领国政府的调控，而事实使现代军备控制的两难境地日益明显。一方面，第三帝国的军备潜力主要源于

---

① 穆尔弗里德尔、维斯纳：《工业》（Mühlfriedel, Wießner, *Industrie*），第238页及其后。

其大型化工企业的实力。另一方面，"国民经济化工化"早已成为保证最低限度的食品、医疗卫生和服装领域商品供应的基本前提。在波茨坦会议中，战胜国以《波茨坦公告》的形式规定了对德国化工业的严格监管措施。铝、镁、钒、铍以及放射性原料和一系列特殊化学产品都被禁止生产，合成橡胶、氨和燃料的生产则在进口量满足德国需求之后全面停止。此外，德国四大占领区的基础化学品只允许达到1936年产值的40%，其他化学品为70%，染料、药品与合成树脂为80%。

然而，事实很快证明，如果无法发挥化工业的全部潜力，即便是战后重建的最低目标也无法实现。基础化工业的重整旗鼓就充分显示了这一点。氨是生产炸药的关键物质，同时也是制作氮肥不可或缺的原料。哈伯—博施制氨法（Haber-Bosch-Verfahren）是利用高科技手段来生产氢和氮的方法。如果不采用这种方法，氨的获取主要依靠焦炭生产及其副产品硫酸铵。但是，这种方法远远不能满足东德的市场需求，在西德亦是如此。随着氢氨化钙（Kalkstickstoff）需求的增长，碳化钙（Karbidfabrikation）的生产也日益增长。它的生产不依赖于氮的制造，对乙炔焊（Schweißacetylen）以及诸如乙醛（Acetaldehyd）、醋酸（Essigsäure）和醋酸乙酯（Essigester）等乙炔（Acetylen）的后续产品的生产起到关键作用。氮肥原料的短缺最终迫使占领国置生产禁令于不顾，在鲁尔河畔和路德维希港建立并运营合成氨工厂。有的地方——如科隆附近的韦塞林——甚至对原先生产汽油的高压氢化设备进行改装，转而开展氨的生产。彼时，东德的氮肥生产比重已达到战前水平的48%，因而这里的形势要相对缓和很多。而到1949年，当联邦德国与民主德国建国时，东德的氮肥生产就已达到战前水平，对磷酸需求的满足情况——至少在西德——也基本类似。虽然当时钢铁生产受限，生产的碱性转炉渣粉也较为短缺，不过，马歇尔计划开展的磷酸盐原料进口还是大大缓解了这一紧张局势。对于钾的生产而言，虽然东西两德原料充足，可他们还是实施了大规模的原料进口。硫酸是生产氮肥的重要原料，西德90%的硫酸生产都源自黄铁矿。然而，为了推动鲁尔区采煤业的发展，政府必须对一部分矿工实行工作调离，这也使得黄铁矿开采出现了矿工短缺的现象。不久之后，政府又将开采黄铁矿列入了振兴计划。因此，在实施国外原料的进口措施之前，西德需求的满足情况已得到大大改善。而东占区的个别黄铁矿区，例如位于哈茨艾尔宾罗德的"三皇冠与埃尔特"矿区（"Dreikronen und Ehrt" in Elbingerrode im Harz），却无法满足当地的市场需求，从而导致氮肥、人造纤维和纺织染料生产所需的重要半成品原料供不应求。① 相对而言，药品工业对生产原料的依附程度要小得多。因此，到1948年，东西两德的药品产值就远远超过了战前水平，虽然他们把生产重点仅放在了止痒粉与双对氯苯基三氯乙烷（DDT）消毒剂两大产品上。

除了食品与流行病预防以外，衣物供给也是战争结束后的一个重要问题。要让人穿得暖，促进化工业发展就成了一个无法逃避的现实任务。东西两德被分别占领后，原位于贝恩堡（Bernburg）和施塔斯富特（Staßfurt）的碳酸钠和氢氧化钠生产中心被划入了苏占区并在很大程度上被拆除。为了减少两德分裂带来的负面影响并满足对人造纤维日益增长的需求，西德必须努力重建化工业，并使其远远超出1936年的生产水平。为了确保肥皂与清洁剂产品的市场供应，同时为了推动汽车制造业所需原材料橡胶的生产，西部占领国同样置生产禁令于不顾，重新利用战争经济中用于合成汽油生产的费托合成法（Fischer—Tropsch—Synthese）以及胡尔斯与路德维希港橡胶厂（die Buna-Werke Hüls und Ludwigshafen）用于生产合成橡胶的方法来开展原料生产，而这对芳香剂与脂肪族烃类化工产品的生产也做出了巨大贡献。战后不久，苏占区萨勒河畔的史克堡橡胶厂（das Bunawerk Schkopau）就迅速恢复了生产。同样开始燃料生产的还有在采茨特罗克里茨（Tröglitz bei Zeitz）、莱比锡波轮（Böhlen bei Leipzig）和鲁兰德施瓦茨海德（Schwarzheide bei Ruhland）依照费托合成法生产的罗伊娜工厂"贝吉乌斯"（"Bergius" in den Leuna-DWerken）。同属限制性行业的塑料工业与焦油染料工业不仅于1949年就能够满足德国的市场需求，还成功开展了大批产品的出口业务。此后，西德的化工业生产几乎又重新恢复到了1936年的水平。而继承了原整个德国生产能力35%的东占区，其生产水平甚至已超过1936年的四分之一。1949年9月，巴伐利亚燃料厂厂长乌尔里希·哈伯兰德（Ulrich Haberland）在瑞典皇家工程师协会发表演说时自豪地总结道："如今，德国化工业的出口实力是有目共睹的，而贸易自由化战略将继续为它提供发展机遇和空间。"② 仅在化工业崩溃后的短短几年时间里，东西两德又

---

① 联邦全德问题部编：《苏占区的化工业》[Bundesministerium für gesamtdeutsche Fragen (Hg.), *Die chemische Industrie in der sowjetischen Besatzungszone*, Bonn, 1952]，第32—35页；布鲁诺·格莱泽：《七年计划失败后的苏占区工业》[Bruno Gleitze, *Die Industrie der Sowjetzone unter dem gescheiterten Siebenjahrplan*, Berlin (West), 1964]，第147页。

② 《西德化工业能开展出口贸易吗？》（Kann westdeutsche chemische Industrie exportieren? in: *Chemische Industrie* I, 1949, Nr. 3)，第106页。

带领德国化工业实现了由停滞到再度繁荣的目标，谱写了一段涅槃重生的传奇。

最初，东西两德化工业的发展空间受到诸多方面的限制。德国工业背负着巨额战争赔款债务，战胜国实施的设备拆卸举措也未见终结。1947年8月，修订版的工业计划规定双占区需提供不少于40%—50%的化工设备供布鲁塞尔赔款署（die Brüsseler Reparationsagentur）支配。此后，根据1949年11月签署的《彼特斯堡协议》的（Petersberg-Abkommen）有关规定，西德保住了94%的战前生产力（1936年水平）。[①] 尽管战争赔款的具体规模至今仍无法估算，但东德需承担的设备拆卸惩罚数额却较高。截至1946年，苏占区化工业遭受了设备拆卸的重创。1946年3月，仅从位于梅尔斯堡的当时东德最大化工企业罗伊娜，苏联人就取走了12万吨的机器和设备部件。与中德地区其他化工企业不同，罗伊娜50%的生产能力与设备早就在"二战"中遭到损毁，而战后苏联的设备拆卸对它来说无异于雪上加霜。不过，1946年年中，苏联又突然改变了设备拆卸政策的思路，决定让许多工厂重新恢复生产，以便从其现时经营中攫取现金赔款。随后，苏联将8台燃气合成压缩机中的4台归还给罗伊娜，氨合成设备也由此"踏上了回家之路"。此外，苏联还对德国化工行业的几大核心企业实施了转轨改制，合并建立了苏联股份有限公司（SAG），并于1952—1954年将其交还给东德政府，成为其"公有财产"。除了罗伊娜以外，还包括将合成橡胶产业集团的继任企业"分离出来"。1951年年底，赫科斯特染料股份公司（Die Farbwerke Hoechst AG）从位于"梅因高"（Maingau）的原法本企业中分离出来。空袭对其位于赫斯特（Hoechst）、格里斯海姆（Griesheim）、奥芬巴赫（Offenbach）的染料工厂并没有造成太大影响。拜耳染料股份公司则产生于之前的下莱茵染料工业集团（Niederrheingruppe der I. G.），其位于勒沃库森（Leverkusen）、埃尔伯菲尔德（Elberfeld）、乌尔丁根（Uerdingen）和多尔玛根（Dormagen）的工厂也未受到严重的战争波及。1952年，身为最后一个继任企业的巴斯夫集团对位于路德维希港和欧伯（Oppau）两地的工厂企业进行重组后成立了巴斯夫集团公司。它在战争中受到的损害最为严重，在1948年的一次爆炸袭击中遭到毁灭性打击。1953年3月，这三家康采恩分别组建了名义股本

[①] 雷蒙德·斯托克斯：《选择石油——1945—1961年西德化工业技术变革之政治经济学》（Raymond G. Stokes, *Opting for Oil, The Political Economy of Technological Change in the West German Chemical Industry, 1945—1961*, Cambridge, 1994），第42页。

为10万马克的股份公司。位于美因库尔的卡塞拉染料工厂（Die Cassella Farbwerke in Mainkur）也属于法本集团，不过它后来以独立企业身份继续运营。老的法本集团则宣告破产，其2/3的资产已经流失在中东德地区和外国。尽管如此，1953年成立当年，西德的三家法本集团继任企业的总销售额就再次达到了1943年法本集团的水平。①虽然新的法律框架直至1955年才建构完毕，但它并没有成为这些新康采恩公司迈向成功之路的绊脚石。

过去，西部经济的扩张源自出口贸易。1937年，化工业出口占德国出口贸易的15%。然而，在联邦德国建立当年，这一比重仅为8%，距离之前规模还有相当差距。朝鲜战争繁荣使西德出口贸易走上了"正轨"，化工业出口比重达到了总出口量14.5%左右的水平。50年代，德国的出口贸易总额在十年间增长了近五倍，而化工产品在西德出口贸易的占比也基本保持不变。法本集团后继企业约三分之一的产品供应出口。虽然东德化工企业在50年代也取得了不少贸易盈余，但由于体制差异，其外贸地位并不能与西德相媲美。截至1954年，由几大核心企业合并的苏联股份有限公司（SAG）主要满足苏联的市场需求。在此期间，它们已与先进的产品和工艺创新相脱节。而此时西德市场的合成纤维、塑料制品、高低压聚乙烯工艺、彩色胶片和制药领域却呈现出一片繁荣景象，这些创新相互促进决定着西德化工业的不断发展。尽管如此，东德化工的出口产值也从最初的10%（1950年左右）提升至20%（1960年左右），其中80%是销往东欧集团，其中近一半出口到苏联。50年代，东西德的工业生产率对比充分显示了两国间的工业结构差异。尤其是在应对新兴技术挑战方面，两国间的差距更为明显。

事实上，在德国之外的地区，石油化工业的发展早已方兴未艾。20年代以来，法本集团就试图借助源自煤炭的汽油合成品来消除德国化工业的市场竞争劣势。战争期间，该项工艺得到进一步完善。因此，直到1945年以后都没有完全过时。从短期来看，德国大规模进口原油所需的外汇储备不足。从长远来看，正是德国化工专家发现原煤化工业仍有巨大商机和发展潜力。50年代中期，巴斯夫公司以碳化钙和乙炔为原料发明的雷普法石油化学工艺和某些领域的费托法合成工艺仍然还有国际竞争力。所以，东西两德化工业界的领军人物依然坚守20年代以来的传统发展路线就不足为怪了。

---

① 雷蒙德·斯托克斯：《分裂与繁荣——1945—1951年盟军统治下染料工业利益集团之后嗣》（Divide and Prosper, *The Heirs of the I. G. Farben under allied authority, 1945—1951*, Berkeley, 1988），第185页。

不过，诸多事实表明，石油化工在某些领域——例如在塑料制品生产领域——能为商家提供更有利的竞争条件。因此，为了得到新技术，西德化工业很快也开始寻求与国际大公司开展合作。1952年，巴斯夫与壳牌公司签订了第一份合作协议，在威瑟凌建造了莱茵烯烃厂并于1955年投入生产。虽然西德化工业并未由此损害到原煤化工业的利益，但是石油化工工艺的发展却已势不可当。1956年，全球原油价格猛跌，采煤业因此陷入危机。60年代初，西德基于原油生产的有机化学产品在所有化学品中的比重已超过50%。截至1970年，以原油为生产原料的苯产品比重持续上升，从1960年的1%上升至80%，乙炔产品也达到了同样的比重。①

与此同时，在梅泽堡（Merseburg）和路德维希港，人们则开始思考关乎石油化工的前景问题。② 50年代初，在市场竞争条件下，考虑为更好地解决石油化工原料供应，法本集团的西部后继企业开始利用世界市场，在边境逐步开放的情况下也必然如此。然而，对于东德罗伊娜的计划者而言，这却是完全无法想象的。因此，东德石油化工的建设似乎只有在三大前提条件下才有可能：自有油田的开采、自己生产石油替代原料与有助于大比例减少东德经济其他领域外部依赖性的有限石油进口。1952年，罗伊娜开始开展高聚合物领域的研究，以解决塑料制品、合成橡胶与合成纤维领域的生产技术落后问题。石油化工业的盛大揭幕发生在德国社会统一党（SED）第五次党代会上，东德政府提出将发展化工业与能源经济、电力行业和机械制造并列为七年计划的核心目标。1958年的化工计划对整个业界劳动生产率的提高和出口贸易的发展发挥了重要作用。在德国社会统一党中央委员会化工大会上，瓦尔特·乌尔布里希（Walter Ulbricht）在纲领发言中再次强调了石油化工业的核心地位。同时，他也明确指出，从苏联的计划原油进口量到1965年才能达到480万吨，因此原煤化工业还必须进一步发展。

此后，合成橡胶联合企业便发展成为全球最大的碳化钙生产商。③ 与此同时，德国还相继开始建造几个大型的石油化工业企业，例如古本化工纤维

---

① 汉斯·贝德·阿尔梅克：《化工业概览——产品、市场、结构》（Hans-Bernd Amecke, Chemiewirtschaft im Überblick. Produkte, Märkte, Strukturen, Weinheim, 1987），第74页。

② 雷蒙德·斯托克斯：《自给自足、意识形态与技术滞后：1945—1864年的东德化工业》（Raymond G. Stokes, Autarky, Ideology, and Technological Lag: The Case of the East German Chemical Industry, 1945—1964, in: Central European History 28, 1995），第3页及其后。

③ 《化工业赐予的食物、财富和美丽》，德国社会统一党中央委员会与国家计划委员会会议，罗伊娜，1958年11月3—4日（Chemie gibt Brot-Wohlstand-Schönheit, Chemiekonferenz des Zentralkomitees der SED und der Staatlichen Plankommission in Leuna am 3. und 4. November 1958），第28页。

联合企业（das Chemiefaserkombinat Guben）、罗伊娜"瓦尔特·乌尔布里希特"二厂（Werksteil II der Leuna-Werke "Walter Ulbricht"）和施威特原油加工厂（das Erdölverarbeitungswerk Schwedt）。整整用了8年时间，政府的这些规划才得以付诸实践。1964年5月，罗伊娜生产指导部经济技术办发表声明称，目前东德并没有开展真正意义上的石油化工生产。[①] 虽然"友谊号"原油管道已于1963年投入运营，但它却未能完全实现石油进口的目标，而自身机器建造的滞后也是导致石油化工业发展计划失败的原因之一。在西方自由市场内部"开放的技术交流"使西德化工业受益匪浅[②]，而东德的化工业却只能依赖于本国机械制造业的发展。因此，截至60年代中期，东德化工纤维工业无论是其加工生产技术还是其合成纤维原料质量都未能达到国际标准。[③]

1966年以来，东德的石油化工业缓慢地取得了进展。直到60年代末，合成纤维原料的生产才实现了突破。[④] 东德为此也付出了很高的代价。截至1966年，东德化工业积累了相当的资本存量，但还未在生产领域发挥效用。1966—1970年，仅化工领域的投资就占整个工业投资的1/5以上。尽管如此，当时东德石油化工业对原油这一初始原料的消耗仅达到西德1958年——即原煤危机爆发之初——的水平。此外，它还固守着对原煤—碳化钙—传统化工技术的应用。

虽然西德化工业主在抛弃熟悉的工业策略和技术观念时趋于保守，但在这个技术创新频繁的领域，东德化工业却仍然落后西德达整整10年之久。直到其发挥很大作用的鲁尔煤业股份公司建立，化工业联合会才公开切断了与煤炭的关系，因为"通过保守的能源政策阻碍其他与世界发展同步的工业是不能帮助德国硬煤业的……"[⑤] 在所有政治和社会力量的协同作用下，鲁尔区找到了一条在经济和社会上能够接受的解决煤炭困境的出路。而与此相反，东德及其化工业却只能在其经济和政治体制自给自足的困境中痛苦挣扎。

---

① 斯托克斯：《自给自足》（Stokes, *Autarky*），第42页。
② 卡尔·温纳克：《徘徊在稳定与增长之间的化工业》（Karl Winnacker, *Die chemische Industrie zwischen Stabilität und Wachstum*, Frankfurt/M, 1966），第8页。
③ 维诺尼卡·希特：《1958—1980年东德化工纤维工业的发展》（Veronika Siedt, Die Entwicklung der Chemiefaserindustrie der DDR von 1958 bis 1980, in: *Jahrbuch für Wirtschaftsgeschichte 1988/S*），第203页。
④ 同上书，第204页。
⑤ 温纳克：《化工业》（Winnacker, *Chemische Industrie*），第9页。

不过，从发展活力上来看，东西德化工业的情况基本如出一辙。两者都属于本国工业界的领军行业，也是战后时期增长型工业的典型代表，其行业增长率通常高于其国内工业的平均增长率。70年代，原油价格增长了近十倍，从原来每桶3美元上涨至30美元。这自然对石化行业的发展产生了影响。在西德，这种打击转瞬即逝，很快就为新的挑战所取代：公众不断强化的环保意识提高了生产成本。80年代末，在严格的法律规制下，西德化工业每年在环保设备上的投资额超出了10亿马克。1989年，其在全国总投资额中的占比近15%，而在十年前，其比重还仍然只有10%左右。①

与西德情况不同，原料价格上涨对东德的生产结构和行业技术创新产生了持久而深远的影响。原煤—碳化钙化工业迎来了行业发展的"第二春"，褐煤的市场需求再次出现井喷。② 这一发展趋势给东德造成了相比西德更为严重的环境负担。其化工区的二氧化硫排放量比赫克斯特公司的排放量要高出80%—90%。③七八十年代，在东德计划经济体制内，化工业的地位略有下降。1988年，15家国有化工企业的就业人数仅为34.5万人。而西德则安然度过了1975年和1981—1982年的衰退危机，此后便进入了相对漫长的繁荣期。10年过后，大型化工企业又创造了新的利润纪录。④ 尽管如此，其生产与销售增长率比加工工业的平均水平略低，因此丧失了"增长发动机"的称号。不过，这并未对行业就业率产生任何负面影响。在低价供货商的价格压力之下，基础原料与化工产品在化工行业总产值中的比重显著下降，这自然也有利于特殊产品与药品行业的发展。1993年，同巴斯夫公司一样，拜尔与赫克斯特公司在所有核心化工行业中——例如人造材料、特殊材料、涂层工业、农业化工、制药与精细化工——还占据着支配地位。此后，便发展成以药品、塑料和农业化学制品生产为重点的生命科学企业。它对赫克斯特股份公司的发展产生了深远影响。与法国罗纳普朗克公司（Rhone-Poulenc）实施合并后，他们先成立了阿文蒂斯公司（Aventis），后又改名为萨诺菲—阿文蒂斯公司（Sanofi-Aventis），并把业务重点放在了法国市场。

---

① 《1989年联邦德国统计年鉴》。
② 希特：《发展》（Siedt, *Entwicklung*），第209页。
③ 哈拉尔德·巴特尔德：《全球竞争、国际贸易和区域集中：20世纪80年代的德国化工业》（Harald Bathelt, Global competition, international trade, and regional concentration: the case of the German chemical industry during the 1980s, in: *Environment and Planning C: Government and Policy 13*, 1995），第407页。
④ 维尔纳·阿贝尔斯豪塞：《巴斯夫——企业史》（Werner Abelshauser, *Die BASF, Eine Unternehmensgeschichte*, 3. Aufl., München, 2007）；或参见拜尔、巴斯夫、赫斯特公司的商业报告。

而拥有一整套生产技术系统的巴斯夫公司最终成长为全球最大的化工康采恩，其传统市场销售额达到 580 亿欧元（2007 年）。精细化工领域专家——赢创（前身为德固赛）或林德公司也跻身全球十大化工康采恩企业行列，分别位列第八和第九，处在位居第四的拜尔公司之后。德国化工业以 12.3%的占比（2006 年）在美法两国之前，成为全球最大的化工产品出口商。不过，值得一提的是：大型化工企业和中小型企业超过 50%的出口占比使德国化工业很难在世界市场的各种经济危机中独善其身。

第七节　柏林墙修筑之后：社会主义经济的最后机遇？

1968 年，在一篇《德国社会统一党关于经济政策史》的文章中，德国统一社会党社会科学研究院的成员们骄傲地提出了"东德经济奇迹"这一说法。而且断言，此前许多"资本主义国家的记者"已经见证了"东德的经济实力"。[1] 他们在报道中歌颂了东德经济的稳定成就，这些成就在 60 年代初——即柏林墙修建以及克服了当时的经济危机后——十分明显。东德不仅抵挡住了西德经济对其劳动力储备力量散发的"磁石效应"，还逐渐克服了领土分裂后的区位劣势和其他"占领区经济"消极的初始条件所带来的障碍。从此，东德似乎也走上了西德经济重建阶段的经济加速增长之路，尽管其范围还较为有限。

柏林墙的修筑不仅给联邦德国和西柏林同时也给统一社会党政权带来了沉重的打击。在七年计划（1959—1965 年）中，东德曾立下雄心壮志：到 1961 年年底赶上西德的劳动生产率和人均消费水平。[2] 柏林墙的修建却昭示了七年计划的失败。在不得不放弃对东德自主地进行有计划的经济调控努力之前，该计划是用经济手段阻止东德人"叛逃祖国"潮流继续蔓延的最后一次绝望的尝试。该计划虽在初期取得了一定进展，但在 1960 年中的事态发展表明，在开放的边界下所有努力都是徒劳的。事实上，东德对德国内部贸易的依附性越强，西德利用这一杠杆的几率就越高，这一计划取得成功的

---

[1] 汉斯·米勒、卡尔·莱斯希：《东德的经济奇迹——一篇有关德国社会统一党经济政策史的论文》（Hans Müller, Karl Reißig, *Wirtschaftswunder DDR. Ein Beitrag zur Geschichte der ökonomischen Politik der Sozialistischen Einheitspartei Deutschlands*, Berlin (Ost), 1968），第 5 页。

[2] 《和平、富裕与国民幸福的七年计划》（*Der Siebenjahrplan des Friedens, des Wohlstands und des Glücks des Volkes*, Berlin, 1959），第 159 页。

第九章　德国问题的经济视角　　　　　　　　　　　　　　339

可能性就越小。从1960年以来的赶超进程来看,东德经济不受西德供货"困扰"的目标似乎变得难上加难,当局不得不在稳定东德经济局势的问题上另辟蹊径,柏林墙的修建是对问题的一种激进解决方式,尽管从长远来看,正是坚定的共产党人似乎无法承受地区隔离与封锁带来的政治成本。因此,利用劳动力市场的喘息机会改革东德经济、提升其市场竞争力才是正确的选择。这一战略的拥护者——其中也包括瓦尔特·乌尔布里希——以苏联经济学家艾维瑟耶·利伯曼(Evsej G. Liberman)在《真理报》的一系列文章为契机[①],更多地用利润而不再仅仅用毛产值计划作为东德经济的调控手段。这样一来,除定额计划的执行外,还引入一定的市场经济,以更好地满足消费者的需求。1962年年底,乌尔布里希在一次引起广泛关注的演说中对政治之于经济的优先权提出了质疑并给予经济任务以优先地位。[②] 由此可见,他们对待此次改革的态度是严肃而认真的。显然,德国社会统一党领导已做好了实现经济决策权分散化和至少在经济领域限制权力垄断的准备。

　　在1963年夏天颁布的《国民经济规划与调控新体系方针》(NÖS)中,许多问题仍然悬而未决,其中包括逐步引入和推行新体制的时间问题。在具体操作中,它被分为三个阶段:第一阶段为1964—1965年,其主要目标是推进工业价格改革,为在一个原本封闭体系中引入"经济杠杆"做准备;第二阶段为1966—1967年,其任务是使利润最终成为企业"自我控制"和"自己筹措资金"的杠杆;第三阶段是被称为建立社会主义经济体系的阶段——该阶段于1970年被迫中断。[③] 从《新体系方针》中倡导的理念可知,改革不单单是对技术官僚体制的完善。事实上,直到那时,"利润"一词都被人们视为有辱社会主义经济体制声誉的"肮脏词汇",而如今却俨然成了提高企业经济效率的核心目标之一。"社会主义康采恩"(第一阶段期间对

[①] 艾弗瑟·利伯曼:《计划、利润与奖金:有关改善社会主义工业企业领导方式和物质利益方面的若干思考》(Evsej G. Liberman, Plan, Gewinn, Prämie. Einige Gedanken zur Verbesserung der Leitung und materiellen Interessiertheit in sozialistischen Industriebetrieben, in: *Die Wirtschaft* 39, 1962),第15页。也可参见其《社会主义制度下的经济调控方法——关于刺激社会生产的一次尝试》(*Methoden der Wirtschaftslenkung im Sozialismus. Ein Versuch über die Stimulierung der gesellschaftlichen Produktion*, Moskau, 1970, Frankfurt/M., 1974)。

[②] 约克·吕斯勒:《计划与市场——1963—1970年东德的经济改革》(Jörg Roesler, *Zwischen Plan und Markt. Die Wirtschaftsreform 1963—1970 in der DDR*, Freiburg, Berlin, 1990),第25页。也可参见布鲁诺·格莱茨、卡尔·泰海姆、汉斯约克·布克和沃尔夫冈·福尔斯特《70年代初以后东德的经济体系》(Karl Thalheim, Hannsjörg Buck, Wolfgang Förster, *Das ökonomische System der DDR nach dem Anfang der siebziger Jahre*, Berlin, 1971)。

[③] 罗斯勒:《计划》(Roesler, *Plan*),第34页。

全民企业联合 VVB 的称谓）也经历了类似的发展历程，VVB 应转变为"相关行业的领军部门"。虽然所谓的大型"康采恩"还无从谈起，但是 1967 年以后，越来越多的（纵向组织）的联营企业逐步取代了（横向组织的）全民企业联合而成为经济领域的领军机构。尽管如此，有一点始终未变：经济权力越来越从政治中心逐步向分散化的超级企业转移。

1971 年 5 月，始终坚持改革立场的瓦尔特·乌尔布里希不得不卸任德国社会统一党中央委员会第一书记的职务，让权于艾里希·昂纳克（Erich Honecker）。随着乌尔布里希的下台，《国民经济规划与调控新体系方针》也宣告失败。1963 年充斥巨大宣传费用引入的经济计划最终被悄无声息地放弃掉。表面上看，失败的原因是东德供应市场遭遇了严重的供给瓶颈，这助长了改革反对者的嚣张气焰。从经济角度来看，某些问题在一定程度上是由新的规划与调控机制造成的。新的激励体制有利于少数大型企业的发展，它们由此被带到了技术潮流的最前沿。从中获益的尤以电子数据处理、设备控制行业最为典型。东德要通过不懈的努力缩小它们与"世界水平"的差距。但其他企业则失去了与世界先进水平的联系，市场供应问题随之进一步恶化。事实上，这其中发挥关键作用的还是权力。60 年代末，东德渡过尖锐的经济危机后（改革起到了重要的作用），德国社会统一党认为没有必要继续削弱自身的权力基础来为经济领导层提供搭台。[1] 捷克斯洛伐克事件——1968 年的"布拉格之春"——使统一社会党领导害怕他们会遭受同样的下场。归根到底，东柏林的掌权者不想真正推行社会主义市场经济体制。

在东德经济 70 年代后半期陷入世界石油危机深渊之前，《国民经济规划与调控新体系方针》还是对稳定东德经济起到了一定的作用。早在 70 年代初就有迹象表明，更多的经济稳定并不意味着东德已逾越了两德经济间的巨大的差距与鸿沟。此后，东德工业生产率的落后态势变得愈加明显，而工业生产率是考察经济效率的一项重要战略指标。德国经济研究所的一份研究显示，1968 年其差距超过 33%，而 1960 年仅为 22%。[2] 东德经济的进一步发展很快表明，"东德的经济奇迹"只是其工业史上的一段小插曲，东西两德经济增长数量与质量上的差距从此愈加扩大。

---

[1] 罗斯勒：《计划》（Roesler, *Plan*），第 158 页。
[2] 曼弗雷德·梅尔泽：《1936—1978 年东德的固定资产、工业生产与就业情况以及未来供货潜力预测》（Manfred Melzer, *Anlagevermögen, Produktion und Beschäftigung der Industrie im Gebiet der DDR von 1936 bis 1978 sowie Schätzung des künftigen Angebotspotentials*, Berlin, 1980），第 224 页及其后。

第八节 社会主义福利政策

乌尔布里希时代结束后,艾里希·昂纳克领导下的政治局的方针政策明显不同。他们并没有将《国民经济规划与调控新体系方针》中的调控工具和组织形式全都弃之不用,但重新确立了政治的优先权地位。当权者竭力在居民中间建立更广泛的统治合法基础,这是新路线最显著的特征。而服务于这个目标的是不断散布的经济与社会福利政策的统一。对于实践而言,它意味着生活水平与工业生产率将实现同步增长。经济改革为这一双重战略创造了基础条件。因此,起先人民生活水平确实得到迅速提升,但劳动生产率却没有同步上升。如果昂纳克确实坚持这个路线的话,在促进消费增长和提高福利政策"成就"的同时,社会产值的其他用途就会受到一定的影响。由于形势所迫,这些牺牲并不在军事与国家安全开支内,而主要致使消费与投资之间的鸿沟越来越大,最终形成恶性循环(circulus vitiosus),经济长期面临着破产威胁。面对社会福利政策与经济发展间的目标冲突,当局总是选择稳定不安稳的社会基本共识并由此透支未来,这种没有抵押品的支票常常只能通过借贷来展期。因此,东德在"非社会主义经济地区"的国家负债从 1970 年的 20 亿西德马克上升至 1989 年的 490 亿西德马克。[①] 即便扣除东德自身的债权,东德的债务总额仍有 200 亿外汇马克之高,这些资金借用与偿还使东德政府陷入完全依赖于西德和国外债权人的境地。仅仅为避免国内债台的进一步垒筑,东德政府就需将国内消费降低 25%—30%。

在东德,人们也普遍认为,只要经济体制能够公平合理地解决收入分配问题,传统意义上的社会国家就过时了。至少从意识形态的抽象层面上来看,这种认识与联邦德国十分相似。值得注意的是,经济发展步入新维度的同时,传统的社会福利政策出现回归。当然,东西两德社会福利政策所依赖的经济框架条件是截然不同的。国民收入的高增长率有利于西德的改革,因为企业完全可以通过提高劳动生产率或将其转嫁给消费者的方式来承担作为工资成本的高额社会保障费用。而收入的高增长也使改革十分必要,因为

[①] 格哈德·舒赫、格哈德·拜尔、亚历山大·沙尔克·哥罗德克维斯基、恩斯特·霍夫讷、阿诺·东达:《德国社会统一党中央委员会政治局草案》(Gerhard Schürer, Gerhard Beilor, Alexander Schalck-Golodkowski, Ernst Höfner, Arno Donda, Lage für das Politbüro des ZK der SED, 30. Oktober 1989)。也可参见德意志联邦银行《1975—1989 年前民主德国的国际收支状况》(Die Zahlungsbilanz der ehemaligen DDR 1975—1989, Frankfurt/M., 1999),第 58—60 页。

50年代迅速的经济增长使数额不变的社会保障给付成了西德社会国家体制的致命软肋并威胁到社会生活的稳定。在这一背景下，1957年的退休金改革清晰地验证了社会福利政策保守而又具革命性的双重职能。[1] 它既有利于巩固自由市场经济体制，为其提供了更强的合理性；与此同时，它又为社会国家的需要对其进行了限制。由此，相比艾哈德提出的改革路线之初，60年代这种体制成了名副其实的"社会市场经济"。而在东德，直到《国民经济规划与调控新体系方针》失败后，70年代初社会福利政策的回归的目的是巩固和改善现存体制的稳定。而在不断变化的经济框架条件下，社会福利政策的推进只能以牺牲投资支出为前提，从而使东德经济的没落进入了最后一个阶段。[2]

传统意义上的社会福利政策——例如在社会保险的整个框架中——在这个没落过程中并未发挥实质作用。在国际比较中，东德的社会福利金比例并不高。相反，对于一个像东德发展水平的工业国家来说，它显然还有些过低。[3] 经济与社会福利政策之间的排挤竞争更明显地表现在社会福利国家的另一个目标上，而这一目标从一开始就在东德社会福利体制中占据着重要地位。这就是为了保障当局核心社会目标物质上的实现而直接分配经济收益，它包括对满足基本需求的商品和服务的价格补贴、通过严厉的解聘保护确保的劳动权、由在两德比较中畸高的女性就业率引起的企业高附加成本，以及分配取向的工资拉平所引起的生产率损失。[4]《国民经济规划与调控新体系方针》失败后，德国社会统一党政治局别无他选，只能为东德社会主义取得的"成就"继续提供资金——需要多少，就提供多少。在德国统一社会党看来，其他解决方案——例如大范围缩减福利政策领域的开支或提高"劳

---

[1] 有关这一双重职能的内容可参见艾德华·海曼《资本主义的社会理论》（Eduard Heimann, *Soziale Theorie des Kapitalismus*, Tübingen, 1929），第135页。

[2] 汉斯·赫尔曼·赫尔特：《东德经济的破产之路》（Hans-Hermann Hertle, Der Weg in den Bankrott der DDR-Wirtschaft, in: *Deutschland Archiv* 25, 1992）第127—45页，以1988年政治局的舒赫/米泰格异议为例来解释推进"经济政策与社会政策相统一"的失败；另可参见君特·库什《东德的年终结算：经济与福利政策失败的结论》（Günther Kusch, *Schlußbilanz-DDR: Fazit einer verfehlten Wirtschafts-und Sozialpolitik*, Berlin, 1991），以及舒赫等《草案》（Schürer u. a., Vorlage）。

[3] 曼弗雷德·施密特：《民主德国福利政策的基础》（Manfred G. Schmidt, Grundlagen der Sozialpolitik in der Deutschen Demokratischen Republik, in: *Grundlagen der Sozialpolitik*, hrsg.v.Bundesministerium für Arbeit und Sozialordnung und dem Bundesarchiv, Geschichte der Sozialpolitik in Deutschland seit 1945, Bd 1, Baden-Baden, 2001），第772页。

[4] 同上书，第773页。

动规范"——都有可能使1953年6月17日发生的事件重演。①

80年代末,在政治局中越来越多人对社会福利体制负担太重与国家债务的过度增长发出警告。然而,将东德引向崩溃的并非是狭义的社会福利政策,而是经济政策与社会福利政策和谐发展的失败。事实上,当时的德国社会统一党高层很清楚,东德经济事实上已经破产。1989年10月底,在新任党总书记伊贡·克伦茨(Egon Krenz)明确提出要求后,东德"经济内阁"便向德国社会统一党中央委员会如实地阐述了"东德经济的现状"。② 专家们在其"东德经济形势分析"的开头就得出结论,国际对比——这里指的是与联邦德国的对比——东德的劳动生产率要低近40%。为了平衡社会上层建筑与生产基础的不协调,对非社会主义经济地区的负债额已上升到"超过政府偿还能力"的程度。要避免由此产生的对消费领域的沉重打击,东德就必须制定一套"与西德政府开展合作"的建设性方案。然而,对于鉴定中专家们提出的进一步必要举措,中央委员会则予以拒绝:"为了使西德意识到我们提出建议的诚实意愿,我们必须阐明,东西德之间开展经济与科技合作的这一措施和进一步的措施能够在本世纪内为改变两国间现有的边境状况创造有利条件。"然而对于中央委员会来说,接受这个建议的代价的确过高。不过,他们也没有其他可选择的行动策略。正是这种困境使德国社会统一党政权在街头示威出现时丧失了行动能力。

第九节 两德重新统一

所有当事人对于东西两德的重新统一都备感惊讶。尽管莱比锡、布达佩斯和布拉格的号角声不绝于耳,柏林墙的倒塌还是超出了人们的想象。而仅仅经历了三轮短暂的谈判后,四大占领国就与东西两德政府达成了一致意见,这也是大多数人始料未及的。在非暴力革命持续的压力下,东德独裁统治的终结是所有当事人未曾预料的无与伦比的政治事件之一。德意志民族国家,俾斯麦将其扶上宝座,希特勒将其推入坟墓,这一次又出乎所有人的意料再次幸免于难。

---

① 鲁茨·尼特哈默:《德国社会统一党及"其"成员》(Lutz Niethammer, Die SED und "ihre" Menschen),将政党与公民间关系当作国内稳定决定因素的尝试。该文载于西格弗里德·苏库特和瓦尔特·苏斯:《国家政党与国家安全——论德国社会统一党与MfS的关系》(Siegfried Suckut, Walter Süß, Staatspartei und Staatssicherheit. Zum Verhältnis von SED und MfS, Berlin, 1997),第327页。

② 舒赫等:《草案》(Schürer u. a., Vorlage)。

经济肯定是东德的致命弱点。不过，值得商榷的是东德经济的破产究竟是不是造成德国社会统一党政治投降的首要原因。当然，如若没有80年代东德经济的急剧没落，柏林墙也不可能在1989年11月9日被推倒。也就是说，它的最终倒塌既非源于社会大众的强硬压力，也非统治当局的怯懦。事实上，东德政权已经不是第一次处于经济崩溃的边缘，但并没有出现与这一次相应的后果。因此，虽然对于一个建立在物质主义基础上的体制而言，经济解释似乎十分合理，但它却过于肤浅了。德国统一究竟是更重大事件的偶然副产品还是长期政策带来的结果？又或者是第三种情况：即目标实现的必要且充分的前提条件幸运地同时具备了？

重新统一无疑是德国历史的一大幸运事件，没有哪个时代见证者会不赞同这一观点。但是对于德国人而言，它也并非是天上掉下来的馅饼。如若没有特定的内政与外交政策创造的前提条件，德国是无法实现重新统一的。在对外政策方面，东西方政策的有益结合为波恩几届政府先后制定的基本上没有大区别的战略创造了必要的条件。当然无论西方政策还是东方政策的原则都没有将两德统一作为直接目标。东西方政策的目的是为德国重新赢得由于德国世界霸权政策的灾难性后果而长期失去的行动空间。从阿登纳、勃兰特、施密特一直到科尔政府都坚持了西德毫无保留地加入北约组织和欧洲融合进程的意愿。虽然这项政策本身使德国重新统一的目标渐行渐远，但是，从长远来看，它在西方建立了1990年德国问题政策决定的信任基础。德国与西方结盟也同时促使西方主要国家对德国根本利益予以关注，这一点是法国在决定性时刻必须面对的，分而治之是数百年来法国对德政策的信条。1945年以后，巴黎——伦敦也同样——阻止了德国经济统一的所有构想并谋求一个建立在两个德意志国家基础上的欧洲和平。从玛格丽特·撒切尔夫人的回忆录中我们可以看到，直到法国对两德重新统一的官方认可才迫使英国政府放弃其反对的态度。[1]而美国则认为其忠实伙伴德国的实力增长对其只有好处。

阿登纳、基辛格和勃兰特政府在东方政策上创造的前提条件对解决德国问题也同样发挥了重要作用。与中东欧国家及苏联之间关系的正常化越深入，西德放弃用武力修改分裂版图就越令人信服，德国在东欧集团眼中的敌对形象也就愈加淡化，而这一形象是不断出现裂痕的东欧集团的黏合剂。维

---

[1] 玛格丽特·撒切尔：《唐宁街10号，回忆录》（Margret Thatcher, *Downing Street No.10, Die Erinnerungen*, Düsseldorf, 1993）。

利·勃兰特的新东欧政策为东欧反动派提供了强有力的后盾，东欧地区对德国复仇的畏惧也逐渐消失。最终——在赫尔穆特·科尔当政时期——甚至苏联也不再惧怕一个"更强势的德国"。戈尔巴乔夫则能够从一个完成了统一的友好国家获得比一个衰败的东德卫星国更多的物质援助和政治支持。德国的东方政策对冷战的结束作出了巨大贡献，它使苏联可以通过改革的方式来应对其统治区域内部的经济与政治挑战，而非诉诸武力镇压或发动战争。

对内政策方面，联盟党与社民党政治家早就将西德经济政治的"磁石效应"视为德国统一的必要前提。当然，其效应需经历漫长的"迂回道路"才能显现出来。经济繁荣与民主法治使西德成了经济政治领域极具魅力的"磁石"，从长期来看，德国社会统一党的权力机器对此也无能为力。尽管西德的物质富足与政治稳定在一定程度上阻碍了国家统一的雄心，但是毫无疑问，这一战略还是取得了效果。

这些前提条件中的每一项都以自己的方式为德国重新统一创造了一个悲观的环境。然而，孤立地看，它们又都与相关的宪法要求形成了自相矛盾的紧张关系。不论是阿登纳的西方政策还是勃兰特的东方政策，都完全可以被解释为两德重新统一的战略替代，大多数时代见证者也是这样理解的。德国政策的磁石效应亦是如此，至少在西部，成就越大，实现重新统一目标的愿望就越衰微。以上提到的三大战略虽然为重新统一创造了必要的前提条件，但这还不是充分或者强制性的原因。

西德政治直到最后一秒才意识到这些联系。对推进重新统一进程发展理解的关键要从世界政策层面上去寻找。德国分裂是冷战的后果。因此，冷战结束后，两个德意志国家的存在在国际政治均衡体制中也就失去了逻辑支撑。更重要的是随着工业社会结束时现存社会主义世界无法应对新经济挑战，它所输掉的不仅仅是这场冷战，它还失去了其社会的进步前景和对其代表"历史"优越性的信任。东德建立40年后，正是这两个"失去"摧毁了东德现存社会主义统治的合理性及其（1971年以来）建立在前者基础上的社会主义德意志民族国家的模式。在东德人民看来德国问题一直还悬而未决，其民族感情虽然受到压制，但绝没有丧失，因此，国际形势变化对东德统治基础的损害就更为严重。如果谁有机会在80年代到过东德旅游或与当地居民交谈一次，那么他对"我们是一个统一的民族"这句口号就不会感到意外和惊讶。在实现重新统一的道路上，如果说确实有人积极而大胆地追寻这一目标的话，这些人肯定是将80年代后期的世界政局视为其机遇并加以利用的东德人。

起先只是由事件被动地推动，联邦政府在 1989—1990 年的关键时期为逐步实现德国重新统一的目标赢得了更大的政策活动空间。这是抓住和利用国际政治的关键时刻（Kairos）——那些为短时间内创造力使用开辟不可估量机遇的最深刻动荡的瞬间。谁要对重新统一的代价做计算，就必须考虑这个例外情况。这个代价不仅包含 1.6 万亿欧元的净成本和 960 亿欧元的年净转移支付，这些支出是联邦政府为"统一承担的负担"并直至今日仍然在限制其行动能力。此外，政府每年还需为社保提供约 570 亿欧元的净转移支付。①而欧元迅速引入的历史影响更加深远，它是逆德国的国家利益而行的，它不仅夺走了欧洲迄今为止成功的锚货币，还迫使重新统一后的德国永远放弃了其民族国家单一行动的选择。但是与失去的相比，德国从统一中得到的价值更多，尽管这些价值并不一定在经济上体现出来。有一点是不能忘记的，德国分裂的结束也意味着始终存在的战争威胁的终结。这种威胁绝不是虚幻的，而且暗含着德国的毁灭。

第十节　经济奇迹不会重演

几乎没有哪项经济政策重大决议像两德货币、经济与社会联盟那样受到经济政策制定者对历史认知如此强烈的影响，尽管这只是一种受潜意识支配的行为。西德政治家有意无意地仿照他们认为的西德经济奇迹出现的原因为东德开具了同样的"秘方"，目的是希望它们能再次发挥曾经治愈西德经济的神奇功效。这一点在联邦总理与联邦议院里拥有声望的议员的辩论演说文字中都有所记载。1990 年 6 月 21 日，赫尔穆特·科尔在一场演说辩论中提出了"德国人的民族挑战"的口号："回想一下当年我们是如何在一片废墟狼藉中建筑起德意志联邦共和国的，这一次我们势必也能成功。"②社民党议院党团的财政政策发言人因格里德·马特霍伊斯·麦尔（Ingrid Matthäus-Maier）在早前的辩论中也援引了类似的历史事件，她指出："我深信德国马克的引入能为东德'经济奇迹'正式拉开序幕。"③自民党主席奥托·格拉

---

① 发生在 1990—2009 年。见克劳斯·施罗德《柏林墙倒塌后的二十年——福利情况分析》(Klaus Schroeder, *Zwanzig Jahre nach dem Mauerfall-eine Wohlstandsbilanz*, Berlin, 2009)，第 7、87 和 91 页及其后。

② 参见《德国联邦议院谈判速记报告》(Stenographische Berichte)，第 154 卷，第 17142 页。

③ 社民党因格里德·马特霍伊斯·麦尔（Ingrid Matthäus-Maier）于 1990 年 2 月 7 日在第 193 次会议上的演说，第 14857 页。

夫·兰姆斯道夫（Otto Graf Lambsdorff）也在1990年4月27日的演说中称："我们1948年创造的历史奇迹将在1990年的东德再次上演。"①

　　东德照搬西德经济调整进程中积累的经验为西德经济历史学家之间多年来不断升级的争议提供了一次用事实的权威提供答案的机会。是时候以今天的发展视角对下列问题作出重新回答了："二战"后，哪些事件对西德经济的迅速复苏产生了影响？更准确地说，为西德经济重建创造有利条件的究竟是（西）德特殊的秩序政策，即如今仍被奉为德国经济政策特征的"社会市场经济体制"，还是为西德经济的迅速重建创造了良好前提的生产要素极其有利的状况，以及超越第三帝国时期和更远未曾预料的丰富的制度遗产？事实上，五个新联邦州向市场经济道路迈进的过程能为大多数研究学者与其新自由主义反对派间的争论带来新的理论支撑，这些学者从原则上认可开明的国家干预的必要性。对这一问题的回答强调了对资本主义经济与社会体制实施彻底而深刻改革的意义所在。在西德，社会市场经济这一概念是其关键特征，而其他西欧国家则打着"凯恩斯主义革命"和"福利国家"的旗号接受了在内容上不同的发展形式。在西欧各国，"市场经济"与"计划经济"两者间的对立特征已逐渐模糊，两者生存的相互依赖性也越来越强。与此相反，战后西德经济政策道路的主要特点恰恰是用这两个概念将不同的经济战略进行归类。1948年以后，无论是计划经济的国家形式——对资源分配、价格和工资的直接控制或通过中期财政计划等财政政策手段对经济循环进行宏观调控，还或者是其私人经济变种——卡特尔联盟及市场垄断——在德国都成了以往经济失败的代名词。此外，一谈到"计划经济"，人们就将其与不自由等同起来。在西德自由主义人士看来，即便是计划原则上嵌入到市场经济与民主体制——就像在德国的西欧盟国——之中，它仍然携带着不自由的萌芽。

　　虽然社会市场经济的基础非常深远，但是其基本信念却源自传播广泛、长期以来不容置疑的假设，即"社会市场经济"的引入及其在50年代的成功有其历史专有的、与西德战后史相关的特殊原因。毫无疑问，西德经济制度成功的秘诀还来自它从第三帝国时期非自由体制和经济失败中吸取的经验教训，以及十年后东德"现实社会主义"不断的挑战。与苏占区/东德的"社会主义"实验形成鲜明对比，西德改革路径的成就效应——国外经济援

---

① 格拉夫·兰普斯多尔夫（Dr. Graf Lambsdorff）（自民党）于1990年4月27日在第208次会议上的演说，第16412页。

助（马歇尔计划）、货币改革和自由主义经济体制改革——似乎是显而易见的。① 在 50 年代经济增长的有利形势下，社会市场经济体制很快便在西德搭建起牢固的信任根基。德国经济史上还没有哪个时代能像当时的西德那样受到人们如此积极的评价，也没有哪个时代的社会冲突能像当时的西德那样在经济增长形势下得到缓和与调解。当时的时代诊断引起了社会各界的强烈反响。60 年代，这种时代诊断又沉淀为对经济奇迹做出的（现代）历史评判。直到 70 年代，当新一代政治家以更为尖锐的眼光审视西德现实的新旧弱点时，这种对于建立在增长基础上的新社会与其秩序政策可行性的乐观看法才受到了挑战。在这之后的战后经济与社会史研究中，相关学者引入了新的经验事实，它们对其认识兴趣和研究问题都产生了深远的影响。

柏林墙倒塌后，这些研究的结果还没有来得及从经济史学家的书桌上出来，得到传播。1992 年 2 月，波恩的经济学家和政策顾问虽然对在东德"按照一个蓝图引入市场经济体制"有所保留，但还是建议："在转型过程中要以瓦尔特·欧肯为摆脱纳粹计划经济体制所写下的原则为导向，这些原则成功地将联邦德国引上了具有国际竞争力的道路。"② 事实上，早在两年前与企业联合会和工会组织代表对话后，赫尔穆特·科尔就表达了这一观点："现在是重现战后经济繁荣的有利时机。"③

东西两德的重新统一萌芽于 1989 年 11 月，事实上在 1990 年 7 月 1 日两德货币、经济与社会联盟生效后已经实现。也就是说，统一进程离不开对历史经验和"成功秘诀"的借鉴。然而，问题就在于某些秘诀是错误的。特别是根据"西欧的战后经验"，"西德经济学家们一致认为"德国重新统一将带来"第二次经济奇迹"。④ 与联邦德国成立之路如出一辙，各方就经济宪法达成的一致走在了建立国家秩序与统一总体框架的 1990 年 8 月 31 日

---

① 参见温克尔《经济》(Winkel, *Wirtschaft*)。
② 参见霍尔斯特·维尔纳《东欧改革进程中的制度政策》（Horst Werner, Ordnungspolitik im Reformprozeß Osteuropas, in: B7-8/92, 7.2.1992），第 39 页；也可参见卡尔·席勒（Karl Schiller）和赫尔穆特·施雷辛格（Helmut Schlesinger）的相关文章，载彼特·汉普《经济改革与社会市场经济——回顾与展望》（Peter Hampe, *Währungsreform und Soziale Marktwirtschaft. Rückblicke und Ausblicke*, München, 1989）。
③ 《法兰克福汇报》，1990 年 2 月 21 日。
④ 维尔纳·佐尔霍夫：《德德经济联盟的关键问题：为东德创建具有市场竞争力的就业岗位》（Werner Zohlnhöfer, Das Schlüsselproblem der deutsch-deutschen Wirtschaftsunion: Schaffung wettbewerbsfähiger Arbeitsplätze in der DDR, in: *List Forum für Wirtschafts-und Finanzpolitik*, Bd. 16, 1990, Heft 3），第 192 页。

签署的统一条约之前。1948 年 6 月 20 日是西德人心目中的联邦共和国成立纪念日。如今,在大多数东德人民眼中,统一国庆日不是 1990 年 10 月 3 日,而是东西两德实现货币与经济联盟的那一天为其共同迈向新时代的起点。波恩政府和大部分西德媒体——常常以 1948 年的货币与经济改革为背景——通过将马克与社会市场经济体制视为德国人就德国统一问题达成一致的黏合剂加强了这种视角,由此这种一致就超出了表面的、物质的层面。所以,他们以令人叹为观止的坚决性遵循了 1953 年 6 月 17 日路德维希·艾哈德在工人起义失败背景下为完成经济上的重新统一所提出的"政府指导方针"。① 为了平息人们的恐惧,艾哈德讲道:"在实现联合并在之后必要的巨大经济建设努力中,人民的生活水平势必会急剧下降。"② 但他深信,德国的重新统一"将释放经济、政治和人际关系领域的巨大潜力,其强度与力量都是那些计划经济者做梦也想不到的"③。

即使没有经济史研究结果的支持,1948 年的神话也足以对 1990 年德国统一背景下的经济决策产生影响。对 20 世纪德国历史上的货币改革进行过三次神圣化的宣传,分别为 1923—1924 年、1948 年和 1990 年。其中,最后一次有违常理地对依据政治而不是依据经济考虑确定东德马克与西德马克间的兑换比例起到了作用。④ 将东西德马克"流量"——例如工资、报酬和退休金——的兑换比例确定为 1∶1,而将"存量"——例如财产和应付债务——的兑换比例确定为 2∶1 的做法(还包括许多个人的减免金额)给东德经济的国际竞争力带来了沉重负担。1990 年年底,与经济互助委员会成员国开展交易的过渡性规定(转移支付卢布)失效后,东德经济对该地区的出口全面崩盘,就连汇率超过 4∶1 的"西部市场"也完全失灵。与此同时,由于东德在无限制接受西德工资政策以及社会福利法与劳动法有关规定的同时,又未能实现劳动生产率的同步增长,因而造成国内经济成本的显著上升。在这种形势下,东德经济的固定资产也失去了原有价值:1990 年其

---

① 《重新统一的经济问题》(Wirtschaftliche Probleme der Wiedervereinigung, in: Bulletin vom 12. September 1953, abgedruckt in: Ludwig Erhard, Deutsche Wirtschaftspolitik. *Der Weg der sozialen Marktwirtschaft*, Düsseldorf, Wien, Frankfurt/M., 1962),第 225—230 页。
② 同上书,第 225 页。
③ 同上书,第 230 页。
④ 参见总体经济鉴定专家委员会前成员恩斯特·赫尔施戴特的评判,见其《从职能制度政策视角看德国经济政策任务》(Ernst Helmstädter, Aufgaben gesamtdeutscher Wirtschaftspolitik in funktionalordnungspolitischer Sicht, in: *List Forum für Wirtschafts-und Finanzpolitik*, Bd. 16, 1990, Heft 4),第 279 页。

财产估值为 1.6 万亿东德马克,到了 1995 年,根据托管局的结算表,损失高达 2050 亿马克。[1]

货币改革的准备与计划混乱的原因就在于没有先例可循。[2] 根据专家们的观点,两国之间货币兑换率水平的确定大大超出了经济理性允许的范围,由此从很大程度上是导致经济适应性调整进程中问题出现的元凶。货币量一下子增加了 15%,而实际上仅 10% 是合理的,即使是联邦银行都认为"这一增量超过了保持稳定的水平"。[3] 相反,占领国政府强制实施的 1948 年货币改革在当时消灭了近 93.5% 的总货币量,这使得德国战后工业的经济存量出现了明显的低估而非高估现象。在不正确地回顾西德战后史后,联邦总理承诺,货币与经济联盟绝不会让任何人变得更贫穷,而是会让大家的生活更富足。长期看来,这一承诺令人心生疑虑并且对政府政策也产生了深远后果。1948 年经济与货币改革给自由派与保守派政治家留下的历史图景是秩序政策引致了经济繁荣,只有在这种信念的直接引导下人们才可能诚心诚意地做出这样的承诺。[4] "经济史学家们的争论"并未像先前关于希特勒罪行独特性与无可比性的"历史学家争论"那样引起公众的普遍关注。[5] 同时,德国联邦银行前主席赫尔穆特·施莱辛格本身就是"经济史学家争论"中的一名斗士,同其他经济决策者一样,他也陷入自身对现代德国经济史错误评价的窠臼中不能自拔。[6] 不管出于何种原因,人们对这一承诺的信念似乎

---

[1] 汉斯·提特梅尔:《德国马克供应》(Hans Tietmeyer, Das Angebot der D-Mark, in: *IfO-Schnelldienst* 53, 2000, 26—27),第 6 页。

[2] "没有谁对此有印象……"——德德货币联盟,1990 年。提洛·萨扎金与延斯·舍讷的谈话 ("Es war keiner da, dem etwas einfiel…" Die deutsch-deutsche Währungsunion 1990. Thilo Sarrazin im Gespräch mit Jens Schöne, in: *Deutschland Archiv* 43, 2010),第 419—425 页。

[3] 《德国货币、经济与社会联盟》(Ein Jahr deutsche Währungs-, Wirtschafts-und Sozialunion in: *Monatsberichte der Deutschen Bundesbank*, 43. Jg. Nr. 7, Juli 1991),第 19 页。

[4] 参见联邦总理赫尔穆特·科尔(Helmut Kohl)在 1990 年 6 月 21 日联邦议院上的演说(Stenographische Berichte Bd. 154,第 18024 页)。

[5] 最迟到 1988 年夏,这场民主争议最终为广大公众所熟知;可参见沃尔夫冈·扎克《奇迹不可避免——经济史学家迄今仍在争论新的开端》(Wolfgang Zank, Das Wunder ließ sich nicht vermeiden. Die Wirtschaftshistoriker streiten noch heute über den Neubeginn, in: *Die Zeit* Nr. 26 vom 24. Juni 1988)第 25 页及其后。

[6] 参见赫尔穆特·施莱辛格《四十年货币改革》(Helmut Schlesinger, Vierzig Jahre Währungsreform, in: Peter Hampe, *Währungsreform und Soziale Marktwirtschaft, Rückblicke und Ausblicke*, München, 1989),第 15—25 页;或参见德意志联邦银行前任行长奥特玛·艾明格(Otmar Emminger)在 1984 年 11 月 7 日于波恩举行的路德维希·艾哈德基金会研讨会上的讲话(Carl Carstens u. a., *Die Korea-Krise als ordnungspolitische Herausforderung der deutschen Wirtschaftspolitik. Texte und Dokumente*, Stuttgart/New York, 1986)第 13—32 页。

从未改变。只有身为务实主义者的康拉德·阿登纳对重新统一的经济后果进行了现实而客观的评价。1995年，在面对三大西方占领国的外交部部长时，他解释称："……除此之外，德国要实现重新统一，在铁幕之后的德国部分的经济实力是必不可少的。据他所知，那里的农业与工业状况不佳，城区内的许多建筑损毁严重。德国的重新统一的工作无异于开展一场新的'殖民化运动'。由此，联邦德国的经济实力的增加将被推迟数年。当然，阿登纳的目的是打消占领国对德国重新强大的顾忌。这一言论似乎有些危言耸听，但有一点却不得不承认：德国的重新统一非但没有提高，反而削弱了德国的发展潜力。"[1]

一方面，阿登纳的目的并非要给几位外长同人上一堂经济学课，而是只想打消他们对重新统一后德国经济实力和潜力的疑虑。另一方面，与其政治继承人不同，阿登纳从不为艾哈德的自由主义激情所左右。实践证明，他是正确的。两德经济史告诉世人，将市场经济体制的引入视为拯救德国的魔法是错误的。在战后时期，它的极大成功取决于当时极其有利的物质与制度的框架条件。而这既不存在于1990年的东德，也不存在于当时的中东欧地区。当然，货币与经济改革是东德实现经济复苏和繁荣的必要前提。不过，历史经验又告诉我们，它既不是经济繁荣的充足条件，也无法像战后时期那样为今天德国实现类似的快速发展提供保障。在德国统一前夕，许多人认为这些前提条件是存在的。然而，新联邦州和东欧经济发展的现实足以证明他们的观点需要修正。[2]

与1948年的西德不同，90年代的德国东部在西部转移支付的帮助下生

---

[1] 1955年6月17日联邦总理与外交部部长杜尔斯（Dulles）、马克米兰（McMillan）和皮内（Pinay）在纽约的会谈记录（Politisches Archiv des Auswärtigen Amtes, Büro Staatssekretär, Bd. 297, betr.: Diplomatengespräche）。

[2] 依据过去发展情形来分析，这种观点并不缺乏评判性。见海因茨·彼特·斯潘《第一次与第二次德国经济奇迹》（Heinz-Peter Spahn, Das erste und das zweite deutsche Wirtschaftswunder, in: *Wirtschaftsdienst*, 1991/II)，第73—79页；马汀·格尼希《东德前景：是第二次经济奇迹还是工业没落进程?》（Martin Gornig, Perspektive Ostdeutschland: Zweites Wirtschaftswunder oder industrieller Niedergangsprozeß?, in: *Konjunkturpolitik*, 38. Jahrgang, Heft 1, 1992)，第1—14页；从政治角度来看，德意志联邦银行董事会成员汉斯·提特梅尔博士证明了这一评论："可惜这一政策并未降低西德——至少在初始时期——人们对它寄予的过分期望。相反，1948年以后，随着社会形势与经济发展的变化，几乎所有政党还产生了进一步的错误期望。"见1991年5月23日在荷兰奥德瓦森纳尔宫殿（Schloß Oud Wassenaar）"FEM—管理俱乐部"会议上的演讲（Vortrag vor dem FEM-Executive-Club am 23. Mai 1991 in Schloß Oud Wassenaar, Niederlande, abgedruckt in: Deutsche Bundesbank (Hrsg.), *Auszüge aus Presseartikeln*, Nr. 39 v. 28. Mai 1991)，第6页。

活虽然相对来说已较为富足,但其生产力的发展却依然滞后。其中,在社会生产体系的制度领域尤其如此。40年前沦为荒漠的地区不可能在短期内被重新开掘为茂盛的园林。因此,对现存力量实施市场经济松绑的办法自然也无法实现这一目标,这些力量必须重新成长起来。长期来看,与消费领域滚动的车轮一样,东德的工业生产率迟早有一天会达到西德的水平。但如今(2010年),东德的失业率仍是老联邦州的两倍多,居民的可支配收入也才达到西德的77%。1990年以来西德对东德的净转移支付达到1.6万亿欧元,相当于2008年公共财政的总债务额。这一数额未必给人留下特别深刻的印象。① 但是原东德的人均收入增长了近两倍,而西德却仅增长了不到一半。东德的居民可支配收入增长也快于西德:前者翻了一番,而后者仅增长了38%。与其他原东欧集团国家相比较,新联邦州正在经历一次"福利爆炸"。但是就像在旧的民主德国一样,在这里人们只与旧联邦州进行比较。

---

① 约阿辛·拉格尼茨:《1989—2008年东德经济成就的分析总结》(Joachim Ragnitz, Bestandsaufnahme der Wirtschaftlichen Fortschritte im Osten Deutschlands 1989 bis 2008, Dresden, 2009),该文属于德累斯顿ifo研究所的鉴定报告,受新社会市场经济倡议之委托;施罗德:《二十年》(Schroeder, Zwanzig Jahre)。两份鉴定可在经济联合会主页上找到链接:www.einheitsbilanz-deutschland.de。

第十章

两次世界经济危机之间

第一节 小规模经济危机的监控效应

通常而言，全球经济危机的冲击会引发两种改变世界的效应：其一是监控效应（Inspektionseffekt），它能使潜藏的问题显性化，从而加强了人们对必要改变的认识。其二，随之而来的——虽然不一定是必然的——是否定效应（Verwerfungseffekt）：在痛苦的压力下，认识到的错误发展会导致经济与政治局势的巨变。与此相反，如果现存制度抵挡住了危机的挑战，它先前遭受的质疑也将烟消云散。70年代小规模经济危机虽使一个生活在错时状态下的工业社会的问题意识明显增强，但却未能直接带来后工业时代的问题解决方案。

一 1990议程

1982年秋，联合政府两党间的经济政策冲突进入高潮，经济衰退似乎看不到尽头，经济复苏的预测总是落空。1983年，联合执政党团在编制年度财政预算问题上相互掣肘。社民党建议以贷款形式或者通过一个对高收入阶层的"补充税"作为其就业计划的资金来源。而自民党党团则要求通过节约财税预算中的社会福利开支来整肃财政和支持更多的国家投资。在这种形势下，两派政党做出的决议使其在政府内继续合作变得难上加难。在社民党慕尼黑党代会上，大多数代表都对国家投资指导表示支持。[1] 作为回应，经济部长奥托·格拉夫·兰姆斯道夫（自民党）明确与这项政策主张划清

---

[1] 有关该项决议的诱导性后果可参见汉斯·阿佩尔的《下行，1978—1988年政治日记》（Hans Ape, *Der Abstieg*, *Politisches Tagebuch 1978—1988*, Stuttgart, 1990），第208页及其后。

界限:"我们党、我们的联邦议院党团和联邦政府成员决不参与这场投资指导、提高税率和整体债务的持久战。"① 此时的经济政策问题演变成了联合执政是否能够继续的问题。仅仅数周后,即 1982 年 6 月 17 日,自民党做出了联盟政策转向的重大决议。在数个联邦州选举失败后,自民党同意在黑森州与基民盟在选战中结盟。所有迹象都表明,自民党努力在自己被卷入旋涡之前及时抽身离开这艘将要沉没的船。

随着社会矛盾的日益尖锐化,施密特认为必须作出澄清行动。于是,在 9 月初,他要求经济部长以书面形式请辞。与此同时,他请求在 4 月新任命的财政部长曼弗雷德·兰施泰因(Manfred Lahnstein)对当前形势作出评判并提出社民党可能的行动选择。9 月 9 日,兰姆斯道夫公开发表了名为《对克服增长弱势、降低失业率政策的构想》的文章。②其中,他将执政联盟内双方立场不一致的问题公之于众。同时,他还间接逼迫施密特解除他和其他自民党部长的职务,由此扫除了在联邦议院提出建设性不信任案的障碍并导致 10 月 1 日的政府更迭。兰施泰因的备忘录③并没有带来严重后果,或许相关人员根本就没有收到这份文件。不过,与兰姆斯道夫的文章异曲同工,这个文件记录了当时对德国经济问题的洞见,而这些洞见在 20 年后又引发了一系列后果,这份文件中的一些认识至今都没有过时。

兰施泰因预料到经济部长的文章是自民党最迟在将要召开的党代会上上演为联邦层面"新多数"必要性辩护的前奏。然而,事实上,社民党别无选择,只能"坚守立场并准备做好议会中反对党的工作,全面接受挑战并对经济问题作出令人信服的解答"。首先,施密特政府财政部长的"1990 议程"的开篇振聋发聩。他指出"很难对自民党更换联合政府伙伴的核心论点予以反驳":"联邦经济部长提出要更加重视竞争的经济原则,给予物品的经济定价和分配(也包括劳动力定价)更多灵活性,为企业行为和投资建立激励机制并减少社会福利开支是完全正确的。"其次他认为,事实证明,"工资与工资附加成本扼杀了边际企业的就业岗位并将继续威胁到它

----

① 《兰姆斯道夫将经济政策提升为联盟问题》("Lambsdorff erhebt die Wirtschaftspolitik zur Koalitionsfrage", *FAZ* Nr. 96 vom 26. April 1982),第 1 页。
② 1982 年 9 月 9 日《波恩紧急公函》("Bonner Depesche")特版,刊登名为《转折计划》("Bonner Depesche", in: Otto Graf Lambsdorff, *Frische Luft für Bonn, Eine liberale Politik mit mehr Marktwirtschaft als Staat*, 2. Aufl., Stuttgart, 1987)第 64—89 页。
③ 《纪念文章》(*Denkschrift*),第 26 页,未注明具体日期(1982 年 9 月 1 日至 9 日之间),AdsD,DM 032。参与兰施泰因(Lahnstein)纪念文章编制的还有其前任马特霍夫(Matthöfer)的两位同事——尤根·威非麦尔(Jürgen Wefelmeier)和提洛·萨拉辛(Thilo Sarrazin)。

们。"因此，提高工时弹性和工资灵活性实属必要之举。另外，"社会福利支出的不断增长、收入差距的缩小……将给经济活动带来更多的负担"。最后，他认为"兰姆斯道夫不接受他认为是错误的'补充税'并认识到这是联合政府伙伴在经济思维方面难以逾越的鸿沟"，而在这一点上兰姆斯道夫是正确的。

兰施泰因为其行动议程列出了一份在经济政策方面需应对的问题清单。这些问题一方面来自在经济和财政政策框架条件中重新纳入全球化的因素，另一方面来自60年代所谓的"掌控了宏观经济规律"结束后在重新定位进程中遇到的适应性调整困境。① 在他看来，第一范畴的问题不仅"源于极端的成本差距和第三世界较高的劳动力储备"，同时，日本、韩国、中国台湾和其他东南亚新兴国家和地区目标明确的技术应用战略也是问题产生的重要根源，给德国经济带来的严重后果是造船业、消费品工业、纺织业、电子工业、建筑业和其他基础原料工业逐渐走向衰败和没落，甚至连德国出口工业的堡垒——机械与设备制造业也面临着破产威胁。与此同时，兰施泰因还将制度转型的必要性——即运用新的思维与行动方式——归为第二大问题范畴，其目的在于防止德国错失与非物质生产最新发展路线接轨的良机。此外，第二大问题范畴还包括逐渐异化为福利国家的社会国家、不良的人口发展态势以及沉重的"退休金大山"。

兰施泰因从上述洞见中得出的结论不仅反映了经济上一切皆有可能幻梦的终结，同时，他还证明了自全球化回归以来经济政策面临的新现实：②"无论在国内还是在外国都不存在什么一定能确保充分就业、国家福利和社会稳定的'良方'。"无论这一评价是否正确，它并不适合用来认真详细地分析德国经济的优缺点，因此新财政部长为未来德国经济政策得出的结论也十分保守，在这里德国政治精英们表达了他们为了迎合全球标准资本主义减少管制态势而放弃自有制度框架条件的意愿。而直至金融危机爆发，历届联邦政府也都是这样做的。在这种形势下，新任财政部长不排除这种可能性，即"经济部长（兰姆斯道夫）追求的很多目标至少增加了德国经济发展能够运行良好的机遇"。对于他而言，起到关键作用的并非"智力上的认识，而是在多元化社会中实现目标的能力"。不过，在兰施泰因看来，这并不首先由政治来掌控："一个政府无法彻底改变一个社会。"兰施泰因还认为，

---

① 《纪念文章》（*Denkschrift*），第8页。
② 同上书，第10页及其以下。

经济部长提出改变框架条件的建议"仅有希望价值",这是兰姆斯道夫构想的缺陷所在,"它缺乏对新的经济增长力量如何启动的实质性结论"。兰施泰因还对全球同步实施的"供给路线"表示担忧,这可能引发需求与增长的期望逐步下滑。此外,他还认为兰姆斯道夫计划并没有在青年失业问题上给出令人信服的答案。尽管他对经济部长提出的许多问题都持保留意见,但是在一点上他表示认可:利用财政赤字来承担部分尚不合理的社会福利要求以及没有效率的国家活动不是重建充分就业的适当工具,因此,有必要对其进行"中期内的修正"。

兰施泰因根据上述分析制定的议程涵盖了以往成功的战略。此外,还做了体制修正的建议,修改体制的紧迫性虽然从未成为党内公开探讨的议题,但"自民党领导层的大部分成员"对此还是有所意识的。他认为,需要确定一个既不同于自民党,也不同于社民党代表大会、议会党团以及工会组织的独立政府立场。它必须在两个方面具有鲜明的特色:一方面,在对社会保障系统进行必要改革时要更加明确地强调公平标准。联合政府不应只以满足单方面的利益为己任,例如住宅所有者的利益或电力、核能与天然气业界的经济利益。它必须以推动经济优质增长、实现生态平衡为目标并制定一个解决青年人失业问题的方案。另一方面,至关重要的是通过反对税费的进一步上涨并更多地"强调经济规律",因此议程要与"左"倾思想划清界限。议程列出了可能采取步骤的一个长单。显然,无论在与自民党组成的联合政府内,还是与工会组织或者是与社民党议会党团的社会政策专家就这些步骤作为整体达成"社会一致"是行不通的。具体而言,兰施泰因的1990议程包括以下十点内容:①

(1) 政策必须要具有较鲜明的国际特点。联邦德国对世界贸易的依附性非常高,在政府政策方面,联盟党没有为国际形势发展带来的威胁提供更好的替代选择。

(2) 工资成本与工资附加成本必须得到控制。从理论上来说,对中期实际工资的停滞予以容忍并将上升的投资活动中获得的资本积累分配给雇员的想法是正确的。边际企业过高的工资成本及其附加成本摧毁了一个又一个就业岗位(和培训岗位)。对此的"基本认知"被当作所有就业政策战略的要素,不过人们对其实现的可行性表示怀疑:"显然,各方所缺乏的是实施这一战略的意愿和克服巨大困难的决心。"

---

① 《纪念文章》(*Denkschrift*),第14页及其后。

(3) 为了"最终"有效遏制社会福利缴费的不断加大（!），对社保体系进行修整成为必要之举。在失业保险领域，"失业保险金在最终净收入额中的占比是否过高（达68%）并不重要（虽然使其更多地顾及需求满足的差异完全是可以设想的）。问题的关键是劳动局已无法有效区分究竟哪些是不可避免的失业，哪些是由于缺少自助意识而产生的失业"。因此，失业保险金必须根据社会需求情况的不同而实行差别化。此外，政府还应对贷款种类、如何提高劳动局服务的效率以及如何为无效率的工作合理性规定（Zumutbarkeitsanordnung）注入活力等问题进行思考。

(4) 在医疗卫生事业领域，政府也应"强化自我责任意识"。医生不能随意开具病假单。医生、药房、医院、疗养机构和医药服务工作者不得再以销售额或利润最大化为行事原则。所有医疗卫生服务提供机构都必须承担竞争和成本压力，需要引入个人承担部分费用的原则。

(5) 人们普遍对国家债务的无节制增长表示担忧。政府必须用令人信服的中期"整肃战略"予以应对。只有在这个框架内才能成功地将"正面"刺激——即额外支出——纳入考虑的范畴之中。

(6) 联邦银行获得的利润必须更多地用于为其他措施提供资金，以减少举债。

(7) 为使消费能力转化为对风险资本的投资意愿，政府必须考虑对公共财产实施转让。

(8) 复兴信贷银行（KFW）应为中小型企业的创新活动建立相应的利息补贴项目。

(9) 为推动青年失业问题的解决，培训企业如能在不损害培训目标情况下提供事实根据或能增加培训岗位，政府应准许此类企业享受偏离现行标准的例外规定（徒工报酬、培训制度和集中授课）。

(10) 促进信息技术产业的发展。

鉴于当时联邦议会（Bundesrat）的多数关系，该议程的实施必须以各大政党达成一致意见为前提。因此，就不可避免地要打破禁忌，对现行国家福利法规采取深度干预，而这又只有利用1948年以来在解决社会福利政策问题方面事实上的大政党联合才能实现。对以上事实，议程制定者完全清楚。此外，政府还需将打破禁忌与缩减福利开支两大目标捆绑成具有妥协能力的一揽子计划，以服务于就业政策和解决青年失业并重新规划"在经济形势低迷情况下确保社会公平"的要求。

除了市场经济政策、中期预算整肃和强化公共与私人投资以外，兰姆斯道夫自由主义目标清单的核心议题还包括社会保障体系偿付能力和提高独立应对风险的能力等问题。兰施泰因的"1990议程"虽在一些细节上有所不同，但与该清单在原则性立场方面基本一致。兰姆斯道夫计划的初衷并非使其成为联盟党/自民党联合政府需承担的责任。兰姆斯道夫深知："即便是我自己所属的政党可能也无法贯彻所有这些要求"，更别提新的联合执政伙伴了。[①] 不过，两份文件都体现了一个学习过程的进度：在1982年转变之秋提出的1990议程只需做少许改动即可成为施罗德政府2010议程的依据。80年代初在思想上已达到这一水平，此后几乎没有任何进步。在中间的20年时间里为冲破改革的阻力几乎什么也没有做。

二　经济与生态

石油危机爆发前不久，联邦政府于1973年10月通过了第一个能源计划。在很久以前，德国政府对该项计划的构思已完毕，但是德国政府一方面无法对整个危机的范围和程度做出预判。另一方面，当时的经济政策中还几乎完全没有对生态转型方面的考虑，正是这次危机才使其提上了政策的议事日程。为了减少对原油的依赖，政府决定将进一步推动硬煤采矿业发展，拓展褐煤、天然气和核能发展，促进节能措施的推广以及深化能源研究定为能源政策的首要目标。其中，最为核心的是原煤的加工升级。一年后，政府又对能源计划进行了扩展，推动核能发展的目标变得更为突出。受石油危机所迫而做出的决策在小世界经济危机结束后——甚至直到今天——都为德国政策取向制造了许多不确定性。70年代的第三个工业政策项目——促进信息技术发展——在石油危机监控效应的影响下获得了新的助推力。显然，随着福特主义生产体系的每况愈下，电子零部件工业日益从与福特生产体系的紧密联系中脱离出来，逐步发展成为一个核心的技术领域。通过在数据处理、微电子、新闻通信技术和信息处理等领域的革命性变革，它似乎决定着整体经济未来的基础设施框架。此外，由于自身相对较低的资源消耗，电子工业也变得越来越具有市场吸引力。在不增加环境负担的前提下增长导向的行业——例如半导体工业——因此获得了未来产业的声誉，这一发展给德国经济带来了新的增长机遇。能耗低，几乎对环境没有损害，并以创新产品著称的德国机械制造或电子技术等传统出口行业能够因此保持其市场竞争力。

[①] 奥托·格拉夫·兰姆斯道夫：《转折与任务》（Otto Graf Lambsdorff, Die Wende und was bleibt zu tun, in: ders., *Frische Luft*）第90页。

但石油危机还是暂时重燃了德国人利用其煤炭资源的希望：不断上涨的油价能够再次为德国的燃料合成技术提供"用武之地"，也为原煤及其能源载体开辟了一个庞大的新市场。一直到50年代，鲁尔河畔的合成工厂还在用原煤生产燃料。自从20世纪20年代，法本集团就希望利用合成燃料及其相关技术设备来应对原油储量急剧萎缩所带来的挑战。而合成工厂引领的技术路径与这一目标期望完全吻合。但这一期望在30年代没有能够兑现，新的、似乎永不枯竭的原油不断涌入市场，而世界经济危机又使油价跌至先前未曾预料的低点。50年代末，阿登纳/艾哈德政府渡过了苏伊士危机并对德国的能源供应领域实施了一场"现代化"改造并开始逐步放开原油市场。此后，从煤炭中提炼合成燃料就完全停止了。① 从1957年——原煤危机爆发前的最后一个"正常年"——到1973—1974年（石油危机爆发的第一年），原煤在一次能耗中的占比由90%降至30%，而原油比重则从5%上升至55%。石油危机之后，在能源供应问题上的一致性又重新遇到挑战。虽然原煤作为初次能源来源不具备竞争力，但自愿放弃至少在本国具有广泛可获得性的能源似乎太过冒险。谈及德国的化工业，人们势必会回想起过去燃料合成技术的辉煌时期。如今，它也向德国提出了一个令人深思的问题：德国究竟能在多大程度上吸收和借鉴过往时期的工艺技术？② 人们很快认识到，这只不过是对一种属于过去的技术年代"凭吊"。对投资回报率的计算表明，只有能够使用极其廉价的"核电"，煤的氢化技术才具有经济性。这就意味着需要推动以铀为原料的"核反应堆"的发展，鉴于许多尚未解决的安全问题，这类被寄予了高期望值的设想遭到了许多业内专家的质疑。但也有不少知名人士公开指出，目前某些采矿工厂煤液化技术的成本甚至还低于原油开采成本。例如，（美国）怀俄明州大型矿区就能"利用德国的液化工艺"将开采的硬煤轻松转化为甲醇和液化气。③ 这样的预测在德国受到普遍关注和重视，因为它为各国摆脱对石油输出国组织的依赖提供了出路并为德国工艺技术开辟了广阔的市场前景。

---

① 阿贝尔斯豪塞：《鲁尔采煤业》（Abelshauser, *Ruhrkohlenbergbau*），第三章。
② 阿贝尔斯豪塞：《巴斯夫公司》（Abelshauser, *BASF*），第456页。
③ 曼彻斯特技术研究所教授及罗马俱乐部成员卡罗尔·威尔森（Carroll L. Wilson）在1974年由《时代周报》举办的圆桌讨论会上指出："这个必须做。"参加会议的包括财政部长赫尔穆特·施密特（Helmut Schmidt）、卡尔·弗里德里希·冯·魏茨泽克（Carl Friedrich von Weizsäcker）、拉夫·达仁道夫（Ralf Dahrendorf）和其他技术与经济界专业人士。拉夫·达仁道夫：《能源危机——时代插曲还是时代结曲？》（Ralf Dahrendorf, *Die Energiekrise. Episode oder Ende einer Ära?* Hamburg, 1974），第8页。

通过提高能源利用率来解决环境问题的建议则似乎不太受欢迎，其实施也显得更加艰难，原因是显而易见的。联邦德国一半以上的一次能耗都未被利用，40%的总能源需求都用于房屋供暖。因此，改善能效与提升节能潜力的问题被提上了议事日程。不过，联邦政府却拒绝以节能为由降低其经济增长目标。这些目标与新的环境政策雄伟蓝图联系在一起，这致使联邦总理提出警告称："过于强调环境保护政策就有可能对就业岗位造成威胁。"① 但是由罗马俱乐部发起的关于"增长的极限"的大探讨中，强调了以实现节约资源保护环境的"零增长"目标②，越来越多的重视环境的人士（尤其在社民党内部）受到了罗马俱乐部的影响。而联邦总理的观点正好与他们大相径庭。在他看来，更有益的是思考能源短缺会给未来经济增长结构带来何种影响。与其研究部长马特霍夫的观点类似，他认为，经济增长的动态发展和与此相关的不断深化的非物质生产是摆脱危机的一条更好的出路，而不是一个需要通过一场有目的、有意识引致的经济停滞来回应的危机原因。从某种程度上说，他走在了时代的前面。无论是从经济角度还是从生态角度考虑，施密特都认为硬煤开采与核能是不可替代的。他将另一种类型的环境政策论据引入了讨论，而这一论据直到30年后才真正得到普遍认可。他指出，"地球大气中二氧化碳含量很可能将持续增长……然而目前却没有谁能正确预测它所带来的风险"③。这并不是一个仅仅为了短期的政治策略而采用的论据。与此同时，施密特也敦促勃兰特在"南北委员会"（Nord-Süd-Kommission）报告中（《勃兰特报告》）研究和分析二氧化碳排放问题，并且还提出了"不知到2000年，原煤与原油究竟还能否继续燃烧"的问题。④

联邦政府对私人家庭的能源浪费现象做出了另一番评判。马特霍夫展开了一项调查，旨在研究通过引入远程供热网是否能实现显著的油耗节省。理论上，这是一个颇具前景的设想和构思。通过将50%的家庭用户和20%的工业设备接入远程供热网，每年能节约近8亿吨硬煤单位的燃料，而这是当

---

① 联邦总理赫尔穆特·施密特在1975年9月23日社民党党团会议上的讲话（AdsD, DM113）。

② 丹尼斯·米多斯：《增长的极限》（Dennis Meadows, *Die Grenzen des Wachstums. Bericht des Club of Rome zur Lage der Menschheit*, Stuttgart, 1972）。

③ 社民党理事会编：《能源、就业、生活质量》（Vorstand der SPD, Hg., "Energie, Beschäftigung, Lebensqualität", Fachtagung in Köln, 28. u. 29. April 1977, Dokumente, Bonn, 1977）。

④ 1979年9月25日，联邦总理与威利·布兰特在联邦总理府就"国际发展问题独立委员会"（Independent Commission on International Development Issues）报告举行会谈的会议记录，波恩，1979年9月27日（AdsD, DM034）。

时初次能源利用总量的 1/4。不过，在马特霍夫看来，这一举措应当发挥更大的效应①："我们可以为人口在 40000 人以上的联邦德国城市提供远程供热服务。也就是说，以今天的原油价格计算，我们可节省 170 亿—200 亿马克的资金。同时，它还能带来令人欣喜的环境效应。我们不愿再看到河流继续升温，小气候再遭到冷却塔的破坏，不再有许多独立的燃油场所向空气中排放有害物质。"这不仅关系到能源的合理利用，还关系到本国原煤在热力电厂的补充使用以及在应用领域使用相对供应安全的核能，而它在很大程度上又取决于矿物油的供应情况。无论是原煤技术的改善还是远程供热网的铺设都需要大量的资金投入，这带来的后果是：石油危机爆发后，非核能源的研究支出在联邦研发总支出中所占的比重提高了两倍，从原来的 10% 上升至 30%。② 尽管如此，远程供热项目却由于对其实施负责的联邦州的反对以失败而告终。

太阳能住宅供热设备的促进是在能源领域保护环境的又一具体举措。早在 1975 年年初，研究部在亚琛附近开展的一次大规模实验就向世人展示了太阳能为住宅供热的可行性。实验在菲利普研究实验室的一间样板房中进行，其太阳能收集面积为 $20m^2$，年均功率达 14000 千瓦小时。该实验是针对建筑师、建筑工程师和供暖设备建造师的示范项目。另一个更引人注目的项目是上贝尔格维尔的太阳能供暖的露天泳池，③ 其太阳能收集面积达 $1500m^2$，是欧洲最大的低温供热太阳能设备。与其他同类设备相比，它仅需要补充非常少的二次能源。

七八十年代，可再生能源的扩大——其中当然也包括风能——并非能源政策争议的焦点，而是对核能民用所产生的风险与机遇的争议，70 年代的能源政策转折标志着争议的开始。时至今日，这一争论仍在继续，当时的核能研究主要是服务于维护联邦德国武装力量核武器化的选择可能性。1958 年，与法国结成核武器伙伴国的倡议以失败告终。此后，联邦国防部与美国在核武器领域开展了广泛而密切的军事合作。虽然，它为德国国防部提供了获得核弹头及其装载系统的机会，然而，德国自行生产核武器的计划却被一

---

① 德国电视二台（ZDF）频道 1975 年 4 月 23 日"总结"（"Bilanz"）栏目的采访。《周四日记》（Diensttagebuch），1975 年 4 月 23 日（AdsD, DM0404）。

② 联邦议员阿尔伯特·普罗普斯特博士（Dr. Albert Probst）：1983 年 11 月 30 日给马特霍夫的去信（AdsD, DM 013）。

③ 联邦科技部通告 1（1975 年），第 2 页。80 年代中期，油价下跌后，太阳能及其他可再生能源扩张趋势急剧萎缩。

再搁置。① 60 年代中期，国际舆论界就订立《禁止核武器条约》的问题展开了讨论。1969 年 11 月，社民党—自民党联邦政府签署了该项《条约》并决议最终放弃对核武器的制造。事实上，此时的联邦德国已跻身核武器门槛国家的行列并准备在卡尔斯鲁厄核能研究中心建立一座核燃料重新启动设备（WAK），以填补供选择的德国核弹生产循环链中尚存在的漏洞。随着德国政府于 1973 年签署了《全面禁止核武器条约》，德国最终关闭了自身成为核武器国家的大门。前身为核能部的联邦研究部从此可以完全专注于核能的和平利用。

奇怪的是，直到这时才出现了对核能经济利用的公开抗议，但是在"反对核讹诈"等狭义的 60 年代政治抗议运动失去了目标之后，社会公众又将抗议的矛头指向了核能经济对环境的影响。70 年代，德国社会在对和平利用核能问题的态度和看法上分裂为两大敌对阵营，而且制造出几乎无法调和的政治斗争矛盾。这种阵营并没有按照政党和传统的价值观和世界观来划分，它制造了一种新类型的阵营：要么对其利用全盘赞成，要么全盘反对。1974—1975 年以来，西德有关环保主题的抗议行动空前增多，其次数之多、规模之大是国际社会其他国家所无法比拟的。将近 3/4 的环保抗议都把枪口对准了核能经济，而且核安全问题越来越为人们所关注和重视。虽然当时仅有 2.4% 和 12.8% 的"核能抗议行动"或采取武力方式或采取对抗方式，但是这种行动方式越来越在公众中被认同为抗议的形象。② 在此期间，环保抗议者反对在乌尔/凯撒施杜尔（1975 年）建造核电厂，还以人民战争形式的抗议行动反对在下易北河（1976 年）与维瑟尔河（1977 年）建造核电厂。同时，他们还极力反对在下莱茵河（1977 年）设立快速核反应堆并通过长期抗议反对在戈尔雷本（1977 年）建立核废料最终堆积处，从而掀起了抗议活动的第一次高潮。

抗议行动并非没有成效。出于对其"绿翼"分裂倾向的恐惧，社民党于 1977 年年初降低了其核能计划过高的目标，安抚了党内第一次暴露出的极大不满情绪。这种不满不仅推动了 1980 年绿党的成立，也在先前威胁到

---

① 维尔纳·阿贝尔斯豪塞：《力量的负担：从军事角度论 20 世纪 50 年代期间的国际金融关系》（W. Abelshauser, The Burden of Power: Military Aspects of International Financial Relations during the Long 1950s, in: International Financial History in the Twentieth Century, System and Anarchy, hrsg. v. M. Flandreau, C. -L. Holtfrerich u. H. James, Cambridge, 2003），第 197—212 页。

② 参见柏林科学中心迪特·路赫特（Dieter Rucht）2006 年 11 月 28 日在比勒菲尔德大学"经济史与环境史工厂"展示会上的答复。

了政府与党团的行动能力。为了保持政治上的稳定,不得不做出妥协,社民党主张首先对核能的能源政策意义进行弱化,先是主张"谨慎的扩建",然后引导人们进入"短暂思考期",最后再实现一个多年的停建。此后,虽然仍有 15 座核电厂在网运营,但其中 4 座为研究反应堆,其生产能力不强。另有 11 处核反应堆处于在建和计划建设状态。与此同时,法院叫停了乌尔与布洛克道夫核电厂的修建,另有两大机组(下艾赫巴赫与格伦德勒明革,Niederaichbach und Grundremmingen)也已关停。林根核电厂(Das AKW Lingen)则于 1979 年被政府关停。

为了确保安全的能源供应,联邦政府希望实现对各类"可行"能源的均衡利用。因此,合理而谨慎地扩建核能电厂是其中必不可少的一环。尽管在可再生能源领域取得了不小的进步,远程供热构想经过"艰难,但不懈的努力"也得以实现,但在联邦政府看来,放弃对核能的合理使用,德国能源供应的空缺将有可能无法得到填补。[①] 可以说,在面对核能利用问题上的迷惘和彷徨预示着德国早已进入了"思考期",而此举的目的则是为修正现有政策以及开拓未来新的发展方向争取时间。重要的是不关闭利用核能的大门,而与此同时创造退出核能的可能性。

在上述背景下,70 年代末再次出现客观地处理核能经济问题的契机。无论在政府还是反对党内部都在和平利用核能问题上持有不同的观点和看法,互不相让,而 1979 年由联邦议院各党派人员组建的"未来核能政策"议会调查委员会则为相对公开地探讨该问题提供了机遇。由此出现了跨党派的解决问题建议,这对各方而言都是一种解脱。在谈判过程中,委员会考虑到未来核能经济利用的关键问题并不在于采用多少精确的方法对风险进行计算,而在于某种状态的不确定性,它迫使对问题在质上的把握成为必然。[②] 经济界与社会界为解决能源政策问题提供了各种意见参数,而对这类参数的估量虽然还是限制在熟悉的领域内,即将这些参数作为已知的政治立场为构建前景和想象的发展路径所使用,但前景与发展路径的思考方式正是调查委员会工作中的一种创新。它不仅为各方寻求妥协开辟了道路,也为各种科学观点的交流与碰撞提供了可能。以负责人莱茵哈尔特·宇博霍尔斯特(Re-

---

[①] "放慢核能扩建的速度"(Ausbau der Kernenergie mit gedrosseltem Tempo, *Handelsblatt* vom 03. März 1977)。

[②] 科内利亚·阿腾堡:《核能与政策咨询——争议的测量》(Cornelia Altenburg, *Kernenergie und Politikberatung. Die Vermessung einer Kontroverse*, Wiesbaden, 2010)。

inhard Ueberhorst)（社民党）命名的委员会的调查结果实际上是一个成功的科学咨询过程，在现有的政治框架条件下，它展示了令人惊讶的开放性和妥协意愿。虽然该委员会最终并未能达成简单的一致意见，在调查咨询接近尾声时，部分反对派阵营习惯性的疏远策略使委员会使用的超出互不让步的政治立场、超出党派之争的综合方法的成功更为明显。委员会给出的未来核能四种详细展示出来和精确计算的发展路径并未给相互攻击和先入为主的意见争吵留下多少空间。相反，它还开拓了人们对可能的活动空间与行动战略的视野。虽然委员会内部对这些行动战略颇有微词，但是仍然承认不同的前景与发展道路的合理性。委员会最终同意了四条能源发展路径：两条需要核能，两条不需要核能。其根据是人们对未来经济增长、能源节约潜力以及经济转型的不同期望值，这就为联邦德国并非一定要依赖核能提供了证明。[①] 在最高的增长预期（3.3%）以及与低能源节约成果相组合的情景下，2000年需要77座核电厂，到2030年的需求甚至达到165座。在另一种极端情况下，即经济增长率（2%）与激烈的经济结构转型以及特别巨大的能源节约联系在一起，则根本不再需要利用核能。[②] 根据上述分析，调查委员会认为无法就支持或反对核能长期使用作出表态。主张两者并举并"迅速采取行动"：为节能实施能源政策措施与资助核能技术进步同步进行。[③] 由此在近十年内就有了一个表面上的妥协：一方面不阻止核能经济有节制的扩建，另一方面它又为德国经济在必要情况下摆脱核能提供了可能性。从这个意义上讲，施罗德/菲舍政府与四大能源供应企业（意昂集团、巴登—符腾堡能源集团、莱茵威斯特法伦能源集团和瓦滕法尔集团）之间最终于2000年6月就核能问题达成了一致意见并制定了相关目标，明确现有核电厂的运行期限并确保其"无障碍"运营以及废物得到安全处理。[④] 达成协议的时间节点对于双方而言都极为有利。自1986年发生的切尔诺贝利核电站灾难以来，德

[①] 德国联邦议院：《未来的核能政策》（Deutscher Bundestag, Zukünftige Kernenergie-Politik, Bd. 1)，第97—110页。

[②] 2010年还有47座核电站在运行，其中10座早在20世纪80年代就已并入电网系统。

[③] "未来核能政策"调查委员会的中期报告与建议（Zwischenbericht und Empfehlungen der Enquete-Kommission "Zukünftige Kernenergie-Politik", Deutscher Bundestag, Drucksache 9/2001 vom 27. 9. 1982)。

[④] 联邦政府与能源供应企业于2000年6月14日达成的协议。www.bmu.de/files/pdfs/allgemein/application/pdf/atomkonsens.pdf. 2002年，《原子能法》的修订版对取消核能使用作出了明确规定。《有序停止利用核能发电法》则规定了核电站的常规运行期限为32年。参见《联邦法律公报》（*BGBl* I, 26. April 2002, S. 1351—59)。

国就未再提出新建核电站的申请。1989年，内卡维斯特海姆核电站（AKW Neckarwestheim）2号机组成为最后一个入网的机组（建造申请的批准在1986年以前）。根据协议，1976年以来建造的新机组中的第一批——内卡维斯特海姆1号核电厂——在2009年关停。彻底取消核能的使用将在2021年完成。2005年，较旧的奥布里希海姆核电站（AKW Obrigheim）的关停是核能一致意见达成的直接结果，而史塔德核电厂（Kernkraftwerk Stade）2003年的关闭则是出于经济原因的考虑。与此相反，身为运营商的莱茵威斯特法伦电力股份公司将1974年和1976年建造的由于安全问题备受争议的比布里斯A、B反应堆运行期限延长至2009—2010年。这两大反应堆最终也享受到了2010年由联盟党—自民党政府批准的期限延长规定并有可能将在网运行至2020年。事实上，各方就核问题达成一致意见后，真正实现关停的核电产量不到总量的5%。如果2010年9月联邦政府与四大能源供应巨头达成的新协议在政治上能够站得住脚的话，那么2000年的"核能一致意见"其实已经失效。[①] 新协议对现有核电站的剩余运行期限平均延长了12年，到那时大多数核电站早已达到其经济效益允许的期限，有的甚至超过了这个期限。

70年代末，联邦政府首次尝试制定一套内容涵盖经济和生态目标的统一方案。1979年以来，在财政部的领导下，出现了一个将整顿财政预算的目标与应对对外经济、劳动力市场和生态经济管理等领域的挑战有机结合起来的战略。当时，赫尔穆特·施密特要求财政部长马特霍夫对德国的政治局势进行详尽而彻底的分析。[②] 在给赫尔穆特·施密特的一封回信中，他首次概述了自己的构想。其中，运用矿物油税——即以后的"生态税"——作为结构政策的工具是关键。在信中，马特霍夫特别强调"要将青年人的兴趣、理解和参与热情利导到未来问题以及我们自身相关目标上的必要性"。实际上，他指的是"增长的极限"、维护并确保世界和平以及与之相关的"南北议题"的整个复杂关联。他呼吁青年人"对国家政策的生态层面再一次进行反思"。他既不想将越来越严重的能源短缺片面地看作一种"消极的未来威胁"，也不想将能源节约理解为"某种形式的为了挽救人类基本生存可能性的理性行为"，他从这两个挑战中看到的是"一种激励人们追求更符合

[①] www.cvd.bundesregierung.de。
[②] 施密特给马特霍夫的一封去信（私人—秘密），波恩，1979年10月5日；马特霍夫给施密特的一封去信，波恩，1979年11月16日（AdsD, DM 127）。

生态观念同时又顺应人性的生活方式的健康推动力"。他认为,生态目标的价值提升为德国走出财政与结构政策双重危机并最终解决刚刚开始的大规模失业问题开辟了道路。虽然,马特霍夫的职权并不在这些方面,但他还是开始思考如何通过减少进口燃料来减轻德国国际收支和环境负担。1982年年初,他将这些思考最终汇编成一个计划草案。在这个计划中,他实际上已经提出了直到1999年才实施的"生态税",他还建议将该税收收入用来同时满足财政、国民经济和生态等不同的目标。此后,他将由此产生的备忘录命名为"实现充分就业目标的勇气"(Mut zur Vollbeschäftigung)。[1] 其内容表面上是要求对燃料与矿物油(以及天然气)征收7芬尼/升的生态税,以满足——就像以后的生态税一样——节能和生态结构政策的要求并最终为德国创造更多的就业岗位。事实上,早在1980年12月,联邦政府就通过了征收汽油(7芬尼)和柴油(3芬尼)矿物油税的决议。该规定于1981年4月1日正式生效。倘若现在又重新松开直接关系到每个人"物品"价格的"税收螺栓",大多数德国人对此将难以理解。

为提高其构想的吸引力,马特霍夫将这一构想与小世界经济危机提出的核心问题挂钩:"如何以及用哪种政策和法律调控结构才能在不引发经济危机的前提下实现从扩张型经济增长到经济生态协调发展的平稳过渡?"这个问题并不是什么新鲜话题,60年代,它已经越来越成为研究的重点。[2] 问题在于如何将其变为政治现实。撰写备忘录就是为这一目标服务的。它包括通过投资推动结构转变进而消除联邦德国的失业问题,提高德国经济的绩效与竞争力,节约进口能源,更有效地保护环境。备忘录建议,这些措施应该相互协调、相互加强并且要在中长期发挥作用。另外,备忘录还建议,为"上述措施提供与景气周期相符的资金支持"[3]。其中,对可再生能源的大规模投资发挥着举足轻重的作用。因此,"上述建议的实现是向经济与生态问

---

[1] 《实现充分就业目标的勇气》(Mut zur Vollbeschäftigung,纪念文章,第2稿,1982年1月25日)。1982年3月3日在第73页基础上新增的版本很可能是其最后一版,成熟版本(见 AdsD, DM 023);1999年3月24日通过的《生态税改革法》则离上述目标还相距甚远,参见联邦议院公报(BGBl. I),第378页。

[2] 汉斯·克里斯托弗·宾斯万格、维尔纳·盖斯贝尔格、迪奥·金斯布尔科:《走出福利陷阱之路——NAWU报告:应对失业问题与环境危机战略》(Hans Christoph Binswanger, Werner Geissberger, Theo Ginsburg, *Wege aus der Wohlstandsfalle-der NAWU-Report: Strategien gegen Arbeitslosigkeit und Umweltkrise*, Frankfurt a. M., Juli 1980)。

[3] 马特霍夫:《实现充分就业目标的勇气》(Matthöfer, Mut zur Vollbeschäftigung, 3. *März*, 1982),第1页。

不过，备忘录将收入重新分配与进口原油支出增加造成的开支增长联系在一起引起了更大争议。1981年联邦德国的进口原油占比低于1978年的水平，仅为20%。尽管如此，在卡特尔价格联盟（OPEC）的影响下，德国却要为进口原油多支出350亿马克。1973年以来，德国进口原油支出在国民生产总值中的占比从1.5%上升至4.2%，增长了近两倍。这需要采取特别的举措来应对。从结构政策角度来看，推动非能源密集型产业和非物质生产方式的发展是解决这一问题的唯一出路，而这一方式在"经济奇迹"时期被忽略。马特霍夫认为，为提高石油和汽油价格增加原油和汽油的征税率是短期内就能奏效的方法。显著提高的税收收入能够促进政府的投资活动，而不会由此加大国家债务。原油税率的提高也在与石油输出国组织的提价空间展开竞争，因为它势必导致消费的下降快于市场调节能够达到的水平。它还有助于国家消除1981年第二季度以来的经常性账目赤字。大规模上涨的原油价格也给环境保护带来了好处，随着原油和汽油消耗量的降低，空气污染问题有所缓解，破坏生态的居住碎片化得到遏制，使温室气体排放减少的技术也得到进一步发展。

马特霍夫对竟然有人忽视这些论据的重要性表示不解。他的"调解生态与经济"关系的建议也遭到了所有党派中工业社会的禁卫军们的残酷压制，这也是绿党成立并顺利进入联邦议院的原因。1982年4月，由于其建议遭到社民党议会党团、政府与联邦银行拒绝，马特霍夫辞去联邦德国财政部长一职。这明显地标志着社民党—自民党联合政府已走到了尽头，1983年，它便被取代。在"经济奇迹"结束之时，对能源政策的重新定位最终由于锁定于工业社会的定式思维而宣告失败。高度发达国家的福祉似乎得益于工业社会范式，因此这些国家长期——可能过于长期——将自身定位为工业社会，而且并非只有政治界如此。直到80年代，历史社会科学才对19世纪晚期深远的时代大转折有所认识，并在此基础上形成了新的后工业时代世界观。[1]

三 大规模失业的根源

造成大规模失业现象的原因是多方面的：国家职能失灵，如1923年的

---

[1] 维尔纳·阿贝尔斯豪塞：《从工业革命到新经济时代——经济世界观的务实主义变革》[W. Abelshauser, Von der Industriellen Revolution zur Neuen Wirtschaft, Der Paradigmenwechsel im wirtschaftlichen Weltbild der Gegenwart, in: *Wege der Gesellschaftsgeschichte*, hrsg. v. Jürgen Osterhammel, Dieter Langewiesche u. Paul Nolte（Geschichte und Gesellschaft, Sonderheft 22）, Göttingen, 2006］，第210—218页。

恶性通货膨胀；市场失灵，如30年代的世界经济危机或经济组织体系扭曲带来的"结构"原因。不过，其中前两种解释进路在2008年爆发的金融危机中赢得了更多的关注，因为它们作为世界经济危机现实威胁的可能情景以及在克服其过程中引发的货币政策负面效应，真真切切地显示在经济与金融政策的"监视器"上。① 与此相反，多年以来，结构论据则只是描绘了劳动力市场的现实问题。要理解大规模失业现象的"结构"根源并非易事。结构概念拥有模棱两可词汇的所有特征，它只是一个词壳，相当于一个被黄鼬吸空的鸡蛋：外表平整、光滑，实则内容空洞。② 不同类型的经济政策都可成为其解释模型。因此，随着世界经济全球化进程的日益活跃，人们除了越来越关注造成失业现象的"结构"根源以外，还把目光聚焦在了国家经济结构如何适应全球最优标准的问题上，高就业率是本国经济成功融入世界经济体系最有力的参考指标之一。反过来，失业问题自然也是全球化进程中的一大风险。过去，人们普遍认为，通过国内有针对性和指向性的需求管理政策就能"实现"充分就业之目标。然而，70年代小世界经济危机的爆发却打破了人们的这一幻想。从此，对抗失业问题的斗争就与世界市场的竞争力目标建立起了密切联系，全球化进程中调适能力的欠缺是导致失败的重要原因。从这个角度来看，国家劳动力市场政策的参数从财政政策领域转向了旨在创新经济制度框架的改革政策领域。不论在过去还是现在，长期的大规模失业现象都是对德国生产体系竞争力、组织形式和市场规则提出质疑的有力论据。在这种形势下，德国有必要推出一种既能涵盖其他解释论据又能补充结构术语的诊断预测方式。大规模失业现象通常与历史原因有着密切联系，因此，在对其作出分析评判时必须适当对历史因素加以考虑。不过，在劳动力市场政策问题的实际探讨中，情况却并非如此。③

70年代以来，循环出现的经济繁荣周期并不能填补逐年累积的失业人口基数（见表26）。原联邦德国在70年代景气上升期的失业人口数量为15万

---

① 维尔纳·阿贝尔斯豪塞：《历史不会重演，抑或不然？——金融危机的发展历程》（W. Abelshauser, Geschichte wiederholt sich nicht. Oder doch? Szenarien der Finanzmarktkrise, in: Zeitschrift für Staats-und Europawissenschaften, Nr. 4, 2008），第565—576页。
② 弗里茨·马赫卢普：《结构与结构转型——模棱两可与晦涩难懂之术语》（Fritz Machlup, Structure and Structural change. Weaselwords and Jargon, in: Zeitschrift für Nationalökonomie 19, 1958），第280—298页。
③ 典型的分析可见尤塔·阿尔门丁格、维尔纳·艾希霍尔斯特、乌尔里希·瓦尔韦：《IAB劳动力市场手册——分析、数据与实例》（Jutta Allmendinger, Werner Eichhorst, Ulrich Walwei, IAB Handbuch Arbeitsmarkt, Analysen, Daten, Fakten, Frankfurt/Main, 2005）。

（1970年），到1980年时上升至80万，1991年的170万仅维持了一小段时间，到21世纪初时达到巅峰——250万（2001年）。[1] 在2007—2008年的经济上行期，劳动力市场的失业人口基数又回落至220万。尽管当时的市场需求较为活跃，部分人还是由于各种原因找不到工作。纵观整个德国，失业人口数量仍维持在300万左右。他们即便在经济上行期也难以寻觅到合适的工作岗位。德国大规模失业问题的这种特殊形式始于70年代末，耗尽了所有传统意义上的治疗良方也无法消除。因此，在较好的经济形势下政府仍然饱受这一问题的困扰，似乎没有什么比这更为糟糕的了。倘若周期性失业率再次上升或如2008年众多观察学者所预言：在全球流动性陷阱（Liquiditätsfalle）的影响下冲破景气循环的框架[2]，将使失业问题进一步恶化。30年代早期劳动力市场的类似情况就是一个很好的前车之鉴，它使当时的失业问题成为一场灾难。[3]

表26　　　1970年以来的失业人员基数（景气繁荣时，旧联邦州）　　单位：人

年份	失业人员基数
1970	150000
1980	800000
1991	1700000
2001	2500000
2007	2500000
2008	2200000
2008 全德	3000000

资料来源：德国联邦统计局。

造成大规模失业现象的结构原因也给德国经济的其他方面带来了负面影响——它也是70年代以来德国社会生产体系无法有效利用资源和劳动力因素的罪魁祸首。许多人认为：大规模失业现象是德国社团主义市场经济体制

---

[1] 联邦统计局：《劳动力市场统计数据》，www.destatis.de，2009年5月9日。
[2] "流动性陷阱"（liquidity trap）一词引自约翰·凯恩斯（John M. Keynes）的危机理论。它描述的是一种景气状况。通常情况下，当投资者（与消费者）认为利润期望（和预估利益）无法实现时，他们即倾向于持有现金。而税率和利率下降可能也无法帮助国家以投资者身份来摆脱景气循环的衰退期或低谷期。
[3] 皮尔·雷威克：《1918—1927年魏玛共和国的失业问题与失业保险》（Peer Leweck, Arbeitslosigkeit und Arbeitslosenversicherung in der Weimarer Republik 1918—1927, Stuttgart, 1992）；马努厄尔·赛特佐：《当今的失业问题》（Manuel Saitzew, Die Arbeitslosigkeit der Gegenwart. Erster Teil: Sachverhalt und Problemstellung, München, 1932）。

最终失败的显著标志。在全球竞争压力下，社团主义市场经济体制灵活性不足、成本过高等缺点暴露无遗。劳动力与福利国家的过高成本势必导致市场竞争力的丧失。不过，2008年、2009年世界经济遭受重创后的景气上升期却证明了截然相反的结论：恰恰是这种为后工业时代量身定做的生产模式使超过三分之二的德国企业赚取了丰厚的利润。德国对外贸易一如既往地保持着竞争市场的领头羊地位。

这又引起人们对德国经济另一个结构问题的关注：一方面优质的专业劳动力相对匮乏，另一方面低资质劳动力的供过于求，并且这些多余的低资质劳动力在德国生产体制框架内找不到合适的工作。生产方式的变迁趋势——从物质生产到非物质生产的转变——成为德国经济上百年来的主要特征。德国出口贸易的核心行业——机械制造、汽车制造、化工与电子科技——是本国价值创造的生产大户。如今，这一生产方式几乎遍及了德国整个经济。因此，其2/3以上的从业者从事着优质或高资质的专业工作——例如专业技工、高级管理人员等——且大部分通常都是非物质生产形式的工作（对比表23）。德国经济的这一领域也毋庸置疑地拥有较高的市场竞争力。

与此同时，这也意味着，德国仍有近三分之一的劳动者只拥有较低资质（甚至不具备任何资质）。批量生产方式时代的终结使得这类劳动力丧失了市场需求，他们也无法满足全球竞争背景下各国经济对劳动力资质水平的要求。较高的经济增长率也几乎无法改变这一现状，它只会令专业劳工短缺问题进一步尖锐化，却不会对降低失业率带来任何影响。从景气上升期到2008年的金融危机，这一点也得到验证。[①] 不过，这一问题还可以进一步追溯到更远的过去，对专业劳工失业率进行长期比较得出的结论就是很好的佐证（见图11）。1975—2004年，老联邦州（新联邦州自1991年开始）与西柏林的平均失业率为8.3%（18.5%），其中高资质或专业劳工的失业率仅为3.3%（5.5%），男性与女性的失业率分别为19.8%和49.1%。显然，生产方式对劳动力资质的要求以及劳动力市场资质结构间的差异是造成大规模失业现象的关键原因。

究竟是何种原因造成劳动力市场与工业生产之间如此巨大的差距？经济政策长期的错误引导难辞其咎。20世纪，德国工业的生产方式急剧扩张，随后又迎来了"福特制"生产体系的崩溃。而经济政策对这些变迁做出的

---

① 亚历山大·莱茵贝格、马尔库斯·胡梅尔：《专业劳工短缺威胁着德国经济的市场竞争力》（Alexander Reinberg, Markus Hummel, Facharbeitermangel bedroht Wettbewerbsfähigkeit der deutschen Wirtschaft, in: *Aus Politik und Zeitgeschichte*, Bd. 28, 2004）第3—10页。

反应太过迟缓。至"二战"时期,"福特主义"生产方式在德国的运用范围还相对较窄。这一方面是因为德国工业缺乏能充分利用批量生产优势的销售市场,另一方面是因为德国经济在世界市场上的相对竞争优势并不在批量生产方面,而是在多元化的优质产品生产方面。

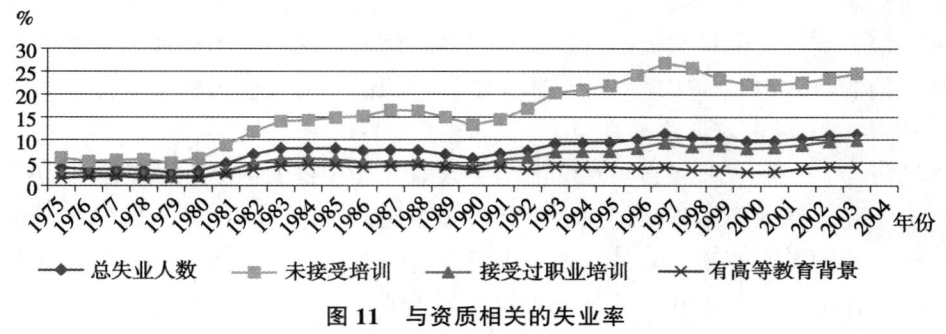

图 11　与资质相关的失业率

资料来源:尤塔·阿尔门丁格、维尔纳·艾希霍尔斯特、乌尔里希·瓦尔韦《IAB 劳动力市场手册——分析、数据与实例》(*IAB Handbuch Arbeitsmarkt*),第 236—253 页。1990 年之前旧联邦州与西柏林一起核算。

后工业时代量身定做生产模式的组织方式在许多方面与福特制生产方式背道而驰。直到战争经济发展的高潮阶段,即斯皮尔的"军备奇迹"时代,德国才借助高额的成本和强制劳动的大规模运用改变了自动化工厂设计与运营技术领域的落后面貌。[①]"二战"后的重建期,德国"经济奇迹"与世界市场的繁荣进一步推动了物质生产方式的错时发展并使标准化批量生产成为德国工业生产的中流砥柱。时至今日,这一发展趋势给德国带来的好处仍然不可小觑。50 年代初,在劳动力市场供应方面的非专业劳动力相对较少,手工业或工业学徒的学习期是当时的培训标准。因此,资质能力低于专业水平的从业者比重非常之小。[②] 随着西德福特制生产方式的迅速扩张,甚至连非专业劳动力都开始出现短缺。而来自东德的迁入移民则通常都接受过较好

[①] 马克·哈里森:《"二战"经济学:国际比较中的六个超级大国》(Mark Harrison, *The Economics of World War II: Six Great Powers in International Comparison*, Cambridge, 2000)。

[②] 菲利普·贝勒:《机械化、合理化与自动化措施给劳动力需求及其职业培训带来的影响——有关适时推进经济界后起力量职业教育的代表性问卷调查和评估结果》(Philip Behler, Einwirkung der Mechanisierung, Rationalisierung und Automatisierung auf den Bedarf und die berufliche Ausbildung der Arbeitskräfte. Ergebnisse einer Repräsentativerhebung und ihre Auswertung für eine zeitgemäße Ausgestaltung der Berufserziehung des Wirtschaftsnachwuchses, Deutscher Industrie-und Handelstag, *Schriftenreihe*, 46, Bonn, 1958)。

的职业培训,专业劳工的工资也因而随之显著上涨。之后,西德居民对待职业培训问题的态度开始发生转变,越来越多的毕业生决定放弃学徒之路转而投入标准化批量生产的在岗培训。①

流水线作业的盛行给劳动力市场政策带来不小的影响,它不仅延缓了德国重返后工业时代非物质生产模式的进程,也阻碍了德国向服务型社会转变。福特式工厂的员工大部分是不具备高资质、高学历的非专业型劳工,但是他们的收入也较为丰厚,因而职业培训对德国人的吸引力逐步下降。虽然1938年的《国家培训法》明文规定,国家应为所有毕业生提供职业学徒培训的机会,大型企业还必须在学习与实践双元体制框架内为职业培训设立专门的学徒工厂,但是越来越多的年轻人却更倾向于成为在岗学习的工人。60年代,德国工商业联合会甚至还主张放弃对专业技工培训的理念,提议在获得技工证书的过程中开展多种低于技工资质水平的阶段式培训。② 当时人们普遍认为,标准化批量生产与自动化工厂将成为未来工业界的主流生产模式,德国的多元化优质生产理念迟早有一天也终将为之取代。德国工商业联合会对此种观点也表示认同。尽管如此,就在1969年《职业培训法》修改之际,德国又出现了另一种发展趋势。专业技工的"典范形象"至少原则上被保留了下来。不过,此时的"技工文化"已开始逐渐弱化,直到70年代,德国的经济政策都一直以工业界的福特式组织形式为导向。因而,它所做出的决议进一步延缓了德国重返非物质生产领域领导地位的进程。

这样的例子不胜枚举。其中,对外籍劳工的大规模招聘就是影响最为深远的重大转折之一。受过专业培训的劳工往往拥有较高的就业潜力。从国际对比来看,在重建期对这类劳工的雇佣极大地有利于西德的经济发展。1961年以后,南欧和中亚移民劳工的从业技能与之前迁入西德的中东德劳工之间有着显著区别。这主要表现在他们既不具备职业资质,又缺乏对未来新职业的适应潜力。不过,这一点并不令人感到意外,因为它正是当时职员招募的前提条件。六七十年代的"外籍劳工"首先应满足工业批量生产方式对员工简单技能的需求,而不是帮助德国经济重建和扩大先前的后工业时代的尖

---

① 汉斯·格哈德·门迪乌斯、维尔纳·森根贝尔格、布尔卡特·鲁茨:《企业—劳动力市场—专业资质》(Hans-Gerhard Mendius, Werner Sengenberger, Burkart Lutz, *Betrieb-Arbeitsmarkt-Qualifikation*, Frankfurt a.M., 1976.)。

② 德国工商业联合会:《阶段式培训:任务与机遇——工商业界顶级组织的立场》(DIHT, *Stufenausbildung: Aufgabe und Chance, Eine Stellungnahme der Spitzenorganisationen der gewerblichen Wirtschaft*, Bonn, 1968)。

端地位。不难想象，从私人经济角度来看，对相对便宜劳动力储备的似乎无限支配显然延缓了德国经济各行各业使用较昂贵的非物质生产要素实现生产合理化的进程。在与其他根本没有吸引和招募外籍劳工（如日本），或者根据特定的资质需求开展有针对性的劳工搜寻（如美国）的竞争对手对比时，这一点表现得尤为明显。有组织地从外部向德国经济的非物质领域输入智力（brain drain）则由于工业工人迁徙引发的法律、社会和文化问题而十分艰难，甚至完全不可能。在这种形势下，德国劳动力市场上一些特定资质工人的比重从 50 年代开始发生了显著变化。在福特式生产部门在德国工业扩张以前，德国劳动力市场与美国劳动力市场的区别首先表现在德国低技能以及高资质专业劳动力的比重较低（见图 12）。

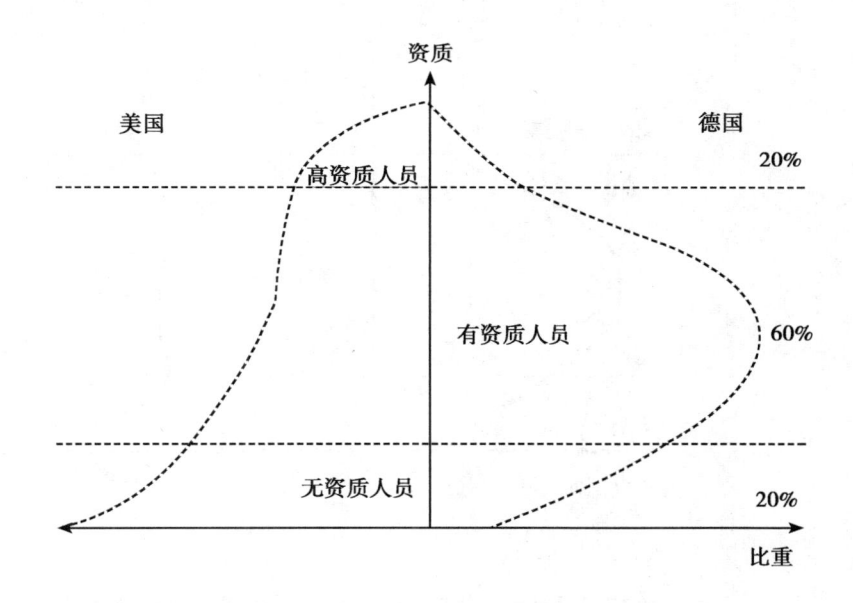

图 12　德美劳动力市场比较：劳动力市场的资质结构模型（理想状况）
资料来源：笔者自制。

　　与德国有所不同，美国须通过调整生产模式来弥补专业技工的不足和专业培训落后的问题。福特式生产组织主要以非熟练劳工为基础，而工厂有组织的设计和使用专门机器的高精密度则主要依靠高资质的管理人员和工程师来保障。与此相反，以后工业时代量身定做模式为重点的德国社会生产体系则需要拥有独立行事能力及受过良好职业培训的劳工。随着五六十年代标准化批量生产方式的不断推广，不同资质劳动力间的传统比例关系也发生了改变并逐步朝着美国劳动力市场样式的方向发展（见图13）。这也是由劳动力市场的"种族"分化造成的。1972年招工潮结束后，专业技工在工业界外籍劳工中的比重仅为14%，其在整个德国劳工中——包括德国人与外国人——的比重为近40%。① 当时，仅有3%的外籍劳工能通过职业培训晋升为专业技工。因此，非熟练劳工的比重从近20%上升至40%。这种对劳动力市场结构有意为之的"去资质化"举措在国际比较中是独一无二的。外籍劳工——及其子孙——接受培训的能力受到社会与文化等因素的极大限制，他们几乎没有对新职业的适应能力。因此，该项政策的远期成本非常高。②

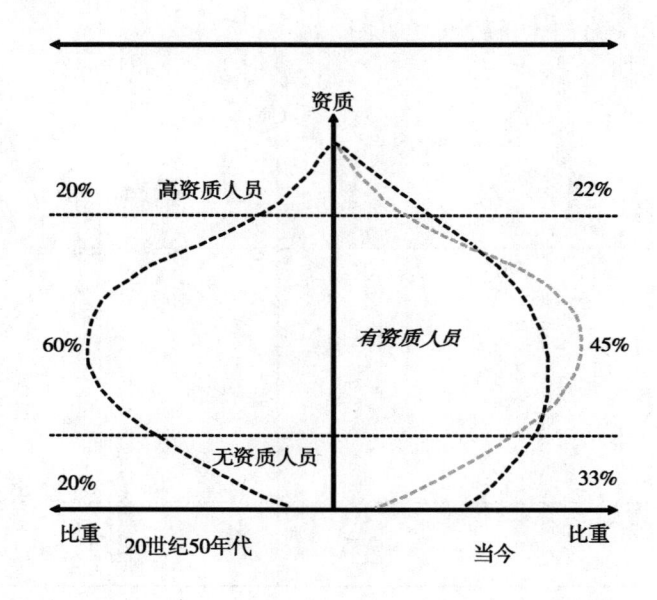

图 13　德国劳动力市场：劳动力市场的资质结构模型

资料来源：笔者自制。

---

① 李勇乐：《外籍劳工就业与技术进步：联邦德国招聘政策与日本封闭式劳动力市场政策之对比（1955—1973年）》［Yong-Il Lee, *Ausländerbeschäftigung und technischer Fortschritt: Die Anwerbepolitik der Bundesrepublik im Vergleich mit der geschlossenen Arbeitsmarktpolitik Japans（1955—1973）*, Bielefeld, 2003］。

② 艾梅丽·康斯坦特、克劳斯·茨莫曼：《移民的融合：种族认同决定经济成就》（Amelie F. Constant, Klaus F. Zimmermann, Integration von Migranten: Ethnische Identität bestimmt ökonomischen Erfol, in: *DIW Wochenbericht*, 2008），第644—650页。也可参见图13。

70年代初以来,批量生产模式提供的就业岗位越来越少。大规模失业现象是其直接后果。此外,西德虽已全面停止在国外招募工人,但家庭团聚的增多和自由避难法的颁布仍使大批低资质劳工涌入西德。受其影响,德国青年人的职业培训热情也出现下降,这些变化对失业问题更是雪上加霜。一方面,德国工业界对劳工的资质技能要求越来越高,这些高要求岗位逐步取代了原有的"福特主义"就业岗位。而另一方面,劳动力市场上的低技能劳工空前增多,两者间的鸿沟日渐增大。在50年代急剧下降以后,工业界的专业技工比例到70年代中期又有小幅下降(见图14)。随后,这一比重重新上升并开始呈现把劳动力市场需求引入了一个新的也是旧的方向的趋势。自此,劳动力市场上低资质从业者的比重开始下降,尽管每两年仅下降一个百分点(见图14)。与此相应,传统的多元化优质生产的行业得到进一步扩展。这类高端专业化产品市场是大部分德国人的生活来源。例如,有个体识别能力的智能机器人、工业及基础设施设备的建造、各种类型使用技术上升级的产品和服务、各行各业的工艺技术或高档机动车。德国社团主义市场经济体制的所有规则几乎都是以提高这类产品的竞争力为目标,它们要确保德国出口在国际竞争中能成功站稳脚跟。因此,改革必须从现行的社会生产体系入手,进一步拓展其优势。抛弃该体系就意味着将洗澡水与孩子一同倒掉。正如改造德国金融市场一样,激进疗法在这里也不会特别奏效。经济改革争论中的陈词滥调是:劳动成本"太高"以至于市场无法出清。这种论调没有考虑到造成失业的经济历史原因,只是些毫无意义的牢骚和怨言。[①] 倘若这种观点真有普遍性的话,发展中国家摆脱落后面貌会变得像蛇蜕皮那样简单。此外,加拉斯加城郊或开普敦小镇呈现的令人窘迫的"充分就业"状态势必将成为经济形势好的判断指标。正因为事实不是如此,人们就应当从历史经验中学习。它向我们传达了简单的事实。在德国,劳动力成本本身并不高,过高的是劳动力市场上低资质劳工的比重,这是福特主义时代的遗产。这个30%的比重不能被作为优质产品和服务生产商的德国经济所吸收。德国要成为低工资国家很困难,尽快为适应高技能工作使低资质部门萎缩到一个能够接受的程度才是明智之举。在德国,解决失业问题意味着使与德国生产方式不相符的一小部分低资质劳动力能继续找到工作。

---

① 参见汉斯·维尔纳·辛《解决德国的失业问题需采取何种措施?》,载经济信息研究所第16号时报(Hans-Werner Sinn: *Was muss passieren, um die Arbeitslosigkeit in Deutschland abzubauen?*, München, 2005)。

图 14 工业中的专业工人百分比

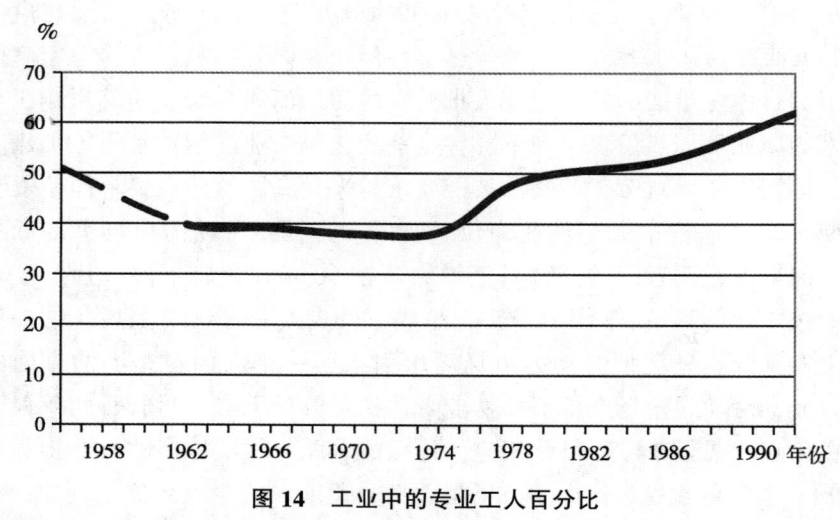

资料来源：德国联邦统计局：《专业系列 D：工业与手工业》（Statistisches Bundesamt, Fachserie D Industrie und Handwerk Reihe 4, BIBB/IAB-Erhebungen, 1979, 1985, 1991, 1992）。

这一从历史角度分析得出的诊断看似简单，却也点燃了希望之火：80年代以来，低资质劳工的就业领域不断萎缩，尽管速度相对较慢。如果节奏太快，德国的经济政策就必须同时调整多个"定位螺栓"。首要的治疗措施便是制定有针对性的职业培训政策，以维护和提高德国经济的创新力。那些对"人力资本"的投入过少并想将德国变为低工资国家的企业雇主不仅有损自身利益，而且也不利于德国经济整体的发展。符合多元化优质生产模式需求的职业培训是德国备受赞誉的特色。如果有人举美国的例子，认为完全不需要开展培训就可以在"市场"上找到更价廉物美的专业技工和工程师的话，那他就大错特错了。适用于后工业时代量身定做模式的高资质劳工并不能在世界市场上唾手可得，他们接受的职业培训是德国的制度比较优势的体现。倘若企业未能物尽其用，国家的秩序政策则需要补救，不能指望着奇迹的出现。因为，由历史原因造成的低资质、低技能劳工过剩现象必须经历漫长的过程才能逐步消除。社会国家则需要帮助人们渡过难关。因为自德意志帝国建立以来，它就为生产需要服务，协助产业发展是德国社会国家的传统任务。然而，国家也不能无限制地加重纳税人的负担，而应引导其服务对象继续提高自身资质并努力寻找工作。施罗德政府的"2000 议程"的启动只是一个开始。后工业结构政策是激励劳工提升资质和技能的另一种有效工具。同时，拓展其比较竞争优势（科学基础设施、优质生产、地区经济集群）也十分重要，它使德国在世界市场上几乎所向无敌。相反，如果政府以补贴政策来维持采矿业、汽车制造业或农业领域的就业岗位，将来迟早有一天将为应对失业问题付出更高的代价。要实现德国劳动力市场政策这个"魔力三角"的均衡，耐性、远见与专业知识都是必不可少的。

第二节　德国模式：延续还是转型？

一　社团主义市场经济之伦理

长期以来，人们常说的"德国股份公司"（Deutschland AG）运转良好。如今，它正站在转折点上。20世纪90年代以来，它似乎陷入了防守地位，只能在与一种所谓更好的全球标准化资本主义模式的斗争中艰难生存。德国模式——与其他"资本主义变体"一样——正遭受着同化。[①] 然而金融危机爆发后，全球局势重新"洗牌"。随着其最大的竞争对手光环的褪色和对"资本主义沦陷"（瓦尔特·欧肯）不可推脱的责任，欧洲模式与德国模式越来越赢回其伦理吸引力和经济声誉。这一模式不一定对市场经济内企业家的责任提出更高的要求，但却是不一样的要求。

19世纪80年代"成立"的德国股份公司早在"一战"前就成为世界经济的佼佼者。其成就首先归功于各种有影响力的联合会、有战略眼光的大银行以及一大批企业家个体间开展的合作。他们专注于社会网络的投入，从德国经济的新制度框架条件中获益良多。1924年，身为其代表性人物之一的企业家胡戈·斯汀内斯（Hugo Stinnes）逝世后，"德国股份公司"虽失色不少，但它赢得了工会组织这样的新主体。在其支持下，德国社团主义市场经济体制模式得到进一步巩固。因此，西德经济于"二战"后的重建期再次诉诸这一历

[①] 彼特·哈尔、大卫·索斯基斯：《资本主义变体》（Peter A. Hall, David Soskice, *Varieties of Capitalism*）、《比较优势的制度基础》（Peter A. Hall, David Soskice, *The Institutional Foundations of Comparative Advantage*, Cambridge, 2001）。在金融危机爆发前夜，欧洲人的情绪已升至高点。参见《超越资本主义变体——欧洲经济的冲突、矛盾与互补》（*Beyond Varieties of Capitalism. Conflict, Contradictions, and Complementarities in the European Economy*, hrsg. v. Bob Hancké, Martin Rhodes, and Mark Thatcher, Cambridge, 2007）。有关90年代的防御攻势内容也可参见沃尔夫冈·史特雷克《资本主义重组——德国政策经济的制度变迁》（Wolfgang Streeck, *Re-Forming Capitalism. Institutional Change in the German Political Economy*, Oxford, 2009）。

经考验的组织形式就不奇怪了。而德国经济的制度框架几乎没有发生任何改变。① 自 50 年代初的朝鲜危机以来,"德国股份公司"得到进一步巩固。有利的政治框架条件自然必不可少。基民盟/基社盟与社民党的大联合政府 (1966—1969 年) 就依据历史形成的游戏规则制定和优化社团经济利益政策的问题达成了一致,这些规则得到了根本的更新。"德国模式"由此变得更具吸引力,甚至连挑剔的观察家——例如法国顶级管理人员米歇尔·阿尔伯特②——都将其看作资本主义体制最成功的一种"莱茵"变体。它是整个欧洲——从斯堪的纳维亚到北意大利,从塞纳河到易北河——留给后人的共同遗产。

无论是"董事会成员"汉斯·马汀·施雷尔和奥托·布雷纳还是"监事会领导"卡尔·席勒和弗兰茨·约瑟夫·施特劳斯("Plisch und Plum",即"小狗普利施和普鲁姆"——上述两位在 60 年代联盟党和社民党大联合政府发挥重要作用政客的外号,名字来自德国儿童作家威廉·布施同名小人书里面两只小狗。虽然它们在外貌和性格上十分不同,但是共同行动并取得了许多成功。——译者),他们都曾尝试着"协调"市场主体行为,疏通矛盾冲突渠道。乍一看,身为莱茵资本主义典范的德国经济之所以成功,似乎全都得归功于这些人的贡献。但是,操控高要求的德国股份公司只凭良好的愿望与有利的政治条件是不够的。在这种条件下,企业行为的职责超出了个别经济联系的范畴。相比其他经济文化而言,企业家行动框架的覆盖范围更为广泛,它包括限制其自身行动范围的整个社会生产体系。所谓社会生产体系,即经济运作领域的组织形式及其在整个社会中的嵌入方式,其中最重要的包括金融体系、企业领导体系、劳资关系、利益政策、行业的内部关系和培训体系等。驾驭这类组织架构精神的土壤是制度,它们作为被广泛接受的思想及行为方式汇聚成游戏规则。这些制度代表着德国企业家(以及其他市场主体)的基本美德。时至今日,它们在德国经济界依旧保持着广泛的适用性:自治意识、自我管理、合作意愿和社交能力,即为确保自身在重要市场竞争中的比较优势而自发开展信任合作的能力。以这样的制度体系与组

---

① 维尔纳·阿贝尔斯豪塞:《转变与坚持——从历史视角窥探德国的生产体制》(W. Abelshauser, Umbruch und Persistenz. Das deutsche Produktionsregime in historischer Perspektive, in: Geschichte und Gesellschaft 27, 2001, Heft 4),第 503—523 页。

② 《资本主义对资本主义》(Capitalisme contre Capitalisme, Paris, 1991, 德文版为 Kapitalismus contra Kapitalismus, Frankfurt a. M., 1992)。多年来,社会主义人士阿尔伯特一直担任国有保险业巨头——法国大众保险公司——的高管职务。

织架构为特征的市场经济是这样一种经济，在其中占据主导地位的既非市场个体也非国家政府。这种——人们可以将其称为社团主义市场经济——经济嵌入在密集的、历史积淀的制度和组织的网络中，其市民社会主体（黑格尔意义上的联合体）介于个体与国家两个极端之间。英语中（商业）协调型市场经济 [（商业）coordinated market economy] 的概念指向其经营方式，对现实的描绘虽稍有缩略，但表达的却是相同的意思。

　　传统上，在德国经济方面这种自治、自我管理的状态对企业家行为提出了很高的道德要求。德意志帝国时期的经济学家首领古斯塔夫·施莫勒把社团主义市场经济的"道德意义"看作是对共同利益必要性的认识。[1] 从阿尔弗雷德·克虏伯（Alfred Krupp）到贝托尔德·拜茨（Berthold Beitz），从两代拉特瑙（Rathenaus）到阿尔弗雷德·赫尔豪森（Alfred Herrhausen），从汉斯·马汀·施雷尔（Hanns Martin Schleyer）到莱茵哈尔特·摩恩（Reinhard Mohn），世世代代的德国企业家们大致都懂得这一点，而大多数盎格鲁-撒克逊企业家对此则不以为然。不同的过往经历使他们对企业家的责任伦理表示怀疑。亚当·斯密更乐意相信市场的"无形之手"，他认为，商人很少放过背着公众耍阴谋的机会。[2] 甚至直到今天，斯密的拥护者仍然坚守着"曼德维尔蜜蜂寓言"的悖论——"私人恶行，公共利益"（private vices, public benefits），认为市场主体的不道德动机最终会在市场机制的作用下转而符合公共利益。[3] 在德国，这一构想至今都很难完全实现。从理论角度来看，它的有效性必须以极其严格的前提条件为依托，而在德国则是"有形之手"来安排市场主体以规则为导向的各项任务。在社团主义市场经济体制下，企业家、高层管理人员或企业所有者的职责仅在一方面区别于其他经济主体。由于他们在《基本法》规范的民主和社会法治国家中的地位首先来自其对所有权的紧密支配，因此《基本法》第 14 条的规定对于他们有特殊的意义。第 14 条不仅确保了他们的财产权和继承权，同时也制定了相应的限制性规定："财产权负有责任，对财产的使用应当同时有利于公众利益。"

---

[1] 古斯塔夫·施莫勒：《卡特尔联盟与国家间的关系》（Gustav Schmoller, *Das Verhältnis der Kartelle zum Staat*, Leipzig, 1906），社会政策协会于 1905 年 9 月 27、28 日在曼海姆举行的谈判会议（《社会政策协会手稿》116），第 254 页。

[2] 亚当·斯密：《国民财富的实质与原因之探究》（Adam Smith, *Eine Untersuchung über Natur und Wesen des Volkswohlstandes*, Bd. 1, 2. Aufl., Jena, 1920），第 171 页。

[3] 本纳特·曼德维尔：《蜜蜂的寓言：或者私人恶行，公共福利》（Bernard Mandeville, *The Fable of the Bees: or, Private Vices Publick Benefits*, London, 1714）。书中包含了许多道理，其目的是揭示在人类走向堕落的过程中，人性的弱点有可能转变为对社会有益的特质，从而使社会成为充满美德之地。

对财产权的"社会责任"并非三言两语就能解释清楚。对于一个"自由派无政府主义者"而言——米尔顿·弗里德曼常常以此自居——在一个自由经济体系内只存在一项责任：企业家必须将稀缺的资源投入到能够获取最多利润的使用中并领导企业在遵守既定游戏规则的前提下——即遵守公开、自由的市场竞争规则，不欺诈、不弄虚作假——实现投资回报率的最大化。[1] 显然，他遵循的是一个深度解除规则的自由市场经济的理想框架，这种模式主要在盎格鲁-撒克逊经济区域历史上自发产生。而在德国，司法机关对这一责任内容却给出了这样的解释：市场的既定规则应以社团主义市场经济体制的现实为导向。这其中就包括依据个人能力征税的原则和共同决策机制。它们是适合该经济体系的解决企业中信息不对称问题的方式和手段。宪法并未对经济体系本身做出规定。联邦宪法法院在涉及共同决策权立法时曾多次强调了这一点。[2] 经济体制只服从于其集体行为主体自身发动的制度变迁，而制度变迁过程有历史自发性，而且有"路径依赖"。企业家个体无法为自己挑选经济体系：他们与社会生产体系的兴衰成败紧密联系在一起。社会生产体系不仅为其提供了生存、工作的空间，还提供了为其所使用的统治性生产方式。因此，企业家的特殊责任在于，在体系的框架内以保障这种体系功能的方式使用或支配自有财产并使其结果为"公众福祉"服务。

企业家的这项责任当然不能扩展到要求采取或禁止某些具体行为，而这些行为本身是违反市场规律的。罗马法中的古老原则"能力不济，谈何义务"（ultra posse nemo obligatur）首先适应于经济领域。显然，为了通过个体经济的方式来解决一个整体经济的要求，将一个企业的就业状况保持在市场不允许的高水平并不符合公众的利益。从长远来看，它甚至在计划经济体制框架内都不会成功。东德经济的失败清楚地证明了这一点。即便在莱茵资本主义体系条件下，允许企业家在现行秩序框架内追寻各自企业的特殊目标并顾及个体经济关联的逻辑性也是符合公众的社会利益的。

无论是亚当·斯密或弗里德里希·里斯特（Friedrich List），还是弗里德里希·奥古斯特·哈耶克（Friedrich August Hayek）或约翰·梅纳德·凯恩斯，所有经济学流派都在此问题上达成了一致意见。乔治·威廉·弗里德里希·黑格

---

① 米尔顿·弗里德曼：《资本主义与自由》（Milton Friedman, *Kapitalismus und Freiheit*, Stuttgart, 1971），第175页。
② 关于投资援助的内容参见《联邦宪法法院决议》（Entscheidungen des Bundesverfassungsgerichts, Bd. 4, S. 8）；有关基本法第20条的内容参见《联邦宪法法院决议》（*BVerfGE* Bd. 5, S. 85, 198）；有关共同参与决策机制的规定参见《联邦宪法法院决议》（*BVerfGE* Bd. 50, S. 290）。

尔曾正确地指出,从伦理与现实角度来看,"将满足特殊利益当作满足一个公众利益"是问题的关键①。在原则上,就连改头换面的自由主义人士恐怕都不会对此提出异议。但有争议的是由谁来满足公众利益?究竟是在制度之上的"无形之手"还是将企业家行为限制在特定行为框架之内的制度"规制之手"?两大思想流派都不愿意也不可能放弃市场主体在经济过程中所展现的活力,他们在此遵循自己的效用行事。问题的关键在于:倘若市场主体自身对其行动自由权采取一定的限制,那么从中长期来看或者关系到特定的市场,这样做是否更加符合其自身的效用?其中的原因可能是为了享受更低的交易成本,或者是为了稳定市场关系进而降低交易成本。哪项战略更为奏效,从根本上要依据历史形成的经济制度框架条件及其功能运作相应的前提条件来进行判断。如果这里需要企业家的职责,那么它就特别适用于德国经济。德国有一种特殊的经济文化,例如与美国不同,德国经济中密布着各式各样的制度网络,在其中,市场主体受到——大部分自行规定的——行为准则的约束。遵守这些规则不仅仅是企业家的责任,但是首先是他们的责任。

　　大多数德国企业家都将这种经济文化视如生命。一百多年以来,德国经济不仅接受了生产科学化与全球化的巨大挑战,而且聚集于高端市场,时至今日,在这些市场上它仍然特别成功。② 这类市场主要以销售多元化优质产品为主,这里的德国出口商品基本上无人能敌。为了保持在这个重大的核心市场板块的竞争力,需要一个适合此类生产模式的制度框架。全球经济中所在地的自由选择权因而受到极大的限制。德国经济拥有特殊的制度架构并在金融体系、企业管理、劳资关系、利益政策、行业内部关系和培训事业等领域掌握着制度比较优势。因此,它能在多元化优质产品市场上独占鳌头并延续这一地位直至今日。而正是由于它在此类市场上独居领先地位,此类制度框架及其复杂的规则才是必不可少的。要想保住领头羊的地位,不论其愿意与否,企业家们都必须坚持和遵守这些规则。而这也是他们确保社团主义市场经济体制正常运行的职责所在。

　　然而,近年来对这一制度框架似乎有了不少争议。原因不是多元化优质生产模式在市场上的重要性出现衰减,它反而还有所增长。也并非因为其全

---

① 乔治·威廉·弗里德里希·黑格尔:《法律哲学或自然法和国家学说之基准概述》(Georg Wilhelm Friedrich Hegel, *Grundlinien der Philosophie des Rechts, oder Naturrecht und Staatswissenschaft im Grundrisse*, hrsg. v. Eduard Gans, Berlin, 1833),第 188 条。

② 阿贝尔斯豪塞:《活力》,(Abelshauser, *Dynamics*)。

球竞争力在弱化,恰恰相反,它几乎已经到了无法再提升的地步。因此,问题另有他因:德国的生产体制对多年来持续已久的大规模失业问题似乎无能为力。将低资质劳工比重降低到适应当今的德国生产模式的"正常水平",最有效的方法就是加强劳动力的培训,提高其资质,但是这项工作需要时间,社会国家可以对平稳过渡提供帮助。因此,一个高效运行的社会国家即是企业家的责任所在,也完全契合其自身利益。对德国模式的批评还有更深刻的原因。在许多人看来,德国经济虽然并不缺乏在某些特定市场上的创新能力,但在某些具有未来前景的特定市场上,其创新力却有些不足。这些批评需要非常认真地对待。在信息技术领域和其他高创新产品市场上德国出口经济却仅仅维持着中上水平。[1] 但是对于如何弥补德国经济创新实力不足的问题,各方意见不一。一些人认为应当对现行社会生产体系进行改革以扫除沉疴,继续前行。另一些人则认为现行体系已经过时,必须重新开创新的生产模式。他们主张用新的生产体制来取代旧有体制,特别是仿照美国模式减少经济游戏规则。对于弱势市场而言,这也许能起到弥补创新实力不足的作用。但它却会给养活 2/3 就业者(和企业家)的多元化优质产品市场带来沉重的负担。由此,一场激烈的文化之战已揭开序幕。

企业家能对其在社会生产体系中的角色进行不断反省,并能以其作为自我利益计算的目标导向是其承担企业责任的首要前提。70 年代以来,新经济体制迅猛扩张,当今企业家给公众留下经济与社会责任感不强的印象,这主要与其在新经济中对未来路线选择的不确定性有关。因此,德国经济需要对它能做什么,不能做什么有一张组合清晰的蓝图,但它对政治(或者经济界精英)的决定依赖并不大,而是更多地依赖于从市场中积累的历史形成的经验,以及一个适合的组织体系,它作为企业或经济文化能够为企业及经济政策留出可以取得成就的战略实施空间。从对企业的历史研究中我们发现,冲破自有企业文化和历史形成的产品组合拓展业务范围,以便在相对弱势的市场上取得成功的尝试有可能失败,并且这种案例在以往也比比皆是。[2] 因此,20 世纪 90 年代以来,越来越多的企业开始

---

[1] 尤根·温格尔、君特·雷:《德国与美国的不同发展道路——生产现代化构想之对比》(Jürgen Wengel, Gunter Lay, Deutschland und die USA auf verschiedenen Wegen. Konzepte der Produktionsmodernisierung im Vergleich, Fraunhofer ISI, *Mitteilungen aus der Produktionsinnovationserhebung*, 23. Sept. 2001)。

[2] 对德国"新商业史"("New Business History")(Wheler)的认识,与有关巴斯夫、德国银行、克虏伯、林德或曼(MAN)公司的文章内容类似。

将自身业务聚集在核心领域。他们希望充分利用其优势,并从这个稳妥的基础出发,小心谨慎地、慢慢地出手占领弱势市场。从微观经济角度正确的选择对于整体经济并不必然是错误的。因此,鉴于德国股份公司有强大的经济文化,确保自身生产方式的制度比较优势是值得推荐的选择。长期积累的制度虽然能够很快被摧毁,但是能创造成本比较优势的全新市场规则与经济组织形式却需要经历漫长的过程才能建立起来。这样一种激进行动的成效势必将是一个未知数。

只要社会生产体系的核心要素没有失灵,而且也没有失灵的迹象,扫除几十年来积累的沉疴和负担并注入新的,特别是与人口发展相适应因素的努力就是合理的选择。70年代的失误给世人留下了深刻的印象,它将"经济奇迹时代"错时的工业世界观保留了过长的时间。诸如2010年议程的经济改革是对德国的经济、社会和企业政策适应后工业时代关系重新定位的尝试。事实上,早在二三十年前,这些改革就应该进行。先前的联邦政府虽对此问题有所认识,却没能很好地予以解决。施密特政府对社会生产体系的改革失败后,其后任再没有做过这方面的尝试。[①] 如今,最有效的办法是所谓的双重战略:一方面重建整个生产体系的行动能力,另一方面对其单个组成部分依据其在后工业时代的运作能力进行审视和在必要的情况下进行调整。

企业家行为比国家的责任更需要经受考验。如前面展示的,制度架构的多样化和密集度对经济行为者的社交能力提出了很高要求。交易规则、合作关系和信任体系构成了复杂的、历史自发形成的网络,是否有合理利用这一关系网的能力和意愿,并将其转化为竞争优势是企业的关键所在。这种动力必须源于市场,从市场的逻辑中生成的强制性行为方式推动着社会生产体系的持续更新。体系的基本法则显然仍有活力,德国经济在全球比较中的市场竞争力也是毋庸置疑的。问题却在于特殊利益群体的强化,它们不愿意被整合到德国股份公司中来,而且从它们的角度来看是有理由的。尤其是对于那些以全球玩家(global players)身份活跃于世界市场的企业而言,为了提高自身灵活性,在短期内实现利润最大化目标,他们会选择只依靠市场和等级结构。[②] 推出社团主义市场经济体制的决定并不允许企业随意行为。国际

---

① 阿贝尔斯豪塞:《经济奇迹之后》(Abelshauser, *Nach dem Wirtschaftswunder*),第538—543页。

② 阿尔弗雷德·拉帕珀尔特:《创造股东价值:商业成就的新标准》(Alfred Rappaport, *Creating shareholder value: the new standard for business performance*, New York, 1986)。

资本市场越来越被制约企业长远发展前景的规则所统治,而且它还深度干预企业的治理结构。在这种背景下,德国企业处于两难境地之中,要么接受新的游戏规则,放弃自身企业文化,进而丧失在世界上的制度比较优势;要么它们应该继续扩大或在必要情况下重新建立自身优势,甚至不惜冒放弃一个有效的国际资本市场可能带来的某些优势的风险。

　　巴斯夫股份公司采用第二条战略顺利在化工业界拔得世界头筹绝非偶然。如今,普法尔茨人不仅为全球化工业订立技术标准,同时它们不费吹灰之力就实现了社团主义市场经济体制下企业经济目标与企业责任的协调融合。2008年8月以来,在这家位于路德维希港行业巨头的倡议下,化工业界的劳资协议双方共同为整个行业制定了相关的道德宪章。采矿、化工及能源工业联合会(IG BCE)与联邦化工业雇主联合会(BAVC)在未来的工作中将会更多地以在这个《社会市场经济体制下有责任行为纲领》中规定的道德原则为导向。与上文所述曾经的"小狗普利施与普鲁姆"类似,早在2005年3月,为实现新增500个高技能就业岗位的目标,艾格尔特·佛舍豪(Eggert Voscherau)(巴斯夫公司)与胡伯图斯·施莫尔特(Hubertus Schmoldt)(采矿业、化工及能源工业联合会)共同签署了一份劳资解决方案。这正体现了上述《行动纲领》在实践中的意义和价值所在。同时证明,在不需要付诸爱国主义口号的前提下同样可以对德国的制度比较优势予以充分利用。柏林奥伯鲍姆城(die Berliner Oberbaum City)在竞争为100多个欧洲巴斯夫分公司负责的巴斯夫公司"服务共享中心"并最终夺标过程中对这点有了认识,它战胜了竞争对手布拉迪斯拉发(Bratislava)与克拉科夫(Krakau)。[①] 当然,即便是对于像巴斯夫这样的"量身定做服务"的提供商,对德国所在地制度比较优势的肯定也不是件容易的事。霍希斯特股份公司(Hoechst AG)在脱离德国股份公司的同时也放弃了自有的企业文化。与巴斯夫形成鲜明的对照,从昔日的世界化工业巨头早已只剩下一堆无名废墟,而全球化已经超越它成为家常便饭。贝塔斯曼股份公司(Bertelsmann AG)也曾面临类似的选择。这个东威斯特法伦地区世界企业的实际控制人——一颗冉冉升起的巨星——托马斯·米德霍夫(Thomas Middelhoff)希望位于居特斯洛(Gütersloh)的公司继续保持对资本市场的依附性,这超出

[①] 参见巴斯夫集团的企业档案文件,路德维希港。

了公司所有者摩恩家族的意愿。① 在其走上一条不归路之前,摩恩家族于 2002 年夏解除了米德霍夫的职务。其继任人——目前任公司监事会主席的君特·蒂伦(Gunter Thielen)——采取了依靠自身优势的策略,将创新型工艺技术、多样化媒介产品与合作型企业文化相融合。自此以后,君特斯洛的企业开始改头换面,并确立新的战略重点,为企业的长远发展前景提供保障以及稳健的财务,而利润最大化本身不再是企业的目标。迄今为止,这一发展战略取得了成功。媒体巨头的利润和收益开始逐步提升,只有在金融危机期间出现了短暂下滑。

种种迹象表明,建立在企业自身文化优势基础上的组合政策是企业的正确选择。因为立足于多元化优质产品市场的企业不仅需要全心全意为企业效力的高资质员工,还需要"耐得住寂寞的资金"作支持。企业一旦做出选择第一种战略的决定并决心无条件地适应资本市场的"游戏规则",至少应当对其风险有所认识。德国证券交易所股份公司收购伦敦交易所(London Stock Exchange)的失败就是一个典型例证。致力于创造德国新股份文化的先锋——前交易所主席维尔纳·赛富尔特(Werner Seifert)和监事会主席、前德意志银行发言人洛尔夫·恩斯特·布洛伊尔(Rolf-Ernst Breuer)必须认识到一点,当"敌意"股东反对董事会并竭力搞黄某件事时,企业的行动空间将大幅收窄。在收购行动期间,新的股东群体在全体股东代表大会上赢得了多数人的赞成票。他们对每股盈利中期计划增长率比当下的现金分红估值更低。新的大股东——阿提库斯资产管理公司(Atticus Capital LP)(纽约)和儿童投资基金会(The Children's Investment Fund——TCI)(伦敦)——都是实施"蝗虫"战略的典型对冲基金公司,它们掌控了近 1/5 的股份。2005 年年初,在德意志银行放弃其多数控制权后,它们掌握的股权就足够使它们与其他坚持"股东价值原则"的追随者一起将赛富尔特与布洛伊尔赶下台并由此阻止了对伦敦交易所的收购。自此以后,未进入股东

---

① 君特·蒂伦:《我在某些问题上与托马斯有不同的观点》(Gunter Thielen, "Ich war in Teilen anderer Ansicht als Thomas", *Manager Magazin* vom 31.07.2002);托马斯·米德霍夫:《投机活动的新契机》(Thomas Middelhoff, Neue Nahrung für Spekulationen, *Manager Magazin* vom 31.07.2002);戈尔德·舒尔特·基伦:《米德霍夫想了解这一事实》(Gerd Schulte-Hillen, "Middelhoff wollte es wissen", *Manager Magazin* vom 5. August 2002)。在没有获得所有资料的情况下,哈特穆特·贝尔格霍夫得出了相同的结论,见其论文《从君特斯洛小出版社到全球媒体、服务巨头的转变——1835—2010 年豪斯贝塔斯曼企业史概述》(Hartmut Berghoff, Vom Gütersloher Kleinverlag zum globalen Medien-und Dienstleistungskonzern. Grundzüge der Unternehmensgeschichte des Hauses Bertelsmann 1835 bis 2010, in: *175 Jahre Bertelsmann-Eine Zukunftsgeschichte*, Bertelsmann, München, 2010),第 6 页及其后。

口袋的资金流动被严格禁止。在这种条件下，适合莱茵资本主义生产方式的企业行为似乎就不大可能了。2007年金融危机的爆发使对冲基金不得不退居幕后，它们没有来得及完全破坏德国股票交易所多元化的经营模式并将其分拆、拍卖。①

共同决策权是评判德国是否取消德国股份公司机制的另一标准。大部分多元化优质产品生产商清楚自己能够从共决权中获得很多，而这不仅仅出于和平相处的原因。戴姆勒·克莱斯勒公司总裁尤根·史雷姆普（Jürgen Schrempp）在退休卸任前又重新唱起共同决策权的赞歌（收购克莱斯勒公司时也是如此），这自然有经济的原因。史雷姆普认为，共同决策权既不会损害在德国的投资，也不会妨碍企业决策（Toll Collect公司高速公路收费项目的尴尬开局另有他因）。共同参与决策机制是德国模式的重要组成部分，它阻止为了短期利润最大化目标而牺牲重要的未来投资。② 究竟是生产过程中的质量问题还是与冶金工业工会成功的合作使史雷姆普从美国化的拥护者转变成了一名莱茵资本主义体制的支持者？究竟是这个转折迫使史雷姆普卸任还是它对于阻止其下台来得太迟？无论如何，共同决策机制不是将克莱斯勒融入计划中的"世界集团公司"戴姆勒失败的原因所在。

毫无疑问，银行对于其在资本市场上作用的理解是决定德国股份公司——从欧洲尺度来看就是莱茵资本主义——未来的关键。多年以来，在德国，大银行推行的战略一直不是很清晰。其中，德意志银行就是一个典范。阿尔弗雷德·赫尔豪森曾提出对德意志银行实施欧洲化战略的构想，然而，这一战略并没有得到坚决的贯彻，这之后发展全球性投资银行的激进战略也收效甚微。自此以后，对德国全能银行原则优势的认可在一定程度上出现回归。德国股份公司衰落——德意志银行对此有着不可推卸的责任——之后，敌意收购的风险有所增加。被全球玩家吞并的可能性似乎并未对德意志银行

---

① 丹尼尔·摩尔：《德国证券交易所带有风险的自由权》（Daniel Mohr, Riskante Freiheit für die Deutsche Börse, *FAZ* vom 2. April 2009），第18页。

② 1998年5月，史雷普（Schrempp）在伦敦新闻发布会上宣布戴姆勒与克莱斯勒公司将根据德国法律实施"合并"（Fusion）。其间，他就多次表达了其对共同参与决策机制的青睐并认为它给企业带来的"好处多多"（1998年5月1日《法兰克福汇报》）。随后，保时捷股份公司董事会主席温德林·韦德金（Wendelin Wiedeking）也对它表示赞同："我完全同意尤根·史雷普先生有关共同参与决策机制的观点和看法。保时捷公司也在这方面积累了不错的经验。"（2004年10月21日《德国金融时报》）史雷普在其观点中还坚持认为："那些指责共同参与决策机制将有损于德国投资利益的说法是完全错误的。"此外，它也不会对企业的决策权利和机制造成丝毫负面影响（2005年3月19日《商业公报》）。

发言人约瑟夫·阿克曼（Josef Ackermann）起到什么威慑作用。相比而言，更令人担心的是德国对外经济必须在国际金融市场没有一个国家冠军企业的帮助下进行活动。

如果说德国社团主义市场经济模式抵御住重压存活下来，那么其原因不是德国达克斯（Dax）（德国股票交易所蓝筹股）公司董事会对欧洲市场规则优越性的认识，其真正的捍卫者是中小企业。他们为德国和欧洲的就业及国民收入做出了巨大贡献。为了在全球竞争中站稳脚跟，他们不仅仅依赖于这类市场规则，还在其运用过程中积累了丰富的积极经验。因此，他们一般不容易受到时髦观念的诱惑。这样的观念往往比较短视，不会超出大型企业受雇的经理层或资本市场上制度投资者短期目标的范畴。这尤其——但不仅仅——适用于大多数独立经营的企业家，他们是几十个区域产业集群（见图2）得以正常运行的主导力量，也是德国对外经济的中流砥柱。然而，即便是中小型企业也并不总是知道如何在生产体制框架内做出符合自身利益的行动。在这方面表现最明显的就是他们也逐渐丧失了对优化使用双元职业培训体系的兴趣。那些对人力资本投资过少并想把德国转变为低工资国家的企业主，最终损害的是自己和整个经济利益，这几乎已经是老生常谈。

为了能够履行自身的职责，企业家一方面不仅要懂得必须如何行事才能保障体系正常运行，而且愿意这样做。另一方面，当所有前提条件满足时，他们也能够这样做。这就使政治加入进来，政府要能够从中导出对财产的社会责任提出的具体要求。从这个意义上来讲，敦促企业家在社会生产体系中承担相应的责任既属于国家合法的秩序政策任务，也属于民主法治社会的公众权利。由于不同战略带来的后果不只具有经济特征，还将对人们的生活方式和整个社会的精神状况产生深远影响，因此，不能将其仅仅交于企业家来决定。这些战略的选择要以政治上的基本原则决定为前提，特别是没有哪项战略能够放弃政治资源。70年代以来国际金融市场已经发展成为"金融恶魔"（Horst Köhler），在如何驯服它的问题上，国家的力量也同样重要。对全球资本市场发展失控状况的批判早有先例。在1980年的威尼斯世界经济会议上，赫尔穆特·施密特以"世界经济学家"的身份对七国集团尚不完整的世界经济治理机制发出呼吁，要求它们重新赢得对资本市场的统治。此言一出，批判浪潮的序幕就被揭开了，其发出的警告直指国际金融政策的统治错位。这一问题的解决决定着世界经济的兴衰成败。驯服这一早已取代了国家成为"濒死的上帝"（托马斯·霍布斯）的新巨形猛兽（Levianthan）困难重重，其背后隐藏着问题的实质，即国际经济利益政策。它属于文化冲突的组成部分。在这场斗争中,各种利益在世界市场上不同社会生产体系对交易规则的争夺中形成鲜明对立。直到最近,金融市场问题的这一层面才进入公众的视野。此前,这一问题被人们对世界金融市场崩溃的合理恐惧所掩盖。正是曾任国际货币基金组织主席职位的德国联邦总统科勒在这场经济文化之争中明确表态。他呼吁德国人对其"金融领域"进行战略性审视并建议政界理直气壮地"对欧陆的金融和银行文化予以支持"。[1]

寻求和争取"正确"企业和经济文化的斗争正在全面展开,企业家的责任要求其必须面对这一挑战。社团主义市场经济体制的道德原则,即在一个由企业家协调的市场经济体制条件下有关企业正确行为的学说,既没有要求其倡导者完成不可能的任务,也没有要求其做出不能接受的牺牲以满足社会共同体的利益。负责任的行为与自利也能在社团主义市场经济体制下实现统一。

二 在福利国家与市场国家之间:社会国家能够维持吗?

1945 年以来,联邦德国不止一次遭遇到社会各界对其社会保障体系是否合乎时宜的质疑。承载着历史积淀的社会保障体系不得不面临四大挑战。战后初期似乎是德国从战胜国手中接受所谓更加符合时代的统一保险模式的有利时机。此后,在 50 年代,俾斯麦式的社会保险的功绩淹没在"经济奇迹"带来的增长活力的阴影之中,以至于必须在改革和体系转变之间做出选择。70 年代初,即社民党—自民党联合政府时代,以增强社会民主、实现经济稳定为目标的"内部改革"频繁上演,社会保障体系愈加强烈地被卷入其中。除了自我管理型社会保险模式以外,还引入了福利国家的种种规定,从而使社会国家越来越偏离其在社会生产体系中本质上的经济功能。当今,体系转型的话题又一次重新出现:从福利国家转变为市场国家。

形成于俾斯麦时期并具有弹性地持续至今的德国社会国家如今正遭遇多方面威胁的挑战。其中,最普遍、最显著的征兆便是日益严峻的融资问题。在这些问题当中只有一个容易认清而且其代价可以估算,即由工业时代的人口方式向后工业时代的过渡,长期以来,德国及其他欧洲国家就处在这一过渡当中。虽然人口在低增长水平上的稳定化还无法完全清楚地估量,但这一过渡当今已经有了十分具体的预测后果,尤其是它给社会国家传统机构的预算收支带来了沉重的负担。这一影响非常广泛,它不仅仅涉及"俾斯麦"

---

[1] 科勒(Köhler)把世界金融体系称之为"怪兽"(Monster),参见 2008 年 5 月 15 日《世界报》,第 2 页。

式的社会保障体系，还波及养老保险、伤残保险等领域所有类型的体系。当前，各欧洲福利国家纷纷将推迟退休年龄的计划提上了议事议程，而这还只是它们面临问题的共性之一。除此之外，当然还有仅仅是俾斯麦式的社会保障体系，或者说主要是这个保险体系受到的挑战。简而言之，它主要涉及的是市场全球化加速与"知识型社会"诞生带来的各种影响。在"知识型社会"里，工业经济中占主导经济地位的物质生产方式退居次要地位，非物质生产方式将越来越成为决定一国国民生产总值价值创造的主力。

在对全球化影响的时尚探讨中，人们普遍认为这将必然会迫使发达"工业国"的生产条件日渐趋同。作为对经济没落的惩罚，在全球互联互接的市场上愈演愈烈的竞争造成的经济恐慌（terreur économique）①将迫使参与其中的国民经济体——无论在其他方面的代价是什么——降低其生产成本，这些经济体有意识采取的经济与社会政策反向调控也无济于事。② 根据这种观点，俾斯麦式的社会保障体系不成比例地抬高了工资附加成本，从而令德国生产体制的竞争力迟早会变得岌岌可危。

回顾历史，认为俾斯麦式社会国家将成为德国经济软肋的担忧完全不是什么新鲜事儿。19 世纪 80 年代以来，这类恐慌从一开始就与社会体制立法实践一路为伴。德国作出构建社会保险新体系的决议之后，这类恐慌迫使帝国政府和德皇积极追求国际层面上的工业国由于劳工保护政策和一般社会福利政策导致的"负担"的平衡。事实上，人们的担忧也并非空穴来风。1890 年以来，不考虑贸易保护主义政策和贸易政策区域经济调控的影响，全球市场关系越来越成为国内经济发展的决定性因素。1872—1890 年，世界工业品的贸易出口额"仅"增长了 1/4。而 1895—1914 年，它就增长了近 3 倍。德国出口贸易也紧跟潮流。正是由于这种活力，"全球化"在当时——乃至今日——一直被人们视为一种威胁，它使任何国家似乎都无法独立制定相关的政策。③ 这也是当时帝国外交界倡议制定国际劳工保护规定和

---

① 有关经济恐慌（terreur économique）对欧洲福利政策统治的批判见皮勒·博迪耶《对提特梅尔模式的警告》（Pierre Bourdieu, Warnung vor dem Modell Tietmeyer, in: *DIE ZEIT* 45, 1. 11. 1996），第 2 页。

② 有关对该立场的反对观点见维尔纳·阿贝尔斯豪塞《再思李嘉图：商业文化的制度比较优势》[W. Abelshauser, Ricardo neu gedacht: Komparative institutionelle Vorteile von Wirtschaftskulturen, in: Kulturen der Weltwirtschaft, hrsg. v. W. Abelshauser et al. (*Geschichte und Gesellschaft*), Sonderheft 24, Göttingen, 2012]，第 29—58 页。

③ 肯尼斯·巴尔金：《1890—1902 年德国工业化之公开论战》（Kenneth D. Barkin, *The Controversy over German Industrialization 1890—1902*, Chicago, London, 1970）。

其他福利政策措施的原因所在。虽然这些实践努力并未取得成功，但总算让人看到了解决这一问题的希望。鉴于对两方面原因的考虑，由劳工保护措施产生的高额成本负担并没有成为德国生产地的区位劣势。一方面，其他欧洲国家在这些方面很快便接近了德国的标准，有的甚至还超出了这一标准。①另一方面，实际很快证明，德国社会保障体系非但不是区位劣势，反而还是其优势。因为它成了一种生产体系的重要组成部分，而这个生产体系正是德国经济在许多市场竞争中立于不败之地的原因。

俾斯麦式社会保障体系是德国建立社会政策体系的关键一步。相比以教堂、企业、乡镇、劳工组织和其他协会为支撑主体的旧式社会保障网，新体系注重维护（后）工业关系的长期性、灵活性和稳定性。同时，它也能更好地满足知识型工业社会在许多方面提出的要求。新的社会保障体系是德国生产体系取得成功不可或缺的前提条件。企业对人力资本投资的重视度越高，它们对建立和维持高资质固定员工队伍的依赖就越强。为了避免企业员工培训收益由于跳槽而流失，越来越多的企业选择通过有约束力的行业劳资协议制定工资政策来限制、诱使高资质专业员工跳槽。这也为企业提高固定员工队伍资质的高额花费提供了保障。1911年以来，在不断壮大的"知识型社会"的背景下，以绩效为导向的跨企业社会保障体系也扩大到不断增长的公司雇员队伍。这种体系一方面提高了区域间劳动要素的流动性，这也是德国向后工业时代生产方式过渡必不可少的前提条件；另一方面，行业劳资工资协议适用区域内的工资也没有为员工更换企业提供物质激励。德国生产体制的这一锚定功能使劳资协议双方非常乐于接受俾斯麦的劳资协议体系。一直到世界经济危机爆发，这个体系不断得到扩展，随着1927年失业保险体系的建立，这一体系本身也得到了进一步的扩大。

在世界经济危机和第二次世界大战的影响下，德国的社会政策理念开始发生了转变。第三帝国时期，为了适应"全民共同体"的形势和一个能够控制未来经济发展的景气政策幻想的需要，政府将推行统一保险提上了议事日程。类似的考虑也影响到了英国保守党与工党战时联合政府在1942年贝弗里奇计划中提出的改革方案。② 1945年，英国社会改革人士威廉·贝弗里

---

① 彼特·芙罗拉、阿诺德·海登海姆：《欧洲与美国福利国家的发展历程》（Peter Flora, Arnold J. Heidenheimer, *The development of the welfare state in Europe and America*, Brunswick, London, 1981），第54—57页。

② 威廉·贝弗里奇：《社会保险与联盟服务》（William Beveridge, *Social insurance and allied sevices. Report presented to Parliament by command of his Majesty*, November 1942, New York, 1969）。

奇针对所有公民提出了以最低退休金（统一费率）为基准的公民统一保险计划。经济政策领域的凯恩斯革命似乎为现代福利国家构建了一个新的、坚实的经济基础。在1945年开辟新时代的情绪中，英国看到了实现计划目标的有利时机，它甚至对英国以外的地区也发挥了神奇效应。自此，英国的福利国家体制最终取代了俾斯麦的社会保障体系，成为欧洲大陆福利政策的典范。1945—1949年以后，德国面临着重建社会保障体系的艰巨任务。此时它必须将这些新的福利国家标准作为其准绳。[①]

1957年的退休金改革决定——即对传承下来的俾斯麦式社会政策体系实施的现代化改革——使人印象深刻地证明，德国将延续社会政策经典发展轨迹。然而，俾斯麦的社会国家为何能击败其他可供选择的路径得以延续呢？乍一看，这种制度连贯性似乎反映了"路径依赖性"原则：在时间系列上，制度规则遵循路径依赖，即便成效不尽如人意。[②]在"路径依赖"条件下，制度创新更容易得以实现并且无论在现行框架内还是在现行框架外所产生的成本较低，尽管从长远来看，其内部一致性会在很大程度上丧失。德国养老保险就是一个很好的例证。它由最初的辅助保障发展为家庭养老保险，最后又发展成了老龄额外收入。[③]以长远目光来看，路径依赖性原则只有与实质性的内部转型联系在一起，才能真正解释制度的存续，而制度形式上的存续又反过来减少制度转型实现的阻力，支持其实现，在许多情况下甚至唯有如此，转型才成为可能。

事实上，德国的经验表明，与社会保障体系长期发展有着更密切联系的是经济的运行规律，而非政权和机制更迭带来的秩序政策形塑力的影响。[④]

---

① 汉斯·君特·霍克茨：《德国战后社会政策反贝弗里奇计划而行之——作为比较分析之预备的一些分析》（Hans Günter Hockerts, German Postwar Social Policies Against the Background of the Beveridge Plan, Some Observations Preparatory to a Comparative Analysis, in: Wolfgang J. Mommsen, Wolfgang Mock, *The Emergence of the Welfare State in Britain and Germany*, London, 1981），第315—342页。

② 艾尔玛·里格：《福利国家制度化——西方福利国家究竟怎么了？》（Elmar Rieger, Die Institutionalisierung des Wohlfahrtsstaates, Theda Skocpol, What is happening to Western Welfare States? in: *Contemporary Sociology* 14, 1984），第307页及其后。

③ 另一个例子是1995年引入的护理保险。表面上看，它似乎完全延续了德国社会保障体系的传统。它只是利用伪装的"俾斯麦"体系形象。事实上，在某些实质问题上——例如在保险收益的分配问题上，员工与雇主间的平等分配传统已被打破。

④ 维尔纳·阿贝尔斯豪塞：《权力还是经济规律？——从帝国时期到联邦德国时代的社会政策与经济发展变迁》（W. Abelshauser, "Macht oder ökonomisches Gesetz? Sozialpolitik und wirtschaftliche Wechsellagen vom Kaiserreich zur Bundesrepublik", in: *Der wirtschaftliche Wert der Sozialpolitik*, hrsg. v. G. Vobruba, Berlin 1989），第13—29页。

即使在德国经济极端形势下，传承下来的社会保障体系作为德国制度框架的一部分也得以存续，它对于保障生产和维护社会稳定是不可或缺的。无论是德意志帝国时期还是阿登纳时代，社会政策思想在与经济和社会的秩序理念的博弈中都取得了胜利，这些经济与社会的秩序理念从根本上是与社会政策上的国家干预主义不相容的。相比1879年俾斯麦的政策"转折"以来在广泛阵线上退居守势的帝国经济自由主义而言，这更加适合50年代的"社会市场经济"。

70年代初，西德社会国家从其经济目标服务的脱钩开始加快，社会福利支出两位数的增长远远超过了国民收入的增长速度。将与体系不符的、福利国家的因素纳入现行社保体系的做法则是加快这一进程的关键原因。1961年的《联邦社会救济法》规定国民享有法律保障的、为能够有一个"符合人类尊严的生活"而得到公共资源的权利，这实际上就意味着制造了一个不劳而获的最低工资。事实上，这是德国迈向福利国家道路的风向标。1972年的养老金改革虽然表面上还是体制内的改革，但其将劳动贡献与保险费区别对待并将日益庞大的居民队伍（自由职业者、学生、家庭主妇、农民、残障人士）纳入其中的做法越来越对养老金的保险特征提出挑战。医疗保险的开放也面临着类似的问题。卡尔·席勒的凯恩斯主义景气政策不仅为此创造了必要的融资空间，也为其未来发展铺平了道路。福利国家又一次将其能够为一个符合人类尊严和不断增长的全体公民享用的基本保障获得足够资金的希望，付诸经济政策领域凯恩斯革命的力量。

不过，早在70年代中期，这些希望就化成了泡影。就在社民党—自民党联合政府即将垮台时，政府意识到将社会福利网从多余的或过于昂贵的额外支出中减负（赫尔穆特·施密特）的必要性。但在科尔时代却没有类似情况发生：相反，福利保险费——如失业金的领取年限——被显著提高。两德的重新统一也给保险金带来许多"与保险目的不符"的财政负担。而对于人口发展过度的预测被证明是容易掌握的，而且其成本也较好计算。市场"全球化"的加速与"知识型社会"的扩张给德国带来的所谓影响也不是什么难以掌控的问题。对于社会产值的形成而言，曾经占主导地位的物质生产模式（工业经济）正在逐步为非物质价值创造所取代。一个调整后的俾斯麦式的社会保障体系很容易胜任这项任务。正是上述两种现象构成了19世纪80年代开创性工作的背景。

更为根本的问题是，作为社会国家体制平台和框架不可或缺的民族国家本身究竟拥有多大的存续能力?① 这里同样不涉及"全球化"进程带来的简单形式的影响。19世纪后期以来,民族国家最终与世界市场体制结成了密不可分的关系。更尖锐的批评是从长远角度来看,民族国家将无法胜任计算机、信息通信技术和大规模杀伤性武器革命带来的冲击。② 因此,新保守派人士和市场自由主义思想家便极力呼吁用以资本市场和跨国公司全球网络的统治为基础的"市场国家"来取代社会国家。在这一构想中,国家将不再扮演提供社会保障与重新分配资源的角色。市场国家不再对公民福利而是对其机会的提供实行优化。它应增加公民的选择可能性,而非大众的福利。从这种角度出发,目标本身既不是社会公平也不是充分就业,而是在许多可能机会供给中的个体变量。由于维护社会公平或充分就业的成本过高,不确定性因素过多,因此,市场国家(market state)的倡议者认为,只要保证机会均等,他们可以接受社会不公与劳工失业的状态。在他们眼中,这是合乎理性的行为。他们还认为,由此对福利国家质量所带来的损失,市场国家可以用更具全球意义的收获来弥补,例如基础设施安全、公民健康监管与环境保护。

当然,市场国家的构想也无法绕过对决定其相应状态的各类制度框架条件的重视。事实上,它拥有三种变体形式:"商业国家、管理国家和企业国家"。③ 重点在解除市场管制、推行经济私有化、降低税负和低国家社会转移支付的企业市场国家(entrepreneurial market-state)(The Meadow,草甸)最符合新的理想模式,而在市场自由派人士眼中管理市场国家(The Park,公园)则是最靠近德国乃至欧洲社会福利国家的经济模式:制度的路径依赖导致了经济效率与福利国家社会凝聚力与社会公平目标的分离。④ 不论从哪个角度来观察,这一诊断并不适用于传统的福利国家和其核心的经济权能。只有置制度上现实典型的区别于不顾,市场国家才能成为社会国家的替代物。

现如今已经过几次大范围更新的俾斯麦式社会国家的延续,实际上取决

---

① 有关欧洲福利国家问题的内容参见汤亚·阿内特·格罗茨《欧洲福利国家的养老保险——20世纪的发展阶段》(Tanja Anette Glootz, *Alterssicherung im europäischen Wohlfahrtsstaat. Etappen ihrer Entwicklung im 20. Jahrhundert*, Frankfurt am Main, New York, 2005)。

② 菲利普·伯比特:《阿喀琉斯的盾牌——战争、和平和历史进程》(Philip Bobbitt, *The Shield of Achilles. War, Peace and the Course of History*, London, 2002),第228页。

③ 同上书,第670—676页。

④ 大卫·伦西曼:《花园、公园和草甸》(David Runciman: The Garden, The Park and The Meadow, in: *London Review of Books*, 6. Juni 2002),第7页。"花园"代表的是商业市场国家构想,这一点是欧盟等大型经济区众所周知的。

于对一个迄今为止很少提出问题的回答：德国生产体制形成于 19 世纪，此后，随着它在"新"工业中不断增长的经济与社会创新拓展至整个国民经济。那么俾斯麦式社会国家是否从一开始就是这一生产体制的固定组成部分呢？如果回答是肯定的，使其继续延续并进一步完善就是值得的。或者它只是完全为了满足工业社会的需求制造出来的制度框架？倘若是这样，它将基本被视为一种"过时的模式"，虽经历了 1911 年、1927 年、1957 年和 1995 年的彻底完善，但其兴衰成败依然与工业生产模式的终结密切相关。它的延续则只能如此来解释：德国在 19 世纪末由于进入了非物质生产方式而具有了活力，成为这方面的先驱者之一，而在 20 世纪由于两次重建不得不又退回到工业经济后来者的地位。只有这一诊断符合事实，社会政策的经济价值才需要重新定向：即从满足工业社会的需求转向非物质价值创造的经济方式及其他对社会稳定与团结互助的需要。但诸多事实表明，社会国家从诞生之初就适应并满足了上述要求。[①] 历史是现实的一面镜子，借助改革它将变得更加具有效率。

三 经济政策：改革的持续与变迁

更确切地说，1982—1983 年经济政策转向的呼喊是后退导向的。科尔新政府的金科玉律是重新回到艾哈德时代的社会市场经济体制，回到自 60 年代末偏离了的秩序政策优良传统的道路上。面对国家经济政策在不断严重的劳动力市场问题面前无能为力，80 年代以来的改革自由主义"药方"重获魅力。充分就业目标的实现不能依靠需求管理，而应借助供给政策。[②] 新经济政策的目标似乎并不张扬，它只想建立"中期政策稳定性的声望"，发出可靠性的信号，整顿公共财政，特别是加强并坚决相信市场力量。[③] 由此，科尔政府效仿了美国 70 年代末以来的"里根经济学"，英国的（1979—1990 年）"撒切尔主义"和法国密特朗自 1983 年起实施的"紧缩政策"（politique de rigueur）。国家似乎将自身的行为限制在保障币值稳定和

[①] 阿贝尔斯豪塞：《活力》（Abelshauser, *Dynamics*）。

[②] 海讷·夫拉斯贝克：《什么是供应政策？》（Heiner Flassbeck, Was ist Angebotspolitik?, in: *Konjunkturpolitik* 28, 1982），第 75—138 页。

[③] 伊贡·诺伊廷格：《经济增长路径之分析——1983 年以来联邦德国的经济发展——回顾历史分析、展望未来与经济政策评价》（Egon Neuthinger, Anatomie eines Wachstumspfades-Zur wirtschaftlichen Entwicklung in der Bundesrepublik Deutschland seit 1983—Rückschauende Analyse, Ausblick und wirtschaftspolitische Bewertung, in: *Konjunkturpolitik* 34, 1988），第 185 页。它与阿尔弗雷德·米勒-阿尔马克于 1975 年 3 月 15 日在科隆研讨会采访中阐明的经济政策目标完全吻合。

为投资者创造有利的框架条件上,而在其余的方面则将为经济行为后果所付的责任交还给经济界,尽管德国与那些接受盎格鲁—撒克逊经济理念的国家相比程度要小一些。虽然联邦政府没有创立什么明确的新经济政策体系,整体经济专家鉴定委员会也没有跳出供给政策一般概念的窠臼[①],但相比其他中央银行而言,德国联邦银行(和后来的欧洲央行)则更加坚定并且长期地接受了货币主义学说[②]有关借助中期货币量的目标稳定市场货币供应的要求。在这里,新的理论考量与长期以来实行的行为方式相契合,因此更为广泛地被接受。里根时代的其他良方对策,例如"拉弗曲线",则未在德国引起多大反响。阿瑟尔·拉弗(Arthur B. Laffer)从理论角度证明了减税并不会带来预算收入的损失。因为它所引致的经济增长反而会提高税收收入。这些理念对里根和撒切尔的经济政策影响十分显著[③],但与货币数量调控一样,这些政策并没有取得成功。联邦政府置"转向"于不顾,采取了取向模糊的政策混合,继续试图通过财政来调控经济发展。政府补贴非但没有减少,反而增加:德国政府为农业、采矿业、造船业和科技研发领域提供了更多的补贴。原来提出的一次性降低5%至10%政府补贴的措施也未能得到实施。社会福利支出——教育补助、子女补贴费、社会救济金、职业培训和母亲养老金——也在经历短暂缩减后进一步扩张。1987年,政府甚至还将领取失业金的最高期限延长至32个月。这使得"哈茨"立法过程中将此期限缩减至12个月的规定——70年代的水平——显得异常激进和苛刻。工会组织和企业雇主同样坚决地反对社会生产体系解除管制的举措。[④] 为了应对联邦宪法法院的判决,一方面,科尔政府加强了企业职工代表大会选举时的少数权利并在企业监事会的雇员代表中引入了"主管职员发言人委员会"。尽管如此,这并未真正威胁到工会组织在企业中的强势地位。另一方面,科尔政府也拒绝了"无情地"取消雇员在监事会对等共同决策权的选择。实际上,政府完全可以先什么也不做,一直等到越来越多的企业在没有法律修改

---

① 经济咨询专家委员会:《1982—1982年度鉴定报告》(SVR, Jahresgutachten 1982/1983, Stuttgart, 1982, Zf. 284—300)。

② 米尔顿·弗里德曼:《货币稳定计划》(Milton Friedman, *A Program for Monetary Stability*, New York, 1959)。

③ 阿瑟尔·拉弗:《融合世界的国际经济学》(Arthur B. Laffer, *International economics in an integrated world*, Glenview, Ill. 1982)。

④ 奥托·格拉夫·兰姆斯多夫:《转折与后续策略》(Otto Graf Lambsdorff, Die Wende und was bleibt zu tun, Vortrag im Bankhaus Schröder, Münchmeyer, Hengst & Co., London am 2. Juli 1986, in: ders., *Frische Luft*),第91页。

的情况下滑到原有的框架之外。① 1986 年、1988 年和 1990 年的税费改革虽然减轻了税费负担（共降低税负 636 亿马克），但对德国的经济增长并未产生显著的影响。

  1983 年以来，美国和日本经济相继复苏，进而推动了世界经济的回暖。西德经济也从中获益匪浅。但德国国内需求的升温则不够强，欧洲内部市场的活力也差强人意。供给政策方面预测的持续而广泛的投资进程并没有出现。经济增长有违常理地依赖于国外需求和消费需求。② 新的经济政策对失业态势未产生重大影响。失业率出现小幅下降，但又于 90 年代初升到更高的水平。时至今日，失业问题依旧维持着那种周期模式。不过，更为关键的一点是失业人口基座呈现线性上升趋势。两德重新统一的经济后果使劳动力市场问题进一步恶化。但它既非该问题出现的根源，也没有为它的解决作出任何贡献。直到 1997 年，新联邦州的经济进入迅速赶超阶段，东西两德之间巨大的差距似乎有迅速缩小的可能。然而，随后趋同陷入停滞状态，货币、经济和社会联盟实行过程中的种种重大失误开始产生影响。尽管经济统一的错误非常严重，但还是可以想办法补救的，至少不至于使调整进程延迟这么多年。问题产生的原因在更深层次上。一方面，德国统一社会党用 40 年时间进行了彻底的大扫除，这之后活跃的制度网络的重建必将是一场持久战，这是情理之中的事。旧的经济制度虽然可以轻易废除，新制度却并非一朝一夕就能建成。对新市场规则的认可必须以信任为前提，而这需要经验的证实与积累。新的思维和行为方式通常只能在代际更迭时才为人们所接受。另一方面，新联邦州的经济发展虽依赖于西方的架构模式，但它同时也招致了相应的问题。而在历史转折的背景下，它们又变得愈加尖锐化。至少从 90 年代以来，这一发展将生产体制本身推至关注的焦点，将其置于批判的声浪之中。

  90 年代初，法国高级管理人员米歇尔·阿尔伯（Michel Albert）在一本引起特别关注的德美经济体系对比的著作中，强调了"莱茵资本主义"——这是他对德国社团主义市场经济模式的称谓——在经济和社会政策的优越性。但

---

  ① 克劳斯·阿尔明根：《工会组织在政权更迭中的影响与地位》[Klaus Armingeon, Einfluß und Stellung der Gewerkschaften im Wechsel der Regierungen, in: Bernhard Blanke u. Hellmut Wollmann (Hg.), *Die alte Bundesrepublik. Kontinuität und Wandel*, Opladen, 1991]，第 274 页；佐恩霍夫：《经济政策》（Zohlnhöfer, *Wirtschaftspolitik*），第 138 页。

  ② 经济咨询专家委员会：《1984—1954 年度鉴定报告》（SVR, *Jahresgutachten 1984—1985*, Zf. 291)。

同时他也提出了这样的问题：在"美国竞争对手政治、媒体和文化的影响下"，这一模式是否还是会被取代？① 如今，德国社会生产体系的生产率在国际比较中还属于领先行列。即便批判者也认为，德国经济并不普遍地缺乏创新能力，但在某些全世界一致认为有未来前景的市场上缺乏创新能力。总体说来，它们属于以信息技术为导向的新经济范畴。对于如何弥补德国经济创新实力不足的问题，各方却意见不一。有些人认为应当对现行社会生产体系进行改革；有些人则认为现行体系已经过时，必须重新开创新的生产模式。他们主张仿照美国模式用新的生产体制与游戏规则来取代旧有体制和规则。这种观点对德国股份公司和其强大的经济文化提出了重大的挑战。长期积累的制度虽然能很快被破除，但新的市场规则和经济组织却需要经历相当漫长的时间才能建立起来。此外，这样的激进之举能否成功还是个未知数。

只要能保证社会生产体系的核心架构正常运行，德国就要尝试清除体制内数十年来积累的沉疴，将其解放出来，并注入新的，尤其是与人口发展相匹配的元素，舍此没有其他合理的选择。首先，改革者的重点是纠正 70 年代和 80 年代的历史失误，当时的决定以"经济奇迹时代"过时了的工业世界观为导向。90 年代以来，德国不得不补上早在二三十年前就应该进行的经济与社会政策对后工业时代形势的新定位。然而，更迭的联邦政府的"改革政策"并没有遵循一个体系内生的双重战略：即在重建体制行动能力的同时对体系每个个别组成部分就其在后工业时代的功能及适应力进行审核并在需要情况下进行调整。

80 年代，广泛地解除管制与私有化政策拥有极其有利的框架条件。联邦银行通过从紧的货币政策对此予以支持，联盟党与自民党联合政府掌控着议会两院的多数，欧盟委员会在其内部市场计划框架内敦促联邦德国向这个方向迈进，因此，科尔政权近四分之一针对解除德国金融市场管制的倡议是由布鲁塞尔发起的。尽管如此，这些措施——特别是在 80 年代——却都收效甚微。德国整体经济专家鉴定委员会指出，1980—1989 年，经济政策在打击通货膨胀、整顿国家财政方面虽然取得了一些成绩，但并未进行深入而彻底的"结构改革"。② 联盟党内部的部分成员成功地抵御了来自"纯粹市

---

① 米歇尔·阿尔伯：《资本主义对资本主义》（Michel Albert, *Kapitalismus contra Kapitalismus*, Frankfurt am Main, 1992），第 165 页。

② 经济咨询专家委员会：《1997—1998 年度鉴定报告》（SVR, *Jahresgutachten 1997—1998*, Ziff. 239 ff.）。

场经济教主们"(Edmund Stoiber)的政治压力,这些人希望打破德国邮政和联邦铁路公司在通信市场与交通运输网市场的垄断。但正如联邦邮局局长所言,改革应当走出一条"具有德国特色"的前行之路,"即将竞争、生存保障和基础设施义务以同等重要的方式纳入到改革中",其他任何国家还没有制定过这样的法律。① 最终,联邦政府颁布了《邮政结构法》(1989年),其解除管制效应仅局限在诸如移动通信这样的网络边缘领域(但这些领域具有未来前景)。80年代的解除管制的争议也表现在实际上十分边缘的话题上:商店结业时间自由化。即便是引入商店"开业服务夜"的规定——即将商店每周四的闭店时间改成20:30(!)——在反对派看来也无异于"自由主义思想和市场经济意识形态拙劣的入侵"。② 此外,对联邦政府的企业股份实施私有化的行动也进展缓慢。1987年,能源巨头费巴股份公司(VEBA AG)为此开了一个头。截至1989年,国有混业康采恩费亚格股份公司(VIAG AG)、大众汽车、萨尔茨基特股份公司(Salzgitter AG)和汉莎航空公司等10余个公司的国有股份都相继被整体或部分私有化。其涉及的股份总额为近100亿马克。③ 自90年代中期开始,德国私有化、去管制化和去国家化进程急剧加速,重点集中在金融、通信和交通运输市场。其中,对金融市场实施的自由化举措影响深远,最重要的无疑要属证券交易所的改革。借此,证券交易所在很大程度上去除了公法性质并加大了对国际资本市场及其交易规则的开放力度。④ 此后,德国便开启了拆除"德国股份公司"制度基础的进程。2000年,随着《法人公司所得税法》第8b条第2款的修订,德国开始禁止对转让海外股份所得的利润进行征税,这成为上述进程的关键一步。2001年,该项规定的适用范围也延伸至国内股份的转让。它尤其涉及金融领域以及戴姆勒·克莱斯勒、费巴、曼内斯曼和西门子等工业巨头之间错综复杂的相互参股关系。社民党的联邦财政部长汉斯·艾歇尔(Hans Eichel)以为,经济关系纵横交错的德国模式已经"固化僵硬",不

---

① 联邦邮局局长施瓦茨—施令(Schwarz-Schilling)1988年在联邦议院上的讲话(*Plenarprotokoll* 11/94),第6380页。
② 社民党议员马蒂尼·格罗茨博士(Dr. Martiny-Glotz)1988年在联邦议院上的讲话(*Plenarprotokoll* 11/94),第6671页。
③ 佐恩霍夫:《经济政策》(Zohlnhöfer, *Wirtschaftspolitik*),第169页。
④ 实际上,改革是在财政部长交予金融学家的鉴定委托下实施的,参见克劳斯·霍普特、贝恩特·鲁道夫、哈拉德·鲍恩《交易所改革——经济、法律与法律政策研究》(Klaus J. Hopt, Bernd Rudolf, Harald Baum, *Börsenreform-Eine ökonomische, rechtsvergleichende und rechtspolitische Untersuchung*, Stuttgart, 1997)。

再能够适应全球市场提出的灵活性要求。因此,这成为他大力推进相应改革措施的动因。[1] 当时,100 所大型德国企业中仅有 27 家企业的股份分散于众多股东手中,其余企业的核心股权则全都由家族、基金会、银行、保险机构、工业企业或政府所掌控。[2] 战略性税收减负主要包括将企业留利和分红的法人税从 40% 降至 25% 以及为收入税纳税者减负 425 亿马克(至 2005 年)。德国模式开始逐渐失去其特色,同时也做好了适应全球标准资本主义市场规则的准备。这其中包括对德国两大最重要的国有企业——联邦邮局与联邦铁路——实施的"去国家化"和私有化举措。90 年代初,根据老版《基本法》第 87 条规定,这两大企业还毫无限制地接受"联邦政府在自身的行政层级基础上的统一管理",适用于《公务员法》并且政府财政需要优先于企业经营的考虑。各项改革行动中,铁路改革(1994 年)恐怕最为紧迫。彼时,联邦铁路还欠有 1500 亿马克的巨额债务,在 80 年代期间联邦铁路依靠联邦政府年均约 130 亿马克的补贴维持。此外,其市场占有额也在不断流失:货运领域的市场份额从 56%(1950 年)降至 20.6%(1990 年),客运领域则从 36.4% 降至 6.2%。[3] 鉴于这种情况,通过建立一个改革者的大联盟以股份公司形式——联邦政府是其唯一的股东——对其进行至少形式上的私有化改革已势在必行。这项改革可以促使联邦铁路原则上以企业经营为导向开展业务,将经济与社会任务明确加以区分,并且对 35 万名铁路职工可实现灵活化管理,这意味着为近 14.3 万名公务员制定过渡性解决方案。联邦铁路高层希望在形式上私有化之后通过股票上市实现实体私有化的目标饱受争议,2008 年,在全球金融危机的影响下,这一想法无疾而终。与联邦铁路的情况类似,德国政府出于同样动机对 1989 年的《邮政结构法》进行了修订。另外,德国政府也必须对欧共体的倡议做出回应,对通信市场不

---

[1] 联邦财政部:《2000 年 1 月 13 日财政部长汉斯·艾歇尔在科隆工商业联合会的新年招待会上的讲话》(Bundesministerium der Finanzen, Rede des Bundesfinanzministers Hans Eichel anläßlich des Neujahrsempfangs der IHK Köln am 13. Januar 2000, Köln 2000)。

[2] 垄断委员会:《大范围实现市场开放——第十二份鉴定报告》(Monopolkommission, Marktöffnung umfassend verwirklichen, Zwölftes Hauptgutachten, Baden-Baden, 1998),第 235 页。

[3] 克劳斯—弗里德里希·拉瑟:《联邦结构改革:是正确的转折之路还是偏离正轨的失误?》(Claus-Friedrich Laaser, Die Bahnstrukturreform: richtige Weichenstellung oder Fahrt aufs Abstellgleis? Kieler Diskussionsbeiträge 239, Kiel, 1994),第 30 页。也可参见汉斯·彼特·施瓦茨《重新统一与 1898—1994 年的铁路改革》(Hans-Peter Schwarz, Wiedervereinigung und Bahnreform 1989—1994, in: Die Eisenbahn in Deutschland, Von den Anfängen bis zur Gegenwart, hrsg. von Lothar Gall und Manfred Pohl, München, 1999),第 377—420 页。

断加快的国际化进程采取应对措施,将邮政业务从政治影响和《公务员法》的障碍中解放出来。尤其是两德统一后,政府为新联邦州的建设投入了大量资金,因此,政府必须要克服由此产生的财政困难。[①] 改革结束后,联邦邮局被拆分为三家股份公司,它们分别是德国邮政、德国电信和德国邮政储蓄银行。与联邦铁路改革有所不同的是,邮政改革第二期也为相关企业提供了实体私有化的可能性。1996年,德国电信正式上市实现了这一目标,并以此来追求股权的分散化。与早前的经历相似,德国私人投资者对股市的保留态度使得创立人民股份制的试验再一次失败。随后的股价下跌更加重了这种消极行为。改革还包括为其他竞争对手提供部分市场准入权利,因此,有必要建立一家监管机构为通信市场的规则提供保障。此后,联邦参议院便介入其中,提交了将保障市场没有盲点的规定纳入法律的建议。1996年6月,联邦议院作出决议,为通信行业制定一套全球最自由、最开放的法律。四年之后,德国通信业监管机构登记在案的补充性通信服务供应商达到1900家,为德国电信的竞争对手共发放了362份网络与视频电话业务许可证,它们占到了总市场份额的22%。[②] 自此,德国消费者为电话业务的支出减少了12.3%,其中尤以长途电话为甚。

  这些改革重新定位了政府在经济领域的角色。生产性秩序政策保障的集体商品流动是德国创新发展必不可少的前提条件,尽管如此,这并不意味着德国人需要无条件接受国家经济影响的历史积累实践。国家、乡镇和地方政府的许多经济行为产生于19世纪特殊的时代条件之下,如今,它们大多已过时,这些努力在今天继续存在已经没有必要。这不仅适用于公共电力供应,还适用于交通运输业和通信业、银行与储蓄所、健康卫生事业、公共和私人安全以及教育、培训和研究领域。以往在德国传统上主要由国家管制的这些行业结构转型后,整体的经济需求发生的变化很大而且还在不断增大,作为供应商的国家已经十分难以有效地应对。鉴于多重限制,政府难以根据市场条件对经济行为做出灵活调整,也难以根据需求上涨态势扩大相应的生产能力。国家作为企业家有着种种障碍:残存的国家财政部门的法律规定和思想束缚、管理实践经验的缺乏、没有发育良好的成本意识、法律与政治上对公共产品自由定价政策的反对,特别是通过税收为创造附加工作岗位融资的政治限制。这些障碍使得公共

[①] 佐恩霍夫:《经济政策》(Zohlnhöfer, *Wirtschaftspolitik*),第340页。

[②] 通信与邮政管制机构:《2000年年度报告》(Regulierungsbehörde für Telekommunikation und Post: Jahresbericht 2000, 2001),第1—25页。

部门难以继续扮演企业家的角色，特别是在具有活力的经济领域。

特定市场的私有化无疑为系统内在的改革战略提供了一个有效的补充手段。但前提条件是：它不能超出一定的界限，在这个框架内，国家的经济作用对社会生产体系的功能和效率仍旧重要。储蓄银行就是一个很好的例证，为像德国经济这样的以中小型企业为导向的分散型国民经济体的投资融资提供保障，其对公共利益原则和区域发展任务的责任仍旧是不可或缺的。以多元化优质产品为导向的生产体制必须依赖于一个教育与科研网络，它们为公民的均等机会权以及实现人力资本自由流动与充分挖掘提供了保障。这种体制不需要精英大学：德国的创新机制在很大程度上依赖于广泛的高质量教育。一旦这一点得以确保，精英当然也不是什么坏事。除此之外，尖端科技研究很久以来也属于德国经济创新能力的制度基础。

除了国家的角色以外，市场主体的行为也需接受检验。制度网络的多样性与密度对经济行为者的社交能力提出了较高的要求。倘若德国经济要确保其在多元化优质产品市场上的制度比较优势并把握住维持和拓展其竞争能力的机遇，对这个规则、合作关系和信任体系组成的复杂的、历史形成的网络合理利用并形成竞争优势的意愿和能力至关重要，其动力自然来自市场以及由其经济逻辑引发的行为方式，它们组成了社会生产体系。显然，这些基本的经济条件仍然存在，它使德国经济的竞争力在国际比较中毋庸置疑。但问题在于标准化的资本市场规则对其发起了不断增大的挑战。这些规则无法融合到德国股份公司中，而且在其拥护者的角度看来这也是有原因的。尤其对于那些被在世界市场上呼风唤雨的全球玩家雇佣的管理者和短期机构投资者而言，灵活应对市场动向、短期利润最大化无疑是十分有利的。由于不同的战略带来的后果不仅是经济性的，它还深刻地影响到人们的生活方式及其整个社会的精神状态。因此，这些战略的选择必须以政治上的基本决策为前提，没有任何替代的战略可以拒绝政治资源。正是这种相互关系，特别是《基本法》（第14条和第2条）对财产社会责任的要求，使明确指出市场主体在社会生产体系中的角色以及其承担的责任成为国家秩序政策的合法任务。

第三节　金融危机的挑战

一　金融危机之历史对比

自从小世界经济危机以来，交易所危机、货币危机和经济危机一直没有中断：1981年9月的"格兰维尔破产"事件（Granville-Crash）使在洛伊特维勒俱乐部聚合的央行行长们对世界局势作出了悲观的预测。1981—1982年又爆发了墨西哥危机，跟着是1987年10月19日的"黑色星期一"，在纽约证交所电脑自动控制的交易订单在"全自动"的流程下22%的交易量遭到"损毁"。1990年迎来"日本股份公司"危机。1991—1992年的瑞典金融危机使瑞典经济模式毁于一旦。1997—1998年的亚洲危机使所谓的"龙虎国家"（不包括中国）的经济遭受重创。1997—2000年的日本危机和2000—2001年的互联网危机为网络虚拟交易的扩张画上了句点。最后，2007年美国又引发了全球金融危机。所有这些世界性事件都给人们敲响了"重返30年代状态"的警钟。慢慢地又有新的发展进入人们的视线，它们很有可能成为新金融危机的导火索。[1] 在21世纪的第一个十年，种种迹象表明"实体经济"对金融领域的依赖性日渐增强。金融市场的活力使全球经济形势、政治环境与社会局势发生了剧变。[2] 70年代以来，随着家庭以及企业对银行和其他金融媒介（基金、保险公司等）负债数额的增长，在大多数通过全球资本市场联系在一起的国民经济中由银行发起的信贷数额显著

---

[1] 当然也有例外：海曼·敏思齐：《金融动荡假说：凯恩斯学说与标准理论之阐释》（Hyman P. Minsky, The Financial Instability Hypothesis: an Interpretation of Keynes and Alternative to Standard Theory, in: *Challenge*, March-April 1977），第20—27页；查尔斯·金德贝尔格：《狂热、困境与崩溃：金融危机史》（Charles P. Kindleberger, *Manias, Panics, and Crashes: A History of Financial Crises*, New York, 1978）。

[2] 威廉·拉佐尼克、米歇尔·苏里凡：《股东利益最大化：公司管理机制新理念》（William Lazonick u. Michael O'sullivan, Maximizing shareholder value: a new ideology for corporate governance, in: *Economy and Society*, vol. 29, 2000），第13—25页；恩格贝特·施托克哈默：《金融化与资本积累进程的减速》（Engelbert Stockhammer, Financialization and the slowdown of accumulation, in: *Cambridge Journal of Economics*, vol. 28 (5), 2004），第719—741页；格雷塔·克里普内：《美国经济的金融化》（Greta Krippner, The financialization of the American economy, in: *Socio-Economic Review*, vol. 3, 2005），第173—208页；格拉德·艾普施泰因和阿尔俊·伽亚德夫：《欧洲经济合作组织成员国股息收益的增长：金融化、央行政策与劳工团结》[Gerald A. Epstein u. Arjun Jayadev, The Rise of Rentier Incomes in OECD Countries: Financialization, Central Bank Policy and Labor Solidarity, in: Gerald A. Epstein (Hg.), *Financialization and the World Economy*, Northampton, MA 2005]，第46—76页；保罗·温道夫：《没有风险的财产所有者——金融市场资本主义的服务阶层》（Paul Windolf, Eigentümer ohne Risiko. Die Dienstklasse des Finanzmarkt-Kapitalismus, in: *Zeitschrift für Soziologie* 37, 2008），第516—535页；格拉德·大卫斯：《市场管理》（Gerald Davis, *Managed by the Markets*, Oxford, 2009）；莫里茨·舒尔拉里克和阿兰·泰勒：《信贷繁荣的没落：货币政策、杠杆周期与金融危机》（Moritz Schularick u. Alan M. Taylor, Credit Booms Gone Bust: Monetary Policy, Leverage Cycles and Financial Crises, 1870—2009, *NBER Working Paper* 5512, Cambridge, MA 2009）；布鲁斯·卡卢瑟、劳拉·阿里沃维奇：《货币与信贷——社会学研究》（Bruce Carruthers, Laura Ariovitch, *Money and Credit. A Sociological Approach*, Cambridge, Malden, 2010）。

增加，由此产生的整体经济的杠杆作用也显著增强。在这种形势下，信贷利息额不断增长，金融行业的利润不断攀升，由此，金融行业在国民生产总值中的占比也有所增加。70年代以来，对货币流通量的控制一直被视为经济稳定发展的关键之举，而人们对金融市场的加速力量的认识却跟不上形势的发展。而数据是最有说服力的证据。1975年，美国经济的整体负债率——即金融领域的债权额在整体经济中的占比——为国内生产总值的150%。2008年，这一数值上升至350%，比20世纪30年代世界经济危机爆发前的比重还要高。① 而德国经济负债率的发展方向和速度与美国大同小异：从70年代的100%提升至2008年的250%。② 在这一发展态势下，金融市场逐渐脱离了货币政策的监督与调控。与此同时，随着私人与公共财政负债率的逐年攀升，各方的政治利益格局也在发生改变，其突出结果是金融领域在社会中的主导地位得到进一步加强并深刻威胁到整体经济的稳定。除了数据事实外，也存在着将金融市场资本主义看作社会和经济变革新台阶的内容因素。它取代了管理资本主义的技术架构（约翰·加尔布雷斯，John K. Galbraith），创造了一个新的"服务阶级"，这一阶层的战略行为以金融市场的运作逻辑为导向。③ 这类职能精英包括金融经济学家、分析师、评级专家、经纪人、汇率经理、金融市场律师、基金、货币和私人股权私募管理者以及投资银行家。他们的就业机遇与全球金融市场的交易密切相关。他们掌握了为自己赢得（不对称的）高额利润的商业战略（短期主义、杠杆经营、投机套利），同时又将在此过程中产生的（不对称的）隐性风险转嫁给客户或其在短期内为之效力的企业。目前在德国，75%的达克斯企业的股本属于基金公司，其中52%的股份掌握在国外养老基金会的手中。④ 显然，这类战略产生的副作用与框架条件的转变是造成金融体系波动加剧和危机时发的原因。由此，人们也应当认识到，70年代以来的金融危机是由信贷泡沫的破裂造成的，这一假说也同样适用于30年代的金融危机。⑤

---

① 《总统经济报告》（Economic Report of the President, transmitted to the Congress February 2010, Washington 2010, Appendix B）。
② 舒尔拉里克、泰勒：《信贷繁荣》（Schularick, Taylor, *Credit Booms*），第10、28页。
③ 温道夫：《所有者》（Windolf, *Eigentümer*），第516页及其后。
④ 《对冲基金强化其在"达克斯"的地位》（"Hedge-Fonds stärken Position im DAX", in: *Financial Times Deutschland vom* 2. Januar 2008）。
⑤ 敏思齐：《动荡》（Minsky, *Instability*）和金德贝尔格、玛尼阿斯以及卡门·莱因哈特、肯尼斯·罗格夫：《这一次有所不同：金融危机的八个世纪》（Kindleberger, Manias, Carmen M. Reinhard, Kenneth S. Rogoff, *This Time is Different: Eight Centuries of Financial Folly*, Princeton, 2009）。

与直接引发30年代初世界经济危机的金融市场和银行危机相比，这一次的金融风暴有不少相似之处。不过，鉴于多重原因的考虑，我们对此结论需谨慎对待。一方面，最新的金融化趋势告诫世人，仅仅为过往之战做好准备恐怕是不够的。显然，从目前的态势来看，主战场已经由货币转到了信贷领域。另一方面，历史科学对过往历程进行合理的比较分析不涉及事件层面。这里爱菲斯的赫拉克利特的箴言也同样适用：历史学家也不可能两次踏入同一条历史河流。从历史经验中学习的艺术告诉我们，应当对（经济）历史的作用关系进行抽丝剥茧，找出其基本前提条件与过程，并从中推导出发展情景，其综合质量使其能够不依赖于原始的事件历史背景而具备推广性。撇开每个行为的具体动机和因果关系不谈，决定投资者行为的关键在于：是否出现了流动性陷阱，它使一个短期的景气衰退变成了持续性的经济萧条？无论是市场不确定性还是对市场主体常规行为的信任危机，一旦这些决定了投资者的思维与行动并增强其对经济循环有害的持币而沽的倾向，就会产生同样的情景。这样对比超越了事件本身，当存在着相似的制度框架条件（思维与行为方式，游戏规则）时，这一方法就是允许的并且能够合理地加以运用。

　　如今，这种综合对比能力又再次受到世人追捧。19—20世纪可能的对应时段——1857年的建国危机及随之而来的经济大萧条（1873—1879年至1896年），1920—1921年短期世界经济危机，30年代早期的世界经济危机和70年代小世界经济危机——都没有在事件层面展示出与2007年开始的金融危机明显一致的危机典型。[1] 因此，正是对过去经济危机最熟悉的研究人员"未看到满意的比较可能性"并更加强调它们之间的区别。这一点其实并不令人感到诧异。[2] 事实上，1931年银行危机的生成历史与2007—2008年开始的金融危机之间的对比形成了最为尖锐和鲜明的对立。两次世界大战之间，最

---

[1] 马克斯·沃尔斯：《贸易危机历史》（Max Wirth, *Geschichte der Handelskrisen*, Aufl. 3, Frankfurt am Main, 1883），第245—418页；阿尔布莱希特·里驰：《2008会重蹈1931年的覆辙吗？》（Albrecht Ritschl, War 2008 das neue 1931? In: *Aus Politik und Zeitgeschichte* 20/2009），第27—32页；玛格丽特·格拉巴斯：《1873—1879年土地危机——自由公民梦的终结：2008—2009年全球经济衰退背景下对景气循环史的观察分析》（Margrit Grabas, Die Gründerkrise von 1873—1879 —Jähes Ende liberaler Bürgerträume. Eine konjunkturhistorische Betrachtung vor dem Hintergrund der Globalisierungsrezession von 2008—2009, in: *Berichte des Forschungsinstituts der Internationalen Wissenschaftlichen Vereinigung Weltwirtschaft und Weltpolitik* (IWVWW), Jan./Febr. 2009），第66—82页；阿贝尔斯豪塞：《经济奇迹以后》（Abelshauser, *Nach dem Wirtschaftswunder*），第369—377页。

[2] A.里驰：《2008年是新的1931年吗？》（A. Ritschl, War 2008 das neae 1931? In, *Aus Politik und Zeitgeschichte* 20），第32页；格拉巴斯：《土地危机》（Grabas, *Gründerkrise*），第66页。

主要的欧洲贸易国的中央银行之间互不信任,在对战争赔款和其他战争后果的争执中互不相让。[1] 在某些国家——例如美国,央行虽拥有绝对主权且不受政治干预影响,但介入仍然较为迟缓和有限。因此,在较小范围的银行破产后,形势就发展为银行挤兑潮,也只好用银行歇业和大规模分支机构关闭来应对。因此对危机形成的历史比较不能帮助人们更好地理解和认识现在的金融危机。[2] 这也同样适用于对金融化的活力做出实质性贡献的新"创意"金融产品。对评级机构为其创造了一个新的、匿名身份的"违约"不动产、信贷实行"证券化"使美国房地产危机的世界性扩张成为可能。[3] 它同时也标志着银行家行当的制度变革。20 年前,有理由关心自身声誉的金融共同体会将这种有利于衍生产品出现的"商业创意"评价为不道德的,甚至是犯罪行为。其他高投机的行为方式也是如此。在德国,直到 90 年代初,德意志银行董事会发言人还被银行业内外视为权威,在上面提到那些情况出现时,他可以作为德国股份公司的最后评判人进行干预。[4]

然而,考虑到其他原因,应对 1931 年银行业危机的国际、国内框架条件也与当今的金融危机大相径庭。与世界经济危机所不同的是,在纽约雷曼兄弟投资银行破产后,无论是北美、欧洲还是东亚国家的中央银行,在清醒意识到巨大风险的情况下迅速而又彻底地诉诸其所扮演的最终贷款人角色。理解金融市场问题的决定性辅助手段是制度比较的层面:虽然银行交易的是(在理想情况下)货币或类货币

---

[1] 有关世界经济危机的标准文献的观点包括:查尔斯·费因施泰因、彼特·特明和基阿尼·托尼罗:《战争期间的欧洲经济》(Charles H. Feinstein, Peter Temin, Gianni Toniolo, *The European Economy Between the Wars*, Oxford, 1997);巴里·埃辛格林:《黄金桎梏——标准环境与 1919—1939 年经济大萧条》(Barry Eichengreen, *Golden Fetters, The Goldstandard and the Great Depression 1919—1939*, Oxford, 1992);彼特·特明:《经济大萧条的教训》(Peter Temin, *Lesson from the Great Depression*, Cambridge, 1989)。对德国而言,可参见哈罗德·詹姆斯《德国衰退,1924—1936 年的政策与经济》(Harold James, *The German Slump, Politics and Economics 1924—1936*, Oxford, 1986),第八章;迪特·史蒂夫:《金融外交与世界经济危机——1931 年贸易与商业信贷机构危机》(Dieter Stiefel, *Finanzdiplomatie und Weltwirtschaftskrise, Die Krise der Credit-Anstalt für Handel und Gewerbe 1931*, Frankfurt am Main, 1989)。

[2] 有关美国次贷危机起因的分析可参见大卫·阿伯汗《美国金融危机与美国政府的回应措施》(David Abraham, The US Financial Crisis and the Response of the United States Government, in: *State and Market in a Globalized World, Transatlantic Perspectives*, hrsg. v. Detlef Junker, Wilfried Mausbach u. Martin Thunert, Heidelberg, 2009),第 3—12 页;或本·伯南克《经济大萧条论》(Ben Bernanke, *Essays on the Great Depression*, Princeton, 2000)。

[3] 阿伯汗:《金融危机》(Abraham, *Financial Crisis*)。

[4] 希尔马·科博(Hilmar Kopper)认为不应对此进行干预,而法国银行信贷则希望在银行业整顿过程中通过交易协议改革银行体制。参见阿贝尔斯豪塞《经济奇迹以后》(Abelshauser, *Nach dem Wirtschaftswunder*),第 635 页;另一个事例在第 640 页。

财物，但它真正依赖的却是无形资本，其货币形式是信任。它植根于货币及信贷创造体系之中，其支付能力以体系内的市场主体及客户的信任为前提。倘若缺乏信任，无论是自我管理型存款保险基金还是央行凭借印钞的救火行为都无济于事。所以更受欢迎的只有国家才掌控的新造的无形资本。在 2009 年 10 月 5 日，星期日，默克尔与施泰因布吕克特别为所有银行存款提供的全额担保既有失合理性，又不符合现实，尽管如此，它似乎达到了阻止央行担心的在周一发生大量市民涌入银行挤兑的目的。从这个角度来看，它为迄今为止的金融危机走势制造了确定性，并验证了 20 世纪 30 年代的历史经验。

与 1931 年的情况有所不同，这一次国家并未陷入危机。《帝国宪法》第 2 条、第 48 条和《普鲁士宪法》第 55 条曾规定，国家可以宣布一个特殊的经济或财政的紧急和例外情况来应对危机。此次德国政府证明了其在危机中的行动能力，而并没有付诸上述宪法规范。事实上，只要民族国家能在危急关头显示出真实的行动力，那么所有关于其将在全球化进程中被废止的揣测都是错误的：可谓寻常看不见，偶尔露峥嵘。[①] 无数有关这一内容的学术研究和争论都已过时。要求经济例外情况的"主权"既非联合国的国际金融机构（IFI）也非欧洲联盟。国际金融机构没有利用其被保护人的制度比较优势并耐心地将其继续扩展，反而以标准资本主义传道士面貌出现，去做皈依工作，因而逐渐丧失了权威性。[②] 今天，对欧洲宪法的失败也要做新的解释。穿着"皇帝新衣"的权力欲强的欧委会委员和技术官僚们也同样没有起到什么好作用。将倡议权交给民族国家不一定是坏事。深度影响人们生活条件决策的制定必须获得民主合法性。[③] 它只是证明了长期以来有关欧洲融合历史的研究总是不断发现的事实：欧洲一体化直至今日并没有消灭民族国家，而是使其更加强大和更有生命力。[④]

---

① 卡尔·施密特：《政治神学——四章有关主权学说的内容（1922 年）》[Carl Schmitt, *Politische Theologie. Vier Kapitel zur Lehre von der Souveränität* (1922), 2. Aufl., München und Leipzig 1934]，第22页。

② 参见约瑟夫·施蒂格利茨的经典手稿《全球化及其不满情绪》（Joseph Stieglitz, *Globalization and its Discontents*, New York, 2002）。

③ 迪特·格林：《宪法协议失败后：寻求新的解决方案》（Dieter Grimm, *Nach dem Scheitern des Verfassungsvertrages: auf der Suche nach Lösungen*, Zeitschrift für Staats-und Europawissenschaften 3, 2005），第 553—561 页。

④ 参见约翰·吉林汉姆的最新著作［《1950—2003 年的欧洲融合》（John Gillingham, *European Integration 1950—2003*, Cambridge, 2003）和维尔纳·阿贝尔斯豪塞《欧洲命运：经济还是政治？》《欧洲融合的典范——煤钢联营》（*Europas Schicksal: Wirtschaft oder Politik? Die Montanunion als Lehrstück europäischer Integration* (SBR-Schriften 24), Essen, 2008]。

虽然国家行动能力早已得到实践证明，但金融危机还没有得到控制。特别是德国——与美国、英国和法国不同——缺乏在危机中充分利用国家干预比较优势的最后决断力。其"救助机制"虽已做好了迎战准备，各家银行却没有承诺寻求它的庇护。显然，这里存在着一些意识形态方面的障碍。国家究竟能不能成为更好的银行家？——这个在政治意识形态领域颇受关注的问题却并未在历史比较中出现。无论是1931年还是2008年，国家虽然对银行业施加了影响，但是没有部级官员进入其董事会来承担商业运营的职能。帝国时期，政府的职能仅限于行使其在监事会的权力和强化银行业监管。对商业银行的再度私有化到1937年业已完成。① 如今，政府在紧急情况下不得不对先前的私人银行施加影响，但情况也没有什么不同。不过，值得注意的一点是，那些"得到拯救的"系统攸关银行的董事会主席除了具备专业素养和技能以外还掌握着一定的社会资本，这有助于他们在新的所有者面前和在圈子内建立信任。②

根据20世纪30年代的经验，在交易所崩盘和银行业危机后，进一步的危机情景是可能出现的。1931年夏的银行业危机过后，紧接着在秋天德国经济就被逐出世界市场。相比1929年10月，此时的世界贸易额已萎缩近42%。始于19世纪的全球化进程在第一次世界大战期间被中断，20世纪20年代又开始逐步恢复，但在30年代初就又被画上了终止符。伴随世界市场急剧萎缩而来的是大规模失业和政治极端主义。所以，对上次世界经济危机进行综合对比得出有现实可能性的情景是全球化的终结。

交易所的老话说，"熊市来临没有声响"，这也同样适用于一次世界经济危机。景气周期的"正常"下行阶段与经济大萧条的前奏并无明显差异。只有当经济下行冲破了熟悉的模式或者社会产值水平持续低迷，停滞在周期谷底之时，人们才会意识到问题的严重性。30年代早期的世界经济危机亦是如此。1929年10月纽约交易所令人惊愕地崩盘后，直到1931年夏天，形势的严峻性才完全显现出来。甚至在1931年第一季度，世界范围的景气循环各项重要指标还出现了一定幅度的提升并暂时强化了人们对传统意义上

---

① 克里斯托弗·克博：《市场经济与指挥主义——1933—1939年"第三帝国时期"的银行政策》（Christopher Kopper, *Zwischen Marktwirtschaft und Dirigismus. Bankenpolitik im 'Dritten Reich' 1933—1939*, Bonn, 1995）。

② 不论是商业银行主席马汀·布莱辛（Martin Blessing）还是"获救后的"住房抵押贷款银行（Hypo Real Estate）第一任董事会主席阿克瑟尔·维安特（Axel Wieandt），他们都来自著名的银行家时代。

经济复苏的期望。这一情形也同样适用于2008年的危机进程。国际金融市场出现震动后，处于金融市场资本主义震中位置的纽约与伦敦很快有所感觉，而震波到达"实体经济"则经历了一个相当漫长的过程。2008年秋以来，世界经济的各项指标出现了巨大的波动，而且近期也并不被看好。"二战"以来，世界经济首次出现了萎缩，并且是全面性，没有哪个国家和地区能够幸免。① 2009年，那些不能从追赶工业国家特殊增长条件获益的后工业时代国民经济体经济下滑的规模彻底打破了熟悉的景气循环框架，30年代的世界经济危机仿佛又重现。特别是诸如德国、日本等依赖出口的国家，2009年遭遇到自30年代以来最严重的国内生产总值下降，达到了"危机中正常年份"6%的规模。中国和印度这样的新兴工业国家的经济虽没有出现负增长，但经济增长的下滑也同样不容小视。与30年代相比较，世界经济仍有许多进一步恶化的空间。② 2008年第三季度世界贸易萎缩达到20%的最高值。而在1931—1932年，这一数值为34.4%。③ 在银行业危机的中心，在雷曼兄弟公司倒闭后没有人再怀疑这次危机不寻常的规模。到处散发着1931年5月的气味。最终，甚至德国联邦财政部长皮尔·施泰因布吕克（Peer Steinbrück）在2008年9月25日面对联邦议院所做的政府报告中也喜忧参半地预测："世界将不可能再是危机前的那个世界。"在此前，9月22日，施泰因布吕克必须面对住房抵押贷款银行（Hypo Real Estate）的破产。为了避免出现一个德国的"雷曼兄弟"，他决定拿出1000多亿欧元先用于"有步骤的破产清算"，然后对这个最重要的"国家融资者"实施国有化。

过往恐惧的复燃是情理之中的事。因此，在对当今危机的解释中较早的联系到1931年的银行业危机以及随之而来的从世界市场上的撤出正是两大危机后果对比中最显著的区别。世界经济危机的亲历者从1929年以来的景

---

① 共同体预测项目组编：《世界衰退疑云——2009年初的共同体预测》（Projektgruppe Gemeinschaftsdiagnose (Hg.), *Im Sog der Weltrezession. Gemeinschaftsdiagnose Frühjahr 2009*, München am 21. April 2009）；彼特·霍尔菲尔德：《徘徊于谷底的德国经济——最新预测：2009年中的景气形势》（Peter Hohlfeld u. a., Deutsche Wirtschaft verharrt in Talsohle. Prognose-Update: Die konjunkturelle Lage zur Jahresmitte 2009, IMK-Report Nr. 39, Juli 2009）；克里斯蒂安·德雷格：《2009—2010年经济发展趋势》（Christian Dreger u. a., Tendenzen der Wirtschaftsentwicklung 2009/2010, *DIW-Wochenbericht* Nr. 31, Juli 2009），第490—526页；巴里·埃辛格林/凯文·鲁尔克：《两次经济萧条传言》（Barry Eichengreen, Kevin H. O'Rourke, A tale of two depressions），2009年6月4日，www.voxeu.org。

② 下列言论并无推断之意。撇开当时的危机状况，它具备一定范围的适用性。

③ 《75个国家的总进口额》（Gesamtimporte von 75 Ländern, League of Nations, *Monthly Bulletin of Statistics*, Februar 1934），第51页。

气衰退中仅仅看到了平常的周期波动，他们恰恰缺乏发现更多事实联系的想象力和知识。与今天有所不同，过去人们灾难意识不够，经济与政治界将希望主要寄托在市场的"自我痊愈的力量"上。他们甚至还准备利用经济衰退期的窘迫局势去实现政治目标：例如维持（小的）德国分裂现状（在法国方面）或终结战争赔款（在德国方面）。与此相反，2008年，在灾难尚未明确显现之前，特别是在政界人士中间对灾难的恐惧就广泛传播开来。很显然，这一对现实情景的预期对危机的进程和规模都产生了深远影响。特别值得一提的是，这些是在基本没有社会受难的压力下发生的。与1931年的情形不同，危机在欧洲爆发前的经济周期中并未出现长期的衰退景象。尽管如此，在广大公众眼中，国家的干预行为也是合理合法的。政府干预金融市场与经济循环的决策主要基于政策主体对未来情景的预期。他们毕竟得到过预警。

　　1931年的全球化进程终结并不是世界经济危机带来的最终情景。遭遇交易所崩盘和银行业危机后，几乎所有的市场经济体在国内经济方面都落入了其多年无法摆脱的"流动性陷阱"。由于投资者对哪怕是实现很少的投资利润都丧失了信心，因此最好还是把资金攥在手中。随着国民名义收入的下降，消费者出于对未来的恐惧不敢消费，都把钱放在储钱罐里。因此，世界经济危机转变成了经济大萧条。没有人在今天去效仿30年代对危机挑战的反应，哪怕是针对综合意义上的核心领域而言，全球急剧扩大的金融化规模也使对比变得十分困难。1931年，世界经济陷入危机深渊，直到1944年，各国都未找到一套行之有效的应对策略。而德国危机政策（和美国"新政"）是最早找到摆脱流动性陷阱的策略。其中，关键的一点是绝不能半心半意地浪费宝贵的时间，而是要尽快发挥国家在需求方面投资的乘数效应。令人惊讶的是2008—2009年"景气循环项目"的规划者却并未从中吸取多少经验。国家为对抗市场经济景气波动而对经济循环采取的干预已被证明效果不佳，因而声名狼藉。事实上，如果只是为了驾驭传统意义上的景气循环问题，国家的额外支出既没必要也不合理。经济周期是每个市场经济体本身所固有的特征，因为舍此分散性的企业计划就无法适应市场的接纳能力，因此，取消该机制的景气政策类似于人们常说的"徒劳之战"。尽管如此，随着1967年《稳定与增长法》的颁布和相应的宪法修订，历届联邦政府都对"整体经济均衡"的标准（《基本法》第109条）承担了责任。未来很可能出现有违常理的情况，为对抗"凯恩斯形势"所制造的大炮被用来打蚊子，而当形势真正严峻时，市场主体则对其失去了信任。因为这时需要做得更多:为了打破流动性陷阱,要借助完全不同的手段。一旦明白了这个道理,完全可以想象今天的新政将是什么样子。① 然而,这种"景气政策"向适应形势需要的反危机政策——先是精神上,然后是现实政策上——的转变仍指日可待。

在 1974 年,赫尔穆特·施密特还认为,世界经济危机导致民主体制架构的崩溃是需要认真对待的第三种现实情景。不过,现在看来,考虑到后工业时代西方领军国家的现实,这一担忧显然有些多余。在这次——同样在 1932—1933 年——世界经济危机中,美国在未对社会分裂构成威胁的情况下顺利实现政权交替,在危机中证明了其民主规则的运作能力。为克服危机而实施的经济干预尽管可能十分极端或激进②,但是从民主的角度来讲却是完全合法的。这一点也同样适用于欧洲。30 年代早期,反民主政治运动的阴影笼罩了整个欧洲大陆,但是政治动荡并未成为危机强化的因素。这虽然无法为我们发展今天的情景带来确定性,但历史经验的对比至少提供了一个有理有据的希望。

二 从金融危机到债务陷阱?

经济史研究并非"风味餐馆的菜单",将以往应对危机战略的成品秘方全都列出来供人挑选。它只是为人们的情景思维和现实可能性提供观点素材。在一个数量的标准预测必然失灵的时代,它具有很高的价值。由此可见,当前,对风险进行常规计算的能力已不再重要,对不确定性的研究要求从质的方面来把握。欧盟(或至少"欧元国家")在稳定世界经济、克服可能出现的流动性陷阱的过程中究竟扮演着怎样的角色值得人们深思。欧洲经济共同体成立之时,德国联邦外交部就将欧洲内部市场视为全球化热衷者

---

① 与历史模式类似,由 18 家德国康采恩企业和 32 家来自北非、中东和欧洲太阳能供应联合伙伴企业制定的罗马俱乐部沙漠产业行动计划(Desertec Initiative)付诸实施。参见《非洲太阳能的德国供电计划》("Afrikas Sonne in deutschen Steckdosen", *FAZ* vom 17. Juni 2009, 第 11 页),以及《如果我们不采取任何措施,它将成为所有人的坟墓》("Es wird ein Grab für uns alle, wenn wir nichts machen", *FAZ* vom 23. Oktober 2010, 第 15 页)。其他未超出项目范畴的构想仅仅只作为示范模型付诸实施,例如海上风电机组、潮汐发电站、水力发电机组或扩展高速公路网的欧洲磁悬浮列车高速轨道建设,它们将迎来新一轮发展热潮。

② 覆盖范围广泛的新制度规划——例如现在美国针对其金融市场展开的各种讨论——在危机爆发前无疑是"国家资本主义"(Staatskapitalismus)的代名词。一旦这些规划付诸实施,市场将完全听命于联邦储备局的无限监控与干预权,参见《有关美国金融监管新制度的激烈争论》(Hitzige Debatte über Neuordnung der amerikanischen Finanzaufsicht, *FAZ* vom 19. Juni 2009)。

"世界经济征服计划"政治上有组织的替代。外交部预测，对自由区域的迅猛攻势迟早有一天将发展为一场世界经济危机。如今，欧洲人当然并不像以往那样自愿退回其封闭的堡垒，但对政治资源欧洲不加以利用将受到惩罚。在小世界经济危机中，赫尔穆特·施密特就曾拒绝采纳对经济政策战略实施深入的超国家协调的建议。然而，这并未阻止他为了稳定世界经济而与法国一道设立了对西德风险极高的欧洲货币体系。如今，一个欧洲共同防御战略在遏制贸易保护主义趋势的努力中将起到决定性作用。那些担心失去欧洲销售市场的国家，只能成为贸易保护主义口号的牺牲品。为紧急情况制定的一套"契合"的欧洲危机计划尽管是一个巨大的冒险方案，但从历史经验来看是不可或缺的。

没有人能够准确预测，1931年世界经济危机建立的所有情景会在一定时候重新上演。不过，如果一旦出现这种苗头，2008—2009年的发展对此提供了最初印象，那么就必须迅速并坚决地采取应对措施。30年代的实践经验证明，对经济循环产生直接和高乘数效应的创新性计划受到普遍欢迎。由于相应项目的计划和实施要经历数月时间，因此未来必须做好充分的财政预算准备，以便能在紧急关头及时投入使用。而对国家债务日益增长问题的新态度则是上述构想得以成功实施的前提条件。一旦落入债务陷阱（即公共财政预算中债务偿还的占比不断上升），国家在危机形势下的行动能力就将大打折扣。根据历史经验，国家摆脱债务危机可采取四种方式：时至今日，德国只在战争失败后采取了国家破产和随之而来的货币改革的激进措施。因此对于目前的形势而言，这一方案显然不具备现实性。从过往的历史经验来看，国家债务的（部分）返还策略也十分少见。1835年，美国总统安德鲁·杰克逊（Andrew Jackson）在特殊条件下实现的联邦债务返还只是个案，而不是规律。因此，这一选项并不适用。[①] 对国家债务的全额返还从经济角度来讲也并不合理。原因就在于国家将因此成为通货紧缩的长期源泉。至此就只剩下两大战略，其坚决地运用能够帮助国家成功摆脱债务危机。其一是用长期且低利率的债券来整顿国家债务。由于问题的关键是帮助公共财政重塑应对下一次经济危机的行动能力，所以，下降的利息负担恰恰

---

① 约翰·史蒂勒·戈登：《国家债务的短暂历史》（John Steele Gordon, A Short History of the National Debt, http://online.wsj.com/search）。身为民主党派创始人的杰克逊对银行并不信任，并将国家债务视为"国家厄运和灾难"（"nationalen Fluch"）。1836年，19世纪30年代早期的经济繁荣显然已走到了尽头，国家债务也开始累积增长。

能发挥此种效应。债务重组可以在危机中就开始,因为对稳定的政府公债需求不断上升会对利息——税务比例产生影响。这次金融危机已经使用于偿还政府债务利息的国家收入从占政府预算收入的 18% 降至 13%。战略之二是通过经济增长来相对减少国家的债务负担。而这一过程中两种效应的有机结合似乎是明智之举。使用这种方法的前提是国民生产总值的增长必须高于国家债务的增长,而经济增长在中期内不可能强制性拔高。对于后工业社会经济体而言,一个景气循环周期超过 2% 的实际经济增长率是极不现实的。因此,一个温和的通货膨胀可以帮助国家实现减轻债务负担的目标。倘若欧洲央行在其货币量调控计划中 2% 的目标通胀率能够继续保持,在其他条件不变的情况下,国家债务就能在 17 年的时间内实现减半。不过,前提条件是在此期间没有新的债务产生。2009 年针对联邦与各州政府的"债务刹车"规定纳入了《基本法》(第 109、115 条和 143 条第 1 款),这项规定能在多大程度上制止新债务的产生尚待观察。它规定,联邦与各州政府分别到 2016 年和 2020 年实现财政平衡的目标。①

如今世界范围内的统治与调控关系——就像两战之间的时期一样——依然不太清晰。与那时相比,现在全球治理(global governance)的政治、经济框架条件要有利得多,但对世界社会行动能力的问题还没有一个明确的答案。七国集团从一个四大西方国家和日本财政部长的"秘密炉前会晤"发展成为一个喧闹的但愈加无力的世界政策的"巡回马戏团"。② 其向重要的新兴工业国家和发展中国家的开放对其决策进程并不一定起到减轻的作用。身为全球治理无可争议代言人的七国集团无法在 25 年的时间里为国际金融与资本市场制定秩序规范。1980 年的威尼斯世界经济峰会以来,国际金融市场监管问题以有规律的时间间隔成为世界经济会议上的一项重要议事议程。30 年代的历史经验证明了遏制贸易保护主义萌芽和整合世界经济的重要性。撤离世界市场一旦开始就无法停止,然后世界范围内的政治冲突就有可能随时爆发,虽然贸易保护主义在世界经济道德维护者的禁令上被列在非

---

① 《联邦法律公报》(BGBl, 2009 I, S. 2248)。
② 约哈娜·冯·卡克泽维斯齐:《世界经济是我们的命运——赫尔穆特·施密特与世界经济峰会的创办》(Johanna von Karczewski, *Weltwirtschaft ist unser Schicksal, Helmut Schmidt und die Schaffung der Weltwirtschaftsgipfel*, Bonn, 2008);迪特·雷本帝什:《峰会外交与世界经济——1974—1982 年赫尔穆特·施密特任总理期间的世界经济危机管理》(Dieter Rebentisch, Gipfeldiplomatie und Weltökonomie. Weltwirtschaftliches Krisenmanagement während der Kanzlerschaft Helmut Schmidts 1974—1982, in: *Archiv für Sozialgeschichte* XXVIII, 1988),第 307—332 页。

常靠前的位置，但它却一直是无助的政客们行动纲领中的保留项目。以保护国内市场为目的对金融体系实施必要整顿的诱惑相当大。当然，这种行为也是可以理解的。又有谁敢于为正在全速前进的世界经济"火车头"更换车轮呢？但认为在危机中政策范畴已超出民族国家行动领域的看法并不正确。一个自在的世界市场并不存在。它没有自己的地址和电话号码。它的特质是在一系列国家与区域市场的紧密关联中被普遍接受的游戏规则，只要边界还开放且各国都能遵守这些共同规则，国家危机政策就能直接为世界市场提供帮助。但是20国集团于2009年4月在伦敦峰会上提出并在德国被视为全球秩序政策之源头的，以"市场原则、效率规制和强势全球化制度"为基石的开放型世界经济目标却很难实现。[①]

从某种程度上说，危机毕竟是孕育创新构想和理念的温床，这也是历史提供的经验。德国将应对1931年危机挑战而形成的经济政策构想称之为社会市场经济。它与凯恩斯主义反危机战略一道为消除魏玛共和国晚期经济的"非正常"或"病态"的发展（克鲁特·波尔夏尔特，Knut Borchardt）做出了巨大贡献。[②] 在经济灾难的影响下，改革自由主义人士呼吁，凌驾于各方利益群体之上的强势国家并要求其制定市场主体都必须遵循的规则。与此同时，在市场失灵的情况下，国家还必须履行干预市场职责。此举目的是希望建立一个高效运行的市场。目标是制定一个适应自身生产方式与经济文化的要求、而并非以恰好在世界经济危机中失灵的标准资本主义统一规制导向的生产性秩序政策。这些要求在今天又重新具有现实性。解决方案甚至无需重新拟定。只要对社会市场经济构想给予严肃的对待即可。当然，前提条件是这一体制必须重新被激活。不过，目前看来，它已经变异得无法辨认并具有很大的随意性。[③]

三　社会市场经济今天的意义何在？

社会市场经济体制，即经济秩序政策的德国模式，正处于重重压力之

[①]《全球复苏与改革计划》（The Global Plan for Recovery and Reform），2009年4月2日，www.g20.org/Documents/final-communique.pdf。20国集团成员的善意表态，伦敦的目标声明与最终毫无成果的1933年伦敦世界经济峰会有着明显区别。

[②] 阿梅米亚：《自由主义》（Amemiya, Liberalismus），第182页。

[③] 维尔纳·阿贝尔斯豪塞：《皇帝的新装？——社会市场经济体制的变迁》（Werner Abelshauser, Des Kaisers neue Kleider? Wandlungen der Sozialen Marktwirtschaft (Roman Herzog Institut, Position 7), München, 2009）。

下。它必须抵挡住来自各方——从传统观念的捍卫者到经济自由主义的新变种——的谩骂与指责。传统主义的拥护者对纯粹学说的没落抱怨不止,同时,他们还批评对以往曾保障其成功的道德路径不断的新偏离。特别是他们认为,社会市场经济体制的现状是社会国家无法应对"全球化"挑战所造成的。因此,其众多拥护者将社会市场经济体制视为"皇帝的新衣",因为它无羞耻地拿出它实际已经不能提供的社会标准来行骗。社会市场经济反对者中的传统主义分子认为,"'社会市场经济'无法兑现其承诺"的事实已得到证实。[1] 在他们看来,德国已经走上了一条"新的、毫无束缚的资本主义"之路。以市场自由主义者和市场国家学说拥护者为主体的革新派也对社会市场经济进行了批判。他们认为,该体制无法充分利用活跃的世界市场所提供的机遇。这种观点也受到了政治游说集团的支持。两大阵营批判势力显然对社会市场经济是什么或应该是什么持有截然不同的观点和看法。那些把社会国家缺陷或对毫无限制的资本主义亲近的罪责归咎于社会市场经济的人,将其视为将市场经济原则与社会国家成就以理想的方式联系在一起的经济政策构想,它使市场失灵和经济严酷从社会角度能够忍受。这类批判可追溯至50年代的社会改革之争,并于70年代的小世界经济危机中达到新的高潮。而今,在类似的世界经济背景下,它又卷土重来。新自由主义(和新保守派)人士发出的攻势则是以往未曾发生过的。市场国家学说认为社会市场经济应对坚持社会国家及其民族国家政策框架负责,该学说的拥护者呼吁用市场国家取代社会国家,市场国家实质上是以资本市场的统治和遍布全球的跨国企业网为支撑的。[2]

今天信赖社会市场经济体制的德国人已不到 1/3,这并不令人感到诧异。[3] 那些如此被敌友双方都激烈批评的人一定是做错了什么。压力在上升,人们将金融市场危机给德国带来的影响及其银行危机的"自身"原因归咎于多年以来的社会市场经济实践。不过,在社会市场经济身上,也寄托了许多人用民族国家、欧洲乃至全球的秩序政策手段克服经济危机的希望。这就提出了一个问题:为了能够应对新的挑战,社会市场经济体制是否需要实质性的改变?由于社会各界——不仅仅是批判人士——对社会市场经济内

---

[1] 米歇尔·索莫:《艾哈德的社会市场经济体制已走到末路》(Michael Sommer, Erhards soziale Marktwirtschaft ist am Ende, in: *Die Welt* vom 6. August 2008),第 7 页。

[2] 伯比特:《保护伞》(Bobbitt, *Shield*),第 229 页。

[3] 西蒙·卡尼斯基等:《社会市场经济体制理念》(Simone Kaminski et al., Die Einstellung zur Sozialen Marktwirtschaft, *Information* Nr. 4, hrsg. v. Roman Herzog Institut, München, 2007)。

容的看法大相径庭，因此对这一问题的回答并非易事。事实上，只有其拥护者中的少数还了解这一体制实践背后的理念，更不要说这一体制的初始内涵了。与此相反，他们不止一次地利用其名号的吸引力，将几乎随意的经济政策实践归结到"经济奇迹时代"德国经济政策传统的名下。50年代初以来，为制造经济与社会政策连贯性——事实上已经中断——的假象，人们时常十分随意地对待社会市场经济的标签。由于在确定其现实的经济政策纲领时，德国几乎所有的政治力量都援引社会市场经济，所以，社会市场经济不得不经受随意性的命运。它成为——至少看起来如此——不断变化内容的德国经济政策的挡箭牌，以至于其自身的内容框架日渐模糊。①

社会市场经济今天的意义究竟何在？它能获得如此高的声望，首先得归功于普通老百姓以他们可以实际感受到的成就进行衡量的相应的主导经济政策。在这样的比较中如今的经济发展在许多人的主观意识中相比经济奇迹时代要明显逊色得多。经济史学家能为社会市场经济拥护者为他们消除公民的疑虑给出怎样的意见和建议？显然，回到其初始立场是值得提倡的，特别是因为它与今天的境况有一定的相似之处。不过，这并非意味着简单地接受其具体的治疗计划。尤其在德国，无论是30年代还是50年代都没有为今天提供适合的标杆。社会市场经济必须接受解决现实问题的考验，其为此带来了有利的前提条件。作为应对世界经济危机的规划构想，它也为今天类似的问题提供了解决方案。新的公式可以从秩序政策进路的原则中引导出来。德国社会市场经济模式虽有一定的灵活性，但它至少在经济政策变化迅速的随意性中保留了三大特征：

①它比其他任何信条都更加注意利用市场与国家的共生性来使竞争发挥作用。

②它支持生产性的秩序政策策略。后工业时代经济的整体生产函数没有作为非物质生产要素的国家是不可能稳定的，生产性秩序政策致力于上述经验。同时，它还致力于使不断增长的国家任务不必然变成不断增加的国家支出。

③它与德国的社会生产体系对经济政策主体提出的各项要求紧密联系在一起。

无论从经济理论角度还是从经济史角度出发，将市场与国家、管制与解除管制之间的对立作为竞争最佳调控方式的二分法都是不合理的。事实上，

---

① 阿贝尔斯豪塞：《皇帝的新装？》(Abelshauser, *Des Kaisers neue Kleider?*)。

市场与国家之间和市场与企业之间一样，都不存在功能上的对立关系。早在 1937 年，1991 年经济学诺贝尔奖获得者罗纳德·科斯（Ronald H. Coase）就证明①，通过对私有财产支配权的内部化、协议保障和建立信任体系等举措，企业对降低市场利用成本（交易成本）与狭义上的生产过程成本（生产成本）做出了贡献，并由此以比仅"通过市场调节"更低的成本满足经济需求。国家经济政策的运行方式也大同小异。它制定并实施大多数经济主体都自愿遵循的规则与标准，由此，相比没有国家发挥作用的市场而言，经济主体的行为更加可预见、更加安全和更加便宜。从这个角度来看，每项经济政策不可或缺的核心在于其秩序政策，即制度框架的形塑，而非过程政策，即对经济运行过程的干预，尽管后者视情况不同有时也是必要的。从传统意义上来讲，社会市场经济体制下的秩序政策规范的主要对象是竞争。当然，它还同样需要扩展到在社会生产体系内部适用的规则。

因此，它还包括所有以市场法规为导向并为经济行为创造并改善前提条件或消除障碍的干预行为。通过具有多方价值的，即作为共性投入品的潜在要素的提供，生产性秩序政策以为经济构建经济发展框架为目标，以激发个体经济行为、引导其空间布局并最终使其更有效率。与"自由"市场经济不同，"社会"市场经济不仅只是依赖价格机制的无形之手。回顾 20 世纪的德国经济史，我们能从中为生产性秩序政策的成功运用找到大量的范例。如今，决定新经济的核心技术，例如计算机和互联网，它们的实现从根本上都要归功于国家——其代理机构的有形之手。② 作为迅猛的、史无前例的生产率潮涌的源泉，非物质生产的重要性逐步增强，国家职责中也开始产生适用于社会市场经济原则的新领域。在德国，早在很久之前，这一发展趋势就开始萌芽，并形成了生产性秩序政策的长期传统。③ 许多人意识到，合适的——即有利于降低交易成本的——制度与标准虽然无法直接创造价值，从长期来看却能创造决定整体经济生产率的生产力量。这一认识并不算什么新发现。如果在国家职能在 20 世纪大大拓展的同时，国民赋税率并未相应地增长，那么这就是社会市场经济体制的有效性的充分体现。虽然德国的国家

---

① 罗纳德·科斯：《企业的本质》（Ronald H. Coase, The Nature of the Firm, in: ders., *The Firm, the Market and the Law*, Chicago, London, 1990)。

② 巴里·布鲁斯通、贝内特·哈里森：《众人分享的福利——21 世纪的经济增长与社会平衡》（Barry Bluestone, Bennett Harrisson, *Geteilter Wohlstand. Wirtschaftliches Wachstum und sozialer Ausgleich im 21, Jahrhundert*, Frankfurt am Main, 2002)，第 258 页及其后。

③ 阿贝尔斯豪塞：《活力》（Abelshauser, *Dynamics*），第 114 页及其后。

支出（不包括社会保险）金额曾持续增长并在继续增长，但其在社会产值中的占比自第一次世界大战结束以来一直维持在 20%—25% 的相对稳定水平。

1863 年，阿道夫·瓦格纳（Adolph Wagner）曾在《前进的文化民族》一书中提出了国家支出①将呈不断扩张之势。而正是社会市场经济模式必须避免国家职权的扩大，伴随着国家支出的上涨。更确切地说，秩序政策的质量将决定其是否能够满足特定的任务，并在经济活动中实现这些任务，而在这个过程中不增加国家的财政负担。在这种情况下，国家行为也有可能是不作为，确定私人企业活动的框架或者为确保秩序政策目标而威胁使用国家干预工具，但并不表示用这种方式实现的任务就不再是国家的任务。在今天几乎没有任何产生于 20 世纪的生产性秩序政策框架的组成部分是没有争议的。它必须面对世界市场与知识型社会新发展带来的挑战。然而，没有任何迹象表明，作为生产性秩序政策的市场经济体制在生产"全球化"与科学化条件下已落伍过时。目前的金融危机恰恰证明了与此相反的结论。国家、经济与社会的紧密结合，在不断变换的形势下履行共同职能，这是德国市场经济变种的一大重要特征，也是其与其他新自由主义经济政策变种的区别所在。自由干预主义、生产性秩序政策与一个与市场协调的社会生产体系是德国经济历经沧桑、洗尽铅华后留下的核心特征。它们来源于集合在社会市场经济概念下的各种理论或计划构想。

如果有人感到这些思考太过抽象，就应当将其运用于经济政策的现实问题之中。这里可能就是越来越多的公民反对现行经济体制的原因。其动机来自对金融市场的（非）秩序、欧洲政策、劳动力市场、对外经济政策，甚至对其最本源的领域——竞争政策也感到不满。倘若一个自称为社会市场经济的经济政策无法为能源市场建立"竞争秩序"，那么人们对该政策认可度的逐渐消失也就没有什么可惊讶的了。社会市场经济之父明确拒绝为能源市场建立自由竞争模式。原因在于："基于经济与技术必要性而非私人市场战略或企业权力政策的自然垄断不可能在不带来严重经济损失的情况下消

---

① 阿道夫·瓦格纳：《奥地利国家财政制度，特别关注其支出预算》（Adolph Wagner, Die Ordnung des österreichischen Staatshaushalts mit besonderer Berücksichtigung auf den Ausgabenetat, Wien, 1863），第 31 页。

灭。"① 在那些存在（并将继续存在）不完全竞争的市场秩序下，以往的秩序政策制定者希望用被（国家）约束的竞争机制来取代自由竞争的市场状态。德国以社会市场经济名义对能源市场实施"自由化"以后，正好符合当前的能源市场状况：面对"四大占领区"的寡头垄断，各联邦州和联邦卡特尔局的竞争监管显然无能为力。罗德斯就在此处，就在此处跳起来吧（Hic Rhodos，hic salta）!②

---

① 李奥纳多·米克什：《竞争职能：竞争制度的基本特征》（经济制度文选，4）（Leonhard Miksch, *Die Grundzüge einer Wettbewerbsordnung*, Schriftenreihe Ordnung der Wirtschaft, 4），第2版，Godesberg，1947，第211页。

② 意即：如果你有好的解释，那就在这里把它拿出来吧。——译者

参考文献

Abelshauser, W., *Wirtschaft in Westdeutschland 1945 – 1948. Rekonstruktion und Wachstumsbedingungen in der amerikanischen und britischen Zone* (Schriftenreihe der Vierteljahrshefte für Zeitgeschichte 30), Stuttgart 1975.

Ders., *Der Ruhrkohlenbergbau seit 1945. Wiederaufbau, Krise, Anpassung*, München 1984.

Ders., *Wirtschaft und Rüstung in den Fünfziger Jahren* (Anfänge westdeutscher Sicherheitspolitik 1945 – 1956, Bd. 4/1, hrsg. v. Militärgeschichtlichen Forschungsamt), München 2000.

Ders., *Die BASF. Eine Unternehmensgeschichte*, hrsg. v. Werner Abelshauser, München 2007.

Ders., *The Dynamics of German Industry. Germany's Path toward the New Economy and the American Challenge* (Making sense of history. Studies in historical cultures 6) New York, Oxford 2005; erweiterte und verbesserte Auflage: *Keizaibunka no tousou* (mit einem Nachwort von Akihiko Amemiya), Tokio 2009.

Ders., Von der Industriellen Revolution zur Neuen Wirtschaft. Der Paradigmenwechsel im wirtschaftlichen Weltbild der Gegenwart, in: *Wege der Gesellschaftsgeschichte*, hrsg. v. J. Osterhammel, D. Langewiesche u. P. Nolte (Geschichte und Gesellschaft, Sonderheft 22) Göttingen 2006, S. 201–218.

Ders., Europas Schicksal: *Wirtschaft oder Politik? Die Montanunion als Lehrstück europäischer Integration* (SBR-Schriften 24) Essen 2008.

Ders., *Nach dem Wirtschaftswunder. Der Gewerkschafter, Politiker und Unternehmer Hans Matthöfer*, Bonn 2009.

Ders., Aus Wirtschaftskrisen lernen-aber wie? Krisenszenarien im Vergleich, in: *Vierteljahrshefte für Zeitgeschichte* (VfZ) 57 (1009), Heft 4, S. 467–483.

Albert, M., *Capitalisme contra Capitalisme*, Paris 1991 (dtsch. Ausg. Kapitalismus contra Kapitalismus, Frankfurt a.M.1992).

Allmundinger, J., W.Eichhorst u.U.Walwei (Hg.), *IAB Handbuch Arbeitsmarkt.Analysen, Daten, Fakten*, Frankfurt a.M.2005.

Altenburg, C.*Kernenergie und Politikberatung, Die Vermessung einer Kontroverse*, Wiesbaden 2010.

Amemiya, A., Neuer Liberalismus uncl Faschismus: liberaler Interventionismus und die Ordnung des Wettbewerbs, in: *Jahrbuch für Wirtschaftsgeschichte* (2008) Heft z, S.173-195.

Amemiya, A., *The Politics of Competitive Order. The Origins of Economic Policy Thought in Germany*, Tokyo 2005.

Ambrosius, G., *Die Durchsetzung der Sozialen Marktwirtschaftin Westdeutschland 1945-1949* (Studien zur Zeitgeschichte 10, Beiträge zur Wirtschnfts-und Sozialpolitik in Deutschland nach 1945 I), Stuttgart 1977.

Armingeon, K., *Die Entwicklung der westdeutschen Gewerkschaften 1950 - 1985*, Frankfurt/M.1988.

Ders., Einfluß und Stellung der Gewerkschaften im Wechsel der Regierungen, in: B. Blanke u. H. Wollmann (Hg.), *Die alte Bundesrepublik. Kontinuität und Wandel*, Opladen 1991, S.271-191.

Baade, K. J., *Ausländer, Aussiedler, Asyl. Eine Bestandsaufnahme*, München 1994.

Balabkins, N., *West German Reparation to Israel*, New Brunswick, N.J.1971.

Bauer, R., *PKW-Bau in der DDR.Zur Innovationsschwäche von Zentralverwaltungswirtschaften*, Frankfurt am Main 1999.

Bauerkämper, A. (Hg.), *"Junkerland in Bauernhand"? Durchführing, Auswirkungen und Stellenwert der Bodenreform in der Sowjetischen Besatzungszone*, Stuttgart 1996.

Bergbahn, V.R., *Otto A. Friedrich, ein politischer Unternehmer. Sein Leben und seine Zeit 1902-1975*, Frankfurt a.M., New York 1993.

Bergbahn, V.R., *Unternehmer und Politik in der Bundesrepublik*, Frankfurt a.M.1985.

Ders.u.S.Vitols (Hg.), *Gibt es einen deutschen Kapitalismus? Tradition und globale Perspektiven der sozialen Marktwirtschaft*, Frankfurt a.M., New York 1006.

Bertelsmann Stiftung u. Hans-Böckler-Stiftung (Hg.) , *Mitbestimmung und neue Unternehmenskulturen-Bilanz und Perspektiven , Bericht der Mitbestimmungskommission*, Gütersloh 1998.

BIuestone, B. u. B. Hamson, *Geteilter Wohlstand. Wirtschaftliches Wachstum und sozialer Ausgleich im 21. Jahrhundert*, Frankfurt a. M. 2002.

Bobbitt, Ph. , *The Shield of Achilles. War, Peace and the Course of History*. London 2002.

Borchardt, K. , *Globalisierung in historischer Perspektive* (Bayerische Akademie der Wissenschaften. Philosophisch-historische Klasse-Sitzungsberichte-Jahrgang 2001, Heft 2) München 2001.

Borchardt, K. , Wachstum, Krisen, *Handlungsspielräume der Wirtschaftspolitik* (Kritische Studien zur Geschichtswissenschaft 50) , Göttingen 1982.

Ders. , Wandlungen des Konjunkturphänomens in den letzten hundert Jahren, in: *Deutsche Wirtschaftsgeschichte im Industriezeitalter. Konjunktur, Krise, Wachstum*, hrsg. v. W. Abelshauser u. D. Petzina. Düsseldorf 1981, S. 11–46.

Ders. u. C. Buchheim, Die Wirkung der Marschallplan-Hilfe in Schlüsselbranchen der deutschen Wirtschaft, in: *Vierteljahrshefte für Zeitgeschichte* 35 (1987) , S. 317–347.

Braakmann. A. , J. Grutz u. Th. Haug, Das Renten-und Pensionsvermögen in den volkswirtschaftlichen Gesamtrechnungen. Methodik und erste Ergebnisse, *Wirtschaft und Statistik* 12/2007, S. 1167–1179.

Bretschneider, J. , J. Husmann, u. F. Schnabel, *Handbuch einkommens-, vermögens-und sozialpolitischer Daten*, Köln 1981.

Buchheim, C. , Die Währungsreform 1948 in Westdeutschland, in: *Vierteljahrste für Zeitgeschichte* 36 (1988) , S. 189–231.

Bundesministerium für Arbeits-und Sozialordnung, *Lebenslagen in Deutschland. Der erste Armuts-und Reichtumsbericht der Bundesregierung*, Bonn 2001.

Bundesministerium für Arbeit und Sozialordnung und Bundesarchiv (Hg.) , *Geschichte der Sozialpolitik in Deutschland seit 1945*, Baden-Baden 2001–2008.

Constant, A. F. u. K. F. Zimmermann, Integration von Migranten: Ethnische Identität bestimmt ökonomischen Erfolg, in: *DIW Wochenbericht* 42, 2008, S. 644–650.

Conze, W. u. M. R. Lepsius, *Sozialgeschichte der Bundesrepublik Deutschland.*

Beiträge zum Kontinuitätsproblem, Stuttgart 1983.

Dahrendorf, R., u. a., *Die Energiekrise. Episode oder Ende einer Ära?* Hamburg 1974.

Delhaes, K. (Hg.), *Vom Sozialismus zur Marktwirtschaft*, München 2009.

Delhaes-Günther, L. v., *Erfoigsfaktoren des westdeutschen Exports in den 1950er und 1960 er Jahren*, Dortmund 2003.

Deutsche Bundesbank (Hg.), *Fünfzig Jahre Deutsche Bundesbank. Notenbank und Währung in Deutschland seit 1948*, München 1998.

Ders., *Wohlstand für alle*, Düsseldorf 1957.

Ders., *Deutsche Wirtschaftspolitik. Der Weg der Sozialen Marktwirtschaft*, Düsseldorf, Wien, Frankfurt/M.1962.

Ders., u. a., Zwei Jahre Wirtschaftsaufschwung, in: *Währung und Wirtschaft* 1949/50, hrsg. v. L. Erhard, E. Hielscher u. M. Schönwandt, Heft 20/21, S.521f.

Dies., *Internationale Organisationen und Gremien im Bereich von Währung und Wirtschaft* (Sonderdrucke der Deutschen Bundesbank 3) Frankfurt a.M.1997.

Dies. (Hg.), *Deutsches Geld-und Bankwesen in Zahlen 1976 – 1975*, Frankfurt a.M.1976.

Dies., *Die Zahlungsbilanz der ehemaligen DDR 1975 – 1989*, Frankfurt a.M.1999.

DIW, Das Dienstleistungs-Puzzle. Ein aktualisierter deutsch-amerikanischer Vergleich, in: *DIW-Wochenbericht* 65 (1998), S.625–629.

Dickhaus, M., *Die Bundesbank im westeuropäischen Wiederaufbau. Die internationale* Währungspolitik *der Bundesrepublik Deutschland 1948 – 1958* (Schriftenreihe der Viertel) Jahrshefte für Zeitgeschichte, 71, München 1996.

Dreger, Ch. u. a., Tendenzen der Wirtschaftsentwicklung 2009/2010, *DIW-Wochenbericht* Nr.31 (Juli 2009), S.490–526.

Ehrlicher, A., *Die Finanzpolitik 1967–1976 im Spannungsfeldzwischen den konjunkturpolitischen Erfordernissen und Haushaltskonsolidierung*, Berlin 1991.

Eichengreen, B. u. K. H. O'Rourke, *A tale of two depressions* (4.Juni 2009), www.voxeu.org.

Enders, U., *Die Bodenreform in der amerikanischen Besatzungszone 1945 – 1949 unter besonderer Berücksichtigung Bayerns*, Ostfildem 1982.

Erhard, L., *Deutschlands Rückkehr zum Weltmarkt*, Düsseldorf 1954.

Epstein, G. A. u. A. Jayadev, The Rise of Rentier Incomes m OECD Countries: Financialization, Central Bank Policy and Labor Solidarity, in: G. A. Epstein (Hg.), *Financialization and the World Economy*, Northampton, MA 2005, S.46-76.

Erker, P. (Hg.), *Rechnung für Hitlers Krieg. Aspekte und Probleme des Lastenausgleichs* (Pforzheimer Gespräche 3), Heidelberg 2004.

Lars P. Feld, Sinnhaftigkeit und Effektivität der deutschen Schuldenbremse, in: *Perspektiven der Wirtschaftspolitik* 11 (2010), S.226-245.

Fisch, J., *Reparationen nach dem Zweiten Weltkrieg*, München 1992.

Fischer, W, H. Hax u. K. H. Schneider (Hg.), *Treuhandanstalt. Das Unmögliche wagen*. Forschungsberichte, Berlin 1993.

Fischer, P., Die Reaktion der Bundesregierung auf die Nuklearisierung der westlichen Verteidigung (1951-1958), in: *MGM* 51 (1993), S.105-132.

Fischer, F., *Griff nach der Weltmacht. Die Kriegszielpolitik des kaiserilchen Deutschland 1914-1918*, Düsseldorf 1961.

Fischer, W.u.a. (Hg.), *The Emergence of a World Economy 1500-1914*, Wiesbaden 1986.

Flora, P.u.A.J.Heidenheimer (Hg.), *The development of the welfare state in Europe and America*, New Brunswick, London 1981.

Fourastié, J., *Die große Hoffnung des 20. Jahrhunderts (1949)*, Köln 1954.

Frick, J.R.u.M.M.Grabka, Zur Entwicklung der Einkommen privater Haushalte in Deutschland bis 2004, in: DIW, *Wochenbericht* 28 (2005), 419-436.

Fürstenberg, R., *Die Sozialstruktur der Bundesrepublik Deutschland. Ein soziologischer Überblick*, Opladen 1976.

Furukawa, S.u.G.Schmidt (Hg.), *The Changing Structure of the Automotive Industry and the Post-Lean Paradigm in Europe. Comparisons with Asian Business Practices*, Fukuoka 2008.

Giersch, H., K.-H. Paqué u. H. Schmieding, *The Fading Miracle. Four Decades of Marketeconomy in Germany*, Cambridge 1992.

Gilgen, D., Socialism and Democracy. The debate about a new order of economy and society in Western Germany after the Second World War, in: D.Geppert (Hg.): *The Postwar Challenge. Cultural, Social, and Political Change in Western*

Europe, 1945-1958, London 2003, S.101-128.

Ders., DDR und BRD im Vergleich: Ausgangstage und Wachstumsbedingungen nach dem Zweiten Weltkrieg, in: K. Delhaes (Hg.), *Vom Sozialismus zur Marktwirtschaft*, München 2009, S.117-135.

Ders., C. Kopper, A. Leutzsch (Hg.), *Deutschland als Modell? Rheinischer Kapitalismus und Globalisierung seit dem 19. Jahrhundert*, Bonn2010.

Ders., *The Origins of the Marshall-Plan*, Stanford 1976.

Gillingham, J., *European Integration 1950-2003. Superstate or New Market Economy?* Cambridge (MA), New York 2003.

Gimbel, J., *Science, Technology and Reparations. Exploitation and Plunder in Postwar Germany*, Stanford, Cal.1990.

Gimbel, J., *Amerikanische Besatzungspolitik in Deutschland 1945 - 1949*, Frankfurt/M.1971.

Glastetter, W. u. a., *Die wirtschaftliche Entwicklung in der Bundesrepublik Deutschland 1950-1989. Befunde, Aspekte, Hintergründe*, Frankfurt/M.1991.

Gleitze, B., *Die Industrie der Sowjetzone unter dem gescheiterten Siebenjahrplan*, Berlin (west) 1964, S.147.

Glismann, H. H., H. Rodemer u. H. Wolter, Zur Natur der Wachstumsschwäche in der Bundesrepublik Deutschland: Eine empirische Analyse langer Zyklen wirtschaftlicher Entwicklung, *Kieler Diskussionsbeiträge* 55, 1978.

Dies., Lange Wellen wirtschaftlichen Wachstums, *Kieler Diskussionsbeiträge* 74, 1980.

Glootz, T. A., *Alterssicherung im europäischen Wohlfahrtsstaat. Etappen ihrer Entwicklung im 20. Jahrhundert.* Frankfurt a.M., New York 2005.

Grabas, M., Die Gründerkrise von 1873 - 1979 - Jähes Ende liberaler Bürgerträume. Eine konjunkturhistorische Betrachtung vor dem Hintergrund der Globalisierungsrezession von 2008/2009, in: *Berichte des Forschungsinstituts der Internationalen Wissenschaftlichen Vereinigung Weltwirtschaft und Weltpolitik (IWVWW)*, Jan./Febr.2009, S.66-81.

Griffiths, R. u. B. Girvin (Hg.), *The Green Pool and the Origins of the Common Agricultural Policy*, London 1995.

Grimm, D., Nach dem Scheitern des Verfassungsvertrages: auf der Suche nach Lösungen, *Zeitschrift für Staats-und Europawissenschaften* 3 (2005), S.

553-561.

Grosser, D. u. a., *Soziale Marktwirtschaft. Geschichte-Konzept-Leistung*, Stuttgart 1990.

Grüner, S., *Geplantes "Wirtschaftswunder"? Industrie-und Strukturpolitik in Bayern 1945 bls 1973* (Quellen und Darstellungen zur Zeitgeschichte, Bd.58/Bayern im Bund, Bd.7), München 2009.

Hall, P. A. u. D. Soskice (Hg.), *Varieties of Capitalism. The Institutional Foundations of Comparative Advantage*, Oxford 2001.

Hanseth, O., Knowledge as Infrastructure, in: Ch. Avgerou, C. Ciborra u. R. Land (Hg.), *The Social Study of Information and Communication Technology. Innovation, Actors, and Contexts*, Oxford 2005, S.103-118.

Harmssen, Gustav W., *Am Abend der Demontage. Sechs Jahre Reparationspolitik*, Bremen 1951.

Harrison, M. (Hg.), *The economics of World War II. Six great powers in international comparison*, Cambridge 1998, 2000.

Heilemann, U., H. Gebhardt u. H. D. von Loeffelholz (Hg.), *Wirtschaftspolitische Chronik der Bundesrepublik 1949-2002*, Stuttgart 2003.

Heinze, R. G., *Wandel wider Willen. Deutschland auf der Suchenach Prosperität*, Wiesbaden 2006.

Hentschel, V., *Ludwig Erhard. Ein Politikerleben*, München 1996.

Hertle, H. H., Der Weg in den Bankrott der DDR-Wirtschaft. Das Scheiternder "Einheit von Wirtschafts-und Sozialpolitik" am Beispiel der Schürer/Mittag-Kontoverse im Politbüro 1988, in: *Deutschlandarchiv, Zeitschrift für das vereinigte Deutschland* 25 (1992), S.127-131.

Hockerts, H. G., *Sozialpolitische Entscheidungen im Nachkriegsdeutschland. Alliierte und deutsche Sozialversicherungspolitik 1945 bis 1957* (Forschungen und Quellen zur Zeitgeschichte), Stuttgart 1980.

Ders., German Postwar Social Policies Against the Background ofthe Beveridge Plan. Some Observations Preparatory to a Comparative Analysis, in: Wofgang J. Mommsen, Wolfgang Mock (Hg.), *The Emergence of the Welfare State in Britain and Germany*, London 1981, S.315-342.

Ders., Wiedergutmachung in Deutschland. Eine historische Bilanz 1945-2000, in: *Vierteljahrshefte für Zeitgeschichte* 49 (2001), S.167-214.

Hogan, M.J., *The Marshall Plan. America, Britain, and the Reconstruction of Western Europe, 1947–1952*, Cambridge 1987.

Hohensee, J., *Der erste Ölpreisschock 1973–1974* (HMRG Beihefte 17), Stuttgart 1996.

James, H., *Rambouillet, 15. November 1975. Die Globalisierungder Wlrtschaft*, München 1997.

Jánossy, R. u. M. Holló, *Das Ende der Wirtschaftswunder. Erscheinung und Wesen der wirtschaftlichen Entwicklung*, Frankfurt/M.1969.

Jerchow, R, *Deutschland in der Weltwirtschaft 1944–1947. Alliierte Deutschland und Reparationspolitik und die Anfänge der westdeutschen Außenwirtschaft*, Düsseldorf 1978.

Ders., Außenhandel im Widerstreit. Die Bundesregierung auf dem Weg indas GATT 1949–1951, in: H. A. Winkler (Hg.), *Politische Weichenstellung im Nachkriegsdeutschland 1945–1953*, Göttingen 1979.

Karlsch, R., *Allein bezahlt? Die Reparationsleistungen der SBZ/DDR 1945–1953*, Berlin 1993.

Ders., "Ein Staat im Staate". Der Uranbergbau der Wismut AG in Sachsen und Thüringen, in: *Aus Politik und Zeitgeschichte*, Bd.49–50/93, S.14–23.

Ders., u. R. G. Stokes, *Faktor Öl. Die Mineralölwirtschaftt in Deutschland 1859–1974*, München 2003.

Kern, H. u. M. Schumann, *Das Ende der Arbeitsteilung? Rationalisierung in der industriellen Produktion*, München 1984.

Kindleberger, Ch.P., *Manias, Panics, and Crashes: A History of Financial Crises*, New York 1978.

Kirchberg, P., *Plaste, Blech und Planwirtschaft. Die Geschichte des Aufbaus in der DDR*, Berlin 2000.

Klemm, B. u. G. Trittel, Vor dem Wirtschaftswunder: Durchbruch zum Wachsturn oder Lähmungskrise? Eine Auseinandersetzung mit Werner Abelshausers Interpretation der Wirtschaftsentwicklung 1945–1948, in: *Vierteljahrshefte für Zeitgeschichte* 35 (1987), S.571–624.

Klessmann, C., *Die doppelte Staatsgründung. Deutsche Geschichte 1945–1955*, Bonn 1982.

Klump, R., *Wirtschaftsgeschichte der Bundesrepublik Deutschland. Zur Kritik neuerer wirtschaftshistorischer Interpretationen aus ordnungspolitischer Sicht*, Wiesbaden 1985.

Köchling, M., *Demontagepolitik und Wiederaufbau in Nordrhein-Westfalen* (Düsseldorfer Schriften zur Neueren Landesgeschichte und zur Geschichte Nordrhein-Westfalens 40), Essen 1995.

Krelle, W., J. Schunk, u. J. Siebke, *Überbetriebliche Ertragsbeteiligung der Arbeitnehmer. Mit einer Untersuchung der Vermögensstruktur der Bundesrepublik Deutschland*, 2.Bde, Tübingen 1968.

Krippner, G., The financialization of the American economy, in: *Socio Economic Review*, vol.3 (2005), S.173-108.

Krug, W., Quantitative Beziehungen zwischen materiellem und immateriellem Kapital, in: *Jahrbücher für Nationalökonomie und Statistik* 180 (1967), S. 36-71.

Kouli, Y., Die Grenzen des Archivs. Zur Vergänglichkeit und Persistenz ökonomischen Wissens, in: *Archiv und Wirtschaft* 42 (2009), Heft 1, S.11-29.

Ders., *Der Wert des Wissens. Die wirtschaftliche Entwicklung Niederschlesiens 1936-1956 aus wissenstheoretischer Perspektive.* Dissertation Bielefeld 2011.

Lambsdorff, O. Graf, *Frische Luft für Bonn. Eine liberale Politik mit mehrMarktwirtschaft als Staat*, Stuttgart 1987.

Landes, D.S., *The Unbound Prometheus. Technological Changeand Industrial Development in Western Europe from 1750 to the Present*, Cambridge 2003.

Lauschke, K., *Die halbe Macht. Mitbestimmung in der Eisen-und Stahlindustrie 1945 bis 1989*, Essen 1007.

Lazonick, William, *Business Organization and the Myth of the Market Economy*, Cambridge 1990.

Lazonick, W. u. M. O'Sullivan, Maximizing shareholder value: a new ideology for corporate governance, in: *Economy and Society*, vol.29 (2000), S.13-25.

Lee, Y.-L, *Ausländerbeschäftigung und technischer Fortschritt: Die Anwerbepolitik der Bundesrepublik im Vergleich mit der geschlossenen Arbeitsmarktpolitik Japans (1955-1973)*, Diss. Bielefeld 2003.

Lindlar, L., *Das mißverstandene Wirtschaftswunder. Westdeutschland und die westeuropäische Nachkriegsprosperität* (Schriften zur angewandten Wirtschaftsforschung 77), Tübingen 1997.

Löffler, B., *Soziale Marktwirtschaft und administrative Praxis. Das Bundeswirtschaftsministerium unter Ludwig Erhard* (VSWG Beihefte 162), Stuttgart 2002.

Ludlow, P., *The Last Ressort. The European Council and the Euro Crisis*, euro comment Spring 2010.

Manz, M., *Stagnation und Aufschwung in der französischen Zone 1945–1948* (Beiträge zur südwestdeutschen Wirtschafts-und Sozialgeschichte, 2), Ostfildern 1985.

Mausbach, W., *Zwischen Morgenthau und Marshall. Das wirtschaftspolitische Deutschlandkonzept der USA 1944–1947*, Düsseldorf 1996.

Merz, J., Reichtum in Deutschland, Mikroanalytische Ergebnisse der Einkommenssteuerstatistik für selbständige und abhängige Beschäftigte, in: *Perspektiven der Wirtschaftspolitik*, 5 (2004), S.105–126.

Metz, R., *Auf der Suche nach den Langen Wellen der Konjunktur*, Stuttgart 2008.

Mierheim, H.u.L.Wicke, *Die personelle Vermögensverteilung in der Bundesrepublik Deutschland*, Tübingen 1978.

Milward, A.S., *The Reconstruction of Western Europe 1945–1951*, London 1984.

Ders., *The European Rescue of the Nation State*, London 1992.

Minsky, H. P., The Financial Instability Hypothesis: an Interpretation of Keynes and Alternative To Standard Theory, in: *Challenge*, March-April 1977, S.20–27.

Möller, H. (Hg.), *Zur Vorgeschichte der Deutschen Mark. Die Währungsreformpläne 1945–1948*, Tübingen 1961.

Mooser, J. Abschied von der Proletarität, in: *Sozialgeschichte der Bundesrepublik Deutschland*, hrsg. v. W. Conze u. M. R. Lepsius, Stuttgart 1985, S. 143–146.

Mühlfriedel, W.u.K.Wießner, *Die Geschichte der Industrie der DDR* (Forschungen zur Wirtschaftsgeschichte 25), Berlin (Ost) 1989.

Müller, G., *Die Grundlegung der westdeutschen Wirtschaftsordnung im Frankfurter Wirtschaftsrat 1947–1949*, Frankfurt/M.1981.

Dies., *Mitbestimmung in der Nachkriegszeit. Britische Besatzungsmacht, Unternehmer, Gewerkschaften* (Düsseldorfer Schriften zur Neueren Landesgeschichte,

21), Düsseldorf 1987.

Müller-Armack, A., *Genealogie der Sozialen Marktwirtschaft*, Bern 1982.

Ders., *Wirtschaftslenkung und Marktwirtschaft*, Hamburg 1947.

Neebe, R., *Weichenstellung fürdie Globalisierung. Deutsche Weltmarktpolitik, Europa und Amerika in der Ära Erhard (1944–1963)*, Weimar, Wien 2004.

Nolte, P. Riskante Moderne. *Die Deutschen und der neue Kapitalismus*, München 2006.

Nonn, Ch. Die Ruhrbergbaukrise. *Entindustrialisierung und Politik 1958 – 1969*, Göttingen 2001.

OECD economic suryeys: Germany, 2008, Heft 7, S.1–190.

Papier, H.-J., Das Mitbestimmungsurteil des Bundesverfassungsgerichts-Eine kritische Würdigung aus verfassungsrechtlicher Sicht, in: *Zeitschrift für Unternehmens- und Gesellschaftsrecht* 8 (2009), S.444–470.

Piore, M.J., Ch.F.Säbel, *Das Ende der Massenproduktion. Studie über die Requalifizierung der Arbeit und die Rückkehr der Ökonomie in die Gesellschaft*, Berlin 1985.

Pfister, Ch. (Hg.), *Das 1950er-Syndrom. Der Weg in die Konsumgesellschaft*, Bern 1995.

Pohl, M., *Wiederaufbau. Kunst und Technik der Finanzierung 1947–1953*, Frankfurt/M.1973.

Pollard, R.A., *Economic security and the origins of the Cold War*: 1945–1950, New York 1985.

Ptak, R., Vom *Ordoliberalismus zur Sozialen Marktwirtschaft. Stationen des Neoliberalismus in Deutschland*, Opladen 2004.

Radkau, J., *Aufstieg und Krise der deutschen Atomwirtschaft 1945 – 1975. Verdrängte Alternativen in der Kerntechnik und Ursprung der nuklearen Kontroverse*, Reinbek b.Hamburg 1975.

Ragnitz, J.et al., *Bestandsaufnahme der Wirtschaftlichen Fortschritte im Osten Deutschlands 1989 bis 2008*, Dresden Juli 2009 (Gutachten des Ifo-Instituts Dresden im Auftrag der Initiative Neue Soziale Marktwirtschaft).

Ranft, N., *Vom Objekt zum Subjekt. Montanmitbestimmung, Sozialklima und Strukturwandel im Bergbau seit 1945*, Köln 1988.

lReinhard, C.M.u.K.S.Rogoff, *This Time is Different*: Eight Centuries of Financial Folly, Princeton, N.J.2009.

Rhenisch, T, *Europäische Integration und industrielles Interesse. Die deutsche Industrie und die Gründung der europäischen Wirtschaftsgemeinschaft* (VSWG Beihefte 152), Stuttgart 1999.

Ritschl, A., Die Währungsreform von 1948 und der Wiederaufstieg der westdeutschen Industrie. Zu den Thesen von Mathias Manz und Werner Abelshauser über die Produktionswirkungen der Währungsreform, in: *Vierteljahrshefte für Zeitgeschichte* 33 (1985), S. 136-163 (und Abelshausers Replik: Schopenhauers Gesetz und die Währungsreform. Drei Anmerkungen zu einem methodischen Problem, in: ebenda, S.114-218.)

Ritschl, A., War 2008 das neue 1931? In: *Aus Politik und Zeitgeschichte* 20 (2009), S.27-32.

Ritter, G.A., *Der Preis der deutschen Einheit: die Wiedervereinigung und die Krise des Sozialstaats*, München 2006.

Roesler, J., *Die Herausbildung der sozialistischen Planwirtschaft in der DDR* (Forschungen zur Wirtschaftsgeschichte 11), Berlin (Ost) 1978.

Ders., V. Siedt, u. M. Elle, *Wirtschaftswachstum in der Industrie der DDR 1945-1975*, Berlin (Ost) 1986.

Ders., *Zwischen Plan und Markt. Die Wirtschaftsreform 1963-1970 in der DDR*, Freiburg, Berlin 1990.

Ders., *Momente deutsch-deutscher Wirtschafts-und Sozialgeschichte 1945 bis 1990-Eine Analyse auf gleicher Augenhöhe*, Leipzig 2006.

Ders. u. D. Semmelmann, *Vom Kombinat zur Aktiengesellschaft. Ostdeutsche Energiewirtschaft im Umbruch in den 1980er und 1990er Jahren*, Berlin 2005.

Rombeck-Jaschinski, U., *Das Londoner Schuldenabkommen. Die Regelung der deutschen Auslandsschulden nach dem Zweiten Weltkrieg*, München 2005.

Sarrazin (Thilo) im Gespräch mit Jens Schöne, "Es war keiner da, dem etwas einfiel..." Die deutsch-deutsche Währungsunion 1990, in: *Deutschland Archiv* 43 (2010), S.419-425.

Schefold, B., Wissen als ökonomisches Gut. Über die Erzeugung und Weitergabe von Wissen, in: J. Fried u. M. Stolleis (Hg.), *Wissenskulturen*, Frankfurt a. M. 2009, S.79-102.

Schildt, A. u. A. Sywottek (Hg.), *Modernisierung im Wiederaufbau. Die west-*

deutsche Gesellschaft der 50er Jahre, Bonn 1993.

Schiller, K., *Preisstabilität durch globale Steuerung der Marktwirtschaft*, Tübbingen 1966.

Schillinger, R., *Der Entscheidungsprozeß beim Lastenausgleich 1945–1949*, Ostfildern, 1985.

Schlecht, O., *Konzertierte Aktion als Instrument der Wirtschaftspolitik*, Tübingen 1968.

Schmidt, M.G., *Sozialpolitik in Deutschland. Historische Entwicklung und internationaler Vergleich*, Opladen 1998.

Ders., Grundlagen der Sozialpolitik in der Deutschen Demokratischen Republik, in: Bundesministerium für Arbeit und Sozialordnung und Bundesarchiv (Hg.), *Geschichte der Sozialpolitik in Deutschland*, Bd.I: Grundlagender Sozialpolitik, Baden-Baden 2001, S.685–798.

Schroeder, K., *Zwanzig Jahre nach dem Mauerfall-eine Wohlstandsbilanz* (Gutachten im Auftrag der Initiative Neue Soziale Marktwirtschaft), Berlin, 2009.

Schularick, M.u.A.Taylor, Credit Booms Gone Bust: Monetary Policy, Leverage Cycles, and Financial Crises, *NBER Working Paper* No. 15 512, Cambridge MA, November 2009.

Schwartz, M., Lastenausgleich: Ein Problem der Vertriebenenpollitik im doppelten Deutschland, in: Marita Krauss (Hg.), *Integration. Vertriebene in dendeutschen Ländern nach 1945*, Göttingen 2008, S.167–193.

Ders., Wiedervereinigung und Bahnreform 1989–1994, in: *Die Eisenbahn in Deutschland. Von den Anfängen bis zur Gegenwart*, hrsg. von Lothar Gall und Manfred Pohl, München 1999, S.377–420.

Sinn, H.-W., Was muss passieren, um die Arbeitslosigkeit in Deutschland abzubauen? *ifo Standpunkte*, München 2005.

Shonfield, A., *Geplanter Kapitalismus. Wirtschaftspolitik in Westeuropa und USA*, Köln 1968.

Ders., *British Economic Policy since the War*, Harmondsworth 1958.

Steiner, A., *Von Plan zu Plan. Eine Wirtschaftsgeschichte der DDR*, München 2004.

Stockhammer, E., Financialisation and the slowdown of accumulation, *Cambridge Journal of Economics*, vol.28 (2004) no.5, S.719–741.

Streeck, W., On the Institutional Conditions of Diversified Quality Production, in: E. Matzner u. W. Streeck (Hg.), *Beyond Keynesianism. The Socio Economics of Full Employment*, Brookfield, VT 1991, S. 21-61.

Ders., *Re-Forming Capitalism. Institutional Change in the German Political Economy*, Oxford 2009.

Ders. u. N. Kluge (Hg.), *Mitbestimmung in Deutschland. Tradition und Effizienz. Expertenberichte für die Kommission Mitbestimmung Bertelsmann Sttftung/Hans-Böckler-Stiftung*, Frankfurt/M., New York 1999.

Thelen, K. A., *How institutions evolve: the political economy of skills in Germany, Britain, the United States and Japan* (Cambridge studies in comparative politics), Cambridge 2006.

Van Hook, J. C., *Rebuilding Germany. The Creation of the German Market Economy, 1945-1957*, Cambridge 2004.

Wandel, E., *Die Entstehung der Bank deutscher Länder und die Währungsreform von 1948*, Frankfurt/M. 1980.

Wellhöner, V., *"Wirtschaftswunder" - Weltmarkt-westdeutscher Fordismus. Der Fall Volkswagen* (Theorie und Geschichte der bürgerlichen Gesellschaft 12), Münster 1996.

Wengel, J. u. G. Lay, *Deutschland und die USA auf verschiedenen Wegen. Konzepte der Produktionsmodernisierung im Vergleich* (Fraunhofer ISI, Mitteilungen aus der Produktionsinnovationserhebung, 23), Sept. 2001.

Wenzel, R., *Die große Verschiebung? Das Ringen um den Lastenausgleich im Nachkriegsdeutschland von den ersten Vorarbeiten bis zur Verabschiedung des Gesetzes 1952* (= Historische Mitteilungen, Beihefte 70), Stuttgart zoo8.

Windolf, P. (Hg.), *Finanzmarkt-Kapitalismus. Analysen zum Wandel von Produktionsregimen* (Kölner Zeitschrift für Soziologie und Sozialpsychologie, Sonderheft 45), Wiesbaden 2005.

Ders., Eigentümer ohne Risiko, Die Dienstklasse des Finanzmarkt-Kapitalismus, in: *Zeitschrift für Soziologie* 37 (2008), S. 516-535.

Winkel, H., *Die Wirtschaft im geteilten Deutschland 1945 - 1970*, Wiesbaden 1974.

Wolff, M. W., *Die Währungsreform in Berlin 1948-1949* (Veröffentlichungender Historischen Kommission zu Berlin 77), Berlin 1991.

Zank, W., *Wirtschaft und Arbeit in Ostdeutschland 1945 – 1949. Probleme des Wiederaufbaus in der Sowjetischen Besatzungszone Deutschlands* (Studien zur Zeitgeschichte 31), München 1987.

Zohlnhöfer, R., *Die Wirtschaftspolitik der Ära Kohl. Eine Analyse der Schlüsselentscheidungen in den Politikfeldern Finanzen, Arbeit und Entstaatlichung, 1982–1998*, Opladen 2001.

人名译名对照

Abs, Hermann Josef　　　　　　赫尔曼·阿布斯
Ackermann, Josef　　　　　　　约瑟夫·阿克曼
Adenauer, Konrad　　　　　　　康拉德·阿登纳
Agart, Viktor　　　　　　　　　维克托·阿嘎茨
Albert, Michel　　　　　　　　米歇尔·艾伯特
Apel, Hans　　　　　　　　　　汉斯·阿泊尔
Baade, Fritz　　　　　　　　　弗里茨·巴德
Baran, Paul A　　　　　　　　保罗·巴汗
Barre, Raymond　　　　　　　雷蒙德·巴尔
Beitz, Berthold　　　　　　　贝托尔德·拜茨
Bennigsen-Foerder, Rudolf von　鲁道夫·冯·贝宁森·福尔德
Berg, Fritz　　　　　　　　　弗里茨·贝尔格
Bernstein, Bernard　　　　　　伯纳德·伯恩斯坦
Beveridge, William　　　　　　威廉·贝弗里奇
Beyen, Williem　　　　　　　　威廉·贝耶恩
Bidault, Georges　　　　　　　乔治·比道尔特
Bismarck, Otto von　　　　　　奥托·冯·俾斯麦
Blank, Theodor　　　　　　　　狄奥多·布朗克
Blessing, Karl　　　　　　　　卡尔·布莱辛
Blessing, Martin　　　　　　　马丁·布莱辛
Blücher, Franz　　　　　　　　弗朗茨·布吕希尔
Böckler, Hans　　　　　　　　汉斯·柏克勒
Böhm, Franz　　　　　　　　　弗朗茨·伯姆

Borchardt, Kunt	克鲁特·波尔夏尔特
Brandt, Willy	威利·布兰特
Braun, Wernher von	韦纳·冯·布劳恩
Brenner, Otto	奥托·布雷纳
Brentano, Heinrich von	海因里希·冯·布伦塔诺
Breuer, Rolf-Ernst	洛尔夫·恩斯特·布洛伊尔
Brüning, Heinrich	海因里希·布吕宁
Byrnes, James F.	詹姆斯·伯恩斯
Carter, Jimmy	吉米·卡特
Cattier, Jean	让·卡地亚
Chevalier, Michel	米歇尔·切瓦利尔
Churchillm, Winston	丘吉尔·温斯顿
Cipolla, Carlo	卡罗·齐博拉
Clay, Lucius D	卢西乌斯·克雷
Coase, Ronald H	罗纳德·科斯
Cobden, Richard	理查德·柯本登
Colm, Gerhard	格尔哈德·科尔姆
Dahrendorf, Ralf	拉夫·达仁道夫
De Gaulle, Charles	查尔斯·戴高乐
Delors, Jacques	雅克斯·戴勒斯
Denison, Edward	艾德华·丹尼森
Dichgans, Hans	汉斯·蒂锡甘斯
Dinkelbach, Heinrich	海因里希·丁克巴赫
Dodge, Joseph	约瑟夫·道奇
Draper, William	威廉·德雷伯
Dupriez, Léon	里昂·杜普利茨
Einsenhower, Dwight D.	德怀特·艾森豪威尔
Erhard, Ludwig	路德维希·艾哈德
Eschenburg, Theodor	狄奥多·艾神布尔格
Esser, Fritz	弗里茨·艾瑟
Fasold, Niklas	尼可拉斯·法索尔德
Faure, Maurice	莫里斯·富尔
Feder, Gottfried	哥特弗里德·费德

Ford, Hery	亨利·福特
Friedrichs, Hans	汉斯·弗里德里希
Friedman, Milton	弥尔顿·弗里德曼
Friedrich, Otto A.	奥托·弗里德里希
Funke, Friedrich	弗里德里希·冯克
Gaillard, Felix	菲利克斯·盖利亚德
Galbraith, John K.	约翰·加尔布雷斯
Geiger, Theodor	狄奥多·盖格尔
Gesell, Silvio	西尔沃·格塞尔
Giscard d'Estaing, Valery	瓦勒里·吉斯卡尔·德斯坦
Goldmann, Nahum	纳洪·戈特曼
Goldsmith, Raymond W.	雷蒙德·哥德史密斯
Gorbatschow, Michail	谢尔盖耶维奇·戈尔巴乔夫
Granville, Joseph	约瑟夫·格兰维勒
Großmann-Doerth, Hans	汉斯·格罗斯曼-多尔特
Guth, Wilfried	威尔弗雷德·顾特
Haberland, Ulrich	乌尔里希·哈伯兰德
Hallstein, Walter	瓦尔特·哈尔施泰因
Harrod, Roy F.	罗伊·哈罗德
Harvey, David	大卫·哈维
Hauenschild, Karl	卡尔·豪恩施尔德
Hayek, Friedrich August von	弗里德里希·奥古斯特·冯·哈耶克
Hegel, Georg Wilhelm Friedrich	格奥尔格·威廉·弗里德里希·黑格尔
Hermann, Hans	汉斯·赫尔曼
Henle, Günter	君特·亨勒
Henschel, Rudolf	鲁道夫·亨舍尔
Hitler, Adolf	阿道夫·希特勒
Hobbes, Thomas	托马斯·霍布斯
Hoffman, Paul	保罗·霍夫曼
Honecker, Erich	艾里希·昂纳克
Huber, Ernst Rudolf	恩斯特·鲁道夫·胡博
Hull, Cordell	科德尔·胡尔
Jackson, Andrew	安德鲁·杰克逊

Jackson, Robert H.	罗伯特·杰克逊
Jarres, Karl	卡尔·雅赫斯
Johnson, Lyndon B.	林登·约翰逊
Kaldor, Nicholas	尼可拉斯·卡尔多
Kaufmann, Eduard	艾德华·考夫曼
Kemper, Heinz P.	海因茨·肯佩尔
Kennedy, John F.	约翰·F. 肯尼迪
Keynes, John Maynard	约翰·梅纳德·凯恩斯
Klasen, Karl	卡尔·克拉森
Klein, Burton H.	布尔顿·克莱恩
Köhler, Horst	霍尔斯特·科勒
Kohl, Helmut	赫尔穆特·科尔
Kondratieff, Nicolai D.	尼古莱·D. 康德拉季耶夫
Kopper, Hilmar	希尔马·科博
Krupp, Alfred	阿尔弗雷德·克房伯
Kucynski, Jürgen	约尔根·科臣斯基
Kucynski, Rene	里内·科臣斯基
Kühn, Heinz	海因茨·库恩
Laffer, Arthur B.	阿瑟尔·拉弗
Lahnstein, Manfred	曼弗雷德·兰施泰因
Lambsdorff, Otto Graf	奥托·格拉夫·兰姆斯道夫
Landes, David S.	大卫·兰德斯
Lazonick, William	威廉·拉佐尼克
Leutwiler, Fritz	弗里茨·洛伊特维勒
Liberman, Evsej G.	艾维瑟耶·G. 利伯曼
List, Friedrich	弗里德里希·李斯特
Lloyd, Selwyn	瑟尔文·罗伊德
Loderer. Eugen	沃伊根·罗德勒
Lovett, Robert	罗伯特·斯特朗
Lüttinger, Paul	保罗·吕廷格
Mandeville, Bernard	本纳特·曼德维尔
Marshall, George C.	乔治·马歇尔
Martin, William	威廉·马丁

Marx, Karl	卡尔·马克思
Matthäus-Mayer, Ingrid	因格里德·马特霍伊斯·麦尔
Matthöfer, Hans	汉斯·马特霍夫
McCloy, John J.	约翰·麦克罗伊
Mendes France, Pierre	皮埃尔·梅登思·佛朗茨
Merkel, Angela	安格拉·默克尔
Meyers, Franz	弗朗茨·梅耶斯
Middelhoff, Thomas	托马斯·米德霍夫
Mikat, Paul	保尔·米卡特
Mill, John Stuart	约翰·司徒亚特·米尔
Mitterrand, Francois	佛兰克斯·米特兰德
Mohn, Reinhard	莱茵哈尔特·摩恩
Mollet, Guy	盖·莫勒
Monnet, Jean	让·莫奈
Morgenthau, Henry Jr.	亨利·摩根索
Müller-Armack, Alfred	阿尔弗雷德·米勒-阿尔马克
Nell-Breuning, Oswald von	奥斯瓦尔德·冯·内尔-布罗伊宁
Nordhoff, Heinrich	海因里希·诺特霍夫
North, Douglass C.	道格拉斯·诺斯
Olson, Maucur	曼库尔·奥尔森
Owen, Robert	罗伯特·欧文
Picht, Georg	乔治·皮希特
Plessner, Helmuth	赫尔姆特·普雷斯纳
Plettner, Bernhard	伯恩哈德·普雷特纳
Pöhl, Karl Otto	卡尔·奥托·波尔
Priester, Hans	汉斯·普利斯特
Radford, Arthur W.	阿瑟·雷德福
Reagan, Ronald	罗纳德·里根
Reusch, Hermann	赫尔曼·罗伊什
Robinson, Joan	简·罗宾逊
Rossevelt Franklin D.	富兰克林·罗斯福
Röpke, Wilhelm	威廉·罗普克
Rosenau, James	詹姆斯·罗森劳

Rostow, Walt W.	瓦尔特·罗斯托
Rüstow, Alexander	亚历山大·罗斯托
Rucht, Dieter	迪特·路赫特
Sarrazin, Thilo	提洛·萨扎金
Sartorius von Walterhausen, August	奥古斯特·赛多利斯·冯·瓦尔特豪森
Schacht, Hjalmar	亚尔马·沙赫特
Schäffer, Fritz	弗里茨·舍佛
Schelsky, Helmut	赫尔姆特·舍尔斯基
Schiller, Karl	卡尔·席勒
Schlange-Schöningen, Hans von	汉斯·施朗格-舍林根
Schlecht, Otto	奥托·施莱希特
Schlesinger, Helmut	赫尔穆特·施雷辛格
Schleyer, Hanns Martin	汉斯马丁·施莱尔
Schmidt, Helmut	赫尔穆特·施密特
Schmoldt, Hubertus	胡伯图斯·施莫尔特
Schmücker, Toni	托尼·施穆克
Schneider, Ernst	恩斯特·施耐德
Schnitker, Paul	保罗·施尼克
Schopenhauer, Arthur	阿瑟尔·叔本华
Schreiber, Wilfried	威尔弗里德·施赖勃
Schrempp, Jürgen	尤根·史雷姆普
Schumacher, Ernst Friedrich	恩斯特·弗里德里希·舒马赫
Schumacher, Kurt	库尔特·舒马赫
Schuman, Robert	罗伯特·舒曼
Schumpeter, Joseph A.	约瑟夫·熊彼特
Seifert, Werner	维尔纳·赛富尔特
Semler, Johannes	约翰内斯·森姆勒
Servan-Schreiber, Jean Jacques	让·雅克·塞尔旺-施赖勃
Schonfield, Andrew	安德鲁·舍恩菲尔德
Smith, Adam	亚当·斯密
Sogemeier, Martin	马汀·索根迈尔
Sohl, Hands-Günther	汉斯·君特·索尔
Sombart, Wener	维尔纳·桑巴特

Soutou, Georges-Henri	乔治·亨利-索图
Spaak, Paul-Henri	保罗·亨利·斯帕克
Speer, Albert	阿尔伯特·斯皮尔斯
Steinbrück, Peer	皮尔·施泰因布吕克
Stinnes, Hugo	胡戈·斯汀内斯
Storch, Anton	安东·施托尔希
Strang, William	威廉·斯特朗
Strasser, Gregor	雷戈尔·施特拉瑟
Strauß, Franz Josef	弗朗茨·约瑟夫·施特劳斯
Stoiber, Edmund	埃特蒙德·施托依博尔
Suhr, Otto	奥托·苏尔
Tenenbaum, Edward A.	艾德华·特伦鲍姆
Thatcher, Margret	玛格丽特·撒切尔
Thielen, Gunter	君特·蒂伦
Thomas, Paul	保罗·托马斯
Ueberhorst, Reinhard	莱茵哈尔特·宇博霍尔斯特
Ulbricht, Walter	瓦尔特·乌尔布里希
Veblen, Thorstein	托斯坦·凡勃伦
Vetter, Heinz Oskar	海因茨·奥斯卡·菲特
Vocke, Wilhelm	威廉·沃克
Volcker, Paul	保罗·沃尔克
Voscherau, Eggert	艾格尔特·佛舍豪
Wagenführ, Rolf	霍夫·瓦根福尔
Wagner, Adolph	阿道夫·瓦格纳
Waltershausen, August Sartorius von	奥古斯特·赛多利斯·冯·瓦尔特豪森
Wefelmeier, Jürgen	尤根·威非麦尔
Wehler, Hans Ulrich	汉斯·乌尔里希·维勒
Weiser, Gerhard	格哈德·威瑟尔
Weitz, Heinrich	海因里希·维茨
Weizsäcker, Carl Friedrich von	卡尔·弗里德里希·冯·魏茨泽克
Werner, Pierre	皮尔·维尔纳
Westrick, Ludger	鲁德格·维斯特里克
White, Harry Dexter	哈里·德克斯特·怀特

Wieandt, Axel	阿克瑟尔·维安特
Wilson, Carroll L.	卡罗尔·威尔森
Wissell, Rudolf	鲁道夫·威瑟尔
Wolff, Otto	奥托·沃尔夫
Zank, Wolfgang	沃尔夫冈·詹克

词条译名对照

Aachen	亚琛
Aerospace	航天
Abgeltungssteuer	预扣税
Afrika	非洲
Agenda 1990	1990 议程
Agenda 2010	2010 议程
AGFA-Filmfabrik	AGFA 胶片厂
Agrarprotektionismus	农业保护主义
Agrarsektor	农业领域
Agrarstaat	农业国家
Ägypten	埃及
Ahlener Programm（der CDU）	阿伦纲领（基社盟）
Akademie für deutsches Recht	德国法学院
Aktiengesetz	股份公司法
Aktionsgemeinschaft Deutscher Steinkohlereviere（ADS）	德国硬煤矿区行动共同体
Alliierte Besatzungsmächte	盟军占领国
Alliierte Kontrollrat	盟军管制委员会
Amsterdam	阿姆斯特丹
Anlagevermögen，netto，brutto	固定资产，净固定资产，毛固定资产
Arbeitgeberverbände	雇主联合会
Arbeitsbeschaffungsprogramm	创造就业计划
Arbeitskampf	劳动争端

Arbeitskräftepotential	劳动力潜力
Arbeitslosengeld	失业金
Arbeitslosigkeit	失业
Arbeitsmarkt	劳动力市场
Arbeitsteilung	分工
Argentinien	阿根廷
Atomwaffen	核武器
Audi	奥迪
Aufrüstung	军备
Aufsichtsrat	监事会
Ausländerquote	外国人比重
Auslandshilfe	国外援助
Auslandshilfegesetz	国外援助法
Außenhandel	对外贸易
Autarkiepolitik	自给自足的经济政策
Automobilindustrie	汽车工业
Aventis（Sanofi）	阿文蒂斯公司（萨诺菲）
Bad Nauheim	巴特瑙海姆
Baden	巴登
Baden Württemberg	巴登—符腾堡州
Badische Anilin-und Soda-Fabrik（BASF）	巴斯夫集团
Balkan	巴尔干半岛
Bank deutscher Länder（Bd L）	德意志诸州银行
Bank of England	英格兰银行
Bankenkrise	银行危机
Barre-Plan	巴尔计划
Baumwolle	棉花
Baugewerbe	建筑业
Bayern AG	拜耳集团
Bayerische Landesanstalt für Aufbaufinanzierung	巴伐利亚州建设融资局
Bayerische Motorenwerke（BMW）	巴伐利亚汽车制造厂
Bayern	巴伐利亚
BECG-Plan	BECG 计划

Belgien	比利时
Benelux-Staaten	比荷卢三国
Bergbau	采矿业
Berlin Ost（Ostsektor Berlins）	东柏林
Berlin West（Westsektoren Berlins）	西柏林
Berlin	柏林
Berlinblockade	柏林封锁
Bernburg（Saale）	贝恩堡（萨勒）
Berufsbildungssystem	职业培训体系
Besatzungsmächte s. Alliierte	盟军占领国
Besatzungsmächte	占领国
Besatzungsstatut	占领法规
Betriebsverfassungsgesetz	劳工管理关系法
Beveridge-Plan	贝弗里奇计划
Bildungssektor	教育部门
Binnenmarkt	国内市场
Bird-Dog-Operation	代号猎犬行动
Bizone	英美占领区
Bizonen Wirtschaftsrat	两国占领区经济合作管理处
Blauer Montag	蓝色星期一
Blockade	封锁
board of directors	一元制董事会
Böhlen（Sachsen）	伯赫伦（萨克森）
Boeing	波音
Bombenkrieg	炸弹战争
Bonn	伯恩
Bonn Gipfeltreffen	波恩七国集团峰会
Borbeck（Essen）	博尔贝克（埃森）
Borinage（Belgien）	博里纳日（比利时）
Börsenkrach	股市狂跌
Brain drain	人才流失
Branchensystem	行业结构
Braunkohlenbergbau	褐煤开采

Bremen	不来梅
Bretton Woods, New Hampshire	布雷顿森林,新罕布什尔州
Britische Besatzungszone	英国占领区
British Petroleum (BP)	英国石油公司
Brotration	面包配给
Brüssel	布鲁塞尔
Bruttoinlandsprodukt	国内生产总值
Bubenreuth (Mittelfranken)	布本罗伊特(中弗兰肯)
Budapest	布达佩斯
Buna-Werke	合成橡胶厂
Bundesbahn, Deutsche	德国联邦铁路
Bundesbank, Deutsche	德意志联邦银行
Bundesbankgesetz	联邦银行法
Bundesrat	联邦参议院
Bundesregierung, Deutsche	德国联邦政府
Bundessozialhilfegesetz	联邦社会救济法
Bundesstelle für den gewerblichen Warenverkehr	联邦工商业商品往来局
Bundestag, Deutscher	德国联邦议院
Bundesverband der Deutschen Industrie (BDI)	德国工业联合会
Bundesvereinigung der deutschen Arbeitgeberverbände (BDA)	联邦德国雇主联合会联盟
Bundesverfassungsgericht	联邦宪法法院
CAD-System	计算机辅助设计系统
Caracas	加拉加斯
Care Pakete	关怀计划
Casa	西班牙航空制造有限公司
Cassella Farbwerke	卡塞拉染料公司
Catching-up	赶超
Chemiefaserkombinat Guben	古本化工纤维联合企业
Chemiekonferenz des Zentralkommittees (SED)	中央委员会化学会议
Chemische Industrie	化学工业
China	中国
Christlich DemokratischePartei (CDP)	基督教民主党

Christlich Soziale Union (CSU)	基督教社会联盟
Christlicher Sozialismus	基督教社会主义
Cluster	集群
Coca Cola	可口可乐
Colomb-Béchar	科隆-贝沙尔
Commonwealth of Nations	英联邦
Compagnie Internationale pour l'Informatique (CII)	国际信息公司
Conseil National du Patronat Francais (CNP)	法国雇主委员会
Coop	库普商业连锁
Coordinating Committee on Export Controls (COCOM)	巴黎协调委员会
corporate governance	公司治理
Cottbus	科特布斯
D-Mark-Block	德国马克区
Daimler-Benz	戴姆勒-奔驰
Dänemark	丹麦
DEA	德意志石油股份公司
deficit spending	赤字开支
Deflation	通货紧缩
demand management	需求管理
Demilitarisierung	非军事化
Demontage	拆除
Detmolder Memorandum	代特莫尔德备忘录
Deutsche Angestelltengewerkschaft (DAG)	德国职员工会
Deustche Arbeitsfront (DAF)	德意志劳动阵线
Deutsche Bank	德意志银行
Deutsche Demokratische Republik (DDR)	德意志民主共和国
Deutsche Emissionsbank	德国发行银行
Deutsche Frage	德国问题
Deutsche Kohlenbergbauleitung (DKBL)	德国煤炭开采领导机构
Deutsche Telekom	德国电信
Deutscher Gewerkschaftsbund (DGB)	德国工会联合会
Deutscher Industrie-und Handelstag (DIHT)	德国工商业联合会

Deutsches Institut für Wirtschaftsforschung (DIW)	德国经济研究所
Deutschland AG	德国股份公司
Devisenausgleichsabkommen (offset agreement)	外汇平衡协议
Dienstleistungsgesellschaft	服务行业协会
Dismemberment Committee	伤残委员会
Diversifizierte Qualitätsproduktion (DQP)	多样化质量生产
DM-Gegenwertmittel	德国马克-等价物
Dormagen (Stadt)	多尔马根（城市）
Dortmund	多特蒙德
Dritte Welt	第三世界
Drittes Reich	第三帝国
Duales System der Berufsausbildung	职业培训的双元体系
Duisburg	杜伊斯堡
Düsseldorf	杜塞尔多夫
Dynamisierung der Rente	养老金的动态化
Economic Cooperation Administration (ECA)	经济合作局
economies of scale	规模经济
ECU	欧洲货币单位
EDV-Technologie	数据处理技术
Egeln (Sachsen-Anhalt)	埃格尔恩
Einheitliche Akte	单一欧洲法案
Einkommens-und Vermögensverteilung (Personell und funktional)	收入与财富分配
Einkommensteuer	所得税
Eisen-und Hüttenwerke Bochum	波鸿钢铁厂
Eisen-und Stahlindustrie	钢铁工业
Eisen-und Stahlwerke Haspe	哈斯佩钢铁厂
Eisenach	埃森纳赫
Eisenbahnverwaltung	铁路部门
Eisenhüttenstadt	艾森许滕施塔特
Eiserner Vorhang	铁幕
Elberfeld	埃尔伯菲尔德
Elbingerrode (Harz)	埃尔宾厄罗德（哈尔茨山）

Elektrochemisches Werk Bitterfeld	比特菲尔德电化学工厂
Elektronische Datenverarbeitung	电子数据处理
Elektronische Medien	电子传媒
Elektrotechnische Industrie	电气工业
Energiewirtschaft	能源经济
Engelsches Gesetz	恩格尔定律
Entflechtungspolitik	分拆政策
Entnazifizierung	去纳粹化
Entwicklungshilfe	发展援助
Entwicklungsländer	发展中国家
Entwicklungspolitik	发展援助政策
Erbschafts-und Schenkungssteuer	遗产税和赠予税
Erdölverarbeitungswerk Schwedt	施威特原油加工厂
ERP s. Marshall-Plan	马歇尔计划
Erster Weltkrieg	第一次世界大战
Erwerbstätigkeit	就业
Eschweiler Bergwerksverein	埃施韦勒矿业联合会
Essen	埃森
Esso AG	埃索股份公司
EURATOM	欧洲原子能共同体
Europäische Gemeinschaft (EG)	欧洲共同体
Europäische Gemeinschaft für Kohle und Stahl (EGKS)	欧洲煤钢共同体
Europäische Integration	欧洲一体化
Europäische Kommission	欧洲委员会
Europäische Politische Zusammenarbeit (EPZ)	欧洲政治合作
Europäische Union (EU)	欧洲联盟
Europäische Verteidigungsgemeinschaft (EVG)	欧洲防务共同体
Europäische Währungsunion	欧洲货币联盟
Europäische Wirtschaftsgemeinschaft (EWG)	欧洲经济共同体
Europäische Zahlungsunion (EZU)	欧洲支付联盟
Europäische Zentralbank	欧洲中央银行
Europäischer Wechselkursmechanismus (EMR)	欧洲汇率机制

Europäisches Parlament	欧洲议会
Europäisches Währungssystem (EWS)	欧洲货币体系
European Advisory Commission (EAC)	欧洲顾问委员会
European Champions	欧洲冠军
European Coal Organisation (ECO)	欧洲煤炭组织
European Free Trade Association (EFTA)	欧洲自由贸易联盟
Eurozone	欧元区
Evonik Industries AG	赢创工业股份公司
Ewigkeitslasten	继承负债
Exportwirtschaft	出口经济
Facharbeiter	技工，专业工人
Fachhochschulen	应用技术大学
Fahrzeugbau	汽车制造业
Farbenfabrik Wolfen	沃尔芬涂料厂
FIAT-Verfahren	菲亚特程序
FIG Agreement	法、意、德协议
Finanzmarkt	金融市场
Finanzmarktkrise	金融危机
Finanzsystem	金融体系
Fiskalpolitik	财政政策
Flick Konzern	弗里克集团
Fließbandfertigung	流水线生产
Floating	浮动
Flüchtlinge	难民
Fordismus	福特主义
Ford Motor Company	福特汽车公司
Fordwerke Köln	福特科隆公司
Foreign Assistance Act	对外援助法案
Franken	瑞士法郎
Franchise-System	特许经营制度
Frankfurt am Main	法兰克福
Frankfurter Abkommen	法兰克福协定
Frankfurter Wirtschaftsrat	法兰克福经济委员会

Frankreich	法国
Free-Standing Company	独立公司
Freiburg i. Br.	（布赖斯高低地的）弗赖堡
Freiburger Schule	弗莱堡学派
Freie Gewerkschaften（ADGB）	自由工会
Freie Marktwirtschaft	自由市场经济
Freie Demokratische Partei（FDP）	自由民主党
Freiheitlicher Sozialismus	自由社会主义
Freizeitgesellschaft	休闲社会
Fried. Krupp AG s. Krupp-Werke	克房伯股份公司
Fünfjahrplan	五年计划
Fujitsu	富士通
Gablonzer Schmuckwaren	亚布洛内茨珠宝
GARIOA（Government aid for relief in occupied areas）	占领地区政府援助
Gastarbeiter	外籍工人
Gebietskörperschaften	各级辖区
Geburtenziffer	出生率
Gegenwertfonds（counterpart funds）s.DM-Gegenwerte	配套资金
Geldmenge	货币量
Geldpolitik	货币政策
Gelsenkirchener Bergwerks AG（GBAG）	盖尔森基兴矿业股份公司
Gemeinwirtschaft	公有制经济
Gendorf（Hoechst AG）	根多夫（赫克斯特股份有限公司）
Generalstreik	总罢工
General Agreement on Tariffs and Trade（GATT）	关税与贸易总协定
General Motors	通用汽车公司
Genf	日内瓦
Geretsried	盖雷茨里德
Geschäftsbank	商业银行
Gesellschaftsstruktur	社会结构
Gesetz zur Förderung der Vermögensbildung	投资促进法
Gewerkschaften	工会

Gini Koeffizient	基尼系数
Global governance	全球治理
Global player	全球玩家，业务遍及全球的大公司
Globalisierung	全球化
Globalsteuerung	宏观调控
Goggomobil（Glas）	格哥摩
Goldene Zwangziger	黄金20年代
Goldenstandard	黄金本位制
Graslitzer Musikinstrumente	格拉斯里茨的乐器制造师
Griechenland	希腊
Griesheim（Hessen）	格里斯海姆（埃森州）
Groupement d'Intérêt Éconoique（GIE）	欧洲工业集团
Großbanken	大银行
Großberlin	大柏林
Großbritannien	英国
Großchemie	大型化学
Große Depression	经济大萧条
Große Koalition	大联合政府
Großrechner	超级计算机
Group of 7（G-7）	七国集团
Group of 20（WG5.7mm0）	20国集团
Growthmanship	经济发展政策
Gründerkrise	建国一代危机
Grundgesetz	基本法
Guide-Plan	指导计划
Günzburg（Burgau）	均茨贝尔格（布尔高地区）
Gutehoffnungshütte AG	新希望炼铁厂
Haida-Steinschönauer Glasindustrie	海达—施泰因肖恩瑙尔的玻璃工业
Halle（a. d. Saale）	萨勒河
Hamburg	汉堡
Handwerk	手工业
Hannover	汉诺威
Hartz Gesetzgebung	"哈茨"立法

Heimatvertriebene s. Vertriebene	被赶出家园者
Hessen	黑森州
Hiroshima（Japan）	广岛（日本）
Hochindustrialisierung	高度工业化
Hochkapitalismus	高度资本主义
Hochkonjunktur	景气繁荣期
Hoechst AG	赫科斯特染料股份公司
HO-Läden	开放自由商店
Holland	荷兰
Holzexport	木材出口
Homburger Plan zur Neuordnung des Geldwesens	洪堡计划之金融业革新
Honeywell Bull	霍尼韦尔－布尔公司
Hong Kong	香港
Horch Werk	霍希汽车制造厂
Hörder Verein, Dortmund	多特蒙德霍尔德协会
Hormuz, Golf von	霍尔木兹海峡
Hoyerswerda（Sachsen）	霍耶斯韦达
Humankapital	人力资本
Hydrierwerke Scwarzheide	施瓦茨海德氢化厂
Hydrierwerke Zeitz	采茨氢化厂
Hypo Real Estate	住房抵押贷款银行
I. G. farbenindustrie AG	德国法本化学工业公司
Ibbenbüren	伊本比伦
IBM	国际商用机器公司
IG Bergbau und Energie（IGBE/IGBCE）	矿业和能源工会
IG Metall	金属工会
Immatrielle Produktion	非物质生产
Immaterielle Kapital	非物质价值
Indien	印度
Industrialiesierung	工业化
Industriegesellschaft	工业社会
Industrielle Beziehungen（Industrial Relations）	工业关系

Industruelle Revolution	工业革命
Insdustrieplan	工业计划
Industriestruktur	工业结构
Inflation	通货膨胀
Innovationsfähigkeit	创新能力
Innovationsförderung	创新推动
Institut für Gesellschaftswissenschaften der SED	德国社会统一党中央委员会
Institutionelle Rahmenbedingungen	制度的框架条件
Institutioneller Wandel	制度转型
Interalliierte Reparationsagentur（IARA）	布鲁塞尔战争赔款盟军联盟署
Interessenpolitik	利益政策
International Computers Limited（ICL）	国际计算机公司
Internationale Finanzinstutionen（IFI）	国际金融机构
Internationale Rohstahlexportgemeinschaft	国际原钢出口共同体
International Ruhrbehörde	国际鲁尔机构
Internationaler Währungsfonds（IWF）	国际货币基金组织
Internationales Röhrenkartell	国际管道卡特尔同盟
Interzonenhandel	东西占领区之间的贸易
Investmentbank	投资银行
Investitionen	投资
Investitionshilfe der gewerblichen Wirtschaft	经济界的投资援助
Investitionshilfegesetz	《投资援助法》
Iran	伊朗
Irland	爱尔兰
Israel	以色列
Italien	意大利
Kapitalgesellschaften	股份公司
Kapitallenkung	资本引导
Kapitalmarkt	资本市场
Kapitalproduktivität	资本生产率
Kapp-Putsch	卡普政变
Karl-Marx-Stadt（Chemnitz）	卡尔-马克思市（开姆尼茨）
Karlsruhe	卡尔斯鲁厄

Kartelle	卡特尔
Kartellgesetz	《卡特尔法》
Katholische Soziallehre	天主教社会学
Kennedy-Administration	肯尼迪政府
Kernenergie	核能
Keynesianische Revolution	凯恩斯革命
Klöckner Werke	克洛克纳公司
Kohlenkrise	煤炭危机
Kohlenbergbau	采煤业
Kohlenwirtschaft	煤炭经济
Kokskohle	焦煤
Köln	科隆
Komparativer institutioneller Kosten-vorteil	制度性成本比较优势
Kommunikationsrevolution	通信革命
Koninklijke Philips N. V.	荷兰皇家菲利浦电子有限公司
Konjunkturausgleichsrücklage	景气平衡储备金
Konjunkturpolitik	景气政策
Konjunkturschwankung	景气波动
Konklave von Rothwesten	卡塞尔-罗斯威特的秘密会议室
Konsensdemokratie	协商民主
Konsumboom	消费繁荣
Konsumgesellschaft	消费型社会
Konsumgüter	消费品
Kontrollrat Aktion	管制措施
Konzentriete Aktion	集中行动
Konzentriete Aktion Kohle	为挽救煤业的联合行动
Kopfgeld	人头钱
Koreaboom	朝鲜繁荣
Koreakrieg	朝鲜战争
Koreakrise	朝鲜危机
Körperschaftssteuer	公司税
Korporative Marktwirtschaft	社团市场经济
Kraftfahrzeugindustrie	汽车工业

Krankenversicherung	医疗保险
Kreditanstalt für Wirderaufbau（KfW）	复兴信贷银行
Kriegssachgeschädigte	战争损失补偿
Kriegsschadenrente	战争损失养老金
Kriegssozialismus	战争社会主义
Kriegswirtschaftschaft	战争经济
Kruppe-Werke	克虏伯工厂
Kugellagerindustrie	轴承工业
Kuponmark	购物票马克
Laffer-Kurve	拉弗曲线
Lähmungskrise	瘫痪危机
Landflucht	农业人口向城市外流
Landwirtschaft	农业经济
Lange-Wellen-Hypothese	长波假设
Lastenausgleich	负担平衡
Lausitz	劳斯依茨
Le Monde	《世界报》
Lebenshaltung，Index	居民生活消费指数
Lehman-Brothers	雷曼兄弟
Leipzig	莱比锡
Leitsätze für die Bewirschaftung und Preispolitik nach der Geldreform	《货币改革后经济管理与价格政策指导原则法》
Leuna-Werke	罗伊娜工厂
Leverkusen	勒沃库森
Liberalisierung	自由化
Liberalismus	自由主义
Lloyod（Borgward）	劳埃德（博格瓦德）
Lohnfortzahlung im Krankheitsfall	带薪病假
Lohnpolitik	工资政策
Lohnquote	工资率
Lohnsteuer	工资税
Lohnstopp	工资冻结
London	伦敦

Londoner Rat der Außenminister	伦敦外长会议
Londoner Schuldenabkommen	伦敦债务协议
Lovett-Strang-Agreement	拉佛—斯特朗协定
Ludwigshafen	路德维希港橡胶厂
Lufthansa	汉莎航空公司
Luxemburg	卢森堡
Luxemburger Abkommen	《卢森堡决议》
Maastricht, Vertrag von	《马斯特里赫特条约》
Magdeburg	马格德堡
Magisches Viereck	魔幻四角
Magnet-Thoerie	磁铁理论
Maingau	梅因高
Mainkur	美因库尔
Mannesmann AG	曼内斯曼公司
Mannheim	曼海姆
Marktwirschaft	市场经济
Marschallplan (ERP)	马歇尔计划
Marxismus	马克思主义
Maschinenbau	机械制造
Massenarbeitslosigkeit	大规模失业
Massenkonsum	大众消费
Massenproduktion	大众化生产
Materielle Produktion	物质生产
Mauer (Berlin)	柏林墙
Merseburg	梅尔泽堡
Messina, Konferenz von	墨西拿会议
Mezzogiorno	南意大利
Mexiko Krise	墨西哥危机
Militärregierung	军事政府
Militärtribunal von Nürnberg	纽伦堡审判
Mindener Abkommen	明登协议
Mitbestimmung	共同决策
Mitbestimmungsgesetz	共同决策制

Mittelasien	中亚
Mitteldeutschland	中德地区
Mitteleuropa	中欧地区
Mobil Oil	美孚石油公司
Modell Deutschland	德国模式
Modernisierung	现代化
Monnet-Plan	莫内计划
Montanindustrie	煤钢产业
Montanmitbestimmung	矿冶共同决策权
Montanunion	煤钢联营
Montanunionsvertrag	煤钢联营协议
Morgenthau-Plan	摩根索计划
Moskau	莫斯科
Moskauer Konferenz	莫斯科会议
München	慕尼黑
Multilateralität (im Welthandel)	国际贸易关系多边化
Multinationale Unternehmen	跨国公司
Munizipalsozialismus	市政社会主义
Mutual aid (in der NATO)	军事互助
Nachkriegszeit	战后时期
Nachkriegswirtschaft	战后经济
Nachkriegszyklus	战后循环期
Nagasaki (Japan)	长崎
Nahrungsmittelindustrie	食品工业
Nationale Kohlenreserve	原煤储备
Nationalsazialismus	纳粹主义
Nationalsozialistische Deutsche Arbeitspartei (NSDAP)	德国纳粹党
Nettoindustrieproduktion	净工业固定资产总值
Neue Heimat	新家乡合作社
Neue Industrien	新工业
Neue Wirtschaft	新经济
Neuer Plan	新计划

Neues Ökonomisches System s. NÖS	新经济体系
Neugablonz (Kaufbeuren)	新加布隆茨
Neustadt an der Aisch	艾什河畔新城
Neustraubling (Regensburg)	诺伊特劳布尔（雷根斯堡）
New Deal	新政
New economy	新经济
Niederlande	荷兰
Niedersachsen	下萨克森
Nizza	尼斯
Nominaleinkommen	名义收入
Nordafrika	北非
Nordrhein-Westfalen	北威州
Nord-Württemberg	北符腾堡
North Atlantic Treaty Organization (NATO)	北大西洋公约组织
North German Iron and Steel Control (NGISC)	北德钢铁监管局
Norwegen	挪威
NÖS (Neues Ökonomisches System der Planung und Lenkung)	新经济体系
Notgemeinschaft der reparatinosgeschädigten Industrie	赔偿受损工业紧急共同体
Novemberrevolution	十一月革命
NS-Regime	纳粹政府
Nürnberger Industriellenprozess	纽伦堡工业诉讼案
Oberfranken	上法兰克地区
Oberhausen	奥伯豪森
OECD (Organization for Economic Cooperation and Development)	经济合作与发展组织
Oder	奥德河
Offenbach	奥芬巴赫
Office du Commerce Extérieur de la Zone Française d'Occupation (OFICOMEX)	法国占领区对外贸易办公室
Ökonomisches System des Sozialismus (ÖSS)	社会主义经济体系
Oligopolistische Marktformen	寡头垄断市场形式

Ölpipeline《Freundschaft》	"友谊号"新石油管道
Ölpreiskrise	石油危机
OMGUS（US-Militärregierung）	美国军事政府
OPEC（Organitzation of the Petroleum Exporting Countries）	石油输出国组织
Opel AG	欧宝轿车有限责任公司
Operation Bird Dog	代号猎犬行动
Oppau（Ludwigshafen）	欧伯（路德维希斯港）
Ordnungspolitik	秩序政策
Ordoliberalismus	秩序自由主义
OEEC（Organisation for European Economic Cooperation）	欧洲经济合作组织
Oschersleben（Sachsen-Anhalt）	奥舍斯雷本（萨克森—安哈特）
Ostblock	东盟
Ostdeutschland	东德
Österreich	奥地利
Ostwestfalen-Lippe	东威斯特法伦—利珀
Ost-West-Konflikt	东西冲突
Ost-Württemberg	东符腾堡
Ostzone	东占区
Ottawa，Gipeltreffen von	渥太华峰会
Otto Wolff AG	奥托·沃尔夫股份公司
Overcast	"风桥"计划
Paris	巴黎
Parlamentarischer Rat	议会委员会
Patente	专利
Petersberg-Abkommen	彼特斯堡协议
Petrochemie	石油化学
Pfalz	普法尔茨
Pflegeversicherung	伤残保险
Pfund Sterling	英镑，便士
Phönix Gummiwerke Hamburg-Harburg	汉堡—哈堡凤凰橡胶厂
Physikalisch-Technische Reichsanstalt	国家物理技术研究所

Plan de Modernisation et d'Equipement	设备现代化计划
Planwirtschaft	计划经济
Polen	波兰
Policy mix	政策组合
Politbüro	政治局
Porsche	保时捷
Post	邮局
Postbank	邮政储蓄银行
Post Exchange Shops（PX-Läden）	邮政兑换商店
Poststrukturgesetz	邮政结构法
Potsdam	波茨坦
Potsdamer Kommuniqué	波茨坦公报
Potsdamer Konferenz	波茨坦会议
Prag	布拉格
Prager Frühling	布拉格之春
Preussag	普罗伊萨格公司
Primat des Staates	国家优先
Principal-Agent-Problem	委托代理问题
Privatbanken	私人银行
Private Haushalte	私人家庭
Privateigentum	私有制
Produktionsregime	生产机制
Produktionsstruktur	生产结构
Produktivitätsentwicklung	生产率发展
Produktivkapital	生产资本
Produktivvermögen	生产性资产
Pro-Kopf-Einkommen	人均收入
Pro-Kopf-Verbrauch	人均消费
Proletarisierung	无产阶级化
property rights	知识产权
Protektionismus	保护主义
Punktsystem	积分制
Qualifikationsstruktur	技能结构

Qualitätsproduktion	高质量生产
Quebec-Konferenz	魁北克会议
Radford-Plan	雷福德计划
RAG AG	鲁尔煤业股份有限公司
Rat für gegenseitige Wirtschaftshilfe（RGW/Comecon）	经济互助委员会
Rationalisierung	合理化
Reallöhne	实际工资
Reallohnposition	实际工资水平
Regionalausschüsse	地方委员会
Reichsbahn	帝国铁路
Reichsschulgesetz	帝国学校法
Reichswerke Hermann Göring	赫尔曼·戈林国家工厂
Reichswirtschaftsamt	帝国经济部
Rekonstruktion	重建
Rekonstruktionsansatz	重建进路
Rekonstruktionshypothese	重建假说
Rekonstruktionskräfte	重建动力
Rekonstruktionsperiode	重建期
Rentenreform	养老金改革
Rentenversicherung	养老保险
Reparationen	赔款
Restitution	偿还
Rezession	衰退
Rhein	莱茵河
Rheinische Olefinwerke	莱茵烯烃厂
Rheinischer Kapitalismus	莱茵资本主义
Rheinland	莱茵兰
Rheinland-Pfalz	莱茵兰-普法尔茨州
Rhein-Main-Gebiet	莱茵-美因地区
Rheinschiene	莱茵铁轨
Rheinstahl-Kreis	莱茵钢铁圈
Rheinstahl-Plan	莱茵钢铁计划

River Rouge (Fordwerk)	里弗鲁日（福特汽车制造厂）
Römische Veträge	罗马条约
Rote Armee	红军
Rothwesten (bei Kassel)	洛特韦斯腾（卡塞尔）
Royal Air Force (RAF)	英国皇家空军联盟
Ruhr	鲁尔区
Rhur-Rhein-Main-Gebiet	鲁尔-莱茵-美因地区
Ruhrbergbau	鲁尔采矿业
Ruhrgebiet	鲁尔区
Ruhrkohle AG	鲁尔煤矿股份公司
Ruhrkohle	鲁尔煤矿
Ruhrkohleverkaufsyndikat	鲁尔原煤辛迪加组织
Ruhrstatut	鲁尔准则
Rüstung	军备
Rüstungskorporatismus	军备合作主义
Saale	萨勒河
Saargebiet	萨勒区
Saargruben	萨尔煤矿
Sachkapitalbildung	实物资本积累
Sachsen	萨克森
Sachsen-Anhalt	萨克森-安哈特
Sachverständigenrat	整体国民经济评价专家委员会
Salzgitter	扎尔茨吉特
Sardinien	沙丁鱼
Schaufenstereffekt	橱窗效应
Schlesien	西里西亚
Schleswig-Holstein	石勒苏益格-荷尔斯泰因
Schlüsselindustrien	重点工业
Schopenhauers Gesetz	叔本华法则
Schottland	苏格兰
Schumanplan	舒曼计划
Schützengrabengemeinschaft	堡垒共同体
Schwarzer Montag	黑色星期一

Schwarze Pumpe(Braunkohleveredelungskombinat)	黑泵(褐煤升级联营企业)
Schwarzheide(Brandenburg)	施瓦茨海德(勃兰登堡)
Schwarzmarkt	黑市
Schwarzwald	黑森林
Schweden	瑞典
Schweden Modell	瑞典模式
Schwedt	施韦特
Schweiz	瑞士
Schwellenländer	新兴国家
Schwerindustrie	重工业
Science based industries	科学主导型工业
ED-Regime	德国统一政权
Sektoralstruktur	产业结构
Sekundärer Sektor	第二产业
Senftenberg	森夫腾贝格
Shareholder value	股东价值
Shell AG	壳牌股份公司
Siebenjahrplan	七年计划
Siemens AG	西门子股份公司
Singapur	新加坡
Sizilien	西西里
Skandinavien	斯堪的纳维亚
Smithonian Agreement	《史密森协议》
Societas Europaea(SE)	欧洲公司
Soforthilfegesetz	紧急援助法
Sonderwegsdebatte	特殊道路之争
Sowejetische Aktiengesellschaften(SAG)	苏联股份有限公司
Sowejetische Besatzunngszone(SBZ)	苏战区
Sowjetische Militäradministration(SMAD)	苏联驻德军事机构
Sowjetunion	苏联
Sozialausgaben	福利开支
Sozialdemokratische Partei Deutschlands(SPD)	德国社会民主党

Soziale Marktwirschaft	社会市场经济
Soziales System der Produktion	社会生产系统
Sozialgesetzgebung	社会立法
Sozialisierung	社会主义化
Sozialismus	社会主义
Sozialistische Einheitspartei Deutschlands (SED)	德国社会主义统一党
Sozialistisches Wirtschaftssystem	社会主义经济体制
Sozialliberale Koalition	社会自由联合会
Sozialordnung	社会福利制度
Sozialpolitik	社会政策
Sozialprodukt, netto, brutto	毛/净生产总值
Sozialstaat	社会国家
Sozialstaatspostulat	社会国家理论
Sozialstruktur	社会结构
Sozialvermögen	社会财富
Sozialversicherung	社会保险
Sozialversicherungsträger	社会保险承担人
Soziökonimisches Panel (SOEP)	德国社会经济调查研究
Spanien	西班牙
Spareinlagen	储蓄额
Sparkassen	储蓄银行
Sparquote	储蓄率
Sparta-Pläne	斯巴达计划
Spitzenforschung	顶尖研究
Spree	施普雷河
Spremberg (Brandenburg)	施普伦贝格（勃兰登堡）
Sputnik	人造地球卫星
Staatsausgaben	国家支出
Staatsinterventionismus	国家干预
Staatskonjunktur	国家经济情况
Staatsmonopolistischer Kapitalismus (Stamokap)	国家垄断资本主义
Staatsquote	国家份额
Staatsverschuldung	国家负债

Stabilitätsgesetz	稳定法
Stahlindustrie	钢铁工业
Stahlkartell	钢铁卡特尔
Stahlquote	钢铁限额
Stakeholder value	利益相关者价值
Stammbelegschaft	职工
Standard Telephone and Cables（STC）	美国标准电话电缆公司
Standardkapitalismus	标准资本主义
Starfighter	战斗机
Staßfurt（Sachsen Anhalt）	施塔斯富特（萨克森—安哈特）
State Department	美国国务院
Statement of Annecy	安纳西声明
Statistisches Reichsamt	帝国统计局
Steinkohle	硬煤
Sterbeziffer	死亡率
Steuerpolitik	税收政策
Steuerquote	税率
Stickstoffwerk Piesteritz	比斯特里茨氮肥厂
Stiftung "Erinnerung, Verantwortung und Zukunft"	"回忆、责任与未来"基金
Strukturwandel	结构转型
Stunde Null	零点
Stuttgart	斯图加特
Subsidiaritätsprinzip	辅助性原则
Süddeutschland	南德
Sudetenland	苏德台地区
Südkorea	韩国
Suezkrise	苏伊士危机
Sydney	悉尼
Taiwan	台湾
Take off	经济起飞
Tarifvertragsparteien	劳资双方
Taunus（Opel）	"金牛座"（欧宝）
Taylorismus	泰勒主义

Technische Hochsulen	高等职业技术学校
Teheran，Konferenz von Tertiärer Sektor	德黑兰第三产业会议
Texas	德克萨斯
Textilindustrie	纺织业
Thatcherismus	撒切尔主义
Thomson	汤姆逊
Thüringen	图灵根
Thüringische Staatsregierung	图灵根州政府
Tokio	东京
Torquay（GATT）	托尔奎依（关贸总协定）
Totaler Krieg	全面战争
Toyota	丰田
Trabant	卫星牌轿车
Transaktionskosten	交易费用
Transferunion	支付联盟
Transportkrise	运输危机
Traunreut	特劳恩罗伊特
Truman-Attlee-Abkommen	杜鲁门-阿特立协议
Trust	托拉斯
Tschechoslowakei	捷克斯洛伐克
Tübingen	图宾根
Türkei	土耳其
Uerdingen	乌丁根
UK-Contribution-Funds	英国贡献基金会
Umsiedler	移居者
Umweltbelastung	环境压力
UNESCO	联合国教科文组织
Unfallversicherung	意外事故保险
Ungarn	匈牙利
Unidata	单一数据
Unionsbürgerschaft	欧盟公民
United StatesStrategic Bombing Survey	美国战略轰炸调查团
Universalbanken	全能银行

Universitäten	大学
Universitätsforschung	大学研究
US-Immobilienkrise	美国房贷危机
US-Luftwaffe（USAAF）	美国陆军航空队
VEB chemische Werke Buna	布纳橡胶全民企业
VEB Schsenring Gewerbe	茨维考萨琛林汽车制造全民企业
Venedig	威尼斯
Verarbeitendes Gewerbe	加工业
Verband Katholischer Unternehmer	天主教企业家联盟
Verbände	联合会
Verein für Sozialpolitik	社会政策协会
Vereinigte Elektrizitäts-und Bergwerks AG（VEBA）	康采恩费巴公司
Vereinigte Staaten（USA）	美国
Vereinte Nationen（UNO）	联合国
Vermögensverteilung, sieh Einkommens- und Vermögensbeteiligung	财产分配
Versailler Vertrag	凡尔赛条约
Versorgungsunternehmen	电力公司
Vertriebene	赶出家园者
Verwaltung für Wirtschaft	经济管理机构
Verwaltungsamt für Ernährung, Landwirtschaft und Forsten（VELF）	食品、农业与林业管理机构
Verwissenschaftlichung der Produktion	生产科学化
Vereinigte Industrieunternehmen AG（VIAG）	国有混业康采恩费亚格股份公司
Vohenstrauß（Oberpfalz）	佛恩施特劳斯（上普法尔茨）
Volksaktien	国民股
Volkseigene Betriebe（VEB）	全民企业
Volkseinkommen	国民收入
Volksgemeinschaft	国民共同体
Volkskapitalismus	人民资本主义
Volkspensionsmodell	"人民退休金"的模式
Volkswagen	大众汽车

Vollbeschäftigung	充分就业
Vollsozialisierung	"全社会化"
Wachstumsbedingungen	增长条件
Wachstumspfad	增长路径
Wachstumsrate	增长率
Wachstumsschwäche	增长趋弱
Wachstumsschwankung	增长波动
Wachstumstheorie	增长理论
Wachstumstrend	增长趋势
Währungsausgleich	货币平衡
Währungsgeschädigte	货币损失
Währungspolitik	货币政策
Währungsreform	货币改革
Waldkraiburg（Oberbayern）	瓦尔德克莱布尔格（巴伐利亚州）
Wallendorf（Sachsen-Anhalt）	瓦伦多夫（萨克森—安哈特州）
Wall Street（New York）	华尔街（纽约）
Wanderungsbewegung	迁移
Washington D. C.	华盛顿特区
Wechselkursmechanismus	汇率机制
Weichwährung	弱货币
Weimar	魏玛
Weimarer Reichsverfassung	魏玛宪法
Weimarer Republik	魏玛共和国
Welfare State	福利国家
Weltbank	世界银行
Weltmachtstreben	争取世界大国地位
Weltmarkt	世界市场
Weltmarktorientierung	以世界市场为导向
Weltmarktsegment	世界市场份额
Weltmarktverflechtung	世界市场融合
Weltwährungsfonds（IWF）	国际货币基金组织
Weltwährungssystem	国际货币体系
Weltwirtschaft	世界经济

Weltwirtschaftskrise	世界经济危机
Werner-Plan	维尔纳计划
Wertschöpfung	价值创造
Wesseling（Köln）	韦塞林（科隆）
Westeuropa	西欧
Westfalen	威斯特法伦
Westzonen	西部占领区
Wettbewerb	竞争
Wettbewerbsfähigkeit	竞争力
WEU（Westeuropäische Union）	西欧联盟
Wiederaufbau	重建
Wiedergutmachungsleistung	补偿额
Wiedervereinigung	重新统一
Wirtschaftshochschulen	经济院校
Wirtschaftskreislauf	经济循环
Wirtschaftskrise	经济危机
Wirtschaftskultur	经济文化
Wirtschaftslenkung	经济控制
Wirtschaftsliberalismus	经济自由主义
Wirtschaftsordnung	经济秩序
Wirtschaftspolitik	经济政策
Wirtschaftsreform	经济改革
Wirtschaftssicherungsgesetz	经济保障法
Wirtschaftsstruktur	经济结构
Wirtschaftsverbände	经济联合会
Wirtschaftsverfassung	经济宪法
Wirtschaftswachstum	经济增长
Wirtschaftswunder	经济奇迹
Wissensgesellschaft	知识型社会
Wissensproduktion	知识生产
Wohlfahrtsstaat	福利国家
Wohlstandsgesellschaft	富裕社会
Wohnungsbau	住宅建筑

Wohnungsbauprämiengesetz	住宅建筑补贴法
Wolfsburg	沃尔夫斯堡
Working-Plan	工作计划
Württemberg	符腾堡
Württemberg-Baden	符腾堡-巴登
Württemberg-Hohenzollern	符腾堡-霍恩索伦
Xenomärkte	离岸市场
ZDH (Zentralverstand des Deutschen Handwerks)	德国手工业联合会
Zeitz (Sachsen-Anhalt)	采茨（萨克森-安哈特州）
Zentralamt für Ernährung und Landwirtschaft (britisch) (ZEL)	中央食品与农业局
Zentralamt für Forschung und Technik	中央研究与技术发展署
Zentralamt für Wirtschaft (ZAW)	中央经济局
Zentralarbeitsgemeinschaft der industriellen und gewerblichen Arbeitgeber und Arbeitnehmer Deutschlands (ZAG)	德国工商业雇主与员工中央工作共同体
Zentralbank	中央银行
Zentrale Kohle-und Energiekonferenz	中央原煤与能源会议
Zentralkomitee der KPD / SED	德国共产党/社会主义统一党中央委员会
Zollunion	关税同盟
Zonenbeirat (der britischen Zone)	英占区顾问委员会
Zonengrenzen	占领区边界
Zürich	苏黎世
Zuwanderung	移民
Zwangsarbeit	强制劳动
Zwangsexport	强制出口
Zweijahrplan	两年计划
Zweite industrielle Revolution	第二次工业革命
Zweite wirtschaftsliche Revolution	第二次经济革命
Zweiter Weltkrieg	第二次世界大战
Zwickau (Sachsen)	茨维考（萨克森州）
Zwischenkriegszeit	两战之间的时代
Zyklendauer	周期持续时间